# 课程思政系统性探索与实践

## ——基于“三寓三式”范式导向的“上海高校课程思政重点改革领航学院”建设案例·续二

§

陈 斌 滕跃民◎主编

上海文化出版社

# 课程思政系统性探索与实践：基于“三寓三式”范式导向的“上海高校课程思政重点改革领航学院”建设案例·续二


主　编　陈　斌　滕跃民

副主编　汪　军　吴　娟　张　波　闫绪锋
　　　　黄一涛　苏怡茵　周樊华

编　务　姜一旻

PREFACE

# 序 言

§

为了贯彻落实2016年12月7日至8日召开的全国高校思想政治工作会议精神，促进立德树人工作深入开展，上海出版印刷高等专科学校（以下称“上海版专”）印刷包装工程系在校领导的带领下，通过积极准备和竞争，于2019年成功入选了中共上海市教育卫生工作委员会、上海市教育委员推出的“上海高校课程思政领航计划”建设的“上海高校课程思政重点改革领航学院”项目，成为上海版专继2018年获得全国职业教育课程思政国家级教学成果奖之后，在该领域获得的又一具有突破性的成果。通过该项目的大力建设，上海版专的课程思政取得了丰硕成果，在课程建设、专业建设和人才培养等领域发挥了显著作用，并率先出版了领航计划的两本专著，在上海乃至全国产生了较大的影响力。

为了深入贯彻落实党的二十大精神，进一步系统总结和弘扬“上海高校课程思政重点改革领航学院”在近几年的研究和实践成果，上海版专在之前公开出版的《课程思政系统性探索与实践—基于“三寓三式”范式导向的“上海高校课程思政重点改革领航学院”建设案例》《课程思政系统性探索与实践—基于“三寓三式”范式导向的“上海高校课程思政重点改革领航学院”建设案例续一》的基础上，着手开展本书——《课程思政系统性探索与实践—基于“三寓三式”范式导向的“上海高校课程思政重点改革领航学院”建设案例续二》的编辑出版工作。

本书分为三大部分（三篇），“第一篇　论文荟萃”，内容为上海版专领导、专业老师公开发表的课程思政文章和论文，集中展现了他们深入研究“三寓三式”范式（定义见第199页）的体会和收获，体现了在全书中的引领作用，同时也彰显了领航学院建设的辐射效应；“第二篇　设计集锦”，内容为学校获批上海市课程思政示范项目中具有“三寓三式”范式特色的专业教学设计案例精选，体现了专业老师作为课程思政的改革与建设的“主力军”，在专业课程建设的“主战场”上“寓价值观引导于知识传授和能力培养之中”的不凡能力；“第三篇　大纲精选”，内容为学校各教学部门首批具有“三寓三式”范式特色的课程教学大纲，是“三寓三式”范式规模化“落地落实、见功见效”的标志，同时展示了广大教师在专业课堂教学的“主渠道”中自觉进取和拼搏奉献的责任感和使命感，也为全校的专业“金课”建设奠定了基础。

本书内容丰富，思想前瞻，观点鲜明，富于真知灼见，是上海版专领导和专业教师在课程思政改革与建设领域的又一力作。“三寓三式”范式是本书的核心，其内容具有较强的思想性、前沿性、时代性，方法具有较好的先进性、针对性、互动性，避免了“表面化”“硬融入”现象的发生。“三寓三式”范式还具有很强的操作性，符合教育教学规律和人才培养规律，使学生在学习课程内容的同时，能较好地掌握事物发展规律，通晓天下道理，丰富学识，增长见识，塑造品格。本书充分展现了上海版专领导和专业教师在课程思政改革与建设中积极进取和勇于探索的精神，以及强烈的育德意识和较高的育德能力，集中体现了课程思政改革与建设深入发展中所取得的不凡业绩和显著成效，进一步彰显了“课中课”的成果特色，具有可推广可复制的丰富价值和重要意义，高等教育和职业教育战线的广大教师可以从“三寓三式”范式的“标杆效应”中获取启迪和借鉴。

我们相信，上海版专领导和专业教师今后一定能以习近平新时代中国特色社会主义思想为指导，深入学习贯彻党的二十大精神，全面贯彻党的教育方针，进一步完善“三全育人”新格局，加大“大思政课”的推进力度，继续发挥领航学院的示范引领作用，提高专业课教师课程思政育人能力。一定能根据学科和专业大类，将思政教育全面融入人才培养方案和专业课程，打造一批优秀课程思政案例，使全校的课思思政改革和建设不断跨上新的台阶。一定能持续攻关、深入研究，铸就“上海版专样板”，为上海的课程思政改革和建设增光添彩，为培养德智体美劳全面发展的社会主义建设者和接班人做出更大的贡献。

上海市政府重大行政决策咨询专家，<br>
教育部思政理论课教学指导委员会原副主任，<br>
市人大外事委主任，市教卫工作党委原副书记<br>
高德毅教授<br>
2023 年 7 月

CONTENTS

# 目录

§

FIRST

## 第一篇

## 论文荟萃

SECOND

| 第二篇 |

# 设计集锦



THREE

| 第三篇 |

# 大纲精选

FIRST

# 第一篇

LUNWENHUICUI

# 论文荟萃

# 匠心筑梦育桃李　立德树人谱新篇

陈　斌

上海出版印刷高等专科学校坚持以习近平新时代中国特色社会主义思想为指导，紧紧围绕立德树人根本任务，以促进学生全面发展为目标，不断革故鼎新、砥砺奋进，以科学务实的举措、坚决落实的韧劲，努力培养具有国际视野、人文素养、艺术眼光、创新意识的高素质技术技能型人才，着力实现价值引领、知识传授、能力塑造在人才培养过程中的有机统一。

## 知其所来、明其将往，让红色基因在时代进程中擦亮育人底色

新时代青年学生的思想引领具有导向性，提高新时代青年学生思想引领的有效性，要在定向导航上下功夫，引导青年深扎信仰之根、赓续红色基因之魂，确立正确的成长方向，尤其是正确的政治方向和价值取向，这正是学校在立德树人中的根本遵循。

上好开学第一课，激扬拳拳爱国心。每年开学季，校党委书记、校长都会给大一新生上“第一堂思政课”。《赓续红色基因，担当强国使命》《践行抗疫精神，激扬青春梦想》《怀抱梦想担大任，意气风发新征程》……“第一堂思政课”以各种主题开展了 6 年，学校党政领导带头上思政课，为新生扣好人生第一粒扣子，如今成为上海出版印刷高等专科学校思政工作的“新传统”。

学好红色信仰课，砥砺殷殷报国情。每年清明时节，学校都会组织师生缅怀学校老校长万启盈，传承和弘扬学校宝贵的精神财富——启盈精神。作为学校首任校长，他一生全情投入新中国印刷事业，感人事迹被排演成爱国话剧多次登上学校舞台。“节日里的党史教育”、演绎田汉家国情怀的毕业大戏《狂飙》、新四军研究会老同志的专题党课、阐释伟大建党精神的 200 多组艺术创作、“百年征程，匠心筑梦”非遗艺术作品展……这些形式多样、内涵丰富的红色信仰课，无不激励着每一名学子志存高远，奋楫前行。

用好社会实践课，锻造熠熠强国志。在上海举办的中国国际进口博览会已经走过 5 个年头，5 年来，上海出版印刷高等专科学校的“小叶子”们用专业技能服务进博会。录入、审核、校对、制作、加芯、覆膜……制证过程一丝不苟，工匠精神展现得淋漓尽致，志愿者们用小小的卡片赢得大大的赞。2022 年暑假，100 支学生社会实践队伍，聚焦文化、政策、环境、社会现状等热点、难点问题展开调研，在观察实践中学党史、增信仰，在实际行动中跟党走、长才干，勇做担当民族复兴大任的时代新人。各实践队伍入老区、

进社区，向下扎根增磨炼，知行合一有作为，优秀实践团队参加上海市“知行杯”赛事获得多个奖项。

## 强基固本、实践立行，让教师队伍在全面成长中提高育人质量

强国必先强教，强教必先强师。学校始终重视发挥教师育德育人主体作用，鼓励教师为学生提供价值引领、人生启迪、学业指导、个性辅导、发展引导、生活关怀等全方位的关怀和帮助，做“经师”与“人师”的统一者，做学生为学、为事、为人的“大先生”。

坚持一个标准，实施“师德铸魂计划”。坚持师德师风第一标准，强化学校党委对教师思想政治和师德师风建设的统一领导，实施“师德铸魂计划”，构建“教育、宣传、考核、激励、监督、惩处”六级联动师德教育工作机制。加强教师师德实践基地建设，培育“德艺双馨”师德文化，学校先后在上海教育出版社、上海市印刷包装行业龙头上海界龙集团创建教师德育实践基地，定期选派教师到基地开展实践活动。组织开展年度师德师风建设优秀工作案例评比，通过各级党组织开展“我身边的师德师风”主题活动，弘扬师德师风典型事迹，激励教师队伍立足岗位、履职担当。

实施两项计划，打造教学创新团队。“两项计划”是指试点骨干教师激励计划、申报高技能人才培养团队建设计划。学校树立了“以教学为导向”的质量观和“以能力为本位”的评价观，建设了一支名师引领、结构合理、素质精良的“双师型”教师队伍。学校拥有多名国家及上海市教学名师、教学团队，多名教师担任了国家及行业标准委员会委员、赛事裁判，在业内具有较高知名度。学校高技能人才培养团队的建设坚持一流团队建设目标，坚持以人才培养为根本任务，坚持优胜劣汰的质量导向，坚持制度创新和政策激励，发挥团队在“瞄准国际一流，汇聚一流人才，打造一流专业，培育一流工匠”中的群策群力作用。

聚焦三个重点，提升教师职业能力。一是聚焦结构优化，把好人才进口关。修订完善学校人才引进管理办法等制度文件，把政治素质高、业务能力强的人才引进学校。二是聚焦能力提升，实施教师能力提升工程。重点围绕教师核心能力维度，为不同类型、不同发展阶段的教师设计分层次的培养内容体系，全方位提升教师服务于人才培养工作的核心能力。三是聚焦考核评价，强化结果运用。加强教职工年度考核和师德考核制度，修订完善教职工职称、职务评聘政治思想考核指标。在整体制度设计和具体操作的各个环节，推动全体教职员工把工作重心和目标落在立德树人实效上。

## 做优做强、同向同行，让思政教育在教学中奏响育人强音

思政课是落实立德树人根本任务的关键课程。近年来，学校始终发挥思政课主渠道功能，把学生“到课率”“抬头率”“点头率”作为评价思政课的重要标准，不断增强思政课的思想性、理论性和亲和力、针对性。同时，全面推进课程思政建设，让“课程门门有思

政，教师人人讲育人”蔚然成风。

传授知识、讲授真理，做到有“知”。办好思政课，首要就是抓住“讲道理”这一思政课的本质。在课程建设上，一是注重基本理论的讲授，强化理论逻辑和学理支撑，坚持用深厚的学术讲道理，在理性分析中解疑释惑，在回应学生思想困惑中传播思想理论。二是善用批判的武器，直面各种错误观点和思潮，用学术和思想的力量引导学生对党的科学理论真懂、真信、真用，让真理和思想的光辉绽放在思政课堂上。

爱听爱学、听懂学会，做到有“趣”。一是不断改革创新教学教法，采用主题式、讨论式、案例式等教学方式，激发学生学习兴趣。二是积极运用新媒体新技术，建设系列在线课程，推动思想政治工作传统优势与信息技术高度融合，增强时代感和吸引力。三是打破传统教学模式走出教室，与专业、实践、生活相结合。成立马克思主义学院讲师团，为企业、社区、机关开展系列宣讲活动。

心有所悟、回味无穷，做到有“味”。用事实说理论，用故事讲道理，让现实生活成为思政课的丰富源泉，使学生自觉接受思想的熏陶、价值的引领，从一阵子的学习变成一辈子的坚守。新冠肺炎疫情暴发以来，学校思政课教师紧扣时代主题，紧跟时事热点，将生动的防疫素材融入教学育人中。一是用防疫知识、典型事迹教育人，拓展育人宽度；二是用生动实践、身边故事鼓舞人，提升育人温度；三是用爱国主义、家国情怀引领人，增强育人厚度。

示范带动、协同发展，做到有“效”。2012 年，学校率先在上海市高校中开展课程思政建设探索。十年来，学校全力打造上海市和全国课程思政特色品牌，集全校之力建设课程思政研究中心，秉持“三重”特色，首创了以“三寓三式”课程思政范式为特色的“课中课”2.0 版。同时，积极推进全国首个课程思政国家教学成果奖的应用推广工程，发挥课程思政改革辐射效应。

## 全面调动、多元汇聚，让育人主体在改革创新中发挥育人合力

立德树人是根本任务，“三全育人”是系统工程，需要层层激发动力、形成共识。学校一方面建章立制、立梁架柱，优化内容供给、加强顶层设计，着力构建高水平育人体系；另一方面突出改革重点，改进工作方法，精心设计实践载体，浓厚“三全育人”氛围，全面调动所有人员的育人意识，形成育人合力。

完善“三全育人”长效协作工作机制，确保“三全育人”保障有力。成立学校思想政治工作领导小组，形成党委统一领导，各部门、各系部常态协作和分工负责的工作机制。围绕“十大育人”体系，全面统筹办学治校各领域、教育教学各环节、人才培养各方面的育人资源和育人力量，形成多个工作小组，建立快速、有效的部门联动机制。同时，进一步完善党政领导、思政课教师、专业课教师、心理咨询教师、辅导员等育人共同体，厘清职责，强化责任，确保每支队伍各司其职，形成合力。

统筹推进“十大育人”质量提升工程，确保“三全育人”实施有力。构建“多层级有效协同＋多元主体共同参与”机制，统筹推进课程育人；构建“平台建设＋制度设计＋体系建设”工作模式，着力加强科研育人；构建共生型产教融合育人平台，扎实推动实践育人；打造“一心两环三结合”校园文化格局，深入推进文化育人；构建“互联互通、共建共享、求实求新”体系，创新推动网络育人；构建“宏观、中观、微观”一体化工作格局，大力促进心理育人；提升依法治校和科学管理两大工作能力，切实强化管理育人；紧扣“融入”与“深化”，不断深化服务育人；坚持“道德浸润＋能力拓展＋经济帮扶”工作理念，全面推进资助育人；突出党建引领与体系协同，积极优化组织育人。

扎根中国大地，奋进时代征程。当前，“匠心筑梦铸魂育人”行动正在校园里开展得如火如荼，学校将进一步筑牢学生信仰之基，以党建领航思想政治教育、领航教师教书育人、领航教育教学改革，从加强历史观、时代观、成才观、创新观教育四个维度出发，着力提高“三全育人”工作的针对性和有效性，引领学生不忘初心，践行“请党放心、强国有我”的铿锵誓言，学习好、宣传好、贯彻好党的二十大精神，在新时代新征程上扬帆起航。

中国教育报

教育视窗 11

菏泽学院

“我为青年办实事”为学生提供暖心服务

江苏省丹阳市吕叔湘中学

回归语文“真本色” 创设“大视野”教育格局

上海出版印刷高等专科学校

匠心筑梦育桃李 立德树人谱新篇

《中国教育报》2022年12月6日11版

# 把握职业教育发展大势　培养高素质技术技能人才

陈　斌

党的十八大以来，以习近平同志为核心的党中央高度重视职业教育。围绕职业教育的本质，发展什么样的职业教育、怎样发展职业教育和为谁发展职业教育的问题，习近平总书记先后发表一系列重要讲话，作出一系列重要指示、批示，系统、科学、深刻地回答了事关新时代职业教育发展的一系列方向性、根本性问题，为我国职业教育发展提供了根本遵循，指明了发展路径，擘画了壮阔蓝图。

从国家层面来看，一是强调职业教育类型定位、突出其重要性：强调职业教育是国民教育体系和人力资源开发的重要组成部分，肩负着培养多样化人才、传承技术技能、促进就业创业的重要职责。在全面建设社会主义现代化国家新征程中，职业教育前途广阔、大有可为。二是密集出台相关政策、强化制度保障：从把“完善职业教育和培训体系，深化产教融合、校企合作”写入党的十九大报告，到出台《国家职业教育改革实施方案》，再到 2021 年召开全国职业教育大会，2022 年修订《中华人民共和国职业教育法》……这些政策的出台，不仅从顶层设计层面搭建起了职业教育发展的“四梁八柱”，更从改革落实层面画出了职业教育发展清晰的“路线图”。

从产业发展需求来看，当今世界正经历百年未有之大变局，我们要构建新发展格局、推动高质量发展，在国际竞争中赢得主动，不仅需要大批拔尖创新人才突破“卡脖子”技术，也需要数以亿计的高素质技术技能人才。数据显示，我国技能人才已超过 2 亿人，占就业总量的 26%。然而高技能人才仅有 5 000 万人，占技能人才总量的 28%，重点领域技能型人才缺口超过 1 900 万人，与德国、日本等制造强国相比，仍有差距。其结果就是，企业快速发展却一“匠”难求，人才争夺战愈演愈烈。面对战略性新兴产业、先进制造业、现代服务业等行业对于高素质技术技能人才的渴求，职业教育必须担负起更大重任。

从职业教育自身来看，“十三五”期间，我国建成了世界上最大规模的职业教育体系，拥有 1. 13 万所职业院校、3 088 万名在校生，我国职业教育正在顺势而为、应势而起，向更优更强方向努力。针对产教融合不够深入、专业设置陈旧且同质化、吸引力不足等突出共性问题，不少职业院校主动对接市场需求，创新人才培养模式，优化专业动态设置，适时增加适应新产业、新职业发展的教学内容，不断增强人才培养与产业发展的匹配度和契合度，努力实现学校与企业“双向赋能”。

从社会观念认知来看，长期以来，社会上不少人把职业教育作为普通教育的“低配版”，存在“重学历轻技能”的现象，而随着职业教育的发展，特别是职业教育的高就业率，不断增长的工资收入后，越来越多的人认识到，职校毕业生同样前途广阔、大有可为，职业教育不仅仅是基本的谋生、就业手段而且是实现人生价值，成就幸福人生的重要选择。

国家对职业教育的高度重视为我们进一步办好职业教育增强了信心，注入了强大的动力。作为一所高等职业院校，上海出版印刷高等专科学校以服务区域经济社会发展，服务文化强国战略为使命，以办好人民满意的高等教育为根本目标，紧紧围绕文化出版传媒产业发展需求，开展高质量教育探索与实践，培养靠得住、下得去、用得上的高素质技术技能人才。在69年的办学历史中，积累了丰富的人才培养经验，突出表现在以下三方面：

### （一）坚持价值引领，强调德技并修，增强育人“志气”

探索厚植工匠精神的职业教育课程思政，坚持将“国之大者”作为引领，把技能成才、技能报国的教育理念贯穿育人全过程，赋予和丰富新时代爱国主义的精神内涵。着力构建以“国之大者”为底蕴、以德技并修为彰显的课程思政体系，推动课程思政在组织上、形式上、内容上不断深入。一是凝心聚力，强化课程思政认知，坚持把立德树人作为根本任务，形成同向同行、相互补充的全方位教育合力，构建全员全方位育人大格局；二是立柱架梁，构建“全专业推进、全课程融入、全过程贯穿、全方位保障”的课程思政教学体系；三是积厚成势，深挖课程思政元素，将课程思政贯穿于课堂授课、教学研讨、实验实训和督导考核等各环节，引导教师将启盈精神、伟大建党精神等巧妙融入课程建设全过程；四是夯基垒台，构建“设计—实践—考核—改进”闭环教学管理系统，建立常态化课程思政考核评价与监督检查机制；五是强化培训，提升教师育人能力，解决好课程思政“最后一公里”的关键因素。经过建设，学校课程思政已经形成独有特色，获批国家教学成果二等奖、上海市教学成果特等奖、教育部首批课程思政示范项目、上海市领航学院，两门课程被上海市学生德育发展中心遴选为上海高校党史学习教育与课程相融合示范课程，出版多部相关著作。此外，学校开展的国家教学成果示范工程还受到了全国多所院校的加盟和认可，彰显了学校的课程思政改革成果和示范引领作用。

### （二）坚持产教融合，强调校企并行，增强育人“骨气”

深厚的行业背景、鲜明的专业特色和辉煌的办学成就是学校长期以来开展校企合作和产教融合的基础和背景。在建设中一是强化顶层设计，形成四方联动、三级贯通的校企紧密型合作体制机制。学校以校企合作理事会为基础搭建校、系（专业群）、专业校企合作三级贯通运行组织架构，以定期召开产教融合专题会议的形式规划引领校企合作重大决策协调，整合校企资源，指导教学合作建设；制订多份产教融合、校企合作规章制度，保障学校产教融合各项工作的推行有章可循，规范有序；成立产教融合处，完善组织机构，统筹推进学校产教融合项目，推动学校创新创业工作实现高质量发展；二是践行四个对接，改革技能人才培养模式。学校以校企合作三级运行组织为平台，以重点专业建设为抓手，带动专业群建设，在推进教学建设与改革过程中创新实践“四个对接”，改革人才培养模式。学校以国内外知名院校同类专业为标杆，建成产教深度融合、特色鲜明、在全国同类院校有重要影响力的一流专业；以建设国内首个数字媒体产业学院为契机，推动相关专业与凌云集团、华为集团、海尔集团等知名企业签订产业学院建设协议，推动形成专业群对接产业集群，校企合作产业学院全覆盖；深化产教融合，积极推进 1 + X 证书制度试点工作，促进产教人才培养精准对接；三是搭建平台载体，构筑产教融合有效支撑。学校集聚“政校行企”各方资源，牵头成立了上海新闻出版职业教育集团和长三角新闻出版职教创新联盟，成为全国首家区域性行业职业教育联盟；集聚政府、高校、园区、企业等合作共建上海高校实践育人创新创业基地联盟“汇创空间”；鼓励设立“大师工作室”“课题制工作室”以及各类产教研中心，以现代学徒制建设带动技术技能人才培养；联合富林特（油墨）上海有限公司、上海印刷技术研究所成立首批新闻出版业科技与标准重点实验室，已连续三年发布“中国柔性版印刷发展报告”蓝皮书；聚焦创新创意人才培养、科技成果转化、区域经济发展、数字传媒产业打造“一带一街 N 环”的环版专文化创意产业带，建成了国家数字传媒产业园—水丰汇和承办高水平电竞大赛的——杨浦水丰路 38 号电竞馆以及区校联动新样本——“南上海数字出版传媒产业园”，规划建设中国首家以高校为母体的全产业链影视基地；与国家近现代新闻出版博物馆签订合作协议，共同推进出版传媒创意产业、馆藏资源文献利用和保护等方面的深度合作，此外，学校积极承办上海市政府“十四五”规划重要工程——“崇明印务中心项目”，项目建成后，崇明印务中心将成为我校学生优质的校外实习实训基地。

### （三）坚持以赛促教，强调知行并进，增强育人“底气”

近年来，学校坚持赛教融合，不断创新人才培养模式。重点在“以赛促学、以赛促训、以赛促评、以赛促建”四方面工作中狠下内功，有效推进技能人才培养向更高层次进军。一是有效提升竞赛工作质量，推动以赛促学，鼓励和支持师生参加行业内的顶尖赛事，在参赛中检验育人成果；二是及时总结分析经验教训，确保以赛促训。深入研究学习各类职业技能竞赛中的命题、内容、方式以及其中的严格标准、所提炼的科学方法、创新的技术工艺，并将它们转化到日常的教学与训练中，真正做到以赛促训。三是科学合理评价技能人才，实现以赛促评。改革师生考核办法，将教师指导学生参赛项目的数量与质量纳入绩效考核体系，将学生参赛成绩纳入学业考评体系；四是发挥竞赛引领导向作用，做好以赛促建。充分发挥技能竞赛的良好导向作用，推动做好课程建设、专业建设、师资队伍建设、培训模式建设、建章立制等各项工作，同时提升技能人才国际视野，提高学校国际化办学的水平。从 2008 年开始，我校在每两年举办一届的全国印刷行业职业技能大赛中都取得可喜成绩。2013 年，学校学生王东东代表国家首次参加第 42 届世界技能大赛印刷媒体技术项目，获得一枚宝贵铜牌，实现了中国在该项目上零的突破；2015 年，学生张淑萍代表中国赴巴西圣保罗参加第 43 届世界技能大赛，斩获一枚银牌，实现了上海职业教育在该赛事上银牌零的突破。2019 年，学生张在杰代表中国赴俄罗斯喀山参加第 45 届世界技能大赛，获得优胜奖。在 2017 年和 2018 年连续两届美国印刷大奖中，学校师生勇夺其中 15 项最高奖项——班尼金奖（Benny Award）。2019 年，学校师生作品荣获两项“品牌与传达设计”类红点设计奖、一项作品荣获红点设计概念奖。2020 年师生团队作品荣获德国红点至尊奖，同年，学生顾俊杰斩获首届全国技能大赛印刷媒体技术项目金牌。此外，学校被人力资源社会保障部确定为第 43、44、45、46 届世界技能大赛印刷媒体技术项目中国集训基地，第 46 届移动应用开发项目中国集训基地，被授予“国家技能人才培育突出贡献奖”，被原国家新闻出版广电总局确定为“国家印刷出版人才培养基地”，连续 5 次被授予“技能人才培育突出贡献奖”。

百舸争流千帆尽，乘风破浪正当时！立足职业教育新发展阶段，上海出版印刷高等专科学校将进一步贯彻落实习近平总书记关于职业教育的重要指示精神，坚定不移走好中国特色职业教育发展道路，全面把握建设高质量职业教育体系的各项重点任务，坚持多元开放融合的办学格局和灵活多样的育人模式，把习近平总书记对职业教育“大有可为”的殷切期盼，转化为职业教育“大有作为”的具体行动，为全面建设社会主义现代化强国、实现中华民族伟大复兴提供强大的人才保障和技能支撑，为推动职业教育再上新台阶、再创新辉煌做出应有贡献。

# 打造三全育人格局，彰显思政教育效果

顾春华

教育是国家发展的基石，事关民族兴旺、人民福祉和国家未来。党的十九届五中全会通过的《中共中央关于制定国民经济和社会发展第十四个五年规划和二〇三五年远景目标的建议》，明确了“建设高质量教育体系”的政策导向，对职业教育提出了新的更高要求。上海出版印刷高等专科学校始终坚持以立德树人为己任，坚持党建引领，将思想政治教育贯穿教育教学全过程。在实施“三圈三全十育人”工作过程中，注重夯实内圈，聚焦第一课堂育人主渠道，落实全员育人；充实中圈，聚焦素质教育第二课堂和网络思政第三课堂，落实全过程育人；联动外圈，聚焦“开门办思政”，落实全方位育人；构建校内校外合力育人格局，推动学校思想政治工作更上一层楼。

## 一、广泛参与，筑牢内圈，以全员育人加大思政教育力度

“三全育人”工作，学生是主体、教师是关键、课程是基础、思政是主线。学校在推进思政工作过程中，强化第一课堂主渠道，推动所有课程都发挥育人功能，激发所有教师都担负育人职责，实现全员育人。

建强主力军，推进队伍协同。学校党委严格落实“第一责任人”制度，强化顶层设计，定期听取思想政治工作汇报，带头讲授和听取思想政治理论课。充分发挥思政课教师的专业作用和专业课教师的骨干作用，促进两支队伍同心同向、资源共享、共同成长。整合辅导员队伍、心理咨询教师、就业指导教师、行业企业专家以及党员教师各自优势，推动形成育人合力。

畅通主渠道，推进资源协同。学校不断加强思政课程的创新，倾力打造让学生真心热爱、终身受益的思想政治“金课”。构建“课中课”模式，教师在传授专业知识过程中注重融合人文素养、企业文化和专业要求，教学形式融通适合大学生接受的案例式教学、体验式教学、情景式教学、热点问题辩论等多重方法，教学各环节融合了学生就业创业过程必修的职业理想、职业规范、职业礼仪、职业情感，使培养的学生满足行业企业用人需求。经过几年的建设，学校已经形成了具有课程思政经验模式的“一心二提三寓四式五化”的职业教育范式。一心：“立德树人”核心；二提：提高育德意识、提升育德能力；三寓：寓道于教、寓德于教、寓教于乐；四式：“画龙点睛式、专题嵌入式、元素化合式、隐性渗透式”；五化：情景化、形象化、故事化、游戏化、幽默化。

夯实主阵地，推进平台协同。依托学校新闻门户网站、微信群、公众号等线上平台，加强媒体融合，将互联网这个最大变量转化为思政工作的最大增量。在线课程内容紧跟教材合理规划，深化拓展了专题教学、案例教学、信息化教学等思政课教学改革方法，增强教学吸引力和实效性。贴近时代，充分挖掘现实中的感人事迹、生动故事和典型人物，将鲜活教材运用于“课堂环节”，引导学生弘扬爱国主义精神、科学精神、奋斗精神等，自觉担当青春使命。同时积极整合资源，依托研习会等专业社团，服装设计大赛等竞赛平台，大学生启盈电影节、爱心拍卖、“群星耀印刷”等系列精品活动，拓展实践载体育人功能。通过线上线下育人平台联动，使思政教育更为多样、立体和鲜活，更具吸引力。

## 二、把握规律，夯实中圈，以全过程育人挖掘思政教育深度

在三全育人综合改革中，学校以社会主义核心价值观为引领，将思政工作贯穿学生从入学到毕业全过程，贯穿教学、科研、管理、服务、社会实践等全领域，实现全过程育人。

入学教育阶段，开展“技能筑梦”行动。学校以感知教育为重点，重视入学教育第一课。学校坚持先声夺人，在学生入学时将习近平总书记强调的“在全社会弘扬精益求精的工匠精神，激励广大青年走技能成才、技能报国之路”作为入学教育的主要内容，让学生对所学领域、所属学校、所学专业有较为全面的认识，并培养较深的感情。通过各种载体加强宣传，发挥世界技能大赛的示范引领作用，在全校学生中形成了“崇技尚能”“技能铸就梦想”的良好舆论氛围，使“崇技尚能”成为学生励志前行的思想灯塔。

专业学习阶段，推进“青春探梦”行动。学校以文化素养教育和职业岗位素养训练为重点，重视日常每一课。通过构建通识教育课程体系，以“版专大讲堂”、电影党课等为载体，强化学生社会主义核心价值观等教育，加强学生思想素质与心理素质、人文素养与职业素养的培养；通过学校建立的上海印刷博物馆、图书馆精品阅览室、师生艺术作品陈列室等对学生进行素质教育，传递高雅的文化品位和艺术情调，促进学生科学文化素质和艺术审美素质的协调发展；凭借学校“工、文、艺”融汇的办学特色和优势，在教学管理过程中注重把多学科综合性优势体现到人才培养过程中，培养学生多方面的知识与能力结构。搭建了“大学生社会化内容生产创筹平台”“筑梦空间——创意中心”“创新创业学院”环版专文化创新产业带等载体，注重培养学生的创新意识、创业能力。多管齐下，以思政素质培养带动职业核心能力和创新创业能力培养，增强学生核心竞争力。

顶岗实习阶段，推进“实践圆梦”行动。学校以职业价值观教育为重点，重视“毕业最后一课”。凭借上海新闻出版职教集团、长三角新闻出版职教创新联盟、校企合作理事会等校企合作平台，充分发挥学校、行业、企业联合育人作用。聘请一批行业企业高级管理人员、工程技术人员和能工巧匠为学校实践教学环节兼职教师，实行导师制。通过校内指导教师和校外代教导师的言传身教，培养学生爱岗敬业的精神、踏实肯干的态度、诚信

处事的品质、团队合作的意识。

## 三、协同推进，融通外圈，以全方位育人增强思政教育效度

“三全育人”是集多元主体、多种教育力量为一体的系统工程。学校在打造三全育人格局，推进思想政治工作中突出以人为本的理念，强化以学生为中心的思维，坚持人在哪里思想政治工作就延伸到哪里，紧紧抓住校园、企业、社会“三个场域”做好思想政治工作。

抓好“校园”教育场域，开展“文化思政”。校园是广大师生共有的精神家园。学校注重以文化人、以文育人，广泛开展文明校园创建，开展形式多样、健康向上、格调高雅的校园文化活动。加强“启盈精神”“王选精神”为底色的校园育人模式，开展系列育人活动，注入校园特色育人新活力；开讲“印迹中国·匠心筑梦——信仰铸初心，技能成就强国伟业”为主题的“伟大工程”示范党课，大力弘扬劳模精神、劳动精神和工匠精神；疫情防控期间，校领导带头亲自授课，为师生上好第一堂疫情防控思政大课，广大教师更是将最美“逆行者”中的先进人物和先进事迹、生命教育和疫情防控常识等知识走进课堂、融入校园文化，用典型人物激励和鼓励学生增强中国特色社会主义文化自信、理论自信、道路自信、制度自信。

抓好“企业”教育场域，开展“职业思政”。学校在推进校企合作、产教融合过程中，积极搭建企业育人载体，发挥企业育人功能。学校坚持“请进来”与“走出去”。一方面举办企业导师讲思政活动，通过聘请企业行业的相关部门负责人、业务和技术骨干、技术专业人才以及获得劳模荣誉的工匠担任企业导师，畅谈职业理想、细说工作体会、讲述岗位实践，培养学生对企业的认同感与责任感；另一方面，积极完善校企合作机制，与200多家行业企业建立校外实践、实习签约基地，引导学生在合作企业中养成正确的职业道德、职业价值、职业精神和职业素养，将思政课堂搬进企业，关注学生成长发展。

抓好“社会”教育场域，开展“实践思政”。社会是校园教育和企业教育的延伸，是大学生思想政治教育的“大课堂”。学校坚持把大学生参加专业实践和社会实践作为人才培养的一个必要环节来抓，结合大学生特点，立体设计实践课程。认真组织和开展大学生暑期社会实践活动，积极参加“红色之旅”“志愿服务”和“社会调研”等暑期社会实践项目；连续三届上海进口博览会组织学生参加志愿服务活动，负责各类相关证件的制作工作，凭借专业技能服务进口博览会，展现我校学子的良好风貌。鼓励学生参与“全国互联网+创新创业大赛等国家级赛事活动，取得优异成绩。通过社会场域开展实践育人，培养学生劳动意识、“志愿精神”“工匠精神”和拼搏精神，提高劳动技能和动手能力。

## 四、搭建平台，辐射带动，以示范引领拓展思政教育广度

学校思想政治工作通过改革创新，培育了一批示范项目、打造了一些示范课程、成长

了一支思政队伍。学校积极搭建平台，坚持资源共享，把思政工作积累的经验和规律进一步推广，不断扩大育人效果。

搭建交流平台，发挥引领作用。学校作为全国高职高专院校思想政治理论课建设联盟副会长单位、上海市高职高专院校思想政治理论课建设联盟会长单位，通过举办研讨会、培训会等形式，积极推动高职高专思想政治理论课建设，不断提高高职高专思想政治理论课教学效果。牵头成立长三角高职高专院校思想政治理论课建设联盟，坚持资源共享、师资共建、项目共做、发展共促，实现长三角地区思政课协作制度化、常态化，提高学校育人效能。

打造示范课程，实现资源共享。《毛泽东思想和中国特色社会主义理论体系概论》在线课程在中国大学慕课平台启动并对社会开放，疫情期间在线注册学生数超过 3.7 万，一年近 6 万人注册学习。服务了全国 20 多个省市自治区的 70 多所院校师生，优质的在线资源为全国高职院校在疫情期间上好思政课提供有力保障。

示范教学巡讲，扩大对外影响。学校思政教研部等多位老师在上海市 10 多所院校和三所长三角院校讲思政课示范课，深受广大师生欢迎。学校多名教师受邀参加中国职业技术教育学会、中国教育师资培训中心等举办的课程思政研修班授课，精彩展示受到学员一致好评。2020 年，学校教师已经为全国 300 多所职业院校的教师开课程思政直播课 10 场。

当前，“劳动光荣、技能宝贵、创造伟大”正在成为新的时代风尚，国家重视技能、社会崇尚技能、人人学习技能、人人拥有技能的良好氛围正在推动和形成。上海出版印刷高等专科学校以培养具有“国际视野、人文素养、艺术眼光、创新意识”的高素质技术技能人才为己任，坚持在思想政治工作过程中人员上无懈怠、时间上无空档、空间上无死角、内容上无遗漏，坚持三全育人、五育并举，努力培养德智体美劳全面发展的新时代大国工匠，为我国新闻出版传媒产业发展提供人才支持。

# 高职专业“课程思政”的“道法术器”改革

滕跃民 张玉华 肖纲领

**摘 要：** 高职院校在专业教育中实施课程思政是使各类课程与思想政治理论课同向同行，形成协同效应的重要组成部分。高职院校专业教育的课程思政改革，可以基于“道法术器”思路来实施。“道”即引导学生讲道理、走正道、行道德，实现价值引领；“法”即寓道于教、寓德于教、寓教于乐，遵循教学规律；“术”即构建画龙点睛式、专题嵌入式、元素化合式教学方式，打造多元路径；“器”即融入信息技术。

**关键词：** 高职院校；专业教育；课程思政；道法术器

“课程思政”是在马克思主义基本立场与观点方法的指导下，深入发掘各类课程的思想政治理论教育资源，并从战略高度构建思想政治理论课、综合素养课程、专业教育课程“三位一体”的思想政治教育课程体系。其目的是探索各类课程与思想政治理论课同向同行，形成协同效应。基于此，高职院校专业教育中的课程思政是指高职院校专业课教师在传授专业知识、培育学生职业技能的同时，进行价值引领，从而实现学生思想品德水平、文化素养和职业操守的同步提升。高职院校承担培养技术技能人才的重任，课程是高职院校人才培养最核心的抓手。专业课作为高职院校课程的主要部分，自然应成为高职院校课程思政的主阵地。在高职院校专业课中实施课程思政是“使各类课程与思想政治理论课同向同行，形成协同效应”的重要组成部分。因此，高职院校在专业课中进行课程思政改革，对于高职院校进行全方位人才培养而言具有重要意义。高职院校专业教育中课程思政的实施，可以在“道”“法”“术”“器”四个方面进行有效探索。

## 一、“道”——实现价值引领

高职院校专业课程思政的最终目的在于立德树人。学生是受教育的主体，高职院校专业课程思政必须服务于学生的成长成才。高职院校专业课程思政的开展首先需要从“道”上实现对于学生价值的引领，引导学生讲道理、走正道、行道德。

### （一）以专业课程思政改革引导学生讲道理

在高职院校专业课中实施课程思政，旨在引导学生讲马克思主义的道理，用马克思主义的立场、观点、方法来认识和改造世界。当前较多西方学者认为马克思主义所反映的时代特点已发生了剧烈变化，马克思主义已不能解释日新月异的新时代了。他们认为现代西方科学和社会的新理论层出不穷，早就超越了马克思主义。虽然当今的世界已经不是马克思、恩格斯当年创立历史唯物主义理论时的样子，但是人类社会从资本主义向社会主义过渡的时代背景丝毫没有发生改变。而且中国革命和建设所取得的巨大成就，有力地证明了坚持马克思主义指导的正确性。特别是党的十八以来，在以习近平同志为核心的党中央领导下，中国国力和发展水平进一步提升，再次证明了马克思主义基本原理同中国实际相结合的巨大力量。马克思主义的道理，即马克思主义的立场、观点和方法，是马克思主义科学思想体系的精髓。[1] 马克思主义的基本立场是始终站在人民大众的立场上，一切为人民，一切相信人民，一切依靠人民，全心全意为人民谋利益。马克思主义的基本观点，是关于自然、社会和人类思维规律的科学认识，是对人类思想成果和社会实践经验的科学总结。马克思主义的基本方法，是建立在辩证唯物主义和历史唯物主义世界观、方法论基础上的思想方法和工作方法，主要包括实事求是的方法、辩证分析的方法、历史分析的方法、群众路线的方法等等。在高职院校专业课中实施课程思政，专业课教师需要结合专业课程实际，把马克思主义的基本道理内化到学生心中。

### （二）以专业课程思政改革引导学生走正道

在高职院校专业课中实施课程思政，旨在引导学生走中国特色社会主义的正道，增强走中国道路的信心和决心。道路问题是关系党的事业兴衰成败第一位的问题，道路就是党的生命。新中国成立以来，特别是改革开放 40 年来，我们党坚持把马克思主义基本原理同我国具体实际和时代特征相结合，成功开辟了中国特色社会主义道路。中国特色社会主义道路正是中国共产党把马克思主义的理论同中国革命和建设实践相结合的成果。在高职院校专业课中实施课程思政，专业教师需要引领学生把马克思主义的哲学理论化为思想方法，贯彻于自己的行动、自己的专业领域中，从而走马克思主义的正道。

### （三）以专业课程思政改革引导学生行道德

"在同一件事情上人们的立场、观点如此多样，以致教师难以在学生面前充当道德权威，谆谆教导学生什么是好的与坏的，什么是对的与错的，该做什么，不该做什么。把价值标准和道德观念当作确定的知识来教的时代，一去不复返了。[2] " 价值取向多元冲突的现象对高职院校专业课教师开展课程思政提出了挑战。面对这种挑战，高职院校专业课教师不应坚持价值中立，而是应该勇敢地承担起价值引领的重任，引导学生践行集体主义道德。在高职院校专业课中实施课程思政，旨在引导学生践行集体主义的道德。承担课程思政任务的高职院校专业课教师需要引导学生"化理论为德性"。所谓"化理论为德性"，即引导学生通过身体力行的专业实训实习，把马克思主义理论化为自己的德性，具体化为有血有肉的人格。集体主义是我们长期信奉的道德原则。随着计划经济体制向市场经济体制转型，集体主义的道德原则也需要新的发展，这符合马克思主义经济基础决定上层建筑的论断。而社会主义核心价值观就是集体主义道德原则的当代发展。[3] 在个人主义思想不断盛行之际，通过实施专业课程思政，学生将在专业实践中化马克思主义的理论为自己的德性，从而把社会主义核心价值内化到自己的人格中。

## 二、“法”——遵循教学规律

课程思政本质上是一门课，与其他课程有一定的共性，因此课程思政也需要遵循一定的教学规律。课程思政既要遵循专业课的教学规律，又要遵循德育课的教学规律，因而需要把两种类型课程的教学规律有机结合起来，按照相应的“法”来实施教学，否则课程思政的效果会大打折扣。

### （一）课程思政改革需要寓道于教

高职院校专业教育中既要有专业知识方面的要求，也要有思政的高度与人文情怀的温度。但是长期以来，高职院校专业课程过于注重知识技能传授，忽视价值观引领和学生品德养成，无疑贬低了学生作为“人”的价值。甚至学生只是被当作将来能产生更高劳动效率的“机器”来培养，产生了教育的异化。这显然与马克思主义关于实现人的自由全面发展的目标相去甚远。技术从本质上说是中性的。技术可以用来造福人类，也可以用来毁灭人类。美国哲学家汉娜·阿伦特曾在《人的境况》中指出：“工程师并非其自身造物的主人，其他物品的制造者也是如此；超乎其上的政治学必须为体力劳动提供指导。[4] ”在这里，阿伦特批评了那些只管提高技能和完成制造，其他什么都不考虑的技术工作者。在高职院校专业教育中，教师不能只教学生如何在技术上精益求精，更要让学生学会思考技能对于社会有怎样的价值，即“寓道于教”。实现思政教育强化、职业素养培育和职业技能提高的“三促进效应”，才是高职院校专业教育的本真。

### （二）课程思政改革需要寓德于教

课程思政在本质上应该属于德育范畴，这就意味着高职院校专业课教师在课程思政中也应该自觉承担起德育的教学任务。因此，高职院校专业课教师在开展课程思政时应遵循基本的德育原则和方法。当前社会的文化从一元变成多元，这意味着道德教育要从一元走向多元。[5] 一元文化下道德教育的内容是唯一的，道德教育的方式也是强制的，教师是道德教育中永恒价值的“法官”。在多元文化背景下，承担德育任务的教师不再直接告诉学生什么正确、什么错误，而是引导学生对各种道德取向与道德规范进行分析、比较与鉴别，自主、合理地选择真正符合时代要求或个人所应确立的道德价值，做到“寓德于教”。

### （三）课程思政改革需要寓教于乐

在大众化教育阶段，高职院校学生存在着学习动力不足，不愿意学习的情况。在高职院校专业课的课程思政教学中要注重挖掘学生的兴趣点，从“问题”入手，“浅入深出”地开展教学，促进学生体验到学习的乐趣和成就感，做到“寓教于乐”。上海出版印刷高等专科学校经过多年的探索，形成了思政元素融入实训课同向同行的教学模式。该模式通过实施课前启发式教育、课中体验式教育、课后感悟式教育，有效衔接了“课前、课堂、课后”三个过程。该模式综合运用案例、图片、视频、时政性强的材料，打造体验式课堂的“精彩一刻”，增强了课程的吸引力，从而创建了在学习中找到快乐、在快乐中学会学习的教学方法，达到了“快乐教学”的良好效果。

## 三、“术”——打造多元路径

高职院校专业课的课程思政要实现德智技的共同提高，需要探索具体的融入方式。论文提出了画龙点睛式、元素化合式、专题嵌入式、隐性渗透式四种融入方式，以期助力高职院校学生技能和素养的双重提高，为专业课程的“同向同行”提供借鉴。

### （一）课程思政的“画龙点睛”教学方式

“画龙点睛”教学方式是指在讲授专业课的知识点和技能点时进行社会主义核心价值观、唯物辩证法等的点睛。“画龙”是指高职院校专业课知识点的学习和技能点的训练；“点睛”是指用德育元素对相关知识点和技能点进行指点。如在印刷概论等专业的讲课中涉及毕昇、王选、万启盈等内容时，可以进行社会主义核心价值观的点睛。万启盈是党的印刷事业和中国现代印刷工业的奠基人之一。他为了实现革命理想，1937 年千里迢迢赶赴延安，被分配到党报委员会领导的中央印刷厂工作。万启盈排过字、拼过版、管过工务、当过厂长。90 多岁高龄时他仍在撰写《中国近代印刷工业史》。[6] 在讲印刷的历史中，专业教师可以采用“画龙点睛”教学方式，把万启盈爱国事迹、敬业的精神，提升到社会主义核心价值观的高度进行讲解。

### （二）课程思政的“专题嵌入”教学方式

“专题嵌入”教学方式是指专业课教师选择相关主题，在不打破原来教学结构的基础上，将思政的某个专题进行嵌入，以加深学生对专业课程内容的理解，同时提高学生对思政要求的认识。比如在印刷过程与控制课程讲授关于水墨平衡的主题中，可以嵌入对立统一规律的阐述，以揭示印刷过程中的矛盾运动发展、两点论、重点论、量变到质变规律。平版胶印是现今应用最广泛的印刷技术之一，其著名原理就是“水墨平衡”。在现代平版胶印过程中，印刷中的“水”和“墨”是在高速、高压的过程中相互接触、相互作用的，不少学生误认为“水墨平衡”就是“油水不相溶”。但嵌入对立统一规律后，学生更容易理解水墨平衡原理。“水”和“墨”两种互不溶解的液体在高速高压状态下，油水间的相互作用发生了显著的变化，一种液体以微滴的形式分散到另一种液体中，产生“乳化”现象，形成“油包水”型稳定乳状液。依托课程思政的“专题嵌入”教学方式，高职院校学生专业课的学习有了更有力的支撑。

### （三）课程思政的“元素化合”教学方式

化合反应指的是由两种或两种以上的物质反应生成一种新物质的化学反应。课程思政的“元素化合”教学方式，就是将专业知识、专业技能、思政要点三种不同的教学元素进行化合，进而产生合而为一的效果。比如音乐欣赏课程的讲授，其知识点通过与文化的元素化合，就很好地融入了课程思政要求。在讲授民族音乐时，一方面把优秀的民族作品的定义、特点等知识点介绍给学生，让学生对中国优秀传统音乐作品有所了解；另一方面，引入国外有代表性的音乐，使学生在欣赏外国音乐的同时，产生对祖国的民族自豪感，增加文化自信。再比如歌曲《黄河》教学中，作为来源于西方的音乐体裁，除了钢琴技法和作曲技法等知识点之外，所有知识点都体现了中国传统音乐文化的魅力，如“起”“承”“转”“合”的中国传统音乐创作技法，笛子与琵琶两种中国传统乐器的融入。正是这种音乐知识点与文化的育人元素结合在一起，实现了双重育人功效，使得爱国主义、文化自信等思政要点有机化合到专业课程中，充分体现出了课程思政“元素化合”教学方式的效果。

## 四、“器”——融入信息技术

高职院校专业教育的课程思政要提高颜值，需要信息化技术来包装。随着时代的发展，传统教学模式已不能适应课程教学的发展。而信息技术以其灵活、高效、信息丰富等特点更加适应课程思政的现代化教学模式。课程思政教育信息化，要求在教育过程中较全面地运用以计算机、移动通信为基础的现代信息技术，从而适应正在到来的信息化社会提出的新要求。高职院校专业课教师应该处理好信息技术与课程内容的有机融合关系，发挥信息技术在价值观教育中的功能和作用。新型信息技术教学应用创新是深度融合的动力。比如传播学概论课程中，可以运用 VCR 虚拟现实技术来呈现中国共产党在长征途中宣传革命的事迹。把这些红色事迹通过虚拟现实来让学生体验，必然会加深学生的感受性。

总体而言，高职院校专业课程思政的“道法术器”改革，是课程思政在高职院校专业课程教育中的有力渗透，有利于提高高职院校思政教育的效果，也是提升高职院校专业课程教育教学水平，实现“全员育人、全方位育人、全过程育人”，促进学生思想品德水平、文化素养和职业操守的同步提升的有利思路。高职院校专业课程思政的“道法术器”改革，为高职院校开展专业课程思政提供了一定的参照和借鉴，值得进一步加以探索和研究。

## 参考文献

[1] 孟源北. 习近平新时代中国特色社会主义思想的理论来源 [N]. 学习时报，2017-11-03（A02）。

[2] 黄向阳. 道德相对主义与学校德育 [J]. 全球教育展望，2001（6）：5-8。

[3] 崔宜明. 社会主义核心价值观与中国优秀传统文化的再认识 [J]. 道德与文明，2014（5）：21-27.

[4] 理查德·桑内特. 匠人 [M]. 李继宏，译. 上海：上海译文出版社，2015：1.

[5] 孙峰，李欢. 道德教育的现实选择：从灌输走向对话 [J]. 辽宁师范大学学报（社会科学版），2009（5）：56-60.

[6] 杜维兴. 正直坚强的老人：怀念万启盈同志 [J]. 印刷杂志，2014（11）：36-38.

# 同向同行：知识传授与价值引领同频共振
## ——上海出版印刷高等专科学校“课中课”课程思政改革探析

滕跃民　张玉华　马前锋　汪　军　孟仁振

### 落实“职教20条”开启职教新时代

2016年，全国高校思想政治工作会议指出，做好高校思想政治工作，要提升思想政治教育亲和力和针对性，满足学生成长发展需求和期待，各门课都要守好一段渠、种好责任田，使各类课程与思想政治理论课同向同行，形成协同效应。

这一全新的理念与精神指引，创造性地为高校提升“立德树人”动力，破解思政教育“孤岛”困境提供了科学的行动指南。

以此为遵循，上海出版印刷高等专科学校迅速开启了由单轨式思政教育向融入式思政教育推进的改革探索之路。

学校通过多年来的理论探索和教学实践，形成了思政教育融入各类课程的“课中课”同向同行教学模式。该模式聚焦课程育人、实践育人和文化育人等全新领域，创新性地将德育元素融入知识技能培养环节，打通了显性知识技能培养与隐性素养培育相互促进的通道，最终凝练出基于“寓道于教、寓德于教、寓教于乐”，具有“画龙点睛式、专题嵌入式、元素化合式”实施标准的“同向同行”范例，成为全国高校“课程思政”改革成功的先行者。该成果获得了上海市教学成果特等奖、全国二等奖，在课程思政这一全新教育教学领域实现了历史性的突破，构建了各类课程开展课程思政改革的模式和标准。人才培养迸发出澎湃的活力，其独具创意的“课中课”思政教育改革经验值得分享与借鉴。

### “三微一体”设计创新育人架构

职业教育的实习实训承担着职业技能人才的技能训练和应对行业发展需求的各级职业技能培训任务。把思政课要点融入职业教育的实习实训，有助于培养职业技能人才的职业素养。在实践中，思政课教师走进专业实训课堂，将提炼出的理想信念、实事求是、遵纪守法、工匠精神、团队合作、环境意识等6个思政微要点融入专业实训课，把思政课的教学要点具体化为实训操作体验，从而把专业实训教学与思政教育有机结合起来。学生在技能训练过程中体验6个思政微要点。例如将“毛泽东思想和中国特色社会主义理论体系概论”课中“实事求是”的教学要点，具体化为实训操作中“会就是会，不会就是不会：如果不会，继续找原因、摸索规律、操作学习”的微行为，学生也养成正直诚实的职业微素养。思政要点和实训技能与素养由此相互对应起来，统合为微要点、微素养、微行为的三“微”一体育人架构，从而将思政教育的价值引领落细落地。

“课中课”模式立足学生的全面发展，从“问题”入手，以职业技能为支撑点，在技能实训过程中融入思政微要点和职业微素养，激发了学生“学知识、练技能”的热情，营造出苦练职业技能、争当高素质技能人才的良好学习氛围。“课中课”模式不仅体现了专业课与思政课的“同向而行”，而且展现了技能与素养培育的“同学同步”理念。2015 年张淑萍在第 43 届世界技能大赛上获得了印刷媒体技术项目银牌，充分体现了思政课融入专业实训课的育人效果。

“课中课”教学模式通过“精”心设计，建立了课前启发式教学、课中体验式教学、课后感悟式教学的“三阶段式”教学。教师们通过课程开始后的前 5 分钟，引出要融入实训课堂的技能微行为、思政微要点。在课中的体验式教学中，如果学生在实训环节出现粗心大意、畏难退缩、乱扔垃圾等现象，思政教师会适时贴近学生开展遵守规则、团队合作、敬业务实等职业微素养的教育。课后感悟式教学让学生们分享关于在职业规范、职业道德和操守方面的感悟。

## “三寓三式”探索坚持与时俱进

在“课中课”的推广中，学校创新课程思政“三寓三式”融合原则方法和路径手段，成功打造了“课中课”的升级版（2.0 版）。“三寓”是指在“课中课”教学过程中需要“寓道于教”“寓德于教”“寓教于乐”相融合的方法原则。“寓道于教”是引导学生自觉认真地学习探索客观规律，尊重遵守客观规律。如，在讲解高等数学的极限原理时，把“不忘初心、砥砺奋进”的奋斗精神、“精益求精、方得始终”的工匠精神、“一丝不苟、字斟句酌、作风严谨”的辞海精神润物无声地融入课程教学中。“寓德于教”指各类课程潜移默化地对学生进行社会主义核心价值观的教育，各类课程教师在课程中应该自觉承担起德育的教学任务，引导学生学习毕昇、王选、万启盈等榜样的事迹，发挥榜样的有示范效应。“寓教于乐”是用情景化、形象化、故事化、游戏化、幽默化、启发式、互动式、讨论式、探究式、案例式等方法开展快乐教学，在“汤里放盐”的基础上“加糖”，从而达到提升课堂教学的效果。

“三式”指在“课中课”教学过程以“画龙点睛式、专题嵌入式、元素化合式”为融合路径手段。“画龙点睛式”指基于对各类课程的知识点和技能点的简明提示，对学生开展社会主义核心价值观、唯物辩证法、职业素养等的“点睛”。“专题嵌入式”是各类课程教师选择相关主题，在不打破原来教学结构的基础上，将思政的某个专题进行嵌入，以加深学生对各类课程内容的理解，同时提高学生的思政道德的认识。如在学校专业课“印刷过程与控制”关于“水墨平衡”的讲授中，嵌入对立统一规律的阐述，揭示了印刷过程中的矛盾运动规律、量变到质变规律。“元素化合”教学方式，就是将专业知识、专业技能、思政要点三种不同的教学元素进行化合，进而产生合而为一的育人效果。如在全校平台课“音乐鉴赏”关于“民族音乐”的教学中，把西洋音乐与乐器、我国的民族音乐与乐器、爱国主义等元素有机地化合在一起，大大激发了学生爱国主义情怀，产生了前所未有的显著效果。

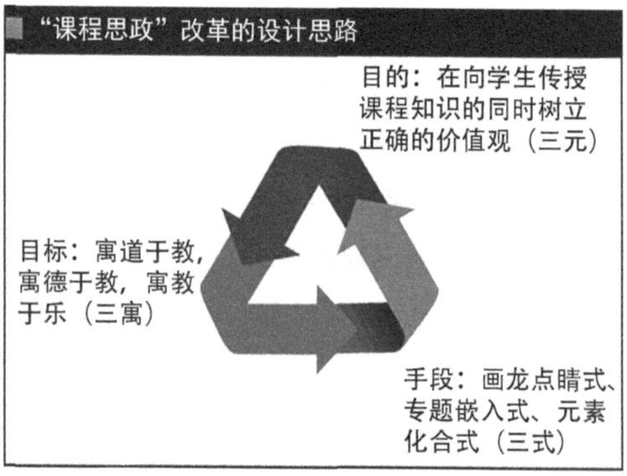


此外，在“课中课”的推广应用中，学校还形成了课程思政改革具有先导性意义的“五项清单”（不扯皮、不贴标签、不生搬硬套、不碎片化、不降低教学效果）及“道法术器”的系统化设计框架，得到了全国许多兄弟院校领导和教师的高度认同。因此，“五项清单”“道法术器”“三寓三式”构成了“课中课”升级版（2.0版）的三大重要组成部分。

“课中课”升级版（2.0版）彰显了各类课程与思政课“同向同行”的协同育人效应，各类课程以“三寓三式”为指导，充分提炼专业课程中蕴含的文化基因和价值引领，并将其渗透于教学目标、教学内容、教学方法、教学资源之中，从而转化为社会主义核心价值观具体化、生动化的有效教学载体，内化于心、外化于行，提升了专业课教师的育德意识和育德能力，在“润物细无声”的知识传授中融入理想信念层面的精神指引。

## “三全育人”实践强化价值引领

“课中课”模式紧密结合行业，对接印刷出版文化，创新了行业文化育人路径。整合“思政教师、专业教师、行业技师”3支队伍组成教师群，将思政教育、实训教学的独角戏变为众多角色共同参与的同台演出，显著提升了职业院校思政教育效果。通过“课中课”教学模式实现了思政教育“进专业、进行业、进社会”，成为高职教育领域“三全育人”的活样板。

上海出版印刷高等专科学校是一所具有鲜明办学特色，以培育高技术技能人才为目标的学校。学校浓郁的校园文化底蕴和丰富的校企合作资源，是“课中课”模式教学实践的有力支撑。通过印刷博物馆现场教学和行业企业实践，学生从中国传统印刷文化的熏陶中，感受到中华优秀传统文化的厚重和历史传承的责任；从“红色印迹”展览中体会到老一辈革命者艰苦奋斗的精神，坚定理想信念，增强战胜一切困难的信心和决心；从企业实践中把握到印刷出版行业、文化传媒产业在传播先进文化方面的光荣使命，增强爱岗敬业、努力学习的自觉性。通过创新实践“全程思政教育、全面思政教育、立体思政教育、创新思政教育”，点亮学生心中的信仰，用信仰的力量引领学生在成长成才的过程中不断攀登，收获精彩。

随着“课中课”模式广泛和深入的应用，成果在全国范围内产生了广泛的辐射效应。现已有上海交通职业技术学院、陕西铁路工程技术职业学院等100多所院校借鉴应用“课中课”模式中的教学方法，取得良好效果。

放眼今天的上海出版印刷高等专科学校，全员、全过程、全方位育人的大思政格局正在形成，“课中课”课程思政改革的生动实践释放出无穷能量，推动学校的人才培养和科学发展大踏步走向更加美好的未来。

# A Practical Exploration of "Ideological and Polical Course" in Film and Television Art Education

## — Take the "Project Training of 2D Animation Creation" as an example

Zhang Bo　Teng Yuemin（张　波　滕跃民）

**Abstract**: After the issuance of the "Guidelines for Ideological and Political Construction of Courses in Colleges and Universities", the "ideological and political course" in the teaching of film and television art majors has become more and more important. In this paper, taking the "Two Dimensional Animation Creation Project Training" course as an example, combined with the "class in class" reform practice of Shanghai Publishing and Printing College, how to implement the spirit of the outline in the teaching content and teaching methods of film and television art education is explained. In addition, this paper fully integrates "three educations and three forms" and "the second classroom" to carry out innovative practice of "curriculum ideological and political" .

**Keywords**: film and television art education; curriculum ideological and political education; "three educations and three types"; "the second classroom"

## Chapter 1　The Necessity of the Construction of the "Ideological and Political Course " in the Film and Television Art Education

On June 1, 2020, the Ministry of Education issued the "Guidelines for the Construction of Ideological and Political Courses in Colleges and Universities", requiring that the ideological and political education should run through the talent training system. In addition, it is necessary to comprehensively promote the construction of ideological and political courses in colleges and universities, give full play to the educational function of each course, and improve the quality of talent training in colleges and universities. Moreover, the content of the ideological and political construction of art courses is specifically defined — guiding students to not only base themselves on the times, take root in the people, and go deeper into their lives, bur also establish correct artistic and creative outlook, actively carry forward the spirit of Chinese aesthetic education, comprehensively improve their aesthetic and humanistic qualities, and enhance their cultural confidence. [1] Therefore, it can be seen that higher education of arts plays an important role in the "ideological and political courses".

Students majoring in Film and Television belong to the category of art students. They are not good at learning cultural basic courses and they are also not enthusiastic about learning them. On the contrary, such students have great enthusiasm for creative courses and always actively participate in them. In order to create and innovate, they will also fully arouse their initiative to learn. However, as a generation growing up in the network era, their favorite information source platform is the Internet. As for the personal qualities of art students, they are not only relatively weak in ideological and political concepts, but also lack of self-discipline. When facing different kinds of information on the Internet, both good and bad, such students will lack judgment and accept everything, which, in the long run, will fundamentally change their ideas. Under this circumstance, the teacher's good guidance appears to be of great importance. Proper intervention can help students establish correct value judgment, lead them to create works in line with socialist values, and then help them form a sound and independent personality.

## Chapter 2 Practice Foundation of "Ideological and Political Courses" in the Major Courses of Film and Television Art

### 1. Film and Television Teaching Advancing with the Times

In the latest issued guidelines, it is particularly emphasized that the art teaching should be based on the times. Indeed, due to the scientific characteristics of the courses of Film and Television Art, and the fast-changing development of contemporary science and technology day by day, it is of great importance to pay attention to the times. In the practical teaching application, the film and television art major takes advantage of the latest information technology means to integrate online teaching and offline teaching, making use of online platforms such as BB, Super Star Erya, Xueyin and so on. In addition, the WeChat group, course group, course APP and other new-media paths have been established to integrate happy teaching into the traditional classroom, thus promote the further communication and development after class by means of the movies and animation works which are popular among students. Moreover, the Film and Television Training Center not only has been equipped with virtual studio, film and television shooting, lighting training, Convergence Media teaching and other equipment and facilities, but also has set up a considerable number of courses related with VR film and television production, so that students can master the latest film and television technology as soon as possible and always keep up with the times.

**2. Teaching contents with the spirit of Chinese aesthetic education**

The film and television Art also has the characteristics of nationality, which is closely related to the spirit of Chinese aesthetic education and cultural confidence advocated by "ideological and political courses" . [2] In addition, as the Chinese nation has a long history, in order to create excellent literary and artistic works in the future, students majoring in arts must have not only a strong spirit of patriotism but also a profound understanding and view about the cultural accumulation of China. Therefore, it is particularly meaningful to integrate the "ideological and political" education with Film and Television Art. The Film and Television Art Department of Shanghai Publishing and Printing College is also constantly exploring and practicing the teaching mode suitable for art students.

In addition to the teaching of the daily courses, students will also be organized to watch classic film and television works after class, and at the same time, make profound and in-depth analyses on these films. Furthermore, these films are also carefully selected, fixing on the elements of the ideological and political education. In this way, the students can not only grasp the aesthetic characteristics of the works, but also reach a consensus with these excellent works in aspect of ideology. Moreover, the students are also gradually cultivated to form their own profound aesthetic system, thus lay the foundation for further creation in the future. Besides, the teachers will, on one hand, sort out art works which are in accordance with the core values, on the other hand, list books and films closely related to the "ideological and political courses", such as The Rise of the Great Nations, which not only reflects the characteristics of the new times, but also promote the positive energy in the whole society. In this way, students' art development after class will be guided in the correct way, which is one of the effective ways to practice "ideological and political courses" .

The theory constructs the thought, while the practice guides the action, and these two aspects can bring out the best in each other. In order to make the students grasp correct aesthetic and creative ideas, we should not only impart the theoretical knowledge of literature and art but also spread the positive energy of society. In the actual creation of shooting practice, we should guide students to choose the right starting point, and select the essence in the vast information network. Moreover, we should not only make the students set up striving spirit and but also encourage them to take part in the competition related with the courses, which greatly improves their self-confidence when the students win the second place in the World Skills Competition and become the reserve players.

## Chapter 3 The Flexible Adoption of the Innovative Mode "Course Combination" to the "Ideological and Political" Teaching of Film and Television Art

Except the teaching practices in accordance with the Guidelines for the Construction of Ideological and Political Courses in Colleges and Universities, Shanghai Publishing and Printing College has formed its own teaching plan for the ideological and political course. The teaching plan is also called as "course combination", which refers to the combination of specialized courses and ideological and political course. In this teaching model through invisibly involving ideological and political teaching into the professional courses, students can not only study and master the professional skills, but also be able to improve their ideological and moral level, which realizes the dual goals of the college. The adoption of "course combination" contributes to a more innovative, practical and efficient ideological and political teaching of the college. In this way, under the guidance of the college policies, teachers of the Department of Film and Art also made active response and have explored and developed a "course combination" teaching mode which is suitable for art-related majors.

### 1. The Full Adoption of "Three Integrations and Three Methods"

"Three Integrations and Three Methods" is one of the innovative reform modes for ideological and political teaching. Different from the previous didactic and mechanical way of ideological and political education, this mode promotes the vivid and interesting teaching in an invisible way and with diverse forms, which is more suitable for students of art-related majors, who have active thoughts but are lack of concentration. In addition, the major Film and Television Art itself is interdisciplinary and comprehensive, which covers a wide range of disciplines, such as philosophy, aesthetics, art, science, anthropology, sociology, and so on [3]. For this reason, the major offers a large expendable space for the practical application of the "Three Integrations and Three Methods".

"Three integrations" indicates that "integrating moral education into teaching, integrating virtue education into teaching, integrating a pleasant environment into teaching". In other words, it means to infiltrate the objective laws of the world and the moral standards of the society into the daily teaching. In addition, in a way of happy teaching, the teacher can turn the students from the traditional passive acceptance into active acceptance. For instance, in an animation design class, the teacher Zhang Bo played the video of how her 21-month-old son was learning to walk to show to the students, and the class became active because of the cute kid. When the kid fell down and stood up again by himself in the video, Zhang Bo said something, which smoothly promoted the common thing how children learn to walk to the ideological and political level. She mentioned that, she never taught her son to stand up after falling down, but his son did it, which indicated that it is the instinct of human being to stand up after falling down. From this instance, she tried to encourage her students that never give up when confronted with difficulties. From watching video to learn how to make animation design of walking, to having fun from the video, to transferring the pleasure into philosophy. This whole teaching progress, as an entirety, shows how to invisibly integrate the ideological and political teaching into professional courses.

"Three Methods" refers to "finishing-touch method, thematic-embodied method, element-integrated method" . According to different features of the knowledge, and through the three methods with distinguishing characteristics, teachers can apply ideological and political teaching into their classes from different point of views. With diverse teaching forms and appropriate contents, they can help students understand the knowledge point easier, and help them achieve knowledge sublimation and the formation of three-dimensional thinking, which makes their study more efficient.

"Finishing-touch method" indicates that on the basis of teaching the professional knowledge, teachers should make a "finishing-touch" of the ideological and political factors such as professionalism in the class.[4] For instance, in the class of shooting design, the teacher is teaching the application of film shooting technology through taking the movie "Peacock" as an example. The selected excerpts of the movie for teaching is the progress of how the young girl chasing her dream. In this way, the teacher makes a "finishing-touch" by emphasizing the importance of chasing dream and never give up, which can encourage students to think more deeply about their life, and gradually get more positive energy. In conclusion, "Finishing-touch method" is made up with two steps. The first step is the reasonable selection of teaching cases, which is the basis of the next step of the "finishing touch" . If during the first step, the chosen teaching case is not good enough, the "finishing touch" will be too imposed for the students to accept.

"Thematic-embodied method" refers to that, on the basis of the original teaching structure, the teacher appropriately adds a certain ideological and political theme to improve students' ideological and political cognition and deepen their understanding of the professional knowledge.[5] For example, in the course of teaching Graphic Creativity and Association, the teacher makes use of an interesting photo took casually in daily life. On the picture is a stranger's creative transformation of his bicycle. We can see from the picture that he installed a water bucket with a lid in front of the old bicycle as the bicycle basket. The transformation offers the old bicycle with a better function with a waterproof bicycle basket. From this example, the teacher guides the students that, in daily life, observation is important; but what's more important is the creativity through observation. "Thematic-embodied method" helps to realize the supplement and extension of the original teaching contents. Though it expends the volume of knowledge, it is still easy for students to master because the new knowledge points are connected with the original ones.

"Element-integrated method" indicates that, on the basis of the original syllabus, the teacher embodies a certain ideological and political element into the relevant teaching module, which aims to cultivate the professionalism of the students. [6] In the course of motion design of people walking, the teacher applies the Mold Teaching through adding golf, pebbles, sand and coffee into the bottle and making this as analogy to introduce the important components for 2D animation making, which helps students to fast remember the knowledge points of 2D animation design. In addition, the teacher takes a further step to metaphor these teaching tools to the events in daily life in a sequence of their importance, which assists students to understand the truth of life. For the students to know that, it is important to put things in a right sequence. Otherwise, with a wrong order like filling the bottle with sand first, other things like golf, pebbles, and coffee with have no more space. Till now, the teaching is still in process. Furthermore, the teacher compares coffee to friends to tell students the importance of friendship in their lives. Like leaving space for coffee in the bottle, they also need to leave enough space in their life for friendship. From this point of view, even the teaching tools are all connected with life wisdoms. This is the advantages of the "Element-integrated method", which can connect students' mind with all aspects and areas of thoughts.

**Table 1 The Course Construction Plan of "Project Training of 2D Animation Creation"**

| Teaching modules | Professional teaching contents | Ideological and political teaching points | Implementation methods |
|---|---|---|---|
| Module 1: Early Stage of Creation | The origin and development of animation; script creation of animated short film; character design and art design; The animation shooting design and character performance | Create animation script on the basis of Chinese traditional culture. Create art design with national elements. Stimulate patriotic emotion and cultural confidence of students. | "Finishing-touch Method" plus "Thematic-embodied method" plus "Heuristic teaching" plus "Discussion Teaching" |

（续表）

| Teaching modules | Professional teaching contents | Ideological and political teaching points | Implementation methods |
|---|---|---|---|
| Module 2：Middle Stage of Production | Production skills of animated short film，including the design of the key frame，animation，and break down，and the deformation mode of animation，the speed and rhythm of the animation；and the animation skills of people walking and natural phenomenon. | Combining the understanding of life with the content of the course is integrated the ideology and politics courses. Spread the positive energy silently and softly，and enable students to set up the correct values and creation view. | "Finishing-touch Method" plus "Element-integrated method" plus "Heuristic teaching" |
| Module 3：Last stage of Combination and Integration | The editing method of the animation short film，including the principle of lens，and the method of composition and shooting. The Manufacture and Synthesis of the Animation short film，including Montage and lens combination skills. | Promote collective cooperation，enhance the team spirit，and shape the ideas of overall situation and dedication of the students. | "Finishing-touch Method" plus "Element-integrated method" plus "Inquiry Teaching" |

**2. Practice the "ideological and political courses" by means of the "second classroom"**

The second classroom，relative to the classroom teaching，is a magic weapon to implement the ideological and political teaching，referring to a variety of after-class activities，which are organized by the school，led by teachers，and participated by students.[7] On one hand，from the perspective of its teaching contents，the "second classroom" originates from，but is not limited to，the textbooks. It is of much more practical significance to carry out ideological and political education in the "second classroom"，which expands and extends the space and time for the ideological and political teaching. On the other hand，in terms of form，the second classroom is much more lively and colorful. Introducing the "second classroom" into the classroom teaching，such as letting students visit relevant exhibitions，watch relevant movies and performances，and so on，so that the students can not only enjoy themselves in the artistic atmosphere，but also improve their artistic quality. At the same time，the students can also strive to strengthen their ideals and beliefs，improve their moral qualities and critical consciousness，and establish both national pride and cultural self-confidence.

In the "second classroom" of the "Project Training of 2D Animation Creation"，we have a relatively more successful experience in the "Ideological and political" teaching practice. The teachers and students of the Film and Television Art Department one participated in the celebration of the 70th anniversary of the founding of the People's

Navy in Shanghai, and successfully completed the design of mascots and various souvenirs for the Shanghai base, which was highly recognized by the leaders from the navy force. It can be seen from this that, the students will have a deeper impression about what they think and feel when they experience the native land emotion in the process of practice. The exploration of patriotism education carried out in the "second classroom" is of great significance, which not only consolidates the "ideological and political" part in the courses, but also produces and excellent educational effect.

## Chapter 4 Summary and Reflection

As the Film and Television Art itself has the characteristics of both humanities and science, it is composed with a variety of ideological and political elements, such as patriotism, ideals and beliefs, moral quality, striving spirit and the comprehensive quality, which gives the "ideological and political courses" more space to expand. At the same time, it also brings new challenges to the "ideological and political" education of Film and Television Art. Therefore, how to integrate various elements in the best way, and how to form a set of "ideological and political" teaching mode unique to the teaching of Film and Television Art, will be the subject of continuous exploration in the future.

### Bibliography

[1] Guidelines for the Construction of Ideological and Political Courses in Colleges and Universities issued by the CPC Central Committee and the State Council [EB/OL]. [2020-06-01]. http://www.moe.gov.cn/srcsite/A08/s7056/202006/t20200603_462437.html.

[2] Zhao Kanglin, Chen Zhiying. Research on the Innovation of Cultural Symbols in Visual Communication Design based on National Characteristics [J]. Guizhou Ethnic Studies, 2018, 39 (05): 136-139.

[3] Zhang Yi. Research on the Development and Characteristics of Film and Television Education in Colleges and Universities — Based on the Combination of Professional Education and Quality Education [D]. Guangxi Normal University, 2012: 18-19.

[4] Teng Yuemin, Zhang Yuhua, Xiao Gangling. Reform of the Methods of the "Ideological and political Courses" of Higher Vocational Education [J]. Liaoning Higher Vocational Technical Institute Journal, 2018, 20 (08): 53-55.

[5] Teng Yuemin, Xu Yufei, Fang Enyin. Systematic Thinking on the reform of Ideological and Political Courses in Higher Vocational Colleges [J]. Liaoning Higher Vocational Technical Institute Journal, 2020 (7): 1-5.

[6] Li Yuke, Teng Yuemin. The "Guidance, achievement, and rationality" of Ideological and Political Courses in Higher Vocational Colleges [J]. Henan Education — Vocational and Adult Education. 2020 (5): 35-38.

[7] Huang Xuan. Research on the Second classroom of Ideological and Political Education in Higher Vocational

Colleges — Based on the “6S Management” Method of Modern Enterprises [D]. Anhui University，2016：19-20.

[8] Qin Yong，Chen Huizhao. “Pseudo Art and Real Business：the Performance Strategy of Film in the Commercial Context” [J]. Film Review，2012，(20)：1-3.

[9] Fu Lin，“Animated Film Aesthetics — from the Perspective of Aestheticization of Everyday Life” [J]. Science & Technology for China's Mass Media，2016，(6)：232-234.

# 高职院校课程思政改革的系统化思考

滕跃民　许宇飞　方恩印

**摘　要：** 课程思政改革已经进入攻坚克难的关键阶段。笔者在三年前介绍上海出版印刷高等专科学校课程思政实践改革经验时，提出了课程思政改革的“八维度思考”：历史传承化、教育基因化、落实渐进化、实施科学化、手段信息化、教学快乐化、德智融合化、互补耦合化。现在此基础上开展了进一步的系统化思考，为课程思政改革实践注入新动力，实现更佳的育人效果。

**关键词：** 高职院校；课程思政；三寓三式；德智融合；互补耦合

课程思政改革是适应人才培养需要，提升人才培养质量的必要保障。2019 年 3 月 18 日习近平总书记在北京主持召开学校思想政治理论课教师座谈会并发表了重要讲话，总书记明确指出：“要理直气壮开好思政课，用新时代中国特色社会主义思想铸魂育人，引导学生增强中国特色社会主义道路自信、理论自信、制度自信、文化自信。[1] ”高职院校课程思政改革已经得到深入推进，在现实中面临着诸多难题，根据推进课程思政工作的现实经验，对课程思政改革工作进行了系统阐释。

## 一、课程思政改革的缘起

随着课程思政改革的深入推进，在实践中阻碍其推进的现实因素也开始显现，只有不断对课程思政工作进行改革，使他及时满足并适应不同学生的发展需要，才能保持其自身旺盛的生命力，才能在实践中更好的发挥育人价值与引领作用。

### （一）培养德技兼备高素质人才的必然要求

职业教育是构成国民教育体系的重要类型，实践性是其最突出的特点。思想政治教育融入专业实训课，进而形成的“课中课”同向同行模式立足职业教育人才培养目标，坚持理论教学和实践教学相结合，以提高学生的职业技能为支撑点，而课程思政工作处理论知识讲授外，最好的培养方式就是将理论融入实践，高职院校自身这一特点实现了高职院校技能人才培养与立德树人的根本目标之间天然的衔接关系。把思政课要点融入职业教育的实习实训，有助于培养职业技能人才的职业素养。[2] 这不仅能够满足提升技能人才质量的需要，也能实现立德树人的育人目标。深化课程思政改革，灵活调试课程思政实践内容，在实践中提升其针对性及适用性，培养更多的德技兼备的技能人才。

### （二）育人环节实现价值引领的有效抓手

2004年8月26日中共中央、国务院颁发的《关于进一步加强和改进大学生思想政治教育的意见》（中发〔2004〕16号）中明确指出："学校教育要坚持育人为本、德育为先，把人才培养作为根本任务，把思想政治教育摆在首要位置。[3]"立德树人是高职院校技能人才培养的前提和基础。课程思政工作要发挥自身对学生的价值引领作用。此外，课程思政工作的针对对象不仅仅是高职院校学生，还包括广大教师，尤其是非思政课教师。要将课程思政工作入脑、入心，利用好"课程思政"这个法宝，培养出"既红又专"的社会主义事业的接班人，从而从根本上保证社会主义事业队伍不褪色、不变质。[4]

### （三）满足实践立德树人目标的关键环节

2016年12月，习近平在全国高校思想政治工作会议上发表重要讲话，提出了"高校思想政治工作关系高校培养什么样的人、如何培养人以及为谁培养人这个根本问题，[5]"课程改革要紧紧围绕这条主线进行。高职院校学生处于世界观、人生观、价值观形成的重要时期，他们对外界的是非善恶缺少判别的标准，课程思政改革就是思政内容的改革，教会广大学子树立远大抱负和人生信念，提高他们明辨是非的能力，在实践中知晓那些事可为，那些事不可为，规范自身言行。课程思政改革的最终目标就是服务于立德树人的根本目标，广大师生能够以欣然接受的状态接受课程思政的教化，实现最佳的育人效果。

## 二、课程改革的现实困境

在推进课程思政工作实践过程中确实存在一些阻碍因素。教师对课程思政工作重要性认识不到位，学生参与积极性不高，学院部门统筹不力是课程思政改革中现实存在的难题。

### （一）教师重视程度不够

课程思政工作是一项创新性的重要工程。课程思政的有效开展需要教师广泛参与及其，发挥自身纽带和桥梁作用。在实践中不少教师将课程思政视为思政教师的专任工作，并没与充分认识到自身在课程思政工作中扮演的重要角色。"专业教师既是与大学生接触最直接、对话最集中的教师群体之一，也是开展课程思政的主要力量。专业课程思政是课程思政系统中最为关键和最难解决的部分。[6]"事实上仅凭思政专业教师进行课程思政工作是片面的，忽视了课程思政工作整体育人的特点。专业教师对课程思政重视程度不够的主要原因是受传统教育教学本位思想及现实教学压力的共同影响。教师不重视，课程思政在实践中的效率、质量都会大打折扣，难以取得预期的育人效果。

### （二）学生参与积极性不高

高职院校学生具有其独特的群体特点，实践能力较强，起学习的耐力与基础相对薄弱。加上课程思政收到教师授课方式等诸多因素的影响，学生参与的积极性普遍不高。究其原因，课程思政工作没有贴近学生的现实需求，没有引起学生的兴趣点，多以传统说教式的方式呈现。教师依旧是课堂的主导，忽视了学生的参与作用，学生的主动性得不到有效发挥，自然会失去对课程思政工作的关注，成为典型的局外人。使得课程思政收效甚微。

### （三）学院部门统筹不力

课程思政工作是一项整体性工作，高职院校应统筹整体从实践层面认真落实相关要求。应该明确的一点是学校、二级学院都应该从整体性角度出发推进课程思政改革工作。在院校层面缺乏整体意识，与课程思政改革的相关部门参与积极性不高，未制定明确、具体的行动指导方案，导致在实践工作开展过程中缺乏持续性。二级学院负责课程思政的主要实施者对课程思政工作缺乏有效认识，在实际开展中没有根据学员具体情况，有针对性地开展此项工作。

## 三、课程思政改革的再思考

“学校所有教学科目和教育活动，以课程为载体，以立德树人为根本，充分挖掘蕴含在专业知识中的德育元素，实现通识课、专业课与德育的有机融合，将德育渗透、贯穿教育和教学的全过程，助力学生的全面发展，[7]”是课程思政改革的基本思路。基于实践探索，课程思政改革进程中要重点实现“八化”，即历史传承化、教育基因化、落实渐进化、实施科学化、手段信息化、教学快乐化、德智融合化、互补耦合化，从而赋予课程思政实践改革活力。

### （一）“历史传承化”是课程思政改革创新的前提

课程思政在我们人才培养、教育教学改革中发挥了巨大的、不可或缺的推动作用。与之相关的德智相融、教书育人等做法早就有之，特别是医学院、师范院校历来比较重视，古代还有“传道授业解惑”之说。上海出版印刷高等专科学校之所以走在全国课程思政改革的前例，是因为我们在传承以前传统做法的基础上进行了创新，构建了科学化、专业化的“范式”，成功打造了课中课的 1.0 和 2.0 版，并在全国产生了广泛的影响，以后还会不断有新的升级版。所有这些也形成了课程思政的 1.0、2.0、3.0 版（见图 1）。同时，这些都是共存互补、相得益彰，不存在替代关系。开展课程思政改革，应该摒弃历史虚无主义，认为课程思政是全新的、历史上是空白的观点是片面的。反之，认为课程思政就是原来的教书育人，没有什么新的内涵，这同样也是违反客观实际的。坚持“历史传承化”观点是实事求是的历史唯物主义的态度，不但能在传统历史的厚重基础进行创新，而且能调动广大教师的积极性，激发他们主动性、自觉性和创造性，从而为课程思政的成功奠定可贵的基础。

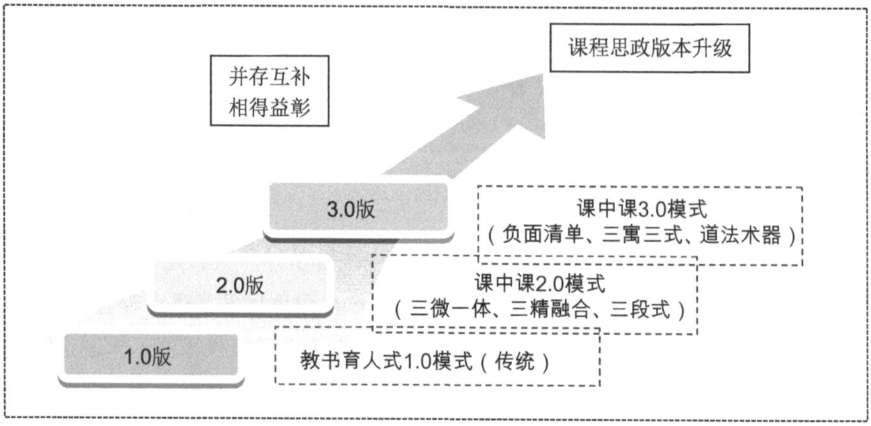


图 1　课程思政改革的渐进路径

### （二）“教育基因化”是课程思政改革的不懈追求

非思政类课程的课程思政改革具有独特的、难以替代的地位和作用，它与思政类课程同向同行，形成协同效应，是培养社会主义接班人和建设者进程中非常关键的环节。鉴于当今社会处于转型期，各种价值观对学生的成长形成了不小的冲击，课程思政改革的难度很高。课程思政改革要求老师在非思政类课程中恰到好处、恰如其分地植入思政元素，入脑入心，融化到血液中，形成伴随学生的一生成长的基因，从而到达润物无声、潜移默化的作用和效果。这就需要我们老师以强烈的责任感和使命感，积极进取，勤于思考，勇于奉献，潜心研究，汇聚各个学科的资源进行联合攻关，形成通同频共振，达到最佳的育人效果。

### （三）“落实渐进化”是课程思政改革成功的前提

因为课程思政是一项巨大的系统工程，涉及很多领域，同时，目前教师中的认识也是参差不齐，重视程度也没有达到高度一致，育德意识没有达到理想程度。所以学校领导不能采用疾风暴雨式的推进办法，更不能一蹴而就，要采取稳步、逐步的稳妥推进办法。要先动员再行动，先学习再践习，先宣传再落实，先提倡再推进，先精神再物质，最终成为广大教师的自觉行动。

### （四）“实施科学化”是课程思政改革的必要条件

我们要在宣传动员的基础上，从基础比较好的系部开始，以某一专业进行突破，树立典型标杆，以点带面，全面推开，最终形成整体优势。要建立一个专业的顶层设计框架，对主干、核心课程进行布局，明确各门课程融入思政元素的具体分工，为以后的思政元素的挖掘和彰显打下坚实基础。另外还要对第二、第三课堂的课程思政改革进行设计和考虑，这也是一流专业建设的充分必要条件，我校 2019 年的人才培养方案对此已经提出了要求。

**表 1　课程与思政元素的二维关系表**

| 课程 | 爱国主义 | 理想信念 | 道德品质 | 奋斗精神 | 综合素养 |
|---|---|---|---|---|---|
| 《静电照相印刷》 | √ | √ | | | √ |
| 《三维模型制作与应用》 | | √ | | √ | √ |
| 《印刷物料检测与选用》 | √ | | | √ | √ |
| 《印刷企业管理实务》 | | √ | | | √ |
| 《电子书设计与制作》 | √ | | √ | | √ |
| 《印刷概论》 | √ | √ | √ | | √ |
| 《喷墨印刷》 | | | √ | | √ |
| 《印刷过程与控制》 | √ | √ | √ | | √ |
| 《网页设计与制作》 | | | √ | √ | √ |
| 《色彩原理与应用》 | √ | √ | √ | | √ |

### （五）“手段信息化”是课程思政改革的重要保障

高职院校专业教育的课程思政要提高颜值，需要信息化技术来包装。[8] 信息化教学已经是当代教育教学改革的标配，是当今教育教学改革的时代特征。笔者从一开始就提出课程思政改革要有重“器”的支撑，要充分体现现代化、信息化，要基于互联网，运用微课、AR/VR、APP 等高新技术，使课程思政改革展现出“靓丽”的“颜值”。以后还要持续地与时俱进，引入智能化、智慧化等技术，使之成为课程思政改革的永恒旋律。

### （六）“教学快乐化”是课程思政改革的重要举措

笔者长期从事高职教育教学管理，重视推动快乐教学的实施。“教学快乐化”的前提是不降低学习要求，而且可能会提升教学质量。实施快乐教学，必须以“‘四不’负面清单”为先导，即“不纯乐、不偏离、不降低、不回避”。“不纯乐”就是不能以快乐替代教学；“不偏离”就是不能偏离教学大纲的要求；“不降低”就是不能降低教学质量；“不回避”就是不能回避教学重点和难点。自古以来，中华民族就有“寓教于乐”的优秀文化传统，在构建我校课程思政体系的过程中，笔者植入了体现我国文化传统的“教学快乐化”，使之成为我校课程思政改革的一大特色。激发学生学习兴趣和积极性的“教学快乐化”的内涵是“五化五式”，即“情景化、形象化、故事化、幽默化、游戏化”“启发式、互动式、讨论式、探究式、案例式”。“五化五式”是初步的，随着改革的深入，以后还会涌现更多的方式。如果一般的课程思政改革是“汤里放盐”，我校结合快乐教学的课程思政改革就是“汤里放盐加糖”。值得一提的是，“教学快乐化”的实施过程中应实事求是，因为这是对灌输式教学的补充，而不是全面的替代。

### （七）“德智融合化”是课程思政改革的核心内容

这里的“德”就是思政元素，具体是指爱国主义、理想信念、道德品质、奋斗精神、综合素养等方面，综合素养包括文化素养、人文素养、劳动素养、职业素养、哲学素养、科学素养等；“智”是指非思政类课程的知识点、技能点体系，属于知识技能图谱范畴。“德智融合化”就是在非思政类课程中挖掘思政元素，并将其与课程的知识点、技能点进行有机融合，实现“汤里放盐”效果，达到润物无声、潜移默化的境界，内化于心、外化于行，提升了专业课教师的育德意识和育德能力，在“润物细无声”的知识传授中融入理想信念层面的精神指引。[9] 融合的方法有“寓道于教”“寓德于教”，手段有“画龙点睛式”“专题嵌入式”“元素化合式”，结合前面的“寓教于乐”，构成了“三寓三式”。“画龙点睛式”就是对知识点、技能点中的思政元素进行恰如其分的强调，既弘扬了主旋律，又保证和提高了教学质量；“专题嵌入”式就是在不打破原有教学结构的基础上，恰当地嵌入某一个思政专题，提高了思政认识，并加深了对课程内容的理解；“元素化合式”就是若干思政元素与若干知识点、技能点进行“化合”，进而产生了“合而为一”的效果。与“德智融合化”相配合的是“‘五不’负面清单”，即“不扯皮、不贴标签、不牵强附会、不碎片化、不降效果”。

**表 2　教学内容与思政要素融合的实施要点**

| 教学单元 | 专业教学内容 | 思政教学要点 | 实施手段 |
|---|---|---|---|
| 单元一<br>静电复印术的起源与发展 | 复印的起源，静电照相的基本概念，静电照相技术的发明，发展及进步 | 灵感来源于实践，锲而不舍、金石可镂。 | “画龙点睛式” + “嵌入式”教学方式 |
| 单元二<br>静电照相印刷材料 | 光导现象产生的原理，静电照相印刷所需光导材料及对其相关要求。 | 细节决定成败，行为铸就品格，发扬“工匠”精神 | “启发式”、“讨论式”教学方法 |

（续表）

| 教学单元 | 专业教学内容 | 思政教学要点 | 实施手段 |
|---|---|---|---|
| 单元三<br>静电照相工艺原理与步骤 | 静电照相印刷工艺过程，并根据工艺过程详述每一过程的具体内容和作用。 | 把握事情发展规律，做事要循序善进。 | “讨论式”“探究式”教学方法 |
| 单元四<br>静电照相系统设计 | 介绍静电照相印刷机单元设计概念及其系统的划分。 | 整体与局部辩证关系，兼顾局部的同时，要树立整体意识和大局观念。 | “画龙点睛式”+“元素化合”教学方式 |
| 单元五<br>静电照相印刷机结构 | 静电照相结构－显影子系统、转印子系统、融化子系统、辅助机构。 | 为使标准整体功能达到最佳，协同合作，实现“1+1>2”效果。 | “嵌入式”教学+“元素化合”教学方式 |
| 单元六<br>静电照相数字印刷排版与输出 | 静电照相数字印刷机排版软件imposing－plus软件的使用。 | 理论与实践并重，培养“理实一体化”人才。 | “启发式”“互动式”“讨论式”“探究式”教学法 |

### （八）“互补偶合化”是课程思政改革的成功关键

互补偶合就是相互促进，共同提高。多年来笔者一直反对简单化、形式化的课程思政改革，而是坚持课程思政改革的两个价值取向，即通过改革，一定要实现学生的核心价值观与课程教学质量的双丰收，从而实现了思政元素与教学质量的“互补偶合”。互补偶合的机理有两个路径，一是通过课程思政改革，使学生在老师的谆谆教诲中接受了核心价值观的正能量，真正树立了为社会主义现代化建设自觉学习、刻苦钻研的学风。二是通过课程思政改革，使老师和学生能够借助思政元素来改进教学方法，从而一举解决长期困扰师生的课程重点、难点问题的理解、学习和掌握的，真正提升了教学质量。多年来笔者身体力行，潜心研究高等数学的极限概念和印刷的水墨平衡原理，提出并指导老师用“不忘初心、砥砺前行、精益求精、永不满足”的工匠精神来帮助学生学习理解“老大难”的极限概念，用唯物辩证法的对立统一规律、量变质变规律来帮助学生理解掌握复杂艰深的水墨平衡原理，收到了满意的效果，得到了校内外老师的一致赞许。我校课中课 1.0 版的“三微一体”育人框架的构建也是“互补偶合化”的重要案例，在课程思政改革的初期，第二条路径显得尤为重要，因为可以立竿见影地使课程思政改革的效果得到迅速体现，提升师生对课程思政的认同度，调动师生主动投入的积极性，当前我校广大教师踊跃参与各级各类的课程思政改革的盛况充分证明了这一点。

## 四、结语

习近平总书记在全国高校思想政治工作会议上强调：“其他各门课都要守好一段渠、种好责任田，使各类课程与思想政治理论课同向同行，形成协同效应。”[10] 当前课程思政改革进入关键期，要坚持课程思政与其他专业课程同向同行的内在逻辑关系，把握两者之间的交叉耦合点，在专业课程中以争取额的方式挖掘其中的思政元素，为专业课程中渗透思政教育打下坚实基础，更好地实现树德立人的根本目标。

## 参考文献

[1]《习近平主持召开学校思想政治理论课教师座谈会强调用新时代中国特色社会主义思想铸魂育人贯彻党的教育方针落实立德树人根本任务》，《人民日报》，2019-3-19.

[2] 马前锋，滕跃民，张玉华. 思想政治教育融入专业实训课的“课中课”同向同行模式创新研究［J］. 思想理论教育导刊，2018（12）：142-144+150.（具体引用页码：143）

[3] 中共中央国务院发出《关于进一步加强和改进大学生思想政治教育的意见》［EB/OL］.［2019-08-19］. http：//www. moe. edu. cn/s78/A12/szs _ lef/moe _ 1407/moe _ 1408/tnull _ 20566. html.

[4] 许宇飞，滕跃民. 课程思政“五维度”价值分析及改革思考［J］. 教育现代化，2020. 7（10）：58-60.（具体引用页码：59）

[5] 习近平在全国高校思想政治工作会议上强调：把思想政治工作贯穿教育教学全过程 开创我国高等教育事业发展新局面［N］. 人民日报，2016-12-08.

[6] 陆道坤. 课程思政推行中若干核心问题及解决思路——基于专业课程思政的探讨［J］. 思想理论教育，2018（3）：64-69.（具体引用页码：64）

[7] 吴月齐. 试论高校推进“课程思政”的三个着力点［J］. 学校党建与思想教育，2018（01）：67-69.（具体引用页码：67）

[8] 滕跃民，张玉华，肖纲领. 高职专业“课程思政”的“道法术器”改革［J］. 辽宁高职学报，2018，20（08）：53-55+61.（具体引用页码：55）

[9] 滕跃民. 同向同行：知识传授与价值引领同频共振——上海出版印刷高等专科学校“课中课”课程思政改革探析［N］. 中国教育报，2019-06-19（011）.

[10] 习近平在全国高校思想政治工作会议上强调：把思想政治工作贯穿教育教学全过程 开创我国高等教育事业发展新局面［N］. 人民日报，2016-12-09（1）.

# 高职院校“四化教学法”内容设计与改革实践

滕跃民　许宇飞　李田丰

**摘　要：** 教法改革是“三教”改革的重要组成模块，是影响人才培养质量的关键举措。结合院校自身的实践改革经验，提出了“四化教学法”即：课程教学“思政化”、课程内容“创新化”、教学方法“快乐化”、教学手段“信息化”，其中“课程教学思政化”是根本，“课程内容创新化”是前提，“教学方法快乐化”是关键，“教学手段信息化”是保障，四个部分相辅相成，共同组成了一个紧密相连的有机整体。认为强化对教师队伍的专项培训、落实教务等部门的监督责任、开展可量化的考核评价活动是有效实施“四化教学法”的支撑要件。“四化教学法”是高职院校教法改革的拓展和深化，立足于高职院校教法改革实践，具有深厚的实践基础与强大的生命力，将为高职院校教法改革提供有益借鉴。

**关键词：** 高职院校；课程思政；四化教学法；三寓三式；具体实践

2019 年 3 月 18 日习近平总书记在北京主持召开学校思想政治理论课教师座谈会并发表了重要讲话，总书记明确指出：“要理直气壮开好思政课，用新时代中国特色社会主义思想铸魂育人，引导学生增强中国特色社会主义道路自信、理论自信、制度自信、文化自信。”[1]《职业教育改革实施方案》（简称“职教 20 条”）明确提出了职业教育教法改革要求，将教法改革视为提升职业教育人才培养质量的关键举措。教法改革是“三教改革”中的重要内容，落实职教 20 条提出的教法改革要求，是在职业教育快速发展的崭新时代背景下对“三教”改革要求的深化与拓展。结合实践经验提出了“四化教学法”，在院校推广运用中取得了良好效果，实现了德育、智育、创新和信息化的四个结合，有效地提升了人才培养质量，契合职业教育未来教法变革的长远需要。

## 一、“四化教学法”的改革动因

教法改革是“三教”改革的关键组成部分。“三教”改革是一项复杂的系统工程，教学方法改革是其中的重要方面，教学方法改革的成败直接关系到教学质量的提高和高职人才培养目标的实现[2]。因此，“职教 20 条”将其视为人才培养质量的关键突破口和重要内容，基于分析，其原因包含以下四个层面：

### （一）促进学风建设水平不断提升的重要举措

由于历史的原因，高职学校学生的学风问题由来已久，尽管各校采取了诸多措施，并不断加大学风建设力度，但始终未从根本上解决该问题。高职学生除了理论基础相对较弱，远大理想和奋斗精神也比较欠缺，学生在学习上一遇到困难，很容易打退堂鼓，不能系统地学习和掌握所要求的知识和技能，在实践中的应用能力较差，不少学生容易产生厌学、课堂倦怠等现象，影响院校学风建设。通过“四教”改革，扭转学生在课堂被动接受知识“输入”状态，利用多种手段将复杂深奥、抽象的知识以浅显易懂的形式在课堂教学中呈现出来，激发学生的学习兴趣和学习热情，真正使学生感受到学习的乐趣和获得感，调动学习的积极性，营造出向上乐学的学风氛围，提升院校的学风建设水平。

### （二）契合高职院校人才培养模式的根本要求

实践性是高职院校人才培养模式的鲜明特征。行业需求是高职院校人才培养的基本导向，高职院校培养掌握较强实践操作能力的技能型人才，是适应行业发展需要的内在要求。长期以来，我们的人才培养工作比较宏观，在产教融合、校企合作等投入很多，但对微观的“教法”即课堂教学关注不足。以理论讲授为主导是课堂教学的主要方法，忽视了高职院校人才培养的基本规律，对学生实践能力培养重视程度不够，从根本上来讲，在这样的教法主导的课堂体系影响下，难以培养出高质量的复合型技术技能人才，难以满足行业发展的实际需要。因此，教法改革就是要改变传统的教法模式，植入实践环节，使人才培养方式贴近行业需求，学生掌握的专业能力更好的对接未来岗位要求，从而实现提升高职院校人才培养质量的根本目标。

### （三）提升高职院校实践教学质量的重要保证

教学方法决定着高职院校人才培养的质量与实际教学水平，教法革新的本质是为提升实践教学质量所服务。基于改革实践，上海出版印刷高等专科学校在不久前提出的“教学质量‘最后一公里’工程”，为解决课堂教学质量提供了比较有效的方法，成为学校教学质量年报的重要案例。教法是传授课堂知识的纽带和桥梁，教师要采取正确且适用的教学方法满足正常的实践教学需要，这是保障基本教学质量的基础。“四化教学”提出的基础就是“教学质量‘最后一公里’工程”，两者关系密切，相辅相成。通过不断改革教法，促使广大教师革新教法体系，并以“四化教学法”为基础，融入课堂实践教学过程，打造出上海出版印刷高等专科学校独具一格的“金课”，从根本上提高了学校的教学质量。“四化教学法”对教师的知识与能力结构也提出了新的要求，促使教师在实践教学中不断完善自身知识与能力体系。

### （四）满足学生课堂学习不同需求的内在保障

教法革新是满足学生多样化学习需求的有效手段。当下，职业院校教学方式方法无法有效满足实践教学需求，存在“满堂灌”“闭门造车”等现象，难以激发学生学习兴趣，不能贯彻“以学生为中心”的理念，课堂吸引力不强[3]。学生群体在课堂教学中有着多样化的学习需要，教师在实践教学中如何满足学生差异化的学习需要？最有效的手段就是对教法体系进行系统的改革，努力创新教学方式方法，积极推行情景式、项目制为主导的教法方法，对接高职院校人才培养需求，提升课堂教学的内在吸引力，充分调动学生参与课堂的积极性，有效满足课堂学习过程中表现出的多样化需求，进而不断提高人才培养质量。

## 二、“四化教学法”的内容框架

在探索“三教”改革的实践过程中，上海出版印刷高等专科学校探索出了“四化教学法”改革模式，即课程教学“思政化”、课程内容“创新化”、教学方法“快乐化”、教学手段“信息化”。这四个方面环环相扣，构建了课堂教学质量链，也是“教法”改革的重大举措。

### （一）课程教学“思政化”

高职院校的教法改革要将育人目标摆在首位。课程教学“思政化”就是课程思政，是指在所有课程的教学中融入爱国主义、理想信念、道德品质、奋斗精神、知识见识和综合素养的培养要求，积极引导学生养成良好的世界观、人生观、价值观。思政类课程的教学方式主要是显性的，非思政类课程主要是隐性的，两者同向同行，形成协同效应。

### （二）课程内容“创新化”

高职院校的教法改革要将创新变革作为主要手段。课程内容“创新化”是指教学内容要结合“双创”、科研要求，满足学校教师在不同知识层面的教学需要，将课堂内容与学生的实践需要相结合。高职院校学生主动学习意识不强，学习自控力有待加强[4]，这就需要教师在实践教学中要不断引入新技术、新工艺、新规范。结合世界技能大赛等有影响力的竞赛品牌，以赛促教、以赛促学、以赛促育，将竞赛标准对接实践教学，人才培养导向对接岗位需要，积极构建满足实际需要的知识点技能点体系。课程内容的创新化主要依靠一线教师，在实践教学中遵循基本教学规律，根据专业领域不同认真总结实践经验，将课程内容以多样化、高度灵活的形成在课堂教学中展示给学生，既保证实践教学需要，又能提升教学质量及教学水平。

### （三）教学方法“快乐化”

高职院校的教法改革要将快乐学习视为关键内容。教学的根本目的是实现课堂知识借助教师这一“媒介”教授给学生，从而良性过度与转移。教学方法“快乐化”是指激发学生的兴趣和好奇心，教师在实践教学中运用情景化、故事化、游戏化、启发式、互动式、案例式等教学方法，营造较为活跃、融洽的课堂气氛，为学生参与课堂教学打下基础。通过丰富多样的教学方法，吸引学生参与课堂活动，落实学生成为课堂教学活动主体的基本要求，为实现良好的师生互动提供保障。在快乐中成长、学习是潜移默化的知识传授，也是较为理想的知识传授方式，不仅能提升学生的学习热情，也能激发学生在学习过程的创造力，提高学生的课堂参与意识。

### （四）教学手段“信息化”

高职院校的教法改革要将信息技术作为重要媒介。信息技术的快速发展，已渗透到教育领域中的各个层面，在新冠肺炎疫情背景下，借助信息化产品有效保障了教学活动的正常开展。从这一实践中不难看出，当前的教学手段也有综合融入信息技术，拓展教育边界。教学手段“信息化”是指运用 PPT、视频、动画及 AR/VR、APP 等信息化技术，创设不同情境，激发想象力[5]，不断提高教学效果，使学生更积极地投入到学习中去。例如，在实践操作中借助虚拟仿真技术，使学生能够亲自操控教学机设备，让其获得身处实践的教学环境，在实践场景中锻炼自身技能，提高技能掌握熟练程度，并及时发现问题，利用信息化技术及时解答学生疑虑，实现高效的育人机制。

总的来看，“四化教学法”源于实践教学，贴合高职院校实践教学需要，对提升人才培养质量等层面有着较为良好的促进作用。“四化教学法”的顺利实施从根本上来讲要借助于产教融合、校企合作的体制机制，在实践中不断深化推广，扩大自身影响力与实际效用。

## 三、“四化教学法”的实践探索

教法改革重在创新校企合作、工学结合模式，推进“课堂革命”[6]。教育教学改革的创新有宏观广义和微观之分，各门课程有不同的专业属性，在运用“四化教学法”的实践过程中不能生搬硬套，要具体分析和有针对性的实施，要利用自身优势，挖掘课程“创新化”元素，实现最佳的教学效果。结合上海出版印刷高等专科学校影视艺术系在“四化教学法”中的具体实践，本文对“四化教学法”的内在运行机理及实际效用呈现如下。

### （一）传播正能量，实现课程教学“思政化”

在教学中，教师将正能量的思政元素融入教学内容。具体的嵌入方法有“寓道于教”

“寓德于教”，手段有“画龙点睛式”“专题嵌入式”“元素化合式”等，结合前面的“寓教于乐”，构成了“三寓三式”。此外，以典型案例及事件引导同学们积极向上，充满正能量。从小事着手，注重穿插讲授红色经典故事，通过将思想教育与课堂活动的完美结合，助力在校学生身心全面发展，从而实现育人的根本目标[7]，让同学们树立对祖国的热爱，以及自身发展的自信心。此外，教师在课程教学中经常列举了一些能够让他们感受到温暖的例子或是典故，营造了融洽的教学氛围，同时又拓宽了学生的知识面，实现了品德育人与知识育人的同向结合。

### （二）结合专业知识，实现课程内容“创新化”

在讲分镜头设计过程中，教师借助了《勇敢的心》《孔雀》等多部与课堂教学主题直接相关的影视作品。在课堂上，以影视片段作为教学的导入环节，真实展现了主人翁在追求梦想过程中的心酸历程，通过导入这一片段让同学们对人生有深入地思考和感悟。在讲解这些片段专业知识的时候，借助了情景描绘分析，帮助同学们更好地理解课程知识体系及逻辑框架。这种情景化、再现化的内容呈现在实践中颇受学生喜爱，实现了专业知识内容及形式上的创新，更易于学生们接受并吸收。

### （三）启发式诱导，实现教学方法“快乐化”

在课堂知识传授过程中，教师们充分运用快乐教学的情景化、形象化、启发式和互动式等方法，从浅入深、由易到难地开展教学。比如在教“人物走路动画设计”时，先播放由知名动画大师拍摄的动画片《行走》，让学生对经典的动画设计有一定的了解，然后让学生通过观看男人、女人以及小孩走路的视频，归纳提炼出人物行走的基本规律。必要时由任课教师亲自示范，使学生感到非常亲切，不时响起欢声笑语，让原本枯燥的课堂变得生动有趣，时时刻刻充满着新乡，从而大大激发了学生的创作热情与灵感。

### （四）使用信息终端，实现教学手段“信息化”

动画设计行业更新快，信息化（网络化、数字化）水平要求更加严格。为了提升教师的信息化素养，学校鼓励和支持选派优秀教师到校企合作的企业进行定期的企业实践，提升教师的信息化专业知识与能力。企业紧跟行业发展需要，信息化发展的动态更加敏锐。在影视传媒、动画设计等专业，不少教师深感信息化水平在实践育人中的关键作用，要不断提升自身信息化水平。随着网络技术的快速发展，对教师长期的适应能力提出了更高要求。事实证明，掌握熟练技术的教师，其专业发展将更能从容地适应未来实践教学需要。

## 四、高职院校“四化教学法”的实施要件

想要有效发挥“四化教学法”的既定效果，要强化对教师队伍的专项培训工作、发挥

教务等部门的监督责任、开展量化可视的考核评价活动，从而发挥“四化教学法”在教学改革中的实际效用，助力高职院校提升人才培养质量。

### （一）强化对教师队伍的专项培训

系统有效的教学方法要依靠一线教师在实践教学中灵活运用，才能真正发挥其既定成效。首先，要提升教师队伍的思政素养，尤其是非思政教师队伍，要对其进行专项培训，提升教师队伍的思政素养水平。其次，在教学实践中鼓励教师进行教学创新，通过举办教师教育教学创新活动，培养教师的创新意识，提升教师在实践教学中的创新能力，为践行“四化教学法”打下坚实基础。再次，要引导教师走近学生，倾听学生的意见和心声，不断提升自身教学水平，在这一过程中与学生形成良好的师生关系，精准把握不同类型学生差异化的课堂需求，以灵活、多样的教学方式呈现课堂知识，在实践中提高教师的专业权威。最后，要定期对教师的信息化水平进行专项培养。随着信息化影响的不断深入，对信息操作能力的掌握熟练是课堂实践教学的必然要求。

### （二）落实教务等部门的监督责任

“四化教学法”是在院校教学改革的实践基础上逐步总结而来，具有广泛的适用性和广阔的发展空间。在实践中要着重发挥教务等部门的监督作用。首先，实施定期院校研讨活动。教学主管领导要深入参与，不同学院的一线教师进行教学实践的专项展示，检验“四化教学法”在实践教学环节中的执行情况，是否落实了既定的教学方针，满足了教学实践需要，对于教师展示过程中存在的不足要及时纠正，保证“四化教学法”既定效用的发挥。其次，发挥教学督导专项监督作用。教学督导要深入一线课堂听取教师课堂进展情况，认真做好课堂记录，适时询问学生对教师的评价，在课程结束后要对任课教师进行教学评价，且要明确指出在落实“四化教学法”的实践过程中存在哪些不足及优点，为后期的改进、推广提供依据。最后，构建各教学部门联动协调机制。要厘清并落实二级学院教学部门在落实“四化教学法”中的责任，并将该项工作执行情况作为年度考核的指标之一。

### （三）开展可量化的考核评价活动

考核评价是有效的监督方式，考评体系要为落实“四化教学法”改革提供有效支撑。首先，构建高职院校教法考核评价体系。从院校层面来看，要出台专项管理办法，明确将“四化教学法”的落实及执行情况纳入教师年度考核指标体系，引起教师的重视，并提升在实践中的执行质量。其次，组建专业的考核评价队伍。抽调优秀且具备一定经验的一线教师及外聘专家，对教师落实“四化教学法”的实际情况进行鉴定评价，并进行经验总结。再次，及时反馈考核结果。考核评价的根本目的是促进教师不断改进自身教学水平，要将专家考评结果及时反馈给参评教师，为其改正并完善自身不足提供可靠的考评依据。最后，建立考核奖惩制度。依据考核结果，对优秀教师进行全校表彰，并总结其实践经验并进行推广；对表现一直居于后位的教师要加强教学指导，并给予教学预警，限期进行教学诊改。

## 五、结语

从改革实践来看，不少教师认为“四化教学”是其课堂教学的重要范式，是提高课堂教学质量的有力措施，强调多种教学方法的综合运用，就是要改变传统的教学局面，使之有利于培养新经济时代所需要的人才[8]。“四化教学法”在实践中一般是综合运用，比如思政化+快乐化的组合。在教学中，引导学生树立坚定的人生信念，将个人荣辱与国家命运相结合，以相对轻松愉悦的环境氛围实现育人目标。此外，上海出版印刷高等专科学校在实践中还探索出了思政化+创新化的组合，教师带领学生参与“庆祝人民海军成立70周年”特种邮票和邮册、吉祥物等的设计，学生由衷地感受到了人民海军的辉煌历史，提升了爱国热情，坚定了他们今后成为社会主义建设者和接班人的信心和决心。陶行知先生也说，教的方法，要根据学生学的方法。学生在课堂中乐学、善学、学会是生态课堂的永恒追求。教法的改革最终要落脚到学生学法的生成上，没有学法的不断生成，课堂就不会呈现出复杂多变、丰富多彩的生态样式[9]。“四化教学法”源于院校改革实践，在改革进程中要把握好课程思政与其他专业课程同向同行的内在逻辑关系，把握两者之间的交叉耦合点，在专业课程中以正确的方式挖掘其中的思政元素，为专业课程中渗透思政教育打下坚实基础，更好地实现树德立人的根本目标[10]；可喜的是，“四化教学法”的积极实施者张波老师在上海市第三届“青教赛”上获得了特等奖，并成为2020年上海市五一劳动奖章获得者；同时，“四化教学法”也将在院校改革实践中不断得到深化，也将被赋予新的时代内涵，以更加有效的方式服务于高职院校的实践教学需要，进一步提升高职院校人才培养质量。

## 参考文献

[1]《习近平主持召开学校思想政治理论课教师座谈会强调用新时代中国特色社会主义思想铸魂育人贯彻党的教育方针落实立德树人根本任务》，《人民日报》，2019-3-19.

[2] 李小林. 对深化高职院校教学方法改革的思考 [J]. 教育与职业，2010（29）：139-141.

[3] 秦华伟，陈光. “双高计划”实施背景下“三教”改革 [J]. 中国职业技术教育，2019（33）：35-38.

[4] 詹春燕，赵欣. 高职院校思想政治理论课教学方法创新探析 [J]. 思想理论教育导刊，2012（05）：79-81.

[5] 刘伟欣. 高职院校课堂教学方法的选择及改革趋势探讨 [J]. 中国教育学刊，2015（S1）：395.

[6] 王成荣，龙洋. 深化“三教”改革 提高职业院校人才培养质量 [J]. 中国职业技术教育，2019

(17)：26-29.
[7] 许宇飞，滕跃民. 课程思政“五维度”价值分析及改革思考 [J]. 教育现代化，2020. 7 (10)：58-60.
[8] 卢红学. 高等职业教育教学方法发展与创新 [J]. 职业技术教育，2010，31 (13)：49-52.
[9] 张红旗. “三教改革”视域下职校生态课堂的诊断与构建 [J]. 职教论坛，2020 (03)：51-55.
[10] 滕跃民，许宇飞，方恩印. 高职院校课程思政改革的系统化思考 [J]. 辽宁高职学报，2020，22 (07)：1-5.

# 高职英语课程思政探索与实践

刘 军 陈洁华 滕跃民

**摘 要：**高职英语课程是实施课程思政的重要阵地，课程思政建设又推动了新一轮高职英语教学改革，形成英语语言知识、英语语言应用能力及职业技能、课程思政的“三维一体”改革方向。高职英语实施课程思政可以遵循协同共建、文化价值引领和因材施教的原则；其实施路径需以思政元素的挖掘和分析为基础，将思政元素融入课程各要素以及第二课堂，并在实践中建设高职英语课程思政资源库，注重各课程要素的思政融合策略，同时充分发挥第二课堂的积极作用。

**关键词：**高职英语教学改革；课程思政；实施原则；实施路径

2019年3月18日，习近平总书记在学校思想政治理论课教师座谈会中明确指出：“我们办中国特色社会主义教育，……用新时代中国特色社会主义思想铸魂育人，引导学生增强中国特色社会主义道路自信、理论自信、制度自信、文化自信，厚植爱国主义情怀，把爱国情、强国志、报国行自觉融入坚持和发展中国特色社会主义事业、建设社会主义现代化强国、实现中华民族伟大复兴的奋斗之中。”[①]高职院校实施课程思政是“使各类课程与思想政治理论课同向同行，形成协同效应[②]”的重要组成部分。高职英语课程是一门基础课，覆盖面广、跨度长，多元文化思想与价值观激烈碰撞，是实施课程思政的重要阵地。

## 一、高职英语教学改革与课程思政

教育部早在2000年就曾发布《高职高专教育英语课程教学基本要求（试行）》，提出了打好语言基础与培养语言应用能力并重、语言基本技能训练与培养从事涉外交际能力并重的教学原则[③]。之后，高职英语课程建设的主要任务就一直着力重构以EOP（职业用途英语）为特征的教学内容体系，深化教学改革，建设师资队伍，取得了较为明显的成效。随着课程思政的提出，高职英语教学改革开始有了新的动力、目标和方向。

目前，高职英语教学中语言知识和听、说、读、写、译的语言技能培养，以及职业技能的融入，仍以语篇为主要内容载体，选择或编写的教学内容仍主要来自西方国家，使用这些材料时就需要培养批判思维，分辨其中体现的权力和意识形态，并提炼、融合或补充体现中华优秀文化的思政元素。

由此，课程思政建设推动了新一轮高职英语教学改革，形成英语语言知识、英语语言应用能力及职业技能、课程思政的“三维一体”改革方向，即通过高职英语教学，使学生掌握相应英语语言知识，提高语言应用能力和职业实践中的语言技能，并引导学生增强“四个自信”，培养爱国主义情怀。

## 二、高职英语课程思政的实施原则

高等教育界普遍认为实施课程思政并不是要增开一门或几门课程，也不是简单地增设几项活动，而是将高校思想政治教育潜移默化地融入课程教学和改革的各环节、各方面，实现立德树人润物无声④。同样，高职英语课程思政需要将思政教育全面融合到课程教学，并发挥第二课堂的功能，形成英语与思政教学的协同效应，实施原则主要包括：

基于同行共识，进行协同共建的原则。高职英语课程思政建设可以借鉴思政课程的建设成果和其他课程的成功经验：一方面，思政课程对思政元素的梳理和分析更为科学、专业和系统，可以为课程思政前端设计提供借鉴和分析思路；另一方面，上海出版印刷高等专科学校获全国二等奖的教学成果“思政教育融入专业实训课的‘课中课’同向同行教学模式创新与实践”凝练出基于“寓道于教、寓德于教、寓教于乐”，具有“画龙点睛式、专题嵌入式、元素化合式”实施标准的“同向同行”范例⑤，课程思政改革“道法术器”的思路已运用于多门课程的课程思政建设⑥。

基于英语课程特点，凸显文化价值引领的原则。语言是文化和意识形态的载体，在英语教学中，文化和意识形态的传播融合其中，高职英语课程思政建设需要体现这种特点，发掘教学话语中的文化价值，以塑造社会主义核心价值观的意识形态。因此，在课程设计中有必要结合和融入中华优秀文化，增加跨文化交际的知识和能力目标，提高用英语讲“中国故事”的能力，并对教学语篇中不可避免的西方文化和意识形态介绍需要进行辩证分析和哲学思考，树立平等、互鉴、对话、包容的文明观⑦；还可以进行中西文化对比，引导学生培养批判思维，体现“文化价值”引领的作用。

基于现有课程设计，坚持因材施教的原则。高职英语课程经过近 20 年的不断改革，在语言知识和技能的关系和语言应用能力与职业技能的结合等方面取得了一定成果。课程思政的实施需要利用和改进现有的课程设计架构，根据高职学生特点进行因材施教，并探索新途径和新模式。

## 三、高职英语课程思政的实施路径

### （一）高职英语课程思政的实施路径架构

在明确“三维一体”改革方向与课程思政建设原则的基础上，系统化构建高职英语课程思政的有效实施途径，充分挖掘思政元素，成为全员、全过程、全方位的“三全”育人格局的组成部分。

如图 1 所示，高职英语课程思政实施路径起步于进行课程思政前端设计阶段，需要按哲学与思辨、四个自信、职业素养等维度，对高职英语课程中的思政元素进行挖掘与分析，如：认同社会主义核心价值观、认同人类命运共同体等；增强文化自信，形成文化认同等；爱岗敬业、忠诚奉献、团队协作等。

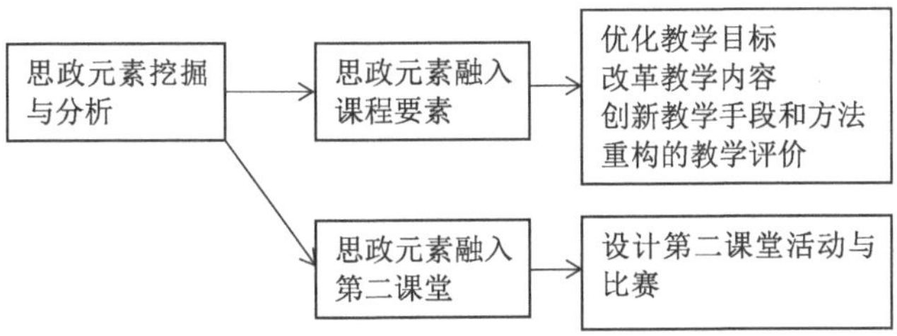


**图 1　高职院校英语课程思政实施路径总体架构**

基于前端设计的分析与研究，思政元素需要融入课程设计的各要素，尤其注重英语语言知识和应用能力、职业技能和思政元素的相互融合。思政元素与课程要素中的融入可以采用画龙点睛式、专题嵌入式或元素化合式，实现寓道于教、寓教于乐、寓德于教，并通过情景化、形象化、故事化、游戏化或幽默化等方式进行启发式、互动式、讨论式、探究式或案例式等不同形式的教学；这些思政元素也需要融入第二课堂，实现“三全”育人。

### （二）高职英语课程思政的具体实践

#### 1. 建设高职英语课程思政资源库

高职英语现有教材内容丰富，语篇广泛涉猎多个学科和领域，包括政治、经济、文化、科学以及社会生活的各个层面，为教学提供了大量鲜活的资源。对其中具有思政元素的资源进行整理、筛选和再开发，建设专门的课程思政资源库，将更系统而科学地指导教学改革。建设课程思政资源库，可以改编现有教材，融合思政元素，或编写符合教学改革需求的新教材；也可以在现有资源库加入具备思政元素的阅读或音视频资源，如中华文化读本或英译短视频等；还可以建设体现教学改革的在线课程，将课程思政资源融入课程各要素中，建构整体教学资源。

此外，资源库建设需积极发挥团队作用，协同思政教师和其他专业学科教师形成建设共同体。思政教师和其他专业学科教师提供的资源，可以通过翻译或资料整合的方式，纳入资源库。此外，学生结合其职业技能完成的海报、绘本、视频等可以成为资源库中作业资料的一部分。

#### 2. 注重各课程要素的思政融合策略

在实施路径中，思政元素融入课程要素时需根据高职英语课程要素特点，制订融合策略。在优化教学目标时，可以采用在原有“知识目标”和“能力目标”中增加跨文化交际知识和能力指标，或将“情感目标”综合为塑造意识形态的“思政目标”或“素养目标”等策略；在改革教学内容时，可以采用将思政元素融合到阅读、口语、翻译等技能训练，或将课程思政资源库内容的理解、表演和语言应用融合于原教学内容等策略；在创新教学手段和方法时，以课程思政改革“课中课”教学模式为指导方法，进行因材施教，综合运用翻转课堂、项目教学法、任务型教学法和交际法等多种教学策略；在重构教学评价时，可以采用增加终结性评估中的课程思政模块，加大形成性评估比例等策略。

结合以上策略，以上海出版印刷高等专科学校《实用英语Ⅲ》为例，设计了课程思政改革试点总体方案如表1所示。其中，课程单元内容中融入了来自依据该单元课文建成的课程思政资源库，采用故事“翻转教学”手段，即：布置学生课外进行双语阅读，并结合各专业学生的职业技能特点，完成故事项目作业，如经济管理专业类学生完成PPT陈述、影视艺术专业类学生进行英语故事视频表演与制作、文化出版专业类学生制作英语故事绘本等，课堂则在各单元课文学习阶段进行小组呈现、讨论与完成语言训练任务，根据学生特点因材施教。

**表1　上海出版印刷高等专科学校《实用英语Ⅲ》课程思政改革试点总体方案**

| 单元内容 | 知识和技能目标 | 思政元素 | 课程思政实施手段 |
| --- | --- | --- | --- |
| The Information Age（信息时代） | 掌握与“信息技术”相关的词汇、短语和句型；理解汉字的起源和发展。能正确使用直接引语和间接引语；能用英语处理“信息技术”领域的相应问题。 | 理解人类文明进程中信息记录和沟通的重要性；为信息时代仍使用汉字这种最为古老的文字进行沟通而自豪。 | “画龙点睛式”+“专题嵌入式”+语言翻译技能训练+故事“翻转教学” |
| Names（姓名） | 掌握与“姓名”相关的词汇、短语和句型；了解称呼“龙”在中华文化中的意义。能用英语正确提问；职场中能正确进行称呼。 | 理解中国人为何被叫作“龙的传人”；体验中国古代神话的创造力和想象力。 | “专题嵌入式”+体验式+语言翻译技能训练+故事“翻转教学” |
| Role Models（楷模） | 掌握与“楷模”相关的词汇、短语和句型；理解中华文化中“百鸟朝凤”的故事。能正确应用否定表达；能对职场中的“劳动模范”进行描述和态度表述。 | 理解模范对社会进步所起的重要作用；培养向模范学习的积极态度。 | “元素化合式”+探究式+语言翻译技能训练+故事“翻转教学” |
| Attitudes and Happiness（态度和快乐） | 掌握与“态度和快乐”相关的词汇、短语和句型；理解中华文化中“愚公移山”的故事。能正确使用“it”句型；能对工作态度进行描述和态度表述。 | 理解坚持不懈可以是快乐的源泉；对直面困难和解决困难持有积极态度和坚定信心。 | “元素化合式”+讨论式+语言翻译技能训练+故事“翻转教学” |
| Career and Life（职业与生活） | 掌握与“职业与生活”相关的词汇、短语和句型；理解中华文化中“八仙过海”的故事。能正确使用英语中的替代和省略；能对“一技之长”进行描述和态度表述。 | 理解职业发展与生活中需要具备一技之长；了解职场中的团队协作的重要性。 | “画龙点睛式”+启发式+语言翻译技能训练+故事“翻转教学” |

在方案实施过程中，尤其注重了课程思政实施手段的设计和实践，如在“The Information Age（信息时代）”单元，课程思政实施过程中综合了：用“画龙点睛式”点明课文中体现的人类文明进程中信息记录和沟通的重要性；用“专题嵌入式”介绍汉字的起源和发展，使学生为信息时代仍使用汉字这种最为古老的文字进行沟通而自豪；用语言翻译技能训练，完成与汉字有关的三句中译英；用故事“翻转教学”，训练学生用英语讲中国故事。

**3. 充分发挥第二课堂的积极作用**

第二课堂是高职英语课程的延伸，是校园文化的组成部分，也是“三全”育人的重要组成部分。实践中需要倡导校风、班风、学风建设，采用“渗透浸润式”将思政元素融合到组织开展的经典英语诵读、思政教育英语辩论、语言文化类比赛等，或融合到原有的活动和比赛中，学生在这些活动和比赛中的表现可纳入英语课程形成性评估范畴。例如：在英语词汇大赛中加强愚公移山持之以恒的精神引导，在英语口语大赛融入爱国主义为主题的演讲内容，也可以进行校际或区域性的课程思政比赛，使学生在活动和比赛的思政元素浸润中受教育、受洗礼。

## 四、结语

综上所述，高职英语课程所具备的特点使其成为课程思政建设的重要阵地。同时，课程思政建设又推动了新一轮高职英语教学改革，形成英语语言知识、英语语言应用能力及职业技能、课程思政的“三维一体”改革方向。在实施高职英语课程思政过程中，可以遵循协同共建、文化价值引领和因材施教的原则，根据高职英语课程要求和学生特点探索新途径和新模式。基于思政元素的挖掘和分析，高职英语课程思政建设需要将思政元素融入课程各要素以及第二课堂，其中尤其要注重课程思政实施手段的设计和实践，使学生在学习语言和文化的同时，润物无声地增强“四个自信”，培养爱国主义情怀，实现“三全”育人。

## 参考文献

[1]《习近平主持召开学校思想政治理论课教师座谈会强调用新时代中国特色社会主义思想铸魂育人贯彻党的教育方针落实立德树人根本任务》[N]，《人民日报》，2019 年 3 月 19 日。

[2]《习近平在全国高校思想政治工作会议上强调：把思想政治工作贯穿教育教学全过程 开创我国高等教育事业发展新局面》[N]，《人民日报》，2016 年 12 月 8 日。

[3] 教育部高等教育司，《高职高专教育英语课程教学基本要求》[M]，北京：高等教育出版社，2000 年。

[4] 梅强，《以点引线 以线带面——高校两类全覆盖课程思政探索与实践》[J]，《中国大学教学》，2018 年第 9 期。

[5] 滕跃民，张玉华，马前锋，汪军，孟仁振，《同向同行：知识传授与价值引领同频共振——上海出版印

刷高等专科学校“课中课”课程思政改革探析》[N]，《中国教育报》，2019 年 6 月 19 日。

[6] 滕跃民，张玉华，肖纲领，《高职专业“课程思政”的“道法术器”改革》[J]，《辽宁高职学报》，2018 年第 8 期。

[7]《习近平在上海合作组织成员国元首理事会第十八次会议上的讲话（全文）》[EB/OL]，http：//www. xinhuanet. com/world/2018-06/10/c _ 1122964013. htm.

# 定积分课程思政三寓三式的教学实践

薛中会　滕跃民　马前锋

**摘　要：** 近年来，党中央加强对学生思想教育工作的重视，高校教师在不断探索如何将思政教育落实在课堂教学过程当中。作者针对高等数学课程进行了“课程思政”教学的设计和实践，本文以定积分概念为例，介绍如何将定积分通过三寓三式的范式与大学生的思政政治教育相结合，从而发挥基础课教师在思想政治教育中的作用。

**关键词：** 高等数学；定积分；课程思政；三寓三式

## 1. 绪论

2017年习近平总书记在全国高校思想政治工作会议上指出“要坚持把立德树人作为中心环节，把思想政治工作贯穿教育教学全过程，实现全程育人、全方位育人”，“要用好课堂教学这个主渠道，思想政治理论课要坚持在改进中加强，提升思想政治教育亲和力和针对性，满足学生成长发展需求和期待，其他各门课都要守好一段渠、种好责任田，使各类课程与思想政治理论课同向同行，形成协同效应”[1]。这是对“课程思政”的科学概括和集中阐发。教师在课程教学过程中将“课程思政”这一主题自然地融入实际教学中，将其贯穿于课程教学目标、教学内容、教学环节、教师的精神风貌等诸多课堂因素中，“课程思政”的目标通过这些课堂因素得以体现和落实。在具体的课程思政范式和方法上出现了一些具有借鉴意义的尝试，如上海出版印刷高等专科学校滕跃民教授的课程思政教学团队提出的“三寓三式”和“五化五式”等[2][3]。本文以高等数学常规知识点“定积分”为例，探究了该知识点的“三寓三式”课程思政案例。

## 2. “课程思政”教学实践——以定积分为例

### 2.1　定积分知识点和数学思想

为便于理解，我们首先给出定积分的定义。给定函数 $f(x)$， $x \in [a,\ b]$，假定 $f(x) \geqslant 0$，即函数 $f(x)$ 非负。我们要解决的问题是由函数的曲线 $f(x)$， $x$ 轴以及 $x = a$ 和 $x = b$ 围成的封闭区域的面积。如图1所示。

求曲边梯形的面积的步骤：

1）分割：任意插入 $n-1$ 个点，把区间 $[a,\ b]$，分成那个小区间，形如图 2 所示。$a=x_0<x_1<x_2<\cdots<x_{n-1}<x_n=b$，$\Delta x_i=x_i-x_{i-1}$

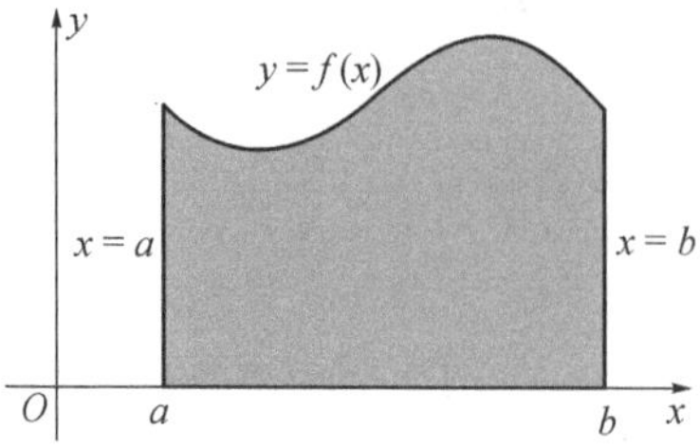


图 1　所求图形面积的示意图

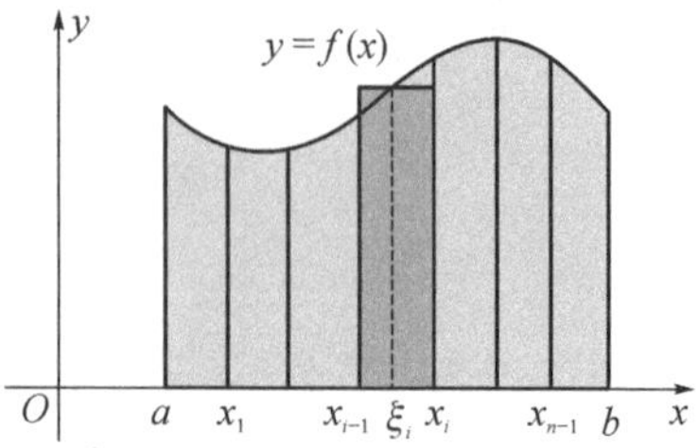


图 2　所求图形面积分割的示意图

2）近似代替：在区间 $[x_{i-1},\ x_i]$ 内，任意去一点 $\xi_i$，对应的函数值为 $f(\xi_i)$，则小曲边梯形的面积近似为 $f(\xi_i)\Delta x_i$；

3）求和：曲边梯形的面积近似为 $\sum_{i=1}^{n} f(\xi i)\Delta x_i$；

4）取极限：设 $\lambda=\max\{\Delta x_1,\ \Delta x_2,\ \cdots,\ \Delta x_n\}$，则曲边梯形的面积为 $\lim_{\lambda\to 0}\sum_{i=1}^{n} f(\xi i)\Delta x_i$，写成通用的定积分表达式记为：

$$\int_a^b f(x)\mathrm{d}x=\lim_{\lambda\to 0}\sum_{i=1}^{n} f(\xi_i)\Delta x_i$$

其中 $a$ 叫作积分下限，$b$ 叫作积分上限，区间 $[a,\ b]$ 叫作积分区间，函数 $f(x)$ 叫作被积函数，$x$ 叫作积分变量，$f(x)\mathrm{d}x$ 叫作被积表达式，$\int$ 叫作积分号。之所以称其为定积分，是因为它积分后得出的值是确定的，是一个常数，而不是一个函数。

综合来看，定积分的定义可以分为四个步骤：

第一步：分割，即把曲边梯形分割为有限个相邻的小曲边梯形；

第二步：近似代替，即任意选择一个分割后的小曲边梯形，进而任意的选取分割区间中的一点的对应的函数值作矩形的高，该分割区间作为矩阵的底，进而用该小矩形的面积近似代替小曲边梯形的面积；

第三步：求和，即把第一步分割成的有限个小曲边梯形的面积分别用对应的小矩形的面积替代，进而求和；

第四步：求极限，即把第三步求和的结果取极限。选取其中最大的分割区间作为取极限的标准，当最大的分割区间极限为零时，所有小于该区间的分割区间的极限一定为零，进而求在最大分割区间极限为零时，第三步说的面积和的极限即为曲边梯形的面积。

从上面的论述我们可以看出，定积分的概念的形成过程蕴含了一种非常重要的数学思想：化整为零和积零为整。定积分思想可以说是一种做事思维，引导我们认识未知、理解未知、把握未知、控制未知和操作未知的一种思想、一种理念、一种方法。

### 2.2 寓教于乐－元素化合说文解字谈积分

据许慎说文解字，“积”，聚也。积，累也……堆叠也。——《增韵·昔韵》；积土成山，风雨兴焉……积善成德，圣心备焉。——《荀子·劝学》。

单词calculus直接来自拉丁语，后面的-ulus是个指小名词后缀，其中的ul表示某种小东西，后面的-us是拉丁语中的名词后缀，在英语中常常脱落或变成字母e。单词calculus保留了拉丁语的拼写方式，字面意思就是“小石子”。它是在英语中是个专业术语，在医学领域表示“结石”，在数学领域表示“微积分”。因为古人常用小石子来计数，每块小石子代表着要加的一个微小数量，所以数学家就用calculus来表示“微积分”。英文的积分单词为“integral”的词根为“inter-，integr-”是“整，全”的意思，而“integral”翻译成中文为“积分；部分；完整；整体”，可见在东西方文明中积分或“integral”都包含重要的思想价值和文化价值：积少成多，积微成著。

### 2.3 寓道于教-画龙点睛融入定积分中的数学思想

通过对量变与质变哲学关系的思考，确定了定积分思想中量变与质变的关系；并通过利用定积分思想求解曲边梯形面积的过程，体现定积分思想中量变与质变的基本形式、相互关系及其转化过程；最后，通过求曲线弧长、电荷做功等实例，将定积分思想在数学、现代科学领域所处的地位及其重要意义做了简要介绍。通过知识的讲解和升华，提炼出定积分的数学思想：

1）数学形结合的思想。数是形的数，形是数的形。定积分概念的引入和讲解如果采用数形结合的方法会起到事半功倍的效果。可以化抽象为形象；化冰冷为激情，变枯燥为有趣。

2）化整为零的思想：只要大家静下心来思考，会发现生活和工作中的很多事情都是如此，可以像求曲边梯形面积一样，先将大事难事细化，分解成小事，从小事入手，一步一步完成。

3）积零为整的思想：当每件小事解决好以后，就可以组合了。

4）近似替代的思想：积零为整后面临的选择就是如何建立确定的面积和积零为整的面积之间的关系，这时候就要用到了数学中，甚至可以说是我们处理问题时常用的思想方法，近似替代。近似不是目的，是手段或者方法，通过近似的替代找到和真值之间的距离，需要努力的方向就会自动的显现出来。

5）无限逼近的思想：在上面的近似替代的基础上，真值和近似值之间的差距产生的原因是什么也就非常容易的显现出来，那么数学中的极限思想方法就会自然而生。此处可以告知学生，将生活和工作中所遇到的事情、问题和困难，采用无限逼近的极限思想，那么事情将会完成的越完美，离事情的成功、问题的解决和困难的客服就非常非常近了。很多时候，细节决定成败。

6）归纳和演绎的思想：由部分到整体、个别到一般的推理是归纳推理，由一般到特殊的推理是演绎推理。不规则图形的面积的求解、变力做功问题、变速直线运动的路程的计算等问题都是一般问题，但是一般问题中蕴含着共性，定积分就是从一般的问题中抽取了共性，忽落一般性，通过逻辑推理和程序化的方法建立起来的一个通用的概念。概念形成之后进而推广到具体的问题，如不规则图形的面积、变力做功、变速运动的路程等具体问题的求解就会变得简单易行。

因此我们认为教师改变教学方式，学生自然会有所成长。学校育人的成果，不是一两年就能立竿见影。作为一种思维工具、认识方法，学校像栽培器，我们等待学生在社会上“开花结果”，为“两个一百年”去奋斗。要知道立德树人是一个润物细无声的过程。

## 2.4 育德于教-专题嵌入定积分中的德育因子

以定积分的知识点和思想为基础，我们深入探究这一人类文明重要成果所蕴含的丰富的思政元素，归纳如下：

1）有恒心，一切皆有可能。

“锲而舍之，朽木不折；锲而不舍，金石可镂。”这句话出自《荀子·劝学》，其字面意思是用刀刻东西，如果中途停止，虽然是腐朽的木头也不能刻断；如果不停地刻下去，即便是金石也能雕刻成功。引申义是说人们无论是做什么事情，一定要贵在坚持，不能知难而退，面对困难奋勇前进，胜利终将属于自己。

2）量的积累引起质变。

质量互变规律是唯物辩证法的基本规律之一。量变会促使事物的发展，但是这需要量的积累，积累的多了，就会引起事物的发展变化。不断进步，积沙成丘，做任何事，都不像我们想象的那么简单，我们会遇到这样那样的困难，但是困难并不可怕，可怕的是我们无法下定决心去克服它。困难是最好的挑战。只有在有挑战的时候，我们才能不断进步，不断进步之后，成功只是时间问题。所以你不必等待有人告诉你，你成功了。只要你每天不断进步和突破，你每天都是一个成功的人。如果你每天都能取得进步，你计算过三年后会有多少进步吗？有时人生就是这样，只要你每天都有一点进步，坚持不懈，总有一天你会惊讶地发现，在不知不觉中，你已经在同龄人中脱颖而出，有能力承担更多的责任；在不知不觉中，你的业绩已经在同事中脱颖而出，你的业绩在公司考核中也已遥遥领先。相信“积沙成丘”的真理，不投机不取巧，踏踏实实做事，每天都有一点进步，你就一定能够成功。集腋成裘，汉语成语，拼音是 jí yè chéng qiú，意思是狐狸腋下的皮虽很小，但聚集起来就能制一件皮袍。比喻积少成多。出自《慎子·知忠》。《慎子·知忠》："狐白之裘，盖非一狐之皮也。"【近义词】：积土成山、积少成多、聚沙成塔【反义词】：杯水车薪、一口吃一个胖子。

然而，每个人对成功有不同的定义。在我看来成功最简单的定义是每天都有一点进步。故不积跬步，无以至千里；不积小流，无以成江海。骐骥一跃，不能十步；驽马十驾，功在不舍。锲而舍之，朽木不折；锲而不舍，金石可镂。

3）勿以善小而不为，勿以恶小而为之。勿以善小而不为，勿以恶小而为之系蜀汉先主刘备所言，出自《三国志·蜀书·先主传》，意思是不要因为是件较小的坏事就去干，不要因为是件较小的善事就毫不关心。这一哲学道理告诉我们，小恶不断，将成大恶；小善常为，将会成为对社会有用的人。

4）透过现象看本质，抓住事物的共性也就是本质才能升华和收获。

世界是复杂的也是简单的。复杂在每个事物都有自己的个性的一方面，而简单又在于它们具有本质上的共性。比如化学元素周期表中的元素 118 种却可以构建出如此纷繁复杂，多彩多姿的世界万物。并搬动了数以千万倍于己的巨蟒，这是无数只蚂蚁结成共同目标，协调一致，并为之奋斗的团队精神才能完成。团队精神是大局意识、协作精神和服务精神的集中体现，是以协同合作为核心，反映了个体利益和集体利益的统一，保证集体高效运转的一种精神。

5）遵循原则做事，灵活处理困难。

在应用分部积分法求解定积分时我们需要按照一定的原则进行凑微分，再利用分部积分实现由难到易的转化，这一方法可以让我们在教学中引导学生在实际生活中凡事都需要遵循一定的原则，如果最开始的决策是错误的，那事情很可能发展得越来越复杂，越发不可收拾，在能预见这一后果时就应该及时改变思路，进而化繁为简，大事化小。

## 3. 小结

本文以《高等数学》课程中的定积分概念为例，介绍如何将定积分知识点与大学生的思想政治教育相结合，与人生哲理和做事方法相结合。在立足课程本身特色的基础上，提炼出爱国情怀、社会责任、法制意识、人文精神、文化自信等要素，从而实现思政寓课程、课程融思政，充分发挥专业教师在思想政治教育中的作用。

总而言之，在课堂教学当中贯穿课程思政，是一项长期而艰巨的任务，在《高等数学》课程教学当中，具有丰富的思想价值值得的深入的挖掘，需要不断地进行探索，从而更好地将课程思政落实到课堂教学。

## 致谢

本文受 2018 年度教育部高校示范马克思主义学院和优秀教学科研团队建设项目

（18JDSZK012）、上海出版印刷高等专科学校“课中课”国家级教学成果奖应用推广工程子项目（ZK－2020-032），2020 年上海出版印刷高等专科学校思政重点课题和 2020 年上海出版印刷高等专科学校高教研究课题（GJYJ—2020—10）资助。

## References

［1］赵婀娜，丁雅诵．全国高校思想政治工作会议以来学校思想政治理论课建设综述［N］．人民日报（第 1 版），2019-3-18.

［2］滕跃民，张玉华，肖纲领．高职专业“课程思政”的“道法术器”改革［J］．辽宁高职学报，2018（8）：53-55.

［3］滕跃民，张玉华，马前锋，汪军，孟仁振．同向同行：知识传授与价值引领同频共振——上海出版印刷高等专科学校“课中课”课程思政改革探析［N］．中国教育报（第 11 版），2019-6-19.

# 高等职业教育劳动育人模式的探索

滕跃民　忻　喆　张　华

**摘　要：**“民生在勤，勤则不匮。”劳动是社会发展的活水源头，社会的一切进步都离不开劳动。新时代背景下，深化劳动育人已成为高等职业教育工作面临的新课题，本文从阐述劳动教育的内涵及意义入手，在分析当前大学生劳动教育存在问题的基础上，提出高校应不断调整和发展劳动教育的内涵与途径，将培养人的劳动素养放在首位，要着眼时代新要求，进一步完善制度体系，要立足学生新特点，推行“1（一把手工程）＋1（第一课堂）＋X（第一课堂以外的各个途径）＋Y（营造氛围）”的劳动育人模式。

**关键词：**职业教育；劳动育人

2018年9月10日，习近平在全国教育大会上指出，教育的首要任务是培养德智体美劳全面发展的社会主义建设者和接班人。他强调劳动教育应当“贯穿基础教育、职业教育、高等教育各领域，学科体系、教学体系、教材体系、管理体系要围绕这个目标来设计，教师要围绕这个目标来教，学生要围绕这个目标来学。凡是不利于实现这个目标的做法都要坚决改过来”。在这之前大学生的劳动教育，口号性的内容居多，实质上的内容偏少；宏观指导为主，微观实施欠缺，因此，急需一整套行之有效的教育模式与之相匹配。

## 一、深刻理解劳动教育的重要意义

劳动的基本定义是为了某种目的或在被迫情况下从事体力或脑力工作。马克思认为劳动是幸福和光荣的，在共产主义社会，人们是为社会自觉地开展不计报酬的劳动。苏联教育家凯洛夫根据马克思主义的关于劳动的观点，指出“在劳动过程中，教育也发展了”，明确提出教育起源于劳动，这也早期关于教育起源的权威观点。

劳动教育并不是单纯地将劳动纳入教育，也不是通过劳动去完成教育。劳动教育的目的是树立正确的劳动观念，使学生懂得劳动的伟大；是培养学生热爱劳动和劳动人民的情感，养成劳动习惯，以勤俭劳动为荣、奢侈懒惰为耻的品质；是将学习作为学生的主要劳动，从小勤奋学习，将来才能担负艰巨的建设任务；是积极开展生产劳动和公益劳动。简而言之，通过劳动教育，使学生在观念上要尊重劳动，行动上要热爱劳动，境界上要快乐劳动和创新性劳动。

可以说，教育离不开劳动，我国的高等职业教育更离不开适应新时代的劳动教育。党的十八大以来，习近平在多个场合多次强调劳动教育的重要性。在2018年的全国教育大会上，习近平提出“要努力构建德智体美劳全面培养的教育体系”。五育并举教育体系的提出，对于大学生劳动教育的发展具有非常重要的意义。教育部部长陈宝生指出，要狠抓劳动教育，要将“劳”纳入教育方针，要将动手实践内容纳入学生综合素质评价中，要出台加强劳动教育的指导意见和指导大纲，要多种方式加强劳动教育，要建设学生劳动实践基地。中央《加快推进教育现代化实施方案（2018—2022年）》里提出的推进教育现代化的十项重点任务，其中第一项里就提到“大力加强体育美育劳动教育，加强劳动和实践育人”。

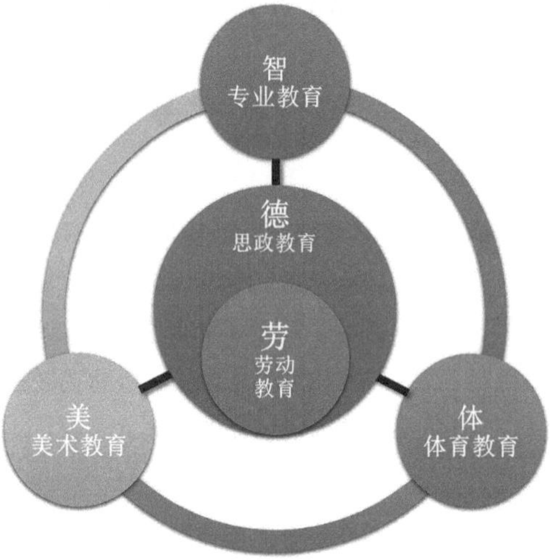


图1-1　五育并举，德育为先，劳育为核心

新时代的劳动教育应该有新的任务，它应该是树立社会主义核心价值观的需要，通过劳动育人，培养奋斗精神、工匠精神，强化学生的理想信念，从根本上促进学风建设和德育培养，提升教育教学质量；是学生个体全面发展的需要，“劳”是学生个体发展的重要组成，具有根本性意义；是国家创新发展的需要，当今的劳动更在于“智造”而非仅“制造”，劳动育人需要引导学生尚进尚新，以“有本领”的面貌实现自己的时代担当，为国家的发展壮大提供“智造”支持。

## 二、充分认识推进劳动育人的复杂性和艰巨性

当前国家、社会、学校等各方面对大学生劳动教育的认识水平和重视程度都明显提高，教育效果也有了初步的改善，但是存在的问题也不容小觑。最主要的问题是劳动观念的长期缺失，劳动教育缺乏实实在在的可操作性。

从社会层面来讲，“一夜暴富、不劳而获的思想有所蔓延，体力劳动和生产劳动被淡化”，轻视劳动、歧视劳动者的现象时有发生。从高校层面来讲，劳动教育并未单列，师资、场地、经费都无法得以保障，更没有科学有效的培养模式。大学生的劳动教育严重缺失，以社会实践、勤工俭学、公益活动充当劳动教育的现象仍然普遍存在。从家庭层面来讲，“万般皆下品，唯有读书高”的传统思想观念根深蒂固，“体力劳动和生产劳动在家庭教育中被忽视，家长往往只关心孩子的学业成绩，只要学习好，其他可以什么都不用做”。从个人层面来讲，年轻人攀比、好逸恶劳的思想越发严重，很多人好高骛远，眼高手低，

没有脚踏实地的务实境界，不愿通过诚实劳动、辛勤劳动获取自己的劳动果实。

## 三、科学系统全面地设计劳动教育

我国早期的劳动育人模式是以训练学生的劳动技术技能，确保学生更好地适应社会为主，随着时代的进步，劳动育人模式正不断调整和发展其内涵与途径，新时代的劳动教育将目光落在人的生命成长和未来生活需要的层面上，将培养人的劳动素养放在首位。而职业教育，特别是高等职业教育是以培养应用技术人才为目的的实践本位的教育类型，正充分体现了“教育与生产劳动相结合”的教育原则。我们可以认为高等职业教育是最适合深化劳动教育意义、拓展劳动教育理念、发展劳动教育形式的教育。

1. 大力提倡劳动教育，发展新时代劳动育人内涵，高校首先要着眼时代新要求，完善制度体系。一是完善顶层设计，人才培养方案的各个环节都要有劳动教育的任务要求说明，增加劳动教育时间和劳动实践比重，考虑开设劳动教育必修课。二是注重教育方法，要与思政课程、课程思政并轨。结合工匠精神和奋斗精神培养，采用显性和隐性教学相结合的方法。三是加大经费保障，严格考核管理，促进劳动教育制度化、科学化、规范化。四是结合工匠精神、奋斗精神，深入推进劳动教育，打造劳动教育“金课”，增强劳动教育互动性、趣味性、创造性和感染力、吸引力。五是引导学生知行合一，躬身实践，促进以劳树德、以劳增智、以劳健体、以劳溢美、以劳出新，内化于心、外化于形。六是调动教师积极性是关键，除了宣传教育，还要使老师深刻认识到劳动教育可以改善学风，提高教学质量。还要与老师的切身利益关联，在教师的考核、晋升和评奖中进行考量。

2. 高校要立足学生新特点，推行“1+1+X+Y”的劳动育人模式。

第一个“1”是“一把手工程”，学校一把手挂帅，并主持和推进劳动育人工作。第二个“1”就是以“第一课堂”为核心，聚焦理论课程（课堂教学要把学习态度、平时分数计入最终成绩）、实习、实验、实训、技能竞赛（包括工具的维护和保养、打扫卫生），显性与隐性方式相结合。还要积极拓展的“X”的内容：在学校日常生活中渗透劳动教育实践，拓展劳动教育路径：包括邀请专家学者、劳模代表、优秀校友开展主题讲座、学术论坛，宣传劳模事迹、打造工匠精神，为学生树立正确劳动认识、传播劳动精神、开展劳动教育实践提供支撑；积极组织学生开展志愿者活动、社会实践活动、创意创新创业大赛等校外实践活动，提高实践能力，增强社会责任感；接轨寝室、课堂、学校环境的维护整治，植树等；融入军训活动，军事理论课等。增加“Y”的内容：营造热爱劳动的氛围，聚焦学生发展，培育时代风尚，要注重典型宣传，加强正向激励，开展最美劳动者等评选活动，优秀学生首先是优秀劳动者，在校园中形成“劳动最光荣、劳动最崇高、劳动最伟大、劳动最美丽”的时代风尚。

高职院校应当学习贯彻落实习近平关于劳动教育的重要思想，努力承担着培养高素质技术技能型人才的重要责任，弘扬劳模精神和工匠精神，引导学生热爱劳动、崇尚劳动、尊重劳动，培养学生树立劳动光荣意识和劳模精神，应既重视劳动教育的过程，又重视劳动教育的效能，从课程设计、实习实训、实践活动和生活场景多个维度，丰富劳动教育的内涵和外延，不断创新和发展劳动教育的育人模式，进而提升高职院校教学质量和办学水平。

## 参考文献

[1] 坚持中国特色社会主义教育发展道路 培养德智体美劳全面发展的社会主义建设者和接班人［N］. 人民日报，2018-9-11（1）.

[2] 教育部. 切实加强中小学劳动教育，培养热爱劳动热爱创造的社会主义建设者和接班人教育部基础教育司负责人就《关于加强中小学劳动教育的意见》答记者问.［EB/OL］.（2015-8-3）［2019-6-25］.

[3] 习近平. 在庆祝“五一”国际劳动节暨表彰全国劳动模范和先进工作者大会上的讲话［M］北京. 人民出版社，2015.

[4] 韩红升. 劳动：开启德育回归生活世界之门［J］. 教育研究，2008（11）：77.

[5] 杨晓慧. 高等教育“三全育人”：理论意蕴、现实难题与实践路径［J］. 中国高等教育，2018（18）：6.

[6] 高勇. 新时代大学生劳动教育培养体系的建构，西南石油大学学报（社会科学版），2019（21）：5.

# 高等数学极值的课程思政三寓三式探究

薛中会 滕跃民 马前锋

**摘 要：** 本文立足高等数学的极值教学内容，通过三寓三式将知识教学与德育熏染融于一体，通过对极值知识点的思想价值阐释，将知识传授与价值引领有机融合，引导学生正确做人做事做学问，助力学生的全面发展。

**关键词：** 高等数学；极值；课程思政

## 1. 前言

习近平总书记在2016年的全国高校思想政治工作中明确提出，“其他各门课都要守好一段渠、种好责任田，使各类课程与思想政治理论课同向同行，形成协同效应”，从而要“把思想政治工作贯穿教育教学全过程，实现全程育人、全方位育人，努力开创我国高等教育事业发展新局面”。“课程思政”这一概念早在2014年就由上海市教育委员会提出，并在教育部的指导下在上海高校进行了试验，取得了创新性的突破，习近平总书记的讲话精神为课程思政向纵深发展提供了强有力的思想支撑和方向指引。毋庸置疑，课程思政是新时代思想政治教育发展的重要方向，理解和把握新时代课程思政的内涵，并积极寻求探索实践是新时代赋予教师的光荣使命，对于培养“四个服务”人才，进而实现中华民族伟大复兴的中国梦具有十分重要的意义。在融入方式、融入范式的探索方面，上海出版印刷高等专科学校课程思政的“三寓三式”具有较为重要的借鉴意义[1][2]。

高等数学是高校所有理工科、经济管理科等专业的公共必修基础课，贯穿整个大学第一学年，正是学生从高中进入大学的过渡，是熟悉大学学习的关键，同时高等数学蕴含的辩证思想和思维，以及正确的处理问题的和解决问题对的方式等对于奠定学生思想教育基调甚为关键，可以说是树立科学的世界观和价值观的重要时间点。正如习近平总书记所言，青少年学生正处于人生的“拔节孕穗期”，最需要精心引导和栽培，而且青少年的价值取向在某种程度上决定了未来整个社会的价值取向，因此抓好这一时期的价值观教育十分重要。如何在高等数学的教学过程中贯彻课程思政，是高等数学课程教学中面临的一个新的问题，也是高等数学任课教师践行习总书记“同向同行”精神的必然选择。众所周知，高等数学以高度的抽象思维和逻辑思维著称，而抽象思维和逻辑思维的基础是正确的世界观和方法论，因此在高等数学中蕴含着丰富的德育元素，如在高等数学导数应用章节，有关极值的知识点蕴含着大量的价值观、利益观、义利观和发展观的德育元素。

本文分五个部分：第一、第二部分主要对极值和最值在数学中的概念作简单介绍；第三部分主要探究了极值和最值的数学思想内涵；第四部分探究了极值和最值的思想教育价值；第五部分给出了总结性的论述，期望能够对从事课程思政研究的同仁提供一些参考。

## 2. 极值知识概述

### 2.1 函数的极小值点和极小值的概念

函数 $y=f(x)$ 在点 $x=a$ 的函数值 $f(a)$ 比它在点 $x=a$ 附近其他点的函数值都小，$f'(a)=0$；而且在点 $x=a$ 附近的左侧 $f'(x)<0$，右侧 $f'(x)>0$，则点 $a$ 叫作函数 $y=f(x)$ 的极小值点，$f(a)$ 叫作函数 $y=f(x)$ 的极小值。如图 1（a）所示。

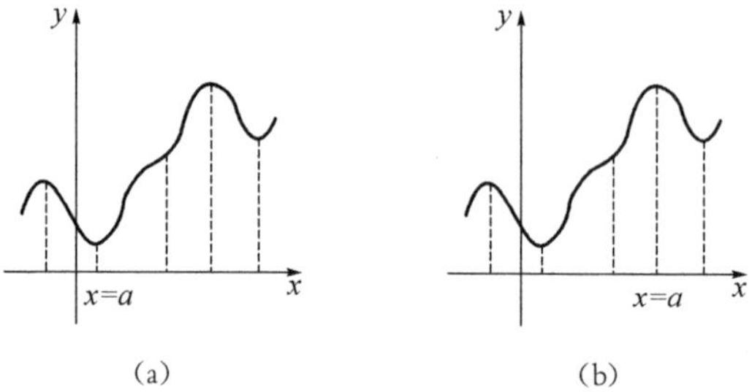


图 1　(a) 对应于 $x=a$ 时的极小值示意图；(b) 对应于 $x=a$ 时的极大值示意图

### 2.2 函数的极大值点和极大值的概念

函数 $y=f(x)$ 在点 $x=b$ 的函数值 $f(b)$ 比它在点 $x=b$ 附近其他点的函数值都大，$f'(b)=0$；而且在点 $x=b$ 附近的左侧 $f'(x)>0$，右侧 $f'(x)<0$，则点 $b$ 叫作函数 $y=f(x)$ 的极大值点，$f(b)$ 叫作函数 $y=f(x)$ 的极大值。极小值点、极大值点统称为极值点，极大值和极小值统称为极值。如图 1（b）所示。

### 2.3 求函数极值的步骤

① 求导数 $f'(x)$；

② 求驻点和不可导点，即 $f'(x)=0$ 的根和函数 $y=f(x)$ 的不可导点；

③ 检查导数在驻点和不可导点左右的导数值的符号，如果左正右负，那么 $y=f(x)$ 在这个点(驻点或不可导点)处取极大值，如果左负右正，那么 $y=f(x)$ 在这个驻点或不可导点处取极小值。

### 2.4 求函数的最大值与最小值的步骤

在闭区间 $[a,\ b]$ 上连续，在 $(a,\ b)$ 内可导，$f(x)$ 在 $[a,\ b]$ 上一定有最大值和最小值，求最大值与最小值的步骤：

① 求 $f(x)$ 在 $(a,\ b)$ 内的极值；

② 将 $f(x)$ 的各极值与 $f(a)$，$f(b)$ 比较，其中最大的一个是最大值，最小的一个是最小值。

## 3. 极值和最值的知识点比较分析

### 3.1 关于极值和最值

极值和最值的知识点比较如表 1 所示，需特别说明的是：

1）函数的最大值和最小值是一个整体性概念，最大值必须是整个区间上所有函数值中的最大值，最小值必须是整个区间上所有函数值中的最小值。

2）函数的最大值、最小值是通过比较整个定义区间的函数值得出来的，函数的极值是比较极值点附近的函数值得出来的。

### 3.2 可导函数的极值

极值是一个局部性概念，一个函数在其定义域内可以有许多个极大值和极小值，在某一点的极小值也可能大于另一点的极大值，也就是说极大值与极小值没有必然的大小关系。

若 $f(x)$ 在 $(a,\ b)$ 内有极值，那么 $f(x)$ 在 $(a,\ b)$ 内绝不是单调函数，即在某区间上单调递增或减的函数没有极值。

**表 1　极值和最值的知识点比较分析表**

| 极值 | 领域内的最值 | 不可导点或驻点 | 局部空间的最值 | 短期的最值 |
|---|---|---|---|---|
| 最值 | 函数给定区间的最值 | 不可导点、驻点和区间端点 | 全体空间的最值 | 长远的最值 |

## 4. 极值和最值的数学思想

极值和最值的关系是部分和整体的关系。整体和部分，又称全局和局部，是客观事物普遍联系的一种形式。它们是对立统一的关系。局部离不开整体，离开了整体，就失去了作为整体中的局部的性质和意义。整体功能大于各个部分功能之和。条件是各部分必须以有序、合理、优化的结构形成整体。所以全局大于局部，统帅局部，局部服从全局。整体与部分是相互依赖，不可分割，各以对方存在为前提。整体由部分构成，它只在对于组成它的部分而言，才是一个确定的整体。部分是整体中的部分，没有整体也无所谓部分。

函数的最大值和最小值是一个整体性概念，最大值必须是整个区间上所有函数值中的最大值，最小值必须是函数在整个定义区间上所有函数值中的最小值。函数的最大值、最小值是比较整个定义区间的函数值得出来的，函数的极值是比较极值点附近一个较小的领域区间的函数值得出来的。函数的极大值或极小值可以有多有少，但最大值或最小值只有一个；极值只能在区间内取得，最值则可以在端点处取得；有极值的未必有最值，有最值的未必有极值；极值可能成为最值，最值只要不在端点必定是极值。闭区间上的连续函数一定有最大值和最小值，开区间上的连续函数不一定有最大值和最小值。以导数为工具求函数的最值，先找到极值点，再求极值和区间端点函数值，其中最大的一个是最大值，最小的一个是最小值。

极值和最值的关系是辩证统一的。函数的极值有可能成为函数的最值，而函数的最值在较大发展空间（即定义域）也有可能成为极值而不是最值。因此，在学习函数的极值知识点的基础上，要深入理解极值和最值之间的辩证统一关系，运用马克思主义发展和运动观点处理学习和工作中面临的极值和最值问题，丰富和提高自己的思想内涵。

## 5. 思政内涵解读

### 5.1 极值和最值中的人生哲理——寓道于教

曲折起伏是人生的常态。一个人从呱呱坠地到灰飞烟灭，不过百十年的生命之旅，若把人生看成路途，那么人生路途中每迈出一步在生命星河中会留下痕迹，连缀起来的痕迹便是生命之旅在时空屏幕上划出的轨迹。这轨迹是曲线，永远不可能是直线。人生毕竟是分阶段的，就如同分段函数，有美满（短暂极大值）也有辛苦（暂时极小值），有欢欣（瞬态极大值）也有苦痛（极小值）。这说明人生中存在着函数的极值规律。人生就是这样，正是因为其曲折，屈伸才更多了几多回味，才更显得其丰富，直线纵然简练，但却无法与曲线之美相比。罗曼·罗兰说过一句话："人生不是旅行，不出售来回票，一旦动身就很难返回。"人生道路不可重复，即使可以使自己重新开始，但社会在发展，环境在变化，所谓的"重新开始"也不是当初的"重新开始"，因为根本不可能再面对同样的选择条件。数学老师在讲到"函数的极值、最值"这部分内容时，可以与思政教育中的人生教育内容相结合，从而帮助学生认识到人生由于函数变化，既有高峰也有低谷。在漫长的人生道路上每个人都不可能一帆风顺，这就需要学生能够树立起健全的人格，正确认识成功与失败。

### 5.2 从极值和最值的视角谈国家利益、集体利益和个人利益——育德于教

如表 2 所示，如果把极大值比作个人利益，即是区域较小的利益，那么最大值就是国家利益和民族利益，就是区域最大的利益（如图 2 所示）。2020 年的抗击新冠状肺炎，再次证明，国家利益和个人利益是统一的、一致的。有些人为了个人舌尖的享受，罔顾国家法律，暂时满足了个人的口舌之欲，其结果是既损害了国家利益，个人利益也不能够得到

安全保证。与之形成鲜明对比的是那些白衣天使，舍生忘死，不顾个人安危，冲在防疫抗疫的最前线，牺牲了个人的利益，换来了整个中华民族的利益。

**表 2　函数最值及共和国家利益等之间的适应关系**

| 函数极值 | 个人利益 | 家庭利益 | 团体利益 | 机构利益 |
|---|---|---|---|---|
| 函数最值 | 国家利益 | 集体利益 | 民族利益 | 人类共同体利益 |

早在 1956 年，毛泽东同志就曾在《论十大关系》中提出，把集体主义作为社会主义社会的基本原则[3]。邓小平认为要辩证地看待这两者的关系，“在社会主义制度之下，个人利益要服从集体利益，局部利益要服从整体利益，暂时利益要服从长远利益，或者叫作小局服从大局，小道理服从大道理。我们提倡和实行这些原则，绝不是说可以不注意个人利益，不注意局部利益，不注意暂时利益，而是因为在社会主义制度之下，归根结底，个人利益和集体利益是统一的，局部利益和整体利益是统一的，暂时利益和长远利益是统一的。我们必须按照统筹兼顾的原则来调节各种利益的相互关系。如果相反，违反集体利益而追求个人利益，违反整体利益而追求局部利益，违反长远利益而追求暂时利益，那么，结果势必两头都受损失。”并强调：“要防止盲目性，特别要防止只顾本位利益、个人利益而损害国家利益、人民利益的破坏性的自发倾向。”[4]

图 2　个人利益、集体利益、国家利益、人类命运共同体之间的关系

2019 年 10 月适应新时代的新要求，中共中央、国务院印发了《新时代公民道德建设实施纲要》。在新时代公民道德建设中的总体要求里面提到要“以集体主义为原则”，具有深远的历史意义和现实意义。集体主义作为道德原则，具有正确处理个人利益、集体利益与国家利益关系的重要作用。集体主义原则提倡在国家利益、集体利益与个人利益发生矛盾时，集体利益优于个人利益，国家利益又高于集体利益，个人要以集体利益和国家利益为重，而且在必要的情况下，个人应当为集体利益和国家利益放弃或牺牲个人利益。与此同时，集体主义原则又要求集体和国家必须尽力保障个人的正当利益能够得到满足，促进个人自由全面发展和人生价值的实现。从根本上说，个人利益与集体利益、国家利益是相辅相成、辩证发展的，一方面，没有集体和国家的富强，就不能切实保障个人的发展；另一方面，集体和国家又因为个体的能动性得到充分发挥，才能成为充满活力、具有创新能力、富有蓬勃朝气的集体和国家。

## 5.3 从极值和最值的视角谈新发展理念——寓教于乐

2015年10月29日习近平总书记在《中共中央关于制定国民经济和社会发展第十三个五年规划的建议》中强调，首先要把应该树立什么样的发展理念搞清楚……。《建议》提出要坚持创新、协调、绿色、开放、共享的发展理念[5]。我们称之为新的发展理念，其中绿色发展，为千秋万代负责，不欠子孙债，留下绿水青山。绿色发展注重解决的是人与自然的和谐问题，其实质就是人的发展极大值和自然环境的极大值要和谐。不可否认，在一段时间里，一些地方确实只片面地追求GDP的数量和速度。这种对GDP的盲目推崇和追求，很大程度上反映在以浪费资源、破坏环境、损害群众利益等为突出现象的粗放式增长方式上[6]。用数学的观点来看就是仅仅考虑了地方的经济利益的极大值，忽略了生态利益的极大值，最终损害的不但是本地方可持续发展的极大值，而且对于国家的可持续发展造成了不良的影响。这样的片面追求GDP极大值的发展方式无异于饮鸩止渴，损害了子孙后代的发展权利，如此的恶性循环最终会伤及人类自身。我们要牢记生态环境没有替代品，用新的发展理念指导国家的发展和进步，进而实现中华民族的伟大复兴的中国梦。

2016年1月18日习近平总书记在省部级主要领导干部学习贯彻党的十八届五中全会精神专题研讨班上讲话时对新发展理念进行了更加深入的阐释。习总书记指出，下好“十三五”时期发展的全国一盘棋，协调发展是制胜的要诀。……，处理好局部和全局、当前和长远、重点和非重点的关系，在权衡利弊中趋利避害、作出最为有利的战略抉择[7]。正如我们就极值的数学思想所做的论述，极值和最值的辩证关系，本身就是局部和全局、当前和长远的关系，如果我们能够在课堂教学中引领学生领悟新发展理念的美，一定能够在学生中产生共鸣的智慧。

## 5.4 从极值和最值的视角谈伟大的抗疫精神——（元素化合、专题嵌入和画龙点睛）

结合当下的抗疫实践，伟大的抗疫精神更是深刻的折射出极值的思想隐喻。生命至上、举国同心、舍生忘死、尊重科学、命运与共的伟大抗疫精神。生命至上集中体现了中国人民深厚的仁爱传统和中国共产党人以人民为中心的价值追求，这是中国共产党执政为民理念的最好诠释，是中华文明人命关天的道德观念的最好体现，也是中国人民敬仰生命的人文精神的最好印证；举国同心集中体现了中国人民万众一心、同甘共苦的团结伟力。长城内外、大江南北，全国人民心往一处想、劲往一处使，把个人冷暖、集体荣辱、国家安危融为一体。

通过深入剖析极值的思想价值和思维内涵，透析伟大抗疫精神中思想，我们会深刻感悟抗疫精神同中华民族长期形成的特质禀赋和文化基因一脉相承，是爱国主义、集体主义、社会主义精神的传承和发展，是中国精神的生动诠释，丰富了民族精神和时代精神的内涵。我们要在全社会大力弘扬伟大抗疫精神，使之转化为全面建设社会主义现代化国家、实现中华民族伟大复兴的强大力量。

## 6. 结论

数学揭示的是客观事物的普遍规律，数学中利用导数求极值问题包含了丰富的哲学思想和人生智慧。站在时代的高度，融会贯通“三寓三式”于极值知识点的深入挖掘，帮助学生体会如何在新时代做到个人利益、集体利益和国家利益的统一，如何正确看待人生道路上的利益得失，引领学生领悟极值中包含的科学辩证法和方法论，帮助学生建立正确的义利观。在科技快速发展的今天，如何正确看待和处理专业发展利益和个人现实利益之间的关系对于莘莘学子和思想发展关键期的青年人具有非常重要的意义，本项目将会结合学生专业进行深入探究。

**References**

[1] 滕跃民，张玉华，肖纲领. 高职专业“课程思政”的“道法术器”改革［J］. 辽宁高职学报，2018（8）：53-55.

[2] 滕跃民，张玉华，马前锋，汪军，孟仁振. 同向同行：知识传授与价值引领同频共振——上海出版印刷高等专科学校“课中课”课程思政改革探析［N］. 中国教育报，2019-06-19（11）.

[3] 毛泽东. 论十大关系［M］//中央文献研究室编辑.《毛泽东文集》第七卷. 北京：1999.

[4] 邓小平.《邓小平文选》第2卷［M］. 北京：人民出版社，1994.

[5] 习近平. 以新的发展理念引领发展［M］//《习近平谈治国理政》第二卷. 北京：外文出版社，2017：198.

[6] 毛晓刚. 应以科学理性的精神看待GDP［J］. 领导科学，2010（24）：18-19.

[7] 习近平. 深入理解新发展理念［M］//《习近平谈治国理政》第二卷. 北京：外文出版社，2017：206.

# 高职数学课程思政“三寓三式”教学法探析

刘志民　滕跃民

全国高校思想政治工作会议为我们依托课程对大学生进行思想政治教育、培养政治可信和技能过硬的高素质应用技能型人才指明了方向。如何办好课程思政，使其具有亲和力与针对性，使学生乐于接受、易于接受，已成为一个新的课题。

高等数学作为高职院校的重要公共基础课程，具有教学时间跨度长、参与学生多、学习难度大等特点。笔者在高等数学教学实践中，总结出“三寓三式”教学法，挖掘其中蕴含的哲理和思政元素，将其融入课堂教学，从而实现课程思政与思政课程协同育人的目标。

## 一、“三寓三式”教学方法简介

所谓“三寓”，是指把数学课中的思政元素通过信息化手段和学生进行交流，寓道于教，寓德于教，寓教于乐，实现学生思想品德、文化素养和职业操守的同步提升。那么，如何做到既能提高课堂教学质量，又能实现“润德无声”呢？这就需要通过实施“三式”教学手段来实现，即“画龙点睛式”“专题嵌入式”和“元素化合式”三种教学手段。

“画龙点睛式”是指教师在讲授高等数学课程的知识点时运用社会主义核心价值观、唯物辩证法等进行点睛。“画龙”是指高等数学中知识点的讲授过程；“点睛”是指用德育元素对相关知识点或技能点进行解读，对学生潜移默化地进行社会主义核心价值观的教育。

“专题嵌入式”是指教师在讲解某些融合重要哲学原理的数学概念时，在不打乱原来教学结构的基础上，将思政的某个专题进行嵌入，以加深学生对概念的理解，同时提高学生对哲学基本原理及其中国化的认识。

“元素化合式”是将时政热点、数学模型、思政要点三种不同的教学元素进行融合，进而提升教学效果。

教师通过以上教学手段巧妙地融入思政元素，可以生动形象地对学生开展爱国主义教育、科学唯物主义教育、科学素养教育。结合所教课程特点，教师可采用游戏化、情景化的教学方式，构建“学生乐学、教师乐教”的课堂，消除学习的紧张和乏味感，实现寓教于乐，寓学于乐。

## 二、高等数学课程思政“三寓三式”教学法的实践

### （一）“画龙点睛式”课程思政教学实践

极限是高等数学中一个极其重要的基础性概念，后续的微分、积分都以极限为基础。在画“极限概念”这个“龙”时，笔者以我国数学家刘徽的割圆术来引入。刘徽指出：“割之弥细，所失弥少，割之又割，以至于不可割，则与圆周合体而无所失矣。”在人类历史上，这是第一次在数学证明中将极限和无穷小分割引入。在刘徽研究的基础上，祖冲之将圆周率精确到小数点后 7 位，这一研究成果领先欧洲 1 000 多年。这种引入方式帮助学生了解了我国古代的数学成就，集中体现爱国主义教育，帮助学生树立了文化自信，增强了民族自豪感。

微积分是高等数学的核心内容，在讲授微积分课程时，教师要让学生们知道许多定理公式都是以数学家的名字命名的，如牛顿－莱布尼兹公式、欧拉公式、柯西定理、拉格朗日中值定理等。科学的道路上没有一帆风顺，这些定理的出现是靠数学家们废寝忘食地钻研而推导出来的。教师向学生介绍这些科学家的事迹和美德，可以激发他们向名家学习，树立艰苦奋斗的意识。针对部分文科生学习数学信心不足的问题，在讲授无穷大无穷小等知识点时，教师可以把马克思和恩格斯等在这方面的研究经历介绍给学生，他们在微积分领域都有独树一帜的观点，数学严谨的思维方式对两位马克思主义的创立者获得揭示人类历史发展规律的灵感起到了很重要的作用。通过这些“点睛”，可以让学生更直观地了解数学的作用，开阔学生的视野，消除对数学的恐惧，树立学好数学的信心。

### （二）“专题嵌入式”课程思政教学实践

定积分概念包含了诸多思政元素，为了把本节课的思政元素充分介绍给学生，在定积分概念的引入过程中，教师要向学生介绍微积分的创立过程。微积分主要是由西方的学者创立，作为炎黄子孙，我们应感到沉甸甸的责任，知道自己肩负的责任，要将中国文化发扬光大，科学认识我国的科技事业和我国的国情，才能更好地发展自己。

定积分的概念可以概括为分割（化大为小，化繁为简），近似求和（步步逼近，锲而不舍），取极限（量变质变规律）。定积分概念集中体现了量变与质变的对立统一、变化的绝对性和不变的相对性、运动的绝对性等原理。在这些原理、定理的讲授过程中，教师可以引导学生讨论以下主题：中国特色社会主义道路的三步走战略；中国共产党人的不忘初心、砥砺前行精神；我国探月计划的分步走战略，等等。教师引导学生坚持远大理想和阶段性目标相结合，一步一个脚印，采用科学方法实现人生目标。本节课的专题嵌入课程设计如表 1。

**表 1　专题嵌入课堂设计表**

| 切入课程 | 定积分定义 |
|---|---|
| 思政元素 | 1. 量变和质变规律；2. 变与不变原理；3. 运动的绝对性原理 |
| 内容、方法、实施过程 | 由生活中的实例向同学们介绍定积分的概念，数学所解决的问题都来源于生活，数学距离大家很近。然后，通过不规则图形面积的求法中的分割、近似求和、取极限的思想方法，引申开来，告诉同学们要把自己订立的远大理想细化为阶段性小目标，一步步去实现。为人处事要坚守初心，努力奋斗，一步步接近目标。量变积累到一定程度就会引起质变。引导学生互动提问：我国为什么要制定三步走发展战略？为什么要追求精益求精的工匠精神？培养人文素养和科学素养的同时，培养学生科学的价值观、实事求是的科学精神和钻研精神。 |
| 教学体会 | 有些同学进入大学后会立下雄心壮志，碰到一些困难和挫折后容易受到打击而一蹶不振，在这种情况下，教师就要多鼓励学生，任何事情都不是一帆风顺的，要把大目标化为阶段性容易实现的小目标，久久为功，就会距成功更近一步。一个人是这样，一个国家也是这样，中华民族就是在不断地克服困难中前进的。作为一名教师，我们也要不断更新自己的知识，努力实现教学目标。 |

### （三）“元素化合式”课程思政教学实践

我们要引导学生关心国家大事，把时政热点融入课程，对学生进行思想政治教育。在抗击新冠肺炎疫情期间，广大师生改线下上课为线上上课，改在校学习为居家学习。我们要探索疫情背景下数学课堂课程思政的实践路径，做到立德在“线”“线上育人”战“疫”育人。如数学建模课程，针对新冠肺炎传染病传染模型，教师可以通过让学生自己编写程序或为学生提供程序模板，把不隔离情况、部分隔离情况和完全隔离情况下的参数带入模型，预测传染情况，为战“疫”决策提供数量参考，这样既激起了学生参加建模课程的兴趣，又可以使学生理解当前国家所采取的措施缘由，稳定学生情绪，使学生在家安心学习。同时，还可以利用已学的知识对今年的经济增长情况进行模拟，学用结合、价值塑造，帮助同学们坚定必胜信念，增强学生勇于探究的科学精神。让学生真正感到数学的应用价值，激发学生的求知欲望，提高学生面对复杂事物的分析力、想象力和创造力。通过数学建模预测疫情变化，既可以提高学生学习数学的兴趣，又可以使学生在玩中学，学中玩。

前述内容就高职院校高等数学课程思政的某些具体内容进行了探析，高等数学课程具有时间跨度长、选修专业多等特点，通过这门课程的前期课程思政的实践，在实际中我们把不同类型的教学内容进行分类，并总结出一些规律（见表 2）。

**表 2　数学思政课教学内容分类**

| 教学单元（类型） | 专业内容 | 思政要点 | 实施手段 |
|---|---|---|---|
| 单元一<br>涉及中国和世界数学家简介部分 | 我国数学家对世界数学发展贡献、数学家的优秀品格 | 培育学生民族自豪感、奋斗精神、奉献精神 | 画龙点睛式＋启发式 |

（续表）

| 教学单元（类型） | 专业内容 | 思政要点 | 实施手段 |
|---|---|---|---|
| 单元二<br>数学的基本概念和定理 | 基本概念和定理的证明和理解 | 量变、质变规律，变与不变的对立统一，运动的绝对性原理 | 专题嵌入式＋互动式 |
| 单元三<br>涉及数学和时政热点的结合问题 | 时政热点中的数学模型，建立数学模型对时政热点进行预测或发展趋势分析 | 理论联系实际，家事国事天下事事事关心，培养家国情怀 | 元素化合式＋游戏式 |

## 三、结语

课程思政是一种新的思想政治教育理念，不可以代替思政课程而又要与思政课程同向而行，实现协同育人。高数课程思政一定要结合高数课程的教育目标和教育特点，挖掘课程中蕴含的思政教育资源，将思政教育内容融入课程教育内容，起到潜移默化的育人作用。我们应充分利用画龙点睛式、主题嵌入式、元素化合式的教学手段，消除学生的紧张心理和乏味感，既提高教学质量，又对学生进行价值引领，教师乐教，学生乐学，其乐无穷。

高等数学课程思政的内容应该包含诸如价值观、人生观、道德观以及中国传统文化、世界传统文化等丰富广泛的内容。如何挖掘好课程中所蕴含的具有育人功能或属性的价值元素是每一位教师应当深入思考的问题。我们要深入学习，对此课程的教学目标、教学内容、教学方法和教学评价等方面进一步深入研究，提炼其中的思政元素并融入课堂，从而达到全方位育人的目的。

# 印刷企业管理实务“三寓三式”教学法课程思政实践

俞忠华　滕跃民

**摘　要：** 2020年5月，教育部发布关于印发《高等学校课程思政建设指导纲要》的通知（教高〔2020〕3号），将高等学校的课程思政建设上升到国家要求。上海出版印刷高等专科学校（以下简称“上海版专”）的“印刷企业管理实务”通过“课中课”模式，在课程思政实践中以“三寓三式”为融合原则和路径手段，引导学生学习探索管理客观规律、尊重遵守客观规律，将德育元素融入印刷企业管理知识与技能培养环节，实现专业课课程思政的三全育人目标。

**关键词：** 课中课；课程思政；三寓三式；三全育人

“课程思政”的概念最早由上海市教委在2014年提出，2016年的全国高校思政会议上，习近平总书记提出了各类课程要与思想政治理论课程同向同行，形成协同效应的要求[1]。2020年5月，教育部正式印发《高等学校课程思政建设指导纲要》，“纲要”在第一部就明确指出全面推进课程思政建设是落实“立德树人”这一教育根本任务的战略性举措，第五部分提出各高校要结合自身专业特点分类推进课程思政建设的要求[2]。上海版专贯彻落实习总书记重要讲话精神，在多年的课程思政改革实践过程中，已经探索出符合高职院校特点的“课中课”同向同行模式，提出了“三寓三式”范式理念，该成果获得2017年上海市教学成果特等奖，2018年又获得全国职业教育第一个也是唯一的课程思政国家级教学成果奖。

## 一、“印刷企业管理实务”的课程思政建设目标

专业课的课程思政是全面提升高校立德树人成效的主要途径，其本质上是一种既强调“课程承载思政”，也强调“思政寓于课程”的教育理念[3]。“印刷企业管理实务”作为上海版专印刷媒体技术专业的一门专业必修课，课程思政建设的目标就是要将思想道德教育放在课程目标之首，倡导并践行社会主义核心价值观，最终转化为爱国的实际行动。该课程的课程思政建设不是德育观念与专业知识的简单机械加合，而是由表及里、潜移默化地引导学生了解印刷技术的历史性变革，通过对印刷行业认知的深入使学生掌握现代印刷企业管理的基本原理与方法，获取现代印刷企业管理的基本思想、提高企业管理意识，同时培养文化理念、改善工作方法、提高综合素养，实现显性企业管理知识和技能与隐性素养

培育的有机结合。通过课程思政让学生明确认知国家对他们的知识、能力和素质要求，将家国情怀、职业道德等有机融入，达到提高学生思想道德素养，增强学生服务国家、服务人民的社会责任感，最终实现专业课课程思政协同育人的目的。

## 二、专业课的课程思政设计思路

上好任何一门课，教师首先必须明白课程的学生是谁？教些什么？怎么来教？用什么来教？然后才能具体地教学实施。本课程根据学科特点，将课程思政建设的思路设计如图 1：明确教学目标→梳理教学内容→确定教学模式和方法→构建教学资源→授课实施。

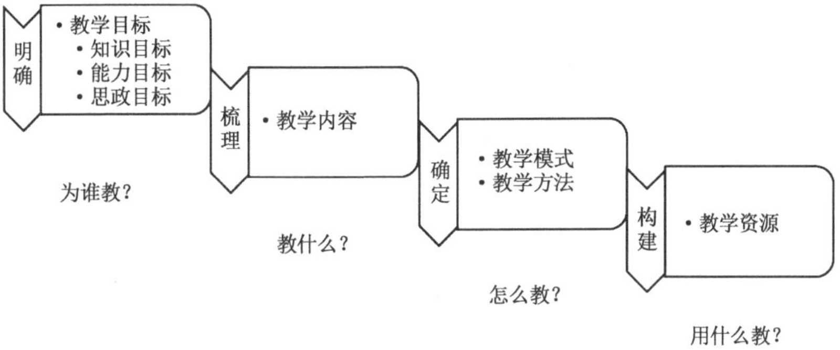


图 1　专业课课程思政设计思路

“印刷企业管理实务”课程思政建设的主要任务是打通显性印刷企业管理基础知识和技能与隐性素养培育相互促进的通道。课程教材中 3 个模块的教学内容共 10 个子项目，围绕爱国主义、工匠精神、科学精神、大局意识、辩证意识、道德品质、四个自信和生态文明等八个思政维度，如图 2。课程将每一个项目所蕴含的思政思想与教学内容有机地融合，发挥专业课知识、技能育人与思政育人的相互协同作用。

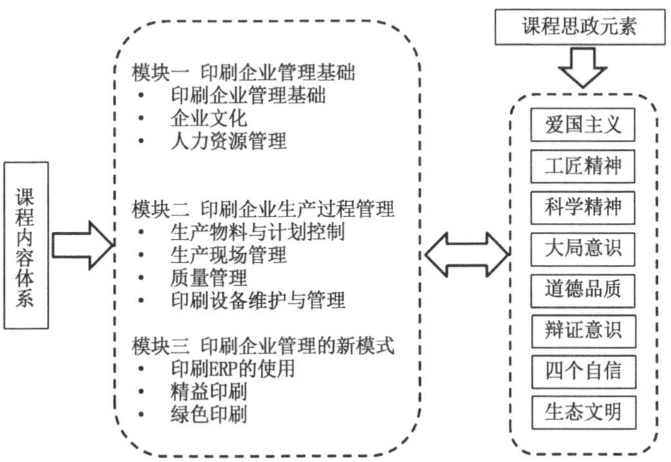


图 2　课程内容体系与思政维度

课程思政的开展离不开“法”与“术”，具体就是指教学方法与手段。上海版专经过多年的实践探索，其“三寓三式”已经成为范式，在“课中课”国家级教学成果奖应用推广工程过程中，已经发展成为一个颇具影响力的全国性品牌，如图 3 所示[4]。“印刷企业管理实务”的课程思政就是以“三寓”为“法”，通过“寓德于教、寓道于教、寓教于乐”的方法将印刷企业管理相关知识点、技能点与思政要点相融合；在课程教学实施中以“三式”为“术”，借助“元素化合式、专题嵌入式、画龙点睛式”这三种教学手段，实现企业管理知识传授过程中无声融入思政思想的育才育人双重效果。

图 3　课程思政的“法”与“术”

课程教学资源的构建也是有效实施课程思政不可忽略的重要环节，高职教育的根本是校企合作，上海版专的印刷媒体技术专业培养的是未来出版印刷传媒业的高技能型人才，除了校内课堂以外，学校还充分发挥行业企业的作用，利用这一校外课程思政重要阵地，通过联合共建校企合作课程思政基地拓宽课程资源，彰显专业特色。

## 三、“三寓三式”教学模式下的课程思政实践

上海版专的“印刷企业管理实务”课程思政建设实践，首先通过梳理课程知识点、技能点、思政要点，归纳出思政维度，确定课程思政教学体系，然后一方面通过寓道于教、寓德于教的方法引导学生道德价值观的正确树立，实现知识与技能传授过程中的价值观引领和品德养成，另一方面坚持“寓教于乐”的教育理念，灵活采用互动式、游戏式、案例式等快乐教学法，“三寓三式”是该校课程思政改革的特色之一。

**1.“画龙点睛式”教学实践**

印刷术是四大发明之一，中国在世界印刷史上的地位是无可厚非的，印刷行业的发展历程经历了泥活字、铅与火、光与电，到现在的数与网时代，古代有毕昇，现代有王选。课程绪论通过把印刷业发展史视作“龙”，点出“王选精神”的“睛”，学生掌握印刷业发展史的同时，了解王选院士发明汉字激光照排技术的艰辛历程，感受先辈身上坚定的理想信念和高尚品质，以及他们不惧挑战的创新精神、细致踏实的工匠精神、百折不挠的开拓精神。“画龙点睛式”教学实现学生掌握行业历史知识的同时，提升文化自信及行业认同

感，激发专业学习热情，更加爱国、爱专业。

又如印刷企业的现场管理中，“5S”的五个实施要领，即整理—整顿—清扫—清洁—素养，体现的是从初始的形式化、行事化，到最终的习惯化目标。印刷企业生产现场的物品种类繁多，分清“要”与“不要”，严格遵守定点、定容、定量这“三定原则”，形成制度标准化后使员工对再小的问题也乐于改善，最终养成良好的职业素养，将责任心内化为一种自觉的意识，外化为日常的自觉行为。课程中讲解5S基本实施要领的过程就是“画龙”，激发学生个人综合素养的提高就是“点睛”之笔，学习、工作、生活中亦是如此。

**2.“元素化合式”教学实践**

绿色化是我国印刷业发展的战略方向之一，绿色印刷的实施，不仅涵盖印刷材料和印刷加工过程，也包括印刷产品应用和消费在内。印刷业要坚持“环境友好”和“健康有益”的绿色发展理念，保持整体供应链系统的良性循环才能促进人与自然的和谐发展。课程教学中引导学生关心国家政策，了解行业发展战略，在讲授绿色印刷概念及实施举措的同时，适时引入习近平总书记关于“绿水青山就是金山银山”的重要论断，使学生充分意识“生态兴则文明兴，生态衰则文明衰”。和其他行业一样，中国印刷业必须推动绿色发展，坚决贯彻节约资源和保护环境的基本国策，才能助推中国逐步实现印刷强国梦。“元素化合式”教学将绿色印刷相关知识与生态环境保护方面的大局意识、长远意识和整体意识进行化合，使学生对印刷行业经济发展与生态保护和谐共进的责任意识得到进一步强化，充分认识绿色印刷功在当代，利在千秋，实现专业知识与思政育人的双重效果。

**3.“专题嵌入式”教学实践**

伴随着新技术、新材料的发展与应用，印刷设备也经历着一次次的技术革新，尤其是计算机、网络技术的飞速发展，印刷设备越来越趋向智能化、自动化。优秀的设备管理是印刷企业保持核心竞争力的重要保障，面对印刷设备日新月异的发展趋势，不仅要树立终身学习、不断提高自身能力和素养的理念，而且要掌握设备的磨损与故障规律，以发展的眼光在不同阶段实施不同的管理手段。因此，在印刷设备维护与管理这一项目内容讲授过程中，首先引导学生必须具备“爱岗、敬业”意识，充分理解设备磨损与故障的不同阶段，明确各阶段设备维护的工作要点，其次，讲解设备故障规律“浴盆曲线”从初始故障期到偶发故障期，最后进入磨损故障期时，将“事物的变化都是量变和质变的统一”这一哲学思想嵌入其中，引导学生要重视量的积累与变化，在客观规律面前认识并利用规律才能提高工作效率。这种“专题嵌入式”教学法，达到了在不打破原有的教学内容的基础上将知识点与思政点有机融合的思政育人效果。

## 四、提高专业课课程思政育人功能的有效策略

**1. 提升专业课教师的思政育人意识与理念**

《纲要》第七部分明确指出，全面推进课程思政的关键在于教师。专业课程教师要转

变观念，“不能只做传授书本知识的‘教书匠’，而要成为塑造学生品格、品行、品味的‘大先生’”[5]，必须树立价值引领同步传授知识、培养能力的育人意识，以“印刷企业管理实务”课程为例，教师需要深入了解行业企业对印刷人才的需求变化，明确所担课程在学校专业人才培养体系中的地位，明确为谁教，全面提升思政育人理念，才能履行教书和育人的初心和使命。

**2. 提升专业教师的思政育人能力与素养**

“十年树木百年树人”，所谓“立德树人”，其本质上的含义就是追求育人和育才的相互统一，而课程思政是将立德树人“全员、全过程、全方位”[6] 进行贯彻落实的一个重要组成部分。教师作为“课程思政”生成的最关键因素，必须全面提升思政育人能力和素养。专业课教师普遍存在思政理论方面的短板，只有加强自身的思想政治理论修养，提升思想政治理论水平，才能从专业课程既有的教学内涵逻辑中科学地挖掘出育人的价值功能，更好地将课程思政这一教育理念融会贯通到诸如制定课程教学大纲、编写或选用课程教材、选取课程案例、实施课程考核等课程教学的每一个环节。

**3. 提高教师课程思政教学设计能力**

教学设计的目的在于整体把握学生的发展，明确课程要让学生学些什么内容，将要出现哪些具体的学习行为。“印刷企业管理实务”的课程思政教学设计主要有：基本设计环节（教学目标、教学大纲、教学内容与方法等）、重点体验环节（学生参与、实践、感悟等）、关键环节（引导方式、方法）、难点环节（评价方法），以及核心环节（思政元素润物无声地融合）。专业课教师要善于延伸专业课知识点、技能点的广度，发掘其中的德育内涵，对课程内容按价值模块进行归纳与整合，将课程所有的“知识—思政”点从“点”理成“线”，直至形成“面”，最终实现专业课程与课程思政融为一体。

**4. 开拓课程思政的多元化实施形式**

课程的教学实施是课程思政的主要过程，“印刷企业管理实务”的“三寓三式”教学模式不仅应用于课堂内，同时还体现在其他多元化的教学形式中。课程鼓励学生查阅行业企业资料、组织课堂小组讨论、课程资源库平台论坛讨论，还有不定期安排学生到校企合作企业实践等教学形式。实践性、主动性、参与性、情感性、体验性等本身就是课程思政实施的基础[7]，多元化教学形式注重学生的参与感和体验感，拓展了教学的时间和空间，实现了课堂内与外、学校内与外、线上与线下的“三结合”的多元化教学形式，促进提高课程思政的育人成效。

## 五、结语

专业课作为课程思政重要载体，教师必须提高课程思政育人意识，结合课程特色及专业人才培养目标，充分利用校内外各类教学资源，以教师乐教、学生乐学的形式实现专业课程与思政教育的有机融合，于无声中达成“课程思政”育人和育才的统一。习近平总书记在全国高校思政工作会议上的讲话精神，坚定了各类高校推进“课程思政”改革的信心，全面开创了我国高等教育事业发展新局面，专业课课程思政改革的深入，必将促进思想政治教育从专人向人人转变的新格局[8]。

## 参考文献

[1] 习近平总书记在全国高校思想政治工作会议重要讲话［Z］. 新华社，2016-12-08.

[2] 教育部关于印发《高等学校课程思政建设指导纲要》的通知［Z］. 教高［2020］3 号 2020-5-28.

[3] 唐德海. 李枭鹰. 郭新伟. “课程思政”三问：本质、界域和实践［J］. 现代教育管理. 2020，10：52-58.

[4] 滕跃民，张玉华，肖纲领. 高职专业“课程思政”的“道法术器”改革［J］. 辽宁高职学报，2018，20（08）：53-55+61.

[5] 习近平寄语教师金句：要成为塑造学生的“大先生”［EB/OL］.（2018-09-07）. http：//cpc. people. com. cn/xuexi/n1/2018/0906/c421030-30276689. html.

[6] 习近平，坚持中国特色社会主义教育发展道路培养德智体美劳全面发展的社会主义建设者和接班人［N］. 人民日报，2018-09-11（01）.

[7] 高校教师专业发展联盟. 张黎声教授：专业课程融入思政工作的教学设计理念与方法［EB/OL］.（2019-12-12）. https：//mp. weixin. qq. com/s/Qx5agoPkth3cDttNE57lDw.

[8] 高德毅. 宗爱东. 从思政课程到课程思政-从战略高度构建高校思想政治教育课程体系. 中国高等教育，2017，1：43-46.

# “画龙点睛式”课程思政教学模式探究
## ——以“印刷企业管理实务”课程为例

俞忠华　滕跃民

**摘　要：** 专业课是高职院校课程思政的主阵地，需要专业课教师在传授专业知识与培养学生职业技能的同时，挖掘课程思政元素，润物细无声地融入教学，将立德树人理念贯穿于整个教学过程。《印刷企业管理实务》的课程思政建设探索画龙点睛式、专题嵌入式、元素化合式等多元实施路径，其“画龙点睛式”是基于对课程知识点和技能点的简明提示，对学生开展社会主义核心价值观、唯物辩证法、职业素养等的“点睛”，从而实现专业课与思政课同向同行、协同育人。

**关键词：** 课程思政；画龙点睛式；协同育人

2020年5月28日，教育部发布关于印发《高等学校课程思政建设指导纲要》的通知（教高〔2020〕3号），“纲要”提出要把思想政治教育贯穿于高校人才培养体系，要求高校在全面推进课程思政建设的过程中，始终贯彻落实习近平总书记立德树人的教育战略。“纲要”明确教师是课程思政建设的主力军，每一位教师都有责任在传授知识、培养能力的同时引导学生树立正确世界观、人生观和价值观。守好一段渠、种好责任田，使各类课程与思政课程同向同行，形成协同效应，构建全员、全程、全方位的育人大格局[1]。

课程思政是一个开放的课题、一首永恒的旋律、一项宏大的工程、一座高大的丰碑，课程思政改革和建设是高校人才培养中的主旋律，其意义非常重要和深远[2]。上海出版印刷高等专科学校（以下简称“上海版专”）在多年的课程思政改革实践过程中探索出符合高职院校特点的“课中课”同向同行模式、“道法术器”育人模式。在“课中课”的推广中，学校创新课程思政“三寓三式”融合原则方法和路径手段，成功打造了“课中课”的升级版（2.0版），该成果获得了2017年度上海市教学成果特等奖、2018年度国家级教学成果二等奖。“三寓”是指在“课中课”教学过程中需要“寓道于教”“寓德于教”“寓教于乐”相融合的方法原则；“三式”是指在“课中课”教学过程以“画龙点睛式、专题嵌入式、元素化合式”为融合路径手段[3]。本文以上海版专印刷媒体技术专业《印刷企业管理实务》为例，探究“画龙点睛式”教学模式在该专业必修课课程思政建设中的实践。

## 一、《印刷企业管理实务》课程思政建设必要性

随着社会经济和科学技术的快速发展，在市场经济环境下，我国的印刷企业数量增速快，企业彼此之间的竞争异常激烈，各自机遇和挑战并存，重视现代印刷企业管理工作对于提升企业的市场竞争力具有十分重要的意义和价值，与此相应，企业对学生的职业道德和职业素养提出了更高的要求。学生学习本课程如果仅仅掌握现代印刷企业管理基础知识与技能，显然已不能满足行业对人才培养的需求。

《印刷企业管理实务》的课程思政建设，将课程所蕴含的思政元素融于课程标准、课程大纲、课程实施、教学内容及教学方法中，通过精心的教学设计，形成专业课程与思政课“同向同行”的“课中课”教学模式。不仅传授印刷企业管理的基础理论，培养学生运用企业管理的工具和方法解决印刷企业中一些实际管理问题的能力，同时引导学生树立正确的人生观、价值观和世界观。科学实施课程思政改革已成为高职教育领域实现“全员育人、全方位育人、全过程育人”的有效途径。

## 二、《印刷企业管理实务》课程思政建设思路

《印刷企业管理实务》是本校的一门专业必修课，“纲要”明确指出专业课要根据所属学科专业的特色和优势，结合具体专业的人才培养目标，自觉强化育人理念，挖掘专业知识体系中的思政育人资源，建议从课程所涉及的专业、行业领域，涉及的文化、历史角度，以及所涉及的国家、国际等视野，拓宽课程知识点与技能点的广度、深度和维度。通过构建科学的专业课程思政教学体系，来有效提升专业课的立德树人教育功能。

### （一）多维度挖掘思政元素

《印刷企业管理实务》是上海版专印刷媒体技术专业的一门专业必修课，该课程在“课中课”理论的指导下，将企业管理的基本规律和方法与课程思政相结合，充分发挥课堂教学在大学生思政教育过程中的主导作用和育人功能，将课程思政落实到课程教学的全过程。下表1为该课程的主要知识模块与思政元素二维表及其融合手段。

**表1　课程的知识模块与思政元素二维表及其融合手段**

| 思政元素 / 融合手段 / 知识模块 | 爱国主义 | 文化自信 | 综合素养 | 责任意识 | 辩证思维 |
|---|---|---|---|---|---|
| 模块一　印刷企业管理基础 | 画龙点睛式 | 元素化合式 | 专题嵌入式 | | |
| 模块二　印刷企业生产过程管理 | | | 画龙点睛式 | | 专题嵌入式 |
| 模块三　印刷企业管理的新模式 | | | | 专题嵌入式 | 画龙点睛式 |

### （二）“三精”教学法下的“三式”教学模式

知识传授与价值引领是育人的基本实现形式，也是学校最具效能的实现形式[4]。上海版专创新的“课中课”教学模式，通过“精”心设计，“精”选案例，“精”彩分享，形成了“三精”教学法，使专业课与思政教育紧密融合。《印刷企业管理实务》在“课中课”模式下，依据各章节知识点和技能点对应的不同思政元素，选择三种不同的教学模式予以实施：

其一，“画龙点睛式”教学，就是基于对课程知识点和技能点的简明提示，对学生开展社会主义核心价值观、辩证法、职业素养等的“点睛”。

其二，“元素化合式”教学，就是使印刷企业管理相关专业知识、管理技能、思政要点这三种教学元素合而为一，实现课程知识与思政育人的双重效果。

其三，“专题嵌入式”教学，就是将某个思政专题嵌入教学，但并不打破原有的教学结构，既有助于学生深入理解课程内容，也有助于提高学生的思政道德的认识[5]。

## 三、《印刷企业管理实务》“画龙点睛式”教学过程实践

“画龙点睛式”是“课中课”中运用最广泛的教学模式，可独立使用，也可与其他两式组合使用。《印刷企业管理实务》课程思政建设实践中，很多知识点通过“画龙点睛式”教学模式实现润物细无声地知识育人、思政育人。

### （一）点睛社会主义核心价值观

**【案例 1】　课程任务：印刷业的发展历程**

课程章节：项目一：企业管理必备基础；任务一：对印刷行业的认识

教学重点：人类生活离不开印刷，走进专业、了解专业、热爱专业

教学实施：教学中穿插播放纪录片《汉字激光照排系统之父王选》，学生学习王选精神不仅了解他波澜壮阔的人生历程和他发明汉字激光照排技术引发中国印刷技术革命的非凡历程，更重要的是学习先辈坚定的信念和高尚的品质，不惧挑战的创新精神，细致踏实的工匠精神，以及百折不挠的开拓精神。

案例描述：讲述对印刷行业的认识，作为四大发明之一——印刷术的发明国，中国在世界印刷史上的地位无可厚非。古有毕昇发明世界上最早的活字印刷，今有“当代毕昇”王选带来继活字印刷术后中国印刷界的“第二次革命”，因为他，印刷告别铅与火的时代进入了光与电的时代。王选院士被誉为中国现代印刷革命的奠基人，由他主持研制的汉字激光照排系统开创了汉字印刷一个崭新的时代。因为他，汉字和中华文化的传承与发展进入了信息化时代。王选院士坚持科研积累独具慧眼、无惧质疑坚持创新，带领团队产学研结合，最终突破核心技术难关，彻底改变印刷行业，2018 年 12 月召开的“庆祝改革开放

40 周年大会”上王选被授予“改革先锋”称号，同时还获得“科技体制改革的实践探索者”称号。

通过“画龙点睛式”教学，巧妙完成“画龙”——学生了解印刷业发展史，实现“点睛”——把王选院士爱国、敬业的精神，提升到社会主义核心价值观的高度，同时激发学习王选院士敢于质疑、开拓进取的科学精神。学生今天学印刷，明天做印刷，通过学习印刷业发展史，增强民族自信，知印刷，立志为建设明日之印刷强国而努力学习。

### （二）点睛综合素养

**【案例 2】 课程任务：印刷现场管理**

课程章节：项目六：生产现场管理；任务一：现场 5S 管理

教学重点：5S 改善印刷企业现场问题

教学实施：印刷企业现场的物品种类繁多，分清“要”与“不要”，严格遵守“三定原则”，勿以善小而不为，勿以恶小而为之，形成制度标准化使员工对再小的问题也乐于改善，最终养成良好的职业素养，将责任心内化为自觉意识、外化于自觉行为，5S 是企业管理的重要基石，对企业形象的影响非常关键。

案例描述：讲述印刷企业现场的特点，印刷企业与其他行业不同，其产品批量大、品质规格多，生产线自动化程度高，生产环境洁净度要求高，实施 5S 管理是对现场活动进行合理的计划与控制，充分利用人、机、料等资源，保持整洁的环境、完好的设备、有序的物流，及时生产出低成本、高质量的印刷产品。

1. 整理，适度选择与舍弃：重点是把要与不要的人、事、物分开，再将不需要的人、事、物加以处理，为下一步整顿工作做好铺垫。投射到日常的人生管理，就是指引学生树立正确的是非观和价值观。人生的各个阶段需要面临各种选择与转折，每一个抉择都非常重要。

2. 整顿，科学布局与定位：重点是把需要的人、事、物加以定位、定量、定容。达到在正确的时间，用正确的容器，在正确的地点，放正确适量的物品。延伸到生活中，那就是在懂得取舍之道、明确是非与去留之后，要对人生进行战略性规划。俗话说：“人生如棋”，所以要像下棋一样冷静地去规划人生，在认识自我的基础上，科学布局、合理定位，也就是在正确的时间通过正确的途径做正确的事。

3. 清扫，清除垃圾净心境：印刷企业的生产过程中会产生灰尘、油污、纸屑等垃圾，从而使环境变脏，可能导致设备精度降低、故障多发，产品质量不稳定，脏污的环境更容易使人产生负面情绪，使工作效率大打折扣。大学生一旦有了明确的自我人生定位，当遇到合适的工作、生活或学习际遇时，只有用坚定的信仰和良知来洗涤内心世界，才能抵御外界各种不良诱惑，不忘初心，方得始终。

4. 清洁，保持卫生有保障：整理、整顿、清扫后要认真维护，使现场保持完美和最佳状态，清洁就是对前面3S做法制度化、规范化，并贯彻执行及维持。很多事情只有坚持理念与自我，才能真正达到保障有力。“世界上怕就怕认真二字”，这是毛主席说过的话，好多事情明明知道是对的，但往往因种种原因未能保持下去而留下遗憾。

5. 素养，养成习惯成文化：这是5S活动的核心，5S要以人为本，始终着眼于提高人的素质。因为习惯的产生往往建立在不断坚持的基础上，从形式化、行事化，再到习惯化，所谓习惯成自然。生活中一直强调的爱国、敬业、诚信、友善等社会主义核心价值观，很多时候是在不经意中显露，在不假思索中完成的。这种气氛，其实就是文化，就是文明的萌芽，学习、生活和工作是息息相关、不可分割的一体。

整理、整顿、清扫、清洁、素养的效果是否能看得见，知行合一是要领，持之以恒是关键，学习、工作、生活中的5S亦如此。著名学者、哲学家胡适说过：“种下思想，收获行动；种下行动，收获习惯；种下习惯，收获品德；种下品德，收获命运。”印刷企业的5S管理通过“画龙点睛式”教学，完成“画龙”——学生了解5S活动实施基本要领，实现“点睛”——激发学生提高个人综合素养，无论是工作、学习、还是生活，都要将责任心内化为自觉的意识、外化于自觉的行为之中。

### （三）点睛辩证意识

**【案例3】 课程任务：绿色印刷的实施**

课程章节：项目十一：绿色印刷；任务三：绿色印刷实施策略

教学重点：实施绿色印刷战略

教学实施：建设生态文明是中华民族永续发展的千年大计，生态文明的核心是坚持人与自然的和谐共生。习近平总书记早就提出“生态兴则文明兴，生态衰则文明衰”，这不仅是历史性话题，也是时代性课题。教学过程中穿插播放主题为“聚焦绿色化”的《2019中国印刷业创新大会》宣传片，组织“倡导绿色印刷和绿色生活”的专题讨论，探究如何从身边做起营造和谐生活。人与自然的和谐共生是中华民族生命之根，是中华文明发展之源。

案例描述：讲述中华文明在人与自然的和谐共生中发育成长、生生不息、绵绵不绝。绿色印刷和其他行业一样，需要坚持节约资源和保护环境的基本国策，推动中国印刷业绿色发展也是功在当代，利在千秋的好事、要事。印刷业的发展，无论从印刷工艺改进、印刷材料研发，还是从产业布局调整的角度，都要坚持长远观、大局观，必须保障经济发展与生态保护和谐共进的良好局面。

印刷业从铅排铅印到激光照排，实现了科技创新的重大突破。2019年中国印刷业创新大会聚焦绿色化，站在生态文明建设高度引领全行业高质量发展，倡导绿色生活方式，引导包装印刷减量化生产。大会破解VOC治理难题，分类施策，做好源头削减过程控制和末端治理，推动印刷业绿色化、数字化、智能化、融合化、高质量发展。

通过“画龙点睛式”教学，完成“画龙”——学生了解绿色印刷内涵与目标，实现“点睛”——认识万物各得其和以生，各得其养以成的辩证思维，习近平总书记提出的“绿水青山就是金山银山”毫无疑问是中国21世纪最大的关于人与自然关系的辩证法，是马克思主义关于人与自然关系思想中国化的最新成果。印刷业坚持在保护中发展，在发展中保护，推进绿色发展、循环发展、低碳发展，才能实现印刷强国梦。

## 四、“画龙点睛式”教学模式的有效实施策略

### （一）提升教师的课程思政建设意识和能力

全面推进课程思政，教师是关键，课程思政的实施对教师提出了更高的要求。教师只有不断地拓展专业知识，在纵向和横向方面提高自身综合素质，积极主动开展价值引领的意识，全面提升课程思政育人能力，才能在开展课程思政时游刃有余，获得学生的认可[6]。

专业课程教师不仅要强化育人意识，找准育人角度，同时必须具备将所授企业管理基本原理相关案例与课程思政有机结合的教学能力，做到不生搬硬套和牵强附会，思政元素与专业知识点要有机融合，不断深化“三寓三式”，真正做到“润物细无声”[7]。通常可依托教师所在高校的教师教学发展中心进行培训，也可以利用现代信息技术手段，促进校际的优质资源的共享共用。在高校全面推进课程思政建设的大背景下，还可以引入课程思政教学评价体系，完善教师的思政育人能力提升与激励机制。

### （二）科学设计专业课程思政教学方案

“纲要”提出，专业课程是课程思政的基本载体。专业课的课程思政建设要尊重所属的专业教学体系，遵循教学整体规律。教师通过对专业知识的精深理解，准确梳理、挖掘出思政元素，并在课程教学过程中将其有机地融合。所以专业教师必须在讲授印刷企业管理相关理论前，科学设计好课程思政育人的教学方案：明确教学任务（专业知识与思政元素）—确定案例主题—精选教学案例—教学过程设计—案例总结反思。科学的课程思政教学方案，不仅要挖准、挖深思政元素，同时要根据思政元素维度差异，选用恰当的融入方式，这样才能真正达到传授专业知识和技能与思政育人“同向同行”的效果。

### （三）将课程思政和生活与职业生涯有机结合

《印刷企业管理实务》涉及的管理学基础理论具有较深刻的内涵和广阔的外延，将其适当拓展可以引发学生对人生真谛和职业生涯的思考，提升学生学习专业课的兴趣[8]。如在讲解印刷企业现场管理的5S活动时，从印刷企业生产现场的整理、整顿、清扫、清洁、素养开讲，拓展到对学生身边的生活现场（如寝室、食堂等场景）5S管理以及对人生职

业规划的思考。正如古人所云："一室之不治，何以天下家国为?"学生从贴近现实的思政案例中领悟5S活动实施要领，一方面，学生听起来亲切，容易调动其学习积极性；另一方面，又可以形象地实践现场管理基本原理，通过"画龙点睛式"的教学模式，于无声处将思政育人融于其中。

### （四）将企业管理基础知识与学科前沿热点结合

《印刷企业管理实务》主要介绍印刷企业管理活动的基本规律和一般方法，既讲解生产计划与物料控制、生产现场管理、质量管理、印刷设备管理等传统的生产过程管理，同时也讲解印刷ERP系统、精益印刷、绿色印刷等印刷企业管理新模式。课程思政只有与时俱进，自觉结合企业管理新思想、印刷行业新发展才能有效地组织好能激发起学生学习热情的思政案例，画好"龙"，点出"睛"。如在讲解绿色印刷战略时，介绍"2019中国印刷业创新大会"相关绿色主题，增强学生对我国印刷业发展趋势的深入理解，同时增强环保意识、责任意识。

总之，推进课程思政建设，是培养社会主义建设者和接班人的必然要求，教师应从教育的"育人"本质要求出发，增强全员、全方位、全过程育人意识[9]。专业课程思政建设又是高职院校课程思政的主阵地，教师必须遵循教书育人规律，遵循学生成长规律，坚持学生为主体，教师为主导[10]。通过精、准、深地挖掘专业课程蕴含的思想元素，同时注重结合学生生活和专业实际设计教学案例，不单纯的专业＋思政，要在课程关键知识点之间、专业与思政之间寻求平衡，探索、创新科学的融合实施手段，充分发挥专业课堂传授知识与价值引领相结合的教学育人主渠道作用。

## 参考文献


[1] 教育部关于印发《高等学校课程思政建设指导纲要》的通知［Z］. 教高［2020］3号2020-5-28.

[2] 上海版专教研. 我校课程思政改革又获新成果［EB/OL］.（2018-04-02）. http：//mp. weixin. qq. com/s/9w6GS2Woe _ _ nT9qNtmXLCg.

[3] 滕跃民，张玉华，马前锋，汪军，孟仁振. 同向同行：知识传授与价值引领同频共振——上海出版印刷高等专科学校"课中课"课程思政改革探析［N］. 中国教育报，2019-6-19（11）.

[4] 高德毅，宗爱东. 从思政课程到课程思政：从战略高度构建高校思想政治教育课程体系［J］. 中国高等教育，2017（1）：43-46.

[5] 滕跃民，张玉华，肖纲领. 高职专业"课程思政"的"道法术器"改革［J］. 辽宁高职学报，2018，20（08）：53-55＋61.

[6] 孙翠翠. 基于人才培养目标的高职专业课"课程思政"教学实践探索——以《网页设计与制作》课程为例［J］. 山东广播电视大学学报，2020（03）：18-21.

[7] 上海版专教研. 上海版专首次举行课程思政教研论坛［EB/OL］.（2019-12-10）. https：//mp. weixin. qq. com/s/AS0UNwLtTUaYuExmNxR3gw.

[8] 张海燕，张银银.《管理学原理》课程思政的教学改革探索［J］. 信阳农林学报，2019，29（04）：158-160.
[9] 严交笋. 高职院校专业课程思政的实现策略［J］. 职业技术教育，2018（35）：69-71.
[10] 李永，刘晓敏. 高职专业课“课程思政”建设路径探究——以计算机应用技术专业为例［J］. 湖北开放职业学院学报，2019，12（23）：82-84.

# “课中课”课程思政改革模式在《财经法规与会计职业道德》课程中的应用研究

张　静

**摘　要：**通过多年来的理论探索和教学实践，上海出版印刷高等专科学校形成了思政教育融入各类课程的“课中课”同向同行教学模式。本文以我校课程思政改革应用推广中的指导范式“三寓三式”入手，以财经法规与会计职业道德为例，通过文献搜索法、访谈法、实验法、行动研究法，在教学全生命周期中展开以下方面研究：(1) 依据社会热点，国内外典型案例，最新会计准则、财经法规等素材，结合“大智物移云”时代财务工作新模式，对课程蕴含的文化基因和价值引领系统提炼。(2) 课程教学融入思政元素的方式研究。(3) 快乐教学研究。用情景化、幽默化、启发式、案例式等多种方法启发学生思考、主动参与，感受从心而觅、真实可触的快乐；让知识“入脑入心”。(4) 信息技术融合研究：比如将现代信息技术巧妙运用到教学中提升教学效果；探索混合式教学模式等。以期在财经法规与会计职业道德课程思政实践中实现：因地制宜运用“课中课”中三寓三式，将思政元素融入专业课程教学做到价值引领，情感激发，素养提升。“课中课”模式增强了通识教育的育人效果，比只在思想政治理论课上讲思想政治教育更有说服力、亲和力和感染力。而且通过价值引领探求专业技能和素养的培养，提升了学生的素养，增强了学生的能力，拓宽了学生视野；有利于培养新时代德才兼备的创新型、复合型财务人才。

**关键词：**“课中课”；三寓三式；财经法规与会计职业道德；应用研究

## 一、“课中课”课程思政改革模式简介

近年来上海出版印刷高等专科学校认真贯彻落实习近平总书记全国高校思想政治工作会议、全国教育大会等讲话精神，认真开展学校思想政治工作，在人才培养工作中积极落实课程思政改革。通过我校积极的探索和教学实践，形成了思政教育融入各类课程的“课中课”同向同行教学模式。该模式聚焦课程育人、实践育人和文化育人等全新领域，创新性地将德育元素融入知识技能培养环节，打通了显性知识技能培养与隐性素养培育相互促

进的通道，凝练成了“三寓三式”实施标准的“同向同行”范例，三寓即“寓道于教、寓德于教、寓教于乐”，三式即“画龙点睛式、专题嵌入式、元素化合式”，成为全国高校“课程思政”改革成功的先行者。本论文以我校课程思政改革应用推广中的指导范式“三寓三式”入手，以财经法规与会计职业道德为例展开研究。

## 二、《财经法规与会计职业道德》课程应用“课中课”模式的意义

**1. 经济社会发展出现的各种舞弊风险启示课程思政教育的重要性**

“大智移物云”即大数据、智能化、移动互联网、云计算和物联网技术，影响着财务工作模式。会计职能和方法、财务数据传递的高效和便捷呈现与传统会计的差异。工作人员禁不住诱惑利用职务之便实施犯罪的行为时有发生。主要表现：罪犯年龄参差不齐、所处行业形形色色、犯罪手段五花八门；甚至有明星公众人物偷税漏税，扰乱经济秩序，自律意识淡薄的官员仍在腐败。所以无论经济社会如何发展，作为财务人员的思政教育都应该作为首要培养目标。“德才兼备，以德为先”，在会计专业课程教学中融入思政元素，不但激发了学生学习专业知识的兴趣，又润物无声地将爱国情怀、职业素养、工匠精神内化到专业课的讲授过程中，实现了专业教育与思想教育的统一。

**2. “课中课”教学模式在财务类课程的有效应用**

在落实“立德树人”的教育目标下，全国高校都在实践“课程思政”改革，强化专业课程教学融入思政元素的育人效果。我校通过积极的探索和教学实践，形成了思政教育融入各类课程的“课中课”同向同行教学模式；成为兄弟院校学习的典范。2020 年 6 月教育部关于印发《高等学校课程思政建设指导纲要》的通知进一步从微观和技术层面对高校课程思政建设给出指引。笔者作为高职院校财务类课程的教学工作者，积极响应政策号召，积极探索《财经法规与会计职业道德》课程思政教学的路径，并融入课程教学实践，为培养新时代财务人员良好的职业素养，维护社会良好经济秩序发挥重要作用。同时，这也是“课中课”课程思政模式在财务类课程中的一个有效应用，创新财务类专业人才培养模式，有利于构建面向新时代会计岗位需要的高素质技术技能人才培养与能力提升体系。

## 三、《财经法规与会计职业道德》课程运用“课中课”课程思政改革模式的路径

### （一）提炼《财经法规与会计职业道德》蕴含的文化基因和价值引领

**1. 会计法律制度中的文化基因和价值引领**

（1）以会计起源和发展讲授会计过去、现在和将来、培养学生会计情愫、情感，增强学生“四个自信”；（2）将祖国优秀会计历史文化与相关内容合理融合，培养学生爱国情怀、传承优秀会计文化；（3）会计核算中培养学生诚实守信，爱岗敬业，认真仔细的工匠

精神；（4）会计准则，税法改革频繁，培养学生终身学习的意识和积极进取的精神；（5）面对纷繁复杂的业务往来，培养学生爱岗敬业、严谨专注的工匠精神。

**2. 结算法律制度中的文化基因和价值引领**

结合法律条文学习，“德法兼修”加强社会主义法治教学，养成守规矩、明是非的职业道德操守；要求学生在实践中合理使用不同的结算方式，诚实守信、客观公正、提高技能，自觉遵守各项结算法律制度。

**3. 税收法律制度中的文化基因和价值引领**

在税收法律制度中培养学生依法纳税意识，植培纳税光荣的爱国情怀，要求学生自觉践行社会主义核心价值观。在主要税种的学习中，区分不同税种适配相应思政元素。消费税可融入勤俭节约的传统美德，生态文明的社会责任；企业所得税捐赠支出抵扣可融入增强社会责任；个人所得税讨论“明星偷逃个税”案例增强依法纳税意识；个人所得税公益捐赠支出通过某明星捐助希望小学讨论培养乐于助人意识。

**4. 财政法律制度中的文化基因和价值引领**

在政府采购法律制度的学习中要求学生具备必要的职业敏感、坚定地思想政治素质；培养学生具备合格政府采购人员的职业素养和专业技能；培养学生守法自律、廉洁克己的职业道德和工作态度；以确保未来可能进入行政事业单位的每一个毕业生都能成为具备较高道德水平、忠于职守、知法守法、自食其力且忠诚善良的合格公民。

### （二）《财经法规与会计职业道德》融入思政元素的方式研究

恰当的思政融入方式对课程教学效果和效率都有很大的影响。好的思政融入方式可以让学生听起来更自然、贴切，心底上容易接受；在学习专业知识的同时得到了德育价值的引领，达到事半功倍的效果。正可谓：“春风化雨润无声，课程思政正当时”。

本课程多采用“画龙点睛”和“专题嵌入”方式融入思政元素。

“画龙点睛”式：在讲授专业课的知识点和技能点时进行社会主义核心价值观、唯物辩证法、工匠精神等思政元素的点睛。比如讲述会计核算时，引入在常州农行王东云案例：她高超的点钞技艺，过硬的技能本领，背后凝聚的是常人无法想象的苦练、钻研、执着、坚守以及对技艺精益求精的孜孜追求。通过案例画龙点睛地培养学生爱岗敬业、刻苦精研、提高技能的工匠精神，还有强化服务、不求回报的奉献精神。

“专题嵌入”式：在讲授会计法律制度中的会计核算制度时，专题嵌入康得新财务造假案例。案例的设计包含案情介绍、造假手段、影响分析、知识链接（介绍会计核算的相关制度要求）、法律责任、案例启示等内容。通过案例学习会计法律制度中的核算制度，培育和强化学生社会主义法治观念和法治思维；让学生养成诚实守信、坚持准则的良好职业素养。同时让学生领悟守法是爱国规范的延伸，是公民对国家道德责任的“底线”。企业的各项经济活动，无论是筹资、投资还是利润分配等，都要和外部发生经济关系。在处理这些经济关系时，应当遵守有关的法律规范。财务人员要熟悉这些法律规范，在守法的前提下完成财务管理的职能，实现企业的财务目标。通过专题教学树立学生法律至上、法律先行、依法合规和风险防范的观念，增强学生学法、知法、遵法、守法、用法意识，坚持诚信做人、规矩做事，依法决策、依法经营管理和依法办事；培养学生的爱国情怀。

**（三）课堂教学寓教于乐，探索快乐教学方式。**

我国伟大教育学家孔子非常注重培养学生的学习兴趣，巧妙地把学生带入一种境界，让他们感受到学习的兴趣。向伟人致敬学习的同时，我们也应该思考怎样让学生在课堂上有效率且快乐地学习；打造精彩的课堂，精彩包含好多要素，那快乐学习是一项应该积极倡导的要素，因为快乐本身可以激发学生的学习动力或潜能，让学生享受知识海洋地滋养、润泽。

1. 在《财经法规与会计职业道德》地教学中，笔者结合古代会计历史经典、现代楷模榜样的学习，让我们现代的财务人员更好地传承发扬我国优秀的会计传统，培养良好的职业素养。教学团队根据最新企业会计准则和相关财经法规、社会热点，国内外典型案例等素材，编制形象化、幽默化、启发式的教学案例；教学案例蕴含思政元素和财务知识、技能；紧跟时代吸引眼球或者引用经典感化深入人心，让学生喜闻乐见中接受知识的熏陶。《财经法规与会计职业道德》“课中课”教学模式让财务课程学习紧跟时代，提升学习效果。由于媒体的发达，学生获取最新的知识非常便利，对社会的方方面面了如指掌，对引发公众关注的事情更为关心。本课程把财经热点引入课程教学，聚焦学生的注意力，让知识“入脑入心”。

2. 用情景化、幽默化、启发式、讨论式、案例式、任务驱动、翻转课堂等多元化教学方式调动学生的积极性，开展快乐教学。比如设计商业汇票结算方式的教学场景，采用任务驱动的翻转课堂教学方式引导学生成为课堂的主人并掌握会计技能。

学习“课中课”教学模式，设计课前启发式教学、课中体验式教学、课后感悟式教学的三个环节，采用任务驱动的翻转课堂教学法，通过丰富的课堂活动设计，将知识融入活动，激发学生对知识本身的兴趣。

（1）“商业汇票结算”任务驱动的课前活动设计

明确教学目标：掌握使用商业汇票进行经济业务结算。课前将“视频”、教学课件等资源上传至 BB 网络教学平台，以供学生进行自主学习，让学生思考以下问题：什么是商业汇票；如何诚信、规范使用商业汇票办理业务结算。教师通过平台跟踪学习进度，监督督促，并收集学情反馈。

（2）课中任务驱动的翻转课堂教学活动实施

首先检测预习效果。在 Blackboard 网络教学平台上发布相关的测试题，通过课堂报告功能来检测学生课前学习情况。根据学生对知识点的掌握情况，讲解商业承兑汇票的概念以及如何规范使用商业汇票办理结算。通过知识梳理，厘清脉络，带领学生对课前、课中的学习有个系统的认识。

其次用 PPT 展示需要处理的经济业务；创设汇票结算情境，活动设计的本身与职业道德培养相结合。把班级同学分小组，每四个同学一个小组，四位组员分别扮演购买方，购买方开户行，销售方，销售方开户行，发放教学模拟商业汇票，教学模拟印章；互相配合完成利用商业汇票经济业务的办理。叮嘱学生办理商业汇票结算注意下列事项：作为票据出票人填制票据要真实、准确、规范、完整、诚信、一丝不苟。作为银行办理结算需要遵纪守法、诚实守信、客观公正、认真仔细。通过任务驱动，学生置身于处理商业汇票结算的实践中，很大程度上提高了学生的主动性，学生积极参与，乐于接受。四位组员心怀初为财务工作者的新鲜喜悦，发挥团结协作精神，认真仔细地完成了商业汇票的业务结算工作。理论类专业课程设置实践教学环节，提高了学生的参与度和积极性。课程设计注重学思结合、知行统一，教学与育人并行；增强学生勇于探索的创新精神、善于解决问题的实践能力。

最后，对小组工作成果针对性的点评。笔者作为本课程的教师尽量采用亲和，赞赏的语言来针对性点评小组工作，鼓励学生在认识到填制票据出现的瑕疵等小失误的同时，又能增强本门课的学习信心和兴趣。让学生在快乐自主的氛围下增强学习的主动性，积极性。引导学生成为学习的主人，感受从心而觅、真实可触的快乐。

(3) 课后感悟式教学

通过 BB 教学平台讨论区发布相关案例或抛出话题，让学生分享关于在职业素养等方面的感悟。

### （四）信息技术融合研究

教学中巧妙运用以计算机、移动通信等现代信息技术。比如讲授消费税征税范围时，播放燃油汽车和工厂排放污气视频，和学生讨论分析习近平“绿水青山就是金山银山”科学论断，通过短视频播放加深学生对消费税征收必要性的理解，增强学生生态理念和环保理念。

探索混合式教学模式。目前该课程已经完成了学校 Blackboard 教学平台建设。利用 Blackboard 教学平台增加学生互动。比如利用 Blackboard 教学平台推送风趣的教学案例、学习小任务或拍摄的课程学习抖音小视频等教学资源。

现代学习生活中，手机、网络占据了现代高职学生的很多时间，如何引导学生利用这些被电子产品占用的时间学习专业知识，学习通俗知识，养成正确的世界观、人生观、价值观是我们高职教师可以考虑的问题。笔者根据专业知识点、价值观的内容自己用手机拍摄了风趣的抖音小视频，当然视频内容是为了传达专业知识的传播，但是视频尽量用网络上通俗易懂的语言，代替书本上专业术语的初学难理解。学生参与度很高，课余时间纷纷点击观看，有的学生还会留言点评。这样有效地利用了学生的琐碎时间，减少了学生沉迷网络游戏不能自拔等不良习惯，培养学生热爱学习以及思考问题、分析问题的习惯。

3. 运用大数据、云计算、移动互联网、人工智能等信息技术，提升我校证书考核、培训及管理水平；利用新技术平台，开展在线服务，提升学习者体验。教学团队将《财经法规与会计职业道德》课程内容融入我校会计专业的“1＋X”证书试点当中。其中 X 证书试点主要针对我校在校会计专业学生，以提高学生的专业技能和综合素养。财经法规与会计职业道德作为专业素养养成课，将其法律、法规、职业素养等融入 X 证书的培训、考试当中，对我国财务人才的专业技能和职业素养的培养起到协同推进作用。

## 四、结论

随着时代的发展，财务类课程思政改革必要且重要，《财经法规与会计职业道德》作为高职院校的素质养成课从思政映射点、思政融入方式、快乐教学、信息技术融合方面展开研究并应用与实践，无论是对于提高学生的课程参与度、满意度还是提升教学效果等方面都起到了良好的效果。然而课程思政的有效推进是一个长期探索并实践的过程，笔者将会不断地努力以期形成财务类课程思政教学的长效机制。

## 参考文献

[1] 滕跃民，张玉华，肖纲领．高职专业“课程思政”的“道法术器”改革［J］辽宁高职学报．2018．8；53-61．

[2] 闵辉．课程思政与高校哲学社会科学育人功能［J］思想理论教育．2017．11．15；21-25．

[3] 高德毅．有效发挥课堂育人主渠道作用的必然选择［J］思想理论教育导刊．2017．01；31-34．

[4] 张雪芬．《财经法规与会计职业道德》教学策略探讨．［J］现代交际．2016．12；207-208．

[5] 滕跃民，张玉华，马前锋，汪军，孟仁振．同向同行：知识传播与价值引领同频共振—上海出版印刷高等专科学校“课程课”课程思政改革探析．中国教育报．2019-6-19（11）．

[6] 上海版专教研．上海版专首次举行课程思政教研论坛．2019-12-10．https：//mp.weixin.qq.com/s/AS0UNwLtTUaYuExmNxR3gw

[7] 上海版专教研．学校“德智育融合”的“课中课”人才培养模式初见成效．2018-01-10．

# 《跨文化商务交际》课程思政“三寓三式”的探索与应用

殷　妮　滕跃民　吴　娟

**摘　要：**坚持课程思政建设，是新时代下我国培养大学生全面发展的重要措施。本文以跨文化为切入点，从寓道于教、寓德于教、寓乐于教这三个方面，探索“画龙点睛式、专题嵌入式、元素化合式”教学方式在商务英语专业教学中的应用。

**关键词：**跨文化；课程思政；三寓三式

2016年12月，习总书记在全国高校思想政治工作会议上强调要坚持把立德树人作为中心环节，把思想政治工作贯穿教育教学全过程，实现全程育人、全方位育人[1]。总书记强调要充分利用好课堂教学这个主渠道，其他各门课都要守好一段渠、种好责任田，使得各类课程与思想政治理论课同向同行，形成协同效应[2]。

## 一、实施课程思政的必要性

在当今社会，由于网络的普及和信息化的快速发展，不同的意识形态和文化对大学生的道德观念有很大的冲击，加之大学生由于刚刚离开父母，独自一人在校园生活，所以他们特别容易受到西方某些腐朽思想的影响，盲目跟风的崇拜西方文明，拜金主义、享乐主义、个人主义在学生思想中比较流行，而集体主义和爱国主义等优秀品质显得比较缺乏。这种情况下，在高校开展课程思政显得尤为重要。

首先，我们需要清晰的分清“思政课程”和“课程思政”的关系与区别。“思政课程”本质上是一门纯理论性教育课程，更多的是老师在课堂上对学生直接进行理论知识的灌输和讲解。“课程思政”不是一门独立的专业课，它是教师在讲解专业知识点的同时，巧妙地渗入思想政治教育，使得学生在“润物细无声”的环境中提高自身的思想素质和道德情操。据统计，大学生所修课程中，思政类课程应修学分只占10%～15%，而基础课、通识课和专业课应修学分却占总学分的85%以上。由此可见，实施课程思政是高校培养全面发展优秀人才的重要举措。

其次，笔者近年来发现商务英语专业的学生，当问其学习英语的目的时，大多数都认为是为了通过专业考试，为了毕业之后能找到一份满意的工作，为了能够和外国人交流或者为了继续深造出国留学等。鲜有同学能够为了中华之崛起，中华之强大而发奋学习英语的[3]。由于外语学科的特殊性，即外语师生长期接触很多的外来文化，他们通过接触网络、美剧及欧美流行歌曲等大众媒介和流行文化，容易受到西方思想文化和意识形态的影响，甚至产生崇洋媚外的思想，从而影响他们自身价值观的树立和形成[4]。

所以作为一名高校教师，应该充分考虑如何调动学生将学习英语的积极性和为社会发展、为国家长远发展紧密结合起来，加强学生的使命感和责任感，激发学生将爱国之情转化为学好外语的内在动力，从而树立正确的价值观和世界观。

## 二、“三寓三式”在跨文化商务英语交际中的应用

### 2.1 “三寓三式”的定义

“三寓”是在课程思政的教学过程中，教师需要融合“寓道于教”“寓德于教”“寓教于乐”的教学方法。“寓道于教”是引导学生自觉认真的学习探索客观规律，尊重遵守客观规律。“育德于教”指在跨文化商务交际课程中润物细无声地对学生进行社会主义核心价值观的教育，引导学生学习榜样的事迹，发挥榜样的示范效应。“寓教于乐”是指在教学过程中，利用情景化、故事化、游戏化教学启发学生参与课堂谈论和探究等各个环节，开展快乐教学，从而提升课堂教学的效果。“三式”是指在课程思政教学过程中，教师融合“画龙点睛式、专题嵌入式、元素化合式”。“画龙点睛式”是指教师在专业知识点和技能点的讲解过程中，对学生开展社会主义核心价值观、唯物辩证法、职业素养等的“点睛”。“专题嵌入式”指各科教师选择相关主题，在不打破原有教学结构的基础上，嵌入思政的专题内容，这样不仅仅能加强学生对专业知识的理解，同时也能提高学生的思想道德水平。“元素化合式”教学方式，就是将专业知识、专业技能、思政要点三种不同的教学元素进行结合，进而产生“合而为一”的育人效果。[5]

### 2.2 “画龙点睛式”教学方式在跨文化商务交际课程中的运用

教师在讲解跨文化商务交际时，特别是讲解商务营销这一章节时，“画龙”是指在完成商务英语专业知识点和技能点训练；“点睛”是指能在本节课中有机融入德育元素，从而进行社会主义核心价值观、唯物辩证法的引导和讲解。众所周知，著名的翻译家许渊冲在艰苦条件下，依然秉持初心，坚持把中国传统文化翻译成对仗工整、韵律优美的英文，让全世界人民能够读懂并且欣赏中华文明之博大精深。正是许渊冲教授的这种不畏艰难、持之以恒的努力，才能使得唐诗宋词的英文翻译既能做到“信、达、雅”，又能够让西方国家的读者理解中国古代诗词之魅力。在课堂上，教师鼓励学生学习他的敬业精神，学习他用一生诠释了理想、信念与成功的关系，鼓励学生将不怕困难、永不言弃的精神用于日常学习和以后的工作中，通过示范的力量，激发学生内在驱动力。再比如，在讲解价值观

模式这一章节时，我们通过对比中西方价值观时，通过举例中药在中国人的医疗体系中发挥了重要的作用，我们得知中国传统的文化一直强调“天人合一”“人与自然的和谐共处”的思想。在知识点的讲解过程中，教师进一步对学生加强生态文明教育，使他们能意识到人人都应该敬畏自然、尊重自然、顺应自然、保护自然。通过这些“点睛”的思政元素，使得商务英语专业的学生在习得语言文化知识的同时，能够潜移默化地提高自身的道德品质，树立爱国主义情怀，培养艰苦奋斗精神。

### 2.3 “专题嵌入式”教学方式在跨文化商务交际课程中的应用

在跨文化商务交际中，文化是不可缺少的一部分。教师在讲解“文化与跨文化”这一章节，在对文化、跨文化的定义和类别讲解时，可以潜移默化的引入人类命运共同体的思想，从而进一步阐述整体与局部的关系。

随着中国改革开放和经济一体化的飞速发展，整个世界不再是一个个孤立的国家，而是紧密联系相互依存的经济共同体。在课堂中，首先与学生探讨一下“山川异域，风月同天”“岂曰无衣，与子同袍”等名句的正确翻译，帮助其理解一国有难，八方支援的国际友人的深厚友谊，进而进一步阐述整体与局部的关系。在对面全球变暖、贫困人口、吸毒犯罪等全球性问题时，人人都不应该置身于世外，不该持有“事不关己高高挂起”的想法，而是应该为了世界的更加美好，尽自己的一份力量，燃烧着自己的青春，实现这伟大的理想。因为当雪崩时没有一片雪花是无辜的，当一件坏事发生时，没有人能够独善其身、全身而退，因为我们是一个大的家庭，我们是息息相关的世界共同体。例如教师在讲解言语交际时，从词语、句子到篇章等方面，通过比较和对比中西方文化中用词的差异，使得学生更为直观的了解和体会到文化差异。比如在中国封建社会，龙一直是中华民族的图腾，一种尊贵、皇权的象征，只有皇族贵戚才配有使用龙的衣饰物品。而在西方文化中，龙（dragon）是会口中喷火的神秘的邪恶怪兽，是西方人民非常害怕、不愿意见到的一种动物。在两种不同的文化中，它的含义和形象是完全不对等的。所以在实际的运用过程中，教师指导学生灵活处理词语的概念意义和内涵意义，比如在翻译“亚洲四小龙”这一短语时，我们应该译成“Four Asian Tigers”或者音译成 Loong 以区别英语单词 long。比如我国的一带一路的翻译，我们应该翻译为 Belt and Road Initiative，而应该避免使用“strategy”一词，以免引起西方国家的误解。再比如，在讲解商务礼仪和社会习俗时，教师有机融合中国传统礼仪之饮食文化，以专题讨论的方式给学生讲解中国传统佳节的习俗，如除夕夜守岁，给学生们讲“年”的故事，一家人在一起吃团圆饭，其乐融融；端午节吃粽子，划龙舟，一起纪念伟大的爱国主义诗人屈原；中秋节赏月、吃月饼，给学生讲述嫦娥奔月的神话故事；重阳节登高望远、喝菊花茶，教育年轻人要尊敬和关爱老人……这些传统节日中的饮食习俗体现了中华民族精神和人民重聚、健康、繁荣的愿望，对于增加民族凝聚力发挥着必不可少的作用。另外，教师可以让学生分组，进行“中西文化之差异”的系列研究，包括：中西服饰文化之差异、中西茶文化之差异、中西酒文化之差异……通过学生自己查阅资料和整理归纳，对比两种文化的不同，分析形成的原因。在这活动中，学生深入地了解中国文化，培养爱国主义情怀；另一方面学生从不同的角度看待中西方文化差异，学会批判地看待这些问题，取其精华去其糟粕，从而树立正确的世界观、人生观和价值观。

### 2.4 “元素化合式”教学方式结合快乐教学法在跨文化商务交际课程中的应用

针对高职学生学习英语动力不足，兴趣不高的特点，教师应该以提高学生学习兴趣为主，深入浅出，将学生从“要我学”变成“我要学”[6]。在讲解跨文化商务交际知识点时，教师利用情景化、故事化、游戏化教学启发学生参与课堂谈论和探究等各个环节，注重挖掘学生的兴趣点，将深奥的理论知识转化为学生感兴趣的素材，开展快乐教学，促进学生体会到学习的乐趣和成就感，从而提升课堂教学的效果。

在商务接待这一章节的讲解中，教师可以运用“元素化合式”教学方法，即课堂上模拟某一商务活动的过程，邀请学生扮演中方人员和外国客商，在商务接待、商务谈判的过程中详细阐述中西方文化的差异，使得学生在实践中获得更为感官的第一手知识。通过这种方式，将老师一个人讲解变成同学们的全程参与，将一条条商务礼仪、商务接待准则情景再现于这一实践活动中，使得学生能够能以他们喜闻乐见的方式学习专业知识。一方面，调动了学生学习的浓厚兴趣，另一方面通过形象化、生活化的实际运用使得学生对于知识点的掌握更加的牢固，理解得更加深刻。同时，教师向学生讲述中国优秀传统故事，比如“曾子杀猪”“一言九鼎”“一诺千金”……引导学生讨论中国的传统文化“重诚信”在职业中的体现，启发学生要实事求是，正直诚实，在以后的学习工作中做一名恪守信用、言行坦荡之人。此外，在学生商务接待的实践课中，教师向学生介绍传统文化中的待客之道，有机融入平等、文明、敬业、友善等。社会主义核心价值观通过这种方式的教学，将英语运用能力、中华传统文化和职业素养的化合，使得学生将社会主义核心价值观内化于心、外化于行，全面提高自身的商务交际能力和思想道德水平[7]。

将快乐教学法和“元素化合式”相结合应用于跨文化商务交际课程中，通过深入挖掘思政元素并运用于课堂上，一方面能够对本课程的知识有效补充，另一方面也能提高学生的兴趣，增强学习的主动性和积极性。

此外，第二课堂举办各种各样的英语活动《跨文化商务交际》课程思政的重要的补充方式。现在学生大多是00后，他们普遍对电脑、手机比较感兴趣。教师可以因势利导，布置学生利用课后时间来完成一系列的小作业。比如说用对比的方式，展现中国改革开放70周年发生了翻天覆地的变化，图文并茂，学生用英语完成这一作业后，会心中不由自主地赞叹祖国的繁荣昌盛，激发爱国主义热情；用“英语讲中国故事”来感知中国传统文化之美；组织学生观看红色电影、参加红色主题的讲座、参观红色基地等，在实践活动中后置学生爱国主义和家国情怀；用 VLOG 记录学生眼中“上海的一天”，通过英语文字描述，从文化的角度来感受国际大都市的生活……通过这一系列的活动，真正使得“全员育人、全过程育人和全方位育人”能够落到实处，实现课内课外相结合、显性教育与隐形教育相统一的模式[8]。

## 结语

《跨文化商务交际》这门课程，结合“三寓三式”，通过深入挖掘思政元素并有效地与课程紧密结合，使得师生的思想从“外国的月亮比中国圆”到辩证地看到“月有阴晴圆缺”，最终转变为“月是故乡明”的过程。通过课程思政建设，能够从根本上端正学生的学习动机，充分认识到学习英语不仅仅是学习西方先进的文化知识，更重要的是能够培养学生坚定信念，厚植爱国主义情怀，增长知识，培养奋斗精神，增强综合素质，在学习外语的同时能够有思辨能力，培养德智体美劳全面发展的社会主义建设者和接班人。

## 参考文献

[1] 滕跃民，张玉华，马前锋，汪军，孟仁振. 同向同行：知识传授与价值引领同频共振——上海出版印刷高等专科学校“课中课”课程思政改革探析. 中国教育报，2019 年第 6 期。

[2] 滕跃民，张玉华，肖纲领. 高职专业“课程思政”的“道法术器”改革 辽宁高职学报 2018 年第 8 期。

[3] 李海燕. 高校英语专业《跨文化交际》课程思政教学探索 科技视界 2019（8）。

[4] 王录. 文化自信视域下英语专业语言文化类课程思政建设—以《跨文化交际》课程为例 2019 年第 9 期。

[5]［7］滕跃民，汪军，孟仁振，吴娟.《新时代出版印刷高等职业教育教学研究与实践》，上海三联书店，2019 年第 5-6 页。

[6] 殷妮. 高职高专快乐英语课堂模式的探索研究 高考 2018 年第 3 期。

[8] 人民网. 把立德树人作为高校思想政治理论课改革的中心环节［EB/OL］.［2019-05-16］. http：//theory. people. com. cn/2016/1223/c82288-28972384. html.

# 《美术鉴赏》课程思政元素的教学设计

程士元 滕跃民

**摘 要：** 艺术课程思政教育是高等院校艺术教育的一个重要组成部分，对大学生的核心价值观的形成和审美水平的提升起到举足轻重的作用。本文以上海出版印刷高等专科学校的一门专业理论基础课程《美术鉴赏》为例，以“三寓三式”为指导进行课程思政教学设计，挖掘课程实施过程中的思政元素，将知识技能传授与价值引领有机结合，形成课程思政与美术教育的立体式形态和渗透式发展，以推动该艺术课程的思政建设。

**关键词：** 美术鉴赏；课程思政；三寓三式；教学设计

习近平总书记指出，文艺是时代前进的号角，最能代表一个时代的风貌，最能引领一个时代的风气。艺术课程思政教育是高等院校艺术教育的一个重要组成部分，对大学生的核心价值观的形成和审美水平的提升起到举足轻重的作用。

上海出版印刷高等专科学校通过多年来的理论探索和教学实践，创造性地形成了关于“寓道于教、寓德于教、寓教于乐”（三寓），具有“画龙点睛式、专题嵌入式、元素化合式”（三式）实施标准的“同向同行”范例，一跃成为全国高校“课程思政”改革成功的先行者。该范例获得了 2018 年上海市教学成果特等奖、全国二等奖，是国内职业教育领域唯一的课程思政成果奖。在课程思政这一全新教育教学领域实现了历史性的突破，构建了各类课程开展课程思政改革的模式和标准。

本文以学校影视艺术系的一门专业理论基础课程《美术鉴赏》的“课程思政”为例，以“三寓三式”为指导进行教学设计，挖掘课程实施过程中的思政元素，将知识技能传授与价值引领有机结合，以推动该艺术课程的思政建设。

## 一、《美术鉴赏》课程思政的导入特点

在影视艺术系专业课程教学体系中，《美术鉴赏》属于视觉文化审美的专业基础理论课程，学好此课程对摄影、摄像以及相关艺术等课程的深入学习提供了良好的艺术指导和审美取向。该课程一般安排在第一学年的上学期进行，宜早不宜晚，其教学大纲主要以课堂理论讲解为主，以参观展览为佐，并辅以大量的作品图片和影像剖析为例。在具体结合课程思政内容融合的过程中，要求特别关注对作者、作品、流派、思潮，直至观念和手法

的深度解读和正确引导，了解其发展和继承的源流和艺术特色，关注时下社会热点和学生兴趣，创新课堂，活跃气氛，从而提升学生艺术文化素养和培养正确的艺术审美观。

## 二、《美术鉴赏》课程思政的设计理念

众所周知，艺术类大学生由于长期集中接受专业教育的影响，艺术修养和审美能力开始下滑，普遍缺乏政治热情，政治理论素质十分欠缺。一直以来，“为艺术而艺术”的职业观，“艺术超越政治”的超然论，对他们的人生观、价值观的形成都有着很深的影响。他们中大多数虽然思想活跃，也重视专业技能训练，但缺乏深度，社会公德意识也较淡薄，在认识上容易沦为片面化和简单化，在应用上往往将知识传授、价值塑造和能力培养人为地割裂开来。

作为一门专业基础理论课程，《美术鉴赏》课程思政旨在培养艺术专业大学生的美术鉴赏能力和视觉艺术修养，这要求首先要在课程设计理念上处理好美术鉴赏知识传授与人文价值引领的关系。在内容上，以“三寓三式”为指导，打通该课程理论学习、实践创作和作品品鉴等三大版块，在教学实施过程中有针对性地挖掘相关思政元素来融合其中；在结构上，以鉴赏的角度为切入点，以美术史为发展线，以艺术风格划分主题版面，通过思政元素将作品鉴赏、美学观念和美术批评等进行点、线、面交集关联，探究和构建该课程思政的教学生态体系。

## 三、《美术鉴赏》课程思政的建设内容

艺术课程中的思政教育同艺术作品本身一样具有触及灵魂的力量，换言之，艺术课程中蕴藏着许许多多亟待挖掘的正能量。《美术鉴赏》课程思政亮点体现在既能注重在价值传播中凝聚知识底蕴，又能注重在知识传播中强调价值取向，可以达到潜移默化的“合力”教育效果。为此，笔者将“三式”分别对应该艺术课程中的理论学习、实践创作和作品鉴赏等三大层面，在每一个层面上又分别挖掘相关思政元素来融入“三寓”教学，整体上呈纵横立体的多维交互状态。

### （一）从艺术理论学习层面上“画龙点睛式”地开展课程思政教学

艺术理论的学习呈现出一个横向不断拓宽的知识结构状态。古今中外的艺术理论浩瀚如烟，在教学的过程中，对相关课程的知识点和技能点的简明提示，有针对性地对学生开展道德理想、艺术审美、社会主义核心价值观、唯物辩证法、职业素养等的“点睛”手段，提高学生对理论学习的浓厚兴趣和文化修养。充分利用艺术课堂的灵活性，将艺术的活跃与思政教育的严肃相中和，圈点学生的兴趣点和社会热点来开展课程思政教学，注重教学方式丰富化和教学手段多样化。比如，从“诗中有画，画中有诗”作品拓展到“书画同源”和“书画一律”的理论形成，对学习中国传统文化如何提升文化素养方面圈出思政

要点，又影射到新时期复合人才培养的热点话题。又如，从艺术理论的角度和视野上看，“眼界决定境界”的要点值得“点睛”，引出加强艺术理论学习和提升文化修养的必要性。

### （二）从艺术实践创作层面上“专题嵌入式”地开展课程思政教学

无论是直接创作艺术作品，还是间接观赏主题展览，艺术实践是每一位艺术生都无法绕开的课题。不同于艺术理论学习，艺术实践的学习呈现的是一个纵向的渐修的结构状态。在这个层面上，采用“专题嵌入式”地开展课程思政教学往往能起到事半功倍的效果。一方面，艺术“专题”形成是教师研究和选择的结果，也是开展不同艺术类型实践教学的常用模版；另一方面，在不打破原来教学结构的基础上，将思政的某个专题进行巧妙地嵌入，以加深学生对此类知识的理解，同时提高学生的思政道德的认识，一举多得。比如，在讲授中国传统书画精神的专题时，嵌入主观和客观在实践基础上的辩证统一的专题，通过结合中国书画“精气神”具体作品佐证，分别从客观物质的属性中和精神层面中去寻找美的根源，探讨主观和客观的统一体——物质与精神的完美和谐，借此进一步弘扬人与环境和谐统一的中国新时代的价值取向。另外，思政课堂可以借鉴美术鉴赏的实践性，在课堂上嵌入“艺术 + 思政 + 主题”的特色模式进行教学探索，如主题读后感、主题理论运用，在考核中增加实践分数。这既“活化”思政教育，又拓展艺术创作，让学生真正了解理论，运用理论，让理论和实践结合，提升课堂实践教学的趣味性，让思政元素悄无声息地融入艺术教学中。

### （三）从艺术作品鉴赏层面上“元素化合式”地开展课程思政教学

艺术作品鉴赏是指欣赏者在接受艺术作品的过程中，通过感知情感、想象和理解等各种心理因素的复杂作用进行艺术再创造，并获得审美享受的精神活动。从这个意义上看，艺术作品鉴赏呈现出立体的动态顿悟的结构状态。“元素化合式”教学方式，就是将专业知识、专业技能、思政要点三种不同的教学元素进行化合，巧妙地将社会主义核心价值观的精髓要义恰如其分的融入课堂教学之中，进而产生合而为一的育人效果，在引人入胜、潜移默化中实现教育目的。比如在讲解中国传统书画哲学思辨的环节中，通过把中外不同时期的画家作品进行比较研究，引出有别于西方审美的中国传统美学“天人合一”的审美观，从而树立民族自豪感和文化自信心。同时利用思政元素结合社会热点，通过学习民族艺术文化，领会“民族的就是世界的”的文化含义，推动中华文化走出去，构建以合作共赢为核心的新型国际关系，打造人类命运共同体。

### （四）艺术课程思政元素的挖掘与融合

从艺术理论中挖掘思政元素。为了加深对以“文人画”主题的理解，采用“专题嵌入式”导入“诗书画三绝”。通过案例式、探究式对“文人画”展开深度剖析。一方面，画作借书法、诗词提升了画面的文学意味和文人格调；另一方面，诗词、书法和画作的结合使画面达到形象思维与空间思维相得益彰的效果。这种题画诗的艺术形式不但集中体现了中国文化“诗书画”相结合的美学特色，更是文人品味和文化格调的本色彰显。在挖掘出“人品”“艺品”的思政元素基础上，“寓德于教”衍生出“淡泊明志”“蒙以养正”等价值观。

从创作实践中挖掘思政元素。艺术创作是一项充满艰辛的脑力劳动，在具体讲解创作技能的环节中，采用“元素化合式”综合相关高超的艺术技能的学习心得，倡导像哲人一样思考、像匠人一样劳作的“哲匠精神”，借此思政元素“寓道于教”弘扬“心手合一”“知行合一”的价值观，充分发挥实践育人的作用，使“劳作上手，读书养心”的传统成为学生的一种学习生活方式。

从作品鉴赏中挖掘思政元素。艺术鉴赏本身便是一种审美的二度创造和知识整合的过程。“鉴定真伪”是艺术鉴赏中的核心命题，在讲解技法的过程中很自然地引申出“去伪存真”“坚持真理”的思政元素。在学习和表现色彩的环节中，采用“画龙点睛式”圈点色彩语言，运用案例式、启发式等“寓教于乐”地进行课程思政教学，通过对比地、辩证地探究色彩作品的变化奥妙，揭示出艺术色彩运用和品鉴的规律，从而挖掘出对立统一的普遍规律，即无论是在自然、社会，还是在思维领域，抑或艺术领域，任何事物内部以及事物之间都包含着矛盾。正是事物矛盾双方的统一与斗争，推动着事物的运动、变化和发展。

**表 1　《美术鉴赏》课程思政的施策方案**

<table>
<tr><th>教学单元</th><th>专业教学内容</th><th>思政教学要点</th><th>实施手段</th></tr>
<tr><td rowspan="3">单元一<br>美术流派与理论基础</td><td rowspan="3">角度与视野<br>理论与法则<br>传统与现代<br>图像学与符号学<br>流行文化与精神分析<br>艺术思潮与社会功能</td><td>眼界决定境界，加强艺术理论学习和提升文化修养。</td><td rowspan="3">画龙点睛式<br>启发式<br>讨论式</td></tr>
<tr><td>新时期复合人才的培养。</td></tr>
<tr><td>书画同源、书画一律、劳作上手、读书养心。</td></tr>
<tr><td rowspan="3">单元二<br>创作实践与鉴赏风格</td><td rowspan="3">风格与形式<br>鉴别与判断<br>透视与解剖<br>光影与空间<br>运动与气氛<br>线条与精神<br>色彩与性格</td><td>倡导“哲匠精神”，以艺术创作实践弘扬社会美育。</td><td rowspan="3">专题嵌入式<br>案例式<br>互动式<br>探究式</td></tr>
<tr><td>对立统一的普遍规律。对比地看、辩证地看，是鉴赏和学习艺术色彩的一种方法。</td></tr>
<tr><td>心手合一、知行合一、去伪存真、坚持真理。</td></tr>
<tr><td rowspan="3">单元三<br>传统绘画与民族文化</td><td rowspan="3">形与神<br>意与象<br>气与韵<br>理与法<br>道与义</td><td>民族的就是世界的。认真学习中国文化，推动中华文化走出去，打造“人类命运共同体”。</td><td rowspan="3">元素化合式<br>专题嵌入式<br>故事化<br>情景化<br>幽默化</td></tr>
<tr><td>天人合一——中国传统美学观的再认识。</td></tr>
<tr><td>人品、艺品、淡泊明志、蒙以养正。</td></tr>
</table>

## 四、结语

“文变染乎世情，兴废系乎时序。”课程思政的本质是立德，某种程度上课程思政本身就意味着教育结构的变化，即实现知识传授、价值塑造和能力培养的多元统一。在高校思政课创新的新形势下，《美术鉴赏》课程思政通过灵活应用“三寓三式”，将思政元素进行巧妙加入课堂教学，形成课程思政与美术教育的立体式形态和渗透式发展，探索艺术课程思政的教学规律，培养学生敏锐的洞察力、强烈的感染力，拓宽其思维与眼界，发展其内心对传统文化艺术的正确认知，形成正确的价值判断，在潜移默化中提升学生的思想理论水平与艺术审美能力，树立其文化自信。

## 参考文献

[1] 滕跃民，张玉华；肖纲领．高职专业“课程思政”的“道法术器”改革［J］；辽宁高职学报；2018 年 08 期。

[2] 滕跃民，张玉华；马前锋；汪军；孟仁振．同向同行：知识传授与价值引领同频共振——上海出版印刷高等专科学校“课中课”课程思政改革探析［J］；中国教育报；2019 年 11 期。

[3] 张廷，杨永杰．“课程思政”背景下高校美术教育教学改革的方向与策略［J］；美与时代（中）；2019 年 10 期。

[4] 上海版专教研．学校“德智技融合”的“课中课”人才培养模式初见成效．2018-01-10．https：//mp. weixin. qq. com/s/6slaJtmYKmXysjTTDYbWmw

[5] 傅慧敏．中国古代绘画理论解读［M］．上海人民美术出版社，2012（01）．

[6] 闫媚；高校思想政治理论课教学艺术运用研究［D］；辽宁师范大学；2015 年。

# “三寓三式”模式下印刷职业教育的创新与探索

刘 艳 滕跃民 田全慧

**摘 要：** 印刷职业教育是印刷行业人才培养与储备的重要手段。随着国家科技与技术发展的不断升华，为行业培养具有职业技能的人才的同时，也需要进一步培养技术人才的文化素养、道德品质和职业精神。本文以上海出版印刷高等专科学校印刷专业人才培养中将素质教育融入色彩技术的培养为例，探索三寓三式模式下实现立德树人，技能与思想教育的相结合的方法和途径。

**关键词：** 印刷；课程思政；三寓三式

印刷是一门应用型学科，印刷职业教育是印刷行业人才培养与储备的重要手段。随着国家科技与技术发展的不断升华，为行业培养具有职业技能的人才的同时，也需要进一步培养技术人才的文化素养、道德品质和职业精神。

上海出版印刷高等专科学校（以下简称上海版专）自建校以来，一直为印刷包装行业培养了大量的技术人才。2016 年在全国高校思想政治工作会议上，习总书记明确要求在高校思想政治教育中，坚持把立德树人作为中心环节，把思想政治工作贯穿教育教学全过程，实现全程育人、全方位育人，努力开创中国高等教育事业发展新局面[1]。新时代人才培养的特色需要随时代特色的变化而不断创新与探索。印刷包装的人才培养更需要这样的过程。

## 一、三寓三式模式特点

在了达成在印刷专业人才培养中实现立德树人这一目标，上海出版印刷高等专科学校通过不断的探索和实践，构建了科学化、专业化的“范式”，并于 2018 年获得了全国职业教育第一个也是唯一的课程思政国家级教学成果奖，以滕跃民教授领衔的课程思政教学团队以众多的研究成果，走在全国课程思政改革的前列，成功打造了在各类课程中融合思政教育的“课中课”教学模式[2]。

在教学实践中上海版专将技术与思想教育融合到知识技能培养的各环节中，特别是如何将人才的素质教育融入色彩技术的培养中，打通显性知识技能培养与隐性素养培育互相促进的通道，凝练出专业培养的“三寓三式”、快乐教学的“五化五式”和“五项负面清单”等内容。

"三寓"具体是指寓道于教、寓德于教、寓教于乐，是对教学规律的指导，即课程思政既要遵循专业课又要遵循德育课的教学规律，把两种类型课程的教学规律有机结合起来，不仅要在课程中教授专业知识，也要有思政课的高度和人文情怀的温度。在授课过程中不仅要传授专业理论，训练专业技能，还要启发同学们技能对祖国社会的价值，即"寓道于教"。

立德树人是课程教学的核心，高职院校的专业课教师在课程思政教学过程中要遵循基本的德育原则和方法，积极引导同学们对各种道德规范进行分析鉴别，选择符合时代要求的正确的道德观，做到"寓德于教"。

"寓教于乐"就是在课程思政过程中，不生搬硬套，不强行说理，要结合课程内容充分挖掘同学们的兴趣点，开展快乐教学，让同学们在学习中找到快乐，在快乐中学会学习。

"三式"是指画龙点睛式、专题嵌入式和元素化合式[3]，是打造多元化的教学方式，探索课程思政中德智技的具体融入方式，达到高职院校同学们技能、素养双提高的目标。"画龙"是指高职院校专业课知识点的学习和技能点的训练；"点睛"是指用德育元素对相关知识点和技能点进行指点。"专题嵌入"教学方式是指专业课教师选择相关主题，在不打破原来教学结构的基础上，将思政的某个专题进行嵌入，以加深学生对专业课程内容的理解，同时提高学生对思政要求的认识。"元素化合式"是将专业知识、专业技能、思政要点三种不同的教学元素进行化合，进而产生合而为一的效果。

## 二、专业色彩教学中的"三寓三式"

(1) 加强顶层设计，将"课程育人"理念融入课程标准。

色彩原理与应用是现代印刷媒体创作和处理的必备课程，采用"理实一体化"教学[4]。课程通过对色彩的基础理论，颜色的变化规律，色彩的测量与分析等知识的讲授和实践操作，让学生了解印刷复制过程中色彩分解、传递和组合的原理和规律；在印刷复制过程中具有一定的色彩变化的分析、控制能力，培养学生的"知色、用色、管色"能力。该课程经过多年的教学建设和探索，具有完善的理论基础与丰富的实践操作案例，在教学过程中，采用"理实一体化"的教学方法，在理论教学的基础上，设置色光的混合、颜色认知与排序、油墨的调配与色料的混合，物体呈色影响因素分析、色度测量与色差分析等实践教学，通过理论讲授结合实践操作，提高学生应用所学的理论知识解决实际问题的能力。

色彩原理与应用在课程思政建设过程中，以"三寓三式"为指导，通过改进教学设计及教师自身的潜移默化、人格魅力、教育教学态度等方式促进育人；推动教材内容转化教学内容、专题教学和新媒体技术手段结合，循序渐进推动课程改革和教学设计，教育效果上着力体现"德智技并进"。把爱国主义教育、爱岗敬业精神、团结协作理念、一丝不苟的工匠精神加入教学设计当中。在提高专业技能的同时，培养他们高尚的道德品质和职业素养。将“三元”（思政道德、人文素养、职业操守）融入教学，在“润物细无声”的知识传授中融入理想层面的精神指引。

在课程的创新与实践探索中，首先要明确课程的顶层框架设计，详细梳理课程的知识点和技能点，结合理论内容和实践案例确立相应的课程思政元素关键词，为具体的思政元素的挖掘和彰显打下基础，然后根据相关教学实践内容，探寻合适的教学方法和教学手段，因材施教。色彩原理与应用课程思政融合实施表见表 1。

**表 1**

<table>
<tr><th>课程章节</th><th>知识点</th><th>技能点</th><th>思政元素<br>（关键词）</th><th>实施手段</th></tr>
<tr><td rowspan="2">第一章<br>光与色觉</td><td rowspan="2">“知色”。颜色的形成，颜色属性，颜色视觉现象及呈色影响因素。</td><td>通过季节，诗歌，新冠疫情中各行各业色彩的象征意义，讲述色彩与我们的关系，色彩的形成及含义。</td><td>爱国精神</td><td rowspan="2">专题嵌入式<br>讨论式<br>启发式</td></tr>
<tr><td>描述牛顿的色散实验，讲述单色光和复色光的概念。</td><td>技能强国</td></tr>
<tr><td rowspan="2">第二章<br>颜色混合规律</td><td rowspan="2">色光三原色及其混合规律，色料三原色及其混合规律。</td><td>色光三原色和色料三原色的区别，各自的混合规律。</td><td>探究精神<br>对立统一规律</td><td rowspan="2">画龙点睛式<br>情景化</td></tr>
<tr><td>颜色调配实验。</td><td>工匠精神</td></tr>
<tr><td rowspan="2">第三章<br>光源颜色特性评价</td><td rowspan="2">光源的颜色温度、显色指数；印刷行业对照明条件、观察条件等方面的要求。</td><td>光源的颜色温度、显色指数概念和光源颜色特性的评价内容</td><td rowspan="2">辩证思维<br>科学精神</td><td rowspan="2">画龙点睛式<br>启发式<br>探究式</td></tr>
<tr><td>印刷行业对照明条件、观察条件等方面的内容和要求。</td></tr>
<tr><td rowspan="2">第四章<br>CIE 标准色度学系统</td><td rowspan="2">“用色”。CIE 标准色度学系统；CIE1976 均匀颜色空间的相关参数意义；色差计算方式及色差分析；同色异谱。</td><td>颜色参数的含义及色差公式。</td><td rowspan="2">综合素养<br>理论实践一体化</td><td rowspan="2">元素化合式<br>案例式<br>互动式</td></tr>
<tr><td>颜色测量工具及方法，对测量数据进行分析。</td></tr>
<tr><td rowspan="2">第五章<br>色彩空间的转换</td><td rowspan="2">RGB/CMYK/LAB/HSB 颜色模型的特点及使用方法，转换方法。</td><td>RGB、CMYK、LAB 颜色模型的呈色特点和表示方法。</td><td rowspan="2">大局意识<br>取舍有道</td><td rowspan="2">专题嵌入式<br>案例式<br>讨论式</td></tr>
<tr><td>颜色空间转换的必要性及方法。</td></tr>
<tr><td rowspan="2">第六章<br>印刷色彩的准确再现</td><td rowspan="2">“管色”。印刷过程中颜色的分解和合成，及颜色控制。</td><td>印刷复制中颜色的再现步骤。</td><td>团结协作<br>协同创新</td><td rowspan="2">画龙点睛式<br>情景化<br>案例式<br>讨论式</td></tr>
<tr><td>掌握颜色再现的影响因素，控制颜色复制。</td><td>科学规划<br>整体布局<br>分步实施</td></tr>
</table>

（2）提炼育人要素，精心设计专业知识内容与思政元素的融合点。

育人要素包括爱国主义、集体主义、社会主义的教育，理想教育、道德教育、国防教育、民族团结教育以及中华民族优秀的历史文化传统等方面的教育，简单来说，就是一切“正能量”的内容。

要把课程思政教学的要素贯彻落实，开展好专业课的思政教育，在精心设计的课程思政的教学模块与知识要点基础上，充分挖掘并明确知识点中所能够延伸的思政元素。思政元素的设计可以像植入式广告一样，在知识点中进行“植入”，这就需要对教学内容进行深入梳理，寻找专业知识内容与思政元素的“植入”点，从而将思政元素与专业知识传授进行有机结合。专业课程中思政元素作用的发挥，并不像思政课程一样，那么直接，而是更加隐含，其所要达到是“润物细无声”的效果[5]。

比如，在色彩原理与应用理论教学中，在对印刷色彩内容进行讲解时，对抗击新冠肺炎疫情斗争中“党旗红，天使白，军装绿”这些颜色，引入了更深的意义。党旗红——党员冲锋在前，勇当先锋。天使白——医护人员救死扶伤，迎难而上。军装绿——解放军誓死不退，护佑平安。还有奋战在战“疫”一线的警察蓝、志愿橙……他们用汗水甚至生命筑起狙击疫情的彩色“堤坝”，于无声处奉献牺牲，守护着百姓一方平安。通过这些内容的讲解，激发同学们的爱国热情及技能报国的理想信念。

油墨调配是本课程的一个实践教学案例，也是世界技能大赛印刷媒体项目的一个重要内容，需要在半小时内达到色差为 3 以内的颜色调配；调墨完成后，玻璃板清洁不够，同样扣分。在这部分内容的讲授时结合我校世界技能大赛印刷媒体项目获奖的事迹，给同学树立榜样力量，领会工匠精益求精的精神含义。让同学明白细节决定成败的观念，以及“重复的事情用心做，你就是赢家”的钻研精神。

（3）创新教学方法和手段，灵活运用多种教学方式，提高课程教学效果。

创新教学方法，通过建设专业教学资源库，将专业资源、学科资源、行业企业资源转化为教学资源；借助慕课、微课、网络课堂等信息化手段打造高效课堂，提高专业教学效果，激发课堂教学活力；构建“线上 + 线下”混合式教学模式，推进“互联网 + 教育”育人模式。让学生体验到学习的乐趣和成就感。

色彩原理与应用课程的日常作业都是通过网络进行，借助于国家资源库子项目课程平台，每完成一个项目的学习后，老师都会在网络平台布置作业，设定好题目题型和作业截止时间，同学可以在限定时间内自由选择答题时间，用手机就可以完成作业。一方面节约了笔墨纸张，践行了绿色环保理念，另一方面提升了同学的作业兴趣和效率。

在日常教学中，还充分利用手机 APP 来进行快乐教学。现在几乎所有的同学都手机不离手，如果能把手机使用和教学内容结合起来，将大大提升同学们的学习兴趣。根据课程特点，给同学们推荐了一款可以训练色彩敏感度的手机 APP——色彩渐变 Blendoku。渐变挑战 Blendoku 是一款考验颜色敏感度的游戏。游戏过程中要推理出整体颜色的走向，要考虑到每一条线的色调对整体的影响。这个手机 APP 在教学上应用后，让同学在轻松游戏的同时，提高了色彩敏感度，对颜色的三个属性即色相、明度和饱和度有了最直观的认识，也真切地感受到三属性之间相互联系又相互影响。

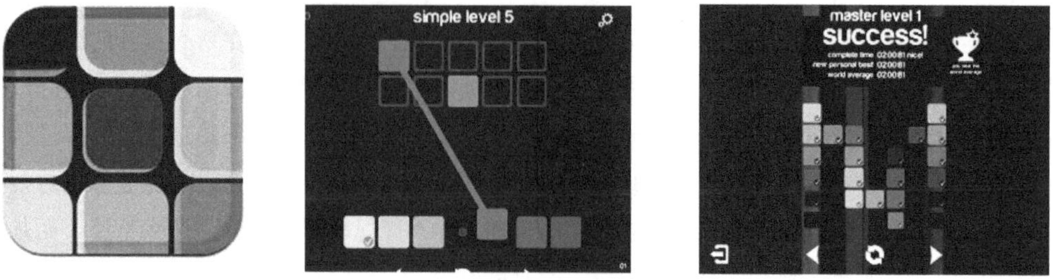


图 1　APP 应用程序 Blendoku 界面

(4) 将思政元素要求纳入课程评价体系，保障课程育人质量。

理实一体化课程，主要由理论和实践两部分组成，在课程评价时理论和实践的评价体系都同样重要。色彩原理与应用课程的实践教学部分，主要采用项目化教学，教师根据学生完成的每个项目进行评价考核，除了结果完成分之外，还可以借鉴世界技能大赛印刷媒体项目的评分标准，将职业素养、工艺规范等纳入评价体系，重点关注实践项目完成过程中的一些要素，例如仪器设备摆放是否整齐、工位是否卫生、实践过程是否规范等。其中项目结果分占 30%，项目工艺分及职业素养占 70%，将思政元素真正落到实处。在课程理论习题库的建设过程中，将思政元素纳入其中，让思政教育“隐身”在学习的过程中。

## 三、总结

职业教育是国家培养高素质、高技能应用型人才的主阵地，高职院校的毕业生不仅要具备扎实的专业技能和知识，还应具备与之相匹配的职业精神和思想道德素养。因此，高职院校结合课程思政的建设要求，进行创新和探索具有非常重要的意义。上海版专作为印刷行业人才培养的主要院校，在专业知识技能培养的同时，要不断创新教学内容和教学方法，增强德智技融合，更好地实现立德树人的根本目标。

### 参考文献

[1] 习近平在全国高校思想政治工作会议上强调：把思想政治工作贯穿教育教学全过程开创我国高等教育事业发展新局面［N］. 人民日报，2016-12-08（01）.

[2] 滕跃民，张玉华，马前锋，等. 同向同行：知识传授与价值引领同频共振：上海出版印刷高等专科学校“课中课”课程思政改革探析［N］. 中国教育报，2019-06-19（11）.

[3] 滕跃民，张玉华，肖纲领. 高职专业“课程思政”的“道法术器”改革［J］. 辽宁高职学报，2018，20（08）：53-55.

[4] 郭谆钦，王承文. 高职教育中理实一体化教学改革与探索［J］. 教育教学论坛. 2020. 3：365-366.

[5] 滕跃民，许宇飞，方恩印. 高职院校课程思政改革的系统化思考［J］. 辽宁高职学报. 2020. 7：1-5.

# 课程思政“三寓三式”模式教学实践探索
## ——以“印刷企业管理实务”为例

俞忠华

**摘　要：** 专业课、公共基础课以及实践类课的课程思政建设都属于高校课程思政教学体系，专业课程是课程思政建设的基本载体，是高校全面推进课程思政建设的重要一环。以上海出版印刷高等专科学校“印刷企业管理实务”为例，该课程通过“课中课”模式，在课程思政实践中以“三寓三式”为融合原则和路径手段，引导学生学习探索管理客观规律、尊重遵守客观规律，将德育元素融入企业管理知识与技能培养环节，努力实践专业课课程思政的三全育人目标。

**关键词：** 专业课程思政；课中课；三寓三式

习近平总书记在高校思政会议上的讲话中提到，各门课程都要“守好一段渠，种好责任田”，使各类课程与思想政治理论课程同向同行，形成协同效应。教育部今年印发的《高等学校课程思政建设指导纲要》（以下简称“纲要”）中，明确指出全面推进课程思政建设是落实立德树人根本任务的战略举措，纲要同时指出各高校要结合专业特点分类推进课程思政建设，要求深入梳理专业课教学内容，结合不同课程特点、思维方法和价值理念，深入挖掘课程思政元素，有机融入课程教学，达到润物无声的育人效果。

## 一、开展“印刷企业管理实务”课程思政建设的必要性

“印刷企业管理实务”为本校印刷媒体技术专业的一门专业必修课，课程将企业管理基本规律与方法与课程思政相结合，课程开设的目的是加强学生对行业认知的深入、文化理念的培养、工作方法的改善、综合素养的提高。这门课对学生的职业道德和职业素养要求较高，恰与“课程思政”中“立德育人”的大方针相吻合，富含思政元素，和其他专业课程一样，具备“育人”的思维元素。通过课程思政改革“课中课”深化，学生探索管理客观规律、尊重遵守客观规律，更易走进印刷专业、了解印刷行业。

纲要在第四部分指出，高校管理学类专业课程的课程思政，要帮助学生了解相关专业和行业领域的国家战略、法律法规和相关政策，引导学生深入社会实践、关注现实问题，培育良好的职业素养。“印刷企业管理实务”的“课中课”模式为实现这一人才培养目标

提供了有效途径，课程主要研究现代印刷企业基本特征、运作规律和管理方法，具有综合性和应用性的特点。教学基本要求是使学生掌握现代印刷企业管理的基本原理、基本方法，获得印刷企业管理的基本思想，增强印刷企业管理的基本意识。“印刷企业管理实务”的“课中课”模式课程思政实践，不仅可以打通显性印刷企业管理基础知识和技能与隐性素养培育相互促进的通道，同时还可以充分发挥专业教育课程在学校整体课程思政教学体系中的协同育人作用。

## 二、“课中课”模式下的“印刷企业管理实务”课程思政实践

### （一）以企业管理理论知识为载体，挖掘专业课程思政元素

从结构上分，“印刷企业管理实务”课程内容分为：印刷企业管理基础、印刷企业生产过程管理、印刷企业管理的新模式等三个模块，下分各级子项目。表 1 为课程知识点、技能点、思政元素梳理及具体融合实施手段。

**表 1　课程知识点、技能点、思政元素梳理及融合实施手段**

| 课程单元 | | 专业知识点 | 技能点 | 思政元素 | 融合实施手段 |
|---|---|---|---|---|---|
| 模块 | 项目 | | | | |
| 模块一 印刷企业管理基础 | 项目一 企业管理必备基础 | 印刷业的发展历程、行业现状、印刷企业含义与特点 | 了解印刷行业发展现状 | 爱国精神、工匠精神、知印刷、爱印刷。 | 画龙点睛式 |
| | 项目二 企业文化 | 企业文化内涵与本质 | 熟悉企业文化的层面 | 文化自信 | 元素化合式 + 画龙点睛式 |
| | | 企业文化作用与实施 | 了解企业文化的组织运作 | 践行社会主义核心价值观 | |
| | 项目三 人力资源管理 | 人力资源管理六大职能 | 掌握人力资源管理各大职能 | 提高综合素养，奋斗成才 | 画龙点睛式 + 情景化 |
| 模块二 印刷企业生产过程管理 | 项目四 印刷业务与营销 | 印刷市场的特点、营销策略 | 了解印刷市场特点 | SWOT 法认识自己，营销好自己，树立正确的择业观。 | 情景化 + 互动式 |
| | | | 掌握印刷市场营销策略 | | |
| | 项目五 生产计划与物料控制 | 印刷企业的生产计划与物料控制 | 了解 PMC | ABC 分类法，有所不为才能有所为。 | 专题嵌入式 |
| | | | 掌握印刷企业的生 PC 与 MC | | |
| | 项目六 生产现场管理 | 印刷企业现场特点、现场 5S 管理 | 了解印刷企业生产管理的概念和特征、掌握印刷企业现场管理的要求与标准 | 取舍之道，责任意识<br>知行合一，持之以恒 | 画龙点睛式 + 案例式 |
| | | 印刷企业安全生产管理 | 掌握印刷企业的安全生产管理 | 不以善小而不为，不以恶小而为之。 | 元素化合式 + 启发式 |

(续表)

| 课程单元 | | 专业知识点 | 技能点 | 思政元素 | 融合实施手段 |
|---|---|---|---|---|---|
| 模块 | 项目 | | | | |
| 模块二 印刷企业生产过程管理 | 项目七 质量管理 | 全面质量管理及其工作方法 | 掌握全面质量管理的PDCA循环工作法 | 不以规矩不成方圆 | 情景化 + 游戏化 |
| | 项目八 印刷设备维护与管理 | 印刷设备的分类、使用与维护 | 了解设备磨损与故障规律，掌握设备的维修与保养常识 | 坚持发展观，遵循事物变化的规律性。 | 专题嵌入式 |
| 模块三 印刷企业管理的新模式 | 项目九 印刷 ERP 的使用 | 印刷企业资源计划管理 | 了解 ERP 的概念及具体实施 | 树立科学发展观 | 案例式 |
| | 项目十 精益印刷 | 精益印刷的概念及实践 | 了解精益思想的核心及印刷企业的精益生产方式 | 一切不为客户创造价值的活动都是浪费。日事日毕，提升效率。 | 游戏化 + 探究式 |
| | 项目十一 绿色印刷 | 绿色印刷的概念与实施 | 了解实施绿色印刷的意义 | 万物各得其和以生，各得其养以成。 | 元素化合式 |

### （二）以“三寓三式”为“法术”，探索专业课程思政实践

课程思政既要遵循专业课的教学规律，又要遵循德育课的教学规律，因而需要有机结合教学规律，按照相应的“法术”来实施教学，否则课程思政的效果会大打折扣，这个“法术”就是“三寓三式”，如图 1。

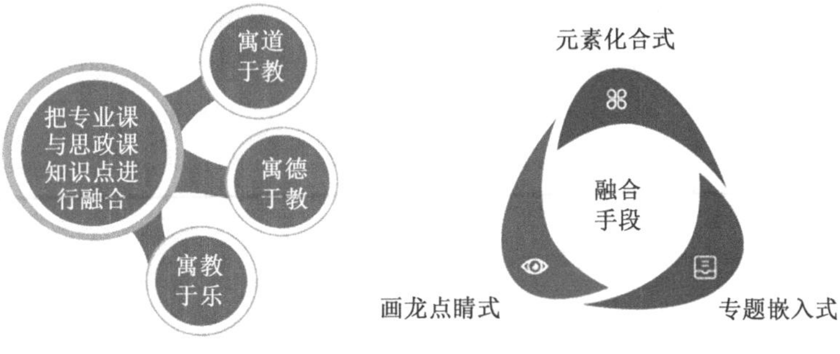


图 1　课程思政的“法”与“术”

#### 1. 通过“三寓”把专业课与思政课知识点进行融合

其一是寓道于教，即在知识技能传授中实现价值观引领和学生品德养成。如，在介绍印刷业发展历程时，把中国古代四大发明引入教学过程，以激发学生的民族自豪感，把毕昇、王选、万启盈等工匠精神融入教学，提高学生的专业学习热情，主动知印刷、爱

印刷。

其二是寓德于教，引导学生在多元文化背景下自主、合理地选择真正符合时代要求或个人所应确立的道德价值观。如企业文化的讲解中，从精神文化、制度文化、行为文化和物质文化等四个层次潜移默化地对学生进行社会主义核心价值观的教育，激发爱国、爱校、爱家。

其三是寓教于乐，增强课程吸引力达到在学习中找到快乐，使学生在快乐中学会学习。比如质量管理中的PDCA工作法运用数字传递游戏，使学生在趣味性游戏过程中不断找原因、不断提高传数字的准确性。

**2. 利用“三式”作为路径手段确保课程思政的有效实施**

“三式”指的就是“画龙点睛式、专题嵌入式、元素化合式”这三种课程思政融合手段。

(1)“元素化合式”教学是将专业知识、专业技能、思政要点三种不同的教学元素进行化合，进而合而为一，实现课程知识与思政育人的双重效果。

比如在绿色印刷章节的“元素化合式”教学，讲授绿色印刷概念、实施举措的同时，引入习主席关于“绿水青山就是金山银山”的重要论断，使学生充分意识生态兴则文明兴，生态衰则文明衰，环境就是民生，青山就是美丽，蓝天也是幸福。中华文明在人与自然的和谐共生中发育成长、生生不息、绵绵不绝。中国印刷业只有坚持节约资源和保护环境的基本国策，推动形成绿色发展方式，才能协同推进人民富裕，国家强盛，建设美丽中国。学生了解绿色印刷相关理论知识与技能的同时，在生态环境保护方面树立起大局观、长远观、整体观，不因小失大、顾此失彼、急功近利，更加强化行业经济发展与生态保护和谐共进的责任意识，绿色印刷功在当代，利在千秋。

又如企业文化章节，讲授企业文化是企业的灵魂，其核心是精神文化。通过展现雅昌企业（集团）“为人民艺术服务，艺术为人民服务”以及上海烟印“和搏一流”的优秀企业文化案例，学生知晓企业文化的本质就是企业员工共同遵守的价值观念和行为规范，领会文化是一家企业的灵魂，画龙点睛使学生领悟文化也是一个民族的灵魂。通过“元素化合式”教学，学生感悟中华民族精神是中华文化最本质、最集中的体现，是以爱国主义为核心，团结统一、爱好和平、勤劳勇敢、自强不息的精神，是各民族生活方式、理想信仰、价值观念的文化浓缩。实现中国梦必须弘扬中国精神，就是以爱国主义为核心的民族精神，以改革创新为核心的时代精神。未来有文化的印刷人，理应内强素质、外树形象，坚定文化自信，践行社会主义核心价值观。

(2)“专题嵌入式”教学是在不打破原来教学结构的基础上将思政的某个专题进行嵌入，以加深学生对各类课程内容的理解，同时提高学生的思政道德的认识。

如在印刷设备管理章节，讲述设备磨损与故障规律，嵌入发展观、辩证意识。把工以利器为助，人以贤友为助的意识无声融入教学，学生掌握事物从量变到质变的规律，领悟科学的工作方法是提高工作效率的根本，也是提高工作质量的根本。同理，选择品德高尚的人交往，与他们做朋友，受他们的影响熏陶，潜移默化，自己的思想境界和道德修养会在无形中得到提升。

又如印刷企业物料管理以及印刷企业客户关系管理中讲授经济学中著名的帕累托法则（二八定律），告诉人们世界充满了不平衡性：20%的人口拥有80%的财富，20%的员工创造了80%的价值，80%的利润来自20%的顾客等等。“专题嵌入式”教学，引导学生认识世界充满了不平衡性，资源总会自我调整，以求将工作量减到最少。在学习及今后的工作中抓住关键的少数，在安排自己的时间上，有所不为才能有所为。

（3）“画龙点睛式”教学则是基于对课程知识点和技能点的简明提示，对学生开展社会主义核心价值观、唯物辩证法、职业素养等的“点睛”。

印刷企业的现场管理中章节中有关于“5S”管理“整理、整顿、清洁、清扫、素养”的实施，从形式化、行事化，再到习惯化。播下一个行动，收获一种习惯；播下一种习惯，收获一种性格；播下一种性格，收获一种命运。印刷企业现场的物品种类繁多，分清“要”与“不要”，严格遵守“三定原则”，勿以善小而不为，勿以恶小而为之，形成制度标准化使员工对再小的问题也乐于改善，最终养成良好的职业素养，将责任心内化为自觉意识、外化于自觉行为。5S效果是否明显，知行合一是要领，持之以恒是关键，学习、工作、生活中亦是如此。

上述画龙点睛式、元素化合式、专题嵌入式的思政要点融入方式在教学实践中通过将知识点情景化、故事化、游戏化、形象化、幽默化，用互动式、讨论式、案例式，探究式、启发式（即“五化五式”）使课堂生动活泼，学生在引人入胜中潜移默化，实现快乐教学。

## 三、对专业课程思政建设的进一步思考

不同的专业课程有不同的知识和技能体系，目前“印刷企业管理实务”的课程思政建设一直在探索实践中，还有许多环节需要完善。

### （一）关于思政元素的挖掘

专业课程的教学，不仅限于专业知识的传授，而且要注重知识、技能培养过程中某种精神与价值的传递。课程思政是将教育内容从知识维度、能力维度深入到价值维度，课程思政建设的关键是精、准、深地挖掘思政元素。专业课程的思政元素挖掘不能只在乎面上的铺开而忽略广度和深度，下一步需要更加贴近印刷媒体技术专业培养计划中的育人目标，对课程各专业知识点和技能点对应的思政元素不断进行精炼和优化。

### （二）关于课程思政的落实

在课程思政落实方面，前期一直比较侧重于教学环节，而在教学大纲、教材选用、教

案课件等方面的落实比较滞后。但根据纲要精神，课程思政要真正融入课堂教学建设，必须落实到课程目标设计、大纲修订、教案编写等多个方面，要贯穿课堂讲授、教学研讨、作业论文等各个环节。同时，课堂教学模式也要随之创新，要推进现代信息技术在课程思政教学中的应用，激发学生学习兴趣，引导学生深入思考。“印刷企业管理实务”可以充分利用校企合作资源，开展校外第二课堂，深入企业开展相关主题的实践活动，多渠道拓展课程思政建设的方法和途径。

### （三）关于推进课程思政的关键

教师是推进课程思政的关键。“课程思政”要求高校教师在教学设计中把思想政治教育放在突出位置，深入分析课程内容，善于运用马克思主义的立场、观点和方法来发现问题、分析问题、解决问题，在教学的各个环节引导学生树立正确的世界观、人生观和价值观。对于教育主体而言，只有当教师自身真正理解、信仰和践行马克思主义时，才能在教学中有效地开展思政教育，因此，教师必须加强政治理论学习，认同思想政治教育的内容，明确政治立场，加强理论修养，努力做到政治强、情怀深、思维新、视野广、自律严、人格正，把爱国情感、社会责任、理想信念、职业道德等内容传授给受教育者，不断提高学生的思想政治素质，引导学生自觉培育和践行社会主义核心价值观。

所谓术业有专攻，一般专业课教师的思政能力相对于思政课教师而言是较薄弱的。因此，除了需要教师自练内功以外，可以利用学校现有的思政课教师资源，合作开展专业课程思政的教学研讨，使课程思政建设迈向新台阶。

总而言之，专业课程思政建设“课中课”模式不仅可以提升教师育人能力，其最终的目的是使专业知识及技能与思政相融，专业课程与思政课程同向同行，实现专业教育与素养教育完美结合，培养出德智体美劳全面发展的社会主义接班人。

## 参考文献

[1] 习近平总书记在全国高校思想政治工作会议重要讲话［Z］. 新华社，2016-12-08.

[2] 教育部关于印发《高等学校课程思政建设指导纲要》的通知［Z］. 教高［2020］3号 2020-5-28.

[3] 滕跃民，张玉华，肖纲领. 高职专业“课程思政”的“道法术器”改革［J］. 辽宁高职学报，2018，20（08）：53-55+61.

[4] 滕跃民，张玉华，马前锋，汪军，孟仁振. 同向同行：知识传授与价值引领同频共振：上海出版印刷高等专科学校“课中课”课程思政改革探析［N］. 中国教育报，2019-6-19（11）.

[5] 上海版专教研. 学校“德智技融合”的“课中课”人才培养模式初见成效［EB/OL］.（2018-01-10）. https：//mp. weixin. qq. com/s/6sIaJtmYKmXysjTTDYbWmw

[6] 虞丽娟. 从“思政课程”走向“课程思政”［N］. 光明日报，2017-07-20.

[7] 张俊玲，黄静华，付立新. 工科类院校“课程思政”建设的突破与实践［J］. 北京联合大学学报，2019，33（4）：7-10.

# 校企深度融合下校外实训类课程思政的改革实践
## ——以上海版专印刷媒体技术专业职业技能实训为例

肖 颖 滕跃民

**摘 要：**校外实训类课程是高等职业教育实践教学体系中不可或缺的重要环节，其课程思政的实施需深挖企业育人功能。本文以上海版专印刷媒体技术专业职业技能实训课程为例，优化课程思政的设计理念，凝练校企合作实践基地的思政资源，以“三寓三式”为基础和手段改革教学思路、创新教学方法，完善课程标准并修订评价体系，最终实现校企深度融合下“技能传授”和“价值引领”的同向同行，展示高等职业教学实践育人的特色。

**关键词：**职业技能实训；课程思政；三寓三式；校企深度融合

在全国高校思想政治会议上，习近平总书记明确强调：“高校思想政治工作关系高校培养什么样的人、如何培养人以及为谁培养人这个根本问题。要坚持把立德树人作为中心环节，把思想政治工作贯穿教育教学全过程，实现全程育人、全方位育人，努力开创我国高等教育事业发展新局面。”[1] 继而开启我国各高校课程思政的改革之路。但是在实施思想政治理论、职业素质教育、高等数学等公共课和专业课协调同步，推动三全（全员、全过程、全方位）育人的过程中，存在过多强调课堂教学的主渠道育人，相对忽视校外实训课程实践育人的现象，导致显性育人和隐性育人“同频共振”不足，无法形成思想引领与知识、技能传授的真正有机融合。而高职高专类院校办学的显著特点是产教深度融合、全面实施校企协同育人，为国家经济社会发展培养高素质创新型技术技能人才。因此在校外实践基地中不仅要突出培养专业技术技能的特点，更要充分挖掘企业思政育人和价值引领功能。在校外实训类课程教学中实施“课程思政”，对于全面落实“立德树人”的根本任务，提升学生的思想政治素质，推进高职高专院校思想政治教育工作将起到重要的作用。[2]

上海出版印刷高等专科学校（下称“上海版专”）多年来通过不断的探索和实践，逐步构建起在各类课程中融合思政教育的“课中课”同向同行教学模式。该模式聚焦文化育人、实践育人和课程育人等全新领域，将德育元素融入知识技能培养的各环节，打通显性知识技能培养与隐性素养培育互相促进的通道，最终凝练出基于“寓道于教、寓德于教、寓教于乐”（三寓），具有“画龙点睛式、专题嵌入式、元素化合式”（三式）实施标准的“同向同行”范例，成为全国高校“课程思政”改革成功的先行者。这项成果获得上海市教学成果特等奖、全国二等奖，在课程思政的全新教育教学领域中实现历史性突破，构建了各类课程开展思政改革的模式和标准。[3]

本文以上海版专印刷媒体技术专业“职业技能实训”的课程思政改革为例，以“三寓三式”为指导，在充分挖掘校外实践基地实施教学过程中各类思政元素的基础上，实现知识、素养、技能讲解与价值引领的有机结合，以推动此类课程的思政改革建设。[4]

## 一、职业技能实训课程的特点

在印刷媒体技术专业（三年制高专）的课程体系中，职业技能实训为专业实践类课程，是印刷企业岗位核心能力培养课程之一，具有很强的实践性和应用性。课程安排在第二学年的短学期进行，必须在校外实践基地完成，为企业跟岗学习模式，通常采用项目制教学方法。课程旨在培养学生的职业道德和职业守则，使学生在掌握印刷企业实际生产中的工艺原理、流程、方法和要求后，具有初步分析并解决各类印刷工艺问题的能力；并巩固和加强印刷生产中的各类素养和技能，具备职业资格标准（中级）的操作水平，同时培养学生运用所学专业知识观察、分析印刷实际生产问题的能力和勇于探索、积极进取的创新精神。

## 二、职业技能实训的课程思政设计理念

在数字化、智能化、标准化、大数据等技术的推动下，兼具文化产业和加工工业双重属性的印刷业在不断加快自身转型升级，新产品、新业态和新模式的不断涌现，迫使印刷行业企业的岗位设置特征、技术技能人才需求在不断变化。[5] 这一现象决定了职业技能实训课程实施带教时具备很强的可变性、开放性和自主性，学生将在不同类型印刷企业的不同岗位上完成不同学习内容，因此明确的顶层设计理念是获得良好课程思政实施效果的必要条件。

**1. 顶层设计中融入国家意识**

新时代的国家意识主要包括国家主权、爱国主义、民族团结、国家利益、为国奋斗和国家安全等意识，作为国家新闻出版业重要构成之一的印刷业，其管理和发展肩负着维护和培育国家意识形态的重要职责。通过深挖不同类型校外实践基地在国家建设中的不同功能，帮助学生在实践中了解国情、培养价值判断和国家信仰。

**2. 顶层设计中融入公民意识**

公民意识是指一个国家的民众对社会和国家治理的参与意识，它体现在公民对社会政治系统以及各种政治问题的态度、倾向、情感和价值观。[6] 印刷业涉及人类社会生活的方方面面，不同类型校外实践基地其员工、供应商、环境和其他利益均存在差异，然而企业社会责任（CSR）是一致的。通过设计不同层次的项目内容，在学生明确自己主体身份的前提下，强调独立思考的能力，养成社会的规则意识、参与意识、责任意识和监督意识。

**3. 顶层设计中融入文化意识**

大学生的文化自信归根到底是价值观的自信，其养成过程除整合课程教学体系、内容

和校园文化等第二课堂的联动外，还需着重强化当今时代各行业变革所赋予的文化育人内涵。在印刷行业转型升级过程中，由于不同校外实践基地在供应链上的功能关系不同，决定了企业文化育人的逻辑路线不同，培养学生领悟自身企业变革中的价值意蕴，方能实现技能培养到文化归属。

## 三、职业技能实训的课程思政建设内容与实践

印刷媒体技术专业教学团队在梳理本专业校外实践基地的过程时，首先通过系统梳理不同类型基地的文化内涵、生产内容、职业岗位所需知识与能力类型，凝练其中蕴含的思政资源与核心内容，完善职业技能实训课程标准；其次以“三寓”（寓道于教、寓德于教、寓教于乐）为基础，以“三式”（画龙点睛式、专题嵌入式、元素化合式）为手段，改革实践教学思路，创新实践教学方案；[7] 最后修订职业技能实训课程评价体系，将体现思政元素的内容纳入课程考核，实行“一企一案”。如图 1 所示：

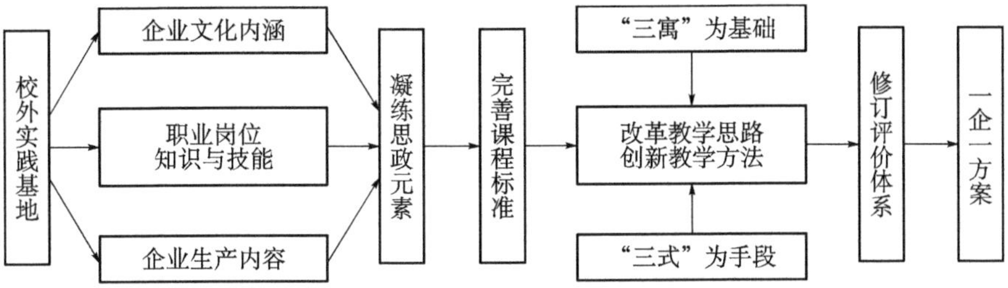


图 1 印刷媒体技术专业职业技能实训课程思政的建设思路

根据建设思路，校企相互协作设计出课程思政建设的总体方案，如表 1 所示。即把职业技能实训的实践教学分为两大模块：岗前培训和技能素养提升。岗前培训主要围绕企业文化与发展，企业岗位设置与要求，企业管理制度与岗位规范、职责三个项目展开教学；技能素养提升主要围绕企业岗位设置所需主要技能和素养展开教学。在深挖岗前培训和技能素养提升这两个教学模块的思政元素，并与模块中各项目的教学元素融合过程中，校内专任教师和企业指导教师可采用元素化合式、画龙点睛式或专题嵌入式的手段，寓道于教、寓德于教或寓教于乐地开展启发式、互动式、讨论式等不同形式的实践教学活动。[8]

**表 1 印刷媒体技术专业职业技能实训课程思政的总体建设方案**

| 教学模块 | 实践教学项目 | 思政教学要点 | 实施手段 |
|---|---|---|---|
| 模块一<br>岗前培训 | 企业文化与发展 | 爱国守法<br>明礼守信<br>团结友善<br>敬业奉献 | 画龙点睛式 |
| | 企业岗位设置与要求 | | |
| | 企业管理制度<br>与岗位规范、职责 | | |

（续表）

| 教学模块 | 实践教学项目 | 思政教学要点 | | 实施手段 |
|---|---|---|---|---|
| 模块二<br>技能素养提升 | 印前制作与制版 | 严肃认真 实事求是 | 规律的客观性和普遍性 | 元素化合式 + 讨论式 |
| | 客户服务与管理 | | 细节决定成败 | 元素化合式 + 讨论式 |
| | 质量检测与控制 | | 实践是检验真理的标准、理论联系实际 | 启发探究式 |
| | 设备操作与控制 | | 量变与质变的关系<br>透过现象看本质 | 元素化合式 + 启发探究式 |
| | 工艺技术与研发 | | 事物的发展是前进性和曲折性的统一 | 元素化合式 + 启发探究式 |

### （一）课程思政元素的挖掘

**1. 从印刷发展史出发，挖掘思政元素**

从印刷发展史出发，通过“元素化合式”“画龙点睛式”引出中国历史文化，树立民族自豪感和文化自信心。

案例 1：在学生进入文化复制领域的印刷企业实践时，指导教师会以“探究雕版印刷术的起源”为主题，将雕版印刷术放置在特定的历史时空背景下分析它如何成为文明间交流的产物，如何从朝鲜、日本等地向东亚地区传播，如何通过阿拉伯人推动西传进而为欧洲文艺复兴创造条件，来帮助学生树立文化自信，且在继承和发扬中国优秀文化的基础上培养开放包容心态，积极汲取先进科学文化。

同时指导教师还围绕造纸、制墨、印刷设备、装帧装订等行业和人才配合的角度来讨论只有具备一定的社会环境和技术基础，且多方配合才能实现各国文化的广泛传播，引导学生树立正确的职业观，提高学生在校外实践基地的实训成效。

**2. 从印刷生产内容出发，挖掘思政元素**

从印刷生产内容出发，采用“画龙点睛式”导入国家意识、国家信仰，树立爱国情怀和自强不息的精神。

案例 2：在学生进入工业信息化领域的印刷企业实践时，指导教师会以“工业与信息化中的印刷”为主题，讲解该领域目前的新发展与新趋势。从自动驾驶、人工智能、物联网、基因测序等新兴产业领域的发展现状，到 C919 大飞机试飞成功、华为麒麟芯片国产化生产等技术的创造革新，来帮助学生树立正确的世界观、人生观和价值观，领悟习近平总书记所说“科技兴则民族兴，科技强则国家强”“青年兴则国家兴，青年强则国家强，青年一代有理想、有本领、有担当，国家就有前途，民族就有希望。”的真正含义。

同时指导教师以“元素化合式”就导电油墨、薄膜封装、QLED 和 OLED 印刷等方面的知识讲解来培养学生有追求大国工匠精神的目标。“中国制造 2025”需要高职高专院校学生不仅要有轮扁斫轮的技艺、得心应手的技能、认真负责的态度，而且要有很强的职业认同感和使命感，做到任何时候都能慎始敬终，自觉将自身发展与国家命运休戚与共。

**3. 从印刷企业的职业岗位知识和技能出发，挖掘思政元素**

从印刷职业岗位的知识和技能出发，采用“元素化合式”“画龙点睛式”挖掘“对立统一”“质量互变”等辩证关系，树立学好辩证法是良好职业发展的开端。

案例 3：在不同学生进入同一家印刷企业的不同职业岗位实践时，指导教师会以“印刷企业岗位是互相关联又彼此独立”为主题，讲解企业和岗位是整体和部分的关系，企业中的每一个岗位都不是孤立存在，彼此相互依赖、相互制约和相互影响。从分析印前设计制作、印刷印后生产、工艺技术、品质控制管理等岗位的逻辑关系，拓展探讨各岗位所需知识和技能的对立与统一、质变与量变、现象与本质、过程与结果的辩证逻辑关系，如品质控制管理岗位与设备操作岗位就是对立与统一关系，因为对立而知彼此是制约的，因为统一的产品质量标准而彼此依赖。进而培养学生确立较好的职业守则和职业道德，具备参加印刷企业生产活动的规则与责任意识。

同时指导教师还就印刷企业一线操作岗位、基层管理岗位到中高层管理岗位的发展路径来引导学生养成正确的职业发展观，明确自己的职业发展目标和定位并为此努力奋斗。

### （二）课程标准的完善与评价体系的修订

在实施印刷媒体技术专业的职业技能实训课程思政时，其课程标准的完善是前提，课程评价体系的修订是关键。课程标准规定了课程的性质、目标、内容和实施建议，是教师实施课程讲解的指导性文件和重要依据，是教师检查和评测学生课程成绩的重要标准。[9] 将不同类型企业中凝练的思政元素和课程教学的特点相结合，重新修订课程标准，增加培养学生国家意识、公民意识和文化意识的内容。针对不同类型企业的实训内容提出明确的教学目标，在保持学生有效掌握专业知识和技能的前提下，以“课中课”的形式培养学生的工匠精神和职业素养，加强学生的爱国情怀和社会责任感。[10]

对于参加职业技能实训的学生而言，课程考核评价内容是他们最为关心的内容之一。将实践教学中的思政内容纳入考核范围能有效促进学生在校外实践基地的学习成效，能促使学生重视在各自实训岗位中的基本规范、职业素养和技能养成，做到知识、技能、素养三者同步学习。

### （三）课程指导教师的思政素养提升

《法言·学行》中指出：“师者，人之楷模也。”《学记》中则说：“善教者使人继其志。”教师不但有才智学识，还要有较高道德涵养，这样方能以身立教，用言行熏陶和感化学生，做到教人为善，最终把学生培养成德才兼备之人。

作为职业技能实训教学过程中的实施者，只有校内专任教师和企业指导教师的“立德树人”“以人为本”意识得到强化，才能真正在因材施教的过程中做到“学高为师，身正为范”，才能让学生的就学之途越发顺畅、扎实与宽广。

## 四、结语

全面强化各类专业课育人导向，实现与思想政治理论等公共基础课同向同行，形成协同育人效应，已成为中国职业教育界的共识。[11] 与理实一体化专业课的教学和育人效果相比，专业校外实训课的教学难度更高，育人效果更难把握，其原因在于同一专业学生分散在不同校外实践基地的不同岗位完成相同课程的教学，这对学校和专业在此类课程思政改革的顶层设计提出更高要求。上海版专以文件的形式给出实施意见，印刷媒体技术专业职业技能实训课程成为学校的课程思政改革试点课程之一，专业教学团队在坚持立德树人，充分挖掘企业思政育人和价值引领的基础上，创新教学内容和教学方法，增加德智技融合要求，实施课程思政的“浸润式”教育，努力做到春风化雨、润物无声，[12] 把正确的世界观、价值观潜移默化地沁入学生的心田，主动强化校外实训类课程育人导向，最终实现与思想政治理论课同向同行，真正把立德树人融入专业教学的全过程。

## 参考文献


[1] 习近平在全国高校思想政治工作会议上强调：把思想政治工作贯穿教育教学全过程努开创我国高等教育事业发展新局面 [N]. 人民日报，2016-12-09（01 版）.

[2] 程德慧. 产教融合视域下高职院校“课程思政”改革的探索与实践 [J]. 教育与职业，2019（03）：72-76.

[3] 滕跃民，张玉华，马前锋，汪军，孟仁振. 同向同行：知识传授与价值引领同频共振——上海出版印刷高等专科学校“课中课”课程思政改革探析 [N]. 中国教育报，2019-6-19（11 版）.

[4] 滕跃民，张玉华，肖纲领. 高职专业“课程思政”的“道法术器”改革 [J]；辽宁高职学报；2018（08）：53-55＋61.

[5] 吴光远，林茂海，李效周. 新工科背景下印刷工程专业人才培养建设研究 [J]；高教学刊；2018（02）：164-166.

[6] 陈立娥，赵珺. 高职院校大学生公民意识培养的对策分析 [J]. 教育现代化，2019（69）：267-269.

[7] 上海版专教研. 学校“德智技融合”的“课中课”人才培养模式初见成效. 2018-01-10. https：//mp. weixin. qq. com/s/6slaJtmYKmXysjTTDYbWmw

[8] 上海版专教研. 我校课程思政改革又获新成果. 2018-4-2. https：//mp. weixin. qq. com/s/6sla JtmYKmXysjTTDYbWmw

[9] 花有清，楼蔚松，曹胜任，应一镇. 电工实训课程教学中融入思政元素的实践 [J]. 金华职业技术学院学报，2019（03）：28-31.

[10] 上海版专教研. 上海版专积极推进第二课堂社会实践教学的德智融合工程. 2020-01-09. https：//mp. weixin. qq. com/s/I3o7DZeFGR5652DvUluOQg

[11] 张强，吴思思．高校构建“大思政”工作格局需要注意的几点问题［J］．求知导刊，2017（17）：135-136．

[12] 高锡文．基于协同育人的高校课程思政工作模式研究——以上海高校改革实践为例［J］．学校党建与思想教育，2017（14）：16-18．

# “课中课”课程思政改革模式在印刷专业机械基础课程的应用与研究

陈 昱 滕跃民

**摘 要：**本课题以印刷专业机械基础课程为例，在落实“立德树人”的教育目标下，在我校思政教育融入各类课程的“课中课”教学模式理论的指导下，发挥课堂教学在大学生思想政治教育过程中的作用方面提出了一些教学改革的设想和探究。

**关键词：**课中课；印刷专业；机械基础；课程思政；三寓三式

## 1. 教改的背景

从2004年中央16号文件，到2014年中央59号文件，再到2016年中央31号文件，都大力强调要充分发挥课堂教学在大学生思想政治教育中的主渠道作用，注重挖掘和运用各学科所蕴含的思想政治教育资源。因为思想政治教育是引导大学生树立正确世界观、人生观、价值观的重要途径，是引领大学生深刻认同并积极践行的根本任务[1-3]。所以，要按照充分体现当代马克思主义最新成果的要求，全面加强高校思想政治工作，建立健全学科建设、课程建设、教材建设和教师队伍建设，进一步促成中国特色社会主义理论体系，特别是习近平新时代中国特色社会主义思想最新成果进教材、进课堂、进头脑。同时，“要强化思想理论教育和价值引领”，持续推进社会主义核心价值观建设，引领高校主流意识形态积极健康向上，深入实施马克思主义理论研究和建设工程。

近年来，学校以习近平总书记在全国高校思想政治工作会议上的重要讲话精神为指导，以上海市教委《关于推进高校课程思政教学改革试点工作》为遵循，坚持把立德树人作为中心环节，把思想政治工作贯穿于教育教学全过程，坚持遵循思想政治工作规律，遵循教书育人规律，遵循学生成长规律，不断提高思想政治工作能力和水平。“课中课”主要就是对专业课或专业基础课开始实施课程思政教学改革，积极进行“思想政治理论课、综合素养课程、专业课程三位一体思政教育教学体系”构建。“机械基础”课程是印刷设备专业的核心课，通过一系列教改实施，探索社会主义核心价值观融入课程教学的途径，营造和谐教育氛围，强化专业教师的德育作用，进一步突出学生的主体地位。在理论教学过程中，强调学生的能动性和专业知识结构的构建；在实验实训教学中，则充分调动学生的主体地位、主动性和协作性，注重企业岗位需求引导，激发学生通过协作发现实际生产的各种问题并加以解决，增强学生的主动意识、参与意识、创新意识和团队协作意识[4-16]。

## 2. 教改的内容

### 2.1 思政进专业课课堂的目标定位

本教改基于学校思想政治教育工作的现状和应用型技术技能人才培养的目标定位，以“工文艺融合，德智技并进”为导向，在专业课程建设中，突出“立德树人、育人为本”的教育教学，融入“价值引领”理念，即能加强思想道德教育，又能提高学生科学文化素养，为学生成长成才与终身发展打下坚实基础。机械基础课程思政改革试点以教材为依托，选取主要单元，通过课堂学习和实验实践讨论，帮助学生树立对个人、社会、国家、世界的正确认知，提高人文素养，践行社会主义核心价值观。

### 2.2 “三寓三式”的课程方案设计

在“机械基础”课程构建的过程中，需将“课中课”理论用于专科课课程思政建设中，将思政要素有机地融合在一起，达到润物无声的效果。在课程方案设计和课程建设中，因地制宜、有选择地结合“课中课”中“三寓三式”（寓道于教、寓德于教、寓教于乐；画龙点睛式、专题嵌入式、元素化合式）和“五化五式”（情景化、形象化、故事化、游戏化、幽默化；启发式、互动式、讨论式、探究式、案例式）提出的要求，进行专业课课程思政的方案设计。

### 2.3 教学内容与思政要点的匹配设计

现今高职高专专业设置岗位针对性强，同时对知识、能力的复合性要求很高，印刷专业虽然非机械类专业，但是依然需要初步的机械工程基础知识。所以在对课程体系改革，对教学内容的整合中，按照“以应用为目的，以必须够用为度，以讲清概念、强化应用为教学重点”的原则，着重机械基本知识、基本原理、基本结构、基本零件的精选，深浅有度。淡化课程体系的学科化倾向而向工程化的方向发展，即一方面增加本课程在印刷工程中的适用性，另一方面加强培养学生对机械整体系统设计能力和工程实践能力。特别应摒弃或减少计算公式或经验公式的推导过程介绍，改为增加机械构件或零件的结构介绍和参数选型。例如在介绍机械传动中，重点放于传动方式的组合、原理、特点以及其在工程实际中的应用和维护等。特别是已应用的新型机构和科技新成果的介绍，因为教材更新的速度跟不上，所以就要求讲授课程的教师团队需要与时俱进的调整教学内容，针对专业特点，多向学生介绍一些机械的新发展、新思路，以开阔学生视野。

教学内容将根据“课中课”提出的教育模式基础上改革，从专业课角度出发，针对印刷专业机械基础课程的每一个专题，结合原有的知识点、技能点，提出专业思政的建设路径提出对策、建议和思考。表1为课程教学主要内容与思政教学要点。

**表1　课程教学主要内容与思政教学要点**

| 教学知识点 | 对接技能点 | 思政教学要点 | 实施手段 |
|---|---|---|---|
| 机械概论 | 会分析机器的结构及各个部分的功能 | 灵感来源于实践，锲而不舍、金石可镂。 | “画龙点睛式”+“嵌入式”教学方式 |
| 工程材料 | 能结合识别材料牌号，判断材料的性能 | 细节决定成败，行为铸就品格，发扬“工匠”精神 | “启发式”、“讨论式”教学方法 |
| 常用机构 | 能识别机器中常用机构的类型 | 把握事情发展规律，做事要循序善进。 | “讨论式”、“探究式”教学方法 |
| 机械传动 | 能对常用带传动进行张紧、观察齿轮的特性和工作条件，判断齿轮的失效形式及确定维护措施 | 整体与局部辩证关系，兼顾局部的同时，要树立整体意识和大局观念。 | “画龙点睛式”+“元素化合”教学方式 |
| 机械零件 | 能进行常用零件安装和拆卸 | 理论与实践并重，培养“理实一体化”人才。 | “启发式”、“互动式”、“讨论式”、“探究式”教学方法 |

## 3. 教改的成效

### 3.1　培育理性精神，养成学生坚忍不拔的意志、自律自强自主的学习能力

“机械基础”的教学内容需在学生完成高数、制图等难度比较大的课程后方可进行教学。意志薄弱的学生在学习过程中很容易望而却步，因此在教学过程中，一方面要运用科学的教学方法优化学生专业认知结构，另一方面要加强教学中理性精神的培育，树立学生不怕困难、勇往直前的拼搏精神，培养吃苦耐劳的品质，养成坚忍不拔的意志，实事求是的科学态度。

因教师资源有限，学生人数较多，我们可以充分利用多媒体、网络技术发展带来的契机，以现代技术为支撑，培养学生自律自强、可持续学习的能力。现代化教学技术的发展赋予了学习很多便利，纷繁复杂的信息也考验着学习者的甄别能力和意志力，缺乏教师的监管，需要学生更强的自主学习能力，在自主学习过程中要求做到“善于学习、积极学习、诚信学习、坚持学习”，才能不断提高可持续学习的能力。

### 3.2　培育团队合作、主动参与、敢于创新的探索精神

本课程将德国慧鱼创意组合模型引入机械课程教学和创新实验教学。通过学生自己动手进行各种相关实验的设计和创新，一方面获得基本实验技能的训练，培养学生独立思考

和操作的能力，培养学生分析和解决实际问题的能力；另一方面创新实验教学分小组进行，每组由组长带领3～4名组员完成，既能激发学生的创新潜能，为学生在课程设计以及今后从事生产技术工作打下良好的基础，又培养了学生团队合作、主动参与、敢于创新的探索精神。

50个人的班级大约可以分为10个合作小组，在小组互动环节，小组成员完成任务，其他组员也会受益，反之，回答不成功，会连累组员。要达到个人目标，小组成员都必须尽最大努力，帮助成员做任何有利于小组成功的事情，在任务驱动下建立起学习者“利益共同体”。学生在合作性的共同目标指引下，更加努力完成学习目标。

### 3.3 在评价体系中寓教于乐

考试是教学过程的重要环节，是检验学生对课程内容掌握程度的反映。如果只有一场“终考”评价学生，学习过程会倍加枯燥。我们应以发展、变化、全面的眼光去评价学生的学习过程。为加强高职学生对机械基础知识理解的考核，要减少以再现书本知识为主的考试内容，注重学生对机械实践动手能力的考核，尤其是要关注性格活泼的高职学生的创造性、动手能力的培养。并且尊重学生的个性，给他们一定的自由度，为他们提供一个灵活的平台。本课程实践比重大，对后续课程有很大的指导性。鉴于平时学习过程的重要性，所以考核由学习态度20%（考勤、课后作业、课堂纪律、课堂问答等）；实验成绩30%（平时成绩、期末成绩）；笔试成绩50%（期末笔试、阶段性小测验）三大部分组成。建立开放式、全过程性的考核体系，充分调动学生自主学习课程的积极性，全面掌握学生的学习动态。

多元化和过程化的评价体系，与因材施教异曲同工，有助于学生发挥特长和潜力，看到自己的进步，体会到快乐学习的成果。

## 4. 结语

随着科技和社会的发展，机械基础课程的教学改革仍然需要与时俱进，通过不断深化和发展，在实践、改革、实践中完善建设。本教改采用情景教学法、启发式教学法、项目教学法、任务驱动法等教学方法，在具体教学过程中，将社会主义核心价值观融会贯通在专业知识中，让学生在学习过程中循序渐进的吸收，帮助学生树立对个人、社会、国家、世界的正确认知，提高人文素养，发挥“课程思政”的育人作用。

## 参考文献

[1] 滕跃民，张玉华，马前锋，汪军，孟仁振. 同向同行：知识传授与价值引领同频共振——上海出版印刷高等专科学校“课中课”课程思政改革探析. 中国教育报，2019-6-19（11）.
[2] 滕跃民，张玉华，肖纲领. 高职专业“课程思政”的“道法术器”改革［J］. 辽宁高职学报，2018，

20（08）：53-55.

［3］上海版专教研．我校课程思政改革又获新成果．2018－4－2．https：//mp. weixin. qq. com/s/9w6GS2Woe _ _ nT9qNtmXLCg

［4］陈昱，潘杰．印刷专业机械基础课程教学改革探索研究［J］．出版与印刷，2016（4）：28-29，60.

［5］田鸿芬，付洪．课程思政：高校专业课教学融入思想政治教育的实践途径［J］．未来与发展，2018（4）：99-103.

［6］张威．高校自然科学课程体现思政价值的意蕴及路径探索［J］．国家教育行政学院学报，2018（6）：56-61.

［7］匡江红，张云，顾莹．理工科专业课程开展课程思政教育的探索与实践［J］．管理观察，2018（1）：119-123.

［8］初文华，张健，李玉伟．理工科专业基础课程中的思政教育探索——以《水力学与泵》课程为例［J］．教育教学论坛，2018（7）：32-33.

［9］王石，田洪芳．高职"课程思政"建设探索与实践［J］．中国职业技术教育，2018（14）：15-17.

［10］魏忠发．高职院校专业教学融入思政教育的实践研究［J］．辽宁高职学报，2018（7）：26-27.

［11］张梁，徐云杰，管珣，张清珠．高校理工科专业课程中的思政建设研究与探索——以《测试技术与传感器》课程为例［J］．湖州师范学院学报，2019（12）：36-37.

［12］赵伟．让青春绚丽让人生出彩强技术技能惟立德树人——2014 年全国职业院校技能大赛综报［J］．中国职业技术教育，2014（22）：5-14.

［13］邓晖，颜维琦．《从"思政课程"到"课程思政"——上海探索构建全员、全课程的大思政教育体系》，《光明日报》，2016 年 12 月 12 日，第 8 版.

［14］高德毅，宗爱东．《从思政课程到课程思政：从战略高度构建高校思想政治教育课程体系》，《中国高等教育》，2017 年 1 期，43-46.

［15］胡永信．借鉴"职业带"理论设计高职教育人才培养规格［J］．教育与职业，2007（29）：17-19.

［16］姜澎．《上海高校："思政课程"转身"课程思政"》，《文汇报》，2016 年 10 月 30 日.

# “课中课”课程思政模式在高职影视制作类课程中的创新与实践

石 莹 李 灿

**摘 要：**高职院校从提升学生的思想政治素养出发积极推行课程思政模式，“课中课”课程思政模式创新性地将德育元素融入技能培养环节，使思政教育与专业实训目标互融，在高职影视制作类课程中的创新雨实践是提升高职院校学生思政修养、技术技能的重要途径，是高职院校全面育人有序开展的重要举措。目前，由于缺乏经验，高职院校在影视制作类课程中引入课程思政模式时存在实际操作层面的问题。本文通过在实际教学过程中，将“课中课”与影视制作类课程中的结合与实践，积极探讨这一国家级教学成果在影视类人才培养的重要作用，从而进一步探索提升高职学生综合素质，也为“课中课”课程思政模式的拓展性研究提供有力的支持。

**关键词：**课程思政；高职院校；影视制作类课程；三寓三式

课程思政是以“全员育人、全方位育人、全过程育人”为格局，把“立德树人”作为教育的根本任务，推动各类课程与思想政治理论课同向同行，形成协同效应的一种综合教育理念。上海出版印刷高等专科学校创新性地将德育元素融入技能培养环节，使思政教育与专业实训目标互融，打通了显性技能培养和隐性素养培育相互促进的通道。并在此基础上，该成果凝练并打造成了基于“寓道于教、寓德于教、寓教于乐”，具有“画龙点睛式、专题嵌入式、元素化合式”初步实施标准的职业教育“同向同行”的上海版专范例，成为全国高校“课程思政”改革成功的先行者和探索者。

在国家提倡强化思政教育的背景下，“课中课”课程思政模式已经成为一种全新的思政人才培养模式。“课中课”课程思政是指学校在进行专业课的授课过程中积极寻找该专业与思政教学之间的交叉点，从而在日常授课的过程中融入相应的思政知识，于潜移默化中提升学生的思想政治素养。积极推行课程思政育人模式有利于促进学生的健康成长。影视制作类课程是高职院校的重要课程安排，将“课中课”课程思政育人模式引入影视制作类课程有利于全面提升影视制作专业学生的思想道德水平，帮助他们更好地适应社会发展的需要。

## 一、“课中课”课程思政模式在高职影视制作类课程中创新的必要性

### （一）高职院校实现人才培养目标的必然要求

高职院校以培养社会需要的应用型人才为育人目标。近些年来随着社会经济的快速发展，各行各业对人才的需求逐渐增大，同时也对人才的要求逐渐提高，不仅要求其具备扎实的专业知识技能，也要求其具备良好的思想道德素质，政治文化修养。高职院校根据社会发展的这一变化，将课程思政模式引入育人体系中，通过在专业课的教学中加入课程思政的相关知识帮助学生探索思政教育与提升自身专业素养之间的关系，从而提高学生对思想政治知识的重视程度，帮助学生在学习专业知识的过程中提升自己的思想政治素养。这有利于实现高职院校的人才培养目标，所以在影视制作类专业中引入课程思政模式是高职院校实现人才培养目标的必然要求。

### （二）提升高职院校学生思政修养的重要途径

高职院校学生的学习能力较差，自控能力较弱，且普遍对思想政治教育有较大的抵触心理，这就造成了长期以来我国高职院校学生思想政治素质低下的问题，而且在互联网时代的冲击下，高职院校的学生容易受到网络不良信息的影响，所以在新时代切实提升学生的思想政治水平，提高学生的信息辨别能力就成为高职院校需要解决的关键问题。影视类制作课程的实践性极强，且学生对这门课程的专业知识有着极高的兴趣，只要教师在授课的过程中积极寻找影视制作与思政知识之间的交叉点就容易激发学生学习思政知识的兴趣，进而提升自己的思想政治修养，所以在影视制作课程中引入课程思政育人模式是提升高职院校学生思政修养的重要途径。

### （三）高职院校思政教育有序开展的重要举措

习近平总书记在全国高校思想政治工作会议中指出“要坚持把立德树人作为中心环节，把思想政治工作贯穿教学全过程”。[1] 思政工作是高职院校教育工作的重要组成部分，在我国传统的教育体系中，高职院校多是通过课堂教学的方式进行相关的思想政治知识教育活动，但是由于这是一种单向性很强的教育方式，学生主动学习的积极性不高，所以课堂教育形式收效甚微，高职院校学生的思想政治修养依然处于较低水平。而将思政知识的学习与专业课知识的学习结合起来，在影视制作课程中融入思想政治知识的教育方式容易被学生接受，进而促进学生主动学习思政知识[2]。同时课程思政模式是高职院校思政教育的重要组成部分，积极将思政知识融入各专业课的学习中有利于高职院校思政教育的有序开展。

## 二、“课中课”课程思政模式在高职影视制作类课程中存在的问题

### （一）缺乏专业人才队伍建设

课程思政育人模式要求教师在日常授课的过程中寻找思政知识与专业课知识之间的交叉点，从而促进学生在学习专业知识的同时提升自己的思想政治修养。这就对高职院校的教师提出了更高的要求，要求他们在掌握本专业相关知识以及实际操作技能的同时拥有较高的思想政治水平以及专业的思政知识。但是目前高职院校的教师队伍以中年教师为主，他们在受教育阶段并没有学习专业的思政知识，这就造成了课程思政育人目标与高职院校现实状况之间的脱节，即高职院校缺乏开展课程思政教育的人才队伍。为了改善这一情况，强化学校的人才队伍建设，高职院校需要从社会中招募一批既拥有丰富的影视制作经验又拥有较高的思想政治素养、接受过专业思政教育的复合型人才，以此来促进课程思政模式与高职院校影视制作课程的深度融合[3]。

### （二）难以发挥学生的积极性

虽然课程思政模式与影视制作课程进行融合可以在很大程度上提升影视制作专业学生的思想政治水平，帮助他们更好地适应社会的发展，但是由于高职院校教师在授课的过程中沿用传统的课堂授课方式，学生学习兴趣不够高涨，所以高职院校在进行课程思政与影视制作课程的融合时难以发挥学生的积极性。

## 三、“课中课”课程思政模式在高职影视制作类课程中的创新与实践

### （一）影视制作类课程与思政元素融合

影视制作类课程主要是指影视后期制作，高职院校在进行相关课程设计时应该考虑行业自身的特点，以岗位需求为根本安排相应的学习内容。在这个过程中，理念的引导作用是非常重要的，所以高职院校的教师在学生接触视频剪辑课程之初就要融入相关的思想政治知识，以此来减少他们对思政知识的抵触心理，提升他们思政素养，同时促进他们专业操作能力的提升[4]。

### （二）采用丰富多样的教学方法与手段

由于高职院校的学生自控能力以及学习能力较差，教师在进行授课的过程中采用单一的课堂授课方式不利于集中学生的注意力，需要积极创新教学方式与方法，以此来提升学生的学习兴趣，“三寓三式”的教学方法就是高校探索思政知识与专业课知识进行融合的路径。“三寓”是指寓道于教、寓德于教、寓教于乐，“三式”是指进行课程思政的教育方式，即画龙点睛式、专题嵌入式、元素化合式，高职院校的教师在进行影视制作授课时可

以采用项目化与“三寓三式”相结合的方式展开教学，整个学习过程包括项目介绍、提出问题、分析问题、进行讨论、解决问题，以及针对不同阶段的需要讲授不同的思政知识，通过这种授课形式使每个学生都能够参与到学习中来，在轻松活泼的学习氛围中培养他们全局意识与专业能力，提升他们的思想政治修养[5]。

根据“课中课”模式，结合影视制作类课程的特点，研究、设计、实施在课前（技能的准备与知识储备）、课程开展中（技能的获得与练习）、课后延伸（校企合作项目的拓展、国内外竞赛的参与）的“任务单元课程思政”模式，并对艺术类专业课的课程思政建设路径进行探索、思考和凝练、推广。下表为“任务单元课程思政”的基本要点和主要思路。

| | 专业教学要点 | 思政教学结合点 | 主要教学设计与方式 |
|---|---|---|---|
| 课前（技能的准备与知识储备） | 专业技能的必要知识储备 | 甄选思政教育类案例题材影片片段、短视频案例等 | “专题嵌入式”<br>“启发式”方式 |
| 课程开展中（技能的获得与练习） | 完成任务的基本要点 | 校内（项目）实践：<br>毕业季；母校，我的家；校园新闻等 | “画龙点睛式”<br>“探究式”<br>“讨论式”方式 |
| 课后延伸（校企合作项目的拓展、国内外竞赛的参与） | 完成项目的基本要点 | 任务（项目）设计：<br>当代青年讲述红色故事；行走的公益；平安校园系列等 | “元素化合式”<br>“嵌入式”<br>“探究式”方式 |

### （三）采用科学合理的考核方式与方法

考试是提升学生专业水平的重要方式，“课中课”课程思政模式在高职影视制作课程中的创新与实践中一项重要的内容就是改变传统的考核方式，采用科学合理的考核方式与方法。在新形势下，高职院校创新考核方式与方法，在考核内容中增加了对实际操作能力的考核，在理论知识的考核部分增加思政知识、思政实践的考核，有助于促进课程思政教育在影视类制作课程中的发展。

## 结语

将高职院校的影视制作类课程与课程思政模式进行融合是一个长期的工作，虽然目前为止高职院校在探索这两者融合的路径中取得了一定的成效，但是这种探索依然处于初级阶段，所以高职院校在日后的教育工作中需要促进二者的深度融合，以期取得更好的效果，全面提升学生的思想政治水平。

## 参考文献

[1] 滕跃民，张玉华，肖纲领．高职专业“课程思政”的“道法术器”改革［J］．辽宁高职学报，2018（08）：53-55．

[2] 上海版专教研．我校课程思政改革又获新成果．2018-4-2．

[3] 万山红．“课程思政”理念下影视编剧教学改革路径［J］．声屏世界，2020（11）：106-107．

[4] 刘云霞．高职院校行业英语课程思政的对策研究［D］．石家庄：河北师范大学，2020．

[5] 神伟，陈晨．高职专业课教学中融入“课程思政”理念的实践研究——以《影视后期编辑》为例［J］．办公自动化，2020，25（01）：36-37+64．

# 高职院校专业课课程思政与思政课的协同育人探究
## ——以上海出版印刷高等专科学校为例

俞忠华　滕跃民

**摘　要：**在“大思政”格局下，专业课和思政课是高职院校思政教育的两大主要阵地。专业课通过课程思政与思政课有机结合，开创了思政育人新模式。上海出版印刷高等专科学校（以下简称“上海版专”）围绕知识传授、技能培养、价值引领三大任务打造的“三寓三式”范式，在课程思政的实施方法、手段等方面为高职院校实现专业课课程思政与思政课同向同行、协同育人提供了良好的范例。

**关键词：**高职院校；课程思政；三寓三式；协同育人

在 2016 年 12 月的全国高校思想政治工作会议上，习近平总书记强调“各门课都要守好一段渠、种好责任田，使各类课程与思想政治理论课同向同行，形成协同效应。”[1] 这一重要讲话，明确要求高职院校专业课与思政课要同向同行、协同育人。2020 年 5 月，教育部《高等学校课程思政建设指导纲要》（以下简称《纲要》）的发布，为高校贯彻落实习近平总书记重要讲话精神提供了根本遵循及具体行动指南。自此，全国各类本科及高职院校的课程思政建设进入快车道，各高校、各学科、各专业结合自身特点通过推行课程思政改革充分发挥每一门课的育人作用，大力推动构建“三全”育人大格局。

上海版专一直以来高度重视并积极推进课程思政建设与改革。学校 2012 年就已开始积极探索，先后创立了课程思政“课中课”1.0、2.0 版，并通过在全国高职院校开展教学成果推广运用工程取得更大突破，目前已形成以“三寓三式”范式（“寓道于教、寓德于教、寓教于乐”的课程思政实施方法和“画龙点睛式、专题嵌入式、元素化合式”实施手段）为主导的“课中课”3.0 版，不断强化全国高职院校课程思政的品牌效应[2]。

## 一、课程思政“三寓三式”范式要点

上海版专探索的“三寓三式”范式，将思政教育融入各类课程，其特有的“课中课”同向同行教学模式聚焦课程育人、实践育人和文化育人等领域，将德育元素融入知识技能培养环节，打通了显性知识技能培养与隐性素养培育相互促进的通道。2018 年相关教学成果获得国家级教学成果二等奖、上海教学成果特等奖，这些全国职业教育领域课程思政改革的历史性突破，离不开“三寓三式”范式发挥的关键作用。

“三寓”是以“三寓三式”范式为主导的“课中课”模式之“法”。该范式在教学过程中引导学生自主、合理地确立道德价值观，实现“寓道于教”；在知识技能传授中实现价值引领和品德养成，实现“寓德于教”；用情景化、形象化、故事化、游戏化、幽默化、启发式、互动式、讨论式、探究式、案例式（五化五式）方法开展快乐教学，增强课程吸引力，提升课堂教学效果，实现“寓教于乐”。

“三式”则是“课中课”模式之“术”，其一“画龙点睛式”指基于对各类课程的知识点和技能点的简明提示，对学生开展社会主义核心价值观、唯物辩证法、职业素养等的“点睛”；其二“专题嵌入式”是以不打破原来的教学结构为前提，将相关的思政专题嵌入到某一知识内容的教学，达到既提高学生的思政认识又加深学生对课程内容理解的效果；其三“元素化合式”是将专业知识、专业技能、思政要点三种不同的教学元素进行化合，进而产生合而为一的育人效果。

## 二、高职院校“专业课课程思政”与“思政课”的关系

《纲要》明确指出全面推进课程思政建设是落实立德树人根本任务的战略举措，[3] 这一举措标志着高校的思想政治教育改变原有的思政课“单兵作战”困境，全面进入面向所有课程的课程思政育人大格局模式。高职院校“三寓三式”范式下的课程思政与思政课，是同向同行、相互协同、相互促进的关系。

### （一）专业课课程思政不是思政课，也不等于“课程＋思政”

思政是社会主义制度下所有课程的内在属性，思政课是确定的课程，如“思想道德修养与法律基础”、“形势与政策”等，思政课在思想品德和政治教育方面具有全面性、统一性、直接性、专业性，重视程度高，它属于显性思政，是落实立德树人根本任务的核心课程，也是主要渠道。

课程思政则是一种教育理念，是新时期中国特色社会主义理论在教育领域实践结出的成果，是新时代课程育人的一种新形式、新要求、新任务。由于各类高校办学的人才培养目标定位不同、学科发展与专业课程体系不同，所以课程思政具有局部性、分散性、间接性、创新性、时代性等特点，它属于隐性思政，是一项系统工程，其最为核心、最为关键的是专业课程的课程思政。专业课课程思政基于专业人才培养方案与专业课程体系，以课程为载体对思政理论进行深化和具体化。

因此，专业课课程思政不是思政课，也不是“专业课程＋思政”的机械式“硬融入”，是专业课教师以明确的专业课育人意识，通过将挖掘专业课中的思政元素（盐）并将其溶于专业知识或技能（汤）知识传授过程中的价值引领，在丰富专业课自身内涵的同时，也拓展了思政教育的新领域、新渠道、新载体。

### （二）专业课课程思政与思政课本质上是同向同行关系

思政统领课程教学之魂，课程体现思政育人之要[4]。高职院校的专业课课程思政是思政课在专业教学领域的延伸和拓展，思政课为其提供理论支撑和方向引领。

首先，两者目标一致：社会主义制度下的高职院校思政课以帮助学生树立正确的人生观、价值观、世界观，培养社会责任感为目标；专业课课程思政的目标是通过将思政元素内化到专业知识和技能的传授过程，强化价值引领和育人导向。其次，两者使命一致：思政课以铸魂育人为使命，专业课课程思政在让学生获取专业知识与技能的同时，也担负着培养有责任、有担当的专业人才的教育使命。再次，两者对教师要求一致：思政课教师必须具备正确的马克思主义观和政治方向，而专业课课程思政的有效推行同样离不开具有良好的政治素养和专业育德能力的教师。

专业课课程思政与思政课在目标、使命、教师要求等方面的一致性，决定了两者本质上是同向同行关系，共同的立德树人属性和思想政治教育功能，使两者同向同行、协同育人成为完成高校人才培养任务的着力点。

## 三、"三寓三式"范式下专业课课程思政与思政课协同育人的方法

在课程思政从国家到地方，从地方到高校层层推进落实的新时代教育背景下，课程思政已成为高职院校在校大学生思想政治教育的关键构成部分，已落地于包括思政课、公共课、专业课（专业理论课 + 专业实践课）在内的所有课程。高职院校专业课课程思政与思政课协同育人已成为高职院校培养德才兼备的高技能人才的重要途径，通过协同将两者之间的相关要素结合起来，形成合力促进完成共同的育人目标。上海版专"三寓三式"范式下的专业课课程思政，始终坚持"一把手领导、专业课主导、思政课指导"的建设思路，充分发挥专业教师主力军作用和专业课程育人功能，构建思想政治理论、综合素养、专业课程知识三位一体的课程思政教育课程体系，实现"知识传授与价值引领相结合"的课程目标，彰显"课中课"融合育人模式的成果特色。

### （一）"寓道于教"实现价值引领的育人理念协同

习近平总书记指出，"才者，德之资也；德者，才之帅也"。做好高校思想政治工作，要因事而化、因时而进、因势而新，遵循思想政治工作规律，遵循教书育人规律，遵循学生成长规律。立德树人是高职院校技能人才培养的基础，"三寓三式"范式下，专业课课程思政与思政课协同，以坚持正确的政治方向为出发点，以学生为本为立足点，共同承担学生思想成长、价值观确立的引领责任，实现思想政治教育对大学生成人、成才的整体性渗透，遵循教育的基本规律。

在"寓道于教"的方法指引下，上海版专一方面强化正确的思想政治工作理念，该校

思政课教师协同专业课教师，以社会主义核心价值观内化为大学生的基本思想观念和根本价值标准为原则，发掘各类专业课中的思政元素，紧紧围绕培养什么样的人，如何培养人以及为谁培养人这个根本问题，形成了专业课课程思政与思政课同向同行的协同效应，更好地引导大学生自主、合理地确立价值观。另一方面是树立正确的教书育人理念，该校通过思政教育融入各类课程的“课中课”模式打破了思政课教师与专业课教师在思想政治教育和专业知识教育方面“各司其职”的传统局面，通过专业课课程思政与思政课协同，纠正了思政教育就属于思政课老师职责的片面认识，也改变了大部分专业课教师重教书轻育人的错误思想，所有课程的教师都将教书和育人两者统一，引导学生自觉认真地学习探索客观规律，遵循客观规律，协同实现价值引领。

### （二）“寓德于教”实现品德提升的育人目标协同

思想道德素质是一个人的为人基础，所以长期以来思政课一直是我国所有大学教育的必修课程，其精髓是教育大学生做事先做人，“寓德于教”方法指引下的课程思政，在知识技能传授中潜移默化地实现学生品行修养的提升。

作为一所印刷传媒类高职院校，上海版专一直以培养具有正确价值观和扎实专业知识的高技能印刷传媒行业人才为目标，品德教育始终贯穿专业人才培养全过程。学校开设的《印迹中国》系列课程，以“工文艺融合、德智技并进”为导向，结合各学科优势，充分发掘校内外行业育人资源，通过“传承红色印记”“成就技能梦想”“构筑追梦空间”“升华版专情怀”等教学模块，体现“德之魂、学之养、文之道、技之用”等文化内涵。该系列课程将“价值观引领、中国梦教育、坚定四个自信和弘扬优秀文化”以“润物细无声”的方式内化其中，特别有助于引导学生在当前社会文化多元化时代对各种道德取向与道德规范进行鉴别与分析，然后去合理地选择符合时代要求或个人所应确立的道德价值。这种贴近大学生实际的专业教育与思政教育的有机结合，创新了思想政治教育的新形式，丰富了新时代高校思想政治教育的内容，专业与思政课同向同行实现品德提升的育人目标协同。未来只有具有高尚的品德、热爱印刷行业的人才，才能担得起实现印刷强国梦的重任。

### （三）“寓教于乐”实现多元化的育人方式协同

课程思政实现了思政内容与专业知识的融合，改变了以往思政教育内容过于哲学化和理论化的刻板形象。作为一种新的思想政治教育渠道，课程思政与思政课一样，必须充分考虑当代大学生的特点，要使学生从情感上认同相关知识点的思想政治内涵以激发学生的学习兴趣。课程思政“三寓三式”范式下的“五化五式”教学方法，充分展现“寓教于乐”的多元化教学形式，有效地激发学生的学习兴趣。如专业课“印刷企业管理实务”中关于印刷企业 5S 管理的讲解，通过案例式教学展示优秀印刷企业的 5S 实例，让学生切身感受5S的效用；通过“5S找数字小游戏”开展游戏化教学，让学生体会5S实施要领，活跃课堂气氛，也提升了课程的活泼性、趣味性、参与性；通过启发式教学引导学生领悟5S的核心——素养，启发学生工作、学习、生活中的5S都要着眼于个人综合素养的提高，要将责任心内化为自觉的意识，外化于自觉的行为。课程思政与思政课协同育人，其实质是从思想政治教育的针对性与实效性出发，解决思政课意识形态教育单一化的问题，使思政教育理念得到了升华，也满足了学生多样化的学习需求，提高了学生学习能力和课程教学效果。

## 四、“三寓三式”范式下专业课课程思政与思政课协同育人的手段

无论是专业课、基础课还是实训课，课程思政建设的基础性工作都是基于课程特点，对课程所蕴含的思政教育元素进行“精、准、深”地挖掘，然后再选择适当的手段将这些思政元素巧妙地融入课程教学实践中，从技术层面讲课程思政可以说是一种教学技术，掌握了技巧才能有效促进学生对思政元素的认同和自觉内化，真正发挥它的育人功能。“三寓三式”范式已探索出独具特色、新颖实用的实施手段，在推广应用中已取得显著成果并带来良好的辐射效应。

### （一）“画龙点睛式”强化专业课的思政教育元素，提升课程高度

各门专业课程都富含德育因子，经过凝练的课程思政元素“画龙点睛”地融入专业课教学，强化了专业课的思政育人功能，提升了专业课的价值高度。如专业课“印刷物料检测与选用”的课程教学中有很多实验教学环节，其中纸张平滑度实验项目的教学，是通过讲解纸张平滑度的测试过程及平滑度高低对印刷的影响这一“画龙”过程，实现“点睛”——培养学生耐心细致的职业素养和巩固学生对唯物辩证法的认识。实验中要求学生操作过程规范、一丝不苟，实验后要求学生对数据处理实事求是、科学分析。纸张平滑度过高易产生“墨条痕”影响印刷品质量，过低会增加油墨用量，并给油墨转移的均匀性及印刷品光泽度带来影响。“三寓三式”范式下的“画龙点睛式”教学将辩证意识这一思政元素融入专业课知识讲解，完全不同于思政课上对辩证法的纯理论讲授，在专业课中强化思政元素，实现润物无声中将学生的思想政治教育与职业技能与素养培养相结合，达到专业课与思政课同向同行、协同育人的目的。

### （二）“专题嵌入式”深挖专业课的思政教育价值，提高课程温度

新的历史时期，高职院校的人才培养是思政育人与知识育人的统一，要在知识教育的过程中融入社会主义核心价值观的教育内容，让学生明确获取知识和技能不仅是其自身发展的需要，更重要的是行业发展和国家建设的需要。“专题嵌入式”是在不打乱课程内容体系的前提下将思政专题嵌入，潜移默化中使学生学专业、爱专业，提高专业课程的温度。

如专业课程“印刷企业管理实务”中的“绿色印刷”项目，绿色化是我国印刷业的发展战略，在当前生态环境遭到严重破坏的情况下，大学生所形成的生态观正确与否关系到社会是否能够持续发展。“专题嵌入式”将习近平新时代中国特色社会主义思想“坚持人与自然共生”的思政专题嵌入，加深学生对绿色印刷战略意义的理解，巩固学生对人与自然辩证法的认识，增强学生对实现中国梦之“绿色印刷强国梦”的责任感。“绿水青山就是金山银山”的绿色发展理念和“崇尚人与自然和谐共生”的生态意识，提高了专业课的人文温度。

### （三）“元素化合式”实现专业课的三点合一，拓展课程广度

高职院校的专业课课程思政的实施要领在于如何将专业知识、专业技能、思政要点三种不同的教学元素整合起来。“三寓三式”范式下的“元素化合式”提供了实现三点合一育人效果的有效教学手段。如专业课“印刷工程识图”中的读组合体视图章节，知识点是掌握读图关键，抓特征、重联系地构想组合体形状；技能点是化“整体”为“部分”，分解之后再考虑简单形体之间的位置关系及关联的线面关系，最后联系起来想出整体。通过学习和训练，学生领会需要用联系的观点看问题，只有从整体、多角度看才能还原事物的原貌，也领悟到哲学上先整体后局部的辩证统一思想。“元素化合式”实现了在传授读图相关知识和技能的同时引导学生树立解决问题要分清主次关系、抓住主要矛盾，做事要树立全局观念、从整体着眼但也要细化好局部的科学思维及辩证方法，拓展了课程的知识广度。

## 五、高职院校专业课课程思政与思政课的协同要点

### （一）主体协同，着力推进

课程思政与思政课的协同，是课程与课程之间，也是教师与教师之间的协同[5]。课程思政背景下高职院校的育人主体是包括思政课教师在内的所有课程的教师，切实加强专业课教师与思政课教师的相互交流与合作，使两者在学生的思想政治教育方面达成共识，做到育人的主体协同是势在必行的。

一般而言，专业课教师比较注重教学内容的科学性和专业性，他们对思政理论缺乏全面、系统的理解和认识，所以在教学中对思政理论的渗透意识较为单薄。思政课教师则比较注重教学内容的思想性和政治性而缺乏必要的知识支撑。从育人角度而言，两者目标是一致的，因此，一方面可以让思政教师为专业教师提供必要的理论指导，另一方面可以让专业教师为思政教师提供必要的知识支撑。上海版专近年来陆续推进专业课教师与思政教师的联合教研，落实育人主体的协同，该校思政课教师走进专业实训课堂开创了实训课教学新模式，构建了“协同育人”教师群，提供了以“三寓三式”为范式的，可复制、可推

广的“课中课”样板[6]。除此以外，在修订专业培养计划、制订专业课程标准、课程教学大纲过程中，各专业会邀请思政教师一起参与研讨，目前该校所有课程教学大纲都已修订成课程思政版，在原有的知识点和技能点基础上，新增了针对各门课程特点的思政点，该校的印刷包装工程系市级课程思政领航学院正联合思政课教师积极构建专业课课程思政图谱，形成具有专业特色的富含思政育人元素的专业课程体系，更好地指导专业课教师实施课程思政教学。

### （二）内容协同，抓实推进

专业课课程思政与思政课同向同行、协同育人，就是要在政治方向、育人目标方面保持“同向”，在前进步调、相互促进方面坚持“同行”，其本质上是一种既强调“课程承载思政”，也强调“思政寓于课程”的教育实践过程[7]。

课程思政的内容方面，《纲要》明确提出要围绕政治认同、家国情怀、文化素养、宪法法治意识、道德修养等重点优化课程内容供给，这与思政理论课教育教学内容是一致的，两者横向贯通，相互促进，形成育人共同体。尽管不同高职院校的行业定位不同，但高职教育的主要目标都是培养具有思想政治觉悟、职业道德、工匠精神及创新意识的中国特色社会主义建设者和接班人。在构建“大思政”格局的过程中，各类院校进行课程思政设计时必须结合专业特点及课程特点，明确思政教育在本专业、本课程中的融合点及融合程度，要门门课有“思政味”，但也要各有各的“特色味”，整体上又必须有共同的“专业味”，所以专业课课程思政与思政课的协同育人过程，必须紧紧围绕人才培养方案中专业核心素养的要求，紧密结合行业发展，从内容上保障思想性、前沿性、时代性，使思政教育进课堂、进头脑、进人心，最终实现思政育人进专业、进行业、进社会。

### （三）机制协同，保障推进

思政教育具有规范性和严肃性，思政元素融入课程的过程讲究科学性、学术性和有效性，专业课课程思政与思政课协同育人不是“贴标签”过程，而是一项长期、艰巨、复杂的系统工程，需要构建良好的协同机制，以科学的知识晓人、高尚的品德育人、魅力的人格服人[8]。

#### 1. 构建协同育人的理念引导机制

加强顶层设计，从思想上引导教师认识高职院校全员、全面、全程协同育人是提升学生素质的根本举措[9]。通过细化高职院校思政教育目标，让党政领导干部、课程教师、辅导员等育人主体明晰责任和具体任务，提高协同育人意识，要“以人为本”，更要达到“理念人人知、工作人人做”的境界。

#### 2. 构建协同育人的示范引导机制

课程思政概念的提出已有多年，但各高校建设进展程度不一，需要选树典型，推动选拔优秀的协同育人教师团队与课程做示范。2021 年上海版专基于“三寓三式”范式的课程思政专业课“静电照相印刷”入选首批教育部课程思政示范课程、课程思政教学名师和团队。在这一成果的示范引领下，学校目前已成功打造 20 门校级程思政示范课程，6 门课程正申报市级示范，学校的各类教学比赛也已融入课程思政要求，全校形成了良好的专业课课程思政与思政课协同育人氛围。

**3. 构建协同育人的考核评价机制**

《纲要》提出将课程思政融入教学全过程的要求，所以针对思政课、公共课、专业课等各类不同课程，需要制定不同的思政育人反馈评价制度，形成具体化、细致化、差异化的评价标准，纳入干部考核、教师考核，使所有教师都有参与思政育人的压力和动力，激发所有教师参与课程思政建设的主动性和积极性。

**4. 构建协同育人的监督管理机制**

课程思政与思政课同向同行、协同育人已成为高校构建三全育人格局的重要举措。构建“学校—系部—专业”一体化的监督管理机制，确保协同育人实施方案、考核办法的落实，为专业课程思政与思政课的同向同行提供制度保障。

占高职院校课程 80%以上的专业课必然是课程思政的主战场，专业课教师是主力军。为落实国家关于全面推进课程思政建设的通知要求，高职院校需要准确定位，把握方向，各类课程与思政课同向同行，共同探索具有思想性、前沿性、时代性的思政教育内容，最大程度实现教育能量的最大化，推动大思政格局的形成，进而实现培养全面发展人才的目标[10]。

## 参考文献


[1] 习近平总书记在全国高校思想政治工作会议重要讲话［Z］. 新华社，2016-12-08.

[2] 滕跃民，张玉华，肖纲领. 高职专业“课程思政”的“道法术器”改革［J］. 辽宁高职学报，2018，20（08）：53-55+61.

[3] 教育部关于印发《高等学校课程思政建设指导纲要》的通知［Z］. 教高［2020］3 号 2020-5-28.

[4] 何衡. 高职院校从“思政课程”走向“课程思政”的困境及突破［J］. 教育科学论坛，2017（30）：27-30.

[5] 李卫东，黄祐，黄金燕. 高职建立各类课程与思政课同向同行、协同思政育人机制的探索［J］. 高教论坛，2019（7）：107-110.

[6] 马前锋，滕跃民，张玉华. 思想政治教育融入专业实训课的“课中课”同向同行模式创新研究［J］. 思想政治工作研究，2018（12）：142-144+150.

[7] 唐德海，李枭鹰，郭新伟. “课程思政”三问：本质、界域和实践［J］. 现代教育管理，2020（10）：52-58.

[8] 高锡文. 基于协同育人的高校课程思政工作模式研究——以上海高校改革实践为例［J］. 学习党建与思想教育，2017（24）：16-18.

[9] 杨彩平. 新时代高职院校专业课与思政课“同向同行，协同育人”机制探析 [J]. 延边教育学院学报，2019，33（06）：126-129.

[10] 林流动. “思政课”与“课程思政”的协同要素探析 [J]. 闵南师范大学学报（哲学社会科学版）. 2018（4）：153-156.

# 基于“三寓三式”模式的课程思政教学设计
## ——以“出版物发行实务”为例

王　贞　滕跃民

**摘　要：** 推进课程思政建设既是顺应高等教育改革新形势的要求，也是为行业培养高素质后备人才的需要。基于“三寓三式”模式，“出版物发行实务课程”创新思政教学设计，围绕发行人才核心素养构建课程目标，深入挖掘体现课程特点和价值理念的思政元素，以行之有效的方式和教学方法将思政元素融入授课过程，实现课程育人目标。

**关键词：** 课程思政；三寓三式；发行实务；人才培养

百年大计，教育为本。教育的核心是培养人，立德树人成效是检验高校一切工作的根本标准。全面推进课程思政建设是新时代高校落实立德树人根本任务的战略举措，它要求所有高校、所有教师、所有课程都承担好育人责任，使各类课程与思政课程同向同行，形成协同效应，构建“三全育人”的大格局。

近年来，上海出版印刷高等专科以培养具有正确价值观和过硬专业知识技能的德智健全的合格接班人为目标，积极推进课程思政建设，形成了“三寓三式”的改革模式（“三寓”即寓道于教、寓德于教、寓教于乐，“三式”包括画龙点睛式、专题嵌入式和元素化合式）。本文以“出版物发行实务”（以下简称“发行实务”）课程为例，阐述如何基于“三寓三式”模式开展专业课程思政教学设计，激活课程德育元素，释放课程育人功能，实现知识传授、技能培养和价值引领的同频共振。

## 一、围绕核心素养培养，确立课程教学目标

教学目标是教育教学活动预期要达到的结果，是我们开展课程教学的出发点和归属点。要使课程思政有机融入专业课程的教学中，实现寓道于教、寓德于教，必须首先做到课程思政教学目标融入。我们应当正确处理专业知识技能培养与学生的全面发展之间的关系，从培养学生核心素养的角度设置课程教学目标。

**1. 发行人才核心素养分析**

发行人才的核心素养，是对从业人员适应发行行业发展变化必需的个人品格与能力的概括。发行是通过各种方式将出版物传播给消费者的过程。出版物发行活动是一种经济活

动，需要遵循市场规律运作，同时，它又具有鲜明的文化属性，承担着引导社会、教育人民、传承文化、促进发展的社会职责。发行活动的特殊性使它需要一支政治坚定、业务精湛、作风优良的从业人员队伍，过硬的思想政治文化素质，扎实的发行业务功底和开放的互联网思维与创新意识是出版物发行人才必备的核心素养。

**2. 围绕核心素养培养的教学目标设计**

出版商务专业肩负着为发行行业输送后备人才的大任，作为专业核心课之一，发行实务课程对学生核心素养的培养起着重要的支撑作用。学生在完成了本课程的学习后，应当熟悉出版物发行的相关概念和基本工作原理，掌握出版物进、销、调、储、运的实务技能，并在对出版物发行活动历史、现状与发展的分析梳理中，增强文化自信，形成爱岗敬业、诚实守法、科学严谨、守正创新的职业修养。可以看到，课程的教学目标设计紧紧围绕“适应行业需要的核心素养培养”这一中心，将知识传授、技能训练和价值观塑造三个维度的培养要求结合起来，实现了课程思政教学目标的有机融入。

## 二、挖掘课程教学素材，优化思政内容供给

对学生的价值引领蕴藏在课程内容的讲授中，因此，实现专业课程的育人目标需要从多方面挖掘课程思政教学素材，优化课程思政内容供给。由于出版发行业肩负着重要的文化宣传使命，它的发展与实践也为我们提供了更为广泛的思政教学内容来源。

**1. 从红色发行史中挖掘课程思政内容**

中国共产党从一开始就把出版发行作为革命大业加以重视。从战争时期到建设时期，再到改革开放时期，中国出版发行业形成了坚持正确出版导向和文化担当、不怕困难创业奋斗、与时俱进、改革创新的优良传统，服务于党的宣传任务、国民教育和全民阅读，受到了党和人民的高度信任。通过将党领导下的发行业发展历程融入发行实务课程教学，能够唤醒红色记忆，传承红色基因，让学生从行业的优良传统中汲取奋进力量，坚定理想信念；同时也能够引导学生提高创新意识和建立终身学习的观念，适应行业发展新趋势，承担起在中国特色社会主义新时代出版人被赋予的新文化使命和历史责任。

**2. 从行业案例中提炼课程思政内容**

当前，出版发行行业加快了媒介融合发展的步伐，行业企业跟随“互联网＋”发展的浪潮，不断创新出版物发行渠道和方式。很多优秀出版物成功运作的案例，都是优质内容和精准营销的结合，通过这些案例展示和分析，能够帮助学生直观了解行业现状，培养他们的创新思维，同时也能借案例所涉的优质出版物内容对学生开展中华优秀传统文化、社会主义核心价值观教育。

**3. 从人物事迹中发现课程思政内容**

在出版发行行业不乏学识精深广博、工作精益求精的大家，也有大量兢兢业业的普通

从业者。将这些人物事迹融入发行课程相关知识点，学生能受到生动地职业理想和职业道德教育，感受科学严谨的工匠精神，收获优秀同行的榜样力量，形成爱岗敬业、无私奉献、开拓创新的职业品格和行为习惯。

## 三、注重隐性导入，设计思政教学实施方式

课程思政是一种隐性思政，它需要以一种春风化雨、润物无声的方式开展。“三寓三式”模式中的“三式”是专业课程中思政元素的具体融入方式，它为课程思政教学的实施提供了很好的思路。

**1. 画龙点睛，强化德育元素**

“画龙点睛式”，即在开展课程知识点、技能点教学时，深入发掘并适当强调蕴涵的德育元素，通过思政内容供给提升教学讲解的高度，实现价值引领。如在介绍发行的购销形式这一内容时，可以从践行社会主义核心价值观的角度开展课程思政教学。当前出版物交易过程中最常见的购销形式是寄销，它是出版物所有者委托发行商销售出版物，允许退货的购销形式。出版机构将图书交给发行商寄卖，经过一定阶段后发行商向出版社退货回款。在从专业知识技能层面介绍寄销的种类和运作过程，提示回款风险的同时，教师可以进一步对学生进行诚信守约、友善待人的价值引导，通过画龙点睛的总结，帮助学生将诚信、友善的社会主义核心价值观牢记于心，外化于行。

**2. 专题嵌入，扩展课程广度、深度和温度**

“专题嵌入式”，是在保持课程原本结构体系的前提下，嵌入有关党史教育课程思政专题，帮助学生在深化专业知识学习的同时，增长见识，通晓道理，坚定信念，实现专业课程广度、深度和温度的扩展。如在发行实务课程教学中，可以将新华书店的红色发展史专题嵌入“出版物发行渠道”单元。新华书店发行系统是我国最主要的发行渠道。新华书店是中国共产党创立的品牌，自 1937 年在延安清凉山诞生以来，它一直坚定不移地在党的领导下，进行先进思想和文化的传播，发扬革命传统，坚守红色阵地。新华书店的发展历史是发行专业知识与课程思政元素的重要结合点，也是将党史教育融入课程思政教学的最佳专题。

教师通过点面结合梳理相关史料，既全面介绍新华书店 80 多年来在中国革命和建设的各个时期发展壮大的历程，同时注重发掘体现新华发行队伍革命传统的具体事例。学生通过学习，一方面能充分认识到在党的领导下我国发行业取得的巨大成就，坚定信念，增强自信；另一方面，能深刻体会新华书店从革命战争时期传承至今的艰苦奋斗、不怕困难、为人民服务的优良传统，树立传承红色基因的责任意识。

**3. 元素化合，发挥专业知识与思政元素交融促进的效果**

“元素化合式”，是要化合专业知识点、技能点和思政知识点，使这三种教学元素合而为一，产生协同育人效果。

在讲解发行活动的经济效益与社会效益这个知识点时，教师重点介绍了《这就是中国》一书的出版发行的案例。作为献礼新中国70周年的典藏级国民地理书，该书上市20天全国销售就突破10万册，入选2019年“中国好书”，获得第十五届“文津图书奖”，实现了“双效”结合，很好地诠释了专业知识点。与此同时，本书内容中对祖国壮丽河山的展示，能激发学生的爱国情怀；书籍精益求精的内容编校和力求完美的设计制作，体现了出版人科学严谨的职业素养；图书聚焦中国地理思维独特视角，填补地理科普出版空白的市场定位，将传统媒体与新媒体渠道细分为6个方向的针对性推广措施，反映了新形势下出版发行人争做创新主体，在媒介融合的背景下创新发展，满足群众精神文化需求的责任担当。通过一个案例的分析讨论，将专业知识与家国情怀、职业规范、创新精神等课程思政元素的有机结合起来，实现了在潜移默化中完成正能量传递和价值观引领的育人效果。

## 四、贯彻快乐教学理念，探索多种教学方法

当代大学生获取信息的渠道呈现多元化，生硬刻板的说教很难引发他们对内容的关注。要使学生从情感上认同课程传达的价值观并在行动上自觉践行，教师需要创新教学方法，通过“寓教于乐”的方式，激发学生的学习兴趣，提升教学效果。

发行实务课程贯彻快乐教学理念，通过情景化、故事化的讲授方式，增加课程的趣味性，设计案例分析、问题探究、讨论互动环节，提升同学的课程参与度，增强大家的自主学习能力。

比如在讲授出版物宣传的这一章节时，教师没有直接照本宣科列举各种宣传方式的优缺点，而是进行通过设置一个应用场景，挑选一本书，请学生先思考讨论该书适合通过哪些渠道宣传，接下来介绍出版发行单位实际操作的案例，学生经过对比分析自己设想的优点和不足，老师最后系统总结几种宣传方式的特点和适用情形。通过情景模拟，从讨论、互动和案例分析自然过渡到知识点讲授，能够帮助学生体验到学习的乐趣和成就感，提升课堂吸引力。在快乐教学的实施过程中，学生的学习主动性增强，学习方法能力也得到锻炼，有利于个人的全面发展。

推进发行实务课程思政建设既是顺应高等教育改革新形势的要求，也是为行业培养高素质后备人才的需要。如表1所示，发行实务课程基于“三寓三式”模式创新思政教学设计，围绕发行人才核心素养构建课程目标，深入挖掘体现课程特点和价值理念的思政元素，以行之有效的方式和教学方法将思政元素融入授课过程，实现了寓价值引导于专业课程教学中。课程思政建设不是一劳永逸的过程，只有在现有基础上反复实践、改进，朝着正确的方向持续推进，才能长久发挥育人功效。

**表1 “出版物发行实务”课程思政教学实施方案**

| 单元名称 | 教学内容 | 课程思政要点 | 实施手段 |
| --- | --- | --- | --- |
| 发行基础知识 | 1. 发行工作的基本概念<br>2. 发行工作的文化宣传属性和经济属性<br>3. 发行工作的两个效益 | 运用唯物辩证中的矛盾论分析发行工作社会效益和经济效益的关系，强调要把社会效益放在首位，强化学生恪守职业规范、勇担社会责任的意识。 | 专题嵌入式<br>元素化合式<br>案例式<br>讨论式 |
| 出版物市场及其需求 | 1. 出版物市场的构成及其作用<br>2. 出版物市场需求整体特征<br>3. 不同出版物市场的需求情况和读者购买行为分析。 | 运用马克思主义政治经济学供求理论分析出版物市场的概念和构成，培养以读者为中心的服务意识、科学引导并满足读者需求的创新精神。 | 元素化合式<br>案例式<br>互动式 |
| 出版物购销形式 | 1. 出版物包销、经销、寄销及代理四种购销形式的概念和特征<br>2. 核算码洋、实洋、发行折扣率、发行折扣额等出版物购销经济指标 | 强化学生在出版物购销活动的诚信意识和契约精神。 | 画龙点睛式<br>探究式<br>启发式 |
| 出版物发行渠道 | 1. 出版物流通渠道的概念，直接渠道与间接渠道、长渠道与短渠道等渠道类型的实现方式<br>2. 出版物发行的传统渠道与网络渠道 | 介绍国有发行系统的历史发展，让学生体会发行行业艰苦奋斗、踏实敬业的优良传统；介绍当前出版发行业媒介融合创新发展的现状和趋势，培养学生的创新意识。 | 专题嵌入式<br>案例式<br>故事化<br>探究式 |
| 出版物流通过程 | 1. 出版机构发行活动组织过程<br>2. 中间商发行活动组织过程 | 从矛盾的特殊性解读处在不同流通环节的出版物发行企业流通组织过程的异同。 | 专题嵌入式<br>互动式<br>讨论式 |
| 出版物宣传 | 1. 常用宣传方式及特征<br>2. 出版物宣传媒介和方式选择 | 强调出版物宣传的表达应当力图准确，坚持积极向上的思想内容和尽可能完美的艺术形式的统一，结合相关法律规定，培养学生知法守法的意识和规范严谨的职业素养。 | 画龙点睛式<br>案例式<br>讨论式<br>情景化 |
| 卖场运营管理 | 书店选址、定位、设计装修、图书分类、陈列、收退货、采购、活动等经营活动管理要求 | 把握书店文化内涵和读者服务功能，坚守文化使命，培养学生的开拓精神和创新意识。 | 元素化合式<br>案例式<br>故事化 |

## 参考文献

[1] 滕跃民，张玉华，肖纲领. 高职专业“课程思政”的“道法术器”改革. 辽宁高职学报 [J]. 2018 (8).

[2] 郑卓，陈莹. 新闻传播专业推进课程思政建设的价值意蕴与实践路径. 传媒 [J]. 2021 (5) 上.

[3] 王永梅，程蕾. 新闻史课程思政教学的实施及效果评估. 青年记者 [J]. 2020 (12 上).

“课中课”国家级教学成果奖应用推广工程子项目（编号 ZK-2020-041）.

# 《影视配乐》课程思政“三寓三式” 教学法初探

王 莹 滕跃民

**摘 要：**文章在简要阐述“三寓三式”内涵的基础上，系统介绍了《影视配乐》课程的课程思政改革的思路和举措，列举了“元素化合式”“画龙点睛式”“专题嵌入式”，以及“快乐教学”在课程教学中的实施案例，对推进课程思政改革具有推广和借鉴价值。

**关键词：**课程思政；三寓三式；影视、音乐

高校作为“培养社会主义的核心接班人”[1] 的主阵地，肩负“着立德树人、培根铸魂”的重任，围绕“培养什么人、怎样培养人、为谁培养人”[2] 这一根本问题，不断创新理念，积极开展教育教学改革。课程思政作为教育教学改革的新理念、新举措，目前已经在教育界进行广泛推广和运用。我校的课程思政改革实践取得了丰硕成果，并获得了国家教学成果奖。《影视配乐》课程思政改革运用该成果奖的“三寓三式”的教学法，在课程的教学中春风化雨、润物无声的融入思政元素，并提升了教学的亲和力和教学质量，受到了学生的喜爱。

## 一、何为“三寓三式”

“三寓三式”指的是“思政与专业课程融合的路径和方法”[3]。“三寓”就是“寓道于教”“寓德于教”“寓教于乐”，是课程思政高屋建瓴的总思想，其核心就是一种“隐性教育”[4]，体现润物无声、潜移默化。“三寓”的“道”就是“指规律、规范和准则”，要遵循客观规律，要遵守行为准则。“德”指品行修养，做人的根本，要大力培养和发扬。“乐”为快乐教学，快乐教学会活跃课堂气氛，使教学事半功倍。“三式”指的是课程思政的教学方式。分别是“画龙点睛式、专题嵌入式、元素化合式”。“画龙点睛式”是指“在课程的知识点和技能点的教学中，对其中的思政元素进行点睛”[5]；“专题嵌入式”是指将思政元素以“块”的形式（若干元素）嵌入到课程知识点和技能点的教学中；“元素化合式”是指将知识点、技能点与思政元素进行化合，产生“合而为一”[6] 的育人效果。“三式”的目的就是避免“生搬硬套”[7]，达到自然生成的境界。

## 二、课程介绍

《影视配乐》是与影视艺术相生相长的艺术课程。它是一门声画艺术，兼具了“音乐”

和“影视”的特性。探寻音画之间的关联和意义，能够提升观众对影片的欣赏和审美的情趣，也为影视剧配乐提供了理论支撑。学生要了解、熟悉和掌握这门课的内容，就必须解决音乐的流动性、联觉性与影视艺术的时间性、表现性高度结合等问题。在影视配乐中，如何确定配乐使用的时间点，如何运用音乐使用的路径和方式方法，如何通过音乐提高影视作品的艺术价值，不仅是一个复杂的学习和实践过程，也是该课程教学的核心内容。一部优秀的影视作品，必须具有较高的艺术水准，其中配乐在其中功不可没。该课程正是从艺术的角度出发，管窥电影音乐的特点、功能、作用，了解音乐创作的基础要素、音乐构成、体裁、乐曲类别等，并将有特色的广告音乐、动画音乐融入其中，学生可以循序渐进的深入了解影视音乐的风格特点，初步建立自己的音乐概念构架，为最终驾驭配乐、独立完成高水平的影视艺术作品打下扎实的基础。

## 三、《影视配乐》课程思政建设路径和方法

### （一）基于“画龙点睛式”的教学方式

在“三式”中，“画龙点睛式”的教学方式是最为常用的，音乐在影视作品中的“点睛”作用无处不在。通过《影视配乐》课堂上一系列的观影活动，同学们会发现音乐在这个镜头当中就是一个“点睛”的作用。教师也会让学生尝试做一些实验，比如同一个镜头下有音乐和没有音乐时的情感体验，让他们切实感受到音乐在影视作品中的重要性。优质的影视配乐作品不仅能提升影片的画面感，更能通过传递正能量、弘扬主旋律，从而震撼、洗涤人们的心灵，使观众发现音乐的本质。通常在表现影视作品的“大无畏精神和奋斗精神”使，会使用一些特殊的乐器、音响，或者一些特殊的处理方式，如交响乐、管乐、人声、合唱等形式，这都具有“点睛”的效果。中国古诗词蕴含的是中华民族文化的精髓，可以激发爱国主义精神。在《影视配乐》课程的关于短旋律和歌曲创作的教学中，教师将唐诗宋词引入课程教学，将具有中国特色的“鱼咬尾”“起承转合”的民族音乐创作方法与唐诗宋词紧密相结合。这里是把音乐创作教学视为“龙”，进一步点出诗词教学中爱国主义精神的“睛”。老师在课堂上讲授民族音乐创作方法，同时引导学生吟唱唐诗宋词，既达到了短旋律和歌曲创作教学的要求，又让学生在活跃的课堂气氛感受到了灿烂的古诗词魅力，弘扬了中国优秀传统文化，从而凸显了“点睛”之笔。

### （二）具有浸润作用的“专题嵌入式”教学方式

《影视配乐》课程教学中有相当多的实践环节，教师在教学过程中将中国传统、社会热点、校园文化等以“专题嵌入”方式融入教学之中。例如：在授课进程中会遇到中国传统节日“端午节”，老师会布置一个3～5分钟介绍端午节的短视频音乐配乐作业，作业要求学生运用中国民族调式，使用古筝、二胡、琵琶等乐器来完成。学生既要考虑旋律大小

调的音色给予的画面差异，又要考虑乐器的选择。二胡音色醇厚、有着忧郁的气质，可以用于屈原投江（端午节的由来）？龙舟大赛（端午节的习俗）欢快热闹的场面选择琵琶还是古筝？从而在启发学生自主思考、培养发散性思维、激发学生的学习兴趣和热情的同时，促使学生“浸润”在节庆的大环境中，体验感受中国优秀传统文化的博大精深，进一步激发爱国主义精神。

### （三）基于“洋为中用”的“元素化合式”教学方式

作为媒体介质的影视传播，在体感度上更具直接性和实效性。宽泛的网络、电视、传媒信息传递着不同国家的音乐创作风格和时尚走向。所谓“他山之石可以攻玉”，走出国门的中国音乐大师谭盾以他特有的“中国元素”为核心，兼容并蓄西方音乐的精华，其创作的音乐作品享誉世界。他的影视音乐作品《武侠三部曲》（电影《英雄》《卧虎藏龙》《夜宴》）完美的阐释了他对中西方音乐的领悟，他把中国的禅意、鼓文化、民族民间乐器的灵活融入西方的交响乐中，与西方交响乐的各种音乐元素进行恰如其分的“化合”，形成了独具匠心的音乐风格。他的音乐不仅是中国武侠哲意与视听艺术的完美结合，更为世界舞台贡献了丰富的中国人文精神和传统哲理。学生通过该章节的学习，不但知晓了西方的音乐语言，更了解了本民族的音乐特点，弘扬了本民族历史悠久的音乐文化，在不知不觉中增强了学生的文化自信。

### （四）无处不在的“快乐教学”方法

寓教于乐就是采用“快乐教学”方法，如“启发式”“互动式”“案例式”等。老师在课堂引入“角色互换”，由学生当老师，做部分专题案例分析，增强学生的主动性和获得感。同时采用“竞赛式”教学，将比赛方式引入课堂，以赛促练，通过比赛激发学生的学习兴趣和探究能力。还可以请学生在课堂上展示自己的作品，师生共同现场评分，既可以潜移默化地植入思政元素活跃课堂教学气氛，又进一步加深了知识点理解，提高教学质量。

### （五）云端授课，云上花开

疫情期间，身处各地的师生在教育部“停课不停学，停课不停教”的号召下，利用各类网络和在线教育平台开展在线教育，打响了一场在线教学攻坚战。该课程在教学上积极将“三寓三式”“五化五式”教学法用于云端，教学形式上探索出“四云”新模式。“云连结”——利用互联网云端架起了教师和学生的桥梁；“云共享”——教师利用“云课堂”传道，学生通过“云研究”，“云作品”等形式，完成作业；“云深入”——鼓励学生勇于在多维度的网络世界深入挖掘，大胆尝试，追寻问题本质；“云体验”——网课 + 直播，教师变主播，没有做不到，只有想不到。“三寓三式”，“五化五式”教学法在“四云”模式的推动下云上“花开”。这种创新不仅提升了教师在线教学活力，优化了教学内容，是课程中见思政，以思政塑课程，实现“盐溶于水，润物细无声”的强力手段，也是把“理论教育与专业教育协调同步、相得益彰的过程”[8]。例如：在课程声音的三大要素知识点，专题嵌入“武汉加油”主题短片系列，浸润式的教学手段极大地增强了学生好奇心和求知欲。

## 结语

课程思政改革自 2016 年 12 月在全国高校思想政治会议中被提出后，作为一个系统而长期的教育方针，被提升到一个前所未有的历史新高度。“十年树木百年树人”，课程思政就是将立德树人“全员、全过程、全方位”[9] 进行贯彻落实的一个重要组成部分。“沿用好办法、改进老办法、探索新办法，不断提高教育的针对性和亲和力”[10]，让学生在专业教学中，主动愉快地接受思政教育，使专业课程既有“高度”又具有“温度”[11]，思政课与各类课程不互相扯皮，打破“孤岛效应”，与思政课程教育改革同向同行、相得益彰。课程思政是首弘扬社会主义核心价值观的赞歌，也是人才培养的永恒旋律，我们专业老师要不断地自觉咏唱，这也是我们当代教师的使命和责任。

## 参考文献

[1][2] 习近平在全国高校思想政治工作会议上强调：把思想政治工作贯穿教育教学全过程努力开创我国高等教育事业新发展 [N]. 人民日报，2016 年 12 月 09 日 01 版.

[3] 滕跃民，张玉华，肖纲领. 高职专业“课程思政”的“道法术器”改革 [J]. 辽宁高职学报，2018 (8)：53-61.

[4] 滕跃民，张玉华，马前锋，汪军，孟仁振.《同向同行：知识传授与价值引领同频共振》[N]. 中国教育报，2019 年 6 月 19 日第 11 版.

[5] 上海版专教研. 上海版专首次举行课程思政教研论坛. 2019-12-10. https：//mp. weixin. qq. com/s/AS0UNwLtTUaYuExmNxR3gw

[6] 上海版专教研. 学校“德智技融合”的“课中课”人才培养模式初见成效. 2018-01-10. https：//mp. weixin. qq. com/s/6sIaJtmYKmXysjTTDYbWmw

[7] 上海版专教研. 我校课程思政改革又获新成果. 2018-4-2. https：//mp. weixin. qq. com/s/9w6GS2Woe_ _nT9qNtmXLCg

[8] 杨涵. 从“思政课程”到“课程思政”——论上海高校思想政治理论课改革的切入点 [M]. “课中课”融汇，德智计贯通 滕跃民主编 2019 年 12 月，62 页.

[9] 习近平. 坚持中国特色社会主义教育发展道路 培养德智体美劳全面发展的社会主义建设者和接班人 [N]. 人民日报，2018 年 09 月 11 日 01 版.

[10] 陈宝生. 切实推动高校思政政治工作创新发展. https：//www. cpcnews. cn

[11] 新华社武汉. “有高度”融合“有温度”“天下事”讲成“身边事”——思政课《深度中国》何以成为“爆款”课程?. 2019-1-12https：//big5. www. gov. cn

# 一流专业建设语境下高专院校课程思政探索
## ——以“商品包装设计”为例

高秦艳 滕跃民

**摘 要：** 基于一流专科高等职业教育专业建设方案，讨论该语境下高专院校课程思政体系建构问题，分别从价值导向意义、协同融入效应、全方位育人功能等三个方面研究课程思政建设的角度。以“商品包装设计”课程为例，通过对于思政课介入艺术设计教学价值与意义的思考，借助中国传统哲学思想，从“道”“法”“术”“器”四个层面分别解析“商品包装设计”课程思政实践研究的路径和成效。研究表明，课程思政建设必须与专业教学实践进行有效融合，才能使其贯穿专业教学的全过程，实现立德树人的根本任务。

**关键词：** 一流专业建设；三寓三式；商品包装设计；课程思政

一流专业建设是我国政府对于中国高等教育教学水平长远统筹部署的一项重要决定。“十三五”规划建议已明确指出我国新时期高等教育改革的方向，2015 年国务院印发的《统筹推进世界一流大学和一流学科建设总体方案》（后简称“方案”）将这一命题进行科学分析和深化，描绘了中国高等教育改革发展的清晰蓝图。[1] 上海市教育委员会依据《方案》的总体规划，结合服务上海市“五个中心”“四大品牌”战略需求，着力发展一流专科高等职业教育，制定了打造一流高等职业院校的实施方案。课程思政作为一流专业建设中“立德树人”的重要抓手，已成为落实这一重要任务的关键环节。习近平总书记在全国高校思想政治工作会议上的重要讲话，深刻回答了高校培养什么样的人、如何培养人以及为谁培养人这一根本问题。课程思政融入专业实训课程，实现思政元素“盐溶于水”是促进思政理论与技能培养同向同行的重要途径，也是响应市教委对于贯彻一流专业建设“立德树人”根本任务的积极行动。

## 一、一流专业建设语境下高专院校课程思政体系建构

在坚持“一流”定位、服务需求、产教融合和绩效导向的建设原则之下，大力发展一流专科高等职业教育，打造和支持一批高等职业院校、专业进入一流领先行列，为上海建设提供高素质劳动者和技术人才支撑是上海一流专科高等职业教育专业建设的总体目

标。[2] 2019 年，上海出版印刷高等专科学校首批立项为建设院校之一，包括艺术设计（印刷美术设计）在内的 6 个专业正以建设试点方案为导向有序开展专业建设工作。建设方案强调，加强思想政治教育、坚持立德树人的根本任务是一流专业建设的首要使命，因此课程思政体系的建构就显得尤为重要和紧迫。

### （一）课程思政体系的价值导向意义

在当前形势下，我们应当站在党和国家事业发展的全局视角来把握课程思政体系建构的重要意义。从维护国家意识形态的角度来看，课程思政就如同一面旗帜，它落实于课程教学的各个环节，明确指引着为党育人的目标。全面贯彻党的教育方针，就要求我们必须以培养德智体美劳全面发展的社会主义建设者和接班人为价值导向，在一流专业建设的过程中将课程思政体系建构置于重要的战略地位，以社会主义核心价值观为核心内容，构建科学有效的思想政治教育体系。党的十八大以来，习近平总书记在“培养社会主义建设者和接班人”这一问题中，深刻阐明了“培养什么人、怎样培养人、为谁培养人”的根本命题。[3] 作为新时代的教育工作者，我们要牢牢把握人才培养的核心方向，在培养计划的设定、教学大纲的规划、课程设计的结构中，充分体现思政要素与教育教学的紧密交织。教师也应当在每一堂课中，始终将立德树人放在专业教学的首位，想方设法把提升学生思想觉悟放在日常教学的重要位置。因此从这个意义上来说，课程思政就是一面旗帜，它指引着我们以正确的价值导向作为专业教学的终极道路。

### （二）课程思政体系的协同融入效应

坚持思想政治工作贯穿教育教学全过程是一流专业建设的重点任务之一。习近平总书记明确指出：各门课都要守好一段渠、种好责任田，使各类课程与思想政治理论课同向同行，形成协同效应。课程思政体系应当充分发挥其灵活性、适应性、渗透性等优势，围绕立德树人这一根本目标，以多样化的形式手段培育学生的爱国情怀与职业素养，提升思政教育的实效性和亲和力。课中有课、显隐并济，有利于将课程思政体系的协调融入机制纳入“三圈三全十育人”多维向度的拓展之中。[4] 为了更好地将课程思政融入高等教育，教学设计者必须从教育的实际出发、从当代学生的身心特点出发，寻找课程思政体系与专业教学的最佳耦合点。为了使课程思政更好地与专业课程有效融合、构建同向协同效应，我们应当从整合内圈（第一课堂育人主渠道）、中圈（素质教育第二课堂）、外圈（社会资源服务高校育人）等三个方面的资源，共同推进校内外课程思政教育一体化，统筹各环节、个领域的思政育人资源和力量，实现知识传授、技能培养与理想信念、价值观念、思想道德等育人要素的有机结合、协调互融。

### （三）课程思政体系的全方位育人功能

发挥各方优势、凝聚育人合力是课程思政体系全方位育人功能的重要体现。一流专业建设恰好为我们提供了发挥课程思政全方位育人功能的有利平台。除了校内专职思政教师在课堂中进行意识形态方面的培育，依托校企合作、产教融合、标准对接等相关资源，我们可以大力拓展课程思政全方位育人的疆域，使学生在提升职业发展、增强技能本领的过程中，切身感悟到劳动光荣、技能宝贵、创造伟大的精神境界和人文情怀，牢固建立以社会主义核心价值观为核心内容，以全方位、全过程、全员育人为路径方法的思想政治教育体系。笔者以为，对于成长于信息时代的新一代青年学生，教育者应当充分挖掘多媒体技术和网络信息平台等元素，借助网络课堂、思政教学信息化、教育资源全覆盖等形式，探索课程思政体系全方位育人路径的实现。随着时代的发展，课程思政的方法、路径和实施手段也应当与时俱进，教师可以围绕立德树人的根本目标展开丰富多样的实施活动，使课程思政“有血有肉”活起来。

## 二、一流专业建设语境下思政课介入艺术设计教学的价值与内涵

依托上海出版印刷高等专科学校优势学科基础，作为我校艺术设计系具有 34 年开设历史的艺术设计（印刷美术设计）专业，在此次一流专业建设中发挥着重要的作用。探寻课程思政介入艺术设计教学的具体思路和方法、拓展艺术设计教学中课程思政的价值内涵，结合本校建设经验梳理有关路径方法，是本文研究的目的之一，也是落实课程思政融入教学实践探索的一些尝试。

### （一）高度与温度：铸金炼课压实专业建设之基

课程，是思政要素介入专业教学的落脚点和最终归属。如果说立德树人是人才培养的根本任务和一流专业建设的首要原则，那么优秀的课程设计则将成为压实专业建设和落实课程思政的基础力量。艺术设计教学具有与其他课程教学不同的特点。其中，理论教学和实践教学相统一、技术训练与艺术创作相适应是艺术设计教学特色的重要表现。这就要求教学设计者从一流专业建设的高度和视域，探寻思政课介入艺术设计教学的落点，努力打造具有亲和力、实战性和指向性的教学环节。上好一堂课、建好一门课，就是为推行思政入课程、进头脑走出扎实的步伐，而这一过程即是铸金炼课、铸魂育人的求索之途。近几年来，我校艺术设计（印刷美术设计）专业在课程建设方面进行了诸多探索，完成了国家高等职业教育专业教学资源库建设任务，多个课程立项 2020 年上海高职高专院校市级精品在线开放课程等，这些成果都将成为提升课程思政质量水平和夯实一流专业建设基础的重要推动力。

### （二）匠心与德性：塑魂育人提升课程思政之境

“才者，德之资也；德者，才之帅也。”在包括艺术设计教学在内的所有专业课程教学中，育人与育才是一对辩证统一的概念。它们相互依存转换，共同构建塑魂育人的良性循环。在 2019 年上海市教育委员会印发的《上海深化产教融合推进一流专科高等职业教育

建设试点方案》中，培养一流的“上海工匠”是其中重要的目标任务。加强思想政治教育、培育追求卓越的工匠精神和培养杰出技术技能人才是逐步推进培养一流“上海工匠”的实施手段，符合立德树人、培育一流人才的理念宗旨。我校艺术设计系引进市级非物质文化遗产项目象牙篾丝编织技艺代表性传承人和蓝染艺术非遗工艺美术大师，先后分别成立传统艺术大师工作室，获得教育部“传统技艺传承示范基地”称号。为了更好发挥传统技艺的思政育人功能，艺术设计系开设非物质文化遗产专业和非遗技艺第二课堂，充分利用课堂内外，引导学生铸匠心、塑德性，切实提升课程思政的格局与境界。

### （三）角度与维度：全程协同拓展课程思政之域

就艺术设计课程教学体系的基本规律而言，许多课程存在着前后递进、层层深入的关系。如面向大一的素描、色彩等课程主要解决艺术设计教学中的基础造型与审美问题。字体设计、图形设计、三大构成等课程从设计基础层面拓展相关知识，通常在大二开设。商品包装设计、书籍装帧设计等课程成为对接行业需求的核心专业课，一般为高年级学生开设。总体地看，单门专业课程中的思政建设可以依据教学内容与特点形成一定角度，而多门专业课程中思政建设所形成的体系则产生了维度。在此基础上，结合本院校的特色基础以及一流专业建设的标杆体系，这一维度又可升华为立体化的场域，形成一流专业建设语境下思政课介入艺术设计教学的全程协同效应。因此，教学设计者应当注意把握艺术设计专业教学中课程思政建设的角度与维度，从“点、线、面、体”关系来构建思政课融入专业课程体系的格局，不断开拓思政教学的领域。[5]

### （四）同向与同行：融汇联动深化专业建设之效

这里的同向与同行具有两个层面的内涵。首先，思政课程与课程思政协调联动，是探索思想政治教育融入高校艺术设计课程内容的有效方法。除了专职思政课教师，让专业课教师“动起来”至关重要。我们需要提高专业课教师的思想觉悟，让专业课也成为思政教育的主渠道，“双道同行”深化专业建设的效果。校内外资源有机联动、共同发力，则体现了“同向同行”第二个层面的内涵。一流专业建设实施方案鼓励高等职业院校创新体制机制、深化产教融合与校企合作，现代师徒制的建立弥补了单纯课堂教学的不足，工学交替、岗位成才的培育机制使学生在实际工作岗位的实践过程中，不断锤炼自身的团队合作精神、钻研奋斗精神和锲而不舍的意志品质。这些融汇联动的机制体系无疑将会进一步强化专业建设的效用。

## 三、一流专业建设语境下高专院校“商品包装设计”课程思政实践研究

如前所述，课程思政体系的建构最终都将落实到每一门专业课之中，作为课程思政体

系建设的“细胞”，一门专业课程的设计和规划都要依据教学规律和思政元素的类型特点，这样才能使其与教学实践进行有效融合，使课程思政贯穿于专业教学的全过程。“商品包装设计”是我校艺术设计（印刷美术设计）专业的核心技能课程之一，教学团队也曾参与国家高等职业教育专业教学资源库建设，具有一定建设基础和经验。围绕课程思政实践研究这一主题，笔者将借助中国传统哲学概念“道、法、术、器”来展开相关讨论（见图 1）。

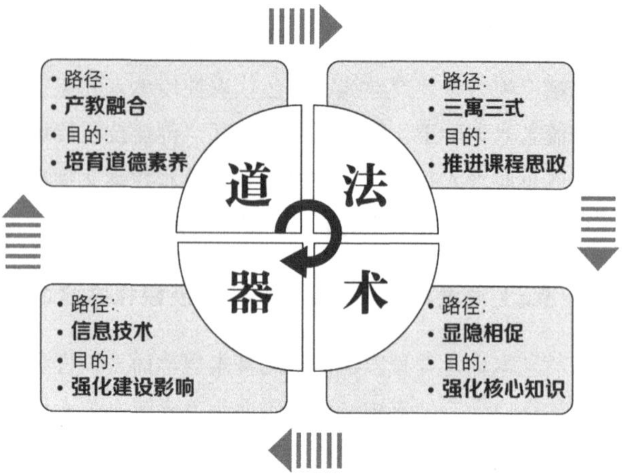


图 1　课程思政实践路线

### （一）“道”——产教融合培育职业道德素养

与本科院校有所不同的是，上海高职高专院校的一流专业建设更注重在落实本市发展战略优势的基础上，深化产教融合、对接需求、完善职业教育体系和技能人才培养机制。就这个意义上来说，从校企合作的角度来探索“商品包装设计”课程思政的具体实践方法与路径，不仅符合上海市教委发布的建设方案导向和重点，亦可成为与课堂思政教学形成齐头并进的“双驾马车效应”，强化课程思政的实施效果。

在一流专业建设背景下，高专院校通过与行业、企业、产学研基地所进行的产教融合实践，使学生亲身体验实际岗位环境。他们在向企业技能名师学习交流的过程中，受到老师的人格魅力与敬业精神的陶染，使他们感受到技能、劳动和创造之美，于无声处润心灵。在此次我校一流专业建设进程中，笔者担任“商品包装设计策划”子项目负责人，先后带领三批学生赴上海市原创设计大师工作室（产学研合作基地）完成产教融合项目，顺利实现师生教学成果转化。在经历企业岗位实践之后，学生们不仅能更为明晰地把握“商品包装设计”课程的定位和知识点，他们的职业道德素养水平也呈现出显著提升。

### （二）“法”——三寓三式逐层推进课程思政

中国传统思想中的“法”既有章法、方法之意，也可以理解为原则、原理。人们可以通过对长期实践的考察与思考中得出事物内部的变化规律。从这个意义上来说，“法”是人通过实践所参悟出的道理，体现为实现价值观的原则和方法论。要在专业课程中讲好思政，同样需要我们对这些原则和方法论进行高效把握。

2018 年，在滕跃民校长的带领下，我校课程思政科研团队的研究成果《思政教育融入专业实训课的“课中课”同向同行模式创新与实践》荣获国家教学成果二等奖。其中，课程思政“三寓三式”教学法的成功推广，在上海高职高专院校课程思政研究领域形成了一定辐射效应。其中的“三寓”，是指把专业课与思政课知识点进行融合的三大原则，即寓道于教、寓德于教和寓教于乐。而“三式”则是指三种将课程思政要素融入课程教学环节的方式，主要包括画龙点睛式、元素化合式和专题嵌入式。在“商品包装设计”课程教学中，笔者尝试将党史元素融入专题案例教学之中，围绕主题性设计展开百年党史素材的专题考察，激发学生们的情感共鸣和爱国、爱党、爱校的情怀。[6]

### （三）“术”——显隐相促强化核心专业知识

创建一流专业是推进一流专科高等职业教育建设试点方案中的重点任务之一。优化布局结构、重构课程体系是实现这一建设目标的有效途径。今年是我校一流专业建设的收官之年，艺术设计（印刷美术设计）专业的所有课程都已完成大纲修订和实施方案调整。以“商品包装设计”课程为例，今年不仅完成了实施方案、教学计划和大纲的修订，课程建设负责人还将近三年来教学实践的思考和经验进行总结梳理，完成了教材编纂和教研论文的发表工作。[7] 以上这些看似琐碎的项目建设内容，都由立德树人这条主线所串联，形成了清晰的脉络体系。可以说，无论是大纲修订还是教材编写，课程思政元素或隐或显地呈现于其间，它与核心专业知识互相配合、彼此呼应，营造了水乳相融的语境，使学生在接受专业知识的同时自然而然地受到思想政治教育的洗礼。“显隐相促”的重点在于课程设计者要把握好课程思政的节奏和力度，既不能标签式说教，也不能生搬硬套。因此，教师要善于“穿针引线”，将课程思政元素灵活地贯穿到专业教学的各个环节。[8]

综上所述，这里的“术”并非指固定不变的操作方法，它以“道”作为指导原则，是一种可变通、讲策略的方法体系。

### （四）“器”——信息技术增强课程思政影响

“器”主要指产品或工具，它是“道”“法”“术”的最终体现。“器以载道”即呈现了这对哲学概念的相互关系。面对信息技术浪潮的冲击，高专院校专业建设的平台和技术方法也应当进一步革新。在推进一流专科高等职业教育建设试点方案中，全方位推动教学组织、教学方法、教学资源开发利用创新成为培养杰出技术技能人才的必要条件。对于课程思政的实施与实践阶段来说，以上也是我们必须面对和解决的重要问题。[9]

毋庸置疑的是，新形势下课程思政与专业建设正在面临新的技术挑战。融媒体、信息技术、网络教学资源等相关平台的搭建为我们提供了更为宽广的舞台。“器”之转型不仅符合一流专业建设的需要，更与课程思政和专业课程建设的未来趋势相契合。通过优化信息技术，一些优秀的课程思政案例与专业建设经验可以更快地被发布和传递，学生也可以借助不同的信息接收终端，及时了解课程内容的变化和更新，在拉近师生距离的基础上进一步扩大了课程思政的辐射效应和对外影响。在课程建设团队的共同努力下，“商品包装设计”课程已在两个平台（校内 BlackBoard 和智慧树）建成了网络教学资源库，可在移动终端和个人计算机端口实现教学和互动，形成了较为立体的课程思政平台覆盖。[10]

在一流专业建设语境下，专业教学课程思政的探索还存在许多尚未解决的问题，本文以“商品包装设计”课程的思政实践探索作为一个切片，尝试寻找适合中国国情和院校特点的思政建设实践路径。笔者以为，课程思政的顺利推行不仅仅是思政课老师的任务，它还需要政策、院校、教师、企业等多方因素的共同合力与同向同行。保持开放的视野和心态，不断探索、交流成功的建设经验是我们达到胜利彼岸的有效路径。

## 参考文献


[1] 王战军. 世界一流大学世界一流学科建设政策汇编 [M]. 北京：中国科学技术出版社. 2018，1-7.

[2] 卞观宇，李浩. 高职环境艺术设计特色专业建设研究与实践 [J]. 艺术与设计（理论），2020，2（02）：150-152.

[3] 王学俭，石岩. 新时代课程思政的内涵、特点、难点及应对策略 [J]. 新疆师范大学学报（哲学社会科学版），2020，41（02）：50-58.

[4] 江鸿波. 论“三圈三全十育人”的时空意蕴 [J]. 思想理论教育，2019（10）：103-106.

[5] 陈胜国. 新时代高校思想政治教育创新发展研究 [M]. 北京：印刷工业出版社. 2019. 45-46.

[6] 邵勤，李莉. 高职高专提升职业教育质量的途径 [J]. 教育与职业，2014，（32）：26-27.

[7] 吴红梅. “三全育人”理念下《包装设计》课程思政改革与实践 [J]. 包装工程，2020，41（S1）：183-186.

[8] 滕跃民，张玉华，马前锋，汪军，孟仁振. 同向同行：知识传授与价值引领同频共振——上海出版印刷专科学校“课中课”课程思政改革探析. 中国教育报，2019-6-19（11）.

[9] 姚克难. 艺术设计专业创新创意理论教学的“课程思政”改革研究 [J]. 艺术教育，2021（01）：270-273.

[10] 滕跃民，张玉华，肖纲领. 高职专业“课程思政”的“道法器术”改革 [J]. 辽宁高职学报，2018，20（08）：53-55.

# 新工科背景下《包装印刷》课程思政探索和实践

曹　前　滕跃民　肖　颖

**摘　要：** 以新工科建设为背景，结合课程思政和包装印刷课程特点，以“三寓三式”为课程思政融入原则和手段进行课程思政教学改革，围绕“知识传授”与“价值引领”相结合的课程思政教改目标，挖掘课程思政元素、探讨“课程思政”实施路径，凝练课程思政教学案例等方面进行积极探索，为其他理工课程开展“课程思政”提供一定借鉴。

**关键词：** 课程思政；三寓三式；思政元素；包装印刷；教学改革

以新技术、新业态、新模式、新产业为代表的新经济高速发展，对工程专业人才培养提出了更高要求和挑战，教育部于 2017 年提出新工科建设计划，提出培养具备交叉学科融合能力强、工程创新实践能力高、国际化视野能力强的高素质复合型工科人才[1-2]。习近平总书记在全国高校思想政治工作会议上的重要讲话精神指出，坚持把立德树人作为高等教育的中心环节，把思想政治工作贯穿教育教学全过程，实现全员育人、全程育人、全方位育人，努力开创我国高等教育事业发展新局面[3]。因此，课程思政和新工科成为大学生的能力培养和道德教育的新要求，专业课教学过程需要将新工科和课程思政有机结合。

本文以上海出版印刷高等专科学校（下文简称“上海版专”）包装工程技术专业《包装印刷》课程思政教学改革为例，以“三寓三式”为课程思政融入原则和手段，在充分挖掘《包装印刷》教学过程中的各类思政元素基础上，实现“知识传授”与“价值引领”相结合，推动《包装印刷》课程思政教学改革。

## 1. 新工科背景下，高职院校专业课开展“课程思政”的必要性

在新工科背景下，以专业课为载体，开展思想品德和职业素质教育是当前专业课课程思政改革的大方向，把思想政治教育融入专业课教学的各个环节是实现全员育人、全过程育人、全方位育人的重要途径[4]。与人文学科相比，工科专业的教学更加注重专业知识的传授与运用，忽略了课程思政在育人过程中的引领作用，在课程思政实施过程中往往存在以下问题：

(1) 部分专业课教师重视程度不够，个别专业课老师甚至存在抵触情绪。专科课部分老师认为专业课教学是教给学生专业知识，学生的德育教育是思政课老师的任务。

（2）学生对思政课重视程度不够，在思政课上主动性和自觉性不够，以获得学分为上课目的，表现在学生自律性较差，上课时说话、睡觉、玩手机、甚至戴耳机上课等时有发生。或者行为规范与思政学习脱离，并未将在课堂上的道理和知识作为为平时学习和生活的行为准则。

（3）针对不良学风问题，比如：迟到、旷课、不认真听讲、玩手机等。高校采取了诸如加强学籍管理、教学管理、学风建设大会、实施快乐教学等学风建设改革措施，但收效不好。

学生的德育教育仅仅依靠思政课是不够的，每门课程有育人功能，每个教师都有育人的职责和义务。专业课教师讲授大量的专业课程、实验课程以及指导实习、毕业设计、就业等，和学生接触时间长，比较熟悉学生情况，学生也比较信任专业课老师，所以，专业课老师进行“思政教育”教育可能起到事半功倍的效果。

## 2. 以“三寓三式”为课程思政融合原则和手段

上海版专通过多年来的理论探索和教学实践，形成了思政教育融入各类课程的“课中课”同向同行教学模式[5]。该模式将德育元素融入知识技能培养环节，基于“寓道于教、寓德于教、寓教于乐”（“三寓”），和“画龙点睛式、专题嵌入式、元素化合式”（“三式”），成为全国高校“课程思政”改革成功的先行者。该教学模式或者获得了上海市教学成果特等奖、全国二等奖。课程思政根本性问题是如何将课程思政融合到专业课教学中，“三寓三式”提供了课程思政融合原则和手段。课程思政融合原则是“寓德于教、寓道于教、寓教于乐”。“寓德于教”指思政课老师和专业课老师在教学过程中主动承担起德育的教学任务。“寓道于教”指在教学过程中引导学生学习和遵守客观规律和道理；“寓教于乐”是使用案例式、探究式、讨论式、启发式、互动式等教学方法开展快乐教学。课程思政融合手段为“专题嵌入式、画龙点睛式、元素化合式”。“专题嵌入式”指在特定的主题中，选择个例嵌入，结合思政元素，以加深学生的理解；“画龙点睛式”指基于对教学知识和内容的讲解，对科学精神、品格塑造、专业伦理等思政元素的“点睛”；“元素化合式”指将思政要点、专业技能、专业知识等不同的教学元素进行化合，进而产生合而为一的育人效果[6]。

## 3.“包装印刷”课程课程思政教改目标

《包装印刷》是包装工程专业必修课，覆盖面非常广泛，与《数字印前技术与工艺》、《包装印后加工》等课程向学生介绍包装产品的印前、印刷和印后加工的技术和工艺。该课程介绍柔印、凹印、胶印、丝印、数字印刷、组合印刷等特点、原理、工艺、材料和设备等。同时也详细介绍折叠纸盒印刷、瓦楞纸箱印刷、金属印刷、软包装印刷、标签印刷等具体的包装印刷产品的工艺特点。实践教学环节，结合学校现有实验设备，学生学习和操作柔性版印刷、胶印和丝网印刷制版过程；通过印刷厂参观、实习等环节有效地将课堂知识应用于实践，提高学生所学的知识用以解决实际问题的能力。

### 3.1 知识目标

介绍包装印刷行业广泛使用的柔性版印刷、凹版印刷、平版胶印、丝网印刷、数字印刷等特点、原理、制版、工艺。同时也详细介绍折叠纸盒印刷、瓦楞纸箱印刷、金属印刷、软包装印刷、标签印刷等具体的包装印刷产品。

### 3.2 技能目标

熟悉柔性版印刷、凹版印刷、平版胶印、丝网印刷制版过程，通过实地操作，可以使学生进一步理解和掌握柔性版印刷、凹版印刷、平版胶印、丝网印刷的原理及工艺，有效地将课堂知识应用于实践，提高学生解决实际问题的能力。

### 3.3 素质目标

培养学术树立正确的世界观、人生观、价值观，进一步培养学生对优秀传统文化的弘扬与传承，提升文化自觉与自信的价值观；提升学生绿色环保的意识与观念；加强学生求真务实、循序渐进、认真严谨、按标准按规范做事的职业素养；提升学生用所学理论指导实践，解决实际问题的能力，最终实现知识传授与价值引领的教学目标。

## 4.《包装印刷》课程思政元素挖掘和实施

### 4.1 《包装印刷》课程思政元素挖掘

只有对每门专业课程的课程思政元素进行认真挖掘，并在授课过程中进行系统设计与规划，才能让思想政治教育在专业教学中有扎实的“落脚点”。根据《包装印刷》的教学内容，以不改变原有知识点和教学内容的基础上，梳理和挖掘思政元素，如表1所示、结合“画龙点睛式”、“专题嵌入式”和“元素化合式”等课程思政融入手段，形成富有成效的“课程思政”实施方案。在每个教学章节中在讲授知识点和技能点的同时，讲授相应的思政元素进行教学。针对《包装印刷》课程思政元素挖掘。

**表1 主要教学内容和思政教学要点**

| 教学章节 | 教学内容 | 思政元素 | 思政元素目标 | 融合手段 |
| --- | --- | --- | --- | --- |
| 第一章 绪论 | (1) 印刷发展<br>(2) 印刷定义、要素和分类<br>(3) 包装印刷定义、分类和特点 | 当代毕昇－王选 | 爱国情怀 | 专题嵌入式 |

（续表）

| 教学章节 | 教学内容 | 思政元素 | 思政元素目标 | 融合手段 |
| --- | --- | --- | --- | --- |
| 第二章 柔性版印刷 | （1）柔性版印刷概述<br>（2）感光树脂柔性版的制作和计算机直接制柔版技术<br>（3）柔性版印刷油墨<br>（4）网纹辊<br>（5）柔性版印刷机 | 环保油墨：水性油墨、UV油墨；<br>制版环节环保情况：水洗版制版、热敏制版、环保型溶剂制版等。 | 环保意识 | 专题嵌入式 |
| 第三章 凹版印刷 | （1）凹版印刷特点、应用<br>（2）凹印版的制版<br>（3）凹印承印材料<br>（4）凹版油墨<br>（5）凹版印刷机<br>（6）凹版印刷工艺 | 对多色套准、印刷速度、印刷质量等方面要求越来越高，引入细节决定成败，行为铸就品格，发扬“工匠”精神。 | 工匠精神 | 画龙点睛式 |
| 第四章 平版胶印 | （1）平版胶印特点和应用<br>（2）PS制版和CTP制版工艺<br>（3）油墨<br>（4）胶印机<br>（5）平版胶印工艺 | 平版胶印的水墨平衡原来：理论上的水墨平衡是无法实现的，含水15%～26%的油墨才能实现水墨平衡。 | 辩证思维：矛盾的对立统一规律 | 画龙点睛式 |
| 第五章 丝网印刷 | （1）丝网印刷概述<br>（2）制版材料及绷网工艺、丝网印版的制版<br>（3）丝网印刷设备<br>（4）丝网印刷油墨 | 丝网印刷作为一种补充印刷方式，是对高速印刷方式胶印、凹印和柔性版印刷一种补充和完善。 | 奉献精神 | 画龙点睛式 |
| 第六章 数字印刷 | （1）数字印刷的定义、特点和应用<br>（2）数字印刷的基本原理<br>（3）典型数字印刷机<br>（4）数字印刷材料 | 数字印刷和传统印刷相比节省简化了流程，减少了印刷时间，代表印刷最新技术和发展方向。 | 不断探索的创新精神 | 画龙点睛式 |
| 第七章 组合印刷 | （1）组合印刷概述<br>（2）组合印刷设备<br>（3）组合印刷应用 | 结合各种印刷方式有点，提高印刷质量。 | 合作精神；团队精神 | 元素化合式 |
| 第八章 包装印刷产品案例 | （1）标签印刷<br>（2）纸盒印刷<br>（3）瓦楞纸箱印刷<br>（4）金属印刷<br>（5）软包装印刷 | 理论与实践并重，培养“理实一体化”人才。 | 知行合一<br>理论联系实际 | 元素化合式 |

## 4.2 《包装印刷》课程思政施

4.2.1 以寓德于教为课程思政原则和目标，运用专题嵌入式融合手段，培养学生爱国情怀。

在介绍印刷发展过程中，专题嵌入式介绍毕昇、王选等榜样的事迹，发挥榜样的有示范效应，激发同学们的爱国情怀。毕昇创造发明的胶泥活字、木活字排版，是中国印刷术发展中的一个根本性的改革，是对中国劳动人民长期实践经验的科学总结，对中国和世界各国的文化交流作出伟大贡献。2001 年度国家最高科学技术奖获得者，中国科学院院士和中国工程院双院院士王选被誉为“当代毕昇”。他的主要成就是汉字激光照排系统，使我国印刷也告别铅与火，迈入光和点，引起了印刷业一场技术革命[7]。

4.2.2　以寓道于教为课程思政原则和目标，运用画龙点睛融合手段，培养学生不断探索的创新精神。

在数字印刷和传统印刷相比，简化了流程，减少了印刷时间，弥补了传统印刷对短版、急单和个性化印刷等方面的不足。很多数字印刷技术体现出科技进步和创新精神。如静电照相数字印刷的显影过程，分析比较富士施乐的单定影装置、佳能数字印刷机的双定影装置和惠普 indigo 无定影装置的优缺点，可以得到定影技术创新提高了印刷质量、适应了更多的承印物种类，画龙点睛式点出不断探索的创新精神。

4.2.3　以寓教于乐为教学手段，灵活应用“五化五式”践行快乐教学模式。

在《包装印刷》课程思政实施过程中，可以将专业技能点、专业知识点、思政元素点等进行有机整合和梳理，采用故事化、幽默化、互动式、情景化、讨论式、案例式、游戏化、探究式等，使学生能够从故事中、从互动中、从讨论中等途径，以轻松的心情，强烈的兴趣去学习，通过分析、推理，使学生自主归纳、总结，以便增强学生对包装印刷技术基本理论的理解。

## 5. 凝练《包装印刷》课程思政的教学案例

在《包装印刷》课程思政教学实施过程中，对于比较典型的教学内容和思政元素，注重收集、整理课程思政教学案例，进一步凝练出优秀课程思政教学案例。在介绍软包装印刷时，分析软包装印刷污染来源和解决方式，结合我国目前的环保政策，形成“蓝天保卫战与绿色印刷”课程思政教学案例，培养学生的环保意识。

### 5.1　“蓝天保卫战与绿色印刷”课程思政案例的背景

改革开放以来，我国的经济获得了极大的发展，极大提高了人民的生活水平，现在已经稳步进入全面小康阶段。但是，新经济形势下，也面临空气污染、水污染，食品安全问题等诸多方面的挑战。2018 年 7 月 3 日，中华人民共和国国务院公开发布《打赢蓝天保卫战三年行动计划》，明确大气污染防治工作，提出打赢蓝天保卫战的线路图和时间表[8]。中国工信部和财政部联合发布的《重点行业挥发性有机物削减行动计划》，明确指出[9]，包括包装印刷、油墨在内的 11 个重点行业有机挥发物（VOCs）消减，提升绿色制造水平的重点行业。目前广泛使用的溶剂型油墨和复合薄膜软包装使用溶剂型黏合剂是包装印刷污染的主要来源。

### 5.2 实施绿色印刷，打赢蓝天保卫战

5.2.1 软包装印刷过程污染的来源分析

根据科印传媒《印刷技术》杂志对我国复合薄膜软包装行业调查[10]，我国复合薄膜软包装仍以凹版印刷为主，复合薄膜软包装复合方式以干式复合为主，印刷、复合工艺、凹版制版过程中的电镀工艺等都造成很大环境污染。

5.2.3 如何减少软包装印刷过程中的污染：

（1）使用水溶性或UV油墨。目前柔性版印刷水性油墨是所有油墨中唯一通过美国食品药品协会认定的无毒油墨，因此，柔性版印刷被称为绿色印刷，被广泛用于软包装产品印刷、标签印刷、瓦楞纸箱印刷、无菌包装印刷等。

（2）使用无溶剂复合技术。与干法复合相比，无溶剂复合是一种资源节约型、环境友好型生产工艺，而且还具有复合产品无残留溶剂、卫生性能可靠的优点。随着我国社会经济的发展，环境保护越来越受重视，对食品包装的要求也越来越高，无溶剂复合逐步取代溶剂复合将成为必然趋势。

## 6. 总结

在新工科建设背景下，结合我校课程思政“三寓三式”提供了融合原则和路径，以《包装印刷》专业课为载体，在技能培养和知识传授中，以润物细无声的方式实现价值引领。《包装印刷》课程思政建设工作虽已启动，仍需时间的沉淀和实践的检验，我们将继续从优化《包装印刷》课程思政教改目标、深挖细挖课程思政元素和教学案例、推到和完善《包装印刷》课程思政教学改革。

## 参考文献


[1]“新工科”建设复旦共识［J］. 高等工程教育研究，2017（01）：10-11.

[2]“新工科”建设行动路线（“天大行动”）［J］. 高等工程教育研究，2017（02）：24-25.

[3]习近平在全国高校思想政治工作会议上强调：把思想政治工作贯穿教育教学全过程努开创我国高等教育事业发展新局面［N］. 人民日报，2016-12-09（01）.

[4]席燕辉，唐欣. 新工科背景下工科课程思政的探索与研究［J］. 科教导刊，2020（20）：82-83.

[5]滕跃民，张玉华，马前锋，等. 同向同行：知识传授与价值引领同频共振：上海出版印刷高等专科学校“课中课”课程思政改革探析［N］. 中国教育报，2019-06-19（11）.

[6]滕跃民，张玉华，肖纲领. 高职专业“课程思政”的“道法术器”改革［J］. 辽宁高职学报，201808）：53-55.

[7] 杨巍，葳蔓，智飞. 告别铅与火 迎来光与电——“当代毕昇”王选的职业生涯启示录 [J]. 职业技术，2006 (07)：4-15.

[8] 印刷技术编辑部. 中国软包装行业业情及发展分析 [J]. 印刷技术，2017 (10)：6-11.

[9] 中华人民共和国国务院. 打赢蓝天保卫战三年行动计划 [EB/OL]. http：//www.gov.cn/zhengce/content/2018-07/03/content_5303158.htm，2018-06-27.

[10] 工业和信息化部，财政部. 重点行业挥发性有机物削减行动计划 [EB/OL]. http：//www.miit.gov.cn/n1146295/n1652858/n1652930/n3757016/c5137974/content.html，2016-7-8.

# 基于课程思政的专业教学改革思考与实践
## ——以《三维模型制作与应用》课程为例

孔玲君

**摘　要：** 专业课程是实施课程思政的基本载体，是助力学生成长成才的主力军。本文以上海出版印刷高等专科学校建设的“上海高校课程思政重点改革领航学院”中三维模型制作与应用课程为例，以“道法术器”理念为指导，以课程思政“三寓三式”和快乐教学“五化五式”为实施方法和手段，探讨了课程思政的顶层设计思路、知识技能与思政元素的融合方案等，并通过具体教学案例介绍了课程思政的具体实施策略与成效，为广大教师开展课程思政提供一定的参考。

**关键词：** 课程思政；三寓三式；德智技并进

## 引言

党的十九大报告指出：青年一代有理想、有本领、有担当，国家就有前途，民族就有希望。高等职业教育的根本任务是立德树人。作为高职院校的专业教师，肩负着培养德智体美劳全面发展的社会主义事业建设者和接班人的重要任务。

课程思政是夯实立德树人的高效途径，是提升人才培养质量的有力举措。当前，课程思政工作备受关注。根据习近平总书记“其他各门课都要守好一段渠、种好责任田，使专业课程与思想政治理论课同向同行，形成协同效应”的指示精神，2020 年 5 月，教育部印发了《高等学校课程思政建设指导纲要》（教高〔2020〕3 号），指出要深入贯彻落实习近平总书记关于教育的重要论述和全国教育大会精神，把思想政治教育贯穿人才培养体系，全面推进高校课程思政建设，发挥好每门课程的育人作用，提高高校人才培养质量。2020 年 9 月，中共上海市教育卫生工作委员会和上海市教育委员会联合发布《关于深入推进上海高校课程思政建设的实施意见》（沪教委党〔2020〕18 号），指出课程思政是高校落实立德树人根本任务的关键举措，是推进知识传授、能力培养与价值引领相结合的现实路径，是落实高校党委意识形态主体责任的有力抓手。

本文以我校 2019 年获批的“上海高校课程思政重点改革领航学院”建设的《三维模型制作与应用》课程为例，探讨课程思政与专业课教学改革的有关思考与实践。

## 一、基于课程思政的专业教学改革目标

为深入学习贯彻习近平总书记在学校思政课教师座谈会上的重要讲话精神，贯彻落实教育部《高等学校课程思政建设指导纲要》，以“立德树人”作为专业课程教学的根本任务，以“德智技并进”为专业课程教学的育人目标，通过深入梳理《三维模型制作与应用》课程教学内容，结合该课程教学特点和思维方法，充分挖掘课程思政元素并有机融入课程教学过程中，寓价值观引导于知识传授和能力培养之中，帮助学生树立正确的世界观、人生观、价值观。

通过课程思政，把马克思主义立场观点方法的教育与职业能力的培养结合起来，提高学生正确认识问题、分析问题和解决问题的能力。深化职业理想和职业道德教育，引导学生深刻理解并自觉实践职业精神和职业规范，增强职业责任感，培养遵纪守法、爱岗敬业、无私奉献、诚实守信、开拓创新的职业品格和行为习惯。培养学生精益求精的工匠精神，激发学生技能报国的家国情怀和使命担当。最终达到润物无声的育人效果，使专业课程教学与思政教育同向同行，将显性教育和隐性教育相统一，实现思政教育与技术技能培养有机融合，形成专业教育与思政教育的协同效应。

## 二、课程思政教学设计

### 1. 总体设计思路

在《三维模型制作与应用》课程的教学方案设计中，充分应用我校首创并获全国教学成果二等奖的课程思政建设成果，把“道法术器”理念[1]引入专业课程教学，有选择地结合课程思政“三寓三式”和快乐教学“五化五式”实施方法进行课程思政的方案设计，将思政元素有机地融合到课程的知识点和技能点的讲授过程中，寓价值观引导于知识传授和能力培养之中，实现基于“技术技能传授与价值引领相融合”的“德智技并进”课程育人目标，实现思政教育与专业课的“同向而行”，促进知识技能培养与素养培育的“同学同步”，达到润物无声的效果。

“三寓三式”是实施课程思政的“法”与“术”，具体是指教学方法与手段。其中“三寓”是指寓道于教、寓德于教、寓教于乐；“三式”是指画龙点睛式、专题嵌入式、元素化合式。[2]“寓教于乐”又可进一步通过“五化五式”实施快乐教学，“五化”是指情景化、形象化、故事化、游戏化、幽默化；“五式”是指启发式、互动式、讨论式、探究式、案例式。

同时，在开展课程思政教学中，贯彻执行我校课程思政改革成果中具有先导性意义的“五项负面清单”范式，即不扯皮、不贴标签、不生搬硬套、不碎片化、不降低教学效果。

### 2. 知识技能与思政元素的融合方案

《三维模型制作与应用》课程使学生在了解三维模型制作的基本理论知识的基础上，

深入掌握三维模型制作技术及其应用，重点聚焦在三维模型的正向设计与制作、三维模型的逆向建模技术、3D打印输出技术三方面，共分为七个教学单元，落实到20多个知识点和12个技能点。

在思政育人上，主要培养学生的爱国主义情怀、品德修养、辩证思维能力、工匠精神、知识见识、职业素养等综合素质。引导学生坚定理想信念，在兼顾局部的同时，树立整体意识和大局观念；以工匠精神引导及鼓励学生，培养学生勤奋拼搏、严谨求实、精益求精、团结协作、爱岗敬业的职业素养；培养学生理论联系实际、知行合一意识和开拓创新精神等。

通过充分挖掘和提炼课程知识点和技能点中所蕴含的思政元素，以“三寓三式”为指导，把《三维模型制作与应用》课程的技术技能培养与课程思政育人有机融合，确定课程思政实施的顶层架构，如表1所示。

**表1 教学内容与思政元素的融合教学实施表**

| 课程主题 | 知识传授与技能培养要点 | | 思政元素（关键词） | 实施手段 |
|---|---|---|---|---|
| | 知识点 | 技能点 | | |
| 专题一 三维模型制作概述 | 计算机三维模型制作与应用的发展现状及趋势。 | 了解三维模型的主要制作方法。 | 发展观<br>终生学习精神 | 故事化＋启发式 |
| | 三维模型的数据结构与文件格式；三维模型应用方式。 | 熟悉三维模型制作的工作流程。 | 综合素养<br>遵纪守法 | 案例式＋讨论式 |
| 专题二 3Ds MAX软件建模 | 三维建模系统中的参考坐标系、变换中心、不同视图及模型效果等。 | 掌握三维模型正向制作的基本操作。 | 辩证思维<br>大局意识 | 画龙点睛式＋探究式 |
| | 可编辑多边形、修改器的作用；不同应用对模型精度的要求；三维模型的合并、导入与导出。 | 掌握3Ds MAX的主要建模方式。 | 敬业精神<br>勤奋拼搏<br>理想信念（技能成才） | 游戏化＋专题嵌入式＋案例式 |
| 专题三 三维模型贴图及渲染 | 材质与贴图的概念。 | 掌握材质及贴图设置的基本方法。 | 辩证思维（内外兼修）<br>思想品德 | 画龙点睛式＋元素化合式＋案例式 |
| | 渲染的作用与方法。 | 了解利用C4D等工具进行渲染与效果图制作。 | 协作意识<br>合作精神<br>创新创意思维 | |
| 专题四 三维扫描技术应用 | 3D扫描工作原理、应用领域、扫描数据的曲面重构。 | 掌握3D扫描仪的使用与扫描数据的加工处理。 | 工匠精神<br>团队合作意识<br>环境意识<br>文化自信 | 元素化合式＋情景化＋案例式 |
| 专题五 三维数据处理技术 | 点云数据的特点、多边形数据的特点；三维数据检测与修复；分层切片的作用与必要性。 | 熟练掌握分层切片参数的设置与软件使用。 | 工匠精神<br>知行合一意识 | 画龙点睛式＋案例式 |

（续表）

| 课程主题 | 知识传授与技能培养要点 | | 思政元素（关键词） | 实施手段 |
|---|---|---|---|---|
| | 知识点 | 技能点 | | |
| 专题六　3D 打印技术 | 3D 打印的概念、成像原理及其特点；3D 打印机性能指标。 | 熟悉 3D 打印的优点。 | 生态文明意识<br>科学精神 | 故事化＋探究式 |
| | 主流的 3D 技术原理与特点；3D 打印材料特点。 | 掌握 3D 打印机的使用与三维模型输出。 | 国际视野<br>职业素养<br>责任意识 | 专题嵌入式＋案例式 |
| 专题七　3D 创意产品开发 | 3D 打印的发展历程与未来趋势；国内 3D 打印技术发展情况；3D 建模与 3D 打印的创新应用。 | 了解 3D 建模技术与 3D 打印技术在文化创意领域和印刷行业中的应用。 | 爱国情怀<br>时代精神<br>文化自信 | 故事化＋探究式 |
| | 3D 打印职业工种与岗位要求。 | 探索 3D 作品的创意设计、制作与输出。 | 创新意识<br>创新精神<br>职业素养 | 形象化＋讨论式 |

## 三、课程思政的具体实践案例

**1. 教学背景**

本案例教学内容是“专题四 三维扫描技术应用”的实践教学部分，即利用三维扫描仪获得对象的三维模型数据，并利用相应的编辑软件对获取到的数据模型进行必要的后处理加工。要求学生在了解掌握三维扫描仪使用的基本方法后，分小组扫描获得某一位同学的头像模型，后续再利用 3D 打印设备输出得到头像模型。通过本案例教学，希望达到使同学们掌握逆向扫描建模技术的教学目标，同时在实训过程中引导学生明白“细节决定成败”“坚持就是胜利”“行为铸就品格”的道理，培养“精益求精，追求卓越”的工匠精神，以及工作后应物归原处，保持环境整洁的环境意识等基本职业素养。

**2. 教学过程**

（1）明确知识点与技能点要求

在开展本案例教学之前，同学们已经了解到“专题四 三维扫描技术应用”中的知识点和技能点要求，学习并初步掌握了知识点，即 3D 扫描工作原理、应用领域、扫描数据的曲面重构。本案例要求同学们在观摩学习有关案例操作示范的基础上，分小组开展技能点的实训实践。

（2）教学案例的导入

在进入具体实训内容之前，首先向同学们展示了由我校与上海商务数码图像技术有限公司以及上海域达三维图像技术有限公司合作完成的一个三维建模成功案例——新疆龟兹第 17 窟的三维重建模型的一段展示视频。图 1 为其中的两帧截屏画面，a 图为第 17 窟的整体外观效果图，b 图为该石窟内部某一区域的三维展示效果。

(a)

(b)

图 1　逆向建模的典型案例

通过图 1 所示的校企合作案例，让同学们知道三维扫描技术具有无限的应用空间，小到一个设备零部件，大到一台小汽车；抑或从身边的常见物品到古瓷器甚至石窟，均能借助于 3D 扫描仪进行逆向建模，并通过数据处理重建这些物体的立体图像。该案例确实让同学们非常好奇，他们不仅惊讶于如此之大的石窟如何能够被数字化再现，也惊叹于自己足不出户就欣赏到了远在大西北的优秀文化古迹，于无形中增加了对中华民族文化的认同与自信。此时，任课老师会适时地告诉同学们，掌握 3D 扫描技术大有用处，除了模型重建外，还可用于仿形加工、文物保护等多方面，由此激发同学们浓浓的学习兴趣。

(3) 实训案例及其要点

本教学案例是基于 3D 扫描仪获取人物头像的三维立体图像。在本案例中，要求一组同学利用学校实验室中的 3D 扫描仪获得点云数据，经数据处理后得到头像的扫描图像。在扫描之前，同学们要确定被扫描头像和 3D 扫描仪镜头之间的大致距离，并在软件中进行参数设置。然后，负责扫描的一位同学应将镜头对准作为模特的同学头部，调整镜头与其之间的距离，使该同学头像清晰地显示在扫描软件的活动视图区中间位置。此时，另外一位同学负责软件的操作控制。在扫描过程中，负责扫描的同学手持扫描仪，不能有较大幅度的抖动，且应围绕被扫描的同学保持匀速走动，以确保采集到被扫描同学头像的 360° 数据。扫描结束后，再利用扫描仪配套的数据处理软件，对扫描数据进行编辑处理，得到最终的立体图像。最后再用合适的格式导出并保存文件，后续再利用 3D 打印机进行输出。

**3. 课程思政的实施策略与成效**

(1) 元素化合式教学，融工匠精神培养于专业技能培训中

在 3D 扫描过程中，不仅需要学生们掌握扫描操作的基本方法和步骤，同时要求扫描操作人员在绕着被扫描同学走动一周的过程中要保持匀速稳定，且被扫描同学要保持静止，否则在未完成整个头像扫描之前，3D 扫描系统会自动跳出而中止扫描，因此常常会遇到失败重来的情况。同学们在实训过程中，有些小组会比较顺利完成扫描，有些小组则

需要经历很多次才能得到一个完整的三维模型。很多时候，同学们会出现急躁、不耐烦的情绪以及想放弃的想法，对扫描成果要求不高。每当这个时候，指导教师会告诉同学们首先寻找问题所在，认真总结经验重新开始，并引导同学们遇到做不好的事情更要坚持，要有毅力，有耐心并细心做事，要有精益求精的精神，只有这样才能得到高质量的扫描结果。同时，告诉同学们，完美的扫描结果不是我们的唯一目的，更宝贵的是扫描实践的过程。如果试验了很多次仍未能获得满意的结果，也不要气馁。因为相比于遇到问题就放弃的人，那些迎难而上、决不退缩的人本身就是一种成功。由此培养学生的逆商，培养他们要经得起失败与挫折，以及学会面对失败的最好方式。图2是部分小组的3D扫描头像图像经3D打印后的成果，每一组同学基本上都通过多次尝试后获得了高质量的三维头像模型。

图2　学生实训成果示例

（2）案例式教学，培养学生的合作意识与协作能力

在本次课程实训过程中，要求每一小组中的各位同学根据自己的特点“扮演”不同的角色，有的担任“模特”岗位，有的操作与控制扫描软件，有的执行扫描工作，每位同学各司其职，分工协作。只有每个同学做好各自的责任担当，才能圆满高效地完成实训任务，由此培养同学们的团队合作意识与协作能力。

（3）情景化教学，融环境意识与职业素养培养于实训活动中

同学们在人物头像扫描实训过程中，指导老师会适时提醒同学们注意环境卫生，实训结束后应断开3D扫描仪与计算机的连接，收拾整理好连接线，与3D扫描仪一起按原样放回到储存箱中，并把工作台面整理清理干净，椅子等各类物件应物归原处，整洁有序。由此引导和培养同学们的环境意识，自觉做好实训环境的维护工作，养成良好习惯和劳动意识。保证实训结束后，实验室的设备收齐整理完备而不是散落各处，桌椅保持整洁有序，实训废料收集处理干净。

**4. 案例总结**

本案例通过精心设计，在同学们的专业技能训练中，通过“元素化合式”融合手段开展了课程思政的教学实践，并充分运用“寓德于教”“寓教于乐”“情景化”融合方法，借助大家感兴趣的案例让同学们在快乐的氛围中学习与训练，达到了较好的提高专业课的教学质量、提升同学们的专业技能的目的，锻炼和培养了同学们的工匠精神、团结协作意

识、环境意识，同时通过导入案例于无形中增强了学生的民族自信与文化自信，达到了在本课程中有机融入思政元素，以润物无声的方式实现价值引领。

## 四、关于考核评价改革的思考

在开展课程思政育人过程中，我们还需要改革人才培养质量评价体系与标准，增强多元评价考核指标，优化课程考核办法。在强调考核学生掌握专业知识和技能的基础上，将课程学习过程中同学们所表现的团队协作精神、工匠精神以及实训结束后仪器设备是否摆放整齐、实践场所是否卫生、实践过程是否规范等道德品质、职业素质等综合素养作为考核评价指标的构成要素，作为形成性考核的重要组成部分。由此激发学生“学知识、练技能、讲素养、重品格”的热情，润物细无声地培养学生的道德品质、理想信念、职业素养、知识技能等，达到“德智技并进”的育人目标。

## 结束语

专业课程是实施课程思政的基本载体，是助力学生成长成才的主力军。对于每一门专业课程而言，要做好课程思政的顶层设计，全面梳理知识点和技能点等专业教学内容，结合课程特点、思维方法和价值理念，深入挖掘课程思政元素，有机融入课程教学全过程，落实到课程目标设计、课程标准修订、教学大纲修订、教案课件编写等各方面，贯穿于课堂讲授、教学研讨、实习实训和作业各环节。

通过课程思政，把知识传授、技能训练和价值引领有机结合，不仅达到潜移默化、润物无声的思政育人效果，而且通过思政的融入提升学生的学习动力，提高专业课的教学质量和教学效果，达到立德树人和提升学习兴趣与效果的双重目标，从而带动学风和教风建设。

### 参考文献

[1] 滕跃民，张玉华，肖纲领. 高职专业“课程思政”的“道法术器”改革［J］. 辽宁高职学报，2018（08）.

[2] 滕跃民，张玉华，马前锋，汪军，孟仁振. 同向同行：知识传授与价值引领同频共振——上海出版印刷高等专科学校“课中课”课程思政改革探析［N］. 中国教育报，2019 年第 6 期.

SECOND

| 第二篇 |

SHEJIJIJIN

§

# 设计集锦

# 《印刷概论》教学设计

**一、基本信息**

| 课程名称 | 印刷概论 | 学期 | 第一学期 | 课程类型 | 理论课 |
|---|---|---|---|---|---|
| 授课对象 | 大一 | | | 职称 | 教授 |
| 授课章节 | 第一章　印刷基础－色彩基础知识 | | | 时长 | 1 学时 |
| 课程教材 | 《印刷概论》（“十二五”职业教育国家规划教材，顾萍，中国轻工业出版社，2015 年 11 月第一版，第 10 次印刷） | | | | |

**二、学情分析**

印刷概论是一门平台课，授课班级比较多。这给教学探索和思政融入课程的研究和实践提供了很好的平台。通过与课程组不同教师的交流，发现学生对抽象的理论知识理解有一定难度，更喜欢动手操作。另外也发现一些同学不喜欢与周围同学进行沟通和交流，需要老师在教学中加强同学们之间的互动环节。在教学内容方面，可以增加知识的可接受性。在教学方法上，多用寓教于乐、沉浸式、讨论、启发等方式可能会对学生有更好的教育教学效果。

**三、教学目标**

1. 知识目标
   理解颜色的本质，掌握颜色的三属性和常见的颜色寓意。（要求递进性和逻辑性）
2. 能力目标
   能正确画出颜色三属性与光属性的内在联系（坐标轴形式），根据场景需求选择正确的颜色基调。
3. 课程思政元素、融入方法与目标
   能初步理解和体验、感悟色彩学学术理论和实践中的“团队合作”“爱国主义”。

**四、教学内容**

1. 颜色的形成
2. 颜色的心理三属性：色相，明度，饱和度
3. 颜色的寓意

重点：在以上内容的讲述中，打破惯性思维和思维定式，感悟色彩知识中所蕴含的“团队合作”“爱国主义”等元素。

**五、教学过程及设计**

| 教学内容与方法设计 | 教学设计意图 |
|---|---|
| （一）课程导入 | |
| 【讨论话题】在日常生活中会经常听到这个颜色是红色，这个颜色有点暗，这个颜色比较浅……，这是从什么方面去描述颜色呢？又如我们经常看到喜庆节日，人们善于用红色基调的颜色来装扮环境……，红色代表什么寓意呢？<br>【课程引入点】这些话题的答案就是本节课要讨论的问题。 | 通过常见问题的引入，引导学生以印刷人的身份普及规范描述和利用颜色，养成纠正“过口语化”描述和正确利用颜色的意识。 |

（续表）

<table>
<tr><td colspan="2">（二）内容设计与讲授</td></tr>
<tr><td colspan="2">1. 颜色的形成</td></tr>
<tr><td>【教材表述】色彩就是射到人眼睛里的光，是通过视觉器官引起的一种感觉。<br>【讲授法】结合光路图就关键要素（如光，视觉器官）进行解释<br>【教学预设】学生可能提出的问题预判和解决<br>1. 是否一定需要光刺激才能产生颜色？<br>思考点：通过具体案例来解释。</td><td>结合光路图就关键要素进行解释，板书写出：光源，视觉器官，引导学生总结关键要素。</td></tr>
<tr><td>2. 颜色的三属性</td><td></td></tr>
<tr><td>一、【理论讲授】<br>1. 色相<br>【学术表述】由物体表面反射到人眼视神经的色光的波长来确定。<br>【教学处理】日常称呼的如红、黄、绿就是表达颜色色相，对“为什么看到是红色”等不同色相理解容易发生的困惑，回忆“380～780 nm”光谱色颜色知识。<br>采用“理想场景法”引导学生理解波长与色相的关系<br>【教学预测】难理解之处：颜色色相取决于不同波长刺激强度的相对值和还是绝对值？<br>2. 明度<br>【学术表述】又称为亮度，它取决于人眼所感受到光的辐射能的量。<br>【教学处理】从“能量守恒定律”来解释反射的多，吸收得少，便是亮的；相反便是暗的。<br>3. 饱和度<br>【学术表述】也叫彩度或纯度，是指颜色的纯洁性，它是以反射或透射光线接近光谱色的程度来表示的。<br>【问题讨论】相同色相系列颜色中单波长颜色的饱和度是否是最高的？<br>二、【实践动手】<br>在介绍了解了颜色三属性的概念和各属性的变化规律后，进入实践教学的第二个过程——体验式教学。要想在纷繁复杂的颜色中找到颜色渐变的规律，区分颜色和颜色的差异，设计了实体颜色块的排列训练项目<br>【思政元素】“团队合作”<br>该实践项目的进行，两个同学为一组，在理清三属性的概念及变化的基本规律后，同一个小组同学相互配合通过色块和色块的不断调整理顺，才能完成视觉研判。因为颜色排序和视觉的感受关系密切，所以在此过程中引导小组和小组之间完成排序后互相查阅判断并修改。<br>在小组和大组的互相配合支持中增进了同学的友谊，同学们体会到团队分工合作的意义，认识到团队合作的重要性。</td><td>引导学生从底层“光”角度理解颜色的三属性。<br><br>同学们对抽象理论理解有一定的难度，但是“沉浸式”体现帮他们对知识的理解；放下手机，加强讨论和沟通完成研判，拉近人与人的距离。</td></tr>
</table>

（续表）

| | |
|---|---|
| 3. 颜色的寓意 | |
| 【问题产生】为什么有些非常受欢迎快餐店的墙壁装修为红色？<br>【问题解决】解释装饰为红色的原因，将知识提升到颜色寓意的层面<br>【学术表述】颜色寓意就是指不同颜色具有不同的寓意，属于心理学范畴，如红色寓意着热情、激动、轰轰烈烈，橙色寓意着激情、狂热、动感等，可以以颜色的喜好判断人的性格倾向。<br>【思政元素】树立爱国主义理想信念<br>教学内容中，以色彩为引导，结合今年抗击新冠肺炎疫情斗争中“党旗红，天使白，军装绿”这些代表颜色讲述其深层意义。党旗红——党员冲锋在前，勇当先锋。天使白——医护人员救死扶伤，迎难而上。军装绿——解放军誓死不退，护佑平安。还有奋战在战“疫”一线的警察蓝、志愿橙……他们用汗水甚至生命筑起狙击疫情的彩色“堤坝”，于无声处奉献牺牲，这些英雄共同守护着百姓一方平安。这些代表色及事迹的讲述，一方面向同学们强调要了解颜色背后蕴含的象征意义，正确选择和使用颜色；另一方面在普及知识的同时帮助同学们树立爱国主义理想信念<br>【拓展教育】军装绿、天使白、警察蓝、志愿橙等不同岗位的人通过努力为国家做贡献，在疫情当下，我们同学也许不能到疫情一线直接做贡献，更加努力学习以及做好防护工作就是为抗击疫情的胜利添砖加瓦。 | 结合最新时事热点，引起大家的共鸣，提高同学们的学习兴趣。 |
| （三）总结与评价：颜色三属性与光属性的关系（以问题和讨论的形式） | |
| 【引导方向和落脚点】通过学生发言和教师引导性点评性，进行思维训练和理想信念的传递。<br>具体教学指令：（4 条指令逐一发放，形成“串联结构”，即后一问题建立在前面问题解决的基础上）<br>1. 对单色波长颜色的三个属性分析，初步感受与光属性的关系。<br>2. 对多色波长颜色的三个属性分析，进阶理解颜色属性与光属性的关系。<br>3. 问题：光属性变化会引起颜色的三个属性分别有什么变化？（总结概念：颜色的本质就是光）（颜色三属性并不是独立的性质，而是相互联系相互影响的－大家动手的实验，强调团队合作的重要性）<br>4. 讨论：颜色三属性与光属性的关系<br>落脚点：<br>1. 学术落脚点：将看似“抽象”的知识点进行“具象”的分解和思考。<br>2. 思政价值元素呈现和传递：感受小组和大组团结合作的强大，体会颜色的力量之爱国主义精神。 | 由简到繁，由简到难，循序渐进，层层递进学习知识。 |
| （四）作业布置 | |
| 以坐标轴和曲线的形式，画出光与颜色的色相，明度，饱和度的关系。试说明喜剧类电影海报颜色设计基调，并说明原因。 | 1. 从本质理解知识。（底层信息）<br>2. 加强颜色理解并初步训练不同知识背景的学习利用能力。 |
| **六、资源推荐** | |
| 1. 印刷概论国家精品资源课网址：<br>https：//www. icourses. cn/web/sword/portalsearch/homeSearch<br>2. 印刷与数字印刷专业国家教学资源库网址：<br>https：//bb. sppc. edu. cn/ | |

# 《印刷企业管理》教学设计

<table>
<tr><td colspan="4">一、课程概况</td></tr>
<tr><td>课程名称</td><td>印刷企业管理</td><td>课程类型</td><td>专业基础课</td></tr>
<tr><td>授课章节</td><td>模块一　印刷企业管理基础<br>项目二　企业文化<br>任务一　企业文化建设</td><td>授课专业</td><td>印刷媒体技术</td></tr>
<tr><td>授课年级</td><td>大二</td><td>使用教材</td><td>熊伟斌等，《现代印刷企业管理》，中国轻工业出版社</td></tr>
<tr><td colspan="4">二、学情分析</td></tr>
<tr><td>学生思想动态分析</td><td colspan="3">据不完全统计，有不少学生在选择印刷专业时并非是出于自主兴趣或者对印刷业有足够的了解，这就需要老师关注学生的专业成长动态，给予更多的专业引领。大一期间的专业启蒙，已经培养了一定的专业情感，但到了大二就是个关键的分水岭：好的学生学习兴趣更浓，专业认知更深刻，求知欲更强；差的学生缺乏专业认同感，学习积极性不高。</td></tr>
<tr><td>学生知识经验分析</td><td colspan="3">学生已经通过课程学习或其他渠道知晓了一些知名或优秀的印刷企业，树立了一定的职业自豪感。但是，他们并不清楚这些企业到底优秀在哪里？为什么会知名？这就需要教师引导学生，优秀的企业一定是有灵魂的企业，它们一定拥有优秀的企业文化。学生从小都是在中华民族的优秀文化熏陶下成长，因此落实到企业文化，容易产生思想共鸣。</td></tr>
<tr><td>学生学习特点分析</td><td colspan="3">经过大一的学习，学生已经普遍适应大学的教学方式和节奏，但由于大一的课程大多为通识课类基础课，所以教学方法、形式受到一定限制。随着大二各类专业基础课、核心课、实践课的全面铺开，职业情感不断提升，学生越来越期待能够走近甚至走进行业企业，更全面、真实地了解行业。因此教师适时引入企业生产实践案例，组织学生参与讨论，更能提升学生的学习获得感，强化专业自信。</td></tr>
<tr><td colspan="4">三、教学内容设计</td></tr>
<tr><td rowspan="3">教学目标</td><td>知识目标</td><td colspan="2">1. 了解企业文化的内涵与本质。<br>2. 了解企业文化的作用。<br>3. 掌握企业文化的建设要领。</td></tr>
<tr><td>能力目标</td><td colspan="2">1. 能分析具体企业的企业文化内涵。<br>2. 能掌握企业文化设计的主要环节、层面和组织运作。</td></tr>
<tr><td>价值目标</td><td colspan="2">在了解企业文化内涵与本质的基础上，深入了解中华民族精神是中华文化最本质、最集中的体现，增强学生的民族自信心和自豪感，激发学生的爱国热情。感悟校园精神、中华民族魂，扬校园文化，做“有文化”的大学生。</td></tr>
</table>

（续表）

| | | | |
|---|---|---|---|
| 内容与重点难点 | 专业内容 | 重点 | 企业文化内涵与本质的理解 |
| | | 难点 | 企业文化的建设层次及相互关系 |
| | 思政重点 | | 践行社会主义核心价值观，内强素质、外树形象，力做新时代“有文化”的大学生。 |

| | | |
|---|---|---|
| 思政元素融入 | 思政元素 | 文化自信、家国情怀 |
| | 融入手段 | 画龙点睛式＋元素化合式、案例式、启发式、互动式、讨论式 |

**四、教学过程与方法**

【课程前导】企业文化是企业的灵魂，是企业管理的高级阶段，文化制胜是企业成功的最高境界。在中国，《易经》最早把“文”和“化”两字联系起来：观乎天文，以察时变；观乎人文，以化成天下。在现代企业管理中，企业文化已成为企业的核心竞争力和企业成功的关键，是企业发展的原动力。

| 教学环节 | 教学活动 | 设计意图 |
|---|---|---|
| 1. 企业文化概念导入 | “启发式”教学：【提问】作为印刷专业的大学生，个人熟知的优秀印刷企业能举一二吗？能说说你认为它们优秀的理由吗？是因为品牌有知名度？高质量的产品？先进的生产线？良好的工作氛围？优厚的员工待遇？规范的管理制度？还是……<br>【教师讲解】企业文化是企业的灵魂。企业的经营是“筋、骨、肉”，文化就是企业的“精、气、神”。优秀的企业一定由内而外地显现出团结友善、积极向上的“气质”。如何加强企业文化建设，推进企业文化管理，越来越成为印刷企业管理者注重和关心的问题。 | “启发式”教学引出课程内容主题，初识企业文化。 |
| | “形象化”教学：【视频演示】雅昌企业（集团）的企业文化、校园宣传片<br>【教师讲解】企业文化是指企业长期形成的共同理想、基本价值观、作风、生活习惯和行为规范的总称。企业文化的本质，就是企业员工共同遵守的价值观念和行为规范。优秀的校园文化造就今日精彩校园，优秀的民族文化成就今日伟大祖国。 | “形象化”教学演示文化的组成，导入“爱国、爱校”精神。 |
| 2. 企业文化内涵与本质的讲解 | “案例式”教学：布置学生在课前预先观看平台资源，了解上海烟印、雅昌企业（集团）等优秀行业企业的企业文化建设案例，初步了解文化内涵与本质，然后再加以课堂讲授，使学生充分理解企业文化的核心是价值观，它通常会被企业凝练为一种企业精神，如上海烟印的“和搏一流”、雅昌集团的“为人民艺术服务”，而且企业往往会以多种方式对此开展对内、对外的宣贯。 | “案例式”教学展示行业企业优秀企业文化的核心与本质。 |

（续表）

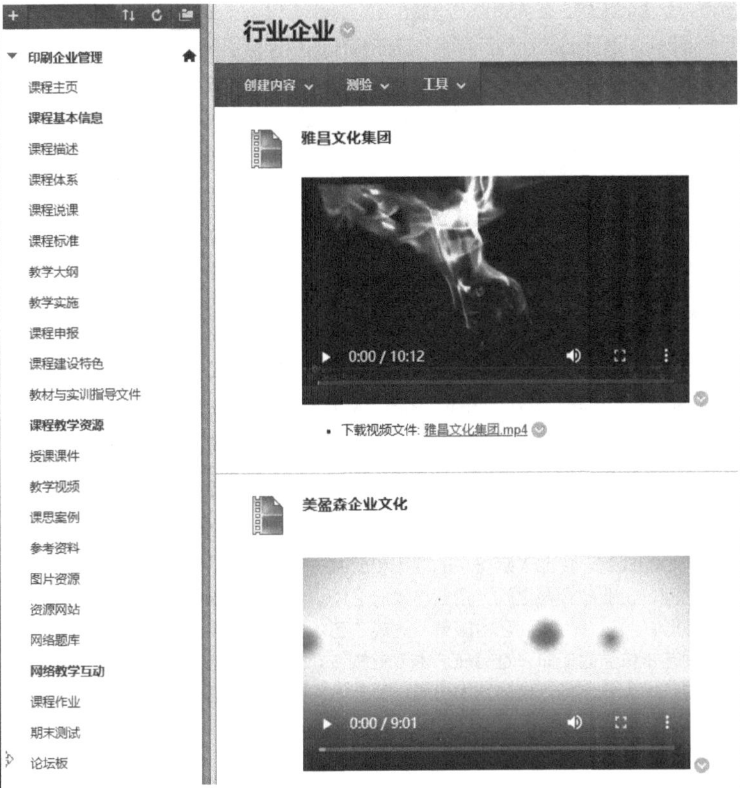

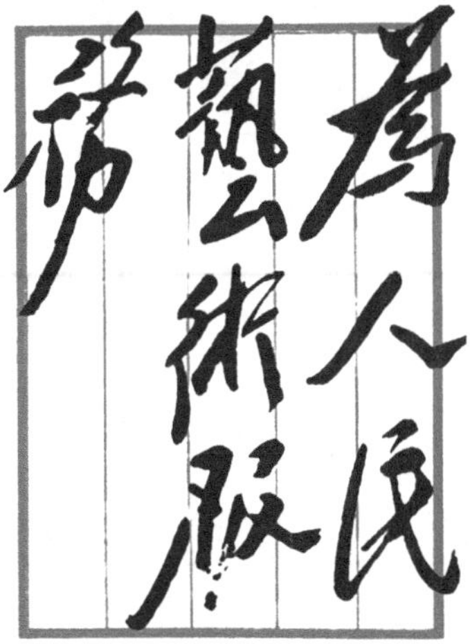

烟印企业精神　雅昌企业精神

（续表）

<table>
<tr>
<td></td>
<td>“画龙点睛式”教学：通过“画龙”——讲授企业文化的内涵与本质，启发学生思考身边校园文化的本质，从而实现“点睛”——使学生深刻领悟身边的校园文化的核心价值观，“崇德弘文、笃行致远”的本校校园精神所引领的价值导向，达到激发学生知校、爱校的思政育人效果。<br> <br></td>
<td>“画龙点睛式”教学启发思考校园文化的核心与本质。</td>
</tr>
<tr>
<td>3. 企业文化层次的讲解</td>
<td>“案例式 + 讨论式”教学：首先，精神文化层（MI）是企业的思想，也是企业发展的一种潜在动力。雅昌企业（集团）把“为人民艺术服务”实现“艺术为人民服务”作为企业宗旨，把成为卓越的艺术服务机构作为其愿景目标，以“让艺术走进每个人的生活”为使命。<br>其次，行为制度层（BI）是指员工在生产经营及学习娱乐活动中产生的活动文化，包括企业行为的规范，企业人际关系的规范和公共关系的规范。企业行为包括企业与企业之间、企业与顾客之间、企业与政府之间、企业于社会之间的行为。雅昌的主要业务，通过“为人民艺术服务”达成“艺术为人民服务”，传承、提升、传播和实现艺术价值为使命。雅昌在艺术专业领域，传承优秀艺术文化，提升艺术价值；在艺术大众市场，传播艺术价值，让艺术之美融入生活。<br>最后，物质文化层（VI）是企业自身理念、行为和内在个性、文化、价值观、追求的外在表现，是企业个性化的视觉识别特征。<br> <br><br> </td>
<td>“案例式 + 讨论式”教学巩固对企业文化构成的认识。</td>
</tr>
</table>

（续表）

<table>
<tr>
<td>4. 企业文化各层次之间的关系</td>
<td>“互动式” + “元素化合式 + 画龙点睛式” 教学：<br>企业文化建设的三个层面是相互联系、相互制约：精神层为物质层和制度层提供思想基础；制度层文化约束和规范物质层文化和精神层文化的建设；物质层文化是形成精神文化和制度文化的条件，是企业文化的外在表现和载体。<br>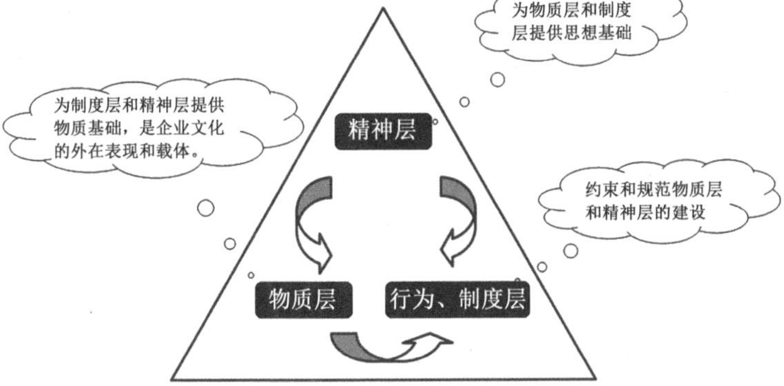<br>“互动式”是利用课程 BB 平台讨论板功能及课堂教学过程，结合身边校园文化，采用“互动式”教学方法实施教学。在互动讨论中使学生理解身边的校园文化是师生在教研、学习、娱乐中产生的活动文化，是学校精神面貌、人际关系的动态表现，也是校园精神、价值观的折射。校园行为文化包括校园集体行为，校领导的行为，学校先进模范人物的行为，师生员工的行为等。学生的日常行为包含个人、个人与他人之间、个人与社会之间的行为，行为文化集中反映学生个人道德品质、敬业精神、心理素质、气质情怀等文化特征，能折射个人精神、价值观等。<br>校园师生精神面貌、教学环境、标志性建筑、宣传标语、学校标识等，可以规范师生行为礼仪和精神风貌，在社会上建立起高度信任感和良好声誉。对于学生而言，日常着装、言谈举止以及人际交往都能反映个性，虽然属于表层，但其实也是个人综合素养的外在体现。在互动讨论中巩固对文化建设三层面之间相互关系的理解。<br></td>
<td>“互动式” + “元素化合式 + 画龙点睛式” 教学实现企业文化的思政育人。</td>
</tr>
</table>

（续表）

<table>
<tr><td>4. 企业文化各层次之间的关系</td><td>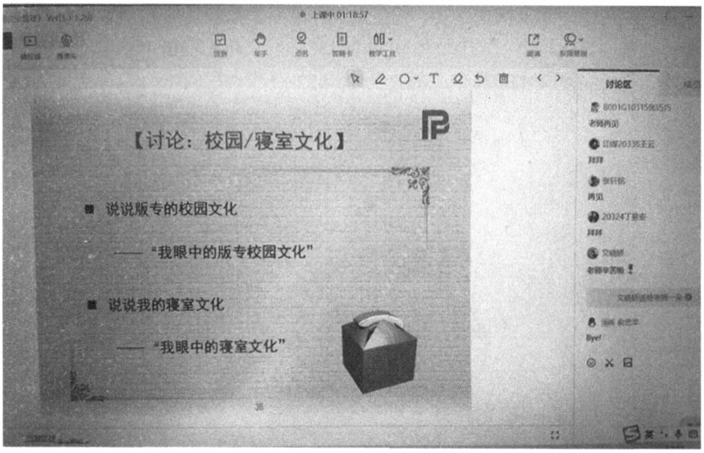

“元素化合式”教学将企业文化建设的 MI、BI、VI 三层面与个人发展的 MI、BI、VI 三层面相化合，达到教育学生如何从多个层面做好一个“有文化”的大学生的育人目的，同时结合近年来新冠疫情抗疫形势将企业文化进一步与中华民族文化进行化合，使学生深刻体会是中华民族精神激励着全国人民取得了抗疫持久战一次又一次的胜利。中华民族精神是中华文化最本质、最集中的体现，是以爱国主义为核心，团结统一、爱好和平、勤劳勇敢、自强不息的精神，是各民族生活方式、理想信仰、价值观念的文化浓缩。进一步增强学生的道路自信、理论自信、制度自信、文化自信，激发学生的爱国热情。</td><td></td></tr>
<tr><td>5. 作业布置</td><td>（1）从网站上收集其他印刷行业企业的企业文化建设案例，巩固理解企业文化的本质、内涵、层次及相互关系，增进对行业发展的了解。<br>（2）课程 BB 库的论坛上完成如何做“有文化的大学生”的话题回帖。</td><td></td></tr>
<tr><td colspan="3">五、教学反思</td></tr>
<tr><td>教学成效</td><td colspan="2">➢案例式、互动式等快乐教学方法充分发挥学生在教学中的主动性，学生积极参与讨论，有效激发学习兴趣。在讨论中，学生巩固理解企业文化的本质、内涵、各层次相互关系。<br>➢启发式、讨论式教学实现知识与情感、态度及价值观的结合，通过学习雅昌企业（集团）的企业文化，学生充分感受行业内优秀企业文化的魅力，增进了职业情感、强化了行业认同。<br>➢“画龙点睛式 + 元素化合式”教学手段重视情感、态度，价值观的正确导向，使学生感悟到身边校园文化的重要性，在全面掌握 MI、VI、BI 概念的同时，能够将企业文化与校园文化、企业文化与中华民族文化进行化合，达到了增强学生文化自信，激发爱国、爱校热情的育人目的。<br>课程思政教学把专业知识与学生发展紧密结合，达到了课程思政盐溶于水、潜移默化的育人效果，提升了课程教学的深度和温度。</td></tr>
<tr><td>存在问题</td><td colspan="2">在关于企业文化的重点难点的讲授中，如何有机融入社会主义核心价值观及民族精神，引导学生深刻理解其丰富内涵，更准确把握其精神实质，以及在理解中华民族文化的思想精华和时代价值的基础上，完善个人道德品质、培育理想人格，做爱国、爱校，有文化的大学生，展示新时代大学生的风采等方面，有待进一步完善。</td></tr>
</table>

（续表）

六、教学资源推荐

BB《印刷企业管理》课程资源库：https：//bb. sppc. edu. cn/webapps/blackboard/content/listContent Editable. jsp? content _ id= _ 84923 _ 1 & course _ id= _ 2623 _ 1BB

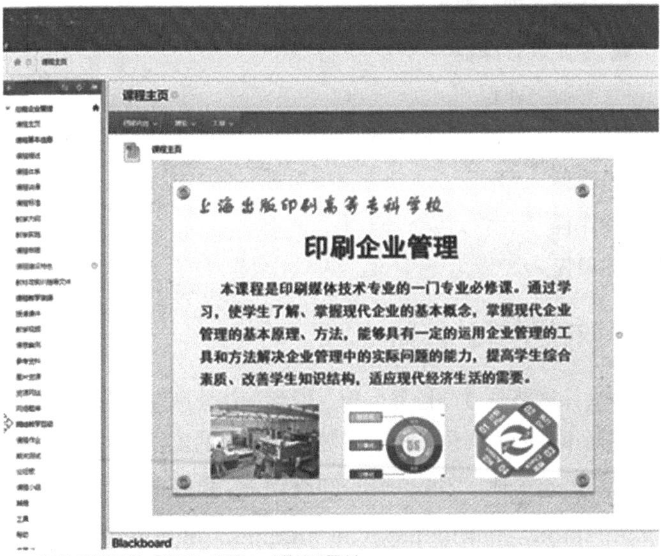

# 《静电照相印刷》课程教学设计案例

《静电照相印刷》是数字印刷技术方向专业核心课程之一，教学目标是使学生深入掌握静电照相数字印刷基础理论知识，教学内容以静电照相数字印刷理论为主，涉及静电照相数字印刷机工艺过程，结构与系统设计及静电照相数字印品相关评价方法等知识。此外，本课程结合实训项目，还可以让学生了解静电照相数字印刷输出过程，通过实地操作，可以使学生进一步了解和掌握静电照相数字印刷机的原理及生产过程，有效地将课堂知识应用于实践，提高学生所学的数学知识用以解决实际问题的能力。

## 一、课程简介

课程名称：《静电照相印刷》　　专业名称：数字印刷技术

学时学分：32 学时/2 学分　　授课对象：21 级数字印刷 1，2 班

课程类别：□ 公共基础类课程

■ 专业教育课程

□ 实践类课程

如选择专业教育课程，请进一步选择：

□ 专业基础类课程

■ 专业核心类课程

□ 专业选修类课程

## 二、课程思政教学设计思路

本课程的总体设计思路是遵循任务引领、做学一体原则，参照印刷操作员国家职业标准，根据企业印刷操作员的作岗位要求，以数字印刷员的工作任务和职业能力为依据设置本课程，同时，将“工匠精神、团队合作、知行合一”思想融入课程教学。

课程内容主要是让学生对静电照相印刷有基本的了解和认识。具体包括三方面的内容，一是关于静电照相印刷的概述，其中包括静电照相印刷的起源、工作步骤及发展过程。二是静电照相印刷的基本知识，包括静电照相印刷具体的工作原理，材料分类、设备结构及静电照相印刷机的相关软硬件介绍等。三是学生通过专项的静电照相印刷实训项目训练，将静电照相印刷的理论知识应用于实践，解决实际生产过程中的问题。课程设计灵活应用我校首创的“课中课”模式，通过挖掘印刷企业管理专业知识和技能点所蕴含的思政元素，结合“三寓三式”教学方法，综合性运用多种教学手段，充分利用商业案例、实物资料、视频课程、多媒体课件等资源教授课程内容，并结合疫情期间线上教学的经验，

适当应用线上平台提升学生兴趣和辅助教学。在教学设计时，以“流程企业化、案例商业化、内容游戏化、形式幽默化”的宗旨，以“汤里放盐”的基础上“加糖”的理念，将专业知识、专业技能、思政要点三种重要的教学元素进行化合，实现专业课程与思政教育的同向同行，协同育人。

## 三、课程思政教学设计与实践

为贯彻国务院关于印发国家职业教育改革实施方案的通知，响应教育部关于课程思政建设指导纲要理念，通过课程改革和教学设计，来提升学生的动手能力和创新意识，培养学生职业综合能力和爱国情操。专业课《静电照相印刷》积极响应国家号召，以构建“全员、全过程、全方位”育人的思政工作新格局为目标导向，充分发挥课堂教学在大学生思想政治教育过程中的主导作用和育人功能，结合专业特色，发掘专业课程中蕴含的思想政治教育元素，发挥专业课程的思政教育作用，达到与思政理论课同向同行，形成协同效应。

(1) 三精三段、三寓三式，融入课程思政

《静电照相印刷》课程采用课前启发式、课中体验式、课后感悟式“三段”式教学实施过程。通过“精”心设计，“精”选案例，“精”彩分享的“三精”教学法，将“寓道于教、寓德于教、寓教于乐”融入课程教学实施过程中，如图 1 所示。

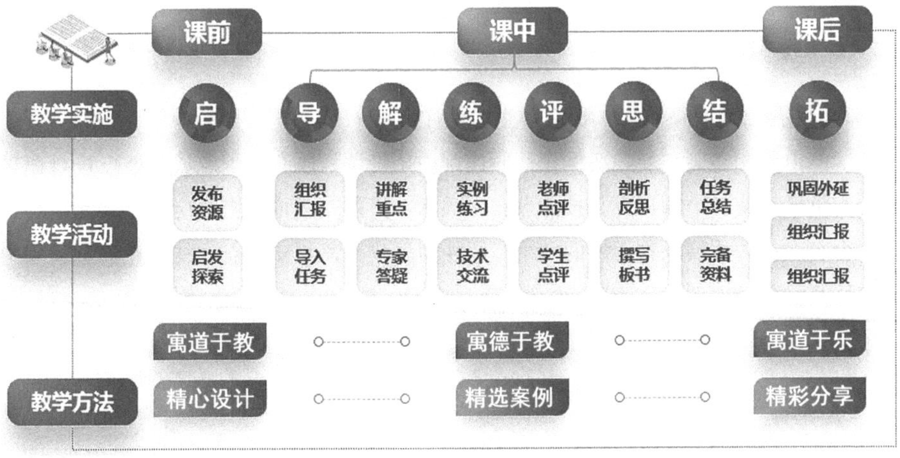


图 1 《静电照相印刷》课程教学模式实施过程

同时，在课程教授的过程中，采用“画龙点睛式、专题嵌入式、元素化合式”的“三式”教学方法，创新性地将德育元素融入知识技能培养环节，打通了显性知识技能培养与隐性素养培育相互促进的通道。

(2) 线上线下、混合教学，保障教学质量

课程采用线上线下混合式教学方法，除常规教学手段外，开发了基于“互联网 + 校园”的移动终端 APP——“印课堂”等，使得学生可以便捷，实时，无地域限制地访问数据库，且知识点、技能点与对应的思政元素以答题互动、有奖竞猜、虚拟仿真挑战等方式融入终端，实现了寓教于乐的目的。如图 2 所示。

同时，结合目前热门的校企合作直播教学，且《静电照相印刷》微课及说课视频均已登录智慧树、高等教育出版社课程思政平台及学习强国等线上平台、学生可随时随地观看项目教学相关资料与内容，如图 3 所示。通过信息化教学，学生项目活动参与度得到有效提升，抬头率大大提高，学习效果增量也是明显。

图 2　课程线下实训平台

图 3　课程线上信息化平台

(3) 技思融合、真案真做，提高学生水平

在《静电照相印刷》教学案例设计的过程中，将课程原有知识点、技能点进行逻辑上的分类与拆解，使各个知识点、技能点有序顺承，另外，需将党史对应的思政元素与之有机地融合在一起，达到润物无声的效果。图 4 为思政元素与知识点，技能点构建过程中的融合与联系。

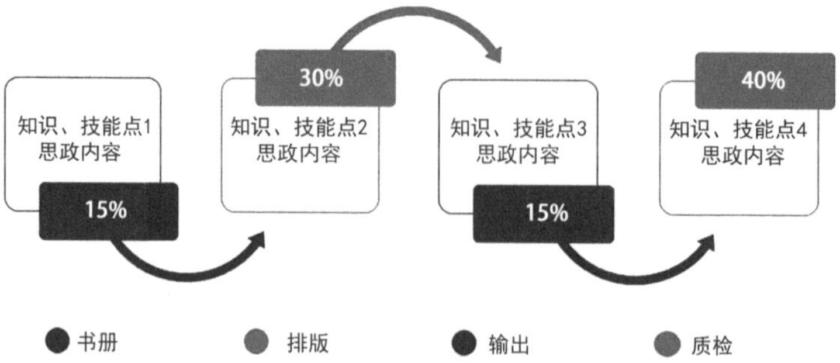


图 4　思政元素与知识点技能点之间融合与联系

在课程案例制作的过程中，通过引入校企合作企业真实教学案例，对接国家职业资格证书数字印刷员岗位要求，以项目为载体，深度挖掘专业课程蕴含的思想政治教育元素，通过“成风化人 润物无声”的方式聚焦《静电照相印刷》课程的育人价值。以登机牌的制作为例，其整体制作流程如图 5 所示。

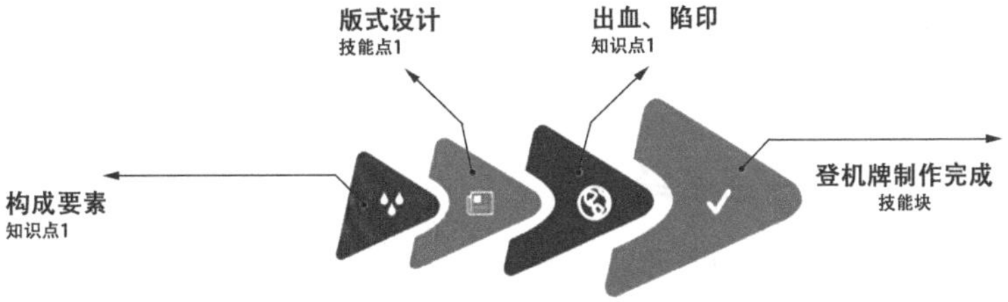


图 5　登机牌制作整体流程

根据印前的知识可知，“出血”，是为了避免生产过程中因各工序的误差而产生废品，保持图形图案的视觉完整性和逻辑性，而在稿件成品范围外，延续成品稿件内容，延伸出来的稿件范围。以 mm 来表示。一般印刷品的“出血”是 3 mm。在版面设计过程中，建议将出血考虑在设计范围之内，避免在印制的时候再做出血，造成不必要的麻烦。将“出血”的知识点，与企业真实案例结合，将要表达的思政元素以“润物无声”的方式融入，锻炼了学生的技能同时，又提高了学生的综合素养。如图 6 所示。

图 6　最美登机牌制作

## 四、课程思政成效评价

课程团队定期开展课程思政建设进展交流会，碰撞课程建设中的创意与火花，使得课程不断完善。在此基础上，多次应邀在校不同职能部门进行课程思政建设报告，得到了同行的一致好评。

其次，通过课程思政改革，课堂低头族少了，抬头率上升了，不及格率大幅度下降，在提高学生的职业素养同时，切实提高学生的文化素养。在此基础上，我系学生在各类国际及国家专业类竞赛中获得成效，专业认可度在同行业及企业大幅提高。

经过几年的建设，《静电照相印刷》课程收到了校内外同行和学生的高度评价，该课程主讲人被邀请应邀在第一期、第二期赴上海职业院校现场观摩“课程思政”经验交流高级研讨班、上海高职高专院校思想政治理论课课程建设联盟第三届年会、广西职业技术学院，贵州幼儿职业技术学院等其他高等职业院校进行《静电照相印刷》课程思政教学经验交流，取得了不错的效果。

## 五、课程思政可供借鉴经验做法

首先、课程整合“思政教师、专业教师、行业技师”3支队伍组成教师群，形成课程思政改革的协同机制，经常开展集体备课，思政老师重点协助专业老师、行业技师挖掘思政元素。协同育人机制使思政教育的舞台变大，戏路变宽，将显著提升职业院校思政教育效果。通过课程思政改革实现思政教育由“进教材、进课堂、进头脑”拓展为“进专业、进行业、进社会”，成为高职教育领域“全员育人、全方位育人、全过程育人”的活样板。

其次，打造专业课程思政的“金案例”，在职业教育领域发挥引领作用。结合专业建设，逐步推出一批融课程思政理论、时事政策及专业实际于一体的专业课程，打造一批融“德育味”“思政味”于其中的经典案例，寓课程思政教育于专业课堂，抓住课堂“育人”的本质要求，在润物无声中发挥专业课程课堂的隐性课程思政教育功能，形成“课程思政”建设长效机制。通过课程思政建设，在上海乃至全国范围内进行课程思政建设成果分享。

## 六、课程思政教学反思

在理实一体化的教授过程中，项目已经通过课前预习、课堂提问、小组讨论、课中评价、实践指导、课后作业等多个阶段对学生进行了过程性评价，能够积累一定的评价数据。在接下去的课程改革中，首先要利用信息化手段更多更全面地收集过程性的评价数据，其次要进一步发挥数据的支撑作用，在授课过程中根据每一个学生的学习情况和学习意愿，动态调整学生课程学习的最终目标和实施路径，因材施教，最终力争实现千人千面的个性化教学，适配个体的最佳效果。

# 《音乐鉴赏》教学设计

<table>
<tr><td colspan="6">一、基本信息</td></tr>
<tr><td>课程名称</td><td>音乐鉴赏</td><td>学期</td><td>第一学期</td><td>课程类型</td><td>理论课</td></tr>
<tr><td>授课对象</td><td colspan="3">一年级新生</td><td>职称</td><td>副教授</td></tr>
<tr><td>授课章节</td><td colspan="3">中国名曲欣赏——《黄河大合唱》《黄河协奏曲》</td><td>时长</td><td>2 学时</td></tr>
<tr><td>课程教材</td><td colspan="5">《音乐赏析》，杨燕迪、姜蕾，人民音乐出版社</td></tr>
<tr><td colspan="6">二、学情分析</td></tr>
<tr><td colspan="6">学生对《黄河大合唱》中的歌曲保卫黄河普遍比较熟悉，能够哼唱歌曲的不在少数，在课程内容上比较容易调动学生的积极性。但是，学生对钢琴协奏曲《黄河》知道的为数不多，对两部作品的创作背景也不是特别清晰，对于涉及的协奏曲中的华彩乐段、轮唱、轮指、卡农等音乐基础知识了解甚少，需要教师在教学过程中完成概念的讲解。在教学过程中会让同学们参与到课程教学活动，比如歌曲《保卫黄河》，请学生用齐唱和轮唱的方式表演，目的是直观快捷的了解概念，不仅增加了学生的参与度更是提高了上课的趣味性。</td></tr>
<tr><td colspan="6">三、教学目标</td></tr>
<tr><td colspan="6">1. 知识目的<br>了解两首作品在中国音乐史上的重要地位；了解课程中涉及的音乐基础知识，如：齐唱、轮唱、调试、协奏曲的概念等；合唱表现中常用的处理手段等。<br>2. 能力目的<br>能够辨别齐唱和轮唱的表演形式，了解中国的民族调式——宫、商、角、徵、羽；协奏曲《黄河》和《黄河大合唱》的结构特点；听辨旋律的能力及音画的想象力。<br>3. 课程思政元素、融入方法与目标<br>▶“他山之石，可以攻玉”，协奏曲是来源于西方的音乐体裁，但在乐曲创作结构上，我国音乐家们没有采用国外协奏曲固有的三乐章模式，而是运用了中国传统音乐创作技法中的“起”“承”“转”“合”四个部分来展现乐曲结构，彰显了中国传统音乐结构的优秀性。<br>▶ 在西方交响乐中融入中国传统乐器笛子与琵琶，也是《黄河》钢琴协奏曲的创新点，充分体现了文化传承中“中西合璧”、‘“洋为中用”的表现力。<br>▶ 1＋1＞2，强调团队合作的重要性，鼓励同学之间互帮互助，共同发展进步，取得好成绩。<br>▶ 艺术作品能表现一个民、一个时代，只有民族的才是世界的，引申到艺术作品中民族元素的重要性。</td></tr>
<tr><td colspan="6">四、教学内容</td></tr>
<tr><td colspan="6">1.《黄河大合唱》创作背景，词曲作者介绍；<br>2.《黄河大合唱》大型声乐套曲的 8 个乐章介绍；<br>3. 歌曲《保卫黄河》的分析及演唱；<br>4. 协奏曲《黄河》的创作背景、作品结构分析；<br>5. 分析两首作品的关联；<br>6. 听音乐讲故事，以协奏曲第四乐章的片段为例；<br>重点：运用“三寓三式”思政模式基础下的“三维五动”教学法，发挥学生主观能动性，打破音乐鉴赏课程陈旧的老师讲学生赏的授课方式，让学生多多参与课程的内容设计，要调动学生对音乐的想象力，音乐和画面结合，音乐和故事结合。</td></tr>
</table>

（续表）

| 五、教学过程及设计 | |
|---|---|
| 教学内容与方法设计 | 教学设计意图 |
| （一）课程导入 | |
| 〖讨论话题〗你到过黄河吗？见到过黄河的雄伟吗？你知道咱们国家有哪些歌颂黄河的优秀音乐作品吗？<br>〖课程引入点〗这堂课带给同学们的就是和黄河有关的两部非常优秀的音乐作品。 | 1. 问题导入，先引起学生对课程内容的关注，再逐一讲解。 |
| （二）内容设计与讲授 | |
| 一、《黄河大合唱》<br>〖内容分析〗教师讲述作品的创作背景，概述该作品的内容和结构<br>〖教学处理〗教师先钢琴演奏其中一段歌曲的主旋律，让学生说出该作品的名称，引导学生快速融入课程内容。在讲合唱中“齐唱”与“轮唱”的概念时，邀请同学们一起高唱耳熟能详的歌曲《保卫黄河》，用齐唱加轮唱的方式来演绎作品，加深对概念的理解。<br>〖教学预设〗学生可能提出的问题预判和解决<br>学生可能会提出轮唱和卡农的区别。教师首先可以表扬学生的观察能力，再告诉学生，两者在音乐表现的处理上相近，但轮唱是用在声乐作品中，而卡农是用在器乐作品中。 | 1. 基于“五动”之“唱”“跳”鼓励学生大胆表现，通过“唱”“跳”红歌培养学生的民族意识和爱国主义情操。<br>2. 结合党史，通过聆听主题演奏片段，引导学生感受革命精神，激发学生爱国主义情怀。 |
| （二）协奏曲《黄河》<br>〖内容分析〗教师讲述作品的创作背景，概述该作品的内容和结构<br>〖教学处理〗通过音频资料的欣赏找出两个作品之间音乐的关联。通过视频的赏析找出钢琴家殷承宗演奏的协奏曲黄河中运用了哪些民族乐器。在协奏曲的第四乐章，当“东方红太阳升”的主旋律响起时，引导学生将音乐转化成画面感以叙述的方式说出来。<br>〖教学预设〗学生可能提出的问题预判和解决<br>学生有可能会提出协奏曲是否是交响曲的问题。教师解答协奏曲可以是交响乐的一种，但不是交响曲。交响曲有自己的曲式结构和特点。如果没有学生提问，教师可以把这个问题抛出，让学生来回答，进而将两个概念解释清楚。<br>〖教学拓展〗普及一些关于音乐会的小知识。如：鼓掌的艺术：音乐会上音乐作品乐章之间不鼓掌，终乐章结束后才能鼓掌，歌剧、舞剧中演员完成了高难度的片段后要给以热烈的掌声。一个交响乐队除了指挥还有谁能指挥乐队？音乐会返场曲目一般会有几首？ | 1. 基于“三维”之“点”从创作技法融入“点”上入手，阐述中外作曲技巧。<br>2. 听觉与视觉相结合，将音乐转化成画面感，帮助学生更好地感受作品。<br>3. 通过音乐作品的感染力激励学生不忘国耻，为实现中华民族的伟大复兴而努力学习。 |
| （三）总结与评价（以问题和讨论的形式） | |
| 〖内容分析〗<br>1.《黄河大合唱》的结构，8 个章节关系；<br>2.《黄河》协奏曲的结构，4 个乐章的关系；<br>3. 轮唱、齐唱的不同点；<br>4. 音画结合的原则；<br>总结：黄河是中国的母亲河，两部作品都在中国音乐史上占有重要的地位，要熟悉并了解。课程从音乐内容、形式上展示作品魅力，弘扬民族文化，增强爱国意识。 | 通过音乐作品的感染力激发学生的爱国之情，提升文化自信。 |

（续表）

| | |
|---|---|
| （四）作业布置 | |
| 1. 完整地欣赏《黄河大合唱》；<br>2. 完整地欣赏《黄河》协奏曲。 | |
| **六、资源推荐** | |
| 线上资源库网址等：<br>1.《黄河大合唱》https：//www. bilibili. com/video/av27651091/；<br>2.《黄河》协奏曲 https：//v. qq. com/x/page/a0502gpfrd8. html。 | |

## 教学活动图片

图 1　教师在讲解《黄河大合唱》的内容

图 2　教师在讲解黄河大合唱的词曲作者

图 3　教师组织学生用齐唱轮唱的方式演唱《保卫黄河》

图 4　学生用舞蹈抒发自己对音乐的理解

图 5　教师在演奏歌曲保卫黄河

图 6　教师在讲解黄河协奏曲的创作背景

# 《经济学基础》教学设计

| 一、基本信息 | | | | | |
|---|---|---|---|---|---|
| 课程名称 | 经济学基础 | 学期 | 21-22-1 | 课程类型 | 必修 |
| 授课对象 | 21 级艺术设计（艺术经纪）专业 | | | 职称 | 教授 |
| 授课章节 | 第一章　价格理论——供给定理 | | | 学时 | 3 |
| 课程教材 | 《微观经济学和宏观经济学》第六版　缪代文主编　高等教育出版社 | | | | |
| 二、学情分析 | | | | | |
| 学生在本任务学习之前已了解并掌握了影响产品市场价格的需求因素，以及这些需求因素的变动对行业产品需求的影响。目前，学生对价格的判断还缺乏供给层面的逻辑分析，对影响供给的因素了解不够全面，对本专业所在行业——文化艺术行业的某些现象分析不够，对该行业存在的问题尚未能提出有效解决措施。 | | | | | |
| 三、教学目标 | | | | | |
| 1. 知识目标<br>1）能阐述供给的内涵<br>2）能阐明供给的基本规律：一般规律和特殊规律<br>3）能掌握影响供给的主要因素<br>2. 能力目标<br>1）能根据影响供给的因素分析行业供给现状及存在的问题<br>2）能对行业健康发展提出相应建议<br>3. 课程思政元素、融入方法与目标<br>1）思政元素：哲学、文化、道德、创新、政策<br>● 哲学：辩证观、矛盾观（普遍性与特殊性原理）、发展观；<br>● 文化：文化艺术行业现象；文化情怀<br>● 道德：诚信、道德、责任；<br>● 创新：行业发展创新思维；<br>● 政策：文化产业发展战略（社会主义核心价值观、道德观及发展观等）。<br>2）融入方法<br>① 供给规律遵循一般与特殊认识规律<br>② 企业供给离不开社会主义核心价值观、道德观及发展观<br>③ 文化企业要健康发展，产业政策提出社会效益放首位<br>3）思政目标<br>树立创业创新理念、拥有职业道德精神、提升行业科学思辨能力、学用产业政策促行业健康发展。 | | | | | |

（续表）

四、教学内容

1. 基本知识：

理论知识框架：

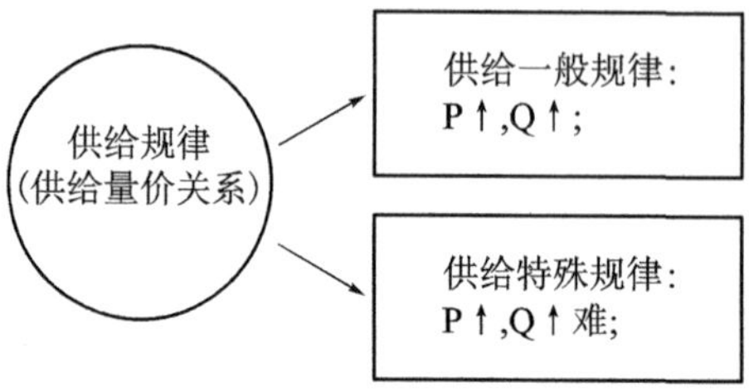


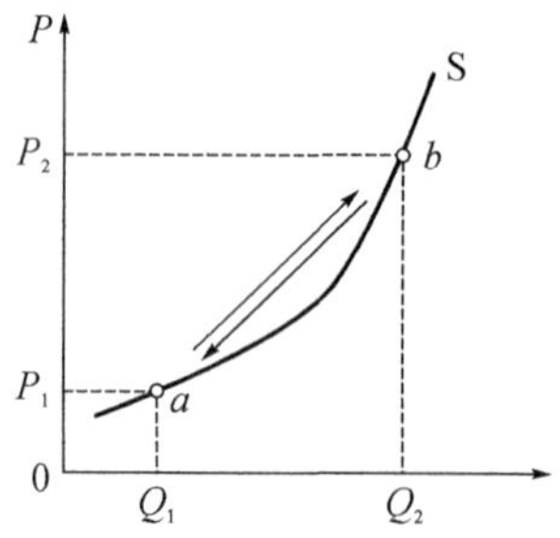


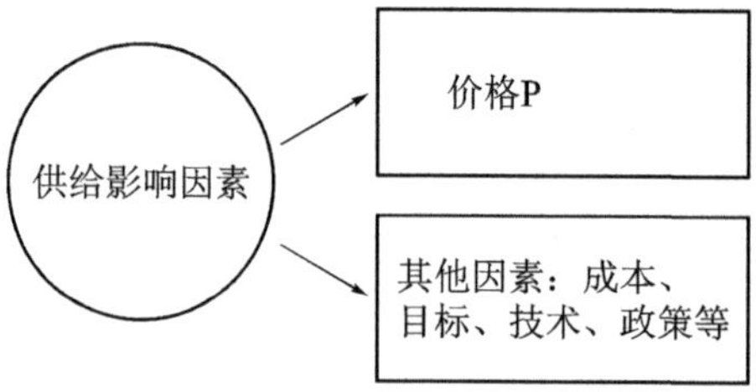


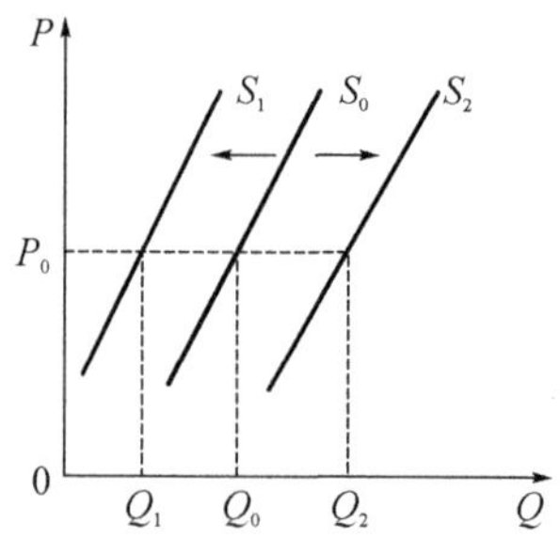


2. 思政融入方案：

| 章节 | 教学目标 | 教学内容设计 | 思政切入点 | 思政元素提炼 | 教学手段 |
| --- | --- | --- | --- | --- | --- |
| 供给理论 | 1. 知识目标：了解供给及其规律<br>2. 技能目标：能够分析影响供给的因素<br>3. 素养目标（思政）<br>● 提升科学思辨能力<br>● 学用政策经世济民<br>● 厚植情怀修身立德<br>● 协作创新坚持操守 | 课堂教学：<br>● 供给内涵<br>● 供给规律<br>● 供给影响因素<br>课外任务：<br>● 中国红色艺术家<br>艺术品市场供给现状（VR素材制作：艺术家介绍、艺术家作品展示，作品供给影响分析） | 1. 供给规律遵循一般与特殊认识规律<br>2. 企业供给离不开社会主义核心价值观、道德观及发展观<br>3. 文化企业要健康发展，产业政策提出社会效益放首位 | ● 哲学：辩证观、矛盾观（普遍性与特殊性原理）、发展观；<br>● 文化：文化艺术行业现象：文化情怀<br>● 道德：诚信、道德、责任；<br>● 创新：行业发展创新思维；<br>● 政策：文化产业发展战略（社会主义价值观、道德观及发展观等） | “三寓三式”<br>元素化合、画龙点睛、专题嵌入；<br>寓道于教、寓德于教、寓教于乐。<br>信息技术<br>● 线上线下融合（APP网络课堂等）<br>● 虚拟现实应用<br>多元整合<br>● 启发、探究、案例、互动、讨论、情景<br>课中课式拓展<br>专业课与思政课<br>专业课与专业课<br>理论课与实践课 |

**（续表）**

| **五、教学过程及设计** | |
| --- | --- |
| 教学内容与方法设计 | 教学设计意图 |
| （一）课程导入 | |
| 从一个普通杯子到带有创意设计的杯子，再到拥有齐白石书画作品版权的杯子，导入本章节教学主要内容：1. 一般商品的供给规律是什么？价格和供给量呈什么关系？2. 文化产品的供给规律如何？受哪些因素影响？ | 导出本章学习的主要内容及重要意义 |
| （二）内容设计与讲授 | |
| 任务探究：<br>从徐悲鸿的《奔马图》到李可染的《万山红遍》，再到张大千的《仿石涛山水画》，提出任务：艺术品作为当下投资理财产品之一，您认为艺术品供给会受到哪些因素影响？ | 结合专业特色，分析供给影响因素，提升学生文化素养。 |
| 课堂讨论：艺术品造假为何层出不穷，艺术品造假乱象原因何在？讨论结果如下：行业乱象原因包括：（1）价格因素：名画价格高，利润驱使造假；（2）制度因素：拍卖行免责条款；（3）道德因素：造假者人品、艺品缺失，缺乏正确的价值观、道德观引领；（4）技术因素：印刷、化学、机械等技术进步，假作难以辨认；（5）管理因素：管理：市场存在着一条成熟的制假、造势、假鉴、拍假、护假的链条。缺失相关法律管制。 | 提出行业乱象，引导学生分析行业供给问题的影响因素，潜移默化融入道德、政策、创新等思政元素 |
| 巩固提升：<br>1. 技术创新推动文化市场发展。如 VR 艺术创作及 VR 观展，数字艺术品等<br>2. 思维创新推动文化产品供给。如文化品牌授权<br>3. 国家大政方针引导文化市场健康发展。如十九大文化产业发展战略等 | 通过案例拓展，启发，强调行业发展需要树立创新思维、理解并运用产业政策。 |
| （三）总结与评价（以问题和讨论的形式） | |
| 课程总结：供给规律存在一般和特殊规律，影响供给的因素主要分为两大类，价格和非价格因素。文化艺术行业供给规律存在特殊性，若市场要健康发展，坚持社会效益优先原则，树立创新意识及坚持职业操守。具体如下：<br>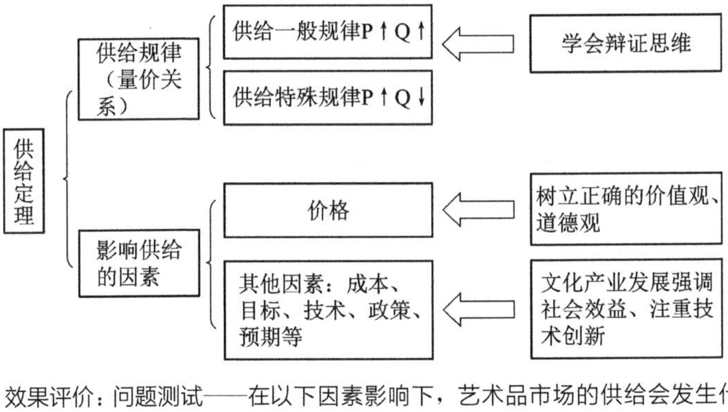<br><br>效果评价：问题测试——在以下因素影响下，艺术品市场的供给会发生什么变化？画图说明。<br>（1）国家对文化产业扶持政策<br>（2）科技提高，技术突破<br>（3）艺术品价格上涨 | 通过总结和对学生测评，明确学生要掌握的基本知识点及素养提升，同时了解学生对课堂内容的理解和认知程度。 |

（续表）

| （四）作业布置 | |
|---|---|
| 【课中课训练】VR/AR 实训（经济学基础、新媒体艺术设计）<br>【任务训练】查阅中国知名红色艺术家及其作品创作的影响因素（如创作背景及动机）等资料，并运用所学设计知识开展 VR/AR 素材开发及制作。 | 强化育人目标：<br>1. 分析及运用红色文化产品的供给影响因素，增强思政育人成效。<br>2. 结合科技，项目驱动，创作 VR 产品，提升综合素质。<br>3. 增强学生团队协作、创新能力。<br>4. 实现教学相长（教育部科创研究项目，专业创新团队项目）。 |
| **六、资源推荐** | |
| BB 平台线上资源库网址：https：//bb. sppc. edu. cn/ | |

## 教学活动图片

课堂教学——理论知识讲解

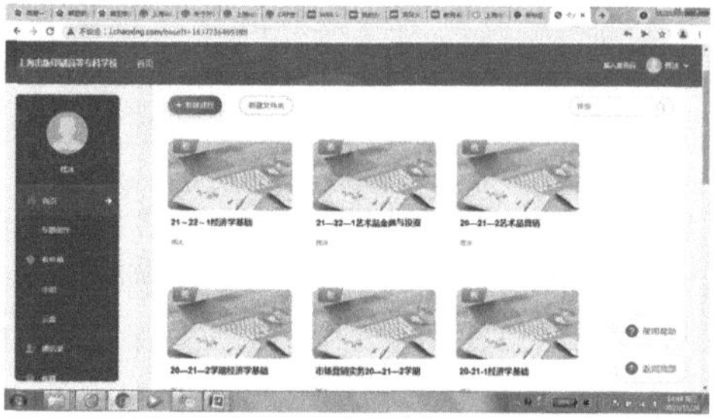

线上教学互动平台（超星平台）

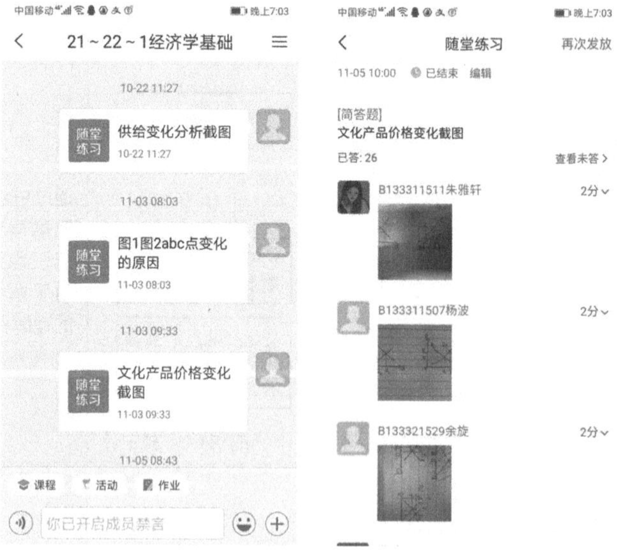


课堂线上互动（学习通平台及 BP 平台）

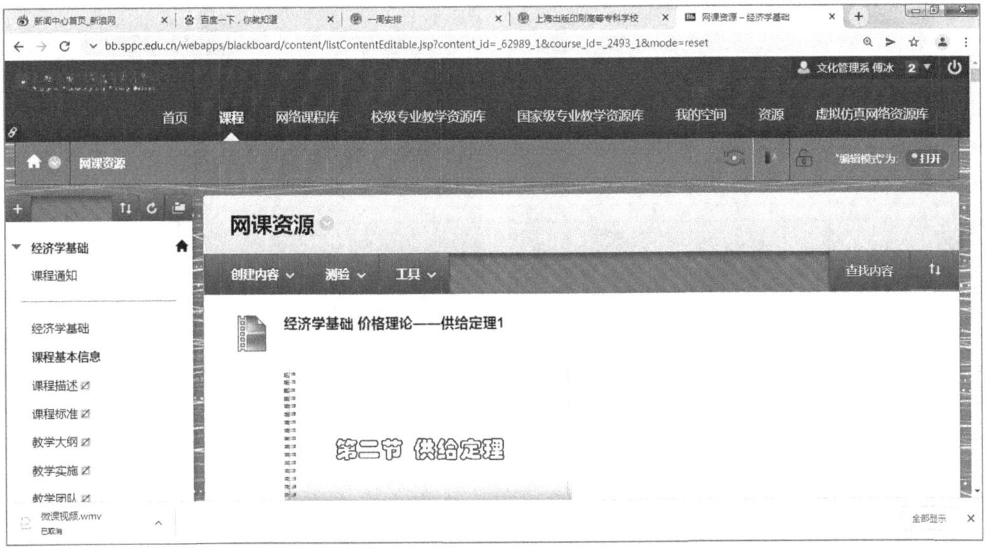

BB 平台线上课程资源库教学资料

学生作业（红色艺术家及其作品影响因素介绍）

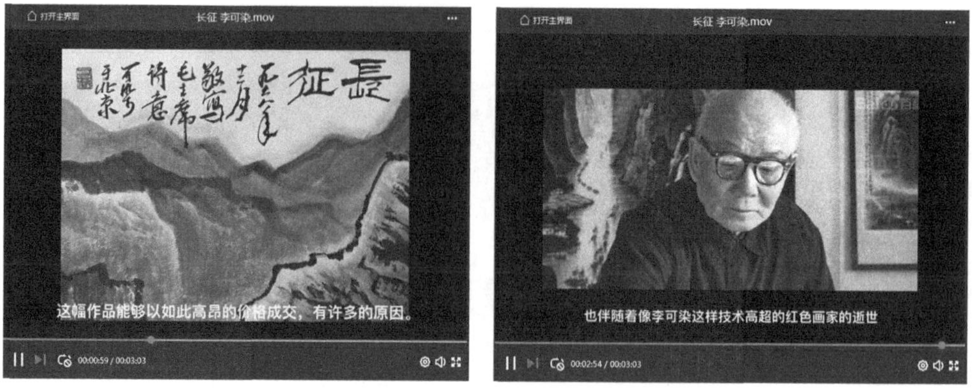


学生作业：视频制作：红色艺术作品市场供给分析

VR 实践成果：红色艺术作品展

THREE

# 第三篇

DAGANGJINGXUAN

§

# 大纲精选

下面是我校第一批具有“三寓三式”范式特色的教学大纲。“三寓三式”范式的全称为“三元三寓三式（五化五式）”范式。“三元”为思政道德、文化素养、职业操守。“三寓”为“寓道于教、寓德于教、寓教于乐”。“三式”为“画龙点睛式、专题嵌入式、元素化合式”。“寓道于教”是指教师不能单纯地教学生学知识，更要润物无声地让学生懂得如何学会把握自然和社会的发展规律，遵守做人做事的基本准则。“寓德于教”是指教师在教学中潜移默化地培养学生良好品德，树立正确的价值观。“寓道于教”“寓德于教”对应“三式”（“画龙点睛式、专题嵌入式、元素化合式”）。“画龙点睛”指在讲授知识点和技能点时，进行社会主义核心价值观、唯物辩证法等思政元素的强化，实现价值引领。“专题嵌入”是教师不打破原来教学结构，精心将思政的某个专题进行有机嵌入，以加深学生对课程内容的理解，同时强化学生的价值认同。“元素化合”是老师将知识点、技能点、思政要点三种不同的教学元素以原子化合的方式进行结合，进而产生合而为一、浑然天成的效果。“寓教于乐”是要求老师因材施教，开展激发学生学习兴趣的“快乐教学”，包括“情景化、戏剧化、游戏化、故事化、幽默化；启发式、互动式、讨论式、案例式、探究式”（五化五式）等方式。

# 《出版物发行实务》课程教学大纲

**适用专业**：出版商务（贯通）　　**适用年级**：22 级
**课程属性**：专业课　　**学 分 数**：3
**课程性质**：专业必修课　　**总学时数**：48
**课程类型**：理论 + 实践　　**讲课学时数**：32
**考核类型**：考查　　**上机学时数**：0
**先修课程**：出版概论　　**实验与实践学时数**：16

## 一、教学目标基本要求

"出版物发行实务"是出版商务专业的必修课程，主要涉及出版物在流通领域的各类活动。出版物发行活动具有文化和经济的双重属性，本课程在教学中既要帮助学生熟悉出版物发行的基本工作原理和内容，掌握出版物进、销、调、储、运的工作流程，更要在对当前出版物发行活动发展现状和国家文化发展战略的分析梳理中，增强学生的文化自信，培养学生的文化创新意识，牢固树立守正创新的使命担当。

对标"三寓三式"课程思政改革教学成果，创新课程思政的教法和实现路径，激活课程德育元素，释放课程育人功能，实现知识传授、技能培养和价值引领的同频共振。充分挖掘出版物发行活动中有关家国情怀、社会责任、职业道德、创新精神等课程思政元素，通过互动、讨论、案例教学等方式，实现专业知识与课程思政的元素化合。在帮助学生掌握科学地组织出版物发行工作的方法和技能的同时，适时运用德育元素进行总结指点，画龙点睛，寓德于教。

## 二、与其他课程的关系

本课程的学习内容是出版概论课程有关出版物发行部分的深化，通过讲授出版物的流通规律，帮助学生掌握科学地组织出版物发行工作的方法和技能，是进一步学习出版物营销实务、出版物流管理实务等课程的基础。

## 三、知识点、技能点、思政元素及其层次要求

### 1. 知识点

1）出版物发行的基本概念，发行工作的属性，发行工作的效益；

2）出版物市场的概念与要素，出版物市场需求的概念与整体特征，各类读者的需求特点和购买行为特征；

3）出版物购销形式的定义和类型，购销折扣的相关概念和计算方法；

4）流通渠道的定义、类型，传统出版物发行渠道和网络发行渠道、数字出版物发行渠道的构成；

5）出版社和发行中间商的流通活动组织过程；

6）书店筹备与日常经营等运营活动要点。

**2. 技能点**

1）能提出对切实做好出版物发行工作“双效”统一的建议；

2）能分析典型的读者需求类型，能结合案例分析出版物市场需求的各种特征，能分析各类读者的购买行为特征；

3）能判断和选择出版物流通的购销形式，能正确认识出版物销售过程中的码洋、实洋，进行出版物销售过程中的回款和折扣额核算；

4）能结合出版物读者需求特征进行出版物直接渠道、短渠道的设计，能根据出版物市场需求正确选择合适的发行渠道；

5）能通过合适的方式开展出版物宣传征订，能选择合适进货渠道，完成出版物进货业务，能完成出版物批发、发运、货款结算的业务过程；

6）能结合定位提出书店开业筹备工作建议，能科学完成图书分类展陈工作，能熟练开展书店现场销售工作。

**3. 重难点**

1）正确处理发行活动中社会效益和经济效益的关系；

2）正确理解宏观出版物市场的概念和特征；

3）区分不同类型读者的购买行为特征；

4）理解不同出版物购销形式的特点，掌握与出版物购销折扣相关的概念及计算方法；

5）理解不同环节发行商发行活动过程的异同；

6）掌握常见出版物宣传征订的方式；

7）掌握进行出版物分类的方法，熟悉书店日常运营工作的内容。

**4. 思政元素**

1）恪守职业道德，承担社会责任；

2）继承优良传统，勇于开拓创新；

3）团结友善，包容合作；

4）诚实守信，遵守契约；

5）科学严谨，实事求是。

## 四、教学内容

**第一章　发行基础知识**

**主要内容：**介绍有关出版物发行的基本概念、发行工作的属性、发行工作的效益。

**对应知识点：**1. 出版物发行的相关概念。2. 发行工作的文化宣传属性与经济属性。3. 发行工作的经济效益和社会效益。

**对应技能点：**能提出对切实做好出版物发行工作“双效”统一的建议。

**重难点：**正确处理发行活动中社会效益和经济效益的关系。

**对应思政元素：**强调发行工作的文化宣传属性，发行工作应当把社会效益放在首位，强化学生恪守职业规范、勇担社会责任的意识。

**实施手段：**通过专题嵌入式，讲到发行工作的社会效益和经济效益时，嵌入辩证唯物法的矛盾论，强调应当将社会效益放在首位，实现社会效益与经济效益相结合，培养学生职业道德和社会责任的意识。通过案例教学和专题讨论，引导学生主动思考，深化认识。

**第二章　出版物市场及出版物市场需求**

**主要内容：**介绍出版物市场的概念与要素，出版物市场需求的相关概念与整体特征，个人出版物市场和集团出版物市场的特点，各类读者的需求特点和购买行为。

**对应知识点：**1. 狭义和广义出版物市场定义，出版物市场的构成要素，出版物市场需求的概念和类型。2. 个人出版物市场和集团出版物市场，出版物市场需求的整体特征。3. 少年儿童、农民、大学生、知识分子的需求特点和购买行为。

**对应技能点：**1. 能分析典型的读者需求类型。2. 能结合案例分析出版物市场需求的各种特征。3. 能分析各类读者的购买行为特征。

**重难点：**从商品供求的角度理解宏观出版物市场的概念和特征，区分不同类型读者的购买行为特征。

**对应思政元素：**培养以读者为中心的服务意识、科学引导并满足读者需求的创新精神和团队合作的精神。

**实施手段：**通过案例介绍出版物市场需求的特征，将满足读者阅读需求的专业知识与以读者为中心的职业道德元素化合，引导学生就“如何科学引导及满足读者需求”进行创新思考。运用任务引领的教学方法，通过小组合作完成读者需求特征的调查的学习任务，培养学生的团队意识。

**第三章　出版物流通制度**

**主要内容：**介绍出版物购销形式和购销折扣。

**对应知识点：**1. 出版物购销形式的概念和要素。2. 出版物报销、寄销、经销、代理等购销形式类型及特点。3. 出版物购销折扣的相关概念。4. 出版物码洋、实洋、发行折扣额、回款的计算

**对应技能点：**1. 能判断和选择出版物流通的购销形式。2. 能正确认识出版物销售过程中的码洋、实洋。3. 能正确核算出版物销售过程中的回款和折扣额。

**重难点：**理解不同购销形式的特点，掌握码洋、实洋、购销折扣额、回款的概念和计算方法。

**对应思政元素：**强化学生在出版物购销活动的诚信意识和契约精神，培养学生科学严谨的工作态度和精益求精的意识。

**实施手段：**采用元素化合的方法，在讲授寄销、经销、代理等购销形式时，突出交易中遵守契约的重要性，培养学生的诚信意识和契约精神。运用情景模拟，让学生进行对账回款核算，培养学生科学严谨和精益求精的职业道德。

**第四章　出版物流通渠道**

**主要内容：**介绍流通渠道的定义和类型，不同分类出版物渠道的特点，传统出版物发行渠道和网络发行渠道、数字出版物发行渠道的特征。

**对应知识点：**1. 出版物流通渠道的定义。2. 直接渠道与间接渠道，长渠道与短渠道，密集型渠道、选择性渠道与分散性渠道。3. 传统发行渠道与网络发行渠道的定义，传统发行渠道的类型，网络发行渠道的类型与特征。4. 数字出版物发行渠道的类型。

**对应技能点：**1. 能结合出版物读者需求特征进行出版物直接渠道的设计。2. 能结合出版物读者需求特征进行出版物发行短渠道的设计。3. 能根据出版物市场需求正确选择发行渠道。

**重难点：**结合不同类型出版物渠道的特点，设计选择合适的出版物发行渠道。

**对应思政元素：**认识艰苦奋斗、踏实敬业的行业传统，培养学生继承优良传统、不断开拓创新的责任意识。

**实施手段：**采用专题嵌入的教学方式，通过介绍红色新华史，让学生体会发行行业艰苦奋斗、踏实敬业的优良传统；通过案例分析讨论，介绍当前出版发行业媒介融合创新发展的现状和趋势，适时进行画龙点睛的总结，培养学生的创新意识。

**第五章　出版物流通过程**

**主要内容：**介绍出版社和发行中间商发行活动的流通组织过程。

**对应知识点：**1. 出版社发行活动的流通组织环节。2. 出版物宣传征订的媒介和方式。3. 中间商发行活动的流通组织环节。4. 进货的定义和方式，调剂的定义和作用。

**对应技能点：**1. 能通过合适的方式开展出版物宣传征订，能完成出版物批发、发运、货款结算的业务过程。2. 能选择合适进货渠道，完成出版物进货业务。

**重难点：**理解不同环节发行商发行活动过程的异同，掌握常见出版物宣传征订的方式，掌握出版物进货的方法。

**对应思政元素：**培养学生知法守法的法治观念和规范严谨的职业道德，增强学生社会责任感。

**实施手段：**在讲授出版物宣传征订时，嵌入《广告法》《出版管理条例》的相关规定，培养学生知法守法的意识和规范严谨的职业素养，强调出版物宣传的表达应当力图准确，坚持积极向上的思想内容和尽可能完美的艺术形式的统一。将择优进货原则专业知识与坚持“二为”方针的职业道德元素化合，增强学生的社会责任感和使命感。

**第六章　书店运营管理**

**主要内容：**介绍书店选址、定位、设计装修等筹备工作的要点，书店出版物分类、陈列、日常经营管理工作的要点。

**对应知识点：**1. 书店筹备选址和租金租期确定。2. 书店定位，设计装修风格与成本。3. 图书分类方法和图书陈列。4. 书店日常运营流程。

**对应技能点：**1. 能结合定位提出书店开业筹备工作建议。2. 能科学完成图书分类和展陈工作。3. 能处理书店日常运营涉及的销售、售后服务等工作。

**重难点：**掌握进行出版物分类的方法，熟悉书店日常运营工作的内容。

**对应思政元素：**培养学生牢记文化使命的责任感和开拓创新的意识。

**实施手段：**在介绍书店日常运营管理要求时，通过画龙点睛的总结，引导学生把握书店文化内涵和读者服务功能，坚守文化使命。结合案例分析书店转型升级和创新发展的举措，培养学生的开拓精神和创新意识。

## 五、学时分配

**表 1　课程学时分配表**

| 课程内容 | 讲课 | 实践 | 上机 | 大作业 | 小计 |
|---|---|---|---|---|---|
| 发行基础知识 | 4 | | | | 4 |
| 出版物市场及其需求 | 6 | 2 | | 2 | 10 |
| 出版物购销形式 | 6 | 2 | | 2 | 10 |
| 出版物流通渠道 | 6 | 2 | | 1 | 9 |
| 出版物流通过程 | 4 | 2 | | 1 | 7 |
| 书店运营管理 | 4 | 2 | | | 6 |
| 考查 | 2 | | | | 2 |
| 合　计 | 32 | 10 | | 6 | 48 |

## 六、教学方法与手段

本课程综合运用任务引领、案例展示、讨论互动、情景模拟以及学生自主学习相结合的方法，通过画龙点睛、专题嵌入和元素化合的方式，将课程思政内容融入专业知识和技能的学习中。

**表 2 课程思政教学实施方案**

| 单元名称 | 教学内容 | 课程思政要点 | 实施手段 |
|---|---|---|---|
| 发行基础知识 | 1. 发行工作的基本概念<br>2. 发行工作的文化宣传属性和经济属性<br>3. 发行工作的两个效益 | 运用唯物辩证中的矛盾论分析发行工作社会效益和经济效益的关系，强调要把社会效益放在首位，强化学生恪守职业规范、勇担社会责任的意识。 | 专题嵌入式<br>元素化合式<br>案例式<br>讨论式 |
| 出版物市场及其需求 | 1. 出版物市场的构成及其作用<br>2. 出版物市场需求整体特征<br>3. 不同出版物市场的需求情况和读者购买行为分析 | 培养以读者为中心的服务意识、科学引导并满足读者需求的创新精神和团队合作的精神。 | 元素化合式<br>案例式<br>互动式 |
| 出版物购销形式 | 1. 出版物包销、经销、寄销及代理四种购销形式的概念和特征<br>2. 核算码洋、实洋、发行折扣率、发行折扣额等出版物购销经济指标 | 强化学生在出版物购销活动的诚信意识和契约精神。 | 画龙点睛式<br>探究式<br>启发式 |
| 出版物发行渠道 | 1. 出版物流通渠道的概念，直接渠道与间接渠道、长渠道与短渠道等渠道类型的实现方式<br>2. 出版物发行的传统渠道与网络渠道 | 介绍国有发行系统的历史发展，让学生体会发行行业艰苦奋斗、踏实敬业的优良传统；介绍当前出版发行业媒介融合创新发展的现状和趋势，培养学生的创新意识。 | 专题嵌入式<br>案例式<br>故事化<br>探究式 |
| 出版物流通过程 | 1. 出版机构发行活动组织过程<br>2. 中间商发行活动组织过程 | 培养学生知法守法的法治观念和规范严谨的职业道德，增强学生社会责任感。 | 专题嵌入式<br>互动式<br>讨论式 |
| 卖场运营管理 | 书店选址、定位、设计装修、图书分类、陈列、收退货、采购、活动等经营活动管理要求 | 把握书店文化内涵和读者服务功能，坚守文化使命，培养学生的开拓精神和创新意识。 | 元素化合式<br>案例式<br>故事化 |

## 七、考核方式

1. 总评成绩满分 100 分，其中平时成绩占 40%，期末考试占 60%。
2. 平时成绩构成：出勤 25% + 互动参与情况 25% + 作业完成情况 50%。

## 八、教材及主要参考资料

**1. 教材**

叶新. 出版物发行实务. 重庆大学出版社，2013. 4.

**2. 参考资料**

出版专业实务，国家新闻出版署出版专业资格考试办公室. 商务印书馆，2020. 7.

# 《广告原理与实务》课程教学大纲

| | |
|---|---|
| **适用专业：**广告艺术设计 | **适用年级：**大二 |
| **课程属性：**必修课 | **学 分 数：**2 |
| **课程性质：**专业课 | **总学时数：**32 |
| **课程类型：**专业必修课 | **讲课学时数：**24 |
| **考核类型：**考查 | **上机学时数：**0 |
| **先修课程：**经典案例分析 | **实验与实践学时数：**8 |

## 一、教学目标和基本要求

《广告原理与实务》是广告艺术设计专业的重要必修课程，是一门基础入门课程。本课程旨在介绍广告学方面的基础专业知识，描述广告活动的全貌，详细介绍广告业务的流程；从国内广告的发展到国际广告的演变；从广告调研、策划创意、文案写作到广告效果研究；从广告主、广告经营者到广告媒体的业务经营管理等，引领学生进入广告的殿堂。

为深入贯彻全国高校思想政治工作会议精神，本课程的思政目标包括：充分发挥课堂主渠道在高校思政工作中的育人作用，把做人做事的道理，把实现民族复兴的理想和责任融入课程教学中。本课程充分吸收“三寓三式”寓道于教、寓德于教、寓教于乐、画龙点睛式、专题嵌入式、元素化合式这一国家级教学成果的精髓，在全面介绍广告学的专业基础知识同时，在提高教学质量的前提下树立学生正确的价值观，实施价值的引领，实现全方位育人，培养德智技全面发展的高技能人才。

## 二、与其他课程的关系

广告原理与实务是一门基础入门课程，前期有经典广告案例分析作为切入点，让学生熟悉百年经典广告案例，再学习广告的相关原理更有针对性。后期会开设广告策划与创意、广告心理与消费者分析、新媒体广告等专业课，进一步夯实基础，提高技能。

## 三、知识点、技能点及其层次要求

**1. 知识点**

1）广告的发展历史

2）广告学的知识体系

3）广告与消费者心理

4）广告主的地位及工作职责

5）广告经营者的经营状况

6）广告媒体的概况

7）广告策划及 USP“独特的销售主张”

8）广告调研

9）广告定位与创意

10）广告文案

11）广告媒体的策划与发布

12）广告效果研究及测评方法

**2. 技能点**

1）培养学生对不同类别广告作品的欣赏，提高学生的“美商”；

2）消费心理学的应用研究了解心理现象和规律，了解具体广告调研的方法；

3）通过学习 USP“独特的销售主张”找到产品的相关卖点进行广告策划；

4）熟悉广告创意的艺术手法等。

**3. 重难点**

1）通过消费者心理学的应用，研究广告活动与消费者相互作用过程中产生的心理现象及其存在的心理规律；

2）熟悉和了解广告主的地位、作用、所扮演的角色；

3）了解专业广告公司的经营状况、不同的经营理念和经营机制；

4）熟练掌握 USP 独特的销售主张，产品必须向受众陈述其卖点，同时这个卖点必须是独特的，能够带来销量的；

5）熟悉广告创意的流程和创意思维形式。

**4. 思政元素**

（1）加深民族复兴理解，寄托伟大复兴希望；

（2）国际视野、人文素养、职业操守；

（3）价值定位、民族自信、文化自信；

（4）继承传统、勇于创新；

（5）团队协作观念、团队价值观。

## 四、教学内容

### 第一章　广告的起源与历史

**主要内容：**本章节主要学习广告的起源和发展，回顾了广告的发展历程，概括描述了当代中国广告业的发展和现状，展望了未来广告业的发展趋势。

**对应知识点：**广告的发展历程

**对应技能点：**了解广告业的发展趋势

**重难点：**了解广告业的发展概况和未来趋势

**对应思政元素：**结合思政通过学习广告的发展历史，纵观中国改革开放、经济发展几十年，努力实现民族复兴，寓道于教。通过课程讲述、小组讨论深化对知识点与思政元素的理解。

**实施手段：**采用“三寓三式”中的画龙点睛式，加深对民族复兴的理解，寄托伟大复兴的希望。

**第二章　广告与广告学的知识体系**

**主要内容：**本章节简要介绍几种有代表性的广告定义，主要学习广告与广告学的知识体系，介绍了广告的功能、分类，不同媒体形式的广告形式。

**对应知识点：**广告与广告学的知识体系，广告的功能和分类

**对应技能点：**了解广告的分类

**重难点：**不同媒体形式的广告分类

**对应思政元素：**结合思政通过对不同类别广告作品的欣赏，培养学生的“美商”，对美学和美感的理解力，对艺术作品及艺术家情感表达的感知能力，寓德于教。通过课程讲述和小组讨论，加深对美学的感知，加深知识点的理解和巩固。

**实施手段：**通过画龙点睛式，模拟情景化的教学实践实施流程，与学生互动交流，多关注不同类别的广告形式，提升美商审美意识。

**第三章　广告与消费者心理**

**主要内容：**本章节主要学习广告与消费者心理，介绍从消费者心理学中引用的概念和相关知识，包括消费者认知、态度改变、行为动机等。

**对应知识点：**消费心理学的概念和相关知识

**对应技能点：**如何理解消费者认知、态度的改变和行为动机。

**重难点：**重难点在于消费者心理学的应用，研究广告活动与消费者相互作用过程中产生的心理现象及其存在的心理规律。

**对应思政元素：**理论联系实际，动手实践是根本，结合思政通过著名的可口可乐“盲测”试验，增加课堂实践环节，培养学生的实际动手能力。

**实施手段：**通过元素化合式，互动体验式教学，引入课堂小实验、小组讨论和课后总结作业加深对实践的认知和知识点的掌握，寓教于乐。

**第四章　广告主**

**主要内容：**本章节主要介绍了广告主的基本概况，包括广告部门的设置情况及工作范围、广告主的类型、权利和义务，对广告主的管理等，阐述了广告主应该树立正确的广告观念。

**对应知识点：**广告主的基本概况

**对应技能点：**了解广告主所扮演的角色、地位和作用

**重难点：**重难点在于熟悉和了解广告主的地位、作用、所扮演的角色。

**对应思政元素：**结合思政通过介绍年度发布的 BrandZ 全球最具价值品牌排行榜，突出品牌形象的价值，以此为切入点进行“大学生自我品牌形象管理”职业素养的点睛。

**实施手段：**通过画龙点睛式的课堂讨论、学生发言等方式加深对知识点的理解和自我形象管理的重要性。

**第五章　广告经营者**

**主要内容：**本章节主要介绍了广告经营者的产生与发展过程，广告代理制在我国的实施，以及广告经营者在我国的经营与管理状况。

**对应知识点：**广告经营者的发展历程

**对应技能点：**了解广告经营者在我国的经营和管理状况

**重难点：**重难点在于专业广告公司的经营状况、不同的经营理念和经营机制。

**对应思政元素：**通过对 WPP、宏盟、阳狮、电通等大型国内外媒体传播集团的分拆、兼并、合作等经营，树立学生的国际视野、人文素养、职业操守。

**实施手段：**通过元素化合式，课程中观看微课视频，探索引导继而分组小组讨论，探讨国际视野以及职业素养和职业操守的重要性，加深对知识点的理解。

**第六章　广告媒体**

**主要内容：**本章节主要介绍了广告媒体的基本概况，广告媒体的作用于发布广告的资质，广告媒体的分类以及各类媒体的广告形式和特点。

**对应知识点：**广告媒体的概况。

**对应技能点：**各类媒体的广告形式和特点。

**重难点：**重难点在于媒体的发展和变迁，互联网媒体的特性、互动性、融合性。

**对应思政元素：**结合思政通过学习改革开放三十年来媒体的变迁，从纸质媒体到数字互联网媒体，探讨事物发展的客观规律，强调自媒体环境下应营造良好的舆论氛围。

**实施手段：**采用元素化合的方法，通过案例讲述、小组讨论、课堂发言等形式加深对自媒体发展的理解，了解事物发展的客观规律，揭示思政元素在课程内容的融入，充分理解知识难点。

**第七章　广告运作与广告策划**

**主要内容：**本章节主要介绍现代广告运作的流程、广告策划的内容，学习广告的策划和运作。

**对应知识点：**广告运作的流程、广告策划的内容

**对应技能点：**学习广告的策划和运作

**重难点：**重难点在于 USP 独特的销售主张该知识点，产品必须向受众陈述产品的卖

点，同时这个卖点必须是独特的，能够带来销量的。

**对应思政元素：**结合思政通过课程讲述、课堂讨论、课后作业加深了解经典国货品牌的力量，提高民族自信，达到知识点与思政元素的融合。

**实施手段：**采用专题嵌入式，嵌入经典国货品牌专题广告案例分享。通过广告学 USP“独特的销售主张”知识点的讲授，学习领会广告的策划运作方式。

**第八章　广告调研**

**主要内容：**本章节主要学习广告活动的调研方法，广告活动所需的情报信息资料。

**对应知识点：**广告活动的调研方法

**对应技能点：**搜索广告活动所需的信息资料

**重难点：**重难点在于调研方法的使用，问卷调查、电话调查、个人访谈、观察法等。

**对应思政元素：**结合思政通过学习广告调研的方法，强调事物的客观性，事物间的因果规律、相互依赖、制约变化等，培养学生实事求是的态度。

**实施手段：**通过画龙点睛式，进行情景化的课堂讲述、分组讨论了解事物的因果规律，了解“没有调查就没有发言权”的客观实际，课后完成广告调研的问卷调查作业。

**第九章　广告定位与创意**

**主要内容：**本章节主要介绍了广告定位的原因与背景，学习产品定位的主要方法，了解创意是以广告策略为基础，使用艺术手法传达广告信息，熟悉广告创意的流程、创意思维形式、创意表达手法以及创意人员应当具备的素质。

**对应知识点：**广告定位的概念

**对应技能点：**广告定位的方法

**重难点：**重难点在于熟悉广告创意的流程和创意思维形式。

**对应思政元素：**通过课堂讲述理论点“定位”，课中分组讨论广告案例，课后完成大作业深刻理解广告定位的方式，融入中华传统文化定位，提升文化自信的思政点。

**实施手段：**采用“元素化合式”融入中华优秀传统文化的价值定位提高民族自信、文化自信，深刻理解广告学知识点“定位”的内涵。

**第十章　广告设计与制作**

**主要内容：**本章简要介绍了广告文案的基本概念、构成元素及撰写要点，重难点在于电子广告和平面广告的设计方法和制作流程。

**对应知识点：**广告文案、电子广告和平面广告的基本概念

**对应技能点：**文案撰写、电子和平面广告的设计方法

**重难点：**重难点在于电子广告和平面广告的设计方法和制作流程。

**对应思政元素：**通过优秀广告文案和平面作品的分享，让学生了解国际品牌的“中国元素”以及国际品牌的本土化定位。

**实施手段：**通过专题嵌入式中国元素的国际品牌本土化定位，开展课堂讲述、分组讨

论、案例分析，分组完成大作业寻找中国元素的案例作品，加深知识点与思政点融合的理解。

**第十一章　广告媒体策划与发布**

**主要内容：** 本章介绍了如何进行科学的媒体策划，主要包括广告媒体策划的流程、广告媒体的选择、广告媒体的组合以及广告发布的时机，重难点在于如何进行媒体计划和购买，如何对广告投放进行有效的监测。

**对应知识点：** 广告策划的流程、选择和发布时机

**对应技能点：** 如何进行媒体计划和购买

**重难点：** 重难点在于如何进行媒体计划和购买，如何对广告投放进行有效的监测。

**对应思政元素：** 通过分析字节跳动、今日头条、美团、B 站等国内互联网新媒体迅猛发展的案例，探索媒体发布策略创新形式，培养创新意识。

**实施手段：** 通过课堂讲述、分组讨论等形式鼓励学生进行资料的收集，通过画龙点睛的总结，强调创新是企业发展的基石，也是新媒体发展的重要力量，深化创新思政点的融合。

**第十二章　广告效果研究**

**主要内容：** 本章主要解释了研究广告效果的目的，重难点在于广告作品测评的主要指标和测评方法、广告传播效果的研究指标和研究方法。

**对应知识点：** 研究广告效果的目的

**对应技能点：** 广告作品的测评方法指标

**重难点：** 重难点在于广告作品测评的主要指标和测评方法、广告传播效果的研究指标和研究方法。

**对应思政元素：** 在完成全部课程学习之后，要求学生分组完成课程结课作业，隐性融合团队协作观念和团队价值观。

**实施手段：** 采用隐性融合的方式，通过团队大作业，鼓励学生学会团队协作，培养团队合作的概念，培育共同协作的团队价值观，实现隐性思政点的融合，展现了课程思政润物无声的操作手段。

## 五、学时分配

**表 1　课程学时分配表**

| 教学内容 | 讲课 | 上机 | 实验 | 实践 | 小计 |
| --- | --- | --- | --- | --- | --- |
| 第一章　广告的起源与历史 | 2 | | | | |
| 第二章　广告与广告学的知识体系 | 2 | | | | |

（续表）

| 教学内容 | 讲课 | 上机 | 实验 | 实践 | 小计 |
|---|---|---|---|---|---|
| 第三章　广告与消费者心理 | 2 | | | | |
| 第四章　广告主 | 2 | | | | |
| 第五章　广告经营者 | 2 | | | | |
| 第六章　广告媒体 | 2 | | | | |
| 第七章　广告运作与广告策划 | 2 | | | | |
| 第八章　广告调研 | 2 | | | | |
| 第九章　广告定位与创意 | 2 | | | | |
| 第十章　广告设计与制作 | 2 | | | | |
| 第十一章　广告媒体策划与发布 | 2 | | | | |
| 第十二章　广告效果研究 | 2 | | | | |
| 合　计 | 24 | | | 8 | 32 |

## 六、教学方法与手段

本课程综合运用案例展示、互动讨论、情景模拟等教学方法，通过画龙点睛式、专题嵌入式和元素化合式，将课程思政内容融入专业课程的知识学习中。

**表 2　课程思政教学实施方案**

| 章节名称 | 教学内容 | 课程思政要点 | 实施手段 |
|---|---|---|---|
| 广告的起源与历史 | 广告的起源和发展历程 | 通过学习广告的发展历史，纵观中国改革开放、经济发展几十年，努力实现民族复兴，寓道于教。 | 画龙点睛式<br>讨论式 |
| 广告与广告学的知识体系 | 广告与广告学的知识体系<br>广告的功能和分类 | 通过模拟情景化的教学实践实施流程，与学生互动交流，多关注不同类别的广告形式，提升美商审美意识。 | 画龙点睛式<br>情景式<br>互动式 |
| 广告与消费者心理 | 如何理解消费者认知、态度的改变和行为动机。 | 通过互动体验式教学，引入课堂小实验、小组讨论和课后总结作业加深对实践的认知和知识点的掌握，寓教于乐。 | 元素化合式<br>探究式<br>启发式 |
| 广告主 | 广告主的基本概况，扮演的角色、地位和作用 | 通过全球最具价值品牌排行榜，突出品牌形象的价值，以此为切入点进行“大学生自我品牌形象管理”职业素养的点睛。 | 画龙点睛式<br>讨论式 |
| 广告经营者 | 广告经营者在我国的经营和管理状况 | 探讨国际视野以及职业素养和职业操守的重要性，加深对知识点的理解。 | 元素化合式<br>探究式<br>讨论式 |

（续表）

| 章节名称 | 教学内容 | 课程思政要点 | 实施手段 |
|---|---|---|---|
| 广告媒体 | 广告媒体的概况，各类媒体的广告形式和特点 | 通过学习改革开放三十年来媒体的变迁，从纸质媒体到数字互联网媒体，探讨事物发展的客观规律，强调自媒体环境下应营造良好的舆论氛围。 | 元素化合式<br>案例式<br>故事化 |
| 广告运作与广告策划 | 广告的策划和运作，USP独特的销售主张 | 加深了解经典国货品牌的力量，提高民族自信，达到知识点与思政元素的融合。 | 专题嵌入式<br>案例式<br>互动式 |
| 广告调研 | 广告活动的调研方法 | 通过学习广告调研的方法，强调事物的客观性，事物间的因果规律、相互依赖、制约变化等，培养学生实事求是的态度。 | 画龙点睛式<br>情景化<br>互动式 |
| 广告定位与创意 | 广告定位的概念<br>广告定位的方法 | 融入中华优秀传统文化的价值定位提高民族自信、文化自信，深刻理解广告学知识点“定位”的内涵。 | 元素化合式<br>案例式<br>故事化 |
| 广告设计与制作 | 广告文案、电子广告和平面广告的基本概念和设计方法 | 通过优秀广告文案和平面作品的分享，让学生了解国际品牌的“中国元素”以及国际品牌的本土化定位。 | 专题嵌入式<br>案例式<br>讨论式 |
| 广告媒体策划与发布 | 广告策划的流程、选择和发布时机<br>如何进行媒体计划和购买 | 通过画龙点睛的总结，强调创新是企业发展的基石，也是新媒体发展的重要力量，深化创新思政点的融合。 | 画龙点睛式<br>案例式<br>互动式 |
| 广告效果研究 | 广告作品测评的主要指标和测评方法 | 通过团队大作业，鼓励学生学会团队协作，培养团队合作的概念，培育共同协作的团队价值观，实现隐性思政点的融合。 | 元素化合式<br>互动式 |

## 七、考核方式

**考核方式：**考查。

**总评成绩构成建议：**30%平时，70%考试。

## 八、教材及主要参考资料

**1. 教材**

罗子明、高立华、丛珩主编，《现代广告概论》，北京，清华大学出版社，2005 年 10 月。

**2. 参考资料**

郭庆光，《传播学教程》，北京，中国人民大学出版社，1999 年。

William F. Arens，《当代广告学》，华夏出版社出版。

# 《全媒体出版策划》课程教学大纲

**适用专业：** 出版商务　　**适用年级：** 2022 级
**课程属性：** 专业课　　**学 分 数：** 3
**课程性质：** 专业必修课　　**总学时数：** 48
**课程类型：** 理论 + 实践　　**讲课学时数：** 24
**考核类型：** 考试　　**上机学时数：** 0
**先修课程：** 网络编辑实务、期刊编辑实务　　**实验与实践学时数：** 24

## 一、教学目标基本要求

《全媒体出版策划》是一门注重理论与实践相结合、体现职业性、实践性和开放性的课程。因此，本课程尝试与时代发展相结合，在讲授网络媒体策划基础知识同时，力争用丰富的案例教学、互动式教学等多种方式培养学生的职业综合能力和职业素养，培养学生正确的编辑观、职业观。在以职业活动为导向、突出学生实践能力培养的同时，用正确的世界观、人生观、价值观引导学生成为优秀的新闻工作者，做好新媒体时代的“把关人”，努力营造风清气正的网络空间。

课程充分吸收“三寓三式”寓道于教、寓德于教、寓教于乐、画龙点睛式、专题嵌入式、元素化合式这一国家级教学成果的精髓，在全面梳理、讲授全媒体出版策划知识的同时，通过课堂互动、小组讨论、角色扮演等多种形式实现专业知识与课程思政的有机结合。

## 二、与其他课程的关系

作为必修课之一，本课程是对平面媒体（期刊、书籍、报纸等）编辑与策划内容的补充与延伸。前置课程有《计算机基础知识》《排版技术》《图像处理》《图形处理》《网页设计与制作》等技术类课程以及《中外文学作品选》《现代汉语》《新闻采访与写作》《传播学概论》等人文类课程。

## 三、知识点、技能点、思政元素及其层次要求

### 1. 知识点

本课程要求学生掌握全媒体出版策划的基础之上，其中重点掌握图书的创意与策划

(包括图书选题的创意与策划、图书编辑的创意与策划、图书制作的创意与策划、图书营销的创意与策划、图书宣传的创意与策划)、新媒体的创意与策划（微信公众号、朋友圈、微博、直播平台、快手、知乎等平台的创意与策划）以及微信公众号的创意策划。

**2. 技能点**

本课程要求学生在结合具体案例的基础上，能够独立完成一本书的出版策划、一个新媒体作品的创意策划以及一篇微信公众号的创意策划。

**3. 思政元素**

本课程力图通过全员、全程、全课程育人形式将规范的出版理念、先进的出版思想、优秀的出版案例、高尚的出版精神、依法营销、团队合作精神等融入课堂教学中来，在树立学生良好的媒介素养的基础上，潜移默化地对学生的思想意识、行为举止产生影响。

## 四、教学内容

### 第一章 全媒体出版策划概述

**主要内容：**了解课程与专业的关联度，课程的授课安排以及考核方式等，使学生在对本门课程基本了解的基础上展开课程学习。介绍当下全媒体出版策划存在的问题，进而提出提升全媒体出版策划的基本路径，如差异化市场定位、差异化内容定位、注重报道影响力、品牌创新等。了解并掌握全媒体出版策划人员的媒介素养，其中包括道德素养、知识素养和职业素养。同时重点掌握全媒体出版人员需要遵守的相关出版法律法规，其中，著作权、隐私权、名誉权是与全媒体出版人员的日常工作息息相关的重要法规。

**重难点：**明晰传统媒体走出既有困境的基本路径；熟悉全媒体出版人员所应具备的职业素养，并在日常生活与工作中按照这些职业素养的要求严格要求自己。

**对应知识点：**1. 传统媒体策划存在的问题；2. 全媒体出版策划的特点；3. 提升全媒体出版策划的路径；4. 全媒体出版人员的职业素养。

**对应思政元素：**在明晰全媒体出版策划意涵的基础上，让学生深刻理解规范的出版理念，并能够根据案例辨析规范的出版与不规范的出版之间的区别，运用唯物辩证主义思维看待出版；在充分认识与了解职业媒体人的媒介素养基础上，逐步树立正确的媒介素养观，忠于党、忠于祖国、忠于人民，把体现党的主张与反映人民心声统一起来，把坚持正确导向与通达社情民意统一起来，积极发挥党和政府联系人民群众的桥梁纽带作用；职业媒体人要坚持正确的舆论导向，坚持有所为有所不为，并能辨别社会上不良的媒体人行为，坚决与不良行为作斗争。

**实施手段：**本章主要通过专题嵌入式的方法将辩证唯物主义思想融入对出版理念的理解，加深学生对出版的认知；同时通过案例分析、课堂互动与小组讨论的方式，将媒体人的责任、规范的出版理念等潜移默化地植根于学生的脑海中。与传统的教师说教式传授相反，在课堂教学中教师的主要任务是给出案例、引导讨论，学生们通过自己的思考，积极地与其他同学分享、讨论观点，并在此过程中加深自己的理解。

**第二章　图书的出版策划**

**主要内容：**了解图书选题、图书宣传、图书编辑、图书制作、图书营销的基本意涵，认识到在图书选题过程中进行市场调查确定读者定位才是图书选题策划的关键所在，熟悉图书选题创意与策划的基本要素；掌握图书宣传创意策划的基本要素，熟悉媒体分析的基本要领、广告运作的注意事项以及名人效应的运作方法；了解并掌握图书编辑创意与策划的四个要点，能够根据图书类型进行有效的编辑创意与策划。

**重难点：**熟练掌握图书选题创意与策划的要素；了解并熟悉图书宣传中的宣传策略，能够从媒体分析、广告宣传以及名人效应多个角度进行图书宣传的创意与策划；掌握图书制作创意与策划的基本要素，包括封面的创意与策划、书脊、封底、勒口的创意与策划；掌握图书营销创意策划的具体方法，即全程营销、造势营销、联动营销以及创意营销。

**对应知识点：**1. 图书选题的创意策划；2. 图书宣传的创意策划；3. 图书制作的创意策划；4. 图书编辑的创意策划；5. 图书营销的创意策划。

**对应技能点：**了解并掌握图书选题、宣传、制作、编辑和影响策划的要义，并能够在真实案例中将其加以应用。

**对应思政元素：**在充分学习图书选题、宣传、制作、编辑、营销策划的基础上，了解媒体人如何在对所策划图书进行准确的市场、读者定位的基础上，通过对图书出版各个环节的精心筹划、精心组织、精心运作，使图书投入市场后迅速得到市场认可，并取得良好社会效益和明显经济效益的出版行为。在这个过程中，要始终坚持将社会效益放在首位，将读者的需求放在首位。在关注经济效益的同时，选取积极向上的选题以满足社会公众的需求。同时，图书出版策划是一个系列性的活动，它需要团队成员的沟通与合作，因此，通过本章的学习加深学生对团队合作的理解并在实践中学会与他人合作。

**实施手段：**通过案例对比分析的方式让学生了解并掌握图书选题、宣传、制作、编辑和营销策划，同时将案例与图书策划过程中的读者本位与以读者为中心的职业道德元素化合，加深学生对读者本位理念的思考；同时，运用专题嵌入式的方法，辩证地分析图书营销过程中社会效益与经济效益的关系，即将社会效益放在首位，实现社会效益和经济效益相结合。

**第三章　新媒体创意策划**

**主要内容：**了解手机媒体的基本概念及特征，熟悉手机媒体的服务范畴及其发展趋势；了解并掌握当下权威的两种新媒体营销理论，即刘易斯的 AIDMA 营销法则和 AISAS 营销法则；了解微信、朋友圈平台、微博、知乎、直播平台等的基本特征，熟悉他们的营销方法，并能够通过具体案例的分析归纳出其特征，进而根据具体的商品在其中进行有效的营销策划。

**重难点：** 掌握两种新媒体营销理论；根据朋友圈、微信、微博、知乎、简书、快手等平台的特点展开有针对性的商品营销策划。

**对应知识点：** 1. 手机媒体概述；2. 刘易斯的 AIDMA 营销法则和 AISAS 营销法则；3. 微信、朋友圈平台策划；4. 微博、头条号、直播平台策划；5. 知乎、快手、简书平台策划。

**对应技能点：** 在了解和熟悉各平台特点的基础上，能够根据具体案例选择合适的平台进行有针对性的营销策划。

**对应思政元素：** 通过微信、朋友圈、微博、直播平台以及头条等平台营销策划理论的学习，通过引入《著作权法》《广告法》等有关内容，培养学生正确的营销理念，坚持依法营销。使学生充分认识到社交平台虽然属于私人空间，但仍具有公共空间的属性，仍应该遵守相关法律法规，不是法外之地；尊重客观事实，在快传播的同时坚持对新闻源以及新闻事实的核查；尊重知识产权，凡转发新闻内容一定要注明作者及其代表机构名称；也体现在新闻作品的收益权上，即如果点击率带来传播平台的收益，应与内容提供者分享；尊重社会公益，避免低俗新闻、有偿新闻，坚守社会利益优先原则，不能为了经济利益而侵害社会利益。

**实施手段：** 采用案例分析方法，在讲授各平台营销策略的同时，着重强调新媒体时代公私领域的界限、新闻媒体的社会责任以及契约精神；并通过小组展示的方式让学生在团队合作中增进对新闻职业的认知；通过画龙点睛式的总结，引导学生认识到自己作为新媒体人所肩负的社会责任。

**第四章　微信公众号创意策划**

**主要内容：** 了解微信公众号的发展历程及其作用与特征，熟悉与掌握微信公众号的创建与发文，掌握微信公众号运营过程中的注意事项，学会对微信公众号进行日常的运营与管理；熟悉微信公众号撰写与运营的基本规则，了解微信公众号发布与管理中的注意事项，掌握微信公众号运营过程中的小技巧与相关禁忌，并能够在实例中分析微信公众号的运营策略。

**重难点：** 能够根据微信公众号的营销特征撰写并分布一篇微信公众号，并对此篇微信公众号进行运营与管理。

**对应知识点：** 1. 微信公众号的作用与特征；2. 微信公众号的创建；3. 微信公众号的发文；4. 微信公众号的运营与管理微信公众号的编辑与策划；5. 微信公众号编辑与运营过程中应注意的问题；6. 案例精析（咪蒙）。

**对应技能点：** 熟练掌握微信公众号的创建与发文，并能胜任其日常维护与管理工作。

**对应思政元素：** 在要求学生掌握微信公众号创意与策划知识的基础上，了解并熟知微信公众号的运营规范，在法律允许的范围内，用优良的内容为企业和客户提供优质的交流平台。坚持依法运营，以真实的身份注册，坚持发送真实并经过事实核查的信息；充分尊重用户并理解用户，以客户的需求为第一要务，坚持提供优质的内容；坚持有效营销，不发送垃圾信息，不进行过度营销，多向用户发送符合需求的真实有效信息；不进行诱导消费以及刷粉等行为。培养学生良好的新媒体使用素养。

**实施手段：**在讲授微信公众号创意策划的过程中，嵌入图书制作、视频号等案例，使学生能够做到前后知识的融会贯通。同时，采用元素化合式的方法，在复习前面所学的隐私权、著作权等版权理论知识的基础上，运用丰富的公众号案例剖析不良吸粉、擦边球营销等不法行为，培养学生知法守法的意识和规范严谨的职业素养。

## 五、学时分配

**表 1　课程学时分配表**

| 课程内容 | 讲课 | 现场教学 | 上机 | 大作业 | 小计 |
|---|---|---|---|---|---|
| 第一章　全媒体出版策划概述 | 2 | 2 | | | 4 |
| 第二章　图书的出版策划 | 6 | 6 | | 4 | 16 |
| 第三章　新媒体创意策划 | 6 | 6 | | 4 | 16 |
| 第四章　微信公众号创意策划 | 4 | 6 | | 2 | 12 |
| 合　计 | 18 | 20 | | 10 | 48 |

## 六、教学方法与手段

本课程综合运用任务引导教学法、激励教学法、案例分析法、小组讨论法等教学方法，通过画龙点睛、专题嵌入和元素化合的方式，将课程思政内容融合到专业知识和技能的学习中。

**表 2　课程思政教学实施方案**

| 单元名称 | 教学内容 | 课程思政要点 | 实施手段 |
|---|---|---|---|
| 全媒体出版策划概述 | 1. 传统媒体策划存在的问题<br>2. 全媒体出版策划的特点<br>3. 提升全媒体出版策划的路径<br>4. 全媒体出版人员的职业素养 | 运用唯物辩证主义思维看待出版，让学生深刻理解出版理念，恪守职业规范；坚持“三个统一”，积极发挥党和政府联系人民群众的桥梁纽带作用；坚持正确的舆论导向，树立良好的媒介素养观。 | 专题嵌入式<br>案例式<br>讨论式<br>互动式 |
| 图书的出版策划 | 1. 图书选题的创意策划<br>2. 图书宣传的创意策划<br>3. 图书制作的创意策划<br>4. 图书编辑的创意策划<br>5. 图书营销的创意策划 | 坚持“读者本位”的图书出版策划理念，以满足读者的需求为第一要务，培养学生的服务意识；在图书出版策划的一系列流程中，培养学生的团队合作精神和出苦耐劳精神。 | 专题嵌入式<br>元素化合式<br>启发式<br>案例式 |

（续表）

| 单元名称 | 教学内容 | 课程思政要点 | 实施手段 |
|---|---|---|---|
| 新媒体创意策划 | 1. 手机媒体概述<br>2. 刘易斯的 AIDMA 营销法则和 AISAS 营销法则<br>3. 微信、朋友圈平台策划<br>4. 微博、头条号、直播平台策划<br>5. 知乎、快手、简书平台策划 | 培养学生正确的营销理念，坚持依法营销；尊重新闻的客观性，增强学生良好的媒介素养；在不断的自我突破中，培养学生的开拓意识和创新精神；不断唤起学生作为新媒体人的社会责任意识。 | 画龙点睛式<br>案例式<br>探究式<br>讨论式 |
| 微信公众号创意策划 | 1. 微信公众号的作用与特征<br>2. 微信公众号的创建<br>3. 微信公众号的发文<br>4. 微信公众号的运营与管理微信公众号的编辑与策划<br>5. 微信公众号编辑与运营过程中应注意的问题<br>6. 案例精析（咪蒙） | 培养学生知法守法的意识和规范严谨的职业素养；培养学生良好的新媒体使用素养。 | 元素化合式<br>启发式<br>案例式<br>故事化 |

## 七、考核方式

**考核方式：**考试。

**成绩构成建议：**平时成绩占 50%（其中，出勤占 20%，小组作业占 30%），期末考试成绩占 50%。

## 八、教材及主要参考资料

**1. 教材**

陈勤，《全媒体创意策划攻略》，中央编译出版社，2011 年 12 月版。

**2. 参考资料**

无

# 《数字摄影与后期》课程教学大纲

**适用专业：**数字出版　　**适用年级：**二年级
**课程属性：**专业必修课　　**学 分 数：**4
**课程性质：**专业必修　　**总学时数：**64
**课程类型：**理论+实践　　**讲课学时数：**32
**考核类型：**考试　　**上机学时数：**20
**先修课程：**设计基础、设计构成　　**实验与实践学时数：**12

## 一、教学目标和基本要求

《数字摄影与后期》是数字出版专业学生必修的职业技能课程。该课程具有很强的实践性和技能性。通过课程的学习不仅要求学生了解摄影构图、色彩与用光的基本方法和原理，还要求学生熟练使用数字相机进行特定主题的拍摄。通过分专题和案例（人像+产品+创意）的摄影实践和数字后期的教学，并结合数字后期修片技术的学习，使学生熟悉全套数字摄影的创作流程，掌握数字摄影的创意和执行方法，培养符合数字出版公司、新媒体广告与传播公司，以及各类题材数字商业摄影公司需要的应用技能型人才。

对照“三寓三式”课程思政改革教学成果，充分挖掘数字摄影课程中有关家国情怀、社会责任、职业道德、创新精神等课程思政元素，通过互动、讨论、案例教学等方式，实现专业知识与课程思政的元素化合。

## 二、与其他课程的关系

本课程需要以平面构成、色彩构成、PS 软件基础课程为基础，引入数字摄影的基础知识、技能和拍摄方法，要求学生掌握数字摄影与创意的技能，并能运用电脑技术根据创意需要独立完成摄影创意、人像图像的处理。该课程将为毕业综合设计、数字创意海报设计等课程服务。

## 三、知识点、技能点及其层次要求

**知识点**

本课程的知识点包括摄影构图、色彩与用光的基本方法和原理，要求学生熟练使用数字相机进行特定主题的拍摄。通过分专题和案例（人像+产品+创意）的摄影实践和数字后期的教学，并结合摄影棚拍摄和数字后期修片技术的学习，使学生熟悉全套数字摄影的创作流程，掌握数字摄影的创意和执行方法。

**技能点**

掌握数字摄影（人像+产品+创意）的拍摄实践；

数字后期软件 Photoshop（以及其插件应用）Lightroom 软件的熟练应用；

学会摄影棚拍摄棚灯的布光与闪光灯的使用与拍摄；

能运用各种创意手段拍摄技巧创意数字摄影作品。

**重难点**

（1）掌握数字相机的各个部件与参数的调整和灵活应用；

（2）灵活使用各种构图拍摄具有视觉美感的风景、人像作品；

（3）紧扣人像风格与主题的不同要点，创作出符合要求的作品；

（4）学会使用单灯、双灯、三灯摄影棚闪光灯进行人像拍摄，并使用数字软件后期；

（5）通过数字摄影与后期展现不同食品、反光和透光商品、时尚美妆等产品的特性，并能使作品呈现出创意来；

（6）掌握各种创意摄影的创作方法，并能将其应用于创意数字摄影作品；

（7）熟练掌握数字摄影后期中的案例创意方法，并将相关操作运用于摄影作品的后期创作。

**思政元素**

（1）树立正确的世界观，人生观，价值观；

（2）培养学生健康的审美能力；

（3）诚实守信，遵纪守法，真实创作，尊重摄影作品的版权；

（4）增强学生的团队协作精神和沟通能力；

（5）引导并培养学生通过摄影表达对祖国的热爱，对专业的热爱；

（6）运用数字摄影技术服务大众，提升学生综合素质。

## 四、教学内容

### 第一讲　数字摄影课程概述

**主要内容：**了解课程与专业的关联度，课程的授课安排，知道课程设备与工具的准备。熟悉数字摄影的基本原理与器材使用，了解数字摄影的发展，做好学习准备。学习和掌握数字摄影器材的主要部件和使用，了解数字摄影辅助工具，理解数字摄影学习目标以及与数字出版、广告、会展等专业的关联。掌握数字摄影的发展历史，学会欣赏数字摄影作品。

**对应知识点：**1. 基本概念及摄影器材介绍；2. 熟悉数字创意摄影器材和作品。

**重难点：**熟悉数字相机的工作原理。

**对应思政元素：**通过学习数字摄影器材及使用，强调事物客观性，运动性和规律性，培养学生拥有好的审美。

**实施手段：**通过专题嵌入式，在讲解数字摄影器材和工作原理时，嵌入辩证唯物法的矛盾论强调事物客观性，运动性和规律性，培养学生职业道德和社会责任的意识。通过案例教学和专题讨论，引导学生主动思考，深化认识。

**第二讲　数字摄影基本创意原理**

**主要内容：**了解数字单反的基本构件，熟练掌握快门、光圈、白平衡和色温的调试，理解曝光、焦距和景深。熟悉各种数字单反的镜头及使用范围，重点掌握在不同情境下使用不同数字相机参数进行拍摄。

**对应知识点：**1. 相机构成；2. 快门、光圈、白平衡、色温；3. 曝光、焦距、调焦；4. 镜头的种类；5. 图片格式。

**对应技能点：**熟练操作数字相机，调试快门、光圈、白平衡、调焦对焦、测光、ISO 等

**重难点：**掌握数字相机的各个部件与参数的调整和灵活应用。

**对应思政元素：**通过学习数字摄影的基本原理与操作，强调事物客观性，运动性和规律性，蕴含唯物主义辩证思想。

**实施手段：**通过专题嵌入式，在讲解数字相机的各个部件与参数时，嵌入辩证唯物法的矛盾论强调事物客观性，运动性和规律性，培养学生职业道德和社会责任的意识。通过案例教学和专题讨论，引导学生主动思考，深化认识。

**第三讲　数字摄影创意构图**

**主要内容：**了解数字摄影的拍摄构图形式，理解数字摄影的景别、掌握拍摄角度、拍摄距离、拍摄方向；重点训练构图拍摄技巧，学会判断和使用不同构图方式进行数字创意拍摄。难点在于学会将数字创意构图用于风景、人像、商品的拍摄环节中。

**对应知识点：**1. 主要的摄影创意构图形式：黄金分割构图，三角形构图，对角线构图，对称式构图，留白构图，紧凑式构图，构图应避免的问题，特殊构图欣赏。

2. 人像拍摄构图：不同形式的人像构图应用，人像构图与裁切。

**对应技能点：**熟练使用不同人像构图模式进行拍摄，能用黄金分割构图、三角形构图、对角线构图、对称式构图、留白构图进行创意拍摄。

**重难点：**灵活使用各种构图拍摄具有视觉美感的风景、人像作品。

**对应思政元素：**融汇“摄影美学”在摄影教学中的应用，通过“美丽中国”摄影构图案例为教学内容讲授摄影构图与创意的知识点的同时，宣扬中国的“自然之美”“社会之美”。

**实施手段：**通过案例分析讨论，介绍数字摄影构图样式当下趋势，适时进行画龙点睛的总结，培养学生的创新意识。通过“美丽中国”主题摄影，加强学生的爱国主义情怀。

**第四讲　小清新风格人像数字摄影拍摄与后期**

**主要内容：**熟悉小清新艺术风格在人像摄影中的运用，通过学习选择拍摄情景、拍摄道具、设置拍摄布光，并通过学生编组团队协作完成拍摄练习，增强学生的主题人像拍摄能力。熟悉操作数字后期软件，掌握小清新调性的后期重点和要点，获得理想的画面效果和成熟的数字人像摄影作品。

**对应知识点：**1. 小清新风格创意拍摄与后期的要点；2. 案例作品分析和拍摄准备；3. 创意后期创作。

**对应技能点：**拍摄与数字后期小清新风格的人像作品。

**重难点：**紧扣“小清新人像拍摄与后期”要点，创作出符合要求的作品。

**对应思政元素：**通过小组拍摄作业的方式培养学生的团结协作精神和良好沟通能力。

**实施手段：**结合案例教学和画龙点睛的总结，引导学生把握自然光人像摄影的拍摄技巧，结合“小清新”主题，拍摄符合中国青年朝气蓬勃，清新自然的学生气息。结合数字后期案例分析，培养学生的开拓精神和创新意识。

**第五讲　中西复古人像数字摄影与后期**

**主要内容：**熟悉复古艺术风格在人像摄影中的运用，通过学习选择拍摄情景、拍摄道具、拍摄布光，并通过学生编组团队协作完成拍摄练习，增强学生的主题人像拍摄能力。熟悉操作数字后期软件，掌握复古调性的后期重点和要点，获得理想的画面效果和成熟的数字人像摄影作品。

**对应知识点：**1. 复古风格创意拍摄与后期的要点；2. 案例讲解和拍摄准备；3. 创意后期创作。

**对应技能点：**拍摄与数字后期复古风格的人像作品。

**重难点：**紧扣“中西复古人像拍摄与后期”要点，创作出符合要求的作品。

**对应思政元素：**通过小组拍摄作业的方式培养学生的团结协作精神和良好沟通能力。通过中国“古风人像”的复古照片案例分析，感受中国传统美学在摄影中的应用。

**实施手段：**结合案例教学和画龙点睛的总结，引导学生把握自然光人像摄影的拍摄技巧，结合“复古”主题，拍摄符合中国青年朝气蓬勃，清新自然的学生气息。结合数字后期案例分析，培养学生的开拓精神和创新意识。

**第六讲　摄影棚基本工具使用及人像布光讲解**

**主要内容：**了解数字摄影棚棚灯和拍摄工具，学会使用摄影棚拍摄道具，认识摄影棚拍摄的主要布光方式，重点掌握蝶形布光和伦布朗布光在人像摄影棚拍摄中的应用，难点在于灵活应用单灯、双灯和三灯进行创意拍摄。

**对应知识点：**棚灯闪光灯操作，应用测光表，对拍摄人像进行测光。了解灯罩和灯前置设备获得不同的光影效果。设置单灯、双灯、三灯摄影棚闪光灯进行拍摄。

**对应技能点：**1. 练习伦布朗布光和蝶形布光法；2. 摄影棚人像数字后期处理；3. 教

师实践示范讲解。

**重难点：**学会使用单灯、双灯、三灯摄影棚闪光灯进行人像拍摄，并使用数字软件后期。

**对应思政元素：**通过学习数字摄影拍摄基本原理，强调事物客观性，运动性和规律性，蕴含唯物主义辩证思想。

**实施手段：**通过摄影棚拍摄与后期案例，介绍了单灯、双灯、三灯摄影棚闪光灯进行人像拍摄方法，引导学生创新思考，熟练掌握摄影专业技术，提升专业综合素养。运用任务引领的教学方法，通过小组合作完创意实验摄影的学习任务，培养学生的团队意识。

**第七讲　食品饮料类广告数字摄影与后期**

**主要内容：**了解食物和饮料的拍摄方法，掌握食物拍摄的手段和道具，会使用不同的棚灯和摄影棚辅助设备道具营造符合食物的拍摄环境；学会通过数字后期精修作品，使拍摄对象（食品）更加美味可口，令人垂涎！熟悉餐饮、食品摄影广告作品，进而创作出更有创意的作品。

**对应知识点：**案例详解（农夫果园、Pacific 南瓜浓汤），食品拍摄的诀窍，食品摄影作品的数字后期。

**对应技能点：**食品摄影与数字后期。

**重难点：**通过数字摄影与后期展现不同食品的特性，并能使作品呈现出创意来。

**对应思政元素：**熟练掌握摄影专业技术，提升专业综合素养。以小组作业的方式合作拍摄能增强学生的团队协作精神和沟通能力，学会与同学分享自己的创意摄影作品，交流拍摄经验。

**实施手段：**通过食品拍摄与后期案例，介绍了拍摄食品的方法与手段，引导学生创新思考，熟练掌握摄影专业技术，提升专业综合素养。运用任务引领的教学方法，通过小组合作完创意实验摄影的学习任务，培养学生的团队意识。

**第八讲　透光体酒品的数字摄影与后期**

**主要内容：**了解透光体的拍摄方法，学会应用摄影棚的棚灯对透光体进行正面布光和背面布光，学会使用黑卡来勾勒透光酒瓶的轮廓线，营造透光体的立体感。学习使用不同拍摄道具增强透光产品的玲珑剔透，并运用一定的数字后期软件强化透光体的通透性。

**对应知识点：**1. 案例详解（哈尔滨啤酒、黄金酒）；2. 透光体拍摄的诀窍；3. 透光体摄影作品的数字后期。

**对应技能点：**透光体摄影与数字后期。

**重难点：**通过数字摄影与后期展现不同透光产品的特性，并能使作品呈现出创意来。

**对应思政元素：**熟练掌握摄影专业技术，提升专业综合素养。以小组作业的方式合作拍摄能增强学生的团队协作精神和沟通能力，学会与同学分享自己的创意摄影作品，交流拍摄经验。

**实施手段：**通过透光体类产品拍摄与后期案例，介绍了拍摄此类商品的特征，引导学生创新思考，熟练掌握摄影专业技术，提升专业综合素养。运用任务引领的教学方法，通过小组合作完创意实验摄影的学习任务，培养学生的团队意识。

**第九讲　反光体产品的数字摄影与后期**

**主要内容：**掌握拍摄反光体的数字摄影技巧，能巧用小型摄影柔光棚、柔光箱进行包围式布光，避免反光体的反射光斑和倒影，学会使用有效的数字后期进行修图，另拍摄的反光产品拥有更干净清晰的立体感。

**对应知识点：**案例详解（不锈钢刀具、水壶、可口可乐易拉罐）；反光体产品的拍摄诀窍；反光体摄影的数字后期。

**对应技能点：**反光体的摄影与数字后期。

**重难点：**掌握好拍摄反光体的诀窍，避免凌乱的反光光斑，以及数字相机在反光体表面形成的倒影。

**对应思政元素：**熟练掌握摄影专业技术，提升专业综合素养。以小组作业的方式合作拍摄能增强学生的团队协作精神和沟通能力，学会与同学分享自己的创意摄影作品，交流拍摄经验。

**实施手段：**通过反光类产品拍摄与后期案例介绍拍摄此类商品的特征，引导学生创新思考，熟练掌握摄影专业技术，提升专业综合素养。运用任务引领的教学方法，通过小组合作完创意实验摄影的学习任务，培养学生的团队意识。

**第十讲　时尚美妆类产品的摄影与后期**

**主要内容：**掌握太阳镜、手表、首饰等时尚用品的数字摄影与后期，尤其是运用色彩（背景及灯光）营造时尚的感觉，并学习数字后期精修时尚产品的图片。了解使用道具和配饰使拍摄的时尚用品更具高级感或创意，掌握拍摄与后期中的各种小细节。

**对应知识点：**1. 案例详解（太阳镜、手表、化妆品套装、漱口水等）；2. 时尚美妆类产品拍摄的诀窍；3. 时尚美妆类产品的摄影数字后期。

**对应技能点：**时尚美妆类产品的摄影与数字后期

**重难点：**拍摄过程中能根据不同时尚用品匹配不同风格的道具与背景，营造时尚感觉。

**对应思政元素：**熟练掌握摄影专业技术，提升专业综合素养。以小组作业的方式合作拍摄能增强学生的团队协作精神和沟通能力，学会与同学分享自己的创意摄影作品，交流拍摄经验。

**实施手段：**通过时尚美妆类产品拍摄与后期案例，介绍拍摄此类商品的特征，引导学生创新思考，熟练掌握摄影专业技术，提升专业综合素养。运用任务引领的教学方法，通过小组合作完创意实验摄影的学习任务，培养学生的团队意识。

**第十一讲　创意摄影与实验**

**主要内容：**运用所学的数字摄影技术，精进掌握高速拍摄、烟绘光绘拍摄，以及微观拍摄营造各种创意画面，学习创意摄影的不同表现手法和拍摄方式，并尝试以其中的一种或多种方法拍摄独特的创意摄影作品。了解和学习不同创意大师的拍摄作品。

**对应知识点：**1. 案例详解（高速摄影、烟绘、光绘摄影、微观摄影、肌理摄影等）；2. 各种创意摄影的拍摄诀窍；3. 创意摄影与数字后期。

**对应技能点：**创意摄影与数字后期实践。

**重难点：**掌握各种创意摄影的创作方法，并能将其应用于创意数字摄影作品。

**对应思政元素：**通过数字艺术后期来培养学生健康的审美能力；在数字后期的任务过程中，要诚实守信，遵纪守法，真实创作，尊重摄影作品的版权。

**实施手段：**通过创意摄影案例介绍创意实验摄影的特征，引导学生就如何运用高速摄影、烟绘、光绘以及微观视角进行创新思考。运用任务引领的教学方法，通过小组合作完创意实验摄影的学习任务，培养学生的团队意识。

**第十二讲　数字摄影后期（一）**

**主要内容：**通过熟练掌握数字后期技术，进行“火焰人摄影棚的拍摄与数码后期创意制作”，重点学习将数字摄影作品通过后期合成技术转变为数字商业海报作品。难点是运用相似后期手法对特定主题广告（商业）作品进行创意后期。

**对应知识点：**案例详解与操作（Photoshop 软件的操作学习、特效火焰人合成、奇幻女战士游戏海报）

**对应技能点：**学生根据素材，实践练习数字后期案例，综合使用“橡皮图章”、“修补工具”、通道、蒙版、图层效果和叠加方式、笔刷、描边工具、各种滤镜以及液化效果、锐化等工具与效果命令。

**重难点：**熟练案例中的操作步骤和方法，完成课程案例，并将相关操作运用于创意摄影作品的过程中。

**对应思政元素：**熟练掌握摄影专业技术，提升专业综合素养。在数字后期的任务过程中，要诚实守信，遵纪守法，真实创作，尊重摄影作品的版权。

**实施手段：**采用元素化合的方法，在讲授“橡皮图章”、“修补工具”、通道、蒙版、图层效果和叠加方式、笔刷、描边工具、各种滤镜以及液化数字后期工具时，突出数字艺术化加工中遵守契约和知识产权的重要性，培养学生的诚信意识和契约精神。运用情景模拟，让学生使用 Photoshop 软件根据案例进行认真仔细的操练，培养学生科学严谨和精益求精的职业道德。

**第十三讲　数字摄影后期（二）**

**主要内容：**通过熟练掌握数字后期技术，进行“杯中山河摄影后期创意制作”，重点学习将数字摄影作品通过后期合成技术转变为数字商业海报作品。难点是运用相似后期手法对特定主题广告（商业）作品进行创意后期。

**对应知识点：**“杯中山河”案例详解与操作示范（Photoshop 软件的操作学习）

**对应技能点：**学生根据素材，实践练习数字后期案例，综合使用“橡皮图章”、“修补工具”、通道、蒙版、图层效果和叠加方式、笔刷、描边工具、各种滤镜以及液化效果、锐化等工具与效果命令。

**重难点：**熟练案例中的操作步骤和方法，完成课程案例，并将相关操作运用于创意摄影作品的过程中。

**对应思政元素：**熟练掌握摄影专业技术，提升专业综合素养。在数字后期的任务过程中，要诚实守信，遵纪守法，真实创作，尊重摄影作品的版权。

**实施手段：**采用元素化合的方法，在讲授“橡皮图章”、“修补工具”、通道、蒙版、图层效果和叠加方式、笔刷、描边工具、各种滤镜以及液化数字后期工具时，突出数字艺术化加工中遵守契约和知识产权的重要性，培养学生的诚信意识和契约精神。运用情景模拟，让学生使用 Photoshop 软件根据案例进行认真仔细的操练，培养学生科学严谨和精益求精的职业道德。

**第十四讲　数字摄影后期（三）**

**主要内容：**通过熟练掌握数字后期技术，进行“明信片风景画”，重点学习将数字摄影作品通过后期合成技术转变为数字商业海报作品。难点是运用相似后期手法对特定主题广告（商业）作品进行创意后期。

**对应知识点：**“明信片风景画”案例详解与操作示范。

**对应技能点：**学生根据素材，实践练习数字后期案例，综合使用“橡皮图章”、“修补工具”、通道、蒙版、图层效果和叠加方式、笔刷、描边工具、各种滤镜以及液化效果、锐化等工具与效果命令。

**重难点：**熟练案例中的操作步骤和方法，完成课程案例，并将相关操作运用于创意摄影作品的过程中。

**对应思政元素：**熟练掌握摄影专业技术，提升专业综合素养。在数字后期的任务过程中，要诚实守信，遵纪守法，真实创作，尊重摄影作品的版权。

**实施手段：**采用元素化合的方法，在讲授“橡皮图章”、“修补工具”、通道、蒙版、图层效果和叠加方式、笔刷、描边工具、各种滤镜以及液化数字后期工具时，突出数字艺术化加工中遵守契约和知识产权的重要性，培养学生的诚信意识和契约精神。运用情景模拟，让学生使用 Photoshop 软件根据案例进行认真仔细的操练，培养学生科学严谨和精益求精的职业道德。

**第十五讲　数字摄影后期（四）**

**主要内容：**通过熟练掌握数字后期技术，进行“素描人像”，重点学习将数字摄影作品通过后期合成技术转变为数字商业海报作品。难点是运用相似后期手法对特定主题广告（商业）作品进行创意后期。

**对应知识点：**“素描人像”案例详解与操作示范。

**对应技能点：**学生根据素材，实践练习数字后期案例，综合使用“橡皮图章”、“修补工具”、通道、蒙版、图层效果和叠加方式、笔刷、描边工具、各种滤镜以及液化效果、锐化等工具与效果命令。

**重难点：**熟练案例中的操作步骤和方法，完成课程案例，并将相关操作运用于创意摄影作品的过程中。

**对应思政元素：**熟练掌握摄影专业技术，提升专业综合素养。在数字后期的任务过程中，要诚实守信，遵纪守法，真实创作，尊重摄影作品的版权。

**实施手段：**采用元素化合的方法，在讲授“橡皮图章”、“修补工具”、通道、蒙版、图层效果和叠加方式、笔刷、描边工具、各种滤镜以及液化数字后期工具时，突出数字艺术化加工中遵守契约和知识产权的重要性，培养学生的诚信意识和契约精神。运用情景模拟，让学生使用 Photoshop 软件根据案例进行认真仔细的操练，培养学生科学严谨和精益求精的职业道德。

**第十六讲　数字摄影后期（五）**

**主要内容：**通过熟练掌握数字后期技术，进行“火车与女孩”，重点学习将数字摄影作品通过后期合成技术转变为数字商业海报作品。难点是运用相似后期手法对特定主题广告（商业）作品进行创意后期。

**对应知识点：**“火车与女孩”案例详解与操作示范。

**对应技能点：**学生根据素材，实践练习数字后期案例，综合使用“橡皮图章”、“修补工具”、通道、蒙版、图层效果和叠加方式、笔刷、描边工具、各种滤镜以及液化效果、锐化等工具与效果命令。

**重难点：**熟练案例中的操作步骤和方法，完成课程案例，并将相关操作运用于创意摄影作品的过程中。

**对应思政元素：**熟练掌握摄影专业技术，提升专业综合素养。在数字后期的任务过程中，要诚实守信，遵纪守法，真实创作，尊重摄影作品的版权。

**实施手段：**采用元素化合的方法，在讲授“橡皮图章”、“修补工具”、通道、蒙版、图层效果和叠加方式、笔刷、描边工具、各种滤镜以及液化数字后期工具时，突出数字艺术化加工中遵守契约和知识产权的重要性，培养学生的诚信意识和契约精神。运用情景模拟，让学生使用 Photoshop 软件根据案例进行认真仔细的操练，培养学生科学严谨和精益求精的职业道德。

## 五、学时分配

| 教学内容 | 讲课 | 上机 | 实验 | 实践 | 小计 |
|---|---|---|---|---|---|
| 一、数字摄影基本原理（认知篇） | 2 | | | 2 | |
| 二、数字摄影基本原理（调试篇） | 2 | | | 2 | |
| 三、数字摄影构图（上、下） | 2 | | | 2 | |
| 四、教师实践示范与讲解：小清新风格的人像拍摄；小清新人像数字后期 | 2 | | | 2 | |
| 五、教师实践示范讲解：拍摄复古风格的人像拍摄；复古人像数字后期 | 2 | | | 2 | |
| 六、摄影棚基本灯具、人像布光与拍摄、摄影棚拍摄的数字后期 | 2 | | | 2 | |
| 七、数字摄影与后期（食品） | 2 | | | 2 | |
| 八、数字摄影与后期（透光体产品） | 2 | | | 2 | |
| 九、数字摄影与后期（反光体产品） | 2 | | | 2 | |
| 十、数字摄影与后期（时尚产品） | 2 | | | 2 | |
| 十一、数字创意摄影与实验 | 2 | | 2 | | |
| 十二、数字摄影后期合成：特效火焰人 | 2 | 2 | | | |
| 十三、数字摄影后期合成：奇幻女战士游戏海报 | 2 | 2 | | | |
| 十四、数字摄影后期合成：风景摄影明信片 | 2 | 2 | | | |
| 十五、数字摄影后期合成：杯中海啸 | 2 | 2 | | | |
| 十六、数字摄影后期合成：火车与女孩 | 2 | 2 | | | |
| 合 计 | 32 | 10 | 2 | 20 | |

## 六、教学方法与手段

**教学方法：**课堂讲授＋拍摄实践＋上机操作

**教学手段：**运用多媒体课件（PPT＋教学视频）结合多媒体教室、实训摄影棚，以及网络平台同步教学、师生沟通、作业评价。

**表 2　课程思政教学实施方案**

| 教学板块 | 教学内容 | 课程思政要点 | 实施手段 |
|---|---|---|---|
| 数字摄影基本原理板块 | 数字单反相机和相关知识介绍<br>摄影棚和辅助摄影工具的使用<br>摄影用光简述<br>前期拍摄于后期处理常识 | 通过学习数字摄影的基本原理与操作，强调事物客观性，运动性和规律性，蕴含唯物主义辩证思想。<br>融汇“摄影美学”在摄影教学中的应用，通过“美丽中国”摄影构图案例为教学内容讲授摄影构图与创意的知识点的同时，宣扬中国的“自然之美”“社会之美”。 | 专题嵌入式元素化合式案例式 |

（续表）

| 教学板块 | 教学内容 | 课程思政要点 | 实施手段 |
| --- | --- | --- | --- |
| 数字摄影拍摄板块 | 主题人像（复古、小清新）人像拍摄；<br>食品、透光与反光商品、时尚类用品等拍摄；<br>创意摄影实验拍摄 | 通过小组拍摄作业的方式培养学生的团结协作精神和良好沟通能力。<br>熟练掌握摄影专业技术，提升专业综合素养。以小组作业的方式合作拍摄能增强学生的团队协作精神和沟通能力，学会与同学分享自己的创意摄影作品，交流拍摄经验 | 元素化合式案例式<br>互动式 |
| 数字摄影后期板块 | 1. 食品、透光与反光商品、时尚类用品等拍摄后期；<br>2. 主题人像（复古、小清新）人像拍摄后期；<br>3. 数字摄影合成案例后期；<br>4. 创意摄影实验拍摄后期 | 通过数字艺术后期来培养学生健康的审美能力；在数字后期的任务过程中，要诚实守信，遵纪守法，真实创作，尊重摄影作品的版权 | 画龙点睛式探究式<br>启发式<br>探究式 |

## 七、考核方式

**考核方式：**考试。

**成绩构成建议：**其中考勤与平时成绩占 30%，作品成绩占 70%。（作品包括数字拍摄作品＋数字后期作品）

## 八、教材及主要参考资料

**1. 教材**

《商业摄影——数字摄影与后期》，费越编著，北京工艺美术出版社出版，2020 年。

**2. 参考资料**

《摄影构图与图像语言》：［德］科拉·巴尼克，格奥尔格·巴尼克著，董媛媛译，北京科学技术出版社，2016 年。

《商业摄影实训教程》，第二版，杨莉莉著，中国人民大学出版社，2015 年。

# 《会展服务》课程教学大纲

**适用专业：**会展策划与管理　　**适用年级：**22 级
**课程属性：**专业课　　**学 分 数：**3
**课程性质：**必修课　　**总学时数：**48
**课程类型：**理论 + 实践　　**讲课学时数：**24
**考核类型：**考查　　**上机学时数：**0
**先修课程：**会展业概论　　**实验与实践学时数：**24

## 一、教学目标基本要求

“会展服务”是会展策划与管理专业的专业必修课，其知识的应用非常广泛。通过本课程的学习，使学生较系统地掌握有关展、会、节、赛、演和奖励旅游必要的基础理论和有关方法，注重训练学生从事会展服务工作的基本技能和操作程序，强化会展服务工作必备的观念和意识，培养学生从事会展服务与基层管理工作的能力。

注重思想教育，以“爱职业”“爱国家”“爱城市”“爱人民”“爱生活”为主线，引导学生利用会展大舞台讲好中国故事，对标“三寓三式”课程思政改革教学成果，创新课程思政的教法和实现路径，强调培养学生的专业硬能力的同时注重学生职业道德、工匠精神、家国情怀、法律意识等软实力涵养，通过互动、讨论、案例教学等方式，实现专业知识与课程思政的元素化合，引导学生树立正确的国家观、民族观、历史观、文化观，从而为社会培养更多德智体美劳全面发展的人才。为将来从事相关工作打下必要的基础，成为适应会展管理、服务第一线需要的高等技术应用型专门人才。

## 二、与其他课程的关系

“会展业概论”是本课程的前修课程，本课程的后续课程为“会展项目管理”。

## 三、知识点、技能点、思政元素及其层次要求

**1. 知识点**

1）会展活动的相关内容、策划及运营等基本工作流程

2）参展、会议、节事活动、奖励旅游、演赛服务的相关技能

3）会展专业的相关联行业的配套服务

**2. 技能点**

1）能提供会展相关活动的现场基础服务

2）会根据会展活动项目需求进行基本的活动策划

3）能统筹管理安排会展各个环节的工作

**3. 重难点**

1）会展业发展趋势

2）现场管理的基本要求与实施

3）会展推介服务在会展中的应用

4）展前宣传服务、展前客户沟通实践应用

5）掌握不同类型展、会的现场布置要求

6）会展物流的精准送达

7）掌握不同类型展、会的现场布置要求

8）展台设计中的安全与服务

**4. 思政元素**

1）具有良好的职业素养及服务意识

2）具备较强的创新能力、团队合作能力、沟通能力，能服务相应的岗位

3）具有爱岗敬业、踏实肯干的职业道德素质和良好的道德素质

4）具有深厚的爱国情感、民族认同感以及自豪感

5）具有社会责任感和参与意识

## 四、教学内容

### 第一章　会展业以及会展服务概述

**主要内容：**1. 国内会展业发展趋势；2. 会展服务与现场管理的概念；3. 会展服务与现场管理的类别；4. 会展服务与现场管理的基本要求。

**重难点：**会展业发展趋势、现场管理基本要求。

**对应知识点：**1. 会展服务的概念；2. 现场管理的概念；3. 会展服务与现场管理的类别；4. 会展服务与现场管理的基本要求。

**对应技能点：**熟知会展服务的含义与特点，会展服务与现场管理的类别，掌握会展服务的原则，明确会展现场管理的基本要求。

**对应思政元素：**本讲教学内容包含诸多会展业的时事热点，涉及经济、文化、社会等领域的最新政策与改革方法，提升学生的参与性，让学生积极主动关注时事，正确认识看待我国会展业发展的现状。

**实施手段：**嵌入式 + 讨论式，通过案例教学和专题讨论，引导学生主动思考，深化认识。

**第二章　会展推介服务**

**主要内容：**1. 会展推介概述；2. 会展招展服务；3. 专业观众的组织。

**重难点：**会展推介服务在会展中的应用。

**对应知识点：**会展推介、招展方案的拟订、招展艺术与技术、专业观众的组织。

**对应技能点：**1. 熟知会展推介的形式；2. 明确会展推荐方案的制作要点；3. 掌握招展方案的拟订；4. 理解招展艺术与技术的含义；5. 熟知专业观众的组织。

**对应思政元素：**通过我国四大国家级会展活动案例（广交会、进博会、服贸会、消博会），帮助学生理解会展活动的本质、理解其作为承接国家战略、区域战略的重要手段的功能、理解会展活动所依托的产业的运作规律和特点、理解会展活动的创新与发展，熟悉会展推介的形式与要点。

**实施手段：**元素化合式＋探究式，通过案例介绍会展活动的推介形式，引导学生理解会展活动的本质，通过探究的方法熟悉会展推介的形式与要点。

**第三章　会展接待的准备**

**主要内容：**1. 参展商服务；2. 展前宣传服务；3. 展前客户沟通服务；4. 参展选择与实施。

**重难点：**展前宣传服务、展前客户沟通实践应用。

**对应知识点：**1. 参展商的工作进程；2. 参展宣传方法；3. 展台工作。

**对应技能点：**1. 熟知参展目标的选择问题；2. 掌握参展宣传的方法；3. 明确展前客户沟通的类型；4. 明确参展商的工作进程；5. 理解展台工作的含义。

**对应思政元素：**引导学生积极运用所学专业知识，投入到对会展行业、会展活动发展与新理论、新模式、新技术、新实践的积极研讨与实践中，使大学生充分认识到我国社会主义制度的优越性，提升制度自信和文化自信，培养大学生正确的人生观、价值观、职业观，提升其专业的策划、执行与实践能力。

**实施手段：**采用元素化合的方法，将会展活动发展中的新内容、新模式、新技术、新实践与以服务对象为中心的职业道德元素化合，引导学生对我国社会主义制度的优越性进行思考，提升文化自信。

**第四章　会展现场服务与管理**

**主要内容：**1. 会展开幕的服务与管理；2. 会展观众类型与统计；3. 会议现场工作；4. 展览现场工作。

**重难点：**掌握不同类型展、会的现场布置要求。

**对应知识点：**现场布置、观众分类。

**对应技能点：**1. 熟知展会开幕仪式的现场布置；2. 明确展会开幕仪式的组织管理；3. 掌握展会观众的分类；4. 解展会观众统计的公式。

**对应思政元素：**将在原有培养学生会展接待操作技能的基础上，进一步培养学生严谨求实、一丝不苟、严格按照规范做事情的职业素养，培养他们利用所学原理解决实际问题的动手能力。

**实施手段：**采用嵌入式的教学方式，通过实际案例培养学生实操能力的同时，培养他们严谨求实、一丝不苟、严格按照规范做事情的职业素养。

**第五章　会展物流服务与管理**

**主要内容：**1. 会展物流服务与管理概述；2. 会展物流服务的要求；3. 会展物流管理的内容。

**重难点：**会展物流的精准送达。

**对应知识点：**会展物流。

**对应技能点：**1. 熟知会展物流的概念与特征；2. 明确会展物流服务与管理的内涵；3. 掌握会展物流服务的要求；4. 了解会展物流管理的主要环节。

**对应思政元素：**会展有序顺利的召开需要有顺畅、高效的物流运行组织的支持，会展活动设计的物流环节主要有展品运输与展品处理。展品运输是否准时、经济、安全，展品处理是否合理、符合规定等，都直接关系到会展的效用与成败。通过案例引导学生对专业的态度、职业操守。

**实施手段：**采用嵌入式的教学方式，通过介绍会展物流的相关理论知识，案例讨论，让学生了解、理解会展物流的重要性，适时进行画龙点睛的总结，培养学生对专业认真的态度。

**第六章　会展设计与搭建服务**

**主要内容：**1. 会展设计与搭建概述；2. 会展设计的流程；3. 展台搭建的操作与要求。

**重难点：**展台设计中的安全与服务。

**对应知识点：**会展搭建基本概念；搭建服务。

**对应技能点：**1. 熟知会展设计的概念；2. 明确展位设计的类型与展台搭建；3. 理解会展设计与搭建人员的素质要求；4. 了解会展设计的流程；5. 了解展台搭建的操作与要求。

**对应思政元素：**以展台设计为例，要求学生结合“新技术 + 会展”进行资料查阅、分析与整合，制作视频并在线展讲。引导学生对新技术、新应用、新模式予以关注，对最新的应用程序多多进行尝试和使用，从国家战略角度理解数字经济，从供需角度理解科技向善、智慧赋能，从社会发展角度理解数字化转型的本质，培养大学生顺应趋势、构筑优势的理念，培养其对新技术的应用能力，以提升其综合能力和数字素养。

**实施手段：**利用案例教学的手段，引导学习进行资料查阅、分析与整合，引导学生关注新技术、新应用，并从战略角度进行多视角分析，利用元素化合的方法培养学生的综合素养。

**第七章　会展服务礼仪**

**主要内容：**1. 会展服务礼仪概述；2. 会展服务的基本礼仪与规范；3. 会展服务礼仪

技巧。

**重难点：**服务礼仪中细节的把控。

**对应知识点：**会展服务礼仪。

**对应技能点：**1. 熟知会展服务礼仪的概念；2. 掌握会展礼仪服务的原则；3. 明确会展服务礼仪人员的素质要求；4. 掌握会展服务礼仪的基本规范；5. 熟知会展服务礼仪接待技巧。

**对应思政元素：**使大学生充分了解礼仪的重要性，并具备相关能力，提升自信，培养大学生正确的人生观、价值观、职业观，提升其待人接物的能力。

**实施手段：**通过案例分析和实战，通过画龙点睛的总结，引导学生认识礼仪的重要性，了解在校应该做到的礼仪原则，指导日常行为规范；培养学生待人接物的能力。

**第八章　会展阶段中的餐饮活动服务**

**主要内容：**中西式宴会服务、菜肴及酒品饮料服务。

**重难点：**餐饮活动中的禁忌与安排。

**对应知识点：**中西餐、中国酒、外国酒、饮料等相关内容。

**对应技能点：**掌握点菜技巧。

**对应思政元素：**通过中餐宴会、中国酒文化的内容讲授，融入中华优秀传统文化的价值定位提高民族自信、文化自信。布置团队合作大作业，引入团队合作精神。

**实施手段：**在课程的讲授中，将中华民族的饮食文化与传统文化教育中的儒家思想、儒家伦理道德观念、中医养生学等内容与食材选择、菜肴制作灵活等内容融合，提升民族自信、文化自信。

**第九章　课堂分享：家乡美食、展会等**

**主要内容：**请同一个地方的学生组成一个小组，搜集家乡特色美食美景、会展相关资料，并用图片、小视频等方式呈现，在班级公开展演。

**重难点：**小组分工，适当的人安排相应工作内容，让每一个人的优势在团队中体现出来。

**对应知识点：**家乡美食/展会的了解与分享。

**对应技能点：**思维导图、PPT、小视频等多元素分享家乡特色。

**对应思政元素：**通过中餐宴会、中国酒文化的内容讲授，融入中华优秀传统文化的价值定位提高民族自信、文化自信。布置团队合作大作业，引入团队合作精神。通过课堂分享激发学生兴趣。

**实施手段：**专题嵌入式，通过小组合作的方式，培养学生的团队合作竞赛，激发学生学习兴趣。

**第十章　会展商务服务**

**主要内容：**1. 会展商务中心服务；2. 会展电子商务服务；3. 会展商务旅游服务。

**重难点：**会展电子商务的应用。

**对应知识点：**会展商务服务的概念，会展电子商务服务的种类、具体内容，会展商务服务的概念，会展商务旅游服务的主要环节，会展商务旅游服务的过程管理。

**对应技能点：**1. 熟知会展商务服务的概念；2. 了解会展电子商务服务的种类；3. 熟悉会展电子商务服务的具体内容；4. 明确会展商务服务的概念；5. 熟知会展商务旅游服务的主要环节；6. 了解会展商务旅游服务的过程管理。

**对应思政元素：**通过学习基础概念，引导学生充分认识事物发展循序渐进的客观规律，培养学生重视基础、实事求是，踏实肯学，认真钻研新知识、新技能的学习品格。

**实施手段：**采用元素化合的方法，在会展电子商务相关内容的学习同时，培养学生认真钻研，精益求精的意识。

**第十一章　会展安保清洁服务**

**主要内容：**1. 会展安保清洁服务概述；2. 会展安保清洁人员安排；3. 会展安保清洁服务规范与流程。

**重难点：**会展安保清洁服务规范与流程。

**对应知识点：**会展安保清洁服务的概念、服务规范、人员安排、工作程序、操作流程。

**对应技能点：**1. 熟知会展安保清洁服务的概念；2. 了解会展安保人员的服务规范；3. 了解会展安保清洁人员安排；4. 掌握会展场馆安保工作程序；5. 掌握会展清洁工作的操作流程。

**对应思政元素：**管理好宿舍卫生、一日三餐，做好每个月生活费的管理，实际上这些就是最基本的日常管理，让每个人都能成为最好的自己。

**实施手段：**专题嵌入式，通过本章节内容的理论知识，让学生做好日常生活卫生及生活费的管理，培养责任意识。

## 五、学时分配

**课程学时分配表**

| 课程内容 | 讲课 | 实践 | 上机 | 大作业 | 小计 |
|---|---|---|---|---|---|
| 会展业以及会展服务概述 | 2 | 2 | | | 4 |
| 会展推介服务 | 2 | 2 | | | 4 |
| 　　会展接待的准备 | 2 | 2 | | | 4 |
| 　　会展现场服务与管理 | 2 | 2 | | | 4 |
| 会展物流服务与管理 | 2 | 2 | | | 4 |

（续表）

| 课程内容 | 讲课 | 实践 | 上机 | 大作业 | 小计 |
|---|---|---|---|---|---|
| 会展设计与搭建服务 | 2 | 4 | | | 6 |
| 会展服务礼仪 | 2 | 2 | | | 4 |
| 会展阶段中的餐饮活动服务 | 2 | 4 | | | 6 |
| 小组活动演示 | | 4 | | | 4 |
| 会展商务服务 | 1 | 1 | | | 2 |
| 会展安保清洁服务 | 1 | 1 | | | 2 |
| 复习答疑 | 1 | 1 | | | 2 |
| 考核 | 2 | | | | 2 |
| 合　计 | 24 | 24 | | | 48 |

## 六、教学方法与手段

综合运用项目教学法、案例分析教学法、角色扮演教学法、任务驱动教学法等教学方法。

1）项目教学法

是“会展服务”这门课程的主要教学方法，本课程的几个模块均以会展服务项目“构思－设计－实施－运行”为主线，知识够用为度，设置特定的任务作为教学、学习的导向和目标，重构课程体系和教学内容，将整个课程体系有机的、系统的结合起来。让学生以主动的、实践的、课程之间有机联系的方式学习，学生在项目运营过程中不断提升发现问题、分析问题、解决问题的能力。

2）案例分析教学法

会展行业是一个没有固定服务模式的行业，每一个服务对象不同，需求不同，最终提供的服务产品也将不同，但是这其中的能力要求是一样的。丰富的案例可以让学生了解面对不同的消费者，不同的环境下，我们的策划能力应该如何运用，如何为客户提供更优质更个性化的服务。也可以使学生更加易于理解与消化。

3）角色扮演教学法

服务行业的最显著特点在于产品的无形性，它根植于服务的提供者，同时它的质量也取决于服务者。通过角色扮演和角色互换，能更加真实地切身体会如何为客户提供优质的服务。

4）任务驱动法

本课程利用项目分解的任务进行任务驱动教学，使学生在完成一个个实际的任务中学习到相应的技能。学生通过自主完成项目任务构建知识、形成技能、培养素质。

## 七、考核方式

本课程的总评成绩由两部分组成：平时成绩占40%期末成绩占60%：

1. 平时成绩评估（40%）：根据考勤、课堂表现、作业成绩等情况统计；

2. 期末成绩评估（60%）：考核方式为期末大作业+笔试成绩。

## 八、教材及主要参考资料

《会务服务与管理》，刘勇，化学工业出版社，2019. 11. 1.

# 《印刷企业管理实务 B》课程教学大纲

**适用专业：**印刷媒体技术（中高职贯通）　　**适用年级：**2021 级
**课程属性：**专业课　　**学 分 数：**2 学分
**课程性质：**必修课　　**总学时数：**32 学时
**课程类型：**理论 + 实践课（B 类）　　**讲课学时数：**24 学时
**考核类型：**考查课　　**上机学时数：**无
**先修课程：**无　　**实验与实践学时数：**8 学时

## 一、教学目标基本要求

本课程是印刷媒体技术专业的一门专业必修课，课程以企业管理的基础理论知识为载体，挖掘思政元素，在教学设计中充分融入专业课程思政，不仅寓德于教，培养学生立足行业，知印刷、爱印刷，做有“文化”的印刷人；而且注重寓道于教，案例教学中揭示管理学基本规律，折射课程思政的高度与温度；同时寓教于乐，通过“三寓三式”“五化五式”等手段践行快乐教学模式，润物细无声中实现教书育人相结合，帮助学生在学习企业管理专业知识与技能的同时正确树立世界观、价值观、人生观，提高综合素养。本课程将“知识传授”与“价值引领”相结合，课程教学目标如下：

**1. 知识目标**

掌握现代印刷企业特点，理解企业文化建设、人力资源管理、PMC 管理、现场管理、质量管理、印刷设备管理、印刷 ERP、精益印刷、绿色印刷等基本原理。

**2. 能力目标**

能够运用现代印刷企业管理的基本原理、工具和方法解决企业管理中一些有关经营管理、生产管理和质量管理等方面的实际问题的能力。

**3. 价值目标**

实现专业认知到专业认同的转变，增强爱国主义、提升道德品质、牢固四个自信；培养工匠精神、科学精神；树立大局意识、辩证意识、生态文明意识。

## 二、与其他课程的关系

本课程可以《管理学》为先修课程，也可以作为《印刷业务洽谈》《印刷生产管理》等的先修课程。

## 三、知识点、技能点、思政元素及其层次要求

**1. 知识点**

（1）了解印刷企业的特点、属性，并熟悉印刷行业的发展现状。

（2）了解企业文化的内涵、本质及功能作用。

（3）熟悉企业文化设计的主要环节及其层面、企业文化组织运作步骤。

（4）了解企业人力资源管理的基本概念，掌握其基本职能。

（5）了解印刷企业的生产计划工作、物料控制工作。

（6）了解印刷企业生产管理的概念和特征。

（7）掌握印刷企业现场管理的要求与标准。

（8）掌握全面质量管理思想及其工作方法。

（9）了解印刷设备的发展、分类、磨损与故障规律及保养修理原则。

（10）理解 ERP 的概念、发展与实施。

（11）掌握精益印刷的核心思想及其发展。

（12）理解绿色印刷的概念、战略意义。

**2. 技能点**

（1）能把握现代印刷企业的特征分析印刷行业的发展特点与趋势。

（2）能分析企业文化的基本内涵及组成，掌握企业文化的组织运作。

（3）初步具备履行人力资源管理各项主要职能的能力。

（4）能进行印刷企业生产计划与物料控制的基本运作。

（5）能运用 5S 原理落实现场管理。

（6）具备全面质量管理意识，能运用 PDCA 循环工作法改善工作质量。

（7）具备设备维修保养常识，能运用设备磨损与故障规律开展设备管理。

（8）具备战略统筹意识，能进行 ERP 系统的简单运作。

（9）具有精益意识，能通过识别和消除浪费来实践精益生产。

（10）具有绿色发展意识，能熟练掌握绿色印刷的实施举措。

**3. 思政元素**

（1）爱国、爱校、爱专业。

（2）崇尚技能、勇于担当。

（3）追求真理、积极向上。

（4）生态文明、人文素养。

（5）精益求精，工匠精神。

本课程的课程思政建设围绕印刷媒体技术专业“政治素养、社会责任、道德品质、综合素养”的核心价值体系，课程内容体系与课程思政元素如图 1 所示。

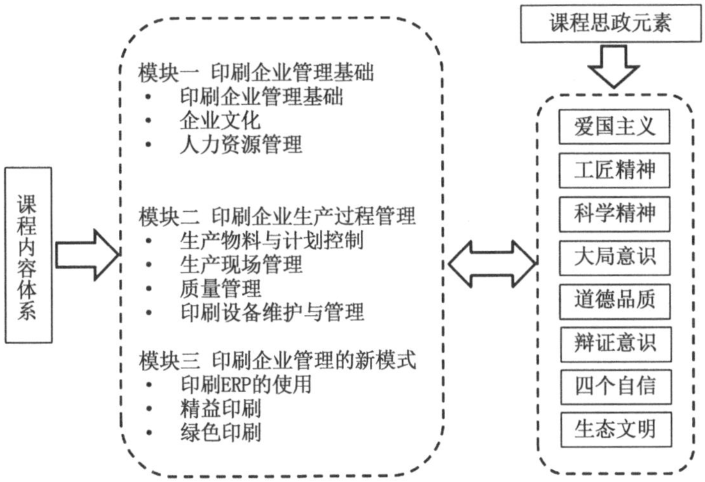


图 1　课程内容体系与思政元素

## 四、教学内容

**模块一　企业管理必备基础**

**项目一：企业管理必备基础**

**主要内容：**印刷行业、印刷业的现状

**重难点：**印刷业发展现状的充分认识

**对应知识点：**印刷企业的特点

**对应技能点：**能把握现代印刷企业的特征开展对印刷行业发展特点与趋势的分析。

**对应思政元素：**爱国精神、工匠精神

**实施手段：**画龙点睛式——在熟悉四大发明以及了解印刷业发展历程和我国印刷行业现状的过程中，使学生感受印刷是人类文明的标志、进步的阶梯，增强爱国热情，提升对印刷行业的职业认同感。教学中穿插纪录片《汉字激光照排系统之父王选》，通过“画龙点睛式”教学，画龙——讲印刷业发展史，点睛——王选院士爱国、敬业的工匠精神，增强学生民族自信、激发学生学习专业热情。

**项目二：企业文化**

**主要内容：**企业文化

**重难点：**企业文化的实施

**对应知识点：**企业文化的内涵、本质、作用

**对应技能点：**能分析企业文化的基本内涵及组成，具备基本的企业文化组织运作能力。

**对应思政元素**：文化自信、时代精神

**实施手段**：画龙点睛式、元素化合式；讨论式——课前布置观看 BB 平台资源的视频学习资源，让学生了解优秀行业企业的企业文化。课中讲解企业文化的内涵与本质时，通过“专题嵌入式”教学，将学生对中华民族文化的内涵与本质的认识融入其中，增强民族文化自信、激发爱国热情。讲解企业文化的层次关系时，启发学生思考身边的校园文化。课后讨论如何做爱国、爱校的“有文化”的新时代大学生，弘扬民族精神、时代精神。

**项目三：人力资源管理**

**主要内容**：人力资源管理

**重难点**：人力资源管理的职能

**对应知识点**：人力资源管理的六大职能

**对应技能点**：具备履行人力资源管理各项主要职能的能力。

**对应思政元素**：综合素养、竞争意识、择业观

**实施手段**：专题嵌入式；情景化——通过了解企业人力资源管理的基本职能，深化理解富强、民主、文明、和谐、自由、平等、公正、法治、爱国、敬业、诚信、友善，这是社会主义核心价值观体系的丰富内涵，同时也是人力资源管理的指导思想，“专题嵌入式”教学，将自我综合发展意识、竞争意识、正确择业观的树立意识融入课中。招聘与配置环节融入情景化教学，模拟求职面试。

**模块二　印刷企业生产过程管理**

**项目四：印刷业务与营销**

（本项目要求自学，不列入教学计划）

**项目五：生产计划与物料控制**

**主要内容**：PMC

**重难点**：印刷物料管理与控制

**对应知识点**：PMC 部门的功能及工作流程、车间生产计划的过程执行与控制

**对应技能点**：具备印刷企业生产计划与物料控制的基本运作能力。

**对应思政元素**：对立统一、辩证思维

**实施手段**：专题嵌入式；启发式——系统学习印刷企业生产过程中有关生产计划与物料控制的基本理论，培养学生辩证思维。在讲解物料管理 ABC 分类法时，将抓住关键的少数、有所为与有所不为的思政元素融入其中。课后讨论 ABC 分类法对生活、学习的启示。

**项目六：生产现场管理**

**主要内容**：印刷企业生产管理

**重难点**：5S 管理的实施

**对应知识点：**现场 5S 管理、定置管理、目视管理、安全生产

**对应技能点：**具备运用 5S 原理落实现场管理的能力。

**对应思政元素：**辩证思维、集体意识、责任意识

**实施手段：**画龙点睛式；案例式——课前布置观看 BB 平台资源的视频学习资源，“案例式”了解行业企业 5S 管理现状。课中，通过“画龙点睛式”教学，即讲解 5S 基本实施要领是“画龙”，激发学个人综合素养提高是“点睛”，培养学生全局意识，学会适度选择、适度舍弃，养成习惯、形成文化，知行合一、持之以恒，全面提高职业道德与素养。课后组织 5S 文化的话题讨论。

**项目七：质量管理**

**主要内容：**质量的认识、印刷品的质量特性和标准

**重难点：**全面质量管理

**对应知识点：**全面质量管理

**对应技能点：**具备全面质量管理意识，能运用 PDCA 循环工作法改善工作质量。

**对应思政元素：**大局意识、职业素养

**实施手段：**画龙点睛式；游戏化——学习 TQM 质量管理，在日积月累的 PDCA 循环改善中，才可能会有质的飞跃，提高职业道德与素养。课中通过“数字传递游戏”游戏化教学，寓教于乐，体会 PDCA 的改善过程。课后讨论 PDCA 工作法大环套小环、阶梯式改进、循环上升对个人发展的启示，增强大局意识，全面提高职业素养。

**项目八：印刷设备维护与管理**

**主要内容：**印刷设备的分类、磨损规律、保养常识

**重难点：**印刷企业设备维护与保养的实施

**对应知识点：**设备的使用和维护

**对应技能点：**具备设备维修保养常识，能运用设备磨损与故障规律开展设备管理。

**对应思政元素：**与时俱进、职业使命感

**实施手段：**专题嵌入式；启发式——课前布置学习任务，了解改革开放以来我国印刷设备的发展与变迁，把握印刷设备未来发展方向。企业的产品开发、产品质量提升、市场开拓、产品升级等都离不开设备的设计、使用和维护，课中将“与时俱进、职业使命”融入教学，提升学生对未来所从事的工作的认知，增强职业责任感与使命感。

**模块三　印刷企业管理新模式**

**项目九：印刷 ERP 系统的使用**

**主要内容：**印刷企业资源计划管理

**重难点：**ERP 系统在印刷企业的实施运作

**对应知识点：**ERP 概念

**对应技能点：**具备战略统筹意识，能进行 ERP 系统的简单运作。

**对应思政元素：**战略思维、爱国精神

**实施手段：**专题嵌入式；案例式——通过行业企业 ERP 运作实例看基础数据的统一处理和管理、资源的科学合理配置，体会统一战略规划、全面战术计划、精准操作实施的科学性和优越性。课中通过“专题嵌入式”教学，由新冠疫情战的统一指挥、联防联控，全国动员、全民参与，突显国家治理体系的合理性和有效性和社会主义制度的优越性，激发爱国热情。

**项目十：精益印刷**

**主要内容：**精益印刷

**重难点：**印刷企业的精益生产实施

**对应知识点：**印刷行业的精益制造、TPM

**对应技能点：**具有精益意识，能通过识别和消除浪费来实践精益生产。

**对应思政元素：**创新思维、科学精神

**实施手段：**游戏化；案例式——课前“游戏化”教学，组织剪纸环游戏认识浪费。课中通过“探究式”教学，感悟“一切不为客户创造价值的活动都是浪费”，提升日事日毕的效率意识和消除一切浪费的精益思想认识。

**项目十一：绿色印刷**

**主要内容：**绿色印刷

**重难点：**绿色印刷在我国的实施战略

**对应知识点：**绿色印刷的发展、意义

**对应技能点：**具有绿色发展意识，能熟练掌握绿色印刷的实施举措。

**对应思政元素：**生态文明、责任意识

**实施手段：**画龙点睛式、专题嵌入式；启发式——课前观看视频资源《中国印刷业创新大会》，了解我国印刷业“绿色化”发展战略。课中通过“画龙点睛式”教学，完成“画龙”——了解绿色印刷内涵与目标，实现“点睛——认识”万物各得其和生，各得其养以成”的辩证思维。同时通过“元素化合式”教学，将绿色印刷相关知识与生态环保方面的大局意识、长远意识和整体意识进行化合，强化学生对行业发展与生态保护和谐共进的责任意识，充分认识印刷业只有坚持绿色发展，才能实现印刷强国梦，明确使命担当。

## 五、学时分配

本课程为 2 学分，32 学时，具体课程学时分配如表 1：

表 1 课程学时分配表

| 课程内容 | | 讲课 | 现场教学 | 上机 | 讨论练习 | 小计 |
|---|---|---|---|---|---|---|
| 模块一<br>印刷企业管理基础 | 项目一 企业管理必备基础 | 1 | | | 1 | 2 |
| | 项目二 企业文化 | 2 | | | 2 | 4 |
| | 项目三 人力资源管理 | 3 | | | 1 | 4 |
| 模块二<br>印刷企业生产过程管理 | 项目四 印刷业务与营销（自学）* | 0 | | | 0 | 0 |
| | 项目五 生产计划与物料控制 | 2 | | | | 2 |
| | 项目六 生产现场管理 | 2 | | | 2 | 4 |
| | 项目七 质量管理 | 2 | | | | 2 |
| | 项目八 印刷设备维护与管理 | 2 | | | | 2 |
| 模块三<br>印刷企业管理的新模式 | 项目九 印刷 ERP 系统的使用 | 2 | | | | 2 |
| | 项目十 精益印刷 | 2 | | | 2 | 4 |
| | 项目十一 绿色印刷 | 2 | | | | 2 |
| 合 计 | | 24 | | | 8 | 32 |

## 六、教学方法与手段

本课程采用多媒体教学方法，结合一流专业市级教学资源库 BB 资源库线上互动。授课过程中，结合我校课程思政“三寓三式”范式，“寓道于教、寓德于教、寓教于乐”，选择性地运用“画龙点睛式、专题嵌入式、元素化合式”及案例式、探究式、讨论式、游戏化等教学实施方法与手段（如表 2），实现专业课与思政课的同向同行协同育人。

表 2 课程思政教学实施方案

| 课程教学模块（子项目） | | 专业教学内容 | 思政教学要点 | 融合手段 |
|---|---|---|---|---|
| 模块一<br>印刷企业管理基础 | 项目一<br>印刷企业管理基础 | 印刷业的发展历程与我国印刷行业的现状、现代印刷企业的特点 | 人类离不开印刷。立足行业，知印刷、爱印刷。<br>坚定文化自信，努力实现印刷强国梦！ | 画龙点睛式 |
| | 项目二<br>企业文化 | 企业文化内涵与本质、企业文化作用与实施 | 文化兴国运兴，文化强国运强。<br>弘扬中国精神、时代精神。 | 元素化合式、画龙点睛式 + 讨论式 |
| | 项目三<br>人力资源管理 | 人力资源管理的六大职能 | 综合国力的竞争，关键是人才的竞争。<br>奋斗精神、择业观与就业观、社会主义核心价值观 | 专题嵌入式 + 情景化 |

（续表）

| 课程教学模块（子项目） | | 专业教学内容 | 思政教学要点 | 融合手段 |
|---|---|---|---|---|
| 模块二<br>印刷企业生产过程管理 | 项目五<br>生产计划与物料控制 | 印刷企业的生产计划与物料控制 | 世界充满了不平衡性，资源总会自我调整。<br>抓住关键的少数，有所不为才能有所为。 | 专题嵌入式＋启发式 |
| | 项目六<br>生产现场管理 | 印刷企业现场特点、现场5S管理、安全生产管理 | 适度选择，适度舍弃，养成习惯，形成文化，知行合一，持之以恒。<br>祸患积于忽微，成功源于积累；居安思危，防微杜渐。 | 画龙点睛式＋案例式 |
| | 项目七<br>质量管理 | 全面质量管理及其PDCA工作方法 | 日积月累的循环改善中，才可能会有质的飞跃。 | 画龙点睛式＋游戏化 |
| | 项目八<br>印刷设备维护与管理 | 设备磨损与故障规律，印刷设备的维修保养 | 坚持发展观，遵循事物变化发展的规律性。<br>工以利器为助，人以贤友为助。 | 专题嵌入式＋启发式 |
| 模块三<br>印刷企业管理的新模式 | 项目九<br>印刷ERP的使用 | 印刷企业资源计划管理 | 以人为本促全面发展、协调发展 | 专题嵌入式＋案例式 |
| | 项目十<br>精益印刷 | 精益生产的核心思想及实践 | 一切不为客户创造价值的活动都是浪费。 | 游戏化＋案例式 |
| | 项目十一<br>绿色印刷 | 绿色印刷的意义与实施策略 | 环境就是民生，青山就是美丽，蓝天也是幸福，绿水青山就是金山银山。<br>学印刷，圆绿色印刷强国梦。 | 画龙点睛式、专题嵌入式＋启发式 |

## 七、考核方式

**考核方式：**笔试。

**成绩构成建议：**考试分60%＋平时分40%（出勤＋平时作业）。

## 八、教材及主要参考资料

1. 教材

熊伟斌，潘杰，孙翔．现代印刷企业管理［M］．北京：中国轻工业出版社，2012. 8.

2. 参考资料

科印网：http：//www. keyin. cn

必胜网：http：//www. bisenet. com

## 九、其他

课程BB资源库：https：//bb. sppc. edu. cn

# 《产品包装设计》课程教学大纲

**适用专业：**包装策划与设计　　**适用年级：**大二
**课程属性：**专业课　　**学 分 数：**2
**课程性质：**必修课　　**总学时数：**32
**课程类型：**理论＋实践课　　**讲课学时数：**20
**考核类型：**考试课　　**上机学时数：**10
**先修课程：**计算机图形图像设计、字体设计、标志设计、包装造型制作、包装结构设计等　　**实验与实践学时数：**2

## 一、教学目标和基本要求

《产品包装设计》是包装策划与设计专业的一门核心课程，本课程的教学内容包括对产品包装设计中图形、文字、色彩、造型结构等视觉元素的运用，也包含对产品包装设计中包装材料、成型工艺、印刷工艺等技术环节的选择与表现，同时还涉及消费心理学、市场调研与营销等方面知识的综合运用。本课程以项目任务为主线，以理论讲授与案例分析为辅线来构筑本课程的教学体系。

通过案例教学、项目引领与任务驱动使学生理解并掌握在现代营销环境下的产品包装设计的流程、设计定位、设计原则以及设计方法等方面的内容与技巧，培养学生积极思考、敏锐观察、分析整合以及创意设计的思维能力与设计表达能力，同时也培养学生在团队合作中协调能力与奉献精神。

此外，在课程内容与方案设计中，因地制宜、有选择地结合我校首创并获全国教学成果二等奖的课程思政"三寓三式"以及快乐教学的要求，进行课程思政的方案设计。以"工匠"精神引导及鼓励学生，进一步培养学生对优秀传统文化的弘扬与传承，提升文化自觉与自信的价值观；提升学生绿色环保的设计意识与观念；加强学生求真务实、循序渐进、认真严谨、按标准按规范做事的职业素养；培养学生创意性、批判性的设计思维；提升学生用所学理论指导实践，解决实际问题的能力，最终实现知识传授与价值引领的教学目标。

1. 课程知识目标：了解和熟悉产品包装设计的概念、设计流程、设计定位以及与生产工艺的衔接等。掌握产品包装上图形、文字、编排、色彩搭配的内容要素与设计原则。

2. 能力要求目标：通过本课程的学习，学生应能进行产品包装设计交流与评价分析，能撰写产品包装设计报告，能从事不同类型的产品包装方案的设计以及掌握产品包装设计的方法。

3. 素质培养目标：通过学习使学生具备较清晰的设计思维与设计表达的能力；通过案例讨论使学生养成积极思考问题、主动学习的习惯，具备较强的自主学习能力和解决问题的能力；通过设计调研，掌握收集、分析、整理资料的技能，培养对新技术、新市场的掌握能力；通过设计小队合作培养良好的团队合作精神；通过项目实践养成良好的工作责任心、坚强的意志力和严谨的工作作风。

## 二、与其他课程的关系

本课程是一门综合性较强的专业必修课，课程内容与一些前修的专业基础课有所交叉，例如《计算机图形图像设计》、《包装设计基础》、《标志设计》、《字体设计》等。这些前设课程为本课程的设计开展提供了良好的理论知识与软件操作技能的铺垫。当然本课程的设定也将对后续毕业设计的制作，平行课程《包装策划与营销》的展开提供有力的辅助。学生的创新设计思维与设计技法都将在这些相辅相成的课程设计中循序渐进。

## 三、知识点、技能点、思政元素及其层次要求

**1. 知识点**

(1) 理解产品包装设计的内涵与设计要素。

(2) 知晓现代产品包装的设计的流程步骤以及应用软件。

(3) 掌握产品包装设计与生产工艺流程如何衔接。

(4) 理解市场调研和设计定位的重要性。

(5) 知晓绿色包装上设计理念。

(6) 掌握产品包装图形、文字要素的视觉设计规律。

(7) 掌握产品包装配色设计原理。

(8) 掌握纸盒包装结构分类与设计原理。

(9) 掌握容器造型设计的原则。

(10) 掌握产品包装设计创意设计的思维方法。

(11) 掌握产品包装视觉要素编排与构图的类别与特点。

**2. 技能点**

(1) 掌握一般产品的包装设计方法。

(2) 能运用各种数字化软件与工具实施包装设计表现与设计管理。

(3) 能组织和实施产品的包装设计市场调研，且能进行多类产品包装的设计定位分析。

(4) 掌握包装从策划、设计再到执行的步骤程序。

(5) 掌握包装设计中色彩搭配的理念与技法。

(6) 掌握包装设计的策划与营销技巧。

(7) 掌握包装平面装潢中图形要素设计的技能与表现手法。

(8) 掌握包装平面装潢中文字要素设计的技能与表现手法。

(9) 掌握纸盒包装结构的设计与制作技能。

(10) 掌握包装容器造型的设计与制作技能。

**3. 重难点**

(1) 掌握产品包装设计的一般流程及流程中各环节的内容与要点。

(2) 掌握包装设计常用的创意思维方法，能在设计实践中合理应用与转化。

(3) 掌握产品包装各视觉装潢要素（文字、图形、配色、版式）设计的内涵、原理与设计原则。

(4) 掌握产品包装各视觉装潢要素（文字、图形、配色、版式）的设计方法与制作技能。

(5) 掌握纸盒包装结构的分类、设计原理与实操技能。

(6) 掌握包装容器造型设计的原则、设计方法与实操技能。

**4. 思政元素**

(1) 厚植爱国主义精神，弘扬与传承优秀的传统文化，提升文化自觉与自信。

(2) 培养开拓创新精神，敢于突破、迎难而上。

(3) 践行绿色低碳发展理念。

(4) 培养认真严谨的工作态度、精益求精的工作作风以及责任意识，提升职业综合素养。

(5) 理实并重，知行合一。

(6) 用辩证的观念看问题，用科学的思维方式解决问题。

## 四、教学内容

**单元一　产品包装设计概述**

**主要内容：** 1. 产品包装的起源与发；2. 产品包装的分类；3. 产品包装设计的要素。

**重难点：** 产品包装的起源与发展趋势、产品包装设计的内容要素。

**对应知识点：** 熟悉产品包装的发展历史与未来的趋势，熟悉不同切入点下产品包装的具体分类，掌握产品包装设计要素的内容。

**对应技能点：** 掌握产品包装的分类区别以及未来包装的发展动势。

**对应思政元素：** 社会形态的演化是一种从低级到高级的进步，生产力是第一动力；要用联系与发展的眼光来看待包装设计的演变与发展趋势。

**实施手段：** 通过专题嵌入的方式，具体展开对产品包装起源与发展的详细讲解，引导学生认识到社会形态的演化是一种从低级到高级的进步。同时引导学生要用联系与发展的眼光看待产品包装设计的发展，在讲授过程中，结合案例分析与讨论的方式，调动学生学习主动性，深化认识。

**单元二　产品包装设计的流程与思维方法**

**主要内容：**1. 产品包装设计的一般流程；2. 产品包装设计的创意思维与表现。

**重难点：**产品包装设计的一般步骤程序及其相应的内容、产品包装设计的创意思维方式。

**对应知识点：**了解产品包装市场调研的内容，熟悉产品包装设计开展的流程、可行性分析以及创意思维方式。

**对应技能点：**掌握产品包装设计前期市场调研的方法、包装设计从策划到创意再到执行的步骤程序以及创新性的设计思维方法。

**对应思政元素：**创新思维、另辟蹊径、敢于突破；美，就在身边，无处不在，学会发现与创造；设计的过程是循序渐进、环环相扣的。

**实施手段：**产品包装设计从策划到创意再到执行的步骤程序是互为关联，循序渐进的过程，这里将职业素养与包装设计流程的专业知识元素化合，使学生认识到做事要脚踏实地、循序渐进、不可一蹴而就。通过案例分析讲解同构与仿生设计思维，引导学生关注生活细节，善于发现自然与生活中的美，学会发现与创造；逆向设计思维的讲授通过案例分析结合互动、讨论等形式，使学生意识到，当无法正向解决问题时，打破惯性思维并从已知事物的相反方向进行思考，寻找突破口。

**单元三　产品包装视觉装潢要素设计**

**主要内容：**1. 平面构成原理；2. 标志设计；3. 文字要素设计；4. 图形要素设计；5. 配色设计；6. 编排与构图。

**重难点：**图形、文字、配色设计的创新思维与方法、编排构图的类型与技巧。

**对应知识点：**熟悉产品包装装潢设计要素包含的具体内容，设计的原则与表现形式以及在产品包装中常见的装潢要素的构图类型。

**对应技能点：**掌握产品包装装潢设计中 Logo、图形要素、文字要素与配色设计方法与表现技巧。

**对应思政元素：**弘扬与传承优秀的传统文化、品牌文化，使老字号品牌重获新生；深入挖掘地域文化特色，提升文化自觉与自信；科学的设计理论与方法与设计实践具有重要的指导作用；把握整体与部分的辩证统一关系。

**实施手段：**在产品包装文字以及图形要素相关内容的讲授中，将老字号品牌包装、地域特色旅游商品包装等相关案例通过专题嵌入的方式，有目的地引导学生深入挖掘地域文化特色以及优秀的传统文化。同时，通过探究的方式，带着学生运用合理的设计手段将这些文化内涵转化为可被消费者理解与认同的视觉符号，以此来提升学生的爱国情怀，文化自觉与自信；采用案例解析的方式，使学生意识到，需把握版面整体与各部分视觉要素的辩证统一关系，两者相互依赖又相互影响；在整个环节中，引导学生认识到科学的设计理论与方法对设计实践具有重要的指导作用。

**单元四　产品包装容器与结构设计**

**主要内容：**1. 包装容器造型设计的原则；2. 包装容器造型设计的方法；3. 折叠纸盒；4. 粘贴纸盒。

**重难点：**容器造型设计原则与方法、折叠纸盒与粘贴纸盒的结构设计与制作。

**对应知识点：**了解包装容器造型以及纸盒包装的成型与结构设计的原则，熟悉折叠与粘贴纸盒具体的分类。

**对应技能点：**掌握包装容器造型的设计方法以及纸盒包装结构的设计与制作技能

**对应思政元素：**践行生态环保、可循环利用的绿色设计理念；把握整体与局部的辩证统一关系；细节决定成败，牵一发而动全身。

**实施手段：**在讲解包装容器造型设计原则时，将相关专业知识与职业素养元素化合，提醒学生一定要善于观察生活中的细节，意识到设计细节对于结果的重要性，观察用户的行为与体验感，从而提升自身的综合素养与职业素养。通过案例解析、互动讨论的方式讲解包装容器造型设计方法与纸盒包装的结构设计，使学生理解容器整体与局部各部件间的辩证统一关系。通过相关案例分析与探究，引导学生通过纸盒包装的结构优化与可重复使用性，形成绿色循环的设计理念。

**单元五　产品包装材料与印后加工**

**主要内容：**产品包装的材料以及印刷制作的工艺。

**重难点：**产品包装的材料选用与加工工艺。

**对应知识点：**理解产品包装设计与生产工艺流程如何衔接。

**对应技能点：**能在设计方案中运用各种包装材料，符合印刷制作工艺的要求。

**对应思政元素：**理实并重、知行合一；科学严谨、一丝不苟的职业素养。

**实施手段：**为满足客户的预期目标与消费者的需求，适宜该产品的材料选择与工艺运用极为重要。在这过程中，能否把理论所学合理地应用到实际项目中是一种考验。通过画龙点睛式结合相关案例分析，使学生认识到理论与实践并重，且需具备科学严谨、一丝不苟的职业素养。

## 五、学时分配

**表 1　课程学时分配表**

| 教学内容 | 讲课 | 现场教学 | 上机 | 大作业 | 小计 |
|---|---|---|---|---|---|
| 单元一：产品包装设计概述 | 2 | | | | 2 |
| 单元二：产品包装设计的流程与思维方法 | 4 | | | | 4 |

（续表）

| 教学内容 | 讲课 | 现场教学 | 上机 | 大作业 | 小计 |
|---|---|---|---|---|---|
| 单元三：产品包装视觉装潢要素设计 | 10 | | 8 | | 18 |
| 单元四：产品包装容器与结构设计 | 2 | | 2 | | 4 |
| 单元五：产品包装材料与印后加工 | 2 | 2 | | | 4 |
| 合　计 | 20 | 2 | 10 | | 32 |

## 六、教学方法与手段

本课程综合运用项目驱动教学、案例分析、互动讨论、专题探究以及学生自主学习相结合的方法，通过元素化合式、专题嵌入式、画龙点睛式等实施方式，将课程思政元素潜移默化地融入本课程的专业知识与技能学习中，具体实施方案详见表 2。

**表 2　课程思政教学实施方案**

| 课程单元 | 教学内容 | 课程思政要点 | 实施手段 |
|---|---|---|---|
| 单元一<br>产品包装设计概述 | 1. 产品包装的发展历史与未来的趋势<br>2. 不同切入点下产品包装的具体分类<br>3. 产品包装设计要素的内容<br>4. 产品包装的分类区别以及未来包装的发展动势 | 1. 社会形态的演化是一种从低级到高级的进步，生产力是第一动力<br>2. 要用联系与发展的眼光来看待包装设计的演变与发展趋势 | 专题嵌入式<br>讨论式<br>案例式 |
| 单元二<br>产品包装设计的流程与思维方法 | 1. 产品包装市场调研的内容<br>2. 产品包装设计开展的流程以及可行性分析<br>3. 产品包装设计前期市场调研的方法、包装设计从策划到创意再到执行的步骤程序<br>4. 创新性的设计思维方法 | 1. 创新思维、另辟蹊径、敢于突破<br>2. 美，就在身边，无处不在，学会发现与创造<br>3. 设计的过程是循序渐进、环环相扣的 | 元素化合式<br>案例式<br>互动式 |
| 单元三<br>产品包装的视觉装潢设计 | 1. 产品包装装潢设计要素包含的具体内容<br>2. 各视觉装潢要素的设计原则与表现形式以及在产品包装中常见的装潢要素的构图类型<br>3. 产品包装装潢设计中 Logo、图形要素、文字要素与配色设计方法与表现技巧 | 1. 弘扬与传承优秀的传统文化、品牌文化，使老字号品牌重获新生<br>2. 深入挖掘地域文化特色，提升文化自觉与自信<br>3. 科学的设计理论与方法与设计实践具有重要的指导作用<br>4. 把握整体与部分的辩证统一关系 | 元素化合式<br>专题嵌入式<br>探究式<br>案例式 |

（续表）

| 课程单元 | 教学内容 | 课程思政要点 | 实施手段 |
|---|---|---|---|
| 单元四<br>产品包装容器造型与结构设计 | 1. 包装容器造型以及纸盒包装的成型与结构设计的原则<br>2. 折叠与粘贴纸盒具体的分类<br>3. 包装容器造型的设计方法以及纸盒包装结构的设计与制作技能 | 践行生态环保、可循环利用的绿色设计理念<br>把握整体与局部的辩证统一关系<br>细节决定成败，牵一发而动全身 | 元素化合式<br>互动式<br>案例式 |
| 单元五<br>产品包装设计的印刷与印后加工 | 产品包装设计与生产工艺流程如何衔接<br>在设计方案中合理运用适宜的包装材料，并符合印刷制作工艺的要求 | 理论与实践并重、知行合一<br>科学严谨、一丝不苟的职业素养 | 画龙点睛式<br>案例式 |

## 七、考核方式

**考核方式：**课程设计大作业 + 期末上机考试。

**成绩构成建议：**考勤 + 平时表现 20%，设计大作业 40%，期末上机考试 40%。

## 八、教材及主要参考资料

**1. 教材**

朱和平．产品包装设计［M］．第 4 版．湖南：湖南大学出版社，2021.

**2. 参考资料**

包联网：https：//www. pkg. cn/

中国设计网：http：//www. cndesign. com/

站酷：https：//www. zcool. com. cn/

IF 官网：https：//ifworlddesignguide. com/

Pentawards 官网：https：//pentawards. com/2020/en/page/home

## 九、其他

# 《印刷概论》课程教学大纲

| | |
|---|---|
| **适用专业：**全校各专业 | **适用年级：**大一级 |
| **课程属性：**全校平台课 | **学 分 数：**2学分 |
| **课程性质：**必修课 | **总学时数：**32学时 |
| **课程类型：**理论 | **讲课学时数：**24学时 |
| **考核类型：**考查课 | **上机学时数：**0学时 |
| **先修课程：**无 | **实验与实践学时数：**0学时 |

## 一、教学目标基本要求

随着课程改革的不断深入，习近平总书记在全国高校思想政治工作会议上强调，要坚持把立德树人作为中心环节，把思想政治工作贯穿教育教学全过程，实现全程育人、全方位育人，努力开创我国高等教育事业发展新局面。为深入贯彻全国、上海高校思想政治工作会议精神，落实中共上海市教育卫生工作委员会、上海市教育委员会《关于推进上海高校课程思政教育教学改革试点工作的通知》（沪教委德〔2017〕11号），在《关于成立学校课程思政教学改革领导小组和工作小组的通知》（沪版专委字〔2017〕17号）和《关于成立印刷包装工程系课程思政教学改革领导小组和工作小组》（沪版专系字〔2017〕5号）指导下，《印刷概论》课程积极参与课程思政建设，把思想政治工作贯穿教育教学全过程，通过对教学目标、教学内容、教学方法和载体等环节的有效设计和实施，体现育德内涵，发挥专业课程的价值渗透作用及对大学生价值引领作用。以构建全员、全过程、全方位育人的思政工作新格局为目标导向，《印刷概论》积极推进“专业课程”向“课程思政”的创造性转化。

通过本课程的学习，学生对印刷概况、印刷在国民经济发展中的地位和作用、我国印刷工业发展的现状及印刷业的发展趋势、印前处理、印刷、印后加工等整个印刷工艺过程有个基本的认识，为学生进一步学习后继课程提供帮助。具体要求如下：

**1. 知识目标**

（1）了解印刷发展简史；

（2）了解文字信息印刷复制技术；

（3）了解彩色图像印刷复制技术；

（4）了解不同的印刷复制工艺。

**2. 素质目标**

(1) 具有良好的政治、文化及艺术修养；

(2) 具有职业道德、服务意识和健康的体魄，并具有较强的语言文字表达、团结协作和社会活动等基本能力；

(3) 具有科学的工作态度，严谨细致的专业学风。

**3. 能力目标**

(1) 具备印刷色彩的认知能力；

(2) 具备辨别不同印刷品所运用的印刷工艺的能力；

(3) 初步具备印刷资料查阅和自主学习的能力。

## 二、与其他课程的关系

本课程是全校各专业必修的专业基础课程，是所有专业课的先修课程，在学科基础课中占有很重要的地位。

## 三、知识点、技能点、思政元素及其层次要求

**1. 知识点**

(1) 初步了解印刷发展史；

(2) 初步了解印刷工业在国民经济中的作用性；

(3) 了解印刷的基本要素和印刷方式；

(4) 了解印刷色彩再现原理；

(5) 了解印刷加网方式；

(6) 了解印前设计与图文处理知识；

(7) 了解不同印版的制作方式及印刷技术；

(8) 了解印后加工方法。

**2. 技能点**

(1) 初步具备认知印刷要素的能力；

(2) 初步具备认知各种印刷方式的能力；

(3) 初步具备印刷色彩的认知能力；

(4) 初步具备印刷网点的识别能力；

(5) 初步具备图文输入、图文处理、图文输出的认知能力；

(6) 初步具备辨别不同印刷品所运用的印刷技术的能力；

(7) 初步具备判断印刷品质量优劣的能力。

**3. 思政元素**

(1) 同心协力，团结友善；

（2）培养辩证思维，树立全局观念；

（3）匠心服务，责任意识；

（4）保护生态环境，共建美好家园。

## 四、教学内容

**第一章　印刷基础**

**主要内容：**本章主要讲述印刷媒体起源与发展简史，介绍印刷媒体形态特征、产业特征等印刷行业知识；同时使学生掌握印刷过程中所需要的基本印刷要素、印刷色彩传递、加网知识等印刷复制基础知识，同时使同学们清楚地认识到信息科技对传统印刷业带来的变化及多媒体技术对印刷传播方法带来的冲击。

**重难点：**印刷色彩传递、加网知识。

**对应知识点：**（1）印刷发展的前提、物质基础和技术条件；（2）最早发明的印刷术；（3）现代印刷定义；（4）印刷作用；（5）印刷要素；（6）印刷的分类方法；（7）印刷色彩基本知识；（8）印刷加网基本知识。

**对应技能点：**（1）具备判断活字印刷、雕版印刷的能力；（2）根据印版特征分辨不同的印刷方式；（3）具备分辨印刷要素的能力；（4）具备分辨印刷色版的能力；（5）具备分辨加网技术的能力。

**对应思政元素：**加强学生之间的合作，互帮互助，取长补短，共同完成目标，进而巩固团队观念，塑造团队协作精神。

**实施手段：**通过案例讲授调幅加网的优点和缺点以及调频加网的优点和缺点，进而引出混合加网的方式出现的背景，采用画龙点睛的方式引导学生在日常生活中取长补短，树立团队精神。

**第二章　印前设计**

**主要内容：**本章主要使学生了解印刷品从接洽客户到印刷成品时所经过的程序、纸张开本知识；同时使学生掌握成品尺寸、制作尺寸、印刷用纸尺寸相互间的关系；了解不同印刷品的版式设计要求，如书刊版式设计、包装盒型设计等基本规范及知识。

**重难点：**文字、图形、图像的印刷复制特点；印刷版式上各要素的名称和作用。

**对应知识点：**（1）文字、图形印刷复制特点；（2）图像印刷复制特点，像素的概念；（3）图像分类；（4）印刷开本知识；（5）印刷版式要求。

**对应技能点：**（1）能判断图形和图像；（2）初步具备判断数字图像精度的能力；（3）能判断常用书籍的印刷开本；（4）能解读书籍结构；（5）能解读印刷版式上各要素的名称和作用。

**对应思政元素：**引导学生辩证处理整体与部分的关系，树立全局观念，办事情要从整体着眼，寻求最优目标，搞好局部使整体功能得到最大限度的发挥。

**实施手段：**通过对版面主要元素的解读，版面就是一个整体，组成版面的主要元素就是部分，版面的任务决定元素的选取。元素之间的化合会形成不同的效果，通过演示显示元素对整体的影响效果。

**第三章　印前处理**

**主要内容：**本章主要介绍文字录入及字形技术、图像输入技术、图文编辑及处理技术、版面输出等技术，同时使学生对印前图像处理软件、图形制作软件、排版软件、数字工作流程等有所了解；对印前设备及整个印前工艺有完整的了解。

**重难点：**印前工艺流程；合理选择图像输入设备、印刷复制对图像质量要求；根据加网线数，计算印刷复制图像的扫描分辨率、数字工作流程。

**对应知识点：**(1) 印前工艺流程；(2) 图像扫描输入设备种类；(3) 印刷复制对图像质量要求；(4) 常用印前处理软件的用途；(5) 数字文件格式；(6) 数字工作流程；(7) 图文输出（数码打样）。

**对应技能点：**(1) 能根据图像用途合理选择图像输入设备；(2) 能根据加网线数，计算印刷复制图像的扫描分辨率；(3) 能根据不同需要，合理选择印前应用处理软件；(4) 能根据不同需要，合理选择数字文件格式；(5) 能根据不同需要，合理选择输出方式。

**对应思政元素：**用匠心做好服务，服务得以肯定，引导学生在日常生活工作中按照规矩做事。

**实施手段：**通过对打样的讲授，贯彻给同学们打样的目的就是不断调整原稿等参数，提供客户满意的印刷效果和正式印刷的标准样张。客户满意体现出以人文本的情怀，强调按照标准进行生产的重要性，强化学生质量意识。

**第四章　印刷**

**主要内容：**本章主要讲述印前信息传递到印版上，制作不同形式印版的过程。同时使学生了解印版信息传递到承印物上的不同印刷工艺。具体内容有平版制版与印刷；凸版/柔版制版与印刷、凹版制版与印刷、丝网制版与印刷、数码打样等内容，使学生对不同印版的制版及印刷工艺有完整的了解。

**重难点：**区别各种印刷制版方法和印刷方式的特征。

**对应知识点：**(1) 平版制版方法；(2) 平版印刷原理；(3) 平版印刷应用；(4) 柔版制版方法；(5) 柔版印刷原理；(6) 柔版印刷应用；(7) 凹版制版方法；(8) 凹版印刷原理；(9) 凹版印刷应用；(10) 丝网版制版方法；(11) 丝网版印刷原理；(12) 丝网版印刷应用；(13) 数字印刷特点；(14) 数字印刷应用。

**对应技能点：**(1) 具备判断平版印版版材特征的能力；(2) 具备判断平版印刷特征的能力；(3) 具备判断柔版印版版材特征的能力；(4) 具备判断柔版印刷特征的能力；(5) 具备判断凹版印版版材特征的能力；(6) 具备判断凹版印刷特征的能力；(7) 具备判

断丝网版印版版材特征的能力；(8) 具备判断丝网版印刷特征的能力；(9) 具备判断数字印刷特征的能力。

**对应思政元素：** 树立绿水青山就是金山银山的环保理念，提高环保意识，按照绿色发展理念共建美好家园。

**实施手段：** 以学校筹建的国家新闻出版署智能与绿色柔版印刷重点实验室为教学案例，引出柔性版印刷被关注的缘由，从柔性版印刷与其余传统印刷对环境的危害性展开，提高学生环保意识实现可持续发展。

## 五、学时分配

**表 1　课程学时分配表**

| 课程内容 | 讲课 | 现场教学 | 上机 | 大作业 | 小计 |
| --- | --- | --- | --- | --- | --- |
| 第一章　印刷基础 | 6 | | | | 6 |
| 第二章　印前设计 | 2 | | | | 2 |
| 第三章　印前处理 | 4 | | | | 4 |
| 第四章　印刷 | 8 | | | | 8 |
| 第五章　印后加工；机动与考试 | 4 | | | | 4 |
| 合　计 | 24 | | | | 24 |

## 六、教学方法与手段

**教学方法：** 主要教学方法与手段将思政元素与专业知识因地制宜、有选择地结合课程思政“三寓三式”(寓道于教、寓德于教、寓教于乐；画龙点睛式、专题嵌入式、元素化合式) 和快乐教学“五化五式”(情景化、形象化、故事化、游戏化、幽默化；启发式、互动式、讨论式、探究式、案例式) 的要求。

**教学手段：** 教学手段有理论讲授、动画演示、视频演示、实物展示、印刷品样张分析等。运用多种教学手段，通过图示、实物资料、多媒体课件等向学生介绍课程内容，以加深学生对印刷业的认识和兴趣，提高自身素养。

**表 2　课程思政教学实施方案**

| 单元名称 | 教学内容 | 课程思政教学要点 | 实施手段 |
| --- | --- | --- | --- |
| 印刷基础 | 阐述印刷过程中所需要的基本印刷要素、印刷色彩传递、加网知识等印刷复制基础知识。 | 加强学生之间的合作，互帮互助，取长补短，共同完成目标，进而巩固团队观念，塑造团队协作精神。 | 画龙点睛式<br>讨论式 |

（续表）

| 单元名称 | 教学内容 | 课程思政教学要点 | 实施手段 |
|---|---|---|---|
| 印前设计 | 主要使学生了解印刷品从接洽客户到印刷成品时所经过的程序、纸张开本知识；同时使学生掌握成品尺寸、制作尺寸、印刷用纸尺寸相互间的关系；了解不同印刷品的版式设计要求，如书刊版式设计、包装盒型设计等基本规范及知识。 | 引导学生辩证处理整体与部分的关系，树立全局观念，办事情要从整体着眼，寻求最优目标，搞好局部使整体功能得到最大限度的发挥。 | 元素化合<br>案例式<br>探究式 |
| 印前处理 | 介绍文字录入及字形技术、图像输入技术、图文编辑及处理技术、版面输出等技术，同时使学生对印前图像处理软件、图形制作软件、排版软件、数字工作流程等有所了解；对印前设备及整个印前工艺有完整的了解。 | 用匠心做好服务，服务得以肯定，引导学生在日常生活工作中按照规矩做事。 | 专题嵌入<br>故事化 |
| 印刷 | 主要讲述印前信息传递到印版上，制作不同形式印版的过程。同时使学生了解印版信息传递到承印物上的不同印刷工艺。具体内容有平版制版与印刷；凸版/柔版制版与印刷、凹版制版与印刷、丝网制版与印刷、数码打样等内容，使学生对不同印版的制版及印刷工艺有完整的了解。 | 树立绿水青山就是金山银山的环保理念，提高环保意识，按照绿色发展理念共建美好家园。 | 专题嵌入<br>互动式 |

## 七、考核方式

1. 学生的考核评价可以通过多种方式实现，如：课上提问，参与互动情况、平时作业、考试成绩等，综合各方面进行评价，评价时应侧重考核学生综合运用所学知识的能力及解决实际、分析问题的能力。

2. 充分发挥考核评价的功能，既要发挥考核的评价功能，又要发挥考核的激励机制和引导作用，通过考核评价，营造出良好的学习环境，激发学生的学习兴趣，并使学生得到成功的体验，促进学生个性发展。

**成绩构成建议：**

20%考勤（课堂表现）+30%作业+50%考试。

## 八、教材及主要参考资料

**1. 教材**

顾萍，《印刷概论》，中国轻工业出版社，2017 年 7 月第 1 版第 7 次印刷。

**2. 参考资料**

无

## 九、其他

无

# 《静电照相印刷》课程教学大纲

**适用专业：**数字印刷技术　　**适用年级：**2019 级

**课程属性：**专业课　　**学 分 数：**2 学分

**课程性质：**必修课　　**总学时数：**32 学时

**课程类型：**理论 + 实践课　　**讲课学时数：**22 学时

**考核类型：**考试课　　**上机学时数：**6 学时

**先修课程：**印刷概论、数字印前技术、图文制作基础　　**实验与实践学时数：**4 学时

## 一、教学目标和基本要求

为落实习近平总书记在全国高校思想政治工作会议上的重要讲话精神和上海市教委关于推进高校课程思政教学改革试点工作的实施意见，以构建全员、全过程、全方位育人的思政工作新格局为目标导向，积极推进“思政课程”向“课程思政”的创造性转化，明确每一门课程的德育功能，落实每一位教师的育人职责，形成一套行之有效的“课程思政”教学评价体系，打造专业教育与思政教育的协同效应，使得专业课程与思政课程形成同心同向的育人格局。《静电照相印刷》积极开展专业课课程思政建设。

《静电照相印刷》的教学目标是使学生深入掌握静电照相印刷基础理论知识，教学内容以静电照相印刷理论为主，涉及静电照相印刷机工艺过程，结构与系统设计及静电照相数字印品相关评价方法等知识。此外，本课程结合实训项目，还可以让学生了解静电照相印刷输出过程，通过实地操作，可以使学生进一步了解和掌握静电照相印刷机的原理及生产过程，有效地将课堂知识应用于实践，提高学生所学的数学知识用以解决实际问题的能力。

专业课《静电照相印刷》在“课中课”理论的指导下，充分发挥课堂教学在大学生思想政治教育过程中的主导作用和育人功能，结合专业特色，挖掘专业课程中蕴含的思想政治教育元素，从哲学角度将思政融入课堂，在专业课程中融入思政教育元素，发挥专业课程的思政教育作用，达到与思政理论课同向同行，形成协同效应。

## 二、与其他课程的关系

课程侧重于对静电照相印刷基本原理及静电照相印刷机工艺过程、结构与系统设计及

静电照相数字印品相关评价方法的讲述。从内容上看，《印前设备与成像》《成像技术》《印刷工艺原理》《数字印刷材料》《数字印刷工艺流程》为静电照相印刷的前修课程；从专业教学目标的关系看，本课程在专业教学中占有十分重要的地位，为核心课程。

## 三、知识点、技能点、思政元素及其层次要求

**1. 知识点**

通过本课程的学习，学生需达到以下各项要求：

（1）掌握静电照相的基本概念，了解其发明、发展及进步的过程。

（2）掌握静电照相相关材料。重点掌握静电照相中常用激光器的结构、光导体及墨粉的特性和应用。

（3）掌握静电照相印刷工艺步骤。根据所学知识，能准确详述工艺步骤中各部分的功能。

（4）掌握静电照相印刷机结构中印刷单元设计概念，对印刷单元排列方式有初步认识。

（5）掌握静电照相印刷机成像子系统与精度分析。了解激光束成像及打印头的精度问题。

（6）了解静电照相印刷机的显影子系统及影响显影系统的因素。

（7）了解静电照相印刷机的转印子系统及转印质量分析。

（8）了解静电照相印刷机的融化子系统，对滚筒融化结构进行比较。

（9）了解静电照相印刷扫描机构，输纸、收纸机构及印后加工。

（10）了解静电照相印刷机质量检测样品的内容功能及对数字印刷机的性能评价。

（11）掌握静电照相印刷机排版软件 imposing-plus 软件的使用。

**2. 技能点**

（1）掌握静电照相印刷发展历史。

（2）掌握静电照相印刷材料特性。

（3）掌握静电照相印刷工作原理。

（4）掌握静电照相印刷设备结构。

（5）掌握静电照相印刷机校正过程。

（6）掌握静电照相印刷质量检测要素及方法。

（7）掌握静电照相印刷检测设备使用方法。

（8）掌握静电照相印刷品质量检测样张制作过程。

（9）掌握静电照相印刷拼版软件的使用。

（10）掌握静电照相印刷机输出参数设置。

**3. 重难点**

（1）静电照相印刷机与传统印刷机的区别与联系。

（2）静电照相印刷材料属性。

（3）静电照相工艺原理过程。

（4）静电照相印刷机系统设计原理。

（5）静电照相印刷机成像子系统工作原理。

（6）静电照相印刷机显影子系统工作原理。

（7）静电照相印刷机转印子系统工作原理。

（8）静电照相印刷机融化子系统工作原理。

（9）静电照相印刷机辅助机构工作原理。

（10）静电照相检测样张的制作。

**4. 思政元素**

（1）创新是力量之源，发展之基。

（2）量变与质变的辩证关系

（3）精益求精，发扬“工匠”精神。

（4）内在与外表的对立统一，内在是根本。

（5）理论联系实际，理论指导实践，实践反哺理论。

（6）把握事情发展规律。

（7）做事要知己知彼、循序善进、求同存异。

（8）整体和部分的辩证关系。

（9）协同合作，实现“1＋1＞2”效果。

（10）细节决定成败，行为铸就品格。

（11）解放思想，理论与实践并重。

## 四、教学内容

### 第一章　静电复印术的起源与发展

**主要内容：**静电复印技术的发明。介绍早期复印技术的发展直至第一台静电照相打印机产生的过程。

**对应知识点：**复印、扩散转移、晒蓝图、静电照相打印机等。

**对应技能点：**描述卡尔逊成功复制文字图像的过程，比较卡尔逊时代静电照相复制工艺与现代技术的区别。

**重难点：**静电照相印刷机与传统印刷机的区别与联系。

**对应思政元素：**创新是力量之源，发展之基。

**实施手段：**通过专题嵌入式，针对静电照相印刷技术的发展进行讲述，讲到切斯特创新使用新方法、新工艺首次采用静电照相发明打印机时，将思政的元素——创新是力量之源，发展之基，只有不断地创新，才能立于不败之地融入课程讲述过程中。

**第二章 静电照相印刷材料——光导体与墨粉**

**主要内容：**光导现象产生的原理，静电照相印刷所需光导材料与光导体及对其相关要求。

**对应知识点：**光导体，半导体材料的能带，墨粉，墨粉的热特性等。

**对应技能点：**光导体受光之后的表现形式，静电照相对光导体材料的一般要求及墨粉的相关特性。

**重难点：**静电照相印刷材料属性。

**对应思政元素：**量变与质变的辩证关系；工匠精神。

**实施手段：**通过实际案例，讲述墨粉的大小及均匀度直接影响印刷品质量，融入细节决定成败，行为铸就品格及在以后的工作过程中，做事情秉承精益求精，将“工匠”精神发扬光大；讲授光导体见光导电，不见光绝缘特性的时候，将量变与质变的辩证关系引入课堂，告知学生学习成绩的取得同样需要由量变到质变的转变；另外，通过翻转课堂方式，鼓励学生上台复述课程知识要点并进行总结。

**第三章 静电照相工作原理与工艺步骤**

**主要内容：**静电照相印刷工艺过程，充电，曝光，显影，转移，融化，清洁。并根据工艺过程详述每一过程的具体内容和作用。

**对应知识点：**潜影，电晕充电的原理，充电形势，放电与曝光，墨粉转移过程，感光鼓的清洁等。

**对应技能点：**掌握静电照相印刷工作原理，显影和转印过程对墨粉的矛盾要求体现在哪几方面；根据静电照相印刷工艺步骤详述静电照相印刷机的工作过程。

**重难点：**静电照相工艺原理过程。

**对应思政元素：**事物周期性的理论与乐观向上的精神。

**实施手段：**通过案例回顾，对静电照相印刷原理等进行强化讲解，强调知识点的同时，对静电照相印刷工作原理就是通过充电、曝光、显影、转移、定影、清洁六个步骤进行详细讲述，其中六大步骤的循环往复，周而复始，不断消亡，而又出新，像极了中国传统文化中的两种精神气质——乐观主义精神、忧患意识。在此，将事物周期性的理论与乐观向上的精神进行思政元素的融入。

**第四章 静电照相系统设计**

**主要内容：**介绍静电照相印刷机单元设计概念及其划分的系统，根据其系统（成像子系统，显影子系统，转印子系统及清理子系统）排列方式不同，讲述多次通过系统和一次通过系统之间的联系与区别。

**对应知识点：**印刷单元设计与排列，多次通过系统和一次通过系统。

**对应技能点：**掌握静电照相印刷设备结构，根据静电照相印刷机的结构，举出顺序排列和卫星排列一次通过彩色系统的例子，并分析它们转印的特点。

**重难点：**静电照相印刷机系统设计原理。

**对应思政元素：**内在与外表的对立统一。

**实施手段：**采用元素化合的方法，针对静电照相印刷机的结构单元设计进行讲述，从设备功能需求到单元设计的考虑出发，引入“内在与外表的对立统一”辩证思维；在对比设备结构——一次通过系统与多次通过系统不同时，引导学生多角度，多方面思考问题；将知识点，重难点及思政元素融入课程设计中。

**第五章 成像子系统与精度分析**

**主要内容：**讲述静电照相印刷机成像系统中光学元件——激光成像，等距离排列成像及发光二极管打印头精度问题。

**对应知识点：**激光成像的过程及原理，多激光束扫描成像过程及发光二极管阵列成像原理。

**对应技能点：**旋转镜倾斜导致激光束在光导体表面产生定位误差的原因；激光器和发光二极管对光导体放电的优缺点，使用激光束扫描光系统静电照相彩色数以印刷机的例子等。

**重难点：**静电照相印刷机成像子系统工作原理。

**对应思政元素：**理论联系实际，理论指导实践，实践反哺理论。

**实施手段：**采用画龙点睛方法，针对成像子系统与精度分析进行展开论述，通过实验确立成像子系统的精度，子系统精度实际应用反过来指导成像设备研制的过程将理论联系实际，理论指导实践，实践反哺理论融入课堂教学；其次，对比激光成像与发光二极管成像效果，引导学生进行问题的分析、总结与归纳。

**第六章 静电照相结构-显影子系统**

**主要内容：**墨粉充电过程，影响单组份墨粉显影质量的主要因素，磁刷显影系统，单组分与双组分墨粉典型显影装置的比较及显影装置的结构布局。

**对应知识点：**单组分墨粉，双组分墨粉，摩擦充电磁刷显影技术，固定位置显影，滑动显影等。

**对应技能点：**影响低速激光打印机单组分磁性墨粉显影质量的主要因素，双组分墨粉结构的载体颗粒具有的工艺地位等。

**重难点：**静电照相印刷机显影子系统工作原理。

**对应思政元素：**事情发展规律及通过规律揭示事物属性。

**实施手段：**通过案例教学，针对显影子系统的功能与特点展开论述，在讲述显影的顺序时，将事情发展规律及通过规律揭示事物属性的思政元素融入知识点与重难点中；另外，通过逆向讲解显影过程，倒推显影功能及作用，使学生意识到，当无法正向解决问题时，打破惯性思维并从已知事物的相反方向进行思考，可能会找到突破口。课后，分组协作完成一张关于显影子系统的示意图。示意图可以采用设计、手绘、漫画、动画等形式。

**第七章　静电照相结构——转印子系统**

**主要内容：**介绍静电照相印刷机的转印子系统中滚筒转移法，多层墨粉转印质量及间接转移与转印带的结构。

**对应知识点：**直接转移，间接转移，墨粉图像与光导体间黏合力与转印压力。

**对应技能点：**采用滚筒转移法使墨粉从光导体表面转移到纸张时充电原理及如何实现。以转印带完成墨粉从光导体表面到纸张的转移过程的优点。

**重难点：**静电照相印刷机转印子系统工作原理。

**对应思政元素：**做事要循序渐进，不可一蹴而就。

**实施手段：**采用专题嵌入式，针对转印子系统的功能与特点展开论述，在讲述转印时的分类即直接转印与间接转印时，将知己知彼，循序善进、求同存异的思政元素融入知识点与重难点中，使学生认识到做事要循序渐进，不可一蹴而就；另外，通过转印方法的创新，告诉学生，灵感来源于生活，要善于发现自然与生活中的美，学会发现与创造。

**第八章　静电照相结构-融化子系统**

**主要内容：**双滚筒融化装置的结构及融化方式，融化时产生的问题及解决方法，融化滚筒的机构比较。

**对应知识点：**静电照相印刷融化工艺，墨粉堆层剪切，纸张剥离过程。

**对应技能点：**造成双滚筒融化系统多色墨粉层剪切效应的主要因素。

**重难点：**静电照相印刷机融化子系统工作原理。

**对应思政元素：**整体和局部的辩证关系。

**实施手段：**采用案例教学法，针对融化子系统的功能与特点进行展开论述，在讲述整体融合与局部融化即墨粉的融化需要事先进行整体融化，然后通过局部融化增强印刷品质量的特点时，将整体和局部的辩证关系融入知识点与重难点中，使学生意识到，需把握整体与局部的辩证统一关系，两者相互依赖又相互影响；此外，科学的设计理论与方法对实践具有重要的指导作用。

**第九章　静电照相结构-辅助机构**

**主要内容：**静电照相印刷扫描机构，输纸收纸机构及印后加工。

**对应知识点：**扫描参数设置，数字原稿拼版，数字稿打印输出及与原稿的对比。

**对应技能点：**根据所学知识，学会使用数字印刷机扫描装置进行原稿的输入，根据常用工作流程对数字文件的输出。

**重难点：**静电照相印刷机辅助机构工作原理。

**对应思政元素：**协同合作，实现“1+1>2”。

**实施手段：**采用专题嵌入式，针对辅助子系统的功能与特点展开论述，在讲述通过辅助机构完成整个印刷品的印制过程时，将协同合作，实现“1+1>2”效果融入知识点与重难点中；另外，通过讲述辅助设备的加入可以有效提升印品质量时，告知学生一定要善于观察生活中的细节，意识到细节对于结果的重要性，从而提升自身的综合素养与职业素养。

**第十章　静电照相质量检测**

**主要内容：**静电照相印刷机质量检测样品的内容功能及对数字印刷机的性能评价。

**对应知识点：**检测样张，性能评价指标，数字稿打印输出及评价。

**对应技能点：**根据所学知识，学会自己制作静电照相印刷机的检测样张，并根据输出结果对印刷机进行性能评价。

**重难点：**静电照相检测样张的制作。

**对应思政元素：**精益求精，追求卓越，细节决定成败，行为铸就品格。

**实施手段：**针对检测要素的功能及作用展开论述，在点评优秀印刷品的同时介绍检测要素的检测指标及评判标准，将"工匠"精神的内涵及外延——精益求精，追求卓越，细节决定成败，行为铸就品格等思政元素融入知识点与重难点中；其次，分小组完成一张静电照相印刷质量检测标准样张，锻炼学生沟通能力与协作能力；另外，在此过程中，能否把理论所学合理地应用到实际项目中是一种考验，学生务必得认识到理论与实践并重，细节决定成败。

**第十一章　静电照相印刷排版与输出**

**主要内容：**静电照相印刷机排版软件 imposing-plus 软件的使用。

**对应知识点：**装订方式，印刷机输出幅面，imposing-plus 软件的使用。

**对应技能点：**根据所学知识，学会使用 imposing-plus 软件，根据客户要求进行数字原稿的排版并根据常用工作流程对数字文件的输出。

**重难点：**imposing-plus 软件的使用技巧。

**对应思政元素：**解放思想，理论与实践并重。

**实施手段：**采用案例教学法，针对 imposing-plus 软件的功能与特点进行详细讲解，通过演示小册子的排版过程，将解放思想，理论与实践并重的思政元素融入知识点与重难点中；另外，通过实操上机训练，将企业真实案例——"古书籍的排版"引入课堂，锻炼学生利用课堂理论知识解决实际生产问题的能力，提升学生综合素养。

## 五、学时分配

**表 1　课程学时分配表**

| 课 程 内 容 | 讲课 | 现场教学 | 上机 | 大作业 | 小计 |
|---|---|---|---|---|---|
| 第一章　静电复印术的起源与发展 | 2 | | | | |
| 第二章　静电印刷材料-光导体与墨粉 | 2 | | | | |
| 第三章　静电照相工作原理与工艺步骤 | 2 | | | | |
| 第四章　静电照相印刷系统设计 | 2 | 2 | | | |
| 第五章　成像子系统与精度分析 | 2 | | | | |

（续表）

| 课 程 内 容 | 讲课 | 现场教学 | 上机 | 大作业 | 小计 |
|---|---|---|---|---|---|
| 第六章　静电照相印刷结构-显影子系统 | 2 | | | | |
| 第七章　静电照相印刷结构-转印子系统 | 2 | | | | |
| 第八章　静电照相印刷结构-融化子系统 | 2 | | | | |
| 第九章　静电照相印刷结构-辅助机构 | 2 | | | | |
| 第十章　静电照相质量检测 | 2 | | 2 | | |
| 第十一章　静电照相印刷排版与输出 | 2 | 2 | 4 | | |
| 合　计 | 22 | 4 | 6 | | 32 |

## 六、教学方法与手段

本课程采用多媒体教学方法。在授课过程中，要尽量结合实例，使学生易于理解。在授课内容上重点讲解静电照相印刷的理论、技术，并能够理论结合实践，让学生理解静电照相印刷应用领域的多样性。本课程静电照相印刷应用环节应安排实验，包括印刷机的校正、数字印刷品质量检测、数字印刷机高级输出控制等。另外，本课程在不同章节授课过程中，结合“寓道于教、寓德于教、寓教于乐”（即“三寓”）的思政教育思想，有选择性地融合“画龙点睛式、专题嵌入式、元素化合式”（即“三式”）的实施手段，实现专业课与思政课的同向同行协同育人。

**表 2　课程思政教学实施方案**

| 单元名称 | 教学内容 | 课程思政教学要点 | 实施手段 |
|---|---|---|---|
| 静电复印术的起源与发展 | 1. 了解静电复印技术的发明。<br>2. 了解早期复印技术的发展直至第一台静电照相打印机的产生的过程。<br>3. 熟悉静电照相印刷应用领域。<br>4. 掌握静电照相印刷优势与不足。 | 创新是力量之源，发展之基；灵感来源于实践，锲而不舍、金石可镂。 | 画龙点睛式<br>讨论式 |
| 静电印刷材料-光导体与墨粉 | 1. 掌握静电照相印刷常用激光器的结构。<br>2. 了解光导材料的工作原理及性能。<br>3. 掌握静电照相印刷墨粉的分类及特性。<br>4. 掌握静电照相印刷纸张印刷适性。 | 量变与质变的辩证关系；工匠精神；细节与成败、探究精神 | 元素化合<br>案例式<br>探究式 |
| 静电照相工作原理与工艺步骤 | 1. 掌握静电照相数字印刷工艺原理。<br>2. 掌握静电照相数字印刷工艺过程的特点。<br>3. 根据所学知识，能准确详述工艺步骤中各部分的功能作用。 | 事物周期性的理论与乐观向上的精神 | 专题嵌入法、快乐教学法 |
| 静电照相印刷系统设计 | 1. 掌握静电照相数字印刷机结构中印刷单元设计概念。<br>2. 对印刷单元排列方式有初步认识。<br>3. 静电照相印刷机系统排列方式的种类，特点及相关设计的优劣。 | 内在与外表的对立统一；把握事情发展规律 | 专题嵌入式、画龙点睛式 |

（续表）

| 单元名称 | 教学内容 | 课程思政教学要点 | 实施手段 |
|---|---|---|---|
| 成像子系统与精度分析 | 1. 激光成像的过程及原理。<br>2. 多激光束扫描成像过程及发光二极管阵列成像原理。 | 理论联系实际，理论指导实践，实践反哺理论 | 画龙点睛式、专题嵌入式 |
| 静电照相印刷结构-显影子系统 | 1. 墨粉充电过程。<br>2. 影响单组份墨粉显影质量的主要因素。<br>3. 单组分与双组分墨粉典型显影装置的比较及显影装置的结构布局。 | 事情发展规律及通过规律揭示事物属性 | 专题嵌入式、快乐教学 |
| 静电照相印刷结构-转印子系统 | 1. 静电照相印刷机的转印子系统中滚筒转移法。<br>2. 多层墨粉转印质量及间接转移与转印带的结构。 | 做事要循序渐进，不可一蹴而就 | 专题嵌入式、快乐教学 |
| 静电照相印刷结构-融化子系统 | 1. 双滚筒融化装置的结构及融化方式。<br>2. 融化时产生的问题及解决方法。<br>3. 融化滚筒的机构比较。 | 整体和局部的辩证关系 | 案例教学法、快乐教学法 |
| 静电照相印刷结构-辅助机构 | 1. 静电照相印刷扫描机构。<br>2. 输纸收纸机构及印后加工。 | 协同合作，实现“1＋1＞2” | 专题嵌入式、案例教学法 |
| 静电照相质量检测 | 1. 掌握静电照相印刷质量检测与评价的基本原理与方法。<br>2. 掌握常用的印刷质量测试图设计。<br>3. 掌握静电照相印刷产品质量指标与评价。 | 精益求精，追求卓越，细节决定成败，行为铸就品格 | 任务驱动法、现场教学、快乐教学 |
| 静电照相印刷排版与输出 | 1. 了解常用静电照相印刷拼大版的种类及功能。<br>2. 了解 imposing plus 软件及安装平台。<br>3. 使用 imposing plus 软件各个功能键的作用和特点。 | 解放思想，理论与实践并重 | 任务驱动法、案例教学法、现场教学法 |

## 七、考核方式

**考核方式：**笔试。

**成绩构成建议：**平时成绩 20%；实验成绩 20%；考试成绩 60%。

## 八、教材及主要参考资料

**1. 教材**

姚海根. 数字印刷［M］. 北京：中国轻工业出版社，2019.

**2. 参考资料**

孔玲君等. 数字印刷实验教程［M］. 北京：印刷工业出版社，2016.

刘全香. 数字印刷技术［M］. 北京：印刷工业出版社，2018.

# 《喷墨印刷》课程教学大纲

**适用专业：**数字印刷技术　　**适用年级：**2021 级
**课程属性：**专业课　　**学 分 数：**2
**课程性质：**必修课　　**总学时数：**32
**课程类型：**理论 + 实践课　　**讲课学时数：**20
**考核类型：**考试课　　**上机学时数：**
**先修课程：**印刷概论、数字印前技术、图文制作基础、色彩原理与应用　　**实验与实践学时数：**12

## 一、教学目标基本要求

喷墨印刷是目前成熟的数字印刷方式之一，适用范围广泛，已逐步成为数字印刷的主流技术之一。《喷墨印刷》的教学目的是针对不同的喷墨印刷方式，从喷墨印刷的原理、生产工艺、市场应用等方面详细阐述相关知识，使学生掌握喷墨印刷设备的基本操作，能够完成基础喷墨印刷工艺设计。本课程作为数字印刷专业的核心专业课程之一，是深入学习数字印刷专业知识的重要基础，在专业教学计划中占有重要地位。

本课程的基本要求是掌握各种喷墨数字印刷的技术特点、工作原理及其相关知识。要求学生在掌握喷墨数字印刷基本概念的基础上，了解和掌握喷墨数字印刷的工艺流程，颜色准确再现的控制方法；掌握喷墨印刷设备的日常维护项目和保养知识，了解常见的喷墨印刷设备的故障及其解决方案；了解喷墨印刷的市场应用方向，能够掌握一定的数字印刷品生产实施及其质量检测和评价的能力，并具备解决实际生产问题的综合能力。

## 二、与其他课程的关系

本课程侧重于对喷墨印刷技术原理和工艺的讲述，对印前工艺和印前制作部分的知识内容将只作基础性的介绍，因而这些内容均需在各个独立的课程中作详细了解，包括《印刷概论》《色彩原理与应用》《图文制作基础》《印前制作实务》和《数字印刷成像技术》，这些课程均应为前修课程。

## 三、知识点、技能点、思政元素及其层次要求

### 1. 知识点

（1）掌握喷墨印刷的特点。

(2) 了解喷墨印刷的应用领域。

(3) 熟悉影响喷墨印刷质量的因素。

(4) 熟悉按需喷墨与连续喷墨。

(5) 掌握 Sweet 喷墨技术原理。

(6) 掌握 Hertz 喷墨技术原理。

(7) 掌握热喷墨技术原理。

(8) 掌握顶喷与侧喷区别。

(9) 掌握压电喷墨技术原理。

(10) 掌握压电材料变形模式。

(11) 掌握相变喷墨工作原理及特点。

(12) 掌握色彩管理原理。

(13) 掌握数码打样流程。

(14) 熟悉色差计算原理与方法。

(15) 了解喷墨印刷墨水性能。

(16) 了解承印物材料（如宣纸、画布等）喷墨印刷适性。

(17) 掌握艺术品复制工作流程。

(18) 掌握 UV 喷墨技术原理及特点。

(19) 常见喷墨设备结构及其改善措施。

(20) 常见喷墨打印模式及其改善措施。

**2. 技能点**

(1) 掌握喷墨设备基本操作。

(2) 掌握色彩测量设备的使用。

(3) 掌握制作设备特征文件。

(4) 掌握喷墨打印机校正操作。

(5) 掌握色彩管理相关软件操作方法。

(6) 掌握数码打样输出与评价。

(7) 掌握艺术品高精度输入。

(8) 掌握艺术品复制图像处理。

(9) 掌握艺术品复制输出。

(10) 掌握 UV 喷墨设备基本操作。

(11) 熟练掌握个性化工艺品喷墨输出。

(12) 掌握喷墨印刷质量评价。

**3. 思政元素**

(1) 产业报国，民族昌盛。

(2) 不积跬步无以至千里。

(3) 透过现象看本质。

(4) 细节决定成败。

(5) 工匠精神。

(6) 规范化工作养成。

(7) 爱国主义。

(8) 文化自信。

(9) 辩证思维。

(10) 团队协作。

(11) 科学发展观、自我提升。

(12) 探究精神、知行合一。

(13) 与时俱进。

(14) 联系的眼光看问题。

(15) 创新意识。

## 四、教学内容

### 第一章　喷墨印刷概述

**主要内容:** 喷墨印刷的起源，喷墨印刷主要工艺的形成，喷墨印刷的独特优势，喷墨印刷质量概述，喷墨印刷应用领域等。

**重难点:** 影响喷墨印刷质量的因素。

**对应知识点:** 喷墨印刷的特点、喷墨印刷的应用领域、影响喷墨印刷质量因素、按需喷墨与连续喷墨。

**对应技能点:** 信息收集与归纳能力。

**对应思政元素:** 产业报国，民族昌盛；不积跬步无以至千里；创新意识。

**实施手段:** 通过画龙点睛式，从喷墨印刷技术发展过程，引导学生正确认识信息化发展大势，充分理解信息化在国家未来战略中的重要地位；引导学生理解和贯彻“中国制造2025”等国家战略，以信息化技术和高端制造业促进转型发展和中华民族的伟大复兴。

以故事化的方式，告诉学生喷墨技术的进步是研发人员持续努力的结果，大量微小的进步最终汇成革命性的进步。不积跬步无以至千里，引导学生脚踏实地，虚心学习。

通过案例式，介绍喷墨印刷的丰富的应用案例，鼓励学生培养创新意识开发技术和新的应用领域。

### 第二章　喷墨印刷工作原理

**主要内容:** 喷墨印刷的分类，连续喷墨与按需要喷墨和区别，两种主要的连续喷墨工作原理、特点，三种主要的按喷墨工作原理、特点等。

**重难点：**Sweet 喷墨与 Hertz 喷墨的区别。

**对应知识点：**Sweet 喷墨技术原理、Hertz 喷墨技术原理、热喷墨技术原理、顶喷与侧喷区别、压电喷墨技术原理、压电材料变形模式、相变喷墨工作原理及特点。

**对应技能点：**喷墨设备基本操作。

**对应思政元素：**爱国主义；文化自信；辩证思维；探究精神、知行合一。

**实施手段：**通过元素化合式，介绍喷墨技术的分类是后人对众多前人的技术发明进行的归纳总结，引导学生培养归纳总结的能力。

以案例式，介绍同样的产品需求可以有不同的解决方案，引导学生把握事物发展规律，解放思想，实事求是。

通过专题嵌入式，将爱国主义和文化自信传递给学生，介绍喷墨印刷核心技术的发展曾经主要依靠国外大公司，但随着国内科技的快速发展，部分喷头已经由国内研制生产出来，以此激发学生的民族自信心、自豪感。

通过元素化合式，介绍大多数墨水与纸张洇墨是一对矛盾体。先抓主要矛盾，用固体蜡基墨解决普通纸表面打印和防水的问题，再使用冷融化工艺解决固体油墨喷墨的问题。培养学生先抓主要矛盾的解决问题方法，鼓励学生要有探究精神，知行合一地去实践和解决遇到的问题。

**第三章　喷墨印刷打样**

**主要内容：**掌握喷墨印刷打样的目的；掌握喷墨印刷设备色彩特性评价方法；掌握喷墨印刷设备特征文件的制作；掌握喷墨印刷打样输出与评价等。

**重难点：**喷墨打印机校正操作、色彩管理相关软件操作方法、数码打样输出与评价。

**对应知识点：**色彩管理原理、数码打样流程、色差计算原理与方法。

**对应技能点：**色彩测量设备的使用、制作设备特征文件、喷墨打印机校正操作、色彩管理相关软件操作方法、数码打样输出与评价。

**对应思政元素：**工匠精神；规范化工作养成；科学发展观、自我提升。

**实施手段：**颜色测量繁琐而又枯燥，通过专题嵌入式，在实践教学过程中，锻炼学生的耐心，培养学生严谨的工作作风和规范化的工作方式，树立“细节决定成败”的精益求精的工匠精神。

打样的目的是在正式印刷前，用低速的印刷方式模拟高速印刷的结果。启发学生理解以正确的目标和结果为导向能够很好地纠正我们的行为偏差，使我们朝着目标稳健前行，并在这个过程中使自己得到提升。

**第四章　艺术品仿真复制**

**主要内容：**喷墨数字印刷原稿的处理，喷墨印刷油墨特性，各种承印物材料的喷墨印刷特性，艺术品复制的典型工艺与技术等。

**重难点：**艺术品高精度输入、艺术品复制图像处理。

**对应知识点：**喷墨印刷墨水性能、承印物材料（如宣纸、画布等）喷墨印刷适性、艺术品复制工作流程。

**对应技能点：**艺术品高精度输入、艺术品复制图像处理、艺术品复制输出。

**对应思政元素：**文化自信；与时俱进；联系的眼光看问题。

**实施手段：**图像数字化精度、图像质量直接影响着图像输出质量，借助元素化合式，告诉学生用联系的眼光看问题。

以情景化的形式，介绍艺术品的仿真复制在过去只能借助画师人工完成，而现在可以借助喷墨印刷技术实现高保真的复制，引导学生要与时俱进地。

文化自信是对民族文化的认同，国画类艺术品所代表的中国优秀传统文化内涵是完成国画类艺术品图像输入和处理的关键因素。通过专题嵌入式，引导学生关注传统、理解传统，能够用学习到的先进技术继承并发扬中华民族优秀的传统文化。

**第五章　多介质喷墨印刷**

**主要内容：**掌握在各种介质上喷墨印刷从输入到输出整个过程；掌握喷墨印刷油墨、各种承印物、设备的匹配关系；掌握个性化喷墨印刷产品的生产过程等。

**重难点：**热喷墨技术原理、顶喷与侧喷区别、压电喷墨技术原理、压电材料变形模式。

**对应知识点：**UV 喷墨技术原理及特点、光栅立体印刷原理、光栅变图印刷原理。

**对应技能点：**UV 喷墨设备基本操作、个性化工艺品喷墨输出、光栅立体图像处理、光栅变图图像处理。

**对应思政元素：**透过现象看本质；细节决定成败；辩证思维；团队协作。

**实施手段：**通过元素化合式，介绍 UV 喷墨可以在多种材料表面打印，本质是 UV 墨水的快速干燥，体现了内因与外因的辩证关系。

通过元素化合式，在个性化产品制作过程中，教会灵感来源于生活，要热爱生活；养成细致观察、关心身边事的习惯；养成工作学习中仔细认真的态度，避免因为忽视细节而导致的产品问题。

运用辩证思维、逆向思维思考印刷任务中的问题，通过讨论引导学生解决问题，简化印刷工作流程、降低工作难度、节省印刷成本。

以情景化的方式，设置具体的工作情景，通过分组实践教学，让学生知行合一地完成情景下的实践工作，并培养团队协作意识。

**第六章　设备结构与质量改善措施**

**主要内容：**掌握设备结构特点；掌握常见打印模式；掌握常用改善措施。

**重难点：**/

**对应知识点：**常见喷墨设备结构及其改善措施、常见喷墨打印模式及其改善措施。

**对应技能点：**/

**对应思政元素：**透过现象看本质；规范化工作养成；探究精神。

**实施手段：**标准是工作的规范，而规范的操作可以避免或者减少工作中不必要错误的产生，通过元素化合式，引导学生养成规范化操作的习惯。

培养学生严谨的工作态度，学习以探究的方式，从数据分析中发现规律，能够透过现象看本质，养成科学的探究精神。

## 五、学时分配

表 1 课程学时分配表

| 课 程 内 容 | 讲课 | 现场教学 | 上机 | 大作业 | 小计 |
|---|---|---|---|---|---|
| 第一章 喷墨印刷概述 | 2 | | | | 2 |
| 第二章 喷墨印刷工作原理 | 6 | | | | 6 |
| 第三章 喷墨数码打样 | 1 | 4 | | | 5 |
| 第四章 艺术品仿真复制 | 1 | 6 | 2 | | 9 |
| 第五章 多介质喷墨印刷 | 2 | 6 | | | 8 |
| 第六章 设备结构与质量改善措施 | 2 | | | | 2 |
| 合 计 | 16 | 16 | | | 32 |

## 六、教学方法与手段

**教学方法：**思政教学过程以“画龙点睛式、专题嵌入式、元素化合式”为融合路径手段，对学生开展社会主义核心价值观、唯物辩证法、职业素养等的“点睛”。选择相关主题，在不打破原来教学结构的基础上，将思政的某个专题进行嵌入，以加深学生对各类课程内容的理解，同时提高学生的思政道德的认识。将专业知识、专业技能、思政要点三种不同的教学元素进行化合，进而产生合而为一的育人效果。

**教学手段：**本课程采用多媒体教学手段讲授理论知识，以操作演示和实践动手为手段实现技能训练。在授课过程中，要尽量结合实例，使学生易于理解。在授课内容上重点讲解喷墨的理论、技术，并能够理论结合实践，让学生理解喷墨印刷应用领域的多样性。本课程喷墨印刷技术应用环节应安排实验，包括艺术品复制、个性化工艺品 UV 喷墨打印等。

表 2 课程思政教学实施方案

| 单元名称 | 教学内容 | 课程思政内容 | 实施手段 |
|---|---|---|---|
| 喷墨印刷概述 | 1. 喷墨印刷的起源<br>2. 喷墨印刷主要工艺的形成<br>3. 喷墨印刷的独特优势<br>4. 喷墨印刷质量概述<br>5. 喷墨印刷应用领域等 | 从喷墨印刷技术发展过程，引导学生正确认识信息化发展大势，充分理解信息化在国家未来战略中的重要地位；引导学生理解和贯彻“中国制造 2025”等国家战略，以信息化技术和高端制造业促进转型发展和中华民族的伟大复兴。<br>告诉学生喷墨技术的进步是研发人员持续努力的结果，大量微小的进步最终汇成革命性的进步。不积跬步无以至千里，引导学生脚踏实地，虚心学习。<br>介绍喷墨印刷的丰富的应用案例，鼓励学生培养创新意识开发技术和新的应用领域。 | 画龙点睛式<br>故事化<br>案例式 |

（续表）

| 单元名称 | 教学内容 | 课程思政内容 | 实施手段 |
| --- | --- | --- | --- |
| 喷墨印刷工作原理 | 1. 喷墨印刷的分类<br>2. 连续喷墨与按需要喷墨和区别<br>3. 两种主要的连续喷墨工作原理、特点<br>4. 三种主要的按喷墨工作原理、特点等 | 介绍喷墨技术的分类是后人对众多前人的技术发明进行的归纳总结，引导学生培养归纳总结的能力。<br>介绍同样的产品需求可以有不同的解决方案，引导学生把握事物发展规律，解放思想，实事求是。<br>将爱国主义和文化自信传递给学生，介绍喷墨印刷核心技术的发展曾经主要依靠国外大公司，但随着国内科技的快速发展，部分喷头已经由国内研制生产出来，以此激发学生的民族自信心、自豪感。<br>介绍大多数墨水与纸张洇墨是一对矛盾体。先抓主要矛盾，用固体蜡基墨解决普通纸表面打印和防水的问题，再使用冷融化工艺解决固体油墨喷墨的问题。培养学生先抓主要矛盾的解决问题方法，鼓励学生要有探究精神，知行合一地去实践和解决遇到的问题。 | 专题嵌入式<br>元素化合式<br>案例式 |
| 喷墨数码打样 | 1. 喷墨印刷打样输出的目的<br>2. 喷墨印刷设备色彩特性评价方法<br>3. 喷墨印刷设备特征文件的制作<br>4. 喷墨印刷品的输出与评价 | 颜色测量繁琐而又枯燥，在实践教学过程中，锻炼学生的耐心，培养学生严谨的工作作风和规范化的工作方式，树立“细节决定成败”的精益求精的工匠精神。<br>打样的目的是在正式印刷前，用低速的印刷方式模拟高速印刷的结果。启发学生理解以正确的目标和结果为导向能够很好地纠正我们的行为偏差，使我们朝着目标稳健前行，并在这个过程中自我提升。 | 专题嵌入式<br>启发式 |
| 艺术品仿真复制 | 1. 喷墨数字印刷原稿的处理<br>2. 喷墨印刷油墨特性<br>3. 各种承印物材料的喷墨印刷特性<br>4. 艺术品复制的典型工艺与技术等 | 图像数字化精度、图像质量直接影响着图像输出质量，告诉学生应用联系的眼光看问题。<br>介绍艺术品的仿真复制在过去只能借助画师人工完成，而现在可以借助喷墨印刷技术实现高保真的复制，引导学生要与时俱进地。<br>文化自信是对民族文化的认同，国画类艺术品所代表的中国优秀传统文化内涵是完成国画类艺术品图像输入和处理的关键因素。引导学生关注传统、理解传统，能够用学习到的先进技术继承并发扬中华民族优秀的传统文化。 | 专题嵌入式<br>元素化合式<br>情景化 |
| 多介质喷墨印刷 | 1. 在各种介质上喷墨印刷从输入到输出整个过程<br>2. 掌握喷墨印刷油墨、各种承印物、设备的匹配关系<br>3. 掌握个性化喷墨印刷产品的生产过程等 | 介绍 UV 喷墨可以在多种材料表面打印，本质是 UV 墨水的快速干燥，体现了内因与外因的辩证关系。<br>通过个性化产品制作，教会灵感来源于生活，要热爱生活；养成细致观察、关心身边事的习惯；养成工作学习中仔细认真的态度，避免因为忽视细节而导致的产品问题。<br>运用辩证思维、逆向思维思考印刷任务中的问题，通过讨论引导学生解决问题，简化印刷工作流程、降低工作难度、节省印刷成本。<br>设置具体的工作情景，通过分组实践教学，让学生知行合一地完成实践工作，并培养团队协作意识。 | 元素化合式<br>讨论式<br>情景化 |
| 设备结构与质量改善措施 | 1. 设备结构特点<br>2. 常见打印模式<br>3. 常用改善措施 | 标准是工作的规范，而规范的操作可以避免或者减少工作中不必要错误的产生，引导学生养成规范化操作的习惯。<br>培养学生严谨的工作态度，学习从数据分析中发现规律，能够透过现象看本质，养成科学的探究精神。 | 元素化合式<br>探究式 |

## 七、考核方式

1. 总评成绩满分 100 分，其中平时成绩占 50%，期末考试占 50%；
2. 平时成绩构成：出勤 50% + 课堂表现 25% + 作业完成情况 25%。

## 八、教材及主要参考资料

**1. 教材**

姚海根．数字印刷．上海：上海科学技术出版社，2006.

**2. 参考资料**

无

## 九、其他

无

# 《色彩原理与应用》课程教学大纲

**适用专业：**图文信息处理　　**适用年级：**2021 级
**课程属性：**专业课　　**学 分 数：**2 学分
**课程性质：**必修课　　**总学时数：**32 学时
**课程类型：**理论课 + 实验课　　**讲课学时数：**28 学时
**考核类型：**考试课　　**上机学时数：**0 学时
**先修课程：**印刷概论　　**实验与实践学时数：**4 学时

## 一、教学目标和基本要求

《色彩原理与应用》是印刷工程专业和包装工程专业学生的学科基础课，是从事彩色桌面出版系统、彩色原稿复制、彩色印刷人员及科研、技术管理人员所必须具备的基础知识。

《色彩原理与应用》的教学目的是使学生掌握色彩的基础理论，颜色的变化规律，掌握颜色测量、颜色标定及颜色的计算方法，了解复制过程中色彩分解、传递和组合的原理和规律。在印刷复制过程中具有一定的色彩变化的分析、控制能力。本课程使学生掌握色彩的基础理论，掌握颜色空间中颜色的测量、标定及计算，了解复制过程中色彩分解、传递和组合的原理和规律。

按照高职高专“毕业生应具有基础理论知识适度、技术应用能力强、知识面较宽、素质高等特点”的要求，在“基础理论教学以应用为目的，以必需、够用为度，以讲清概念、强化应用为教学重点”的基础上，对标“三寓三式”课程思政改革教学成果，创新课程思政的教法和实现路径，激活课程德育元素，释放课程育人功能，实现知识传授、技能培养和价值引领的同频共振。通过改进教学设计及教师自身的潜移默化、人格魅力、教育教学态度等方式促进育人；推动教材内容转化教学内容、将画龙点睛、专题嵌入、元素化合式教学手段和新媒体技术结合，循序渐进推动课程改革和教学效果，教育效果上着力体现“德智技并进”。把爱岗敬业精神、团结合作理念、一丝不苟的工匠精神加入教学设计当中。在提高专业技能的同时，培养他们高尚的道德品质和职业素养。

## 二、与其他课程的关系

本课程的前修课程是《印刷概论》，后修课程是《数字印前工艺》《计算机图形学》

《印刷图像处理》《印刷工艺原理》《色彩管理》等专业课程。要注意与前后课程的分工，要用色彩学理论来阐明印刷复制的原理、分析复制过程中色彩变化的规律；要把色彩理论与印刷技术结合起来。

## 三、知识点、技能点及其层次要求

**1. 知识点**

(1) 了解颜色视觉理论；

(2) 了解几种典型视觉现象；

(3) 了解理想色料三原色与实际色料三原色的区别；

(4) 了解同色异谱的概念及现象；

(5) 了解孟塞尔颜色模型在特点、颜色标定方法和用途；

(6) 理解光的本质，波长与光色关系；

(7) 理解光谱功率分布曲线与颜色特性的关系；

(8) 理解明视觉与暗视觉概念，以及对应的光谱光视效率函数的意义；

(9) 理解色相、明度、饱和度的概念；

(10) 理解颜色匹配的方法和意义；

(11) 理解 CIE 1931 标准色度学和 CIE1964 补充标准色度学系统；

(12) 理解三刺激值和色度坐标，理解 CIE1931 色度图；

(13) 理解主波长概念，能用作图法画出颜色主波长；

(14) 理解 CIE1976 均匀颜色空间的相关参数意义和色差公式；

(15) 理解印刷色谱的基本特征和使用方法；

(16) 理解印刷过程中的色彩分解与合成；

(17) 掌握彩色物体和消色物体的光谱特性；

(18) 掌握色光混合规律；

(19) 掌握色料混合规律；

(20) 掌握格拉斯曼定律；

(21) 掌握光源的颜色温度、显色指数概念和光源颜色特性的评价内容；

(22) 掌握印刷行业对照明条件、观察条件等方面的内容和要求；

(23) 掌握 RGB、CMYK、LAB 颜色模型的呈色特点和表示方法；

(24) 掌握各颜色模型间相互转换的基本概念。

**2. 技能点**

(1) 了解光源测量光源的光谱能量分布方法；

(2) 理解利用色光三原色调配出简单复合色的方法；

(3) 熟练掌握三原色混合规律；

(4) 熟练掌握彩色油墨重叠呈色；
(5) 了解颜色光的匹配实验；
(6) 掌握颜色相加的计算方法；
(7) 熟练掌握 CIE1976LAB 色差公式；
(8) 熟练掌握常见分光计的使用；
(9) 掌握光源显色指数的测量；
(10) 了解印刷色谱的使用。

**3. 重难点**

(1) 色彩与色觉区别，光谱功率分布曲线的意义；
(2) 颜色三属性；颜色对比与同化；色光与色料的混合规律；
(3) 色温、显色性与显色指数；
(4) CIE1976 均匀颜色空间的相关参数意义，色差的计算，同色异谱；
(5) 各颜色空间的呈色特点和表示方法；
(6) 颜色再现影响因素。

**4. 思政元素**

(1) 爱国主义精神；
(2) 精益求精，发扬“工匠”精神；
(3) 探究精神；
(4) 理论联系实际，理论指导实践，实践反哺理论；
(5) 实践出真知；
(6) 辩证思维；
(7) 科学精神，科学规划、整体布局、分步实施；
(8) 团结协作，协同创新，实现“1 + 1＞2”效果；
(9) 大局意识，取舍有道。物善其用，物尽其用，扬长避短；
(10) 对立统一规律。

## 四、教学内容

### 第一部分　光与色觉

**主要内容：**(1) 光的颜色特性；(2) 物体的颜色特性；(3) 视觉的生理基础；(4) 颜色视觉理论。

**对应知识点：**(1) 理解光的本质，波长与光色关系；(2) 理解光谱功率分布曲线与颜色特性的关系；(3) 掌握彩色物体和消色物体的光谱特性；(4) 理解明视觉与暗视觉概念，以及对应的光谱光视效率函数的意义；(5) 了解颜色视觉理论。

**对应技能点：**了解光源测量光源的光谱能量分布方法。

**重难点：**色彩与色觉区别，光谱功率分布曲线的意义。

**对应思政元素：**爱国精神，探究精神。

**实施手段：**在了解颜色形成和颜色属性时，通过专题嵌入式介绍颜色的象征意义，引导学生树立爱国主义精神；了解各项颜色概念皆由实践获取，树立实践出真知，技能强国的理念。

**第二部分　颜色混合规律**

**主要内容：**(1) 颜色分类与视觉属性；(2) 颜色视觉现象；(3) 色光混合；(4) 色料混合；(5) 颜色混合定律。

**对应知识点：**(1) 理解色相、明度、饱和度的概念；(2) 了解几种典型视觉现象；(3) 掌握色光混合规律；(4) 掌握色料混合规律；(5) 了解理想色料三原色与实际色料三原色的区别；(6) 掌握格拉斯曼定律。

**对应技能点：**(1) 熟练掌握三原色混合规律；(2) 熟练掌握彩色油墨重叠呈色。

**重难点：**颜色三属性；颜色对比与同化；色光与色料的混合规律。

**对应思政元素：**细节决定成败，弘扬“工匠”精神。

**实施手段：**结合颜色调配实验，讲述世界技能大赛获奖选手事迹，画龙点睛式培养同学的探究精神，弘扬工匠精神；色光三原色和色料三原色的区别，引导同学深入了解对立统一规律，并应用于日常生活中解决相关问题。

**第三部分　光源颜色特性的评价**

**主要内容：**(1) 光源的色度特性；(2) 印刷行业的标准照明条件。

**对应知识点：**(1) 掌握光源的颜色温度、显色指数概念和光源颜色特性的评价内容；(2) 掌握印刷行业对照明条件、观察条件等方面的内容和要求。

**对应技能点：**掌握光源显色指数的测量。

**重难点：**色温、显色性与显色指数。

**对应思政元素：**运用内因与外因的辩证关系看问题。

**实施手段：**通过了解印刷行业对照明条件、观察条件等方面的内容和要求，采用启发式、探究式教学手段，强调理论联系实际，理论指导实践，实践反哺理论，运用内因与外因的辩证关系看问题。掌握不同行业对光源显色性的要求。

**第四部分　CIE 标准色度学系统**

**主要内容：**(1) 颜色混合计算；(2) CIE-XYZ 色度系统；(3) 颜色的标定；(4) CIE-LAB 色度系统。

**对应知识点：**(1) 理解颜色匹配的方法和意义；(2) 理解 CIE 1931 标准色度学和 CIE1964 补充标准色度学系统；(3) 理解三刺激值和色度坐标，理解 CIE1931 色度图；(4) 理解主波长概念，能用作图法画出颜色主波长；(5) 能分别用计算法和作图法得到混合色的色度值；(6) 理解 CIE1976 均匀颜色空间的相关参数意义和色差公式；(7) 了解同色异谱的概念及现象。

**对应技能点：**(1) 了解颜色光的匹配实验；(2) 掌握颜色相加的计算方法；(3) 熟练掌握 CIE1976LAB 色差公式；(4) 熟练掌握常见分光计的使用。

**重难点：**CIE1976 均匀颜色空间的相关参数意义；色差的计算；同色异谱。

**对应思政元素：**在色度测量和色差分析中，理论结合实际，培养“理实一体化”人才。

**实施手段：**理论讲解过程中，利用互动的方式，引导学生进行思考分析，培养学生的探索精神。本部分的实践操作较多，在动手实践中培养学生的综合素养，贯彻理实一体化教学纲要。团结协作，协同创新，实现“1＋1＞2”效果。同时要根据测量的实验数据，结合理论进行分析数据的合理性，体现理论联系实际，理论指导实践，实践反哺理论。

**第五部分　色彩空间的转换**

**主要内容：**(1) 色彩空间；(2) 孟塞尔颜色系统；(3) 印刷色谱。

**对应知识点：**(1) 掌握 RGB、CMYK、LAB 颜色模型的呈色特点和表示方法；(2) 了解孟塞尔颜色模型在特点、颜色标定方法和用途；(3) 理解印刷色谱的基本特征和使用方法；(4) 掌握各颜色模型间相互转换的基本概念。

**对应技能点：**了解印刷色谱的使用。

**重难点：**各颜色空间的呈色特点和表示方法。

**对应思政元素：**充分利用颜色空间各自的特性，物善其用，物尽其用，扬长避短，充分发挥各自的优势。

**实施手段：**在分析颜色空间转换的必要性及方法时，要了解各个颜色空间的表示方法和特点，根据颜色空间特点决定颜色转换，讲解中灌输大局意识、取舍有道的思政元素。做到物善其用，物尽其用，扬长避短。

**第六部分　印刷色彩的准确再现**

**主要内容：**(1) 彩色印刷的颜色的分解；(2) 彩色印刷的颜色的合成。

**对应知识点：**理解印刷过程中的色彩分解与合成。

**对应技能点：**颜色复制的控制分析。

**重难点：**颜色再现影响因素。

**对应思政元素：**完美的结果来自每一个细节的控制和整体的协调运作，为使标准整体功能达到最佳，协同合作，实现“1＋1＞2”效果。

**实施手段：**印刷复制的颜色再现由很多步骤组成，每一步都可能对最终颜色的呈现产生影响，通过互动讨论进行分析，由此引导同学们在完成一件事情时要科学规划、整体布局、分步实施，同时要建立团结协作、协同创新的精神。

## 五、学时分配

| 教 学 内 容 | 讲课 | 上机 | 实验 | 实践 | 小计 |
|---|---|---|---|---|---|
| 第一部分　光与色觉 | 6 | | | | 6 |
| 第二部分　颜色混合规律 | 6 | | | | 4 |
| 第三部分　光源颜色特性的评价 | 4 | | | | 4 |
| 第四部分　CIE 标准色度学系统 | 8 | | 4 | | 12 |
| 第五部分　色彩空间的转换 | 2 | | | | 2 |
| 第六部分　印刷色彩的准确再现 | 2 | | | | 2 |
| 合　计 | 28 | | 4 | | 32 |

## 六、教学方法与手段

**教学方法**：本课程的理论教学部分全部采用多媒体教学，辅以实例讲解、案例分析等手段。实践教学部分利用色彩实验室及相应测色仪器，分小组进行动手操作。在授课过程中结合教学资源库上各类教学资源进行课前预习、课后复习及习题布置。在不同章节授课过程中，结合“寓道于教、寓德于教、寓教于乐”（即“三寓”）的思政教育思想，有选择性地融合“画龙点睛式、专题嵌入式、元素化合式”（即“三式”）的实施手段，实现专业课与思政课的同向同行协同育人。

| 课程章节 | 教学内容 | 思政元素 | 实施手段 |
|---|---|---|---|
| 第一章　光与色觉 | “知色”。颜色的形成，颜色属性，颜色视觉现象及呈色影响因素。 | 了解祖国博大精深的文化元素，激发大家的爱国热情及勇于奉献的精神。<br>在光的色散理论教学中，培养探究精神，对于颜色视觉现象要勤于思考，透过现象看本质。 | 专题嵌入式<br>讨论式<br>启发式 |
| 第二章　颜色混合规律 | 色光三原色及其混合规律，色料三原色及其混合规律。 | 加色混合和减色混合的意义，掌握规律，把控对事物的分析。<br>在色料混合及调配教学中，强调精益求精，明白细节决定成败，弘扬“工匠”精神。 | 画龙点睛式<br>情景化 |
| 第三章　光源颜色特性评价 | 光源的颜色温度、显色指数；印刷行业对照明条件、观察条件等方面的要求。 | 颜色的判断受光源影响很大，运用内因与外因的辩证关系看问题。 | 启发式<br>探究式 |

（续表）

| 课程章节 | 教学内容 | 思政元素 | 实施手段 |
|---|---|---|---|
| 第四章　CIE 标准色度学系统 | “用色”。CIE 标准色度学系统；CIE1976 均匀颜色空间的相关参数意义；色差计算方式及色差分析；同色异谱。 | 在色度测量和色差分析中，理论结合实际，培养“理实一体化”人才。 | 案例式<br>互动式 |
| 第五章　色彩空间的转换 | RGB、CMYK、LAB 和 HSB 颜色模型的特点及使用方法，转换方法。 | 充分利用颜色空间各自的特性，物善其用，物尽其用，扬长避短，充分发挥各自的优势。 | 案例式<br>讨论式 |
| 第六章　印刷色彩的准确再现 | “管色”。印刷过程中颜色的分解和合成，及颜色控制。 | 做事要循序渐进，渐进式讨论分析。<br>准确的色彩、完美的结果来自每一个细节的控制和整体的协调运作，为使标准整体功能达到最佳，协同合作，实现“1+1>2”效果。 | 情景化<br>案例式<br>讨论式 |

**教学手段：**画龙点睛式、专题嵌入式、元素化合式、案例式、讨论式、快乐教学。

## 七、考核方式

**考核方式：**笔试。

**成绩构成建议：**50%卷面成绩＋30%平常成绩＋20%实验报告。

## 八、教材及主要参考资料

**1. 教材**

程杰铭，郑亮，刘艳编，《色彩原理与应用》（第一版），印刷工业出版社，2014 年 1 月。

**2. 参考资料**

（1）李娜，张彦粉，李小东主编，印刷色彩，中国轻工业出版社，2018 年 10 月。

（2）朱元泓主编，印刷色彩，中国轻工业出版社，2013 年 1 月。

（3）程杰铭、陈夏洁、顾凯．色彩学（第二版）．北京：科学出版社，2006 年 10 月。

（4）周世生主编．印刷色彩学．北京：印刷工业出版社，2005 年。

（4）汪兆良编．印刷色彩学．上海：上海交通大学出版社，1991 年。

（5）荆其诚等编．色度学．北京：科学出版社，1979 年。

# 《标志设计项目实训》课程教学大纲

**适用专业：**艺术设计（印刷美术设计）　　**适用年级：**2022级
**课程属性：**专业课　　**学 分 数：**4
**课程性质：**专业必修课　　**总学时数：**64
**课程类型：**理论+实践　　**讲课学时数：**50%
**考核类型：**考查　　**上机学时数：**50%

## 一、教学目标和基本要求

标志设计是视觉传达设计专业的主干课程，通过本课程的教学，同时对标“三寓三式”课程思政改革教学成果，创新课程思政的教法和实现路径，激活课程德育元素，释放课程育人功能，实现知识传授、技能培养和价值引领的同频共振。通过互动、讨论、案例教学等方式，实现专业知识与课程思政的元素化合。使学生具有符合行业要求的职业岗位能力，培养出明理、增信、崇德、力行，具有正确价值观，有爱国情怀，有思想觉悟，有人文素养底蕴，能为国家、社会主义事业作出贡献的有用之才。在帮助学生掌握创意设计与应用技能的同时，适时运用德育元素进行总结指点，画龙点睛，寓德于教。

教学目的：通过学习，学生熟练掌握标志设计的创意要领和设计表现技法、构思能力、表现技巧、设计意识和动手能力。掌握标志设计相关知识、设计方法，并能够完成以标志为核心的视觉传达基本要素设计，创意规律和表现形式法则。能运用相应软件进行设计制作，具备标志设计的文案说明能力，以及标志设计的创新能力。

基本要求：本课程在学生已具备一定的构成与图形表达能力的基础上，结合设计基础课程学习，对标志的理论和设计实践进行整体的学习和研究。需了解标志发展的历史和演变过程、一般规律和表现手法。课程重在对标志在现代经济社会发展中的作用进行广泛研究，激发学生创意，并结合创意利用图形和字体这一载体精确的表达。

## 二、与其他课程的关系

本课程是艺术设计（印刷美术设计）专业大二学生开始必须学习的一门重要专业课程。

与该课程联系较为紧密的平行课程有：前导课程：平面构成、色彩构成、图形创意设计、字体设计、计算机辅助设计。

后续课程：纸质媒体设计、包装设计。

通过本课程的教学，使学生能了解标志设计的相关知识，熟练掌握标志设计的方法，并能够完成以标志为核心的视觉传达基本要素设计。

## 三、知识点、技能点及其层次要求

**1. 知识点**

(1) 标志设计定义、特征、分类、功能；

(2) 标志设计的表现形态；

(3) 标志设计的设计技法；

(4) 标志设计创意设计过程；

(5) 标志设计的制作规范；

(6) 标志的延伸设计及应用与 VI 的关系。

**2. 技能点**

(1) 认识并能理解标志设计，掌握标志的分类方法；

(2) 认识标志多元性特点，理解标志的设计功能；

(3) 标志设计中元素多元组合技法；

(4) 标志设计色彩的选择和标注；

(5) 标志设计图形选用技法；

(6) 标志创意过程和方法；

(7) 标志设计的制作及规范；

(8) 标志设计延伸设计；

(9) 标志设计与 VI 的联系；

(10) 标志设计初步应用。

**3. 重难点**

(1) 标志的分类，并理解不同标志在设计中不同的侧重点；

(2) 在设计构思中的把握标志设计的功能；

(3) 标志设计的多元性如何体现；

(4) 标志设计的创意设计思维模式；

(5) 如何在创作中运用图形设计技法进行创作；

(6) 标志设计制作规范的掌握；

(7) 把握标志设计的整体性；

(8) 如何延伸标志设计。

**4. 思政元素**

(1) 传承传统优秀文化，勇于开拓创新；

(2) 认识中国标志发展历史，增强文化自信；

(3) 辩证唯物主义解析美术规律；

(4) 马克思主义世界观和方法论在艺术设计中的运用；

(5) 自强自立，刻苦钻研；

(6) 勤思考，会思辨；

(7) 团结协作，开放包容。

## 四、教学内容

### 第一章 标志设计概述

**主要内容：**从标志的历史，标志的应用领域两方面诠释标志设计的本质，同时讨论标志在社会经济和人们生活中的作用和意义，以及标志设计的必要性。

**对应知识点：**(1) 标志设计的定义；(2) 标志设计的特征；(3) 标志设计的分类；(4) 标志设计的功能。

**对应技能点：**(1) 认识并能理解标志设计，掌握标志的分类方法；(2) 认识标志多元性特点，理解标志的设计功能；

**重难点：**本章的重点是标志和标志设计的定义与意义，通过分类学习标志的多元性。难点为标志设计的属性分类法，并理解不同标志在设计中不同的侧重点。

**对应思政元素：**引导学生们熟悉并分析具有中国文化特色的标志，了解中国标志的历史文化，进一步传承中国传统文化，开拓创新设计方式，将优秀文化发扬光大；增加中国文化认同，增强爱国主义，提升民族自豪感。

**实施手段：**运用画龙点睛方式，以历史唯物主义之睛，点亮整个标志发展史。运用专题嵌入方式，为了说明标志具有文化和历史沉淀的特质，可以嵌入 1949 年党中央选定五星红旗的历史故事，讲解标志的分类时嵌入中国国徽各元素的象征意义，中国城市标志设计蕴含的丰富元素，北京奥运会以及冬奥会标志的设计理念，在讲解中让学生明白中国传统文化对设计的影响以及传统元素在经过仔设计后带来的生命力和影响力，让学生在增强民族自豪感的同时保持清醒的头脑和认识。

### 第二章 标志设计的表现形式及技法

**主要内容：**从设计视角出发，讲解标志设计呈现出的多种表现形式，如：具象、抽象、文字、符号等，并讨论它们之间或者其他元素与他们之间的多元组合形式，介绍标志设计的图形选用和色彩选用技法。

**对应知识点：**(1) 标志设计的具象表现形式；(2) 标志设计的抽象表现形式；(3) 标志设计的其他表现形式；(4) 标志设计的多元化组合表现形式；(5) 标志设计色彩的选择和标注；(6) 标志设计图形选用技法。

**对应技能点：**(1) 掌握标志色彩选择方式以及标注方法；(2) 认识标志设计的多元组

合方式；（3）掌握标志设计中的多种图形设计技法。

**重难点：**标志设计的多元性如何体现，初步掌握标志设计中元素多元组合技法的标志色彩选择方式，以及标志色彩的标注方法，标志图形技法的理解和运用是本章的重点和难点。

**对应思政元素：**运用辩证唯物主义解析美术规律；运用马克思主义认识论寻找和设计反映文化本质的外部特征的标志；养成学生辩证思考，会反思的习惯。

**实施手段：**运用元素化合式的方式，通过分析各种标志表现出的不同形态，讲解标志设计中运用的各种图形设计技法，告诉学生们认识事物要由表及里，学会用辩证唯物主义观察标志，理解艺术规律。学会多角度、全方位独立思考。

**第三章 标志设计的创意（上）**

**主要内容：**主要教授标志设计的定位、创意过程、创意内容，以及标志图形的制作与修正。

**对应知识点：**（1）标志设计的定位；（2）创意设计的创意思维；（3）标志设计的创意形式；（4）标志的标准图制作。

**对应技能点：**（1）标志创意过程和方法；（2）标志设计的制作及规范。

**重难点：**重点是标志创意过程和创意方法，难点是标志设计的制作规范。

**对应思政元素：**面对设计任务讲求科学性，设计过程中做到循序渐进，有逻辑性，不畏惧困难，追求精益求精，经得住反复打磨，具备责任感、同理心，培养学生优秀职业素养的同时提升个人品德。

**实施手段：**运用专题嵌入的方式，指导学生如何收集设计对象的资料，分析、总结设计要点，制定设计方向，进一步把握由表及里，由此及彼地认识内在文化本质的本领，养成做事耐心有逻辑性的素养。在资料分析过程中通过中外实例比较，在讨论中让学生了解在党的领导下人民奋发图强的创业史，认识时代变化和改革创新的成果。在实践过程中，教师因材施教指导学生不断修改打磨作品，运用专业理论与技能将设计创新性与实用性相结合。

**第四章 标志设计的创意（下）**

**主要内容：**在掌握标志设计创意流程以及制作技法的基础上，掌握标志设计的标志的延伸以及应用。

**对应知识点：**（1）标志的延伸设计；（2）以标志设计为核心的与 VI 设计；（3）标志设计的应用。

**对应技能点：**（1）标志设计延伸设计技法；（2）标志设计与 VI 的联系；（3）标志设计不同的应用方式。

**重难点：**重点是掌握标志设计延伸设计的方式，初步掌握标志设计的应用方式，难点是把握标志设计整体性，设计相匹配的应用效果。

**对应思政元素：**理解整体与局部的辩证统一关系，培养学生合作包容、团结友善的工作方式，提升学生创新创意意识，开阔视野，注重多元融合。

**实施手段：**在元素化合的方式下，给出大量国内外优秀的标志设计案例，指导学生在设计中对标志的视觉元素进行提取和延伸创作，理解变化中的统一。此章节的实践通过情景教学，创设情境，学生通过合作完成项目，制作汇报 ppt 上讲台讲解，在设计中学会团结友善，合作包容，培养学生积极向上、良性竞争的学习态度。教师评讲通过画龙点睛的方式让学生对设计思路、创新创意有直观的了解和认识。

## 五、学时分配

**表 1　课程学时分配表**

| 教 学 内 容 | 讲课 | 上机 | 实验 | 实践 | 小计 |
|---|---|---|---|---|---|
| 第一章　标志设计概述 | 4 | | | 12 | |
| 第二章　标志设计的表现形式及技法 | 4 | | | 12 | |
| 第三章　标志设计的创意（上） | 4 | | | 12 | |
| 第四章　标志设计的创意（下） | 4 | | | 12 | |
| 合　计 | 16 | | | 48 | |

## 六、教学方法与手段

**教学方法：**教学通过案例分析讨论、情境模拟、真案实战、案例展示等手段，运用画龙点睛、专题嵌入、元素化合的方式，将课程思政内容融入专业知识和技能学习中。课程通过内容项目化，能力培养项目化，实践指导个性化，帮助学生解决共性的理论认知问题，着力培养学生的职业能力，逐步培养学生创造性的思维能力。

**教学手段：**

**表 2　课程思政教学实施方案**

| 单元名称 | 教学内容 | 课程思政要点 | 实施手段 |
|---|---|---|---|
| 标志设计概述 | 1. 标志设计的定义；<br>2. 标志设计的特征；<br>3. 标志设计的分类；<br>4. 标志设计的功能 | 引导学生们熟悉并分析具有中国文化特色的标志，了解中国标志的历史文化，进一步传承中国传统文化，开拓创新设计方式，将优秀文化发扬光大；增加中国文化认同，增强爱国主义，提升民族自豪感的同时保持清醒的头脑和认识。 | 画龙点睛式<br>专题嵌入式<br>案例式<br>讨论式 |

（续表）

| 单元名称 | 教学内容 | 课程思政要点 | 实施手段 |
|---|---|---|---|
| 标志设计的表现形式及技法 | 1. 标志设计的表现形式；<br>2. 标志设计的多元化组合表现形式；<br>3. 标志设计色彩的选择和标注方式；<br>4. 标志设计图形选用技法 | 运用辩证唯物主义解析美术规律；运用马克思主义认识论寻找和设计反映文化本质的外部特征的标志；养成学生辩证思考，会反思的习惯。 | 元素化合式<br>案例式<br>启发式 |
| 标志设计的创意（上） | 1. 标志设计创意思维与创作过程；<br>2. 标志设计的创意形式；<br>3. 标志的制作规范 | 面对设计任务讲求科学性，设计过程中做到循序渐进，有逻辑性，不畏惧困难，追求精益求精，经得住反复打磨，具备责任感，同理心，培养学生优秀职业素养的同时提升个人品德。 | 专题嵌入式<br>画龙点睛式<br>互动讨论式 |
| 标志设计的创意（下） | 1. 标志的延伸设计；<br>2. 标志设计为主要视觉核心的VI设计；<br>3. 标志设计的应用 | 理解整体与局部的辩证统一关系，培养学生合作包容、团结友善的工作方式，提升学生创新创意意识，开拓视野，注重多元融合。 | 元素化合式<br>画龙点睛式<br>案例式<br>互动讨论式 |

## 七、考核方式

**考核方式：**总评成绩满分 100 分，平时成绩占 30%，作业成绩占 70%。

**成绩构成建议：**出勤 20% + 互动参与情况 10% + 作业完成情况 70%。

## 八、教材及主要参考资料

**1. 教材**

《标志及 VI 设计》，张页编，上海人民美术出版社，2021 年版。

**2. 参考资料**

《新编标志设计》，李鹏程著，上海人民美术出版社，2018 年版。

《标志设计》，李云编著，人民邮电出版社，2018 年版。

《标志设计》，王亚非编著，西南师范大学出版社，2019 年版。

《标志设计：通向专业之路》，章莉莉编著，东华大学出版社，2017 年版。

《标志设计与 VI》，郭恩文主编，江苏大学出版社，2018 年版。

《VI 设计》，陈绘编著，北京大学出版社，2020 年版。

《VI 与标志设计》，赵申申编著，清华大学出版社，2018 年版。

《VI 设计规范与应用自学手册》，阿涛著，人民邮电出版社，2020 年版。

《标志设计与应用》，安雪梅编著，清华大学出版社，2019 年版。

《汉字设计与应用》，北京迪赛纳图书有限公司主编，华中科技大学出版社，2016 年版。

# 《书籍装帧与样本设计》课程教学大纲

**适用专业：**艺术设计（印刷美术设计）
**适用年级：**2022级
**课程属性：**专业课
**学 分 数：**6
**课程性质：**必修课
**总学时数：**96
**课程类型：**理论+实践
**讲课学时数：**50%
**考核类型：**考查
**上机学时数：**50%

## 一、教学目标和基本要求

本课程是艺术设计（印刷美术设计）专业重要的专业核心课程，使学生准确理解书籍整体设计观念，掌握书籍的基本知识和设计方法，掌握书籍印刷工艺、装帧形式技术标准和工艺流程。在课程实施上，提倡“三做”“四合一”教学模式，在课程结构上体现实践为主理论为辅的教学模式，由单一的理论教学模式改为以实践为主理论为辅的模式，注重培养和提高学生的综合素质，独立完成书籍装帧设计及完稿的能力，具备良好的创新思维和设计实践能力，具备较好的自主学习能力和团队协作能力。同时培养学生理性思维，分析问题解决问题和信息搜集的能力。

通过本课程的学习，学生应在学习和实践中培养良好的敬业精神和职业道德。对标“三寓三式”课程思政改革教学成果，创新课程思政的教法和实现路径，激活课程德育元素，释放课程育人功能，实现知识传授、技能培养和价值引领的同频共振。充分挖掘书籍装帧设计相关的家国情怀、社会责任、传统文化、创新精神等课程思政元素，通过互动、讨论、案例教学等方式，实现专业知识与课程思政的元素化合。在帮助学生掌握创意设计与应用技能的同时，适时运用德育元素进行总结指点，画龙点睛，寓德于教。

## 二、与其他课程的关系

本课程是专业技能必修的核心课程，注重培养学生在平面创意及装帧设计工艺上的创新能力，在专业职业技能课中占有重要的地位。本课程在内容上体现装帧工艺及印刷完稿上的必备性、互融性和先进性。其先修课程有《计算机辅助设计》《图形设计》《插画设计》《编排设计》《字体设计》等。通过本课程的教学，使学生全面掌握书籍装帧及各类出版物的设计要领和基本规律，全面提升学生的职业核心技能竞争力。

## 三、知识点、技能点及其层次要求

**1. 知识点**

当代书籍整体设计理念；

书籍装帧的设计形态及发展历史；

书籍的基本结构和设计元素；

书籍设计与装帧工艺的技术标准；

书籍印后工艺的类型与实施标准；

书籍外部形态要素设计（封面、封底、书脊、护封、函套等）；

书籍内部形态要素设计（环衬、扉页、目录、内页等）；

书籍视觉元素的设计与表现（图形、文字、色彩）；

书籍信息的构架（编排设计）；

传统书籍的探索与创新。

**2. 技能点**

具备书籍装帧整体设计和把控的能力；

具备期刊样本整体设计和把控的能力；

具备独立判断印前完稿设计及打样质量的能力；

具备对书籍和期刊样本后期印刷装订工艺、材质应用和创新及美感鉴赏能力；

掌握常规手工装帧的一般性应用能力；

艺术资料查阅和自主学习的能力；

熟练的平面设计软件操作能力。

**3. 重难点**

理解书籍装帧设计的整体设计理念；

了解不同书籍设计 风格定位与视觉表达；

书籍内容信息的组织编辑于视觉元素提炼；

书籍的装帧工艺与印制流程；

正确处理书籍设计与材质、装帧工艺、形态结构之间的关系。

**4. 思政元素**

恪守职业道德，承担社会责任；

继承优良传统，勇于开拓创新；

团结友善，包容合作；诚实守信，遵守规范；

用联系和发展的眼光把握整体和局部的辩证统一关系；

理论结合实践，实践检验真理，用科学的世界观方法论引领实践。

## 四、教学内容

### 第一章　了解书籍——书籍基础理论

**主要内容：**本章内容重点讲述书籍的基础理论，使学生初步了解书籍与装帧的概念，现代书籍整体设计观念，以及中西方书籍装帧和样本设计发展史，重点讲解中国传统书籍形态的发展及演变，以及当代书籍设计的传承与发展，使学生对书籍的历史发展及设计理念有清晰全面的认知。

**知识点：**书籍与装帧的概念；现代书籍设计观念；中国传统书籍形态的演变；西方书籍形态的发展；当代书籍设计的传承与发展。

**技能点：**书籍整体设计理念的理解能力；对中国传统书籍形态的鉴赏和认知能力；艺术资料查阅和自主学习的能力；对优秀设计案例的鉴赏和分析能力。

**重难点：**书籍的整体设计理念；中国传统书籍装帧形态的演变。

**思政元素：**理论联系实际，善于从事物的表现特征探寻事物发展的本质规律；理解量变与质变的辩证关系，明确科学的设计方法论对设计实践的重要指导作用；了解中国传统书籍文化的发展脉络，理解文化传承对时代发展的重要性，增强民族自信和文化自信。

**实施手段：**通过参观学习中国最美的书获奖作品，深入理解传统文化和现代审美的融合，以嵌入式教学将中国传统文化元素融入书籍创意设计过程，在设计理念上融入本土元素思想。通过案例式讲解和设计调研，了解中国古代书籍的结构特征和设计样式；引导学生了解出版行业的发展趋势，明确传统文化传承在书籍设计发展中的核心地位；寓德于教，在教学过程中潜移默化培养学生正确德价值观和良好品德。

### 第二章　解读书籍——书籍形态要素解析

**主要内容：**了解平面创意设计与书籍装帧、印刷、装订工艺的关系以及在文化发展中的作用；掌握书装在设计与工艺应用上的知识；书籍的基本构架，书籍开本的选择，书籍的材质美感与印刷工艺。

**知识点：**书籍的基本构架；书籍开本与选择；书籍的装帧形式与装订工艺；书籍的材质美感；书籍的印制工艺。

**技能点：**书籍的基本结构及形态要素的解析能力；书籍的装订工艺与印刷工艺知识的掌握与创新应用能力；具备独立判断印前完稿设计及打样质量的能力；把握书籍装帧形式与印后工艺的技术标准。

**重难点：**书籍的基本结构和形态要素；书籍的装帧形式与装订工艺；书籍的印制工艺的实施标准。

**思政元素：**了解平面创意设计与书籍装帧、印刷、装订工艺的关系以及在文化发展中的作用；理解中国传统书籍装订方式在结构和装帧样式方面的多样性和互融性；通过讲述书籍材质和印刷工艺对书籍质量的影响，融入细节决定成败、行为铸就品格，做事情秉承精益求精、实事求是，将“工匠”精神发扬光大。

**实施手段：** 通过参观校印刷博物馆，使学生重点了解中国传统印刷术发展分类与形式，中国古代印刷特征、结构和设计样式，书籍印制与设计的形式演变。实施元素化合式教学，将传统印刷工艺嵌入到书籍创意设计过程中，在设计理念上融入本土元素思想。在实施过程中，注重传统印制工艺和现代装订形式的结合。

**第三章 设计书籍——书籍设计元素的应用与表现**

**主要内容：** 本章内容重点讲解书籍形态要素的设计方法，书籍的视觉元素（图形、文字、色彩）的设计与表现，书籍编排设计的基本原则与设计技巧；使学生掌握不同风格书籍的设计方法，能够精准提炼视觉元素合理表达书籍主题和创意理念，并将书籍整体设计观念贯穿书籍设计的全过程。

**知识点：** 书籍外部形态要素解析（封面、封底、书脊、护封等）；书籍内部形态要素解析（扉页、环衬、目录、内页等）；书籍视觉元素的设计与表现（图形、文字、色彩）；网格系统与版式设计；书籍编排设计技巧。

**技能点：** 书籍不同形态要素的设计标准；掌握图形、色彩、文字等视觉元素的应用技巧；书籍整体设计理念的把控能力；不同主题书籍的信息编辑和视觉统筹能力；把握平面创意设计与装帧工艺技术标准；相关的平面设计软件应用知识。

**重难点：** 书籍设计风格定位与视觉表达；书籍外部形态的主题表达与设计表现；书籍内容信息的组织编辑与视觉元素提炼；书籍编排设计对于书籍主题风格的影响；书籍编辑设计、编排设计、信息设计、视觉设计的互融共通。

**思政元素：** 采用主题嵌入式和元素化合式，将中国传统文化元素融入书籍设计过程中，激发学生学习主观能动性，实现文化的传承和创新；训练学生的创意性思维和批判性思维，指导学生要善于观察生活中的细节和表象背后的深层逻辑，理解整体与局部的辩证统一关系。

**实施手段：** 在书籍设计实践阶段，强调书籍设计过程中创意理念的视觉转换，嵌入书籍设计的相关技术标准，培养学生理性思维与创意思维的适度结合，采用任务引领的教学方法，培养学生独立思考能力和自主学习能力；保持积极向上的健康心态，将量变与质变的辩证关系引入课堂，告知学生专业能力的提升同样需要由量变到质变的转变。

**第四章 探索书籍——书籍的物化呈现**

**主要内容：** 通过理论讲授和案例分享，使学生了解传统文化精神在书籍设计中的物化呈现，了解传统手作书籍的制作流程以及传统书籍的创新方式；掌握现代书籍形态的创新方法，包括设计形态的创新和阅读方式的创新；在提升创新思维的同时提高美学素养和鉴赏能力。

**知识点：** 传统文化精神的物化呈现；传统手作书籍的制作流程；现代书籍形态的创新；现代书籍阅读方式的创新。

**技能点：** 传统手作书籍的设计与制作能力；艺术资料查阅和自主学习的能力；书籍设计形态的创新能力；熟练的平面设计软件操作能力；书籍设计的鉴赏能力。

**重难点：** 书籍设计与材质、工艺、形态的结合；传统手作书籍的制作流程；现代书籍的形态创新。

**思政元素：** 正确认识文化传承和设计创新之间的关系，深刻理解传统文化精神在书籍物化呈现过程中的实现方式，深度挖掘中国传统文化，培养中华民族艺术风格与匠心精神、创新思维，通过解读经典本土书籍作品，坚定文化自信，提升审美素养和鉴赏能力。

**实施手段：** 以案例式教学介绍获奖的中国和世界最美的书，特别是对具有本土文化特征的书籍设计作品，引导学生把握传统文化精髓，并将本土文化内涵的嵌入到书籍创意设计过程中，传播传统文化，坚守创新精神，结合案例分析强调创新设计对书籍设计发展以及文化传承的重要性，培养学生的开拓精神和创新意识、工匠精神和专注精神，培养学生科学严谨和精益求精的职业素养。

**第五章　样本设计——样本设计项目实训**

**主要内容：** 通过理论和案例式讲述分享，使学生初步了解样本的功能和类型，了解书籍与样本设计的区别以及样本设计的基础流程，了解样本概念的外延，即样本分类的多样化。讲述样本设计的基本构成元素，包括平面元素和结构元素，使学生掌握样本设计与制作的工艺环节，指导学生完成期刊样本的整体设计。

**对应知识点：** 样本的概念与功能；样本的分类与设计流程；样本的结构与形态创新；样本的设计原则；样本的编排设计风格；样本的制作工艺。

**对应技能点：** 具备样本的整体设计与策划能力；了解期刊样本和书籍的共性和差异性；具备样本后期印刷装订工艺、材质应用和形态创新能力；具备各类复杂异型期刊样本的创意想象和设计制作能力；熟练的平面设计软件操作能力；素材搜集、设计调研和自主学习的能力；对优秀设计案例的鉴赏能力。

**重难点：** 样本与书籍概念内涵的不同；样本设计的整体策划；样本的编排设计风格；创新型样本的形态设计。

**对应思政元素：** 理解科学的设计方法理论对设计实践的重要指导作用；善于从事物的表现特征探寻事物发展的本质规律，引导学生从多方面、多角度看待问题，善于发现问题并解决问题；融入诚信、契约精神和职业道德教育，实事求是，发扬匠心精神与敬业品质。

**实施手段：** 以画龙点睛式和任务导入式教学，通过理论讲述和案例解析，引导将实事求是、精益求精的工匠精神融入样本设计构成中，将知己知彼，循序善进、求同存异的思政元素融入知识点与重难点中，使学生认识到做事要循序渐进，不可一蹴而就；结合案例分析强调创新设计对传统文化发展的重要性，培养学生的开拓精神和创新意识。

**第六章　制作书籍——书籍及样本制作**

**主要内容：** 通过前期的理论和技能纸质，使学生懂得书装和样本设计师除应该具备平面设计的水平，又要熟悉和了解印刷及包装的相关工艺流程，熟悉和了解装帧装订的模式及技术，同时还要具有一定的相关软件的操作知识和能力。通过本课程的学习，最终使学生完备的掌握书籍装帧与样本设计的全部创意设计与工艺装帧流程。

**对应知识点：**不同类型书籍装帧工艺的技术标准和实施标准；书籍装帧设计与制作的基本流程；书籍创意设计和装帧形态、印制工艺的适用性、互通性；书籍与样本的印制工艺和成品质量的基本要求。

**对应技能点：**书籍设计及期刊样本在装帧、印刷、装订工艺方面的整体设计和把控能力；了解书籍装帧的技术标准和操作流程；实现书籍创意设计到成品质量效果的把握；具备书籍设计、装订工艺、材质应用和创新及美感鉴赏能力；艺术资料查阅和自主学习的能力；熟练的平面设计软件操作能力。

**重难点：**书籍装帧的设计与制作能力；书籍印制工艺的流程和实施条件；不同装订形式的技术要领和实施标准。

**对应思政元素：**在设计实践过程中发扬和传承中国传统文化，理解文化传承，树立文化自信；运用唯物主义辩证中的矛盾论分析法，明确设计实践和经济效益的关系，实事求是，发扬匠心精神与敬业品质，强化学生恪守职业规范，勇担社会责任的意识。

**实施手段：**采用任务导入式和专题嵌入式教学方式，通过校印刷实训中心实地见习，了解书籍及样本的制版流程、印制工艺种类和特征，引导学生熟悉创意与印刷产业的关系，创意设计服务于印刷媒体传播的属性与定位。通过具体案例，结合印制成本，了解书籍设计行业术语，树立正确的价值观和诚信意识，科学合理的报价心态，着眼长远建立客户信任，锻炼与客户的沟通能力。依据不同的设计方案与成本，量身定做优质的书籍设计产品。

## 五、学时分配

**表1　课程学时分配表**

| 教 学 内 容 | 讲课 | 上机 | 实验 | 实践 | 小计 |
|---|---|---|---|---|---|
| 第一章　了解书籍——书籍基础理论 | 8 | 4 | | 4 | |
| 第二章　解读书籍——书籍形态要素解析 | 8 | 8 | | | |
| 第三章　设计书籍——书籍形态元素的应用 | 8 | 8 | | | |
| 第四章　探索书籍——书籍的物化呈现 | 8 | 8 | | | |
| 第五章　样本设计——样本设计项目实训 | 8 | 8 | | | |
| 第六章　制作书籍——书籍及样本制作 | 8 | 0 | | 8 | |
| 合　计 | 48 | 36 | | 12 | |
| 总　　计 | 96 | | | | |

## 六、教学方法与手段

**教学方法：**本课程采用案例导学、情景教学、项目导入、赛教结合等多元化的教学方式。课堂教学时突出平面创意设计与印刷工艺结合的知识特点，减少知识的抽象性，多采用图片、优秀示范案例、多媒体等直观教学的形式，增加学生的感性认识，提高课堂教学效果。实践教学应注重培养学生实际的认识能力及基本操作技能，通过课程实践实施提高学生实际动手的能力和分析问题、解决问题及独立工作的能力。

**教学手段：**本课程在教学中运用多种教学手段，通过示范设计作品案例、视频、多媒体课件、出版物市场的参观等向学生介绍课程内容，教学形式上也在向多媒体、网络化教学平台方向发展。同时通过线上线下结合的混合式教学方法、采用项目驱动法、大赛引领，实现教学做产一体化的教学模式。

**表 2　课程思政教学实施方案**

| 单元名称 | 教学内容 | 课程思政要点 | 实施手段 |
|---|---|---|---|
| 了解书籍 | 1. 书籍整体设计观念<br>2. 中国传统书籍的形态演变<br>3. 西方书籍的发展与演变<br>4. 印刷见习（校印刷实训中心、校上海印刷博物馆、中国近现代新闻出版博物馆、“中国最美的书”展馆参观） | 1. 了解中国传统书籍文化的发展脉络，理解文化传承，树立文化自信。<br>2. 善于从事物的表现特征探寻事物发展的本质规律，理解科学的设计方法理论对设计实践的重要指导作用。 | 案例分析式<br>讨论启发式<br>自主调研式 |
| 解读书籍 | 1. 书籍的基本结构<br>2. 书籍的材质<br>3. 书籍的装帧工艺<br>4. 书籍的印制工艺 | 1. 强调行业特点及安全规范，培养职业素养与技能，锻炼实践与沟通能力。<br>2. 从量变到质变、抓住事物本质、敬业与专注，培养科学严谨、锲而不舍的职业精神，细致全面的技术与设计应用规范。 | 元素化合式<br>案例分析式<br>讨论启发式<br>自主调研式 |
| 设计书籍 | 书籍外部形态要素解析<br>书籍内部形态要素解析<br>书籍视觉元素的设计与表现<br>网格系统与版式设计<br>书籍编排设计技巧 | 1. 引导学生善于观察生活中的细节和表象背后的深层逻辑，理解整体与局部的辩证统一关系。<br>2. 理论联系实际，培养创新型思维和批判性思维。 | 专题嵌入式<br>画龙点睛式<br>任务导入式<br>头脑风暴式<br>创意呈现式 |
| 探索书籍 | 传统文化精神的物化呈现<br>传统手作书籍的制作流程<br>现代书籍形态的创新<br>现代书籍阅读方式的创新 | 1. 正确认识文化传承和设计创新之间的关系，通过解读经典本土书籍作品，坚定文化自信。<br>2. 深度挖掘中国传统文化，培养中华民族艺术风格与匠心精神、创新思维，提升审美素养和鉴赏能力。 | 专题嵌入式<br>元素化合式<br>任务导入式<br>头脑风暴式<br>创意呈现式 |

（续表）

| 单元名称 | 教学内容 | 课程思政要点 | 实施手段 |
|---|---|---|---|
| 样本设计 | 专题样本设计<br>红色文化元素导入<br>样本结构创意呈现<br>样本的编排设计<br>样本的印制工艺 | 1. 引导学生对问题进行分析、归纳和总结，理论指导实践，实践反哺理论融入课堂教学。<br>2. 精益求精弘扬中华民族工匠精神，细节决定成败，行为铸就品格。 | 专题嵌入式<br>任务导入式<br>头脑风暴式<br>创意呈现式 |
| 制作书籍 | 1. 不同类型书籍装帧工艺的技术标准、实施标准和基本流程<br>2. 书籍创意设计和装帧形态、印制工艺的适用性、互通性和兼容性。 | 1. 掌握行业规范术语与沟通表达能力，树立正确的价值观和诚信意识。<br>2. 注重培养学生形象与理性思维结合，强调动手制作的能力。 | 专题嵌入式<br>画龙点睛式<br>任务导入式 |

## 七、考核方式

**考核方式：**总评成绩满分 100 分，平时成绩占 30%，作业成绩占 70%。

**平时成绩构成：**出勤 20% + 互动参与情况 10% + 作业完成情况 70%。

## 八、教材及主要参考资料

**1. 教材**

《书籍装帧》，靳晓晓、钱为群主编，上海交通大学出版社，2021 年版。

**2. 参考资料**

《中国古代书籍装帧》，杨勇德 著，人民美术出版社。

《书衣翩翩》，孙艳、董翠萍 著，生活. 读书新知三联书店。

《书籍形态设计与印刷应用》，郑军 著，上海书店出版社。

《书籍装帧创意设计》，邓中和 著，中国青年出版社。

《第六届全国书籍装帧艺术展览作品选》，中国出版工作者协会装帧艺术工作委员会编，中国农业出版社。

《网页艺术设计项目实训 》课程教学大纲

适用专业:数字媒体艺术设计

课程属性:专业课

课程性质: 必修课

课程类型:理论+实践

考核类型:考查

适用年级: 2022 级

学 分 数: 4

总学时数:64

讲课学时数:50%

上机学时数:50%

一、教学目标和基本要求

教学目标:通过本课程的学习,目的在于培养学生掌握网页艺术设计创意制作的系列知识,包括学习网页设计概述、网页的设计流程、网页规划与布局艺术、网页创意设计、网页构图与色彩、专业网站设计的原则与页面风格等。从而使本专业学生掌握网页艺术设计的相关知识与技能。本课程在计算机技术的支持下,通过学习目前数字媒体平台上最为广泛的网页艺术设计,从艺术和技术结合的新视角来讲解现代数字媒体艺术设计的技术原理和艺术效果制作。本课程强调艺术与新技术的巧妙结合,并努力在艺术鉴赏、审美意趣上提高学生的创意制作水平。在制作实践中,使学生熟练掌网页艺术设计制作的方法与技巧,培养具有全新艺术理念和扎实创作能力的网页艺术设计人才。

对标"三寓三式"课程思政改革教学成果,创新课程思政的教法和实现路径,激活课程德育元素,释放课程育人功能,实现知识传授、技能培养和价值引领的同频共振。同时,了解网页艺术设计的前景和行业需求,熟悉相关的方针政策、法律法规和职业道德,具有一定的团队合作精神和协调管理能力。有对用户具有悲天悯人的情怀。对我国网页艺术设计的发展有准确的认知,对目前我国的优秀网页艺术设计作品及先进性具有深入了解。

二、与其他课程的关系

网页艺术设计项目实训开设于第四学期,属于数字媒体艺术设计交互设计艺术技能的核心课程,在数字媒体艺术设计的人才培养方案的课程设置中起到职业技能的重要作用。前承职业基础技能模块的专业基础课程,后启职业技能模块的专业课程。该课程通过理论教学及实际操作使得学生在课程教学时间内以理论与实践双渠道的方式了解网页创意设计的定义、设计方式、制作方式、应用范畴等。并通过课程学习的最终实践环节由学生自命题设计网页艺术创意作业。

## 三、知识点、技能点及其层次要求

**知识点**

(1) 了解网页艺术设计的基本概念；

(2) 了解数字媒体艺术设计的发展概况、工作流程；

(3) 掌握网页美工设计制作的系列知识；

(4) 掌握各类网站的艺术特点和设计的基本方法；

(5) 网站艺术表现的设计流程和创意标准；

(6) 了解软件的功能使用。

**技能点**

(1) 具备网页艺术的鉴赏能力；

(2) 具备网页设计的各种表现能力；

(3) 能熟练运用相关软件进行设计制作；

(4) 独立完成数字媒体的艺术设计能力。

**思政元素**

(1) 社会形态的演化与进步；

(2) 认知网页艺术设计发展趋势；

(3) 打破惯性思维的认知束缚；

(4) 理论与方法在实践中的重要指导作用；

(5) 弘扬与传承民族文化；

(6) 整体与局部的辩证统一关系。

## 四、教学内容

### 第一章　网页艺术设计概述

**主要内容：**网页的平面布局，网页设计的平面构成与图文、动画、影像的布局关系，经典、时尚网页案例鉴赏。

**对应知识点：**了解网页设计创意发展，网页艺术设计原理。

**对应技能点：**使学生了解网页的种类、版式、色彩及其设计方法。

**重难点：**版式、色彩及其设计方法。

**对应思政元素：**通过网页艺术设计的发展历程使学生了解时代的变迁和发展，引发学生对个人未来职业发展的思考。

**实施手段：**以案例式和专题嵌入式教学，通过网页理论和案例的讲解，认知社会审美发展依附社会形态演化是一种从低级到高级的进步，引导学生主动思考，深化认识，培养学生职业道德和社会责任的意识。

**第二章　网页色彩设计**

**主要内容：**网页安全色、常用的网页色彩模式、网页设计中色彩的基本原则、网页设计中色彩的作用、实用的网页配色方案。

**对应知识点：**了解不同网页色彩应用规范、了解色彩表达原理、网页色彩后期处理。

**对应技能点：**了解掌握网页色彩搭配的基本方法。

**重难点：**网页色彩搭配。

**对应思政元素：**培养学生要用联系与发展的眼光来看待网页艺术设计的发展与趋势。

**实施手段：**在讲授网页色彩设计时，以元素化合式引导学生认识生活中色彩设计的作用，贯以启发式、案例式、互动式教学引导学生将色彩完美展现美好生活。向学生讲授色彩在数字终端的呈现原则，结合人们审美习惯和社会发展，引导学生在色彩创意设计的过程中，更广泛的开拓思维、打破常态进行设计活动。

**第三章　网页艺术设计相关软件应用**

**主要内容：**PHOTOSHOP 网页效果图设计、DREAMWEAVER 网页设计、FLASH 网页动画设计

**对应知识点：**网页艺术设计的软件操作。

**对应技能点：**掌握相关软件的使用方法。

**重难点：**网页艺术设计中软件协同表现主题。

**对应思政元素：**培养学生认识科学的设计理论与方法对设计实践具有重要的指导作用。

**实施手段：**以探究式、讨论式教学，通过网页设计设计软件的操作讲解、案例制作演示，引导学生就“科学的设计理论与方法对设计实践的重要指导作用”进行思考。运用任务导入式教学方法，通过课堂实践练习的任务，培养学生的实践应用技能。

**第四章　网站艺术设计**

**主要内容：**网页设计经典案例分析、综合应用与练习、课堂现场交流。

**对应知识点：**了解不同类型网站的设计要求和技巧。

**对应技能点：**能够独立完成主题网站艺术设计的制作。

**重难点：**掌握不同网站类型设计原则与潮流。

**对应思政元素：**弘扬与传承各国和民族历史文化传统的独特性和把握整体与部分的辩证统一关系，两者相互依赖又相互影响。

**实施手段：**以专题嵌入式引导学生深入挖掘地域文化特色以及优秀的传统文化内涵，通过视觉叙事的形式，通过任务导入式转化为可被消费者理解与认同的视觉符号，以画龙点睛式、讨论式教学引导有关网页艺术设计要求，有意识地提升学生的爱国情怀，文化自

觉与自信；在编排与构图，整体与局部视觉要素的辩证统一关系上，了解两者相互依赖又相互影响的作用。

## 五、学时分配

表 1 课程学时分配表

| 教 学 内 容 | 讲课 | 上机 | 实验 | 实践 | 小计 |
|---|---|---|---|---|---|
| 第一章 网页艺术设计概述 | 8 | 8 | | | 16 |
| 第二章 网页色彩设计 | 8 | 8 | | | 16 |
| 第三章 网页艺术设计相关软件应用 | 8 | 8 | | | 16 |
| 第四章 网站艺术设计 | 8 | 8 | | | 16 |
| 合 计 | 32 | 32 | | | 64 |

## 六、教学方法与手段

1. 课堂教学时应以教师基础概念讲授、经典案例观摩及剖析为辅，学生实际制作与解决实践教学中的诸多个性化问题为主。

2. 强调技能应用与自主思考，注重培养学生实践技能与自我开发能力，课程实践学生自主制作，提高学生自主创作的能力和分析问题、解决问题及独立工作的能力。

3. 教学手段采用多媒体课件与软件应用结合。

表 2 课程思政教学实施方案

| 单元名称 | 教学内容 | 课程思政要点 | 实施手段 |
|---|---|---|---|
| 网页艺术设计概述 | 1. 网页的平面布局<br>2. 网页设计的平面构成与图文、动画、影像的布局关系<br>3. 经典、时尚网页案例鉴赏 | 通过网页艺术设计的发展历程使学生了解时代的变迁和发展，引发学生对个人未来职业发展的思考。 | 专题嵌入式<br>案例式<br>启发式 |
| 网页色彩设计 | 1. 网页安全色<br>2. 常用的网页色彩模式<br>3. 网页设计中色彩的基本原则<br>4. 网页设计中色彩的作用<br>5. 实用的网页配色方案 | 培养学生要用联系与发展的眼光来看待网页艺术设计的发展与趋势。 | 元素化合式<br>启发式<br>案例式<br>互动式 |
| 网页艺术设计相关软件应用 | 1. 网页的软件实现<br>PHOTOSHOP 网页效果图设计<br>DREAMWEAVER 网页设计<br>FLASH 网页动画设计<br>2. 作业交流、点评 | 培养学生认识科学的设计理论与方法对设计实践具有重要的指导作用。 | 元素化合式<br>案例式<br>探究式<br>讨论式 |

（续表）

| 单元名称 | 教学内容 | 课程思政要点 | 实施手段 |
|---|---|---|---|
| 网站艺术设计 | 1. 网页设计经典案例分析<br>a. 门户型网站<br>b. 企业类网站<br>c. 娱乐类网站<br>d. 休闲类网站<br>e. 文化类网站<br>f. 个人网站<br>2. 综合应用与练习，课堂现场交流 | 弘扬与传承各国和民族历史文化传统的独特性和把握整体与部分的辩证统一关系，两者相互依赖又相互影响。 | 专题嵌入式<br>任务导入式<br>画龙点睛式<br>讨论式 |

## 七、考核方式

**考核方式：**总评成绩满分 100 分，平时成绩占 30%，作业成绩占 70%。

**平时成绩构成：**出勤 20% + 互动参与情况 10% + 作业完成情况 70%。

## 八、教材及主要参考资料

**1. 教材**

《网页创意设计》. 钟垂贵 编著，中国海洋大学出版社.

**2. 参考资料**

无

# 《印刷美术与工艺实训》课程教学大纲

| | |
|---|---|
| **适用专业：**艺术设计（印刷美术设计） | **适用年级：**2022级 |
| **课程属性：**专业课 | **学 分 数：**4 |
| **课程性质：**必修课 | **总学时数：**64 |
| **课程类型：**理论＋实践 | **讲课学时数：**50% |
| **考核类型：**考查 | **上机学时数：**50% |

## 一、教学目标和基本要求

“印刷美术与工艺实训”是艺术设计（印刷美术设计）专业核心相关必修课程，掌握和了解印刷媒体创意设计与印刷工艺的关系。主要学习中外印刷发展史、印刷媒体创意在传统印刷、数字印刷技术应用下的印前设计、见习印刷工艺、了解和掌握基本的印后加工设计流程。为实现创意印刷复制掌握基本的印刷模式分类知识、平面设计软件操作应用、印刷种类与设计工艺应用，达到创意设计能在印前完稿、印刷流程、印后工艺上实施复制生产。

对标“三寓三式”课程思政改革教学成果，创新课程思政的教法和实现路径，激活课程德育元素，释放课程育人功能，实现知识传授、技能培养和价值引领的同频共振。充分挖掘印刷媒体创意设计有关家国情怀、社会责任、职业道德、创新精神等课程思政元素，通过互动、讨论、案例教学等方式，实现专业知识与课程思政的元素化合。在帮助学生掌握创意设计与应用技能的同时，适时运用德育元素进行总结指点，画龙点睛，寓德于教。

## 二、与其他课程的关系

《印刷美术与工艺实训》课程主要解决印刷媒体创意设计与印刷工艺之间的关系，使学生了解印刷媒体行业现状及发展趋势。掌握书籍装帧设计、包装设计、纸质媒体设计、广告招贴设计、视觉形象设计等课程所涉及的印刷工艺应用知识，为印刷媒体创意设计实现印刷复制提供保证。

## 三、知识点、技能点及其层次要求

**1. 知识点**

（1）中外印刷发展历史；

(2) 印刷模式；

(3) 印刷分类；

(4) 印刷五大要素；

(5) 印刷设备分类与功能；

(6) 印前、印工、印后设计工艺必备知识；

(7) 承印物技术标准知识。

**2. 技能点**

(1) 平面设计软件应用能力；

(2) 原稿加工能力；

(3) 印刷包装创意设计与印刷工艺应用的完稿能力；

(4) 书籍装帧创意设计与印刷工艺应用完稿能力；

(5) 纸质媒体创意设计与印刷工艺应用完稿能力；

(6) 广告招贴创意设计与印刷工艺应用完稿能力；

(7) 视觉形象设计与印刷工艺应用完稿能力；

(8) 具备资料查阅和自主学习的能力。

**3. 重难点**

(1) 正确处理创意设计在印刷媒体传播活动中的社会效益和经济效益的关系；

(2) 正确理解宏观印刷媒体创意设计市场的概念和特征；

(3) 区分不同类型消费者的购买行为特征；

(4) 理解不同印刷媒体创意设计的形式特点，并掌握该设计的概念和设计方法；

(5) 理解印刷媒体分类和媒介物的设计异同；

(6) 掌握印刷媒体创意设计的分类方法、设计特点、传播方式与设计诉求。

**4. 思政元素**

(1) 恪守职业道德，承担社会责任；

(2) 继承优良传统，勇于开拓创新；

(3) 团结友善，包容合作；

(4) 诚实守信，遵守规范；

(5) 科学严谨，实事求是。

## 四、教学内容

### 第一章　印刷发展轨迹

本章节了解印刷发展历史轨迹，国内外印刷发展史上的人物与贡献、印刷方式演变、印刷技术进步等是如何推动改变社会经济活动和文化传播。从人类文明进步的印迹上认知印刷在历史长河中的文化传播方式及发展现状。

**主要内容：** 1. 印刷术起源与造纸术；2. 雕版印刷术发明和发展；3. 活字印刷术发明和发展；4. 印刷术传播与发展；5. 印刷技术发展。

**对应知识点：** 1. 印刷术起源与造纸术发明；2. 活字印刷术发明呈现的印刷特征和主要人物、主要贡献；3. 印刷术发展载体形式与文化属性；4. 中外书籍演变、传播与发展；5. 数字时代与现代印刷发展趋势。

**对应技能点：** 具备传统印刷传播载体特征知识与元素应用的能力。

**重难点：** 1. 印刷历史发展的人物与贡献，国内外印刷进步的方式与文化传播载体的呈现特征。2. 各历史时期印刷术文化传播载体呈现的史料丰富性与查证。

**对应思政元素：** 学习印刷发展史，汉字、造纸术、活字印刷术对人类文明的贡献，传统印刷载体呈现的本土文化传播形式，激发学生的民族自豪感和自信心，传承和弘扬中华传统文化元素的再设计。

**实施手段：** 通过校印刷博物馆参观，课程设计上重点了解中国传统印刷术发展分类与形式，中国古代印刷特征、结构和设计样式，书籍印制与设计的形式演变，运用元素化合式和专题嵌入式融入创意设计理念和本土文化传承。

**第二章　印刷概念**

本章节主要阐述印刷的要素；印刷分类与设备种类；印刷技术模式；印刷复制传播的概念；现代印刷机械属性；印前、印工、印后设备的作用；不同种类的印刷设备性能特点认知等。

**主要内容：** 1. 印刷五大要素；2. 印刷分类；3. 印刷技术模式。

**对应知识点：** 1. 印刷五大要素知识；2. 压力印刷与无压印刷分类知识；3. 印刷设备种类认知；4. 印刷技术模式认知。

**对应技能点：** 在认知印刷设备种类、印刷技术模式特点基础上掌握设计与技术的规范，完稿技术要求和熟练的平面设计软件操作技能。

**重难点：** 印刷要素中的印版、承印物，印刷种类中设备属性与印刷工艺的了解。

**对应思政元素：** 强调行业特点及安全规范，培养职业素养与技能规范，锻炼实践与沟通能力。

**实施手段：** 运用元素化合式教学见习，通过校印刷实训中心实地参观，了解制版流程、印刷设备种类和特征，从印刷媒体工艺流程上直观了解专业知识与自然环境从业的职业规范，引导学生熟悉创意与印刷产业的关系，创意设计服务于印刷媒体传播的属性与定位。运用任务导入式引领的教学方法，通过独立创意完成真实的设计作品，并能实现印刷复制的学习任务，培养学生实践制作与产业的沟通能力。

**第三章　印前常用工具及色彩模式认识**

印刷从制作印版开始，称为印前处理。培养学生了解应用不同属性的专业硬件与软件工具，掌握输入设备技术参数与输出设备使用。认识不同色彩模式属性与技术标准，印刷网点形成，印前桌面排版系统功能等。

**主要内容：**1. 印刷系统常用软件；2. 印刷系统常用硬件；3. 色彩模式的认识。

**对应知识点：**1. 掌握平面设计所需的软硬件知识；2. 印刷色彩模式形成的原理知识。

**对应技能点：**1. 平面设计软件的应用能力；2. 印刷色彩模式的应用能力。

**重难点：**1. 创意稿印前软件应用、技术参数与输出技术标准；2. 创意稿完稿设计技术标准应用。

**对应思政元素：**从量变到质变、抓住事物本质、敬业与专注。

**实施手段：**采用设计专题嵌入式开展真实任务实训，在讲授专题创意与功能、元素融入、工艺标准、专业软件应用、完稿输出技术标准时，突出设计元素与设计规范应用的重要性，培养学生的创新意识和专注的精神。运用优秀案例讲解，完稿技术知识应用，培养学生科学严谨和精益求精的职业道德。

**第四章　图像类型与处理**

了解在数字印前系统中，获取数字图像原稿质量、文件类型、输入方式、分辨率大小。准确再现原稿色彩和层次图像输入，认识不同文件存储格式与属性，印版（CTP）与“菲林”质量标准控制。

**主要内容：**1. 图像的基本类型；2. 图像输入；3. 图像大小与分辨率；4. 图像通道与菲林片；5. 图形图像的储存格式。

**对应知识点：**掌握原稿输入文件类型、原稿技术标准、输入输出方式、图像分辨率参数知识。

**对应技能点：**原稿文件类型、输入方式与分辨率、印前设计输出标准应用的能力。

**重难点：**原稿输入如何按印刷标准进行、掌握印刷输出前准确的文件存储格式与标准。

**对应思政元素：**培养科学严谨的职业精神，细致全面的技术与设计应用规范、保证输出质量避免浪费。

**实施手段：**采用专题嵌入式的教学方式，通过介绍不同的图像类型与优秀案例，掌握图像类型技术标准和输入输出方式。让学生体会印刷行业规范和科学性、培养踏实敬业的职业精神；通过案例分析讨论，介绍当前印刷媒介制版的先进技术和发展趋势，适时进行画龙点睛的总结，培养学生的创新意识。

**第五章　印前美术设计**

设计与印刷流程（即创意设计、印版打样、印刷、印后加工四个阶段），收集创意素材、了解纸张性能与参数。书籍设计、折页设计、包装设计与工艺、材料、模切稿设计技术标准应用。

**主要内容：**1. 印前美术设计须知；2. 书刊、折页设计技术要求；3. 包装物设计技术要求；4. 印刷字体；5. 制版工艺。

**对应知识点：**掌握设计流程知识、掌握印刷媒体设计分类知识。

**对应技能点：**具备印刷媒体的创意设计及印版打样、印后加工设计、工艺付诸实施应用的能力。

**重难点：**单页设计、折页设计、包装设计项目实践及输出完稿技术标准。

**对应思政元素：**培养设计元素与语言运用，在理解传统的设计样式与特征上挖掘美学认知，实施设计与技术应用的高质量呈现。

**实施手段：**在讲授印刷媒体门类创意设计时，任务导入式灌输完稿技术标准相关规定，培养学生理性意识与规范严谨的职业素养，以头脑风暴式强调印刷媒体传播创意的设计表达的诉求，强调印刷复制技术的准确，坚持积极向上的健康思想内容和本土设计元素融入的完美统一。将创意设计与印刷复制和坚持“二为”方针的职业道德元素化合，增强学生的社会责任感和使命感。

**第六章　印刷与印后工艺**

了解印刷是如何以印版图文通过印刷种类、工艺和方式从印刷机转移到承印物上，从而完成原稿大量复制。印后加工是对印刷后提高外观质量而对印刷品所进行的加工工艺技术，能提高印刷品表面的耐光、耐水、耐热、耐折、耐磨性能，增加印刷品的光泽度，起到美化和保护印刷品的作用，提高印刷品的价值和档次。

**主要内容：**1. 印刷工艺；2. 印后工艺。

**对应知识点：**1. 了解印刷工艺种类、印刷设备分类、金银墨印刷知识；2. 了解印后工艺覆膜、模切压痕、烫金、上光和压光工艺知识。

**对应技能点：**1. 具备印刷工艺种类的设计应用能力；2. 了解覆膜、模切压痕、烫金、上光和压光工艺的应用能力。

**重难点：**印刷设备种类、印后加工与特种加工工艺。

**对应思政元素：**对设计工艺应用的多种尝试培养学生锲而不舍的精神，将设计元素与印刷工艺表现手段高度融合，实现设计与表达的高度契合。

**实施手段：**介绍优质印刷产品案例式教学，特别是印后加工工艺实施后的产品视觉呈现，以启发式和呈现式教学引导学生把握创意设计本土文化的内涵，面对的消费群体坚守文化传播使命。结合案例式分析印后加工与特种加工工艺对保护提升产品质量的重要性，培养学生的开拓精神和创新意识。

**第七章　印刷报价与印刷成品效果（参考）**

了解印刷行业专业用语，掌握印刷报价基本要术，总结温故所学知识，提示印刷误区。展示书籍设计、包装设计、纸质媒体设计不同材料印刷工艺运用效果案例，直观认知印刷媒体创意设计在印刷工艺与制作上的应用。

**主要内容：**1. 印刷报价必备知识；2. 印刷成品效果。

**对应知识点：** 1. 印刷专业术语和行业规范知识；2. 印前、印刷、印后加工报价必备知识；3. 不能印刷的误区提示。4. 书籍、包装、纸媒、金属、玻璃、丝网、特种印刷效果案例图片展示分析。

**对应技能点：** 1. 行业术语掌握与交流能力；2. 印刷报价运用能力；3. 不能印刷的认知能力；4. 各类印刷工艺应用的识别能力。

**重难点：** 1. 创意设计不同材料在印刷工艺上的运用；2. 丰富而最新的案例信息工艺认知。

**对应思政元素：** 正确掌握与理解行业规范术语，形成专业的沟通与表达能力，培养健康的印刷报价心理，准确的应用印刷工艺知识开展印刷媒体设计。

**实施手段：** 通过具体案例式教学，结合印刷成本，了解印刷行业术语，树立正确的价值观和诚信意识，科学合理的报价心态，着眼长远建立客户信任，锻炼与客户的沟通能力。依据不同的设计方案与成本，量身定做优质的印刷媒体设计产品。

## 五、学时分配

**表 1　课程学时分配表**

| 教学内容 | 讲课 | 上机 | 实验 | 实践 | 小计 |
|---|---|---|---|---|---|
| 第一章　印刷发展轨迹 | 1 | | | | |
| 第二章　印刷概念 | 1 | | | | |
| 第三章　印前常用工具及色彩模式认识 | 1 | | | | |
| 第四章　图像类型与处理 | 1 | | | | |
| 第五章　印前美术设计 | 1 | | | | |
| 第六章　印刷与印后工艺 | 1 | | | | |
| 第七章　印刷报价与印刷成品效果 | 1 | | | | |
| 理论测试（课内考察） | 1 | | | | |
| 校印刷实训中心见习 | 2 | | | | |
| 校上海印刷博物馆参观 | 2 | | | | |
| 中国近现代新闻出版博物馆、“中国最美的书”展馆参观 | 4 | | | | |
| 单页设计项目实训（16 开完稿设计） | | | | 16 | |
| 折页设计项目实训（16 开正反面完稿设计） | | | | 16 | |
| 包装设计项目实训（16 开完稿设计） | | | | 16 | |
| 合　计 | 16 | | | 48 | 64 |
| 总　计 | 64 | | | | |

## 六、教学方法与手段

课程教学适应突出平面创意设计与印刷工艺结合的知识特点，减少知识的抽象性，采用图片、优秀示范案例、多媒体等直观教学的形式，增加学生的感性认识，提高课堂教学效果。校内拥有国际一流印刷设备的印刷实训中心见习，直接感性的认知印刷设备的分类与功能。校内印刷博物馆参观、中国近现代新闻出版博物馆、“中国最美的书”展馆参观了解印刷发展的历史脉络和印刷文化。

教学手段采用课程作业实践，检验掌握知识的程度以实践训练为准，对不同设计门类在印刷工艺要求上进行实战，作业以预打样和输出印刷“菲林片”和印刷打样稿为形式，从中了解学生对印刷模式、原稿加工、文字应用、色谱应用、文件格式、软件转换、模切稿设计等技术参数知识掌握的程度，考核学习的效果。

注重培养学生实际认识及基本操作，课程实施完全动手制作，提高学生实际动手能力、分析问题和解决问题的独立工作能力。

**表 2　课程思政教学实施方案**

<table>
<tr><th>单元名称</th><th>教学内容</th><th>课程思政要点</th><th>实施手段</th></tr>
<tr><td>印刷基础知识</td><td>1. 印刷发展轨迹<br>2. 印刷概念<br>3. 印前常用工具及色彩模式认识<br>4. 图像类型与处理<br>5. 印前美术设计<br>6. 印刷与印后工艺<br>7. 印刷报价与印刷成品效果<br>8. 印刷见习（校印刷实训中心、校上海印刷博物馆、中国近现代新闻出版博物馆、“中国最美的书”展馆参观）<br>9. 理论测试</td><td>1. 传统印刷载体呈现的本土文化传播形式分析，弘扬中华传统文化元素<br>2. 强调行业特点及安全规范，培养职业素养与技能，锻炼实践与沟通能力<br>3. 从量变到质变、抓住事物本质、敬业与专注，培养科学严谨、锲而不舍的职业精神，细致全面的技术与设计应用规范<br>4. 设计元素与印刷工艺表现手段高度融合<br>5. 掌握行业规范术语与沟通表达能力，树立正确的价值观和诚信意识</td><td>元素化合式<br>案例式<br>讨论式<br>启发式</td></tr>
<tr><td>单页设计项目实训</td><td rowspan="3">1. 主题设计、元素导入<br>2. 创意呈现、原稿标准、文件类型、文字规范、色彩模式、输入输出、完稿打样、印后加工</td><td rowspan="3">1. 培养设计元素挖掘、传统设计样式与特征语言运用<br>2. 实施设计与技术应用规范，输入输出印刷完稿复制</td><td rowspan="3">专题嵌入式<br>任务导入式<br>头脑风暴式<br>创意呈现式</td></tr>
<tr><td>折页设计项目实训</td></tr>
<tr><td>包装设计项目实训</td></tr>
</table>

## 七、考核方式

**考核方式：**总评成绩满分 100 分，平时成绩占 30%，作业成绩占 70%。

**平时成绩构成：** 出勤 20% + 互动参与情况 10% + 作业完成情况 70%。

## 八、教材及主要参考资料

**1. 教材**

《印刷美术与工艺实训》，周勇主编，中国海洋大学出版社，2014 年版。

**2. 参考资料**

1.《印刷工艺》（全国高等院校艺术专业“十三五”规划教材），张洪海主编，中国轻工业出版社，2018 年版。

2.《印刷与工艺》（中国轻工业十三五规划教材），张姝主编，中国轻工业出版社，2018 年版。

3.《印刷工艺学》（第 2 版普通高等教育十三五规划教材），刘昕主编，化学工业出版社，2016 年版。

4.《印刷工艺》，周明主编，文化发展出版社，2019 年版。

5.《印刷工艺》，朱伟斌主编，浙江大学出版社，2014 年版。

6.《印刷美术与工艺实训》，周勇主编，中国海洋大学出版社，2014 年版。

7.《印刷概论》，顾萍主编，科学出版社，2013 年版。

8.《书籍设计与印刷工艺实训教程》，雷俊霞主编，人民邮电出版社，2012 年版。

9.《印刷工艺实用教程》，丘星星主编，清华大学出版社，2010 年版。

10.《印刷美术设计》，周勇主编，上海书店出版社，2006 年版。

# 《展示设计项目实训（一）》课程教学大纲

**适用专业：**展示艺术设计　　**适用年级：**2022级

**课程属性：**专业课　　**学 分 数：**4

**课程性质：**必修课　　**总学时数：**64

**课程类型：**理论＋实践　　**讲课学时数：**50%

**考核类型：**考查　　**上机学时数：**50%

## 一、教学目标和基本要求

《展示设计项目实训（一）》课程根据视觉传达设计专业在行业的发展需求和岗位面向，不仅要具备展示设计创意设计的岗位能力，同时要解决各种材料的推新、不同材料加工方法的变化和环保节能等一系列问题，是视觉传达设计专业开设的特色课。作为展示设计专业的重要专业课程。通过本课程学习展示设计基础原理与设计流程，掌握展示环境空间设计、版面设计、照明设计、色彩设计、道具与陈列设计、商业销售空间设计等内容。运用平面及三维设计软件工具及展示设计表现技法，培养学生建模的能力，引导学生运用空间原理，展示规则，材料应用等，并建立立体设计的概念和准确的表达主题。

对标“三寓三式”课程思政改革教学成果，创新课程思政的教法和实现路径，激活课程德育元素，释放课程育人功能，实现知识传授、技能培养和价值引领的同频共振。学生应在学习和实践中培养良好的敬业精神和职业道德。并对展示陈设创意设计与材料工艺之间的紧密关系，展示设计在国民经济发展中的地位和作用，全球展览行业发展的现状及展示设计发展的趋势，道具设计、橱窗设计、灯光设计、多媒体设计、视觉形象设计等领域有个共通的认识，为展示设计创意设计安全有效的实施提供保证。

## 二、与其他课程的关系

《展示设计项目实训（一）》是展示艺术设计专业重要的专业核心课程。通过本课程的学习，学生应在学习和实践中培养良好的敬业精神和职业道德。并对展示创意设计与材料工艺之间的紧密关系，展示设计在国民经济发展中的地位和作用，全球展览行业发展的现状及展示设计发展的趋势，道具设计、橱窗设计、灯光设计、多媒体设计、视觉形象设计等领域有个共通的认识，为展示创意设计安全有效的实施提供保证。

## 三、知识点、技能点及其层次要求

**知识点：**

(1) 初步了解展示设计涉及的门类；

(2) 了解展示创意设计与材料加工工艺的关系以及在国民经济中的作用性；

(3) 了解市场设计潮流；

(4) 掌握橱窗设计知识；

(5) 掌握橱窗设计材料的加工技术标准；

(6) 了解灯光、多媒体等氛围营造设备；

(7) 设计软件应用知识。

**技能点：**

(1) 具备展示设计的创意能力；

(2) 具备展示材料选择及加工技术的分析能力；

(3) 具备展示功能设计的能力；

(4) 具备展示艺术效果的控制能力；

(5) 具备展示灯光效果设计的能力；

(6) 具备展示多媒体艺术效果设计的能力；

(7) 具备常规的展示材料与其他领域材料的汲取互补能力；

(8) 具备资料查阅和自主学习的能力；

(9) 熟练的设计软件操作能力。

**思政元素：**

(1) 辩证唯物主义；

(2) 爱岗敬业、责任意识；

(3) 认识论和方法论；

(4) 客观、细致、创新。

## 四、教学内容

### 第一章 展示设计概述

**主要内容：**1. 展览行业细分及特点认知；2. 展示设计风格趋势分析；3. 展示设计案例解析；4. 展示材料技术参数及加工工艺认知。

**对应知识点：**1. 初步了解展示设计的基本理论知识；2. 了解展示设计的基本原理、设计观念、与提高展示设计的美学特征。

**对应技能点：**1. 掌握展示设计的程序。2. 商业空间调研分析。

**重难点：**1. 商业展示的行业细分及特点认知；2. 商业展示设计风格趋势分析。

**对应思政元素：** 批判性思维、找出事物的本质特征、对中国优秀传统设计元素的继承和发扬。

**实施手段：** 开展专题嵌入式、案例式教学实施。通过展览参观，课程设计上重点嵌入中国优秀传统设计元素，使学生提升爱国情怀和民族自信，通过案例体验如何将中国优秀传统文化元素继承和发扬。运用该元素嵌入创意设计过程，在设计理念上融入本土文化元素。

**第二章 实训项目设计**

**主要内容：** 1. 认真设定实训科目；2. 规划设计方案细节；3. 仔细分析材料特性；4. 考察加工工艺。

**对应知识点：** 1. 具备展示设计的创造性思维的能力；2. 具备创意完稿设计的能力；3. 艺术资料查阅和自主学习的能力。

**对应技能点：** 快速小稿创意的技能、熟练的平面设计软件操作技能、整理和分析文献资料的技能。

**重难点：** 1. 认真设定实训科目；2. 规划设计方案细节。

**对应思政元素：** 质性与量性、找出事物的本质特征、一般与特殊。

**实施手段：** 通过元素化合式、案例式讲授，以互动式、讨论式教学实施设计真实任务实训，在讲授主专题创意与功能、元素融入、设计标准、专业软件应用、材料与技术标准时，突出设计元素与设计规范应用的重要性，培养学生的创新意识和专注的精神。运用优秀案例讲解，技术知识应用，培养学生科学严谨和精益求精的职业道德。

**第三章 实训项目操作**

**主要内容：** 1. 根据最终方案统筹购置模型制作材料；2. 划分材料加工对象；3. 实际操作实训项目；4. 监控各道具制作；5. 组合拼装实训项目；6. 评估整体项目。

**对应知识点：** 1. 具备对展示设计的能力；2. 具备创意完稿设计的能力。

**对应技能点：** 完稿设计的技能、平面及三维设计软件操作技能、自主查阅艺术设计资料的技能。

**重难点：**（教学重点）了解影响展示设计定位的各种因素、掌握完稿设计的技能、平面及三维设计软件操作技能，培育学生德法兼修的职业素养。（教学难点）学会应用不同的形式技巧来表现创意完稿设计的能力。

**对应思政元素：** 从量变到质变、抓住事物本质、敬业与专注。

**实施手段：** 通过互动式、探究式、启发式教学，介绍展示设计优秀案例，特别是视觉呈现，引导学生把握创意设计本土文化内涵的融入，面对的消费群体坚守展示设计的文化传播使命。结合案例培养学生的开拓精神和创新意识，树立正确的价值观和诚信意识，锻炼与客户的沟通能力。依据不同的设计方案与成本，量身定做优质的展示设计。

## 五、学时分配

表 1　课程学时分配表

| 教学内容 | 讲课 | 上机 | 实验 | 实践 | 小计 |
| --- | --- | --- | --- | --- | --- |
| 第一章　展示设计概述 | 12 | | | | 12 |
| 第二章　实训项目设计 | 10 | | | 16 | 26 |
| 第三章　实训项目操作 | 10 | | | 16 | 26 |
| 合　计 | 32 | | | 32 | 64 |

## 六、教学方法与手段

本课程综合运用任务引领、案例展示、讨论互动、情景模拟以及学生自主学习相结合的方法，通过专题嵌入和元素化合的方式，将课程思政内容融入专业知识和技能的学习中。注重培养学生实际认识及基本操作，课程实施完全动手制作，提高学生实际动手能力、分析问题和解决问题的独立工作能力。

表 2　课程思政教学实施方案

| 单元名称 | 教学内容 | 课程思政要点 | 实施手段 |
| --- | --- | --- | --- |
| 展示设计概述 | 1. 展览行业细分及特点<br>2. 展示设计风格趋势分析；<br>3. 展示设计案例解析；<br>4. 展示材料技术参数及加工工艺认知。 | 批判性思维、找出事物的本质特征、对中国优秀传统设计元素的继承和发扬。使学生提升爱国情怀和民族自信，对中国优秀传统设计元素的继承和发扬。 | 专题嵌入式<br>案例式 |
| 实训项目设计 | 1. 认真设定实训科目；<br>2. 规划设计方案细节；<br>3. 仔细分析材料特性；<br>4. 考察加工工艺。 | 训练学生的创意性思维和批判性思维；从量变到质变，训练学生的设计思维和艺术审美。使学生了解质性与量性、找出事物的本质特征、一般与特殊。 | 元素化合式<br>案例式<br>互动式<br>讨论式 |
| 实训项目操作 | 1. 根据最终方案统筹购置模型制作材料；<br>2. 划分材料加工对象；<br>3. 实际操作实训项目；<br>4. 监控各道具制作；<br>5. 组合拼装实训项目；<br>6. 评估整体项目。 | 从量变到质变、抓住事物本质、敬业与专注。强化学生恪守职业规范、勇担社会责任的意识。 | 互动式<br>探究式<br>启发式 |

## 七、考核方式

**考核方式：**总评成绩满分 100 分，平时成绩占 30%，作业成绩占 70%。

**平时成绩构成：**出勤 20% + 互动参与情况 10% + 作业完成情况 70%。

## 八、教材及主要参考资料

**1. 教材**

《展示设计》，郑念军，于健主编，上海人民美术出版社，2021年版。

**2. 参考资料**

1.《展示陈列与视觉设计》胡以萍主编，清华大学出版社，2020年版。

2.《展示空间设计》张宁，王凯主编，中国电力出版社，2020年版。

# 《居室室内设计项目实训》课程教学大纲

| | |
|---|---|
| **适用专业：**室内艺术设计 | **适用年级：**2022级 |
| **课程属性：**专业课 | **学 分 数：**6 |
| **课程性质：**必修课 | **总学时数：**96 |
| **课程类型：**理论+实践 | **讲课学时数：**50% |
| **考核类型：**考查 | **上机学时数：**50% |

## 一、教学目标和基本要求

"居室室内设计项目实训"是室内艺术设计专业的专业核心必修课程，通过对家居空间设计基础理论的详解使学生了解家居设计创作中基本原理、尺度要求和创作过程，并熟悉家居设计的分类和家居设计的各种形式；通过实地参观加深学生对理论知识的认识和理解；通过设计创作模块依据人的行为模式和家居空间布局进行家居空间设计与创作，锻炼学生灵活运用理论知识并独立创作的能力。

通过本课程的学习，学生基本了解家居室内设计程序，设计方法、表现技法等，了解家居空间常见装饰材料的特性和应用，家居室内设计中的常用风格，熟悉家居空间设计施工过程，能够独立完成家居空间设计，表达清晰完善。

对标"三寓三式"课程思政改革教学成果，创新课程思政的教法和实现路径，激活课程德育元素，释放课程育人功能，实现知识传授、技能培养和价值引领的同频共振。充分挖掘印刷媒体创意设计有关家国情怀、社会责任、职业道德、创新精神等课程思政元素，通过互动、讨论、案例教学等方式，实现专业知识与课程思政的元素化合。在帮助学生掌握创意设计与应用技能的同时，适时运用德育元素进行总结指点，画龙点睛，寓德于教。

## 二、与其他课程的关系

《居室室内设计项目实训》课程是室内艺术设计专业的核心课程。是针对改善人们的居住条件和提高生活质量，对住宅建筑内部空间进行的设计。伴随着人类社会政治、经济的阶段性发展，居室空间环境和人的需求如何和谐统一，是创造满足功能需求和审美的不可缺少的重要课程。前修课程有《室内设计原理》、《室内软装饰设计》《室内照明设计》《厨卫空间及人体工程学》等针对室内空间的分类基础课程，同时，本课程也对后期《商业空间设计》《办公空间设计》《概念酒店空间设计》等课程起到很好的过渡作用。

## 三、知识点、技能点及其层次要求

**1. 知识点**

(1) 了解家居室内设计的含义、特征、分类；

(2) 了解家居室内设计的原理；

(3) 熟悉家居室内设计的艺术表现方法与要求；

(4) 熟悉家居空间流程线的设计方法与要求；

(5) 熟悉家居空间设计的工作流程；

(6) 了解家居室内设计的图纸绘制标准。

**2. 技能点**

(1) 具备进行有效市场调查与资料分析的能力；

(2) 具备运用家居空间设计原理的形式、人流动线、形态、空间布局等方面的设计能力；

(3) 具备灵活运用各种装饰材料和展示媒介的能力；

(4) 具备根据场所的性质、功能及要求，按家居室内设计的基本原理和方法设计出有创意的、符合居住者性格特征的设计方案的能力；

(5) 具备将设计方案及草图转化为成熟的设计图纸的能力；

(6) 具备能够将设计方案根据设计要素和设计原理向客户说明和阐述的能力。

**3. 思政元素**

(1) 唯物主义辩证观分析设计理论和方法；

(2) 用辩证的方法分析问题解决问题；

(3) 运用思辨方法理解空间设计，一案一解；

(4) 吃苦耐劳，精益求精的职业精神。

## 四、教学内容

**第一章　居室室内设计原理**

**主要内容：**居室室内空间设计概述；1949 年以来中国不同阶段住宅室内设计特点，人体工程学在住宅室内设计中的应用。色彩、照明在居室室内设计中的应用。居室室内软装饰设计。

**对应知识点：**1949 年以来中国不同阶段住宅室内设计特点，家居室内设计内容，人体工程学的应用，家居色彩及照明。

**对应技能点：**室内功能区域分析，不同区域的人体工程学应用。

**重难点：**人体工程学的数据掌握与应用。

**对应思政元素：**以人为中心的设计理念成为各设计部门的工作指导方针，室内人体工程学就是要创造人在室内空间中活动的最佳适应区域，创造符合人的生理和心理尺度要求的各种生活用具，创造最佳听觉、视觉、触觉等条件，满足广大人民群众人的生理以及心理的合理性要求，达到舒适的目的。

**实施手段：**以案例式、讨论式、启发式教学实施，通过教师讲解学习，课程设计上重点掌握中国居室设计不同时期特点与社会的关系，元素化合式教学掌握居室室内设计的内容和相关元素，运用该元素嵌入创意设计过程，在设计理念上融入本土元素思想。

**第二章　居室空间设计方法**

**主要内容：**住宅空间设计程序。住宅空间设计创意方法。住宅空间设计装饰材料的运用。室内家具与陈设。

**对应知识点：**室内设计基本方法，空间中材料的应用，符合功能空间的家居与陈设应用。

**对应技能点：**利用空间设计方法设计不同的功能区域，材料设计手法与应用。

**重难点：**家居室内空间局限性与空间设计手法的结合，不同材料在家居室内中的合理应用。

**对应思政元素：**用辩证的方法分析空间设计技法，具体问题具体分析，针对不同性质不同形式不同材质组成的空间，利用不同的空间扩张手法进行更好的设计。

**实施手段：**以案例式、讨论式、启发式教学实施，通过实际项目参观与见习，了解室内设计程序与方法，直观了解专业知识与自然环境从业的职业规范，引导学生熟悉创意与室内设计产业的关系，设计服务于行业的属性与定位。

**第三章　居室空间项目实训**

**主要内容：**毛坯房室内设计项目实训；已建小区老人房改造项目实训；别墅室内设计项目实训。

**对应知识点：**公寓室内设计综合方法；已建小区老人房改造设计综合方法；别墅室内设计综合方法。

**对应技能点：**在有限的空间内做出更合理的更实用的空间设计。特殊人群分析，特殊的设计方法与技巧。大空间室内设计方法，怎样合理布局大的空间。

**重难点：**针对不同空间大小做出合理的空间布局与设计。

**对应思政元素：**运用哲学知识思考理解大空间与小空间设计不同进行思辨，具体问题具体分析，针对不同空间不同业主需求做出不同的设计，一题一解。

**实施手段：**运用任务导入式引领的教学方法，通过独立真实的设计作品，培养学生实践制作与客户的沟通能力。专题嵌入式采用设计真实任务实训；创意呈现式讲授主题创意与功能、元素融入、工程标准、专业软件应用；头脑风暴式突出设计元素与设计规范应用的重要性，培养学生的创新意识和专注的精神。

## 五、学时分配

**表 1　课程学时分配表**

| 教学内容 | 讲课 | 上机 | 实验 | 实践 | 小计 |
|---|---|---|---|---|---|
| 第一章居室室内设计原理 | 20 | | | 4 | 24 |
| 第二章居室空间设计方法 | 20 | | | 4 | 24 |
| 第三章居室空间项目训练 | 8 | | | 40 | 48 |
| 合　计 | 48 | | | 48 | 96 |

## 六、教学方法与手段

**教学方法：**1. 讲授法：通过教师课堂讲授，适当辅以其他教学手段向学生传递知识信息，促进学生理解。2. 案例分析法：教师对有代表性的案例进行深入分析和阐述，从而促进学生获得总体全面认识。3. 讨论法：在教师的指导下为解决教学中问题而尽想探讨、辨明是非真伪以获取知识。4. 实地参观法：教师通过带领学生实地项目参观测量，促进学生能够切实体验与感受以获得知识。

**教学手段：**PPT 阐述、投影仪展示、实地参观、线下与线上教学资源相结合等。

**表 2　课程思政教学实施方案**

<table>
<tr><th>单元名称</th><th>教学内容</th><th>课程思政要点</th><th>实施手段</th></tr>
<tr><td>居室室内设计原理</td><td>1. 居室空间设计概述<br>2. 居室设计概念<br>3. 人体工程学应用<br>4. 居室色彩设计<br>5. 居室照明设计<br>6. 居室软装饰设计<br>7. 理论测试</td><td>1. 居室设计的特征分析，传统文化元素<br>2. 行业特点及安全规范，职业素养与技能，实践与沟通能力<br>3. 敬业与专注，科学严谨、锲而不舍的职业精神，技术与设计应用规范<br>4. 设计元素与居室设计表现手段融合<br>5. 行业规范术语与沟通表达能力，正确的价值观和诚信意识</td><td>元素化合式<br>案例式<br>讨论式<br>启发式</td></tr>
<tr><td>毛坯房居室设计</td><td rowspan="3">1. 主题设计、元素导入<br>2. 特殊人群特点分析<br>3. 美观与人文关怀<br>4. 创意设计与图纸完善</td><td rowspan="3">1. 培养设计元素挖掘、传统设计样式与特征语言运用<br>2. 实施设计与技术应用规范</td><td rowspan="3">专题嵌入式<br>任务导入式<br>头脑风暴式<br>创意呈现式</td></tr>
<tr><td>旧小区老人房改造项目实训</td></tr>
<tr><td>别墅空间室内设计</td></tr>
</table>

## 七、考核方式

**考核方式：**总评成绩满分 100 分，平时成绩占 30%，作业成绩占 70%。

**平时成绩构成：**出勤 20% + 互动参与情况 10% + 作业完成情况 70%。

## 八、教材及主要参考资料

**教材**

《现代居室空间设计》，张旺编，出版社：辽宁美术出版社，2020 年 8 月。

# 《音乐鉴赏》教学大纲

| | |
|---|---|
| **适用专业：** 全校 | **适用年级：** 1 年级 |
| **课程属性：** 通识课 | **学 分 数：** 2 |
| **课程性质：** 必修 | **总学时数：** 32 |
| **课程类型：** 公共平台课 | **讲课学时数：** 32 |
| **考核类型：** 考查 | **上机学时数：** 0 |
| **先修课程：** 无 | **实验与实践学时数：** 0 |

## 一、教学目的和基本要求

### （一）本课程教学目的和任务

本课程的目的是能够通过学习，使学生掌握不同的音乐形式、音乐体裁等知识，提高音乐的感知力、想象力、理解力及艺术鉴赏力，掌握一定的音乐美学知识，提高如何培养高尚的审美情趣。任务是要求学生经过学习了解中外音乐的流派、体裁风格。掌握一定的欣赏音乐的方法。

### （二）本课程的基本要求

本课程是面向大一新生的一门通识类艺术美育课程。课程本着校训“笃行致远”的教育理念，沿着历史的脉络穿越东西方的文化时空，带领学生领略中外经典音乐名作，体验不同的音乐风格与丰富的音乐文化。通过对音乐艺术作品相关图片、音响、音像资料的欣赏，以及对代表人物、音乐特征、所处历史环境、文化背景的理论讲解，引导学生对音乐作品进行赏析，开拓学生的音乐视野，培养学生良好的艺术审美观，进一步提高学生感受美、表现美、鉴赏美、创造美的能力。

## 二、与其他课程的关系

音乐鉴赏作为通识类教育课程，承载着整个学校音乐艺术的发展。尤其对于影视艺术系、艺术设计系、文化管理系、出版印刷等系部涉及与音乐艺术相关的领域，该课程都起到了良好的辅助作用。通过课程学习，带领学生鉴赏古今中外优秀音乐作品，鼓励学生参与教学实践活动，增强学生学习兴趣。在助力学校“应用技能型”人才培养目标，实现学生职业技能与人文素养的有机结合，提升学生综合素质上起到了重要作用。

## 三、知识点、技能点及其思政要求

**1. 知识点**

(1) 掌握音乐的起源和作用，音乐的基本元素；

(2) 掌握中国民族音乐文化的特点，了解中国民间音乐的发展脉络；

(3) 掌握戏曲的特点，了解戏曲的表演技巧及戏曲中人物角色的特点；

(4) 掌握《黄河大合唱》与钢琴协奏曲《黄河》的创作背景、两者间的关联；

(5) 掌握国外音乐流派的发展脉络、传承及变革；了解不同流派的音乐家及其创作风格；

(6) 掌握影视音乐的起源，影视配乐的三要素，影视音乐的作用；

(7) 掌握中国民族舞蹈的特点，芭蕾舞的特点。

**2. 技能点**

(1) 通过音乐基础知识的学习，完成16小节的短旋律写作；

(2) 在短旋律写作基础上，配上唐诗、宋词，完成歌曲写作；

(3) 歌曲指挥基本技能；

(4) 能够对《黄河大合唱》、钢琴协奏曲《黄河》、小提琴协奏曲《梁祝》的结构进行分析；

(5) 不同时期的音乐流派都有自己的特点，同学们要学会辨识它们的特征；

(6) 能够清晰地辨识影视作品中音画的关系；

(7) 辨识不同舞蹈的特点和差异。

**3. 思政元素**

(1) 弘扬中华优秀传统音乐、增加文化自信；

(2) 民族优秀音乐精品呈现中华文化中沉积着的精神追求；

(3) 与党史结合，树立正确的人生观和价值观；

(4) 民族精神、时代精神、工匠精神、热爱工作、职业道德。

## 四、教学内容

### 第一章　认识音乐

**主要内容：**1. 音乐的本质；2. 音乐的语言中蕴含的情感表达；3. 音乐的基本要素；4. 旋律写作；5. 歌曲写作。

**对应知识点：**1. 掌握音乐的起源和作用；2. 音乐的基本元素。

**对应技能点：**1. 音乐语言的辨识；2. 将音乐转化成画面；3. 音乐段落的分辨能力；3. 短旋律写作、歌曲创作。

**重难点：**1. 运用“三维”之脉络“线”讲述音乐的历史，专题嵌入不同题材的音乐将音乐中蕴含的情绪引导学生构思自己的音画世界；2. 教会学生聆听音乐的方法；3. 将“三寓三式”中的寓教于乐衍生出“五动”之“创”进行短旋律创作、歌曲创作。

**对应思政元素：**在短旋律歌曲创作实践环节，引导学生在学习中要善于找规律用规律，遇到困难要不怕失败勇于尝试。在歌词选择上，教师采用的是与中国古诗词相结合，既弘扬民族文化，又激发出学生对国家的文化自信。“画龙点睛式”，“启发式”，寓道于教。

**实施手段：**短旋律创作时，充分发挥“三寓三式”范式，运用“五动”之“创”，鼓励学生运用旋律创作的基本规律完成一首16小节的歌曲创作。通过实践激发学生学习的积极性，锻炼学生千锤百炼的精神品格。

**第二章　中国民族民间音乐**

**主要内容：**1. 初步了解中国民族音乐文化的特点；2. 了解中国民间音乐的发展脉络；3. 了解民歌和人民生活的关系。

**对应知识点：**1. 不同民族音乐体裁的主要特点、民歌的分类；2. 代表人物及作品；3. 展现中华五千年文明，介绍中华民族音乐的精粹。

**对应技能点：**1. 山歌和劳动号子的演唱技巧；2. 鼓吹中特有的“线上”、“加花”、“花舍”、“颤指”等技巧；3. 江南丝竹分为“文和”与“武和”学会区分。

**重难点：**1. 中国民族民间音乐博大精深，运用“五动”之“说”，鼓励学生走上讲台说说家乡的民族音乐；2. 吹打和民乐合奏，运用“三寓三式”之“元素化合式”进行融合。

**对应思政元素：**民族优秀音乐精品呈现中华文化中沉积着的精神追求，在讲解古风琴曲《高山流水》时，从中国传统音律的角度，赏析古琴曲《高山流水》，该曲在1977年被选入发射到太空的世界金曲集中，体现了中国的大国风范、人文精神和文化自信。

**实施手段：**通过案例讲述中国传统山歌、劳动号子。讲解鼓吹中的唢呐时，把唢呐演奏技巧和西方吹奏乐器的演奏技巧做对比，既展现了中国民族乐器的精湛技巧也让学生了解了西方吹奏乐器的演奏方法。

**第三章　中国戏曲艺术**

**主要内容：**1. 中国戏曲多元性；2. 中国戏曲的表演技巧；3. 戏曲中人物角色的特点。

**对应知识点：**1. 越剧、京剧、川剧、豫剧、沪剧等剧种的特点及地理分布；2. 西方歌剧的发展。

**对应技能点：**1. 掌握京剧生、旦、净、丑的特点；2. 川剧变脸的特点；3. 中国戏曲与西方歌剧的关系。

**重难点：**1. 运用“三维”之脉络“线”，阐述京剧的历史；2. 运用“三维”之“面”，阐述戏曲中角色类型的多“面”性；3. 运用“三寓三式”之“专题嵌入式”进行经典剧目讲解。

**对应思政元素：**中国戏曲是中国传统文化的结晶，是中国的艺术瑰宝。中国传统戏曲历史悠久、积淀深厚，艺术表达独特，尤其是包含了中国人特有的思维方式与情感叙事。通过经典曲目片段鉴赏，传播中国戏剧文化的人文精神和文化内涵。

**实施手段：**用戏曲中的“唱、念、做、打”导入中国戏曲唱段，让学生懂得戏曲艺术是由独特的文学形式与艺术表现形式共同构成的，戏曲音乐是戏曲艺术的灵魂、剧种生存的命脉，是民族音乐的杰出代表。戏曲艺术蕴含着中华文化独特的精神内核、审美情趣。

**第四章　中国当代新音乐**

**主要内容：**1. 抗战时期下音乐家创作艺术作品的特点；2. 聂耳、光未然创作的艺术作品《黄河大合唱》；3. 殷承宗等创作的艺术作品协奏曲《黄河》；4. 陈刚、何占豪创作的艺术作品《梁祝》；5. 作曲家谭盾、何训田的音乐作品精选。

**对应知识点：**1. 中国近现代时期革命题材的歌曲和乐曲的历史背景；2. 西方协奏曲的结构；3. 中国传统作曲法“启、承、转、合”；4. 华彩乐段。

**对应技能点：**1. 黄河大合唱的结构分析；2. 黄河协奏曲的结构分析；3. 小提琴协奏曲《梁祝》的结构分析。3. 听音乐讲故事。

**重难点：**1. 运用“三维”之“线”，专题嵌入“延安精神”，沿着中国近现代音乐发展的脉络线，娓娓道来中国音乐史上的史诗性作品《黄河大合唱》的创作背景；2. 歌曲《保卫黄河》分析及表演，运用“五动”之“唱”“跳”，加深对歌曲的理解和喜爱；3. 介绍协奏曲《黄河》的创作背景；运用“三寓三式”之“画龙点睛式”，通过“画龙”——协奏曲的内在结构，“点睛”——中国传统作曲“起承转合”手法代替西方传统三个乐章的改革创新。4.《梁祝》的创作背景及音乐分析，运用“三寓三式”之“专题嵌入式”进行作品讲解。

**对应思政元素：**融入中国共产党史，用音乐语言特殊的感染力对学生进行爱国主义教育，增强民族自信。同时要求他们不忘国耻，为实现中华民族的伟大复兴而努力学习。

**实施手段：**播放《黄河大合唱》之《保卫黄河》的音乐，大屏幕上打出黄河的图片，老师一边播放音乐，一边解说：黄河流域是中华民族文明的发源地，它孕育了五千年的古国文化，哺育了流域两岸的人民。黄河惊涛澎湃，具有恢弘的气势，而且它源远流长、九曲连环，仿佛象征了我们中华民族曾经有过的荣辱兴衰，每一个看到它的人都会为之而感动。进而再导入《黄河》协奏曲的创作背景，讲解其创作特点。

**第五章　外国音乐流派**

**主要内容：**1. 了解国外音乐流派的发展脉络、传承及变革；2. 了解不同流派的音乐家及其创作风格。

**对应知识点：**1. 各音乐流派的主要特点；2. 各流派代表性人物及作品；3. 西方交

响乐队的构成。

**对应技能点：**1. 各音乐流派之间的关系，如何区分；2. 交响曲、协奏曲、奏鸣曲等音乐体裁的特点；3. 古典音乐风格的辨识。

**重难点：**1. 巴洛克的定义，代表性音乐家介绍及作品赏析，运用“三维”之“线”阐述音乐的发展脉络；2. 古典乐派、浪漫乐派、民族乐派，印象派运用“三寓三式”之“专题嵌入式”式完成课程代表性音乐家介绍及作品赏析。

**对应思政元素：**贝多芬是一位弘扬自由、平等、博爱的音乐家，人生的不幸促使他不断与命运抗争，他的音乐蕴含着不向命运低头的决心，和始终对美好事物的期盼，积极向上又充满正能量的旋律与学生产生了共鸣，受到学生喜爱。

**实施手段：**运用专题嵌入式和画龙点睛式将代表性音乐家的作品逐个呈现，每位艺术家的创造，都是奔流不息的艺术长河的一朵浪花。传统因发展的驱动焕发新的活力；创新因传统的承续呈现新的内涵，艺术作品在对待传承与发展关系中体现出多维、开放、包容的文化胸怀，不仅是对艺术创作规律的尊重，更是顺应时代发展潮流的文化自觉。

**第六章　影视音乐**

**主要内容：**1. 影视音乐的起源、发展与特点；2. 影视音乐作曲家及作品欣赏；3. 音乐在影视作品中的作用。

**对应知识点：**1. 音乐在影视作品中的重要性；2. 影视音乐的特点；3. 影视音乐的作用；4. 影视配乐大师作品分析。

**对应技能点：**1. 电影蒙太奇的技术特点；2. 影视配乐的常用技法。

**重难点：**1. 介绍影视音乐的起源与发展，如何从默片时代到有声时代再到现代的 4D 时代。运用“三维”之“线”，阐述电影发展脉络“线”；2. 讲解影视音乐的特点，运用“三维”之“面”，将影视音乐分为动画音乐、歌舞音乐、恐怖音乐等类型，从不同“面”进行音乐融入画面的方法阐述。3. 著名的影视配乐大师及作品赏析，运用“三寓三式”之“专题嵌入式”和“画龙点睛式”进行课程内容讲解。

**对应思政元素：**音乐家谭盾，以他特有的“中国元素”为核心，把中国的禅意、鼓文化、民族民间乐器灵活的融入电影配乐中，形成了独具匠心的电影音乐风格。学生通过该章节的学习，可以领悟到中国优秀传统文化之博大精深，民族音乐之伟大，进一步激发爱国主义精神。

**实施手段：**在电影音乐讲解中注重家国情怀，革命精神，听红色音乐、传承红色基因，培养学生勇于面对困难、坚忍不拔、积极乐观的心态。

**第七章　舞蹈艺术**

**主要内容：**1. 舞蹈艺术表现特征；2. 中国民族舞的分类，中国舞特有的身韵训练；3. 芭蕾舞的起源及对世界舞蹈的贡献；4. 芭蕾舞《红色娘子军》《朱鹮》《天鹅湖》赏析。

**对应知识点：** 1. 掌握中国舞蹈的种类及特点；2. 芭蕾舞的起源及对世界舞蹈的贡献；3. 中国身韵基本舞姿和芭蕾舞的手位、脚位等。

**对应技能点：** 1. 舞蹈的审美特点；2. 舞蹈美的构成与形态。

**重难点：** 1. 分析讲解中国古典舞的表现形式力，运用“案例教学法”进行教学内容讲解；2. 中国少数民族歌舞片段赏析；3. 中国现代舞的特点及作品赏析，运用“元素化合式”完成。4. 芭蕾舞的起源及在舞蹈史上的地位，运用“三维”之“线”完成芭蕾发展脉络的阐述。

**对应思政元素：** 通过对中西方舞蹈的了解，正确认识处理中西方舞蹈艺术的文化差异，以文化自觉为基础建立包容开放、兼收并蓄的文化自信。

**实施手段：** 在介绍我国经典芭蕾舞《朱鹮》的时候，先播放一段《朱鹮》的排练花絮，让同学们体会到一部成功的舞蹈作品是需要经过长期的排列和磨合才能完成，“台上一分钟，台下十年功”，只有用劳动书写青春、用汗水浇灌事业才能实现人生的价值。

## 五、学时分配

**表1 课程学时分配表**

| 课程内容 | 讲课 | 现场教学 | 上机 | 大作业 | 小计 |
|---|---|---|---|---|---|
| 第一章 认识音乐 | 6 | | | | 6 |
| 第二章 中国民族民间音乐 | 4 | | | | 4 |
| 第三章 中国戏曲艺术 | 4 | | | | 4 |
| 第四章 中国当代新音乐 | 4 | | | | 4 |
| 第五章 外国音乐流派 | 8 | | | | 8 |
| 第六章 影视音乐 | 2 | | | | 2 |
| 第七章 舞蹈艺术 | 2 | | | | 2 |
| 考查 | 2 | | | | 2 |
| 合 计 | 32 | | | | 32 |

## 六、教学方法与手段

### 1. 教学方法

（1）课程思政“三寓三式”范式：在课程章节中以“寓道于教、寓德于教、寓教于乐”——“三寓”思想为指定，将“画龙点睛式、专题嵌入式、元素化合式”——“三式”作为实施手段，实现课程思政育人的目的。

(2)“三维五动”教学法。从“点、线、面”三个维度阐述不同音乐的融合（点）、音乐的脉络（线）、音乐的类型（面），它承载了思政内容对应“三寓”中的“寓道于教”、“寓德于教”和“三式”。“五”动由“说”“唱”“舞”“创”“弹”构成，它承载的思政内容对应“三寓”中的“寓教于乐”，是寓教于乐的具体化。

**表 2 课程思政教学实施方案**

| 《音乐鉴赏》课程教学内容、思政要点融合实施表 | | | | |
|---|---|---|---|---|
| 教学单元 | 专业教学内容 | 思政教学要点 | 融合手段 | |
| | | | 三寓三式 | 三维五动 |
| 第一章 认识音乐 | 音乐的起源，作用与功能，短旋律、歌曲创作 | 歌曲创作结合中国古诗词，弘扬民族文化，激发学生的创造力 | 元素化合式 + 画龙点睛式 | 三维 + 五动 |
| 第二章 中国民族民间音乐 | 民歌、山歌、劳动号子、鼓吹、江南丝竹、古琴艺术等 | 展示民族优秀音乐精品，增加文化自信 | 元素化合式 + 画龙点睛式 | 三维 + 五动 |
| 第三章 中国戏曲艺术 | 京剧、沪剧、川剧、评剧等 | 展现中国国粹戏曲艺术，激发学生民族自豪感 | 元素化合式 + 画龙点睛式 | 三维 + 五动 |
| 第四章 中国当代新音乐 | 革命题材的音乐作品欣赏、新生代作曲家作品欣赏 | 融入党史，对学生进行爱国主义教育，激励他们不忘国耻，努力学习 | 元素化合式 + 画龙点睛式 | 三维 + 五动 |
| 第五章 外国音乐流派 | 巴洛克乐派，古典乐派，浪漫乐派，民族乐派，印象派、20 世纪及以后的音乐 | 事务的演变与革新都是有规律可循，甚至是几代人的努力才能完成，要有锲而不舍的精神和毅力 | 专题嵌入式 | 三维 |
| 第六章 影视音乐 | 影视音乐的起源、发展与特点，影视音乐作曲家及作品欣赏 | 影视画面与音乐讲究平衡点、要有整体和局部的辩证关系 | 专题嵌入式 | 三维 |
| 第七章 舞蹈艺术 | 中国民族舞<br>芭蕾舞 | 台上一分钟，台下十年功，成功之路没有捷径 | 画龙点睛式 | 三维 |

**2. 教学手段**

多媒体教学与板书。

## 七、考试方式

**考核方式：**笔试。

**成绩构成建议：**平时成绩 20%；考试成绩 80%。

## 八、教材及主要参考材料

**教材**

《音乐欣赏》姜蕾著，清华大学出版社 2018. 4.

**主要参考资料：**

杨明望《世界名曲欣赏》上海音乐出版社 2010. 2.

余丹红《大学音乐鉴赏》（第二版）华东师范大学出版社 2020. 4.

黎蒙德《中国音乐故事鉴赏》上海科技大学出版社 2019. 5.

爱·唐斯《管弦乐名曲解说》人民音乐出版社 1992. 1.

# 《影视导演基础》课程教学大纲

**适用专业：**影视编导　　**适用年级：**22级
**课程属性：**专业基础课　　**学 分 数：**4
**课程性质：**必修　　**总学时数：**64
**课程类型：**理论＋实践课　　**讲课学时数：**32
**考核类型：**考查　　**上机学时数：**0
**先修课程：**摄影基础　　**实验与实践学时数：**32

## 一、教学目标和基本要求

本课程是为影视导演的艺术创作和实际操作打下扎实的理论基础，培养学生观察、分析、统筹兼顾、合理协调各个创作部门之间既矛盾又统一的相关问题，以至解决影视剧艺术作品制作过程中所有环节的关键要点；本课程的教学目标就是专职培养适应现代文化节奏，同时又热爱中华民族传统文化、热爱影视传播手段并具备一定文化素养和动手能力以及能够吃苦耐劳的学生成为影视制作及文化活动的执行导演。

## 二、与其他课程的关系

本课程与摄像基础、电视摄像基础、非线性编辑基础、编剧基础与应用等电影各专业课程以及影视范围内所有的科目都有着密不可分的关系，它是统筹安排各个创作部门的中央枢纽，因此必须了解所有部门的工作规律、工作重点、工作内容和工作状态，唯有如此才有给导演提供最大的创作空间，才有可能最大限度地缩短制作周期，才能最大限度地创作出优秀的作品。

## 三、知识点、技能点及其层次要求

**1. 知识点**

镜头的组合运用；
时间元素；
空间元素；
声音元素；
节奏元素；

场景转换；

场面调度；

导演音乐元素。

**2. 技能点**

(1) 影视导演技巧之长镜头；

(2) 蒙太奇；

(3) 镜头构图；

(4) 色彩及声音技巧使用。

**3. 重难点**

(1) 正确处理影视导演技巧中的声、光、电等元素；

(2) 正确理解影视导演创作中的各个环节；

(3) 区分不同类型影视作品创作中的导演技巧。

**4. 思政元素**

(1) 弘扬与传承优秀的传统文化、深入挖掘地域文化特色、提升文化自觉与自信；

(2) 灵感来源于生活，要善于发现自然与生活中的美；

(3) 影视创作要追求精益求精，弘扬“工匠”精神；

(4) 创作中要实现协同合作，实现“1+1>2”效果；

(5) 细节决定成败，行为铸就品格；

(6) 了解社会，传递人类思想，关注人间百态；

(7) 用脚丈量大地，用心感受生活，用情联系人民；

(8) 解放思想，理论与实践并重；

(9) 自主思考、培养发散性思维；

(10) 把握整体与部分的辩证统一关系，两者相互依赖又相互影响。

## 四、教学内容

### 第一章　导演基础概论

**主要内容：**了解导演的由来及变迁。

**对应知识点：**导演的任务与素养。

**对应技能点：**导演创作构思。

**对应思政元素：**在讲授导演由来及变迁的过程中，积极引导学生未来成为导演进行创作的过程中，要弘扬与传承优秀的传统文化、深入挖掘地域文化特色、提升文化自觉与自信。

**思政元素实施手段：**通过举例，讲述早期的红色经典电影的导演人生经历、创作心路等，启发引导学生通过传递正能量、弘扬主旋律的导演创作，从而震撼、洗涤人们的心灵，使观众感受到艺术的魅力。

**重难点：**理解导演构思。

**第二章　影视剧剧组的组织构架**

**主要内容：**了解剧组的主要构成。

**对应知识点：**导演组、制片组、服化道等方面的构成。

**对应技能点：**能够清晰地判断以及区分。

**对应思政元素：**在有影视架构内容的讲授中，有意识地引导学生在清晰职业分工的基础上深入挖掘地域文化特色以及优秀的传统文化，将地域与传统文化内涵，通过视觉叙事的形式，转化为可被观众理解与认同的视觉符号，以此来提升学生的爱国情怀，文化自觉与自信。

**思政元素实施手段：**以“画龙点睛式”的教学方式，剖析不同分工下的具体职责以及应该秉持的使命，以电影《闪闪的红星》为例。

**重难点：**组别的区分。

**第三章　影视剧作的结构**

**主要内容：**剧本创作。

**对应知识点：**主题、人物以及结构创作。

**对应技能点：**剧本创作。

**对应思政元素：**在讲述剧本创作的过程中，要追求精益求精，弘扬影视人的“工匠”精神，精心打磨，不断创新。创新是力量之源，发展之基，只有不断地创新，才能立于不败之地融入课程讲述过程中。

**思政元素实施手段：**红色题材电影的剧本思路进行举例，以《士兵突击》中的剧本人物关系为例，引导学生“不抛弃、不放弃”，强调阅读对于剧本创作的重要性。

**重难点：**剧本构思。

**第四章　影视剧创作的时间技巧**

**主要内容：**了解影视时间。

**对应知识点：**时间的几种类型。

**对应技能点：**时间区分。

**对应思政元素：**红色题材电影的创作思路中需要对影视时间有深入的理解和把握，应该理解好这一影视技巧的同时，深刻体会创作中要实现协同合作，实现“1＋1＞2”效果，把创作时间、电影时间、故事时间有效融入，使学生理解整体与局部的辩证统一关系，把握整体与局部的平衡关系。

**思政元素实施手段：**通过布置主题作业，小组讨论，运用情景模拟，加深对知识点的理解与巩固的同时强化学生在进行团队合作时的诚信意识和契约精神，培养学生科学严谨的工作态度和精益求精的意识。

**重难点：**时间运用。

**第五章　影视剧创作的空间技巧**

**主要内容：**了解影视空间。

**对应知识点：**空间的几种类型。

**对应技能点：**空间区分。

**对应思政元素：**在讲述影视剧创作中的空间技巧时，融入细节决定成败，行为铸就品格这一思政元素。

**思政元素实施手段：**通过《风声》《觉醒年代》《大江大河》《山海情》等优秀的影视作品，剖析空间技巧的创作中如何关注细节，精心打磨，从而形成精品。

**重难点：**空间运用。

**第六章　影视剧创作的语言技巧**

**主要内容：**了解影视镜头语言。

**对应知识点：**镜头语言的几种类型。

**对应技能点：**镜头语言区分。

**思政元素：**在讲述镜头语言创作这一知识点时，启发学生在镜头语言的表达过程中，要多进行"田野调查"，了解社会，传递人类思想，关注人间百态，才能创作出打动人心的作品。

**思政元素实施手段：**通过经典案例，启发学生在镜头创作的主题中关注留守儿童、红色文化、革命先烈的精神等传达与设计，创作出扎根本土文化的好作品。

**重难点：**镜头语言运用。

**第七章　影视剧创作的场面调度技巧**

**主要内容：**了解影视场面调度。

**对应知识点：**场面调度的几种类型。

**对应技能点：**场面调度区分。

**思政元素：**在讲述场面调度创作这一知识点时，观看学习资源微课，充分挖掘课程思想政治资源，构建文化育人的体系，以真实的影视案例塑造学生的价值观、世界观、人生观；同时，既要要立足影视导演基础的实践训练特点，同时也要有意识的用脚丈量大地，用心感受生活，用情联系人民。

**思政元素实施手段：**根据优秀的红色电影拉片，设计出新的影视场面调度技巧图。

**重难点：**场面调度运用。

**第八章　影视剧创作的蒙太奇技巧**

**主要内容：**了解影视蒙太奇。

**对应知识点：**蒙太奇的几种类型。

**对应技能点：**蒙太奇区分。

**思政元素**：在讲述蒙太奇创作这一知识点时，观看学习资源微课，充分挖掘不同影视作品中出现的不同蒙太奇技巧，启发学生在进行学习时做到理论与实践并重。

**思政元素实施手段**：通过电影《1921》的学习观摩，寻找其中的蒙太奇技巧，适时进行画龙点睛的总结，培养学生的创新意识。

**重难点**：蒙太奇运用。

**第九章　影视剧创作的长镜头技巧**

**主要内容**：了解长镜头。

**对应知识点**：长镜头的几种类型。

**对应技能点**：长镜头区分。

**对应思政元素**：在讲述长镜头创作这一知识点时，观看学习资源微课，充分挖掘不同影视作品中出现的不同长镜头技巧，启发学生在进行学习时做到理论与实践并重，能够自主思考、培养发散性思维。

**思政元素实施手段**：通过电影《我和我的祖国》的学习观摩，结合案例分析、寻找其中的长镜头技巧，同时培养学生在未来创作中的开拓精神和创新意识。

**重难点**：长镜头运用。

**第十章　影视剧创作的声音技巧**

**主要内容**：了解声音。

**对应知识点**：声音的几种类型。

**对应技能点**：声音区分。

**思政元素**：在讲授导演创作之声音元素知识点中，引导学生真正理解把握整体与部分的辩证统一关系，两者相互依赖又相互影响。把握整体音乐与局部音乐对于创作的重要性。

**思政元素实施手段**：教师在教学过程中将中国传统、社会热点、校园文化等以“专题嵌入”方式融入教学之中，以此来提升学生的爱国情怀，文化自觉与自信。

**重难点**：声音运用。

## 五、学时分配

**表 1　课程学时分配表**

| 课程内容 | 讲课 | 现场教学 | 上机 | 大作业 | 小计 | |
|---|---|---|---|---|---|---|
| 影视导演基础概论 | 4 | | | | | |
| 影视剧剧组的组织构架（一） | 4 | | | | | |
| 第一章　影视剧剧组的组织构架（二） | 4 | | | | | |
| 第二章　影视剧作的结构（主题、人物、动作、悬念） | 2 | 2 | | | | |

（续表）

| 课程内容 | 讲课 | 现场教学 | 上机 | 大作业 | 小计 | |
|---|---|---|---|---|---|---|
| 第三章　影视领域专业名词解读 | 2 | 2 | | | | |
| 第四章　影视导演技巧之时间设计 | 2 | 2 | | | | |
| 第五章　影视导演技巧及空间设计 | 2 | 2 | | | | |
| 第六章　影视导演的电影语言设计 | 2 | 2 | | | | |
| 第七章　影视导演技巧之场面调度（一） | 2 | 2 | | | | |
| 第七章　影视导演技巧之场面调度（二） | 2 | 2 | | | | |
| 第八章　影视导演技巧之蒙太奇 | 2 | 2 | | | | |
| 第九章　影视导演技巧之长镜头 | 2 | 2 | | | | |
| 第十章　导演的艺术创作之实践拍摄（一） | 2 | 2 | | | | |
| 第十章　导演的艺术创作之实践拍摄（二） | 2 | 2 | | | | |
| 短片作品展示 | 2 | 2 | | | | |
| 总复习 | 2 | 2 | | | | |
| 合　计 | 32 | 32 | | | 64 | |

## 六、教学方法与手段

教学方法：学期期间，每一个章节教学完毕后，根据实际教学进度情况，会有相关的课堂内容习题。

作业，尽可能做到教学内容全覆盖。

教学手段：画龙点睛式，三寓三式。

**表 2　课程思政教学实施方案**

| 单元名称 | 教学内容 | 课程思政要点 | 实施手段 |
|---|---|---|---|
| 导演基础概述 | 导演的由来和变迁 | 引导学生在未来创作中弘扬与传承优秀的传统文化、深入挖掘地域文化特色、提升文化自觉与自信。 | 讲述早期的红色经典电影的导演人生经历、创作心路等，启发引导学生通过传递正能量、弘扬主旋律的导演创作，从而震撼、洗涤人们的心灵，使观众感受到艺术的魅力。 |
| 影视剧剧组的组织构架 | 了解剧组的主要构成 | 有意识地引导学生在清晰职业分工的基础上深入挖掘地域文化特色以及优秀的传统文化，将地域与传统文化内涵，通过视觉叙事的形式，转化为可被观众理解与认同的视觉符号，以此来提升学生的爱国情怀。 | 以“画龙点睛式”的教学方式，剖析不同分工下的具体职责以及应该秉持的使命，以电影《闪闪的红星》为例。 |

（续表）

| 单元名称 | 教学内容 | 课程思政要点 | 实施手段 |
| --- | --- | --- | --- |
| 影视剧作的结构 | 剧本的创作 | 弘扬影视人的“工匠”精神，精心打磨。 | 红色题材电影的剧本思路进行举例，以《士兵突击》中的剧本人物关系为例，引导学生“不抛弃、不放弃”，强调阅读对于剧本创作的重要性。 |
| 影视剧创作的时间技巧 | 了解影视时间 | 红色题材电影的创作思路中需要对影视时间有深入的理解和把握，应该理解好这一影视技巧的同时，深刻体会创作中要实现协同合作，实现“1＋1＞2”效果 | 运用情景模拟，加深对知识点的理解与巩固的同时强化学生在进行团队合作时的诚信意识和契约精神，培养学生科学严谨的工作态度和精益求精的意识。 |
| 影视剧创作的空间技巧 | 了解影视空间 | 在讲述影视剧创作中的空间技巧时，融入细节决定成败，行为铸就品格这一思政元素。 | 通过《风声》《觉醒年代》《大江大河》《山海情》等优秀的影视作品，剖析空间技巧的创作中如何关注细节，精心打磨，从而形成精品。 |
| 影视剧创作的语言技巧 | 了解影视镜头语言 | 启发学生在镜头语言的表达过程中，要多进行“田野调查”，了解社会，传递人类思想，关注人间百态，才能创作出打动人心的作品。 | 通过经典案例，启发学生在镜头创作的主题中关注留守儿童、红色文化、革命先烈的精神等传达与设计，创作出扎根本土文化的好作品。 |
| 影视剧创作的场面调度技巧 | 了解影视场面调度 | 观看学习资源微课，充分挖掘课程思想政治资源，构建文化育人的体系，以真实的影视案例塑造学生的价值观、世界观、人生观。 | 根据优秀的红色电影拉片，设计出新的影视场面调度技巧图。 |
| 影视剧创作的蒙太奇技巧 | 了解影视蒙太奇 | 充分挖掘不同影视作品中出现的不同蒙太奇技巧，启发学生在进行学习时做到理论与实践并重。 | 通过电影《1921》的学习观摩，寻找其中的蒙太奇技巧，适时进行画龙点睛的总结，培养学生的创新意识。 |
| 影视剧创作的长镜头技巧 | 了解长镜头 | 观看学习资源微课，充分挖掘不同影视作品中出现的不同长镜头技巧，启发学生在进行学习时做到理论与实践并重，能够自主思考、培养发散性思维。 | 通过电影《我和我的祖国》的学习观摩，结合案例分析、寻找其中的长镜头技巧，同时培养学生在未来创作中的开拓精神和创新意识。 |
| 影视剧创作的声音技巧 | 了解声音 | 引导学生真正理解把握整体与部分的辩证统一关系，两者相互依赖又相互影响。把握整体音乐与局部音乐对于创作的重要性。 | 教师在教学过程中将中国传统、社会热点、校园文化等以“专题嵌入”方式融入教学之中，以此来提升学生的爱国情怀，文化自觉与自信。 |

## 七、考核方式

**考核方式：**考查。

**成绩构成建议：**平时成绩 + 大作业成绩。

## 八、教材及主要参考资料

**1. 教材**

《影视导演基础》，王心语，中国传媒大学出版社，2009 年。

**2. 参考资料**

《影视导演基础》，刘萍，武汉大学出版社，2008 年。

# 《设计素描》课程教学大纲

**适用专业：**影视艺术系　　**适用年级：**1年级
**课程属性：**专业课　　**学 分 数：**4
**课程性质：**必修　　**总学时数：**64
**课程类型：**职业技能　　**讲课学时数：**30
**考核类型：**考查　　**上机学时数：**0
**先修课程：**无　　**实验与实践学时数：**34

## 一、教学目标和基本要求

“设计素描”这门课程旨在培养艺术专业大学生的造型基础和审美眼光，在影视艺术专业中方向属于专业基础课程。分别从画面的构图、透视、取景、造型和后期处理及意趣等各方面逐一讲解，并把理论全部应用于实践练习中，借此来理解和提高美术造型能力及绘画水平。通过该课程的学习与基础技法的训练，不但可以为学生打下良好的美术基础，而且也为他们从事的影视专业方向激发一定的艺术审美追求和创新思维模式。通过不同风格的作品讲解和课内外大量的作业临摹写生，系统地阐述了素描技法的画法和要点，并予以众多的现场示范指导，从而使得学习者较快地提高良好的艺术造型基础和审美眼光。

将“三寓三式”课程思政改革教学方式促进育人，推动教学内容与创新思政内容结合，以“三寓三式”教学方法为指导，将实践类专业课程和价值引领相结合，形成课程思政与艺术教育的同频共振，在专业课内容中充分挖掘思政元素，通过欣赏、讨论、案例教学、实践操作、分析评价等方式，实现该艺术类课程的思政建设。

## 二、与其他课程的关系

《设计素描》是影视艺术系专业群课程体系中一门重要的理论结合实践的专业必修课。设计素描是基本功训练的课程，以培养学生正确的思维方法、观察方法、表现方法为目的，训练具有辩证思维的大脑，具有结构意识、整体意识的眼睛和能够充分表达艺术想象的思维。在电影、电视剧、广告、短视频中，在创作分镜和构建画面都需要造型能力，对形体，空间，结构的把握是创造艺术作品的基础，学好此课程对随后的摄影、摄像以及相关的绘图软件的使用都有很好的帮助，尤其是学生掌握了一定的手绘技能有助于今后的艺术创意的构思。

## 三、知识点、技能点及其层次要求

**1. 知识点**

（1）素描的定义与功能素描的形态，现代派艺术与设计素描，当代设计与设计素描，设计素描的学习方法，素描工具准备；

（2）形式与美感，视觉空间，透视的基本原理，透视的基本规律，透视图法应用；

（3）微观形态的表达，“象”与“真”的误解，触觉感与凹凸感，自然微观形态的表达，人工微观形态的表达；

（4）形体化，形体转换，形体化分析，凹凸法的形体转化；

（5）了解结构，解构构与重构是一种思维训练，解构与重构是一种创造性训练，立体主义，结构主义；

（6）材料本身的视觉意义，材料的形式与目的，填充与装饰肌理的方式，设计素描综合运用。

**2. 技能点**

（1）建立素描学习观念，工具条件和基本的形式语言；

（2）透视的基本原理，多维的思想思考和表现空间关系，运用所学原理对实际物体和场景关系进行合理的透视表现；

（3）构图，画面概念与画面空间对视觉的影响，形体意识在微观形态的应用；

（4）从客观物象中排除琐碎面，抽取共同本质的形体，强化形体意识，从具象思维走向抽象思维分析；

（5）在画面中组织画面，安排形体空间；

（6）在画面中运用不同的肌理。

**3. 重难点**

（1）绘画语境和设计语境下不同的素描表达方式；

（2）形式美学理论，透视的原理、方法和表达：一点透视（平行透视）、两点透视（成角透视）、三点透视（倾斜透视）等透视表达形式；

（3）以大观小（形体的观察与表达），画物体表达出初觉感和凹凸感；

（4）由被动组织画面到主动控制画面，从感性分析走向理性分析画面；

（5）掌握解构与重构；

（6）利用不同材料的肌理和质感进行填充与装饰。

**4. 思政元素**

（1）文化认同感、文化自信；

（2）掌握事物的客观规律，勇于创新；

（3）工匠精神、精益求精；

(4) 培养更改思维，大胆质疑，提高创新能力；

(5) 人本主义精神；

(6) 民族文化的多样性。

## 四、教学内容

### 第一章　设计素描概述

**主要内容：**美术学和设计学关于素描的基本概念。

**对应知识点：**1. 素描的定义与功能；2. 素描的形态；3. 现代派艺术与设计素描；4. 当代设计与设计素描；5. 设计素描的学习方法；6. 素描工具准备和课程考核说明。

**对应技能点：**建立素描学习观念，工具条件和基本的形式语言。

**重难点：**绘画语境和设计语境下不同的素描表达方式。

**对应思政元素：**加强学生对中国传统文化的认同感和文化精髓的自信。

**实施手段：**画龙点睛式，欣赏国外素描绘画作品时，加入中国传统绘画作品，让同学们欣赏中国传统绘画中素描关系的应用，使学生的注意力不再局限于西方美学，还能发现东方美的元素。加强学生对中国传统文化的认同感和文化精髓的自信。通过具体分析，在教学中以专题的形式嵌入中国绘画设计的相关知识，更好地了解中国艺术家的作品和创作方法，形成文化认同。通过案例教学和课堂讨论，引导学生思考，激发学生热情。

### 第二章　空间与透视

**主要内容：**构图表达方式，不同的视觉效果，物体和局部空间的关系，物体、人物和室内空间的关系。

**对应知识点：**1. 形式与美感；2. 视觉空间；3. 透视的基本原理；4. 透视的基本规律；5. 透视图法应用。

**对应技能点：**透视的基本原理，多维的思想思考和表现空间关系，运用所学原理对实际物体和场景关系进行合理的透视表现。

**重难点：**形式美学理论，透视的原理、方法和表达：一点透视（平行透视）、两点透视（成角透视）、三点透视（倾斜透视）等透视表达形式。

**对应思政元素：**掌握事物的客观规律，学会观察分析和表达，锻炼学生的思维能力，鼓励学生敢于挑战自己，发现自己的亮点。

**实施手段：**采用画龙点睛式讲述透视基本原理，运用案例式、启发式“寓教于乐”的训练辩证思维，培养观察意识、整体意识，将自己的所思所想通过独特的创作表达出来。

### 第三章　微观表达

**主要内容：**微观形态的形体的表达与形体意识。

**对应知识点：**1. 微观形态的表达；2. “象”与“真”的误解；3. 初觉感与凹凸感；4. 自然微观形态的表达；5. 人工微观形态的表达。

**对应技能点：**构图，画面概念与画面空间对视觉的影响，形体意识在微观形态的应用。

**重难点：**以大观小（形体的观察与表达），画物体表达出初觉感和凹凸感。

**对应思政元素：**强调"工匠精神"优良传统美德，强化学生对工艺精益求精的精神内涵，培养学生追求卓越的品质。

**实施手段：**通过专题嵌入式，以中国传统建筑或传统家具的榫卯结构为主题，学习中国文化的思维方式和审美观点。点出"工匠精神"，对传承下来的传统文化进行赞叹，让学生产生内源性的学习动力，感知到精神品格。

**第四章 形体的抽象转化**

**主要内容：**形体的转化。

**对应的知识点：**1. 形体化；2. 形体转换；3. 形体化分析；4. 凹凸法的形体转化。

**对应技能点：**从客观物象中排除琐碎面，抽取共同本质的形体，强化形体意识，从具象思维走向抽象思维分析。

**重难点：**由被动组织画面到主动控制画面，从感性分析走向理性分析画面。

**对应思政元素：**创作灵感来源于生活，要善于发现自然与生活中的美。提升分析客观事物的能力，在客观事物存在的基础上勇于探索，舍末逐本，灵活运用，提升艺术表达能力。

**实施手段：**采用元素化合式，观察中国传统瓷器的形体，进行酒瓶和花瓶的形体转化，让学生体会中国传统瓷器之美的同时，强化形体意识，舍弃物像表面的、琐碎的东西，画出自己理解的形体，培养学生的创新意识。

**第五章 解构与重构思维**

**主要内容：**结构、结构与重构，立体主义，结构主义。

**对应的知识点：**1. 结构；2. 解构与重构是一种思维训练；3. 解构与重构是一种创造性训练；4. 立体主义；5. 结构主义。

**对应技能点：**在画面中组织画面，安排形体空间。

**重难点：**掌握解构与重构。

**对应思政元素：**研究设计审美与设计伦理的内在统一性，帮助学生树立正确的审美判断力，实现对设计审美应有的人本主义精神的情感认同。

**实施手段：**采用元素化合式，围绕立德树人的目标，通过比较20世纪西方结构主义、立体主义、解构主义等观念，讨论、讲解什么是设计应有的人本精神。引导学生思考为什么西方现代主义设计的人本精神最终变成了乌托邦式的幻想，作为设计终极指向的人本身如果被抽离了历史性、民族性以及个体生命特性，会将设计带向怎样的误区。在此基础上，帮助学生树立正确的审美判断力，实现对设计审美应有的人本主义精神的情感认同。

**第六章　材料的视觉语言**

**主要内容：** 画面质感与肌理，填充与装饰，材料的视觉意义。

**对应的知识点：** 1. 材料本身的视觉意义；2. 材料的形式与目的；3. 填充与装饰肌理的方式；4. 设计素描综合运用。

**对应技能点：** 在画面中运用不同的肌理。

**重难点：** 利用不同材料的肌理和质感进行填充与装饰。

**对应思政元素：** 鼓励学生加强对地域特点和民族元素的思考，让学生了解民族元素的多样性，感受中国民族文化的魅力。

**实施手段：** 采用专题嵌入式，按照固有的素描设计模式，合理地将传统戏曲脸谱等传统中国文化元素作为专题引入设计素描教学中，让学生感受文化的传统魅力，创作相关的作品。

## 五、学时分配

**表 1　课程学时分配表**

| 课 程 内 容 | 讲课 | 实践 | 上机 | 大作业 | 小计 |
|---|---|---|---|---|---|
| 第一章　设计素描概述 | 2 | 2 | | | 4 |
| 第二章　空间与透视 | 2 | 2 | | 4 | 8 |
| 第三章　微观表达 | 2 | 2 | | 4 | 8 |
| 第四章　形体的抽象转化 | 2 | 2 | | 4 | 8 |
| 第五章　解构与重构思维 | 2 | 2 | | 4 | 8 |
| 第六章　材料的视觉语言 | 2 | 6 | | 8 | 16 |
| 合　计 | 12 | 16 | | 24 | 52 |

## 六、教学方法与手段

**教学方法：** 任务教学法、项目教学法、案例教学法、情景教学法。

**教学手段：** 注重学生的设计思维开发，注重教学的连贯性、科学性。教学手段以示范法、练习法、辅导法、讨论法、与作业评议等现代多媒体手段相结合。

**表 2　课程思政教学实施方案**

| 单元名称 | 教学内容 | 课程思政要点 | 实施手段 |
|---|---|---|---|
| 第一章　设计素描概述 | 1.1　素描的定义与功能<br>1.2　素描的形态<br>1.3　现代派艺术与设计素描<br>1.4　当代设计与设计素描<br>1.5　设计素描的学习方法<br>1.6　素描工具准备和课程考核说明 | 强学生对中国传统文化的认同感和文化精髓的自信。 | 画龙点睛式<br>专题嵌入式<br>案例式<br>讨论式 |

（续表）

| 单元名称 | 教学内容 | 课程思政要点 | 实施手段 |
|---|---|---|---|
| 第二章　空间与透视 | 2.1　形式与美感<br>2.2　视觉空间<br>2.3　透视的基本原理<br>2.4　透视的基本规律<br>2.5　透视图法应用 | 掌握事物的客观规律，学会观察分析和表达，锻炼学生的思维能力，鼓励学生敢于挑战自己，发现自己的亮点。 | 画龙点睛式<br>案例式<br>互动式 |
| 第三章<br>微观表达 | 3.1　微观形态的表达<br>3.2　“象”与“真”的误解<br>3.3　初觉感与凹凸感<br>3.4　自然微观形态的表达<br>3.5　人工微观形态的表达 | 强调“工匠精神”优良传统美德，强化学生对工艺精益求精的精神内涵，培养学生追求卓越的品质。 | 专题嵌入式<br>案例式<br>探究式 |
| 第四章　形体的抽象转化 | 4.1　形体化<br>4.2　形体转换<br>4.3　形体化分析<br>4.4　凹凸法的形体转化 | 创作灵感来源于生活，要善于发现自然与生活中的美。提升分析客观事物的能力，在客观事物存在的基础上勇于探索，舍末逐本，灵活运用，提升艺术表达能力。 | 元素化合式<br>案例式<br>互动式 |
| 第五章　解构与重构思维 | 5.1　结构<br>5.2　解构构与重构是一种思维训练<br>5.3　解构与重构是一种创造性训练<br>5.4　立体主义<br>5.5　结构主义 | 研究设计审美与设计伦理的内在统一性，帮助学生树立正确的审美判断力，实现对设计审美应有的人本主义精神的情感认同。 | 元素化合式<br>案例式<br>讨论式 |
| 第六章　材料的视觉语言 | 6.1　材料本身的视觉意义<br>6.2　材料的形式与目的<br>6.3　填充与装饰肌理的方式<br>6.　设计素描综合运用 | 鼓励学生加强对地域特点和民族元素的思考，让学生了解民族元素的多样性，感受中国民族文化的魅力。 | 专题嵌入式<br>案例式<br>探究式 |

## 七、考核方式

**考核方式：**本课程为考查课，考核内容为专业课，重点考核学生的设计素描创作能力，过程考核与最终考核相结合，均采用完成作品的方式。

**成绩构成建议：**总成绩由实训成绩、考试成绩和考勤成绩组成，实训成绩计 60%，考试成绩占 30%，考勤 10%。

## 八、教材及主要参考资料

**1. 教材**

《设计素描》，权干发，王学，赵淑文 主编；蓝充，武小红，李培培编著，中国青年出版社，2016. 4.

**2. 参考资料**

《设计素描》，林家阳 编著，中国轻工业出版社，2016. 5.

# 《口述历史实务》课程教学大纲

| | |
|---|---|
| **适用专业：**影视艺术系 | **适用年级：**20 级影像档案技术 |
| **课程属性：**专业课 | **学 分 数：**4 |
| **课程性质：**必修 | **总学时数：**64 |
| **课程类型：**职业技能 | **讲课学时数：**32 |
| **考核类型：**考试 | **上机学时数：**8 |
| **先修课程：**专题片创作、电视纪录片 | **实验与实践学时数：**24 |

## 一、教学目标与基本要求

本课程是影像档案技术的专业必修课程，旨在培养该专业学生掌握口述访谈的基本技巧，以及相关人物或事物的影像档案记录等，是该专业的职业技能必修课程。

本课程通过学习口述历史的访谈技巧与记录方法，学习完成影像档案的搜集与制作等，是一门融合了历史学、传播学、广播电视艺术学的交叉课程，同时也是本专业的职业技能的特色课程。本课程通过对口述历史的基本理论和技巧的讲述，使学生全面了解口述历史纪录的工作流程，认识口述历史对于影像档案记录的重要意义；同时，通过口述历史与新闻采访与写作、非虚构写作与影视创作的异同、口述式纪录片与专题片的对比学习，从实践角度掌握口述历史的人物访谈技巧和影像记录方法，并能够应用于实践与创作。

本课程在教学实施环节，在教学内容的选取和编排上，对标“三寓三式”课程思政改革教学成果，采用“专题嵌入式”将党和国家的宏伟历史、企业的改革创新史、时代变迁史等融入知识传授的过程中，创新课程思政的教法和实现路径，激活课程德育元素，释放课程育人功能；在技能培养和专题实训中，采用“画龙点睛式”“元素化合式”在资料搜集、采访拍摄、后期编辑等多个技能点上，实现技能培养和价值引领的同频共振，通过互动、讨论、案例模仿等方式，实现专业知识与课程思政的元素化合。总体将德育元素融合在课程的讲授与实践中，做到寓道于教、寓德于教、寓教于乐，实现学生思想品德、文化素养和职业操守的同步提升。

## 二、与其他课程的关系

《口述历史实务》开设在第五学期，通过本课程的教学，帮助学生对前两年所学专业知识进行树立，强化影像档案的实务，并综合运用采访、记录、编辑等手法完成对某一选题的影像档案记录。强化对专业的认知，为实习与就业打好基础。

## 三、知识点、技能点及其层次要求

**1. 知识点**

(1) 口述历史的意义界定（多学科的交叉背景），口述历史的发展及现状；

(2) 口述历史和口述史料的重要性；

(3) 口述历史的记录手段和方法；

(4) 口述历史和新闻、纪录片的联系和区别；

(5) 口述历史采访与新闻采访、人物专访的联系与区别；

(6) 口述历史写作与非虚构写作的联系与区别；

(7) 口述历史的工作要点。

**2. 技能点**

(1) 掌握口述历史的工作流程；

(2) 掌握口述历史的记录方法；

(3) 学习对人物的采访与记录；

(4) 掌握口述历史短片的制作方法；

(5) 完成短片的创作与制作。

**3. 思政元素**

(1) 坚定理想信念，牢记初心使命；

(2) 任何事务的发展都有内在的规律，同样口述历史短片创作也具有内在的规律性，要用哲学的思维分析问题；

(3) 学习过程中，明确历史观、唯物观的辩证与统一，历史对于现在和未来的重要性；

(4) 创作手法要大胆，鼓励勇于尝试的探索精神；

(5) 精益求精，发扬“工匠”精神；

(6) 口述历史力求真实，在工作过程中务必保持实事求是的作风；

(7) 在制作和创作中，树立文化自信，记录小人物的生活，理解每个人都是历史的实践者。

## 四、教学内容

本课程着重讲述口述历史的基本理论、口述历史与新闻采访写作、非虚构写作与创意的异同，通过文字与影像的案例教学，最终要求学生掌握口述历史的记录技巧与工作流程，将其熟练应用于实际项目的运作，并能够在尊重事实的基础上进行有意义的主题创作实践。

### 第一章 口述历史概论

**主要内容：**口述历史的概念、发展与意义。

**对应知识点：**口述历史、口述历史史料、口述历史记录、影像档案。

**对应技能点：**口述历史的工作的意义和工作方法。

**重难点：**口述史料的意义，口述历史发展。

**对应思政元素：**强调影像对于记录历史的重要性，明确历史观、唯物观的辩证与统一，历史对于现在和未来的重要性。坚定理想信念，牢记初心使命。

**实施手段：**通过专题嵌入式，讲解口述历史的发展历程，嵌入历史观、唯物观的辩证与统一，强调历史对于社会发展的重要性，明确口述影像是记录历史的重要手段。通过专题的嵌入，培养学生职业道德和社会责任的意识。通过案例教学和专题讨论，引导学生主动思考，深化认识。

### 第二章 口述历史的工作流程与方法

**主要内容：**口述历史发展现状，经典的案例，工作的一般流程和方法。

**对应知识点：**工作的流程与方法。

**对应技能点：**了解和掌握工作方法。

**重难点：**口述历史的工作方法。

**对应思政元素：**任何事物的发展都有内在的规律，同样对于口述历史的记录工作也具有内在的规律性，学习用哲学的思维分析问题，用历史观的视角学习口述历史的工作方法和工作流程。

**实施手段：**通过讲述口述历史的发展现状，引导学生结合影视的专业背景，将新媒体手段与历史讲述进行元素化合，引导学生就“如何用新媒体手段更真实、有效的记录档案”进行创新思考。在讲述口述历史的工作流程中，采用经典案例和学生团队原创案例相结合，以“画龙点睛”培养学生的责任意识和创新意识。

### 第三章 口述历史专题研读 1

口述历史题材作品研读，交流谈论。

**主要内容：**本专题为案例研读，以小组为单位，选择文本类的口述历史作品进行研读，了解口述历史的文案部分的写作方法、采访、记录。要求各小组研读案例，分析特点，并做分享与交流。

**对应知识点：**口述历史的文案写作。

**对应技能点：**了解和掌握工作方法。

**重难点：**口述历史的文案写作的一般规律和方法。

**对应思政元素：**在案例选择上，以红色经典为主，研读党的历史、中华文明的历史、家乡的历史、非遗的历史等等进行研读，“润物细无声”式的完成思政的引导。

**实施手段：**在教师的引导下，由教师、学生共同完成案例的遴选，通过阅读和分析党的历史、中华文明的历史、家乡的历史、非遗的历史等等主题的口述历史文本作品，以“专题嵌入式”引导学生对口述历史工作的进一步理解。通过，运用“画龙点睛”的方式，强调学生对技能点的关注与掌握。

**第四章　口述历史与新闻采访**

**主要内容：**口述历史采访与新闻采访。

**对应知识点：**采访、写作、异同点。

**对应技能点：**了解和掌握口述采访和记录的方法。

**重难点：**口述历史纪录与新闻采写异同。

**对应思政元素：**深入理解口述历史的工作意义，明确实事求是是口述历史工作的基本原则，培养学生关注新闻、关注社会、关注时事、关注民生，在学习中不断提升格局、开阔眼界。

**实施手段：**通过案例学习、分析、思考新闻采访和口述采访的相同与不同，通过案例的“专题嵌入”教会学生思考，培养大局观。通过选题、采访，要求完成一次有主题意义的采访，引导学生在主题上选择红色主题，在实践中学习历史，寓道于教、寓德于教，培养学生的职业意识与责任意识。

**第五章　口述历史与人物访谈**

**主要内容：**人物访谈案例研究，人物访谈的要点。

**对应知识点：**人物采访。

**对应技能点：**人物访谈的要点。

**重难点：**做好选题工作，准备人物访谈活动。

**对应思政元素：**理解人在历史中的重要作用，每个人都是历史的见证者、记录者与实践者，培养学生的历史唯物观。

**实施手段：**采用专题嵌入的教学方式，通过遴选的关于“社会主义建设者”“改革开放的开拓者”“伟大且平凡的中国公民”等人物访谈案例，让学生体会人物在社会、历史发展中的关键作用，人物口述记录是社会历史的财富；通过案例分析讨论，引导学生结合历史与当下，适时进行画龙点睛的总结，培养学生的责任意识和职业自豪感。

**第六章　人物访谈实训**

自主选题或限定选题，完成人物口述访谈作业一份。

**主要内容：**自主选题或限定选题，完成人物口述访谈作业一份。

**对应知识点：**人物采访。

**对应技能点：**人物访谈的要点。

**重难点：**组织并完成一次人物访谈活动。

**对应思政元素：**通过采访活动，培养学生的综合能力，强调创新意识与工匠精神，加强学生的社会责任感和职业自豪感。

**实施手段：**通过指导学生通过小组实践，组织并完成一次人物访谈活动，运用“元素化合式”引导学生在实践准备、采访实践、资料整理等工作流程中将多方面的元素融入采访实践中，在具体的项目中提升认知，了解专业，加强团队合作精神。

**第七章　口述历史与非虚构创意写作**

**主要内容：**非虚构写作，创意写作的概念，以及与口述历史的关系。

**对应知识点：**非虚构写作，创意写作。

**对应技能点：**学习在口述记录中运用非虚构创意写作的方法。

**重难点：**对于非虚构写作的理解与运用。

**对应思政元素：**口述历史是历史的记录，力求真实，在工作过程中务必保持实事求是的作风，同时还应有大胆创新的精神。

**实施手段：**在讲解非虚构写作和创意写作在口述历史工作中的运用过程中，通过画龙点睛的总结，引导学生把求真务实、开拓创新辩证统一到工作实践中，坚守文化使命。同时结合案例，指导学生“元素化合式”的运用文学手法和艺术手段，培养学生的开拓精神和创新意识。

**第八章　口述历史专题研读 2**

口述历史题材影像作品研读，交流谈论。

**主要内容：**本专题为案例研读，以小组为单位，选择影像类的口述历史作品进行研读，了解口述历史的短片的制作方法。要求各小组研读案例，分析特点，并做分享与交流。

**对应知识点：**口述历史的短片策划与制作。

**对应技能点：**了解和掌握工作方法。

**重难点：**口述历史的短片创作的一般规律和方法。

**对应思政元素：**认识艰苦奋斗、实事求是的工作作风，在作品的研读中，培养学生继承优良传统、不断开拓创新的责任意识。

**实施手段：**在案例选择上，以红色经典为主，研读党的历史、中华文明的历史、家乡的历史、非遗的历史等等进行研读，“专题嵌入式”的完成思政的引导。同时，引导学生分析、思考、分享交流，通过“画龙点睛”引导学生抓主要矛盾，掌握要点。

**第九章　口述历史与纪录片（专题片）**

**主要内容：**口述纪录片研究。

**对应知识点：**口述历史纪录片的特点。

**对应技能点：**了解和掌握创作方法。

**重难点：**对口述历史纪录片的题材、体裁进行研读与研究。

**对应思政元素：**影视的历史就是从记录影像开始的，培养学生牢记文化使命的责任感和开拓创新的意识。

**实施手段：** 通过案例"专题嵌入式"的将责任意识、创新意识融入对于口述纪录片的理解，引导学生胸怀人民、情系家乡，在主题策划上，将多元素化合，立足当代大学生的视角，形成个人的影像表达风格，为综合实践做好准备。

**第十章　口述历史专题实践**

自主选题或限定选题完成口述微专题片或微纪录片一部（10 分钟左右）

**主要内容：** 完成主题短片创作。

**对应知识点：** 口述历史纪录片的相关概念。

**对应技能点：** 口述历史短片创作。

**重难点：** 选题、创作以及对作品的理解。

**对应思政元素：** 引导学生在综合实践过程中，实事求是、开拓创新，立足"小我"的实际，表达"大我"的情怀，培养学生科学严谨的工作态度和精益求精的工匠精神。

**实施手段：** 在指导学生策划、创作、记录、制作的过程中，通过"画龙点睛式"引导学生树立文化自信，记录小人物的生活，理解每个人都是历史的实践者。同时，通过小组合作培养团队精神和集体主义精神。

## 五、学时分配

**表 1　课程学时分配表**

| 课 程 内 容 | 讲课 | 现场教学 | 上机 | 大作业 | 小计 |
|---|---|---|---|---|---|
| 第一章　口述历史概论 | 4 | 0 | | | 4 |
| 第二章　口述历史的工作流程与方法 | 4 | 0 | | | 4 |
| 第三章　口述历史专题研读 1 | 4 | 2 | 2 | | 8 |
| 第四章　口述历史与新闻采访 | 4 | 0 | | | 4 |
| 第五章　口述历史与人物访谈 | 4 | 0 | | | 4 |
| 第六章　人物访谈实训 | 0 | 4 | 4 | | 8 |
| 第七章　口述历史与非虚构创意写作 | 4 | 4 | | | 8 |
| 第八章　口述历史专题研读 2 | 4 | 2 | 2 | | 8 |
| 第九章　口述历史与纪录片（专题片） | 4 | 0 | | | 4 |
| 第十章　口述历史专题实践 | 0 | 0 | | 12 | 12 |
| 合　计 | 32 | 12 | 8 | 12 | 64 |

## 六、教学方法与手段

**教学方法：** 任务教学法、项目教学法、案例教学法、启发创作。

**教学手段：**注重学生的设计思维开发，注重教学的连贯性、科学性。教学手段以示范法、练习法、辅导法、讨论法、与作业评议等现代多媒体手段相结合。

**表 2　课程思政教学实施方案**

| 单元名称 | 教学内容 | 课程思政点 | 实施手段 |
| --- | --- | --- | --- |
| 口述历史概论 | 1. 什么是口述历史<br>2. 口述历史的价值和功用<br>3. 口述历史的特点<br>4. 口述历史的发展<br>5. 本课程的学习方法 | 强调影像对于记录历史的重要性，明确历史观、唯物观的辩证与统一，历史对于现在和未来的重要性。坚定理想信念，牢记初心使命。 | 专题嵌入式<br>案例式<br>讨论式 |
| 口述历史的工作流程与方法 | 1. 口述历史的国内外发展现状<br>2. 国内外口述历史经典案例<br>3. 口述历史的一般工作流程<br>4. 口述历史的工作方法 | 任何事物的发展都有内在的规律，同样对于口述历史的记录工作也具有内在的规律性，学习用哲学的思维分析问题，用历史观的视角学习口述历史的工作方法和工作流程。 | 元素化合式<br>画龙点睛式<br>案例式<br>探究式 |
| 口述历史专题研读 1 | 口述历史题材作品研读，交流谈论。 | 在案例选择上，以红色经典为主，研读党的历史、中华文明的历史、家乡的历史、非遗的历史等等进行研读，“润物细无声”式的完成思政的引导。 | 专题嵌入式<br>画龙点睛式<br>案例式<br>讨论式 |
| 口述历史与新闻采访 | 1. 新闻采访技巧<br>2. 口述历史纪录与新闻采写异同<br>3. 口述采访的特点与要点 | 深入理解口述历史的工作意义，明确实事求是是口述历史工作的基本原则，培养学生关注新闻、关注社会、关注时事、关注民生，在学习中不断提升格局、开阔眼界。 | 专题嵌入式<br>案例式<br>讨论式<br>启发式 |
| 口述历史与人物访谈 | 1. 人物访谈技巧<br>2. 人物口述历史案例分析 | 理解人在历史中的重要作用，每个人都是历史的见证者、记录者与实践者，培养学生的历史唯物观。 | 专题嵌入式<br>画龙点睛式<br>案例式<br>讨论式 |
| 人物访谈实训 | 1. 人物访谈技巧<br>2. 人物口述历史案例分析 | 通过采访活动，培养学生的综合能力，强调创新意识与工匠精神，加强学生的社会责任感和职业自豪感。 | 元素化合式<br>启发式<br>探究式 |
| 口述历史与非虚构创意写作 | 1. 非虚构写作与创意写作<br>2. 非虚构创意写作的技巧<br>3. 口述历史非虚构写作案例分析<br>4. 口述历史与非虚构写作的关系 | 口述历史是历史的记录，力求真实，在工作过程中务必保持实事求是的作风，同时还应有大胆创新的精神。 | 元素化合式<br>画龙点睛式<br>案例式<br>探究式 |
| 口述历史专题研读 2 | 口述历史题材影像作品研读，交流谈论。 | 认识艰苦奋斗、实事求是的工作作风，在作品的研读中，培养学生继承优良传统、不断开拓创新的责任意识。 | 专题嵌入式<br>画龙点睛式<br>案例式<br>讨论式 |

（续表）

| 单元名称 | 教学内容 | 课程思政点 | 实施手段 |
|---|---|---|---|
| 口述历史与纪录片（专题片） | 1. 口述式纪录片的特点<br>2. 口述式纪录片的创作特点 | 影视的历史就是从记录影像开始的，培养学生牢记文化使命的责任感和开拓创新的意识。 | 专题嵌入式<br>元素化合式<br>案例式<br>讨论式 |
| 口述历史专题实践 | 自主选题或限定选题完成口述微专题片或微纪录片一部（10分钟左右） | 引导学生在综合实践过程中，实事求是、开拓创新，立足“小我”的实际，表达“大我”的情怀，培养学生科学严谨的工作态度和精益求精的工匠精神。 | 元素化合式<br>画龙点睛式<br>启发式<br>探究式 |

## 七、考核方式

**考核方式：**本课程为考试课，考核内容为专业课，重点考核对口述历史相关理论的理解和制作创作的掌握；过程考核与最终考核相结合，采用完成作业和开卷笔试相结合的方式。

**成绩构成建议：**总成绩由平时成绩、考试成绩和考勤成绩组成，平时成绩计40%，考试成绩占50%，考勤10%。

## 八、选用教材及主要参考书

**1. 教材**

自编教材

**2. 参考资料**

［1］［美］唐纳德·里奇，《大家来做口述历史（第三版）》，当代中国出版社. 2019. 1.

［2］林卉，康学萍，《口述历史在中国》，广西师范大学出版社 . 2018. 11.

［3］陈墨，《口述历史门径（实务手册）》，人民出版社 . 2013. 4.

# 《机械基础》课程教学大纲

**适用专业：**人工智能应用技术、机电一体化技术
**课程属性：**专业基础课
**课程性质：**必修课
**课程类型：**B
**考核类型：**考试课
**先修课程：**机械识图、工程制图
**适用年级：**20 级、21 级
**学 分 数：**2
**总学时数：**32
**讲课学时数：**20
**上机学时数：**0
**实验与实践学时数：**12

## 一、教学目标和基本要求

《机械基础》课程是我校近机类、非机类专业必须开设的一门重要的专业基础课，该课既包含理论知识，又有很强的实践性和实际应用，并配有实验实训项目。通过本课程的学习，学生应达到以下基本要求：

1. 掌握机械传动中各种常用机构和装置。
2. 掌握通用零部件的基本结构原理、特点和应用。

该课程在理论教学过程中，强调学生的能动性和专业知识结构的构建；在实验实训教学中，则充分调动学生的主体地位、主动性和协作性，注重企业岗位需求引导，激发学生通过协作发现实际生产的各种问题并加以解决，增强学生的主动意识、参与意识、创新意识和团队协作意识。

## 二、与其他课程的关系

《高等数学》《机械识图》《工程制图》

## 三、知识点、技能点、思政元素及其层次要求

**1. 知识点**

机械传动的特性、参数、类型；机械运动简图。
金属材料；非金属材料；热变形与热处理。
平面连杆机构、凸轮机构的运动原理和应用。
各种机械传动装置。

各种常用零部件；机械传动系统。

**2. 技能点**

分析机器的结构及各个部分的功能；计算机构自由度。

能结合识别材料牌号，判断材料的性能。

能识别机器中常用机构的类型；绘制凸轮轮廓曲线。

能对带传动进行张紧、观察齿轮特性和工作条件，判断齿轮失效形式及确定维护措施。

能进行常用零件安装和拆卸；计算定轴轮系传动比。

**3. 重难点**

机构的运动简图及自由度。

机械工程材料的选用。

凸轮机构。

齿轮传动、蜗杆传动。

定轴轮系传动比的计算及应用。

**4. 思政元素**

灵感来源于实践，锲而不舍、金石可镂。

细节决定成败，行为铸就品格，发扬“工匠”精神。

把握事情发展规律，做事要循序渐进。

整体与局部辩证关系，兼顾局部的同时，要树立整体意识和大局观念。

理论与实践并重，培养“理实一体化”人才。

## 四、教学内容

### 第一章　机械概论

**主要内容：**1.1 基本概念　1.2 机械传动的特性参数　1.3 机械传动类型　1.4 机构的运动简图及自由度。

**对应知识点：**机械传动的特性、参数、类型；机械运动简图。

**对应技能点：**分析机器的结构及各个部分的功能；计算机构自由度。

**重难点：**机构的运动简图及自由度。

**对应思政元素及实施手段：**首先说明通过本课程的学习之后，可以掌握的能力和对从事职业的辅助作用，全面调动同学们学习的积极性。课中采用“启发式”“案例式”教学方法，通过观看短视频“海德堡翻转机构”，加强对机器、机构等概念的认识。然后以大量课堂习题实例讲授平面机构自由度的计算。课后实验安排绘制指定的几种机器或机构模型的机构运动简图草稿，计算其机构的自由度，并将结果与实际机构的自由度相对照。实践出真知。

**第二章 工程材料**

**主要内容：** 2.1 金属材料的主要性能 2.2 钢的热处理 2.3 非金属材料 2.4 机械工程材料的选用。

**对应知识点：** 金属材料；非金属材料；热变形与热处理。

**对应技能点：** 能结合识别材料牌号，判断材料的性能。

**重难点：** 机械工程材料的选用。

**对应思政元素及实施手段：** 首先抛出“泰坦尼克号为什么会沉没?”的谜题，启迪学生细节决定成败，激发学生对工程材料学习的兴趣。课中采用“讨论式”“探究式”等教学方法，使学生了解材料的化学成分、组织结构与各种性能之间的关系及其变化规律，获得常用机械工程材料及其热处理工艺方法的知识和技能，从而发扬“工匠”精神，刻苦钻研如何在不同场合和条件下合理选择和应用机械工程材料，奠定从事生产第一线技术工作必要的基础。

**第三章 常用机构**

**主要内容：** 3.1 平面连杆机构 3.2 凸轮机构 3.3 螺旋机构 3.4 间歇运动机构。

**对应知识点：** 平面连杆机构、凸轮机构的运动原理和应用。

**对应技能点：** 能识别机器中常用机构的类型；绘制凸轮轮廓曲线。

**重难点：** 凸轮机构。

**对应思政元素及实施手段：** 首先在课堂教学中，通过观看各种机构的短视频引入机器中常用机构的类型、特点，提出类型的判别公式，命名方式等，提出思考题。然后进实验室，让学生们使用慧鱼模具中的机械零件，通过自由搭配来验证公式，并解答思考题，即可在理解的基础上记忆，达到“边玩边学”快乐教育的目的。最后让学生们从自主创意搭配的慧鱼模型入手，讨论主动件和从动件运动中的依附关系，引导学生自己理解反转法的意义。最后让学生们拿出作图工具和 A4 纸，跟着电子课件的演示，一起画出尖顶从动件的凸轮轮廓。由浅入深，循序渐进。

**第四章 机械传动装置**

**主要内容：** 4.1 带传动 4.2 链传动 4.3 齿轮传动 4.4 蜗杆传动。

**对应知识点：** 各种机械传动装置。

**对应技能点：** 能对带传动进行张紧、观察齿轮特性和工作条件，判断齿轮失效形式及确定维护措施。

**重难点：** 齿轮传动、蜗杆传动。

**对应思政元素及实施手段：** 首先在课堂教学中以“画龙点睛式”+“元素化合”的教学方式引入各种传动装置的优缺点。然后进实验室，让学生们使用慧鱼模具中的齿轮等机械零件，创意搭配出各种传动装置。在实践的过程中，帮助学生树立整体意识和大局观念，以“启发式”“互动式”的教学方式，帮助学生在不同场合和条件下选择最合适的传动装置。

**第五章　常用机械零件和机械传动系统**

**主要内容：**5.1 轴　5.2 轴承　5.3 机械传动系统　5.4 定轴轮系传动比的计算及应用。

**对应知识点：**各种常用零部件；机械传动系统。

**对应技能点：**能进行常用零件安装和拆卸；计算定轴轮系传动比。

**重难点：**定轴轮系传动比的计算及应用。

**对应思政元素及实施手段：**在课堂教学中，阐述性讲课配合图片和FLASH动画，让学生有直观了解。并通过生产实际中的举例，激发学生的能动性。然后进实验室，让学生们使用慧鱼模具中的圆柱齿轮、圆锥齿轮、蜗杆、蜗轮、轴等机械零件，进行常用零件的安装和拆卸。最后通过一定量的习题，让学生在通过自己动手操作后深刻理解的基础上记忆计算公式。真正做到“理实一体化”。

## 五、学时分配

**表1　课程学时分配表**

| 教学内容 | 讲课 | 上机 | 实验 | 实践 | 小计 |
|---|---|---|---|---|---|
| 第一章　机械概论 | 4 | | | | |
| 第二章　工程材料 | 4 | | | | |
| 第三章　常用机构 | 4 | | 4 | | 8 |
| 第四章　机械传动装置 | 4 | | 4 | | 8 |
| 第五章　常用机械零件和机械传动系统 | 4 | | 4 | | 8 |
| 合　计 | 20 | | 12 | | 32 |

## 六、教学方法与手段

**教学方法：**针对课程特点，采用“画龙点睛式”“嵌入式”“启发式”“讨论式”“互动式”“探究式”“元素化合式”和“案例式”等多种教学方式，调动学生学习积极性，促进学生学习能力发展。特别是多样化教学最能激发学生的学习主动性，满足现代学生的学习需求。

**表2　课程思政教学实施**

| 单元名称 | 教学内容 | 课程思政要点 | 实施手段 |
|---|---|---|---|
| 机械概论 | 会分析机器的结构及各个部分的功能 | 灵感来源于实践，锲而不舍、金石可镂 | 嵌入式<br>元素化合式<br>讨论式 |

(续表)

| 单元名称 | 教学内容 | 课程思政要点 | 实施手段 |
|---|---|---|---|
| 工程材料 | 能结合识别材料牌号，判断材料的性能 | 细节决定成败，行为铸就品格，发扬“工匠”精神 | 元素化合式<br>案例式<br>互动式 |
| 常用机构 | 能识别机器中常用机构的类型 | 把握事情发展规律，做事要循序渐进 | 画龙点睛式<br>探究式<br>启发式 |
| 机械传动 | 能对常用带传动进行张紧、观察齿轮的特性和工作条件，判断齿轮的失效形式及确定维护措施 | 整体与局部辩证关系，兼顾局部的同时，要树立整体意识和大局观念 | 嵌入式<br>互动式<br>探究式 |
| 机械零件 | 能进行常用零件安装和拆卸 | 理论与实践并重，培养“理实一体化”人才 | 元素化合式<br>案例式<br>启发式 |

**教学手段：**本课程采用德国慧鱼创意组合模型（fischertechnik）为辅助教具，该教具是技术含量很高的工程技术类智趣拼装模型。主要材料为优质尼龙塑胶，辅件为不锈钢、铝合金。特点是工业燕尾槽机构，六面皆可拼接，反复拆装，无限扩充。常用的机械元件有齿轮、连杆、链条、履带、齿轮（齿轴、齿条、涡轮、涡杆、凸轮、弹簧、曲轴、万向节、差速器、轮齿箱、铰链等。例如，在讲授常用机构时，首先在教室的课堂上结合工程实例提出连杆机构杆长与运动特性（机构形式、死点、急回特性）的关系，然后去慧鱼实验室给学生模具，出一些小型具有趣味性和实用性的设计题目，由学生自己用慧鱼模具中的连杆搭建出来。以此引导学生积极思考，激发学生的创造性。将慧鱼组合模型引入机械课程教学，充分利用慧鱼组合模型的实践性强、知识面广和创新性高等特点，来弥补传统教学中的不足，从而让学生“在玩中学、在学中做、在做中学”。

## 七、考核方式

**考核方式：**平时考勤作业 + 实验 + 期中测验 + 期末笔试。

**成绩构成建议：**本课程实践比重大，对后续课程有很大的指导性。鉴于平时学习过程的重要性，所以考核由学习态度 20%（考勤、课后作业、课堂纪律、课堂问答等）；实验成绩 30%（平时成绩、期末成绩）；笔试成绩 50%（期末笔试、阶段性小测验）三大部分组成。建立开放式、全过程性的考核体系，充分调动学生自主学习课程的积极性，全面掌握学生的学习动态。

## 八、教材及主要参考资料

**1. 教材**

刘跃南主编.《机械基础》(第四版). 北京：高等教育出版社，2015. 2.

**2. 参考资料**

（1）刘跃南主编.《机械基础》（第二版）. 北京：高等教育出版社，2005.

（2）李铁成主编.《机械工程基础》（第三版）. 北京：高等教育出版社，2012.

（3）李秀珍主编. 《机械设计基础》（少学时）（第四版）. 北京：机械工业出版社 . 2005.

# 《智能网络综合布线技术》课程教学大纲

**适用专业：**物联网应用技术　　**适用年级：**2年级
**课程属性：**工科　　**学 分 数：**2
**课程性质：**专业必修课　　**总学时数：**32
**课程类型：**理论+实践课（B类）　　**讲课学时数：**16
**考核类型：**考察　　**上机学时数：**0
**先修课程：**电工电子基础等　　**实验与实践学时数：**16

## 一、教学目标基本要求

为深入贯彻习近平总书记在全国高校思想政治工作会议上的重要讲话精神和上海市教育委员会《关于推进上海高校课程思政教育教学改革试点工作的通知》（沪教委德〔2017〕11号）精神，本课程坚持把立德树人作为中心环节，将思想政治教育融入课程教学中，使学生树立世界眼光，培养国际意识、创新精神和工匠精神，提高人文素养，让学生成为德才兼备、全面发展的人才。

《智能网络综合布线技术》是一门涉及面广、专业知识复杂、专业性较强的系统工程。本课程是物联网应用技术专业必修的专业技能课程。本课程的主要任务是以综合布线系统的国际标准和国家标准为依据，从综合布线工程技术的基本概念出发，阐述综合布线工程的设计技术、施工技术、施工工程管理技术、网络测试技术、工程验收和管理维护等内容，围绕工程实践中的具体案例进行分析，指导学生从事网络工程建设的各个阶段工作，突出学生网络布线工程设计和工程施工等实践能力的培养，为网络工程建设提供一套完整的知识，锻炼学生在网络工程建设的各个环境的动手能力。实现“知识传授与价值引领相结合”的课程目标，把课程中隐含的爱国主义、工匠精神、创新精神、职业素养、文化修养等育人元素，通过润物无声的形式融入教学各个环节，实现全程育人、全方位育。

## 二、与其他课程的关系

从专业教学目标的关系看，本课程在专业教学中占有十分重要的地位，为核心课程；从内容上看，《计算机网络》《微机原理及应用》《印刷工艺原理》《计算机控制技术》为智能网络综合布线的前修课程。

## 三、知识点、技能点、思政元素及其层次要求

**1. 知识点**

（1）智能网络综合布线系统的基本概念、智能网络综合布线系统网络数据传输介质和网络互联设备；

（2）智能网络综合布线的相关标准；

（3）智能网络综合布线系统设计方式及常规、安装规范和技术；

（4）智能网络综合布线从设计到施工安装到测试验收的工作流程；

（5）设计智能网络综合布线系统。

**2. 技能点**

（1）掌握智能综合布线技术的发展历史；

（2）掌握智能综合布线技术规范；

（3）掌握智能综合布线的设计方法；

（4）掌握智能综合布线技术的施工技术要素；

（5）掌握智能综合布线技术的工程管理技术要素；

（6）掌握智能综合布线技术的测试验收技术要素；

（7）掌握中等复杂程度的某建筑的综合布线设计。

**3. 思政元素**

（1）增强学生的爱国情怀、科技报国的责任感和使命感；

（2）引导学生树立社会主义核心价值观的育人目标；

（3）理论联系实际；

（4）培养学生的爱岗敬业，优秀的职业素养；

（5）培养勤于实践、安全生产、大国工匠精神；

（6）培养学生的合作意识和团队精神；

（7）细节决定成败，行为铸就品格。

## 四、教学内容

### 第一章　认识综合布线

**主要内容：**网络综合布线的起源与发展、核心技术、主要特点、发展趋势、应用前景。了解智能建筑的概念，智能网络综合布线系统的基本概念，智能网络综合布线系统的设计等级，智能网络综合布线系统的标准及施工要点。

**对应知识点：**智能建筑的概念、综合布线系统的基本概念、综合布线系统的设计等级及综合布线的标准及施工要点。

**对应技能点：**掌握综合布线系统的基本概念，掌握综合布线系统的设计等级，掌握综

合布线的标准及施工要点。

**重难点：**智能网络综合布线的核心技术、发展趋势、应用前景。

**对应思政元素：**强调智能网络综合布线技术的发展历程，强化爱专业、爱校、爱国，从而立志奋发图强、不断开拓创新，高度的责任感和使命感。

**实施手段：**通过专题嵌入式，智能网络综合布线技术的发展历程，引出综合布线技术发展的好前景和综合布线技术未来的技术发展趋势，使学生以专业为荣，从而爱专业、爱校、爱国，从而立志奋发图强、不断开拓创新，助力我国智能网络综合布线技术不断发展的责任感和使命感。

**第二章　认识综合布线使用线缆**

**主要内容：**介绍双绞线的种类与型号，双绞线的电气特性参数，超五类布线系统，六类布线系统和七类布线系统。

**对应知识点：**双绞线的概念、种类与型号，双绞线的电气特性参数，合理选择双绞线类型。

**对应技能点：**掌握双绞线的基本概念，掌握综合布线系统的设计等级，掌握超五类布线系统，了解六类布线系统和七类布线系统。

**重难点：**正确选择双绞线。

**对应思政元素：**增强理论联系实际意识、不断创新的精神。

**实施手段：**通过案例介绍双绞线的基本知识，引导学生在工程应用中，学会如何正确选择综合布线线缆，将理论与实际的关系-理论指导实践，实践反哺理论融入课堂教学，同时鼓励学生要不断开拓创新。

**第三章　认识综合布线功能工程使用器材和布线工具**

**主要内容：**介绍管槽系统器材的种类和使用场合、管槽系统器材、管槽系统器材的及其配件，正确认识线缆敷设工具。

**对应知识点：**管槽系统器材的种类和使用场合，管槽系统器材、管槽系统器材的及其配件；认识线缆敷设工具。

**对应技能点：**熟悉管槽系统安装工具，学习其使用方法管槽系统安装。

**重难点：**各种安装工具的使用。

**对应思政元素：**在实践中强化学生的职业素养，培养学生安全生产的意识、工匠精神和爱岗敬业的工作态度。

**实施手段：**采用画龙点睛的方法，介绍线槽安装实践操作，突出强调职业素养和安全生产的重要性，培养学生树立安全生产的意识，自觉遵守安全生产规则，同时将爱岗敬业、职业素养等理念传达给学生。

**第四章　综合布线系统设计**

**主要内容：**主要目标是根据用户的需求，完成智能网络综合布线工程的整体设计和各个子系统的设计，完成智能网络综合布线工程的电源系统、电气防护系统和接地系统设计，同时了解相关软件的使用和计算机辅助设计方法。

**对应知识点：**智能网络综合布线系统的整体设计和各个子系统的设计，智能网络综合布线系统工程的电源系统、电气防护系统和接地系统设计，相关软件的使用和计算机辅助设计方法。

**对应技能点：**完成智能网络综合布线系统的整体设计和各个子系统的设计，完成智能网络综合布线工程的电源系统、电气防护系统和接地系统设计；了解并掌握相关软件的使用。

**重难点：**各个子系统的设计和整体设计。

**对应思政元素：**培养学生处理好整体和局部的关系，学会辩证思维。

**实施手段：**采用元素化合式的教学方法，介绍智能网络综合布线整体设计和各子系统设计，将整体和局部的辩证关系融入知识点与重难点中，培养学生要有全局思想，又能学会处理好局部，学会辩证思维解决实际问题。

**第五章　综合案例**

**主要内容：**完成学校教学楼的改造、完成某商场的综合布线系统设计、完成超市的综合布线系统设计等。

**对应知识点：**综合布线工程的整体设计。

**对应技能点：**网络工程建设的相关知识，掌握网络工程建设的设计、施工及测试的相关技术；了解并掌握相关软件的使用。

**重难点：**各种综合布线典型案例。

**对应思政元素：**增强团队协作意识和科技报国、创新精神。

**实施手段：**采用画龙点睛的方法，介绍各种典型的智能网络综合布线典型案例，通过专题潜入式的总结，培养学生能够设计各种类型的智能网络综合布线系统，将协同合作、科技报国、创新精神等融入知识点与重难点中传达给学生，激发学生把不断推进我国智能网络综合布线的发展成为使命担当。

## 五、学时分配

**表 1　课程学时分配表**

| 课 程 内 容 | 讲课 | 现场教学 | 上机 | 大作业 | 小计 |
|---|---|---|---|---|---|
| 认识综合布线 | 2 | | | | |
| 认识综合布线使用线缆 | 4 | | | | |
| 认识综合布线功能工程使用器材和布线工具 | 4 | | | | |
| 综合布线系统设计 | 14 | | | | |

（续表）

| 课程内容 | 讲课 | 现场教学 | 上机 | 大作业 | 小计 |
|---|---|---|---|---|---|
| 综合案例 | 4 | | | | |
| 机动、答疑 | 2 | | | | |
| 考试 | 2 | | | | |
| 合计 | 32 | | | | 32 |

## 六、教学方法与手段

本课程是专业基础课程，利用现代化技术手段在课程方案设计和课程建设中，采用我校首创并获全国教学成果二等奖的课程思政“三寓三式”（寓道于教、寓德于教、寓教于乐；画龙点睛式、专题嵌入式、元素化合式），以及快乐教学“五化五式”（情景化、形象化、故事化、游戏化、幽默化；启发式、互动式、讨论式、探究式、案例式）等教学方法，开展课程思政的教学。课堂讲解时循循善诱、层层剥笋，遵循课程规律，充分调动课堂氛围，引导学生积极主动的思考，从而激发学生的学习兴趣，使思想教育工作更具活力和更接地气，提高“课程思政”的育人水平。

**表 2 课程思政教学实施方案**

| 单元名称 | 教学内容 | 课程思政要点 | 实施手段 |
|---|---|---|---|
| 认识综合布线 | 网络综合布线的起源与发展、核心技术、主要特点、发展趋势、应用前景。综合布线系统的基本概念、综合布线系统的设计等级相关标准及施工要点。 | 强调智能网络综合布线技术的发展历程，强化爱专业、爱校、爱国，从而立志奋发图强、不断开拓创新，高度的责任感和使命感。 | 专题嵌入式<br>讨论式<br>案例式<br>情景化 |
| 认识综合布线使用线缆 | 双绞线的种类与型号、电气特性参数等。 | 培养学生正确选择综合布线线缆，引导学生理论联系实际、勤于思考，不断开拓创新。 | 元素化合式<br>案例式<br>互动式<br>游戏化 |
| 认识综合布线功能工程使用器材和布线工具 | 管槽系统器材的种类和使用场合，管槽系统器材及其配件，正确认识线缆敷设工具。 | 在实践中强化学生的职业素养，培养学生安全生产的意识、工匠精神和爱岗敬业的工作态度。 | 画龙点睛式<br>启发式<br>探究式 |
| 综合布线系统设计 | 主要目标是根据用户的需求，完成综合布线工程的整体设计和各个子系统的设计，完成综合布线工程的电源系统、电气防护系统和接地系统设计，同时了解相关软件的使用和计算机辅助设计方法。 | 认识整体和局部的关系的重要性，培养学生徐汇辩证思维解决实际问题。 | 元素化合式<br>案例式<br>讨论式 |

（续表）

| 单元名称 | 教学内容 | 课程思政要点 | 实施手段 |
|---|---|---|---|
| 综合案例 | 完成学校教学楼、某商场的综合布线系统设计以及超市的综合布线系统设计等。 | 通过专题潜入式的总结，培养学生掌握各种类型的综合布线系统的设计，增强学生团队协作、科技报国、创新精神，激发学生把不断推进智能网络综合布线的技术发展成为使命担当。 | 画龙点睛式专题嵌入式<br>讨论式 |

## 七、考核方式

1. 本课程采用开卷考试的方法进行考核。

2. 应注重学生在实践中分析问题、解决问题能力的考核，对在学习和应用上有创新的学生应予特别鼓励，全面综合评价学生能力。

3. 结合课堂考勤、提问、学生作业、分组讨论表现及期末考查情况，综合评价学生的成绩。

4. 课程总评成绩 = 平时成绩 25% + 思政考核 5% + 综合成绩 70%。

**表 3　思政考核评分表**

| 评价项目 | 分值 | 评分标准 | 学生自评（15%） | 学生互评（25%） | 教师评价（60%） | 得分 |
|---|---|---|---|---|---|---|
| 学习态度 | 25 | 虚心好学，勤奋努力，认真完成学习任务。 | | | | |
| 岗位素养 | 20 | 有良好的岗位职业道德和敬业精神，遵纪守规，严谨细致，诚实守信。 | | | | |
| 沟通能力 | 5 | 能根据不同的沟通对象和环境采取不同的沟通方式，达到沟通目的。 | | | | |
| 任务完成能力 | 10 | 工作积极主动，踏实肯干，独立思考，认真完成各项学习任务。 | | | | |
| 协作能力 | 5 | 能正确处理好个人与集体的关系，有团队合作精神。 | | | | |
| 工匠精神 | 30 | 专注产品细节和质量要求，加工过程规范，产品质量好。 | | | | |
| 创新意识 | 5 | 善于总结求新，能提出有建设性的意见或建议。 | | | | |

## 八、教材及主要参考资料

**1. 教材**

李元元. 综合布线技术. 机械工业出版社 . 2020. 1.

**2. 参考资料**

杜思深. 综合布线（第 2 版）. 清华大学出版社 . 2010. 07.

黎连业. 网络综合布线系统与施工技术（第 4 版）. 机械工业出版社 . 2011.

王公儒. 网络综合布线系统工程技术实训教程（第 3 版）. 机械工业出版社 . 2018. 03.

# 《Web应用程序开发》课程教学大纲

**适用专业：**大数据技术专业　　**适用年级：**二年级
**课程属性：**专业基础课　　**学 分 数：**2
**课程性质：**必修课　　**总学时数：**32
**课程类型：**专业课　　**讲课学时数：**18
**考核类型：**考试　　**上机学时数：**8
**先修课程：**Java程序设计　　**实验与实践学时数：**6

## 一、教学目标和基本要求

《Web应用程序开发》是面向计算机相关专业的一门专业课，是在学习计算机技术、Java程序设计等课程，在具备了计算机应用、程序编写能力的基础上，开设的一门专业核心课程。

涉及Android基础知识、UI界面、数据存储、SQLite数据库、四大组件、网络编程、高级编程等。通过本课程的学习，学生能够掌握Android基础知识，学会编写简单的应用程序。基本能够运用Android的应用开发技术，解决一些简单的问题、进行简单程序设计，逐步能够灵活运用多种控件及其布局方法，准确把握图形、背景的使用、事件的监听方法以及分支语句、多分支语句在程序中的运用，进一步掌握APP开发的流程，达到能够独立完成移动应用开发的任务的目标。

本课程通过整合教材内容，从整体上提炼知识体系、脉络结构和各部分之间的联系，把握课程整体目标和阶段目标。在正确理解教材、合理使用教材的基础上，设计实用、新颖、知识覆盖全面的课堂教学任务。应用生活中常见的手机App案例作为任务驱动，即能引起学生的共鸣，又能降低学生对重难点知识的理解难度，消除对程序设计的恐惧心理。

## 二、与其他课程的关系

对前期Java课程的延续和应用，为后续的物联网系统、智能系统的开发奠定基础。

## 三、知识点、技能点及其层次要求

### 1. 知识点

了解Android平台的基本架构；

掌握 Android 开发环境的搭建；

掌握基本 Android 应用程序开发、调试、发布流程；

掌握 Android 应用程序项目的基本框架；

掌握 Activity、Service、ContentProvider、BroadcastReceiver 等组件的使用；

掌握常见 UI Widgets 的使用方法；

掌握 Android 平台数据存储的设计；

掌握 Android 平台异步任务的设计；

掌握 Android 平台网络服务与数据解析的设计；

掌握 Android 应用程序项目的测试技术。

**2. 技能点**

能设计和调用应用程序项目资源；

能查阅相关手册及资料；

对已有知识的应用和拓展能力；

能正确使用 Widgets 组件设计应用程序；

能重构 Android 源程序，实现个性化设计；

能对 Android 项目建立测试框架；

能结合市场定制发布，并实现国际化。

**3. 思政元素**

本次课的思政目标侧重于价值观层面，注重学生社会主义核心价值观的引领，激发学生家国情怀，坚定理想信念；培育学生的科学精神、工匠精神、探究意识等，同时进行真善美的教育。

核心价值观—爱国：热爱社会主义祖国，胸怀祖国，道理自信、理论自信、文化自信、制度自信，看齐意识；

核心价值观—敬业：热爱劳动，热爱工作，热爱岗位，精益求精，职业道德；

核心价值观—诚信：守信、说老实话，办老实事，做老实人；

核心价值观—友善：包容、团结、协作、尊重，和气、宽厚；

核心价值观—文明：公序良俗，社会风尚等；

核心价值观—平等：权利平等，公平正义机会平等；

中国传统文化：实事求是，求同存异，形神兼备等。

**4. 培养学生的以下能力：**

沟通能力、团队合作及协调能力；

良好的编程习惯；

掌握系统设计方法，培养严谨工作态度；

自我展示能力和语言表达能力；

强烈的责任意识和分析和解决问题的能力；

培养科学的创造能力和创新精神；

获得适应未来岗位转变的迁移能力；

从事某一岗位可持续发展的能力。

## 四、教学内容

### 第一章 Android基础入门

**主要内容：**Android是Google公司基于Linux平台开发的手机及平板电脑的操作系统。自问世以来，受到了前所未有的关注，并成为移动平台最受欢迎的操作系统之一。本章将针对Android的基础知识进行详细讲解。

**重难点：**掌握Android开发平台搭建和简单的程序调试以及Android应用程序项目的基本框架。

**对应知识点：**1. 要求学生了解通信技术，其中包括1G、2G、3G、4G、5G技术；2. 要求学生掌握Android开发环境的搭建及使用Android Studio开发工具；3. 要求学生掌握Android程序的开发，并动手开发HelloWorld程序；4. 要求学生掌握Android程序中资源的管理与使用以及程序的调试。

**对应技能点：**初步掌握Android Studio工具、模拟器的创建、SDK的下载、Android程序结构、Android程序中资源的管理与使用、程序的调试。

**对应思政元素：爱国情怀：**通过华为开发的鸿蒙系统的历程，引导学生热爱社会主义，祖国，胸怀祖国，从而明白科技兴国。

**实施手段：(案例式+画龙点睛式)** 了解Android起源与发展，Android与iOS以及HarmonyOS区别，引入华为智能手机自主品牌，以及自主研发的鸿蒙（HarmonyOS）操作系统。从华为名称可以引入企业名称“华为”是中华有为，“大唐”包含着对中国重回大唐盛世的殷切期盼；“中兴”则为中国复兴、中国兴旺、兴起；“普天”意指普天同庆、天下大同。无不反映出这些国产企业及企业人的家国情情。向学生传达自主研发、国产品牌、科技强国的理念。这些案例的导入，以画龙点睛的方式提升同学们的爱国情怀。

### 第二章 界面设计

**主要内容：**Axure的可视化工作环境可以以鼠标的方式创建带有注释的线框图。不用进行编程，就可以在线框图上定义简单连接和高级交互。在线框图的基础上，可以自动生成HTML（标准通用标记语言下的一个应用）原型和Word格式的规格。

**重难点：**1. 独立完成广告轮播图的制作以及交互事件的添加；2. 独立完成课程列表的制作以及交互事件的添加。

**对应知识点：**1. 熟练掌握Axure的使用、移动设备元件库的使用、母版的使用以及背景图片的宽高计算；2. 学会标题栏、广告栏、标题栏、视频列表、课程列表等界面的制作；3. 学会欢迎界面、课程列表、视频列表的交互事件。

**对应技能点：**学生熟练掌握界面的制作，掌握交互事件的添加。

**对应思政元素：优秀文化：**本章节融入课程思政内容以中国优秀界面设计为导向，引导学生对优秀传统文化、地域文化有深层次的中国文化内涵和其中的思想观念、价值观点和道德规范的认知，以增强学生的国家认同感和自信。

**实施手段：(探究式＋专题嵌入式)：**本次案例设计中，要求在同学既定开发的购物、影视、小说、宠物等 APP 中，融入中国元素，把中国化的元素很好地结合到自己所开发的作品中，引导学生在素材收集和设计中，更加了解中国优秀文化，从而以专题的方式带领学生关注中国文化，增强文化自信。

**第三章　Android 常见界面布局**

**主要内容：**Android 程序开发最重要的一个环节就是界面处理，界面的美观度直接影响用户的第一印象，因此，开发一个整齐、美观的界面是至关重要的。为了让界面上的控件排列的更美观与整齐，Android 系统提供了相应的布局进行管理，本章将针对 Android 界面中常见的布局进行详细讲解。

**重难点：**如何设计出架构合理，布局优美的界面。

**对应知识点：**1. 掌握如何在 XML 文件与 Java 代码中编写布局；2. 掌握布局的通用属性的使用；3. 掌握常见布局的使用，其中约束布局 ConstraintLayout 了解即可。

**对应技能点：**1. 要求学生掌握如何在 XML 文件中和 Java 代码中编写布局；2. 要求学生掌握布局的通用属性与常见布局，会搭建常见布局。

**对应思政元素：敬业精神：**工匠精神、精益求精、与人协作能力。工匠精神是一种职业精神，是职业道德、职业能力、职业品质的体现，是从业者的一种职业价值取向和行为表现。

**实施手段：(启发式＋元素化合式)：**在讲解布局的时候，要引导学生多方面的尝试和思索，每个布局都有各自的特点和适用范围，这是一个 APP 开发的基础，所以启发他们发挥工匠精神，打牢基础，开发上精益求精。

**第四章　Android 常见界面控件**

**主要内容：**每一个 Android 应用都是通过界面控件与用户交互的，Android 提供了非常丰富的界面控件，借助这些控件，我们可以很方便地进行用户界面开发。本章将针对 Android 常见的界面控件进行讲解。

**重难点：**ListView 控件、RecyclerView 控件、自定义控件；

**对应知识点：**1. 要求学生掌握常用控件的使用，能够搭建简单的界面；2. 要求学生掌握 AlertDialog 对话框的使用，可以设置不同类型对话框；3. 要求学生掌握 ListView 与 RecyclerView 控件的使用，会搭建列表界面；4. 要求学生了解自定义控件，可以自定义一个简单的控件。

**对应技能点：**通过能查阅相关手册及资料，实现 Android 开发平台搭建和小型移动应用项目界面设计。

**对应思政元素：中国文化的独特性：**中国文化博大精深，无论选取哪方面的内容进行开发，都会找到我们特有的文化特色，以“我和我的祖国”的专题形式，和学生互动探讨开发内容。

**实施手段：（互动式 + 专题嵌入式）：**设计案例中选取的都是具有中国特色文化的案例——中国美食、中国景色、中国人物、中国历史、中国电影、中国音乐、中国名著、丝绸之路、一带一路、中国航天等具有中国特色的内容，使得同学在设计的时候，边查找资料，更深入地了解中国的文化，从而产生极大的文化自信，一边引导学生使用自己的技术展示中国文化，深入理解技术强国的理念。

**第五章　程序活动单元 Activity**

**主要内容：**在现实生活中，经常会使用手机进行打电话、发短信、玩游戏等，这就需要与手机界面进行交互。在 Android 系统中，用户与程序的交互是通过 Activity 完成的，Activity 负责管理 Android 应用程序的用户界面。本章将针对 Activity 的相关知识进行详细讲解。

**重难点：**数据传递、回传数据

**对应知识点：**1. 要求学生了解 Activity 生命周期状态，会使用 Activity 生命周期方法；2. 要求学生掌握创建、配置、开启和关闭，学会使用 Activity；3. 要求学生掌握 Intent 与 IntentFilter 使用，学会使用 Intent 进行数据传递；4. 要求学生了解 Activity 中的任务栈，掌握 Activity 的四种启动模式；5. 要求学生掌握 Fragment 的创建与生命周期，可以使用 Fragment 做一些简单的功能。

**对应技能点：**Activity 的生命周期、Activity 四种启动模式、数据传递、回传数据。

**对应思政元素：生命与价值：**直面生命的发育、成长、发展和人的生死等问题，让学生尊重生命、理解生命的意义，由此学会感恩和分享，获得心灵的和谐、事业的成功，从而实现自我生命的最大价值。尤其是当下的疫情阶段，更要懂得生命的价值和意义。

**实施手段：（讨论式 + 元素化合式）：**Activity 生命周期状态的状态就如同人的生命周期，在 APP 中的管理过程中，要求可以接受新的任务栈，启发和同学探讨，人生的生命周期又是怎样的，怎样才能最大化地实现生命的价值，什么样的人生才是最有意义的人生。

**第六章　数据存储**

**主要内容：**Android 中的数据存储方式有五种，分别是文件存储、SharedPreferences、SQLite 数据库、ContentProvider 以及网络存储。由于 ContentProvider 与网络存储会在后续章节中讲解，因此本章将重点针对文件存储、SharedPreferences、SQLite 数据库进行讲解。

**重难点：** 文件存储、SQLite 数据库存储数据。

**对应知识点：** 1. 要求学生掌握五种数据存储方式的特点；2. 要求学生学会使用文件存储、SharedPreferences 存储数据；3. 要求学生会使用 SQLite 数据库存储数据。

**对应技能点：** 学会和掌握 Android 的文件存储、SharedPreference 存储、SQLite 数据库存储数据。

**对应思政元素：守法诚信：** 通过数据存储的学习，让学生认识到数据安全与网络安全、国家安全息息相关，引导学生树立正确的技能观念，努力提高自己的职业技能和职业素养，为人民造福。利用计算机获取、处理信息时，注意个人的信息安全，不要随便泄露自己的重要数据。绝不能利用自己的技能去做违法犯罪之事。

**实施手段：（启发式 + 案例式）：** 在讲解数据库存储的案例时候，引入阿里云、淘宝、滴滴、领英等数据泄露的案例，引导同学们意识到数据存储的安全性，以及在职场中要诚信守法，守住自己的职业底线和道德。

## 五、学时分配

**表 1　课程学时分配表**

| 教 学 内 容 | 讲课 | 现场教学 | 上机 | 大作业 | 小计 |
|---|---|---|---|---|---|
| 第 1 章　Android 基础入门 | 2 | | 1 | | |
| 第 2 章　界面设计 | 2 | | 1 | | |
| 第 3 章　Android 常见界面布局 | 4 | | 1 | 2 | |
| 第 4 章　Android 常见界面控件 | 6 | | 2 | 2 | |
| 第 5 章　程序活动单元 Activity | 2 | | 1 | | |
| 第 6 章　数据存储 | 4 | | 2 | 2 | |
| 合　计 | 18 | | 8 | 6 | |

## 六、教学方法与手段

**教学方法：**

1. 讲授教学法：讲授本课程需要基本知识内容，系统全面打好 Android 移动应用开发的基础知识。

2. 任务驱动教学法：布置任务驱动学生查阅“移动开发”的应用前景，激发学生的学习兴趣，了解该行业需要什么样的设计人才，激发学习热情；同时，引导学生查阅开发手册、开发网站、开发视频等资源，培养学生自主学习能力和探究精神。

3. 实践教学法：通过上机分组练习进行实践环节训练，让同学做到理实结合，做大胆大心细，提高动手能力及团队协作能力。

4. 多媒体视频教学法：通过与本课程教案配套教师原创实践操作视频，了解教师是如何设计与操作，通过对比让学生找到自己上机实践操作不同之处，求同存异。

5. 情景教学法：新课前采用视频图片介绍课程相关的先进个人与事迹，激发学生的爱国情怀；同时通过典型事迹，使学生明白机程序开发工作，需要踏实和细心的精神，需要不断锤炼，才能设计出有用于社会的产品。

**教学手段：**

通过多种训练考核，如平时课堂上机任务考核、课堂上模块考核、实训上机考试等，巩固所学知识，教育同学们只有踏踏实实、诚信才能真正掌握知识，使同学明白“不付出肯定不成功，付出才能成功”。

通过严格考勤，明确上课纪律，分组合作，使同学们养成良好的行为习惯，懂得规则，明确责任，为走向社会奠定行为习惯基础。

**表 2　课程思政教学实施方案**

| 单元名称 | 教学内容 | 课程实施要点 | 思政手段 |
| --- | --- | --- | --- |
| Android 基础入门 | 1. 要求学生了解通信技术，其中包括 1G、2G、3G、4G、5G 技术。<br>2. 要求学生掌握 Android 开发环境的搭建及使用 Android Studio 开发工具。<br>3. 要求学生掌握 Android 程序的开发，并动手开发 HelloWorld 程序。<br>4. 要求学生掌握 Android 程序中资源的管理与使用以及程序的调试。 | 引入华为智能手机自主品牌，以及自主研发的鸿蒙（HarmonyOS）操作系统。向学生传达自主研发、国产品牌、科技强国的理念。这些案例的导入，以画龙点睛的方式提升同学们的爱国情怀。 | 案例式<br>情景化<br>画龙点睛式 |
| 界面设计 | 1. 熟练掌握 Axure 的使用、移动设备元件库的使用、母版的使用以及背景图片的宽高计算；<br>2. 学会标题栏、广告栏、标题栏、视频列表、课程列表等界面的制作；<br>3. 学会欢迎界面、课程列表、视频列表的交互事件； | 本次案例设计中，要求在同学既定开发的 APP 中，融入中国元素，把中国化的元素很好地结合到自己所开发的作品中，引导学生在素材收集和设计中，更加了解中国优秀文化，从而以专题的方式带领学生关注中国文化，增强文化自信。 | 启发式<br>形象化<br>元素化合式 |
| Android 常见界面布局 | 1. 掌握如何在 XML 文件与 Java 代码中编写布局；<br>2. 掌握布局的通用属性的使用；<br>3. 掌握常见布局的使用，其中约束布局 ConstraintLayout 了解即可； | 在讲解布局的时候，要引导学生多方面的尝试和思索，每个布局都有各自的特点和适用范围，这是一个 APP 开发的基础，所以启发他们发挥工匠精神，打牢基础，开发上精益求精。 | 启发式<br>互动式<br>元素化合式 |
| Android 常见界面控件 | 1. 要求学生掌握常用控件的使用，能够搭建简单的界面；<br>2. 要求学生掌握 AlertDialog 对话框的使用，可设置不同类型对话框；<br>3. 要求学生掌握 ListView 与 RecyclerView 控件的使用，会搭建列表界面；<br>4. 要求学生了解自定义控件，可以自定义一个简单的控件； | 设计案例中选取的都是具有中国特色文化的案例，使同学在设计的时候，边查找资料，更深入地了解中国的文化，从而产生极大的文化自信，一边引导学生使用自己的技术展示中国文化，深入理解技术强国的理念。 | 互动式<br>故事化<br>专题嵌入式 |

（续表）

| 单元名称 | 教学内容 | 课程实施要点 | 思政手段 |
|---|---|---|---|
| 程序活动单元 Activity | 1. 要求学生了解 Activity 生命周期状态，使用 Activity 生命周期方法；<br>2. 要求学生掌握创建、配置、开启和关闭，学会使用 Activity；<br>3. 要求掌握 Intent 与 IntentFilter 使用，使用 Intent 进行数据传递；<br>4. 要求学生了解 Activity 中的任务栈，掌握 Activity 的四种启动模式；<br>5. 要求学生掌握 Fragment 的创建与生命周期，可以使用 Fragment 做一些简单的功能。 | Activity 生命周期状态的状态就如同人的生命周期，在 APP 中的管理过程中，要求可以接受新的任务栈，启发和同学探讨，人生的生命周期又是怎样的，怎样才能最大化地实现生命的价值，什么样的人生才是最有意义的人生。 | 讨论式<br>故事化<br>元素化合式 |
| 数据存储 | 1. 要求学生掌握五种数据存储方式的特点；<br>2. 要求学生学会使用文件存储、SharedPreferences 存储数据；<br>3. 要求学生会使用 SQLite 数据库存储数据。 | 讲解数据库存储的案例时候，引入阿里云、淘宝、滴滴、领英等数据泄露的案例，引导同学们意识到数据存储的安全性，以及在职场中要诚信守法，守住自己的职业底线和道德。 | 启发式<br>故事化<br>案例式 |

## 七、考核方式

**考核方式：**本课程为考试课程，期末考试采用百分制的闭卷考试模式。学生的考试成绩由平时成绩（30%）和期末考试（70%）组成，其中，平时成绩包括出勤（10%）、作业（10%）、上机成绩（10%）。

**成绩构成建议：**

这是一门必须注重实践实操的课，所以后期会逐步增加上机操作的所占的分数比例。

## 八、教材及主要参考资料

### 1. 教材

本大纲根据教材《Android 移动应用基础教程（Android Studio）（第 2 版）》所设计的。

### 2. 参考资料

《Android 移动开发基础案例教程》，黑马程序员，人民邮电出版社。

《Android 项目实战——博学谷》，黑马程序员，人民邮电出版社。

# 《物联网应用移动程序开发》课程教学大纲

| | |
|---|---|
| **适用专业：** 物联网应用技术 | **适用年级：** 2 |
| **课程属性：** 专业课 | **学 分 数：** 4 |
| **课程性质：** 必修课 | **总学时数：** 64 |
| **课程类型：** 理实一体化 | **讲课学时数：** 32 |
| **考核类型：** 考试 | **上机学时数：** 32 |
| **先修课程：** 物联网技术导论等 | **实验与实践学时数：** 16 |

## 一、教学目标和基本要求

通过学习物联网基础、物联网主要技术、传感器网络基础、5G 通信网络的基础和智能网关基础，在理解物联网三层架构的基础上，能够根据真实场景进行智能网关的开发及移动应用的开发。要求掌握并能应用物联网技术相关知识解决简单问题，实施智能化移动应用开发、联动功能设计和绘制数据图表等知识，并能综合应用这些知识，具有解决较复杂实际问题的能力。

课程教学以 Android 移动应用开发方法为主，在教学过程中让学生掌握 Android 移动应用开发的基本原理和方法。要求在教学过程中合理安排理论课时和实验课时，让学生有充分的使用在计算机上练习理论课程中学到的 Android 移动应用开发技巧和方法。

对标“三寓三式”课程思政改革教学成果，创新课程思政的教法和实现路径，激活课程德育元素，释放课程育人功能，实现知识传授、技能培养和价值引领的同频共振。充分挖掘物联网应用开发中有关民族自豪、尊重隐私、团结协作、勇于担当等课程思政元素，通过互动、讨论、案例教学等方式，实现专业知识与课程思政的元素化合。在帮助学生掌握科学地掌握物联网应用设计与开发的方法和技能的同时，适时运用德育元素进行总结指点，画龙点睛，寓道于教。

## 二、与其他课程的关系

从课程侧重于实现物联网应用的移动程序开发，通过掌握物联网的应用开发架构实现安卓端的程学设计。从内容上看物联网技术导论、Python 编程开发和 JAVA 程序设计是本课程的前修课程；从专业教学目标的关系看，本课程在专业教学中占有十分重要的地位，为核心课程。

## 三、知识点、技能点及其层次要求

**1. 知识点**

通过本课程的学习，学生需达到以下各项要求：

(1) 了解物联网的定义、体系结构；

(2) 了解物联网的标准、应用、主要技术；

(3) 理解物联网器件联动的原理；

(4) 了解物联网开发的主流软件；

(5) 理解模拟数据源的基本框架结构；

(6) 了解物联网网关开发的相关概念；

(7) 理解端口编程的概念；

(8) 理解网络通信的数据格式，重点掌握字典、JSON 数据操作的概念；

(9) 理解日志记录的概念，了解 Navicat 数据库管理工具的概念；

(10) 了解移动应用的基本概念，重点掌握 Layout 布局的应用；

(11) 掌握 socket 通信模组，重点掌握 C/S 架构通讯模式；

(12) 了解 SQLite 类的基本概念，了解 MPAndroidChart 绘图控件。

**2. 技能点**

(1) 掌握 CPT（Cisco Packet Tracer）软件的基本使用；

(2) 掌握 CPT 软件搭建物联网仿真应用环境，实现联动控制；

(3) 掌握物联网开发环境并搭建智能家居应用案例；

(4) 掌握通过 Python 端口编程的技术；通过 Python 字典和 JSON 数据格式进行程序设计；

(5) 掌握通过 Python 进行 logging 日志程序设计和 Navicat 进行数据库编程；

(6) 掌握 AS（Android Studio）程序设计的项目文件建立方法；

(7) 掌握布局技术；掌握网络通信技术；掌握向服务器端发送数据的方法；

(8) 掌握 SQLite 类进行编程技术，实现数据的读取和存放；

(9) 掌握日历控件应用和权限的配置方法；

(10) 掌握应用绘图控件的使用。

**3. 重难点**

(1) 掌握物联网的关键技术；

(2) 应用 CPT 软件搭建物联网仿真环境；

(3) 应用物联网开发环境搭建智能家居应用案例；

(4) 掌握端口编程、字典编程和 JSON 数据操作；

(5) 掌握 AS 的 Layout 布局和 Socket 通信；

(6) 掌握项目实施的方法。

**4. 思政元素**

(1) 通过中国制造增强文化自信和民族自豪；

(2) 工欲善其事，必先利其器；

(3) 求真务实的工匠精神；

(4) 信息安全、尊重他人隐私；

(5) 资源不可再生，注重节约能源；

(6) 协同合作，理论与实践并重。

## 四、教学内容

**第一章　物联网概述**

**主要内容：**物联网概念（包含物联网定义、体系结构和主要标准）；物联网应用、技术和发展趋势。

**对应知识点：**知道物联网的定义、体系结构。知道物联网的标准、应用、主要技术。

**重难点：**物联网关键技术。

**对应思政元素：**融入中国制造理念，增强学生文化自信和民族自豪感。

**实施手段：**通过专题嵌入式，讲到物联网标准时，嵌入中国在物联网标准制定取得的成就，在新一代信息技术革命中，中国勇当潮头，中国制造在世界经济发展中起到的关键作用；培养学生增强文化自信和民族自豪感。通过案例教学和专题讨论，引导学生主动思考，深化认识。

**第二章　物联网仿真模拟软件**

**主要内容：**物联网仿真软件的安装、器件的基本选型；华清仿真软件和智慧农业系统。

**对应知识点：**知道物联网器件联动的原理。

**对应技能点：**掌握 CPT 软件的基本使用。应用 CPT 软件搭建物联网仿真环境。应用物联网器件实现联动控制；搭建一个简单的物联网应用场景。

**重难点：**应用 CPT 软件搭建物联网仿真环境。

**对应思政元素：**融入工程思想，培养学生求真务实的工匠精神。

**实施手段：**讲到物联网应用场景搭建时，通过情景化，模拟家居设置环境，以项目实施的方式教学，培养学生工程实施的思想，增强学生求真务实的工匠精神。引导学生对于解决工程问题的思考，掌握逐步分解，分步实施的项目实施意识。

**第三章　物联网开发环境搭建**

**主要内容：**网关开发环境；移动应用开发环境；物联网应用模拟。

**对应知识点：**知道物联网开发的主流软件；知道模拟数据源的基本框架结构。

**对应技能点：**应用 Python、Android Studio 软件运行模拟应用；应用物联网开发环境搭建智能家居应用案例。

**重难点：**物联网开发环境搭建智能家居应用。

**对应思政元素：**融入工欲善其事，必先利其器的理念。

**实施手段：**讲到开发环境软件介绍时，通过寓教于道，讲解中国论语中工欲善其事，必先利其器的理念，通过画龙点睛式的讲解不同软件安装和设置的细节，培养学生做好充分准备，可以促进后续工作效率的提升。通过游戏化，要求完成后截图提交，激发学生学习兴趣，检验学生成果。

**第四章　物联网网关开发**

**主要内容：**网关概述；智能灯光控制系统的网关开发；智能酒店控制系统的网关开发；创建日志记录文件；用户操作记录数据库。

**对应知识点：**了解物联网网关开发的相关概念；知道端口编程的概念；理解字典编程的概念；知道 JSON 数据操作的概念；知道日志记录的概念；知道 Navicat 数据库管理工具的概念。

**对应技能点：**掌握通过 Python 端口编程的技术；掌握通过 Python 字典编程的技术；掌握通过 Python 进行 JSON 程序设计的技术；掌握通过 Python 进行 logging 日志程序设计的技术；掌握通过 Python 进行 Navicat 进行数据库编程的技术。

**重难点：**端口编程；字典编程；JSON 数据操作。

**对应思政元素：**融入信息安全、尊重他人隐私的理念。

**实施手段：**通过专题嵌入式，讲到酒店控制系统时，嵌入个人信息安全泄露带来的危害，在进行应用开发时，如何遵守职业道德，培养学生注重信息安全，尊重他人隐私。通过案例教学，引导学生对信息的重视和隐私的保护，启发其在后续学习中逐步加强这方面的思考。

**第五章　物联网应用开发**

**主要内容：**物联网应用概述；游乐园人流量查询应用开发；智能酒店管理应用开发；生态农业系统应用开发；智慧城市生活应用开发。

**对应知识点：**知道移动应用的基本概念；知道 Layout 布局的概念；知道 socket 通信模组；知道 C/S 架构通讯模式；知道 SQLite 类的基本概念；知道 MPAndroidChart 绘图控件。

**对应技能点：**掌握 AS 程序设计的项目文件建立方法；掌握布局技术；掌握网络通信技术；掌握向服务器端发送数据的方法；掌握 SQLite 类进行编程技术，实现数据的读取和存放；应用日历控件；简单应用权限的配置方法；应用绘图控件。

**重难点：**AS 的 Layout 布局和 Socket 通信。

**对应思政元素：**融入资源不可再生，注重节约能源的理念。

**实施手段：**讲到生态农业系统时，对于生长环境、土壤质量、光照度控制和温湿度控制，通过元素化合式，强调资源不可再生，注重节约能源，绿水青山就是金山银山的理念；培养学生注重节约能源。通过情景化、互动式，引导学生用信息技术来支持绿色环保。

**第六章　综合案例**

**主要内容：**撰写功能概述；进行功能实施；分小组项目交流和验收。

**对应知识点：**理解综合案例的实施流程，完成功能概述。

**对应技能点：**应用功能概述的撰写；综合应用移动应用开发的相关技能；应用表达沟通的能力。

**重难点：**项目实施。

**对应思政元素：**培养学生践行初心，担当使命的建党精神，要求理论与实践并重。

**实施手段：**进行项目实施时，嵌入中国共产党建党初期面临复杂和困难的局面，坚持初心和坚持理想信念的案例；培养学生在面对项目实施中的各类问题，保持初心，勇于担当。通过启发式、互动式，引导学生理论与实践并重，通过解决实际问题，进一步提升课程学习的质量。

## 五、学时分配

**表 1　课程学时分配表**

| 教学内容 | 讲课 | 上机 | 实验 | 实践 | 小计 |
|---|---|---|---|---|---|
| 第 1 章　物联网概述 | 4 | | | | 4 |
| 第 2 章　物联网模拟仿真软件 | 4 | 2 | 4 | | 10 |
| 第 3 章　物联网开发环境搭建 | 2 | | 2 | | 4 |
| 第 4 章　物联网网关开发 | 8 | 2 | 6 | | 16 |
| 第 5 章　物联网应用开发 | 8 | 2 | 6 | | 16 |
| 第 6 章　综合案例 | 2 | | 12 | | 14 |
| 合　计 | 28 | 6 | 30 | | 64 |

## 六、教学方法与手段

本课程综合运用任务引领、案例展示、讨论互动、情景模拟以及学生自主学习相结合的方法，通过画龙点睛、专题嵌入和元素化合的方式，将课程思政内容融入专业知识和技能的学习中。

**教学方法：**第一章采用讲授法；第二章采用边讲边练；第三章采用演示法；第四、五章采用任务教学法；第六章采用项目教学法。

**教学手段：**采用线上线下相结合的手段；在超星平台上建立线上课程。

**表 2　课程思政教学实施方案**

| 单元名称 | 教学内容 | 课程思政要点 | 实施手段 |
|---|---|---|---|
| 物联网概述 | 物联网仿真软件的安装、器件的基本选型；华清仿真软件和智慧农业系统 | 融入中国制造理念，增强学生文化自信和民族自豪感。 | 专题嵌入式<br>互动式<br>案例式 |
| 物联网模拟仿真软件 | 物联网仿真软件的安装、器件的基本选型；华清仿真软件和智慧农业系统。 | 融入工程思想，培养学生求真务实的工匠精神。 | 专题嵌入式<br>情景化<br>案例式 |
| 物联网开发环境搭建 | 网关开发环境；移动应用开发环境；物联网应用模拟 | 融入工欲善其事，必先利其器的理念 | 画龙点睛式<br>游戏化 |
| 物联网网关开发 | 网关概述；智能灯光控制系统的网关开发；智能酒店控制系统的网关开发；创建日志记录文件；用户操作记录数据库。 | 融入信息安全、尊重他人隐私的理念。 | 专题嵌入式<br>情景化<br>启发式 |
| 物联网应用开发 | 物联网应用概述；游乐园人流量查询应用开发；智能酒店管理应用开发；生态农业系统应用开发；智慧城市生活应用开发。 | 融入资源不可再生，注重节约能源的理念。 | 元素化合式<br>情景化<br>互动式 |
| 综合案例 | 撰写功能概述；进行功能实施；分小组项目交流和验收。 | 培养学生践行初心，担当使命的建党精神，要求理论与实践并重。 | 专题嵌入式<br>情景化<br>互动式 |

## 七、考核方式

**考核方式：**开卷上机考。

**成绩构成建议：**（1）平时成绩占总评 40%（分解为上课考勤占总评 10%；综合实践占总评 15%；实训占总评 15%）；（2）期末考试占总评 60%。

## 八、教材及主要参考资料

**1. 教材**

徐方勤．物联网技术及应用．华东师范大学出版社 . 2021.

**2. 参考资料**

（1）仲宝才．Android 移动应用开发实践教程．清华大学出版社 . 2018.

（2）工信部．移动应用开发技术（“移动互联网开发工程师认证”指定教材）．机械工业出版社 . 2012.

# 《经济学基础》课程教学大纲

**适用专业：** 文化产业经营与管理、艺术设计（艺术经纪）　**适用年级：** 22级

**课程属性：** 专业基础课　**学 分 数：** 3

**课程性质：** 必修课　**总学时数：** 48

**课程类型：** 理论＋实践　**讲课学时数：** 32

**考核类型：** 考试　**上机学时数：** 0

**先修课程：** 无　**实验与实践学时数：** 12

## 一、教学目标基本要求

本课程为高职学生重要的专业基础课之一，主要是阐述经济学学科的最一般规律，以及经济学的基本理论。通过本课程的学习，可以使学生明确经济学的研究对象、牢固掌握经济的最基本概念及经济学的基本原理，为学好其他专业课程打下坚实的基础。

学生通过本课程的学习，应达到：1. 使学生能够掌握经济学的基本原理。2. 在基本原理的基础上，根据各行业所具有的特点，去分析行业中存在的问题，并结合案例分析行业中各种现象产生的原因。3. 学生能够在将来的工作岗位中更深入的了解各种现象的本质，并学会解决行业中常见的问题。

## 二、与其他课程的关系

专业基础课，后续课程《市场营销实务》《艺术品营销实务》等

## 三、知识点、技能点、思政元素及其层次要求

**1. 知识点**

掌握供求基本原理、了解生产消费行为、熟悉市场竞争机制、理解宏观经济政策。

**2. 技能点**

能够分析产业普遍现象、能够解决行业基本问题、能够把握宏观经济政策、能够预测行业发展趋势。

**3. 重难点**

价格弹性理论应用、边际效用分析、投入产出之成本分析、市场结构类型的判断及经营策略、国民收入决定及影响因素分析、失业和通胀的类型及关系、宏观经济目标及政策

运用。

**4. 思政元素**

提升科学思辨能力、培养行业创新思维、具备团结协作精神、拥有职业道德操守、学用政策经世济民、厚植情怀修身立德、勇于创新坚持底线。

## 四、教学内容

**第一章 导论及需求供给**

**主要内容：**经济学导论及价格理论。

**重难点：**弹性理论、价格理论应用。

**对应知识点：**需求理论、供给理论、＊均衡价格及其应用、＊弹性理论。

**对应技能点：**1. 了解需求理论、供给理论；2. 掌握价格决定理论；3. 能够进行价格的预测；4. 能够根据弹性进行定价。

**对应思政元素：**1. 供求规律遵循一般与特殊认识规律；2. 价格判断离不开正确价值观、道德观及发展观。

**实施手段：**通过专题嵌入式，讲到供给定理及价格理论时，嵌入辩证唯物法的矛盾论，强调文化产业应当将社会效益放在首位，实现社会效益与经济效益相结合，培养学生职业道德和社会责任的意识。通过案例教学和专题讨论，引导学生主动思考，深化认识。

**第二章 消费者行为分析**

**主要内容：**消费者行为分析。

**重难点：**边际效用分析。

**对应知识点：**欲望与效用概述、基数效用论：＊边际效用分析法、序数效用论：无差异曲线分析法。

**对应技能点：**1. 掌握边际效用及其规律；2. 能够用基数效用论和序数效用论进行消费者均衡分析。

**对应思政元素：**1. 边际效用分析体现量变到质变原理；2. 消费者行为分析激励企业不断创新。

**实施手段：**通过专题嵌入式，讲到消费者行为分析时，嵌入创新观念，强调企业要不断创新，才能满足新时代消费者的需求。通过案例教学和专题讨论，引导学生主动思考，深化认识。

**第三章 厂商理论**

**主要内容：**厂商行为分析。

**重难点：**固定成本、可变成本、机会成本、规模经济。

**对应知识点：**生产理论、成本理论。

**对应技能点：**1. 知道产量及生产者均衡的含义及种类；2. 知道如何规模效用的大

小；3. 能够分析生产者均衡；4. 能够区分企业的固定成本和可变成本；5. 能够确定企业的生产规模；6. 掌握利润最大化原则。

**对应思政元素：**1. 边际产量分析、规模经济分析体现量变到质变原理；2. 企业行为受宏观政策影响；文化企业不能只追求经济效益，社会效益要优先考虑。

**实施手段：**通过专题嵌入式，讲到生产者行为时，嵌入辩证唯物法的矛盾论，强调文化企业不能只追求经济效益，社会效益要优先考虑。培养学生职业道德和社会责任的意识。通过案例教学和专题讨论，引导学生主动思考，深化认识。

**第四章　市场理论**

**主要内容：**市场结构分析。

**重难点：**市场结构类型的判断、各种市场结构价格和产量的确定。

**对应知识点：*** 完全竞争市场、完全垄断市场、寡头垄断市场、垄断竞争市场、市场失灵、政府干预。

**对应技能点：**1. 掌握市场结构类型及其判断标准；2. 理解不同市场结构类型下的企业的经营策略。

**对应思政元素：**1. 垄断阻碍创新；2. 完全竞争企业难以承担社会责任。

**实施手段：**通过专题嵌入式，讲到企业竞争行为时，嵌入创新观念，强调创新有利于企业发展，同时培养学生职业道德和社会责任的意识。通过案例教学和专题讨论，引导学生主动思考，深化认识。

**第五章　外部性及公共物品**

**主要内容：**市场失灵及原因分析。

**重难点：**市场失灵的原因及措施。

**对应知识点：**市场失灵的内涵，垄断、外部性、公共物品、信息不对称。

**对应技能点：**1. 理解外部性存在的原因；2. 掌握公共物品的特征；3. 掌握垄断及信息不对称的原因及对策；4. 理解市场失灵的概念。

**对应思政元素：**1. 解决负的外部性需要企业承担一定的社会责任；2. 信息不对称容易产生道德风险。

**实施手段：**通过专题嵌入式，讲到外部性问题时，嵌入辩证唯物法的矛盾论，强调企业应当承担一定的社会责任，培养学生职业道德和社会责任的意识。通过案例教学和专题讨论，引导学生主动思考，深化认识。

**第六章　国民生产总值**

**主要内容：**国民生产总值。

**重难点：**国民收入核算。

**对应知识点：*** 国民收入核算体系、国民收入核算中的其他总量、国民收入核算方法。

**对应技能点：**1. 掌握衡量经济总量的指标——国内生产总值的概念及内涵；2. 国内生产总值的衡量方法及运用。

**对应思政元素：**国家经济发展要遵循绿色发展观。

**实施手段：**通过专题嵌入式，讲到国民经济发展时，嵌入绿色发展观，强调国家经济发展不能只看数量增长，要遵循绿色发展观。通过案例教学和专题讨论，引导学生主动思考，深化认识。

**第七章 凯恩斯国民收入决定**

**主要内容：**国民收入决定及影响。

**重难点：**乘数原理。

**对应知识点：**总需求构成、国民收入决定及变动，乘数原理。

**对应技能点：**能够分析国民收入变化的决定因素。

**对应思政元素：**国民经济发展要遵循绿色发展。

**实施手段：**通过专题嵌入式，讲到国民收入增长时，嵌入绿色发展观，强调国家经济发展不能只看数量增长，要遵循绿色发展观。通过案例教学和专题讨论，引导学生主动思考，深化认识。

**第八章 失业与通货膨胀理论**

**主要内容：**失业与通货膨胀理论。

**重难点：**失业类型、通货膨胀指标、失业和通胀的关系。

**对应知识点：**＊失业理论、＊通货膨胀理论、菲利普斯曲线。

**对应技能点：**1. 掌握失业的含义及种类；2. 掌握通货膨胀的含义及成因；3. 能够运用通货膨胀理论分析其对经济的影响。

**对应思政元素：**掌握国家就业和稳定物价政策。

**实施手段：**通过专题嵌入式，讲到就业和物价问题时，嵌入国家政策，强调要及时关注国家经济发展政策。通过案例教学和专题讨论，引导学生主动思考，深化认识。

**第九章 宏观经济政策**

**主要内容：**宏观经济调控目标及政策。

**重难点：**宏观经济目标、财政货币政策工具及搭配协调。

**对应知识点：**宏观经济政策概述、＊财政政策、＊货币政策。

**对应技能点：**1. 掌握宏观经济政策调控的总目标；2. 掌握财政及货币政策的调控措施及其运用；3. 掌握供给管理政策。

**对应思政元素：**宏观调控策略体现中国特色社会主义市场经济制度。

**实施手段：**通过专题嵌入式，讲到宏观经济调控时，嵌入中国特色社会主义市场经济制度，强调政策调控要结合本国实际情况，培养学生社会责任的意识。通过案例教学和专题讨论，引导学生主动思考，深化认识。

## 五、学时分配

**课程学时分配表**

| 课 程 内 容 | 讲课 | 现场教学 | 上机 | 大作业 | 小计 |
|---|---|---|---|---|---|
| 第一章　导论及需求供给 | 3 | | | 1. 产品价格走势分析<br>2. 弹性计算及价格政策分析 | |
| 第一章　均衡价格及弹性理论 | 6 | | | | |
| 第二章　消费者行为理论 | 3 | | | | |
| 第三章　厂商理论（产量） | 3 | | | | |
| 第三章　厂商理论（成本） | 3 | | | | |
| 第四章　市场理论（完全竞争） | 3 | | | 3. 判断某一行业的市场结构类型 | |
| 第四章　市场理论（垄断竞争/完全垄断/寡头垄断） | 3 | | | | |
| 第五章　外部性及公共物品 | 3 | | | | |
| 第六章　国民生产理论 | 3 | | | | |
| 第七章　国民收入决定理论 | 3 | | | | |
| 第八章　失业和通货膨胀 | 6 | | | | |
| 第九章　宏观经济政策 | 6 | | | | |
| 机动及练习 | 3 | | | | |
| 合　计 | 48 | | | | |

## 六、教学方法与手段

1. 融入“三寓三式”：元素化合、画龙点睛、专题嵌入；寓道于教、寓德于教、寓教于乐。

2. 应用信息技术：线上线下融合；虚拟现实应用。

3. 整合多元教法：启发、探究、案例、互动、讨论、情景。

4. 课中课式拓展：专业课与思政课；专业课与专业课；理论课与实践课。

**表 2　课程思政教学实施方案**

| 单元名称 | 教学内容 | 课程思政要点 | 实施手段 |
|---|---|---|---|
| 价格预测 | 课堂教学：供求定理、价格决定及预测应用<br>课外任务：对行业现状调研及价格走势分析 | 1. 供求规律遵循一般与特殊认识规律<br>2. 价格判断离不开正确价值观、道德观及发展观 | 画龙点睛<br>专题嵌入<br>虚拟现实<br>案例、互动<br>课中课拓展 |

（续表）

| 单元名称 | 教学内容 | 课程思政要点 | 实施手段 |
| --- | --- | --- | --- |
| 消费分析 | 课堂教学：消费者行为理论，效用评价<br>课外任务：分析消费痛点，提供解决方案 | 1. 边际效用分析体现量变到质变原理<br>2. 消费者行为分析激励企业不断创新 | 元素化合<br>专题嵌入<br>寓教于乐<br>案例、互动<br>讨论、情景 |
| 生产管理 | 课堂教学：生产者行为理论，投入产出<br>课外任务：企业项目投入产出分析 | 1. 边际产量分析、规模经济分析体现量变到质变原理<br>2. 企业行为受宏观政策影响；文化企业不能只追求经济效益，社会效益要优先考虑。 | 专题嵌入<br>寓教于乐<br>案例、互动<br>课中课拓展 |
| 市场研究 | 课堂教学：市场竞争及策略选择，市场失灵问题<br>课外任务：文化产业的市场结构分析及经营策略 | 1. 垄断阻碍创新<br>2. 完全竞争企业难以承担社会责任 | 元素化合<br>画龙点睛<br>专题嵌入<br>寓教于乐<br>案例、互动 |
| 政策运用 | 课堂教学：宏观经济问题，政策分析<br>课外任务：根据相关指标预测政府宏观调控政策及影响 | 1. 国家经济发展要遵循绿色发展观<br>2. 宏观调控策略体现中国特色社会主义市场经济制度 | 元素化合<br>专题嵌入<br>寓教于乐<br>案例、互动 |

## 七、考核方式

**考核方式：**平时训练＋期末考核。

**成绩构成建议：**平时训练 50&＋期末考核 50%。

## 八、教材及主要参考资料

**1. 教材**

缪代文编著，《微宏经济学与宏观经济学》，高等教育出版社学出版社，2018 年。

**2. 参考资料**

教育部高教司组编，《西方经济学》，中国人民大学出版社，2018 年。

## 九、其他

无

# 《艺术品展览与策划》课程教学大纲

**适用专业：**艺术设计（艺术经纪）
**课程属性：**专业课
**课程性质：**专业必修课
**课程类型：**理论＋实践课（B类）
**考核类型：**考试
**先修课程：**《中外美术史》《美术鉴赏》《美学概论》《市场营销》。

**适用年级：**2021级
**学 分 数：**3
**总学时数：**48
**讲课学时数：**24
**上机学时数：**0
**实验与实践学时数：**24

## 一、教学目标基本要求

本课程是文化管理系（艺术经纪方向）的一门专业选修课程。本课程的基本任务在于，使学生掌握艺术品策展与拍卖预展的一般方法、程序和基本内容。初步熟悉策展助理负责与艺术家沟通、与媒体打交道、布展事宜、资金赞助等方面业务流程。

要求学生在理论方面从策划展览的“四个要素”——艺术家、媒体宣传、展览场地、资金赞助去分析理解展览的架构和流程。在实践方面掌握展览的田野调查与观察方法，并有机会参与艺术展览的策划工作。

## 二、与其他课程的关系

本课程作为文化艺术相关专业的必备艺术素养课程，艺术史、中外美术史、美术作品鉴赏及审美概论等。

## 三、知识点、技能点、思政元素及其层次要求

### 1. 知识点

知识点一：展览基础理论。

(1) 了解展览的产生与发展。

(2) 展览的地点与模式。

(3) 展览的种类与特征。

(4) 策展的理论与功能。

知识点二：展览的功能。

（1）整理博物馆的传统功能与变化。

（2）思考21世纪的艺术博物馆出现哪些不同于传统的功能？

知识点三：展览与商业。

（1）世界顶尖博物馆的美学经济。

（2）世界各大博物馆与美术馆的经营之道。

（3）上海艺术区与美术馆的运营。

**2. 技能点**

技能点一：展览考察——田野调查报告撰写。

技能点二：宣传与公关——艺术媒体写作实务。

技能点三：展览策划书——策展文案实务。

技能点四：展览工作方案——策展实践工作记录。

**3. 重难点**

（1）掌握艺术品策展与拍卖预展的一般方法、程序和基本内容。

（2）熟悉策展助理负责与艺术家沟通、与媒体打交道、布展事宜、资金赞助等方面业务流程。

（3）从策划展览的“四个要素”——艺术家、媒体宣传、展览场地、资金赞助去分析理解展览的架构和流程。

（4）掌握展览的田野调查与观察方法，参与到艺术展览的策划工作中。

**4. 思政元素**

思政元素一：中华传统元素。

教学设计一：将中华传统文化元素与艺术品展览策划的融合和传承发展。引导学生价值观、文化观的正确建立，建立民族自豪感，也使之能够正确认识传统优秀的文化艺术品传播。

思政元素二：社会主义核心价值观。

教学设计二：“社会主义核心价值观”为创作的内容，围绕这一主题结合民族情感等题材进行选题策划训练，促成学生对社会主义核心价值观的感知和认识。

思政元素三：积极传播人文历史。

教学设计三：当代展览要帮助人文历史“活”起来。新时代信息技术、人工智能、媒介传播的互动、平等，可以使史书中的事件生活化，教学中把理论性、思想性和趣味性结合起来，教师善用鲜活表现形式，调动学生积极性，善于讲故事，把身边的小人物、微事件讲透彻，也要运用“互联网+”思维，把深刻道理通过创新的语言表达和新媒体手段讲鲜活。还可以走出校园，邀请校外名家进来，运用优质资源增强内容吸引力，鲜活课堂。

思政元素四：公众教育。

教学设计四：博物馆是展示物质文化和精神文化的重要载体，有艺术博物馆、科学博物馆、历史博物馆等多种类型。艺术博物馆提供艺术欣赏，提高公众的审美意识；科学博物馆展示最新科技，让公众了解科学发展的进程；历史博物馆让公众了解历史，还以史为鉴，让公众获得历史的启示。博物馆潜移默化地影响公众意识形态，促进民族进步。

## 四、教学内容

### 第一章　展览策划概述

**主要内容：**通过展览策划概论讲解分析，使学生系统了解和掌握几个方面的内容，包括展览策划的定义、特征、分类、发展特点及趋势、基本程序和原则。

**重难点：**教学重点：展览策划的概念与特点、种类、基本原则和基本程序。教学难点：展览策划的概念、基本原则和基本程序。

**对应知识点：**1. 展览策划的定义；2. 展览策划的特点；3. 展览策划的作用。

**对应技能点：**1. 展览策划的内容；2. 展览分类的方法；3. 展览策划的基本流程。

**对应思政元素：**会展业服务地方经济、促进城市发展、提升城市知名度。培养学生的家国情怀。

**实施手段：**使用专题嵌入式、元素化合式、讨论式等方式引导学生通过国内重要艺术展览案例，良渚博物馆“玉魂国魄”；金沙遗址博物馆遗迹馆；上海博物馆青铜馆将艺术展览与中华传统元素融合。

### 第二章　艺术展览调查与分析

**主要内容：**通过本章教学使同学们了解艺术展览调查的提供者和使用者；掌握艺术展览调查的种类及过程；掌握艺术展览调查的主要方法。

**重难点：**教学重点：艺术展览调查的种类及过程、艺术展览调查的主要方法。

教学难点：艺术展览调查的种类及过程、艺术展览调查的主要方法。

**对应知识点：**1. 艺术展览调查的定义；2. 艺术展览调查的意义；3. 艺术展览调查的提供者和使用者。

**对应技能点：**1. 展览市场调查的过程；2. 完整的调研方案；3. 艺术展览调查的方法。

**对应思政元素：**提高学生自主学习能力，树立正确的学习的方法观念，使学生树立正确的价值观和责任感，增强学生的创新创业意识，提高学生的思考能力和动手能力。

**实施手段：**运用元素化合式、案例式、互动式的方法，锻炼学生求真务实的田野调查基础。以上海大学生艺术博览会调查研究报告为例。

### 第三章　展览目标与选题立项策划

**主要内容：**通过本章教学使同学们掌握展会目标与题材的选择方法；展览主题的概念与类型，展览主题的确定与选择方法；展会项目立项策划的主要流程及要求。

**重难点：**教学重点：展会目标与题材的选择方法、展览主题的概念与类型，展览主题的确定与选择方法、会项目立项策划的主要流程及要求。

教学难点：展会目标与题材的选择方法、展览主题的概念与类型，展览主题的确定与选择方法、会项目立项策划的主要流程及要求。

**对应知识点：**1. 展览目标与题材的选择；2. 展览主题的确立。

**对应技能点：**展览项目立项策划的流程和要求。

**对应思政元素：**文化创意要弘扬传统文化，传承地方特色文化。

**实施手段：**运用画龙点睛式、探究式、启发式等方法启发学生展览主题制定要与时俱进，讨论分析历届世博会的主题与基本目标分析；历届上海双年展主题分析。

**第四章　艺术展览设计与策划**

**主要内容：**通过本章节学习使同学们掌握艺术展览设计立体策划的特点及艺术展览设计的文化维度与立体策划；艺术展览设计策划的流程及要求；掌握建立品牌展会的要素、途径及基本策略。

**重难点：**教学重点：艺术展览设计策划的流程及要求、品牌展会的要素、途径及基本策略。教学难点：艺术展览设计策划的流程及要求、品牌展会的要素、途径及基本策略。

**对应知识点：**1. 艺术展览设计的立体策划；2. 艺术展览设计立体策划的特点；3. 艺术展览设计的文化维度与立体策划。

**对应技能点：**艺术展览设计策略。

**对应思政元素：**培养团队协作的周期性、完整性。培养全局观和系统思维。

**实施手段：**运用专题嵌入式、故事化、讨论式等方法培养团队协作的系统思维。引导学生思考艺术展览的公益性特征、引进品牌藏品资源开拓新思路，结合艺术展馆内容策划案例。

**第五章　艺术展览宣传**

**主要内容：**本章主要介绍艺术类展览运作阶段的展会通讯和展览记录两种文案。通过本章学习，要求明确艺术展览宣传工作的目的，了解艺术展览宣传的内容，掌握展会通讯的内容、展览记录的格式，把握艺术展览宣传的媒体选择策略。

**重难点：**教学重点：艺术展览宣传的目的、艺术展览宣传的内容。教学难点：展会通讯的内容、艺术展览宣传的手段、策略。

**对应知识点：**1. 艺术展览宣传的目的；2. 艺术展览宣传的内容；3. 艺术展览宣传的手段、策略；4. 展会宣传常用的媒体选择策略。

**对应技能点：**艺术展览宣传的手段、策略。

**对应思政元素：**运用新媒体新技术使工作活起来，推动思想政治工作传统优势同信息技术高度融合，增强时代感和吸引力。

**实施手段：**运用专题嵌入式、启发式、讨论式方法思考媒体工作，引导学生思考艺术展览的公益性特征，以及如何在展会中做好公众教育。

**第六章　艺术展览策划案写作**

**主要内容：**通过本章节教学使同学们掌握艺术展览策划案的作用和种类；艺术展览策划案的写作结构与要求；艺术展览策划案的写作结构与要求。

**重难点：**教学重点：艺术展览策划案的作用和种类、艺术展览策划案的写作结构与要求及艺术艺术展览策划案的写作结构与要求。教学难点：艺术展览策划案的作用和种类、艺术展览策划案的写作结构与要求及艺术艺术展览策划案的写作结构与要求。

**对应知识点：**1. 艺术展览策划案的作用和种类；2. 艺术展览策划案的撰写。

**对应技能点：**艺术展览策划案的写作结构与要求。

**对应思政元素：**培养学生将正确的价值导向融入专业技能写作中。

**实施手段：**运用专题嵌入式、探究式、讨论式方法引导学生展览策划要积极传播人文历史，结合知青美术艺术展览策划案分析。

**第七章　艺术展览策划与效果评估**

**主要内容：**通过本章教学使同学们掌握制定艺术展览预算的过程及艺术展览预算的具体内容，了解艺术展览评估指标体系的构成。

**重难点：**教学重点：制定艺术展览预算的过程及艺术展览预算的具体内容。教学难点：制定艺术展览预算的过程及艺术展览预算的具体内容、艺术展览评估指标体系的构成。

**对应知识点：**1. 艺术展览预算；2. 艺术展览评估。

**对应技能点：**1. 制定艺术展览预算的过程；2. 艺术展览预算的具体内容。

**对应思政元素：**培养学生主动思考，举一反三的学习习惯，学会用求真务实的态度解决问题，践行社会主义核心价值观。

**实施手段：**运用元素化和式、案例式、互动式等方式能够掌握展览评估体系的构成，并进行中外展览机制对比分析，结合美国 NSF 项目展览效果评估案例。

## 五、学时分配

**表 1　课程学时分配表**

| 课程内容 | 讲课 | 现场教学 | 上机 | 大作业 | 小计 |
|---|---|---|---|---|---|
| 第一章　展览策划概述 | 4 | | | | |
| 第二章　艺术展览调查与分析 | 2 | 6 | | | |
| 第三章　展览目标与选题立项策划 | 2 | | | 6 | |
| 第四章　艺术展览设计与策划 | 2 | | | 6 | |
| 第五章　艺术展览宣传 | 4 | | | 6 | |
| 第六章　艺术展览策划案写作 | 6 | | | | |
| 第七章　艺术展览策划与效果评估 | 4 | | | | |
| 合　计 | 24 | 6 | | 18 | |

## 六、教学方法与手段

本课程采用理论讲授与实践教学相结合的教学方法。

理论讲授：以本课程的教学内容为基础，开展多媒体教学、启发式教学、案例教学、讨论式教学等多种教学形式。一方面加强训练学生的实证分析能力、逻辑分析能力、规范分析能力。

实践教学：采用案例分析，配合学生展示、情景模拟、实地参观等方式，通过专题嵌入、画龙点睛、元素化合的方法，引导学生积极主动地思考，提高学生对所学知识的掌控能力。

**表 2　课程思政教学实施方案**

| 单元名称 | 教学内容 | 课程思政要点 | 实施手段 |
| --- | --- | --- | --- |
| 展览策划概述 | 1. 展览策划的概念与特点、种类<br>2. 展览策划的基本原则和基本程序 | 会展业服务地方经济、促进城市发展、提升城市知名度。培养学生的家国情怀。 | 专题嵌入式<br>元素化合式<br>讨论式 |
| 艺术展览调查与分析 | 1. 艺术展览调查的种类及过程<br>2. 艺术展览调查的主要方法 | 提高学生自主学习能力，树立正确的学习的方法观念，使学生树立正确的价值观和责任感，增强学生的创新创业意识，提高学生的思考能力和动手能力。 | 元素化合式<br>案例式<br>互动式 |
| 展览目标与选题立项策划 | 1. 展会目标与题材的选择方法<br>2. 展览主题的概念与类型<br>3. 展览主题的确定与选择方法<br>4. 展会项目立项策划的主要流程及要求 | 文化创意要弘扬传统文化，传承地方特色文化。 | 画龙点睛式<br>探究式<br>启发式 |
| 艺术展览设计与策划 | 1. 艺术展览设计的立体策划<br>2. 艺术展览设计立体策划的特点<br>3. 艺术展览设计的文化维度与立体策划 | 培养团队协作的周期性、完整性。培养全局观和系统思维。 | 专题嵌入式<br>故事化<br>讨论式 |
| 艺术展览宣传 | 1. 艺术展览宣传的目的<br>2. 艺术展览宣传的内容<br>3. 艺术展览宣传的手段、策略<br>4. 展会宣传常用的媒体选择策略 | 运用新媒体新技术使工作活起来，推动思想政治工作传统优势同信息技术高度融合，增强时代感和吸引力。 | 专题嵌入式<br>启发式<br>讨论式 |
| 艺术展览策划案写作 | 1. 艺术展览策划案的作用和种类<br>2. 艺术展览策划案的写作结构与要求 | 培养学生将正确的价值导向融入专业技能写作中。 | 专题嵌入式<br>探究式<br>讨论式 |
| 艺术展览策划与效果评估 | 1. 制定艺术展览预算的过程<br>2. 艺术展览预算的具体内容<br>3. 艺术展览评估指标体系的构成 | 培养学生主动思考，举一反三的学习习惯，学会用求真务实的态度解决问题，践行社会主义核心价值观。 | 元素化和式<br>案例式<br>互动式 |

## 七、考核方式

考核方式实行组合成绩的考核方式。改革后的本课程总成绩由两部分组成，即：总成绩 = 过程性考核（50%）+ 期末考试成绩（50%）。

## 八、教材及主要参考资料

**1. 教材**

策展人手册，阿德里安·乔治，北京美术摄影出版社，2017.

**2. 参考资料**


1. 展览业导论，乔治·费尼奇，重庆大学出版社，2018.

2. 展览策划与组织，黄彬 主编，浙江大学出版社，2013.

3. 策展简史，汉斯·乌尔里希·奥布里斯特，金城出版社，2012.

4. 展览概论，张晓娟，东北财经大学出版社，2008.

5. 展览策划与营销，华谦生，广州经济出版社，2004.

6. 展览会策划与管理，王春雷、陈震，中国旅游出版社，2006.

7. 展览实务，向国敏，上海财经大学出版社，2005.

8. 展览文案，毛军权、王海庄，复旦大学出版社，2008.

9. 展览文案，向国敏，立信会计出版社，2006.

10. 展览策划与管理，丁霞主编，高等教育出版社，2006.

11. 艺术学基础知识（美术编、艺术设计编），王次炤主编，中央音乐学院出版社，2006.

12. 艺术管理学概论，余丁编著，高等教育出版社，2008.

13. 文化艺术营销管理学，（加）弗朗索瓦·科尔伯特，林一等，北京大学出版社，2018.

14. 后现代主义艺术 20 讲，马永建，上海社会科学院出版社，2006.

15. 展览设计教程，休斯，电子工业出版社，2011.

16. 展览设计，任仲泉，山东美术出版社，2007.

17. 动手型展览：管理互动博物馆与科学中心，（英）蒂姆·考尔顿，北京师范大学出版社，2019.

18. 创意经济，（美）理查德·弗罗里达，典藏出版社，2006.

19. 博物馆陈列展览设计十讲，黄洋、陈红京，上海交通大学出版社，2019.

20. 艺博会时代，帕科·巴拉甘，中国青年出版社，2013.

21. 关于展览的展览：90 年代的实验艺术展示，巫鸿，中国民族摄影艺术出版社，2016.

22. 清华美术卷——策展与中国当代艺术，张敢，清华大学出版社，2014.

23. 今日先锋：策展人在行动，蒋原伦 编，金城出版社，2013.

24. 幕味：重访影史与策展实践，沙丹，北京联合出版公司、后浪出版公司，2016.

25. 博物馆展览策划：理念与实务，陆建松，复旦大学出版社，2016.

26. 当代艺术策展问题与现状，朱迪斯·鲁格，中国青年出版社，2019.

27. 策展时代：互联网大整合革命即将来临，（日）佐佐木俊尚 著，中信出版社，2015.

## 九、其他

无

# 《出版传媒会计综合实务》课程教学大纲

| | |
|---|---|
| **适用专业：**大数据与会计 | **适用年级：**2022 级 |
| **课程属性：**专业课 | **学 分 数：**3 |
| **课程性质：**专业必修 | **总学时数：**48 |
| **课程类型：**理论 + 实践 | **讲课学时数：**24 |
| **考核类型：**考试 | **上机学时数：**12 |
| **先修课程：**《财务会计实务》《中级财务会计》 | **实验与实践学时数：**12 |

## 一、教学目标基本要求

课程总体目标：《出版传媒会计综合实务》课程是大数据与会计专业的核心课程，本课程教学紧密结合新闻出版传媒类企业的经营活动特点，针对出版传媒企业的会计核算进行全面深入的讲解。本课程的总目标是贯彻“以德为先、知行合一”的教育理念，以培养德技双优的出版传媒企业财务人才为主线，依据出版传媒单位会计岗位标准、专业教学标准，采用工学结合、理实一体化的教学手段，构建出版传媒企业收入、成本、财务成果核算三大模块课程体系，确定每一模块课程的知识、能力、素质教学目标，突出会计核算的匠艺与匠心，培养掌握出版传媒企业会计核算理论与实务操作技能的“懂会计、能核算、晓分析”高素质、高技能专业人才。

**1. 知识目标**

通过本门课程的学习要求学生掌握出版、传媒类会计的基本原理，掌握出版、传媒类企业收入、成本费用等核算；掌握出版传媒企业财务分析方法。

**2. 能力目标**

能够初步进行出版、传媒类企业收入、成本费用核算和财务分析；具备在出版、广播电视单位、网络媒体、电影企业等单位从事日常会计核算的基本素质。

**3. 素质目标**

通过该课程的学习，使学生逐步具备会计人员的政治素质、法律素质和业务素质。

## 二、与其他课程的关系

本课程在先修课程《中级财务会计》学习的基础上，紧密结合新闻出版传媒类企业的经营活动特点，针对出版传媒企业的会计核算进行全面深入的讲解，也是为后续学生的毕业综合实践打好基础。

## 三、知识点、技能点、思政元素及其层次要求

**1. 知识点**

（1）出版企业收入核算；

（2）出版企业成本费用核算；

（3）发行企业收入核算；

（4）广播电台收入、成本费用核算；

（5）电影企业收入、成本费用核算；

（6）剧院收入、成本费用核算。

**2. 技能点**

（1）准确核算收入；

（2）准确核算成本费用；

（3）出版传媒企业大数据分析能力。

**3. 重难点**

（1）正确核算出版企业收入；

（2）正确核算出版企业成本费用；

（3）正确核算电影企业收入；

（4）正确核算电影企业成本费用。

**4. 思政元素**

本课程培养学生的文化自信，培植学生的民族文化自信心及爱国情怀；培养学生爱岗敬业、诚实守信、客观公正、严谨细致、强化服务等良好职业素养；培养学生静以修身、俭以养德的品质，量入为出的观念，防止铺张浪费的不良作风，讲求资金使用绩效；培养学生有资源节约意识、保护环境意识，促进经济发展与人口、资源、环境相协调；要求学生参与管理，树立业财融合意识，既切实履行会计的核算、监督基本职能，又拓展管理职能，培养学生探索创新精神；在网络媒体传播过程中，网络媒体信息传播者必须遵守法律道德责任意识，加强道德文化修养，培养学生道德责任意识，教育学生遵纪守法，培育学生关心国家、关注社会等爱国忧民家国情怀；出版传媒企业成本核算教学中要求学生加强成本核算管理，养成精益求精的工作态度，争当财务工匠。

## 三、教学内容

### 第一章　出版企业经营活动与会计特点概述

**主要内容：**1. 出版企业经营活动及会计核算特点；2. 出版企业会计核算特点与会计科目设置。

**重难点：**教学重点：出版及出版业的含义、出版企业经营活动的特点及出版企业会计核算与一般企业会计核算的区别。教学难点：出版企业会计核算的特点。

**对应知识点：**出版企业会计核算特点。

**对应技能点：**了解出版企业会计核算特点。

**对应思政元素：**增加学生的文化自信，树立民族文化自信心和爱国情怀。

**实施手段：**通过专题嵌入式，讲到出版业及会计核算时，嵌入出版企业及会计的发展历史，弘扬我国优秀传统文化，增加学生的文化自信，树立民族文化自信心和爱国情怀。

**第二章　出版企业收入的核算**

**主要内容：**1. 出版企业销售收入的确认条件；2. 主营业务收入的核算；3. 其他业务收支的核算。

**重难点：**教学重点：出版企业收入分类及收入确认条件、出版企业主营业务收入与主营业务成本核算。教学难点：出版企业收入的确认与核算、书刊的销售及货款结算方式下的主要业务收入与成本的账务处理。

**对应知识点：**1. 书刊销售的核算；2. 音像制品、电子出版物销售的核算；3. 委托代销业务的核算；4. 其他销售方式的核算；5. 主营业务收入结转的核算。

**对应技能点：**1. 能够核算书刊销售业务；2. 能够核算进行音像制品、电子出版物销售的核算；3. 能够进行委托代销业务的核算；4. 能够进行其他销售方式的核算；5. 能够核算主营业务收入的结转。

**对应思政元素：**通过传统文化教育，唤起当代大学生对中国传统文化节日的文化价值认同，使其树立高度的民族文化认同，激发其民族文化自觉和民族文化自信。引导学生树立脚踏实地，勤于创业、善于创造的实践理念。

**实施手段：**通过案例讲述出版企业端午节促销书核算收入，进行传统文化教育，唤起当代大学生对中国传统文化节日的文化价值认同，使其树立高度的民族文化认同，激发其民族文化自觉和民族文化自信。引导学生树立脚踏实地，勤于创业、善于创造的实践理念。

**第三章　出版企业成本费用的核算**

**主要内容：**1. 出版物成本核算概述；2. 出版物成本归集与分配；3. 出版物成本核算举例。

**重难点：**教学重点：出版物成本的计算方法，“编录经费”的归集与分配、稿酬的计算与出版物价格制定方法。教学难点：“编录经费”的归集与分配、出版物价格制定方法。

**对应知识点：**1. 出版物成本计算方法；2. 出版物成本计算步骤。

**对应技能点：**能够准确核算出版物成本。

**对应思政元素：**培养学生的团队合作精神，要求学生责任心强，能吃苦耐劳，能承担一定工作压力，具备较强的再学习能力等。培养学生热爱会计、团结协作、爱岗敬业、终身学习良好素养。

**实施手段：**通过小组协作，任务驱动，要求学生完成出版物的成本核算实训任务。实训过程中培养学生的团队合作精神，要求学生责任心强，能吃苦耐劳，能承担一定工作压力，具备较强的再学习能力等。培养学生热爱会计、团结协作、爱岗敬业、终身学习良好素养。

**第四章 出版物发行企业会计实务**

**主要内容：**1. 出版物发行企业会计核算概述；2. 批发类发行企业会计核算；3. 零售类发行企业会计核算；4. 发行企业网上售书的核算。

**重难点：**教学重点：出版物发行企业购销与出版物发行方式、发行企业会计核算特点、出版物批发企业会计核算、出版物零售企业会计核算。教学难点：发行收入核算的特点、出版物批发企业购进与销售业务会计核算、出版物零售企业会计核算办法。

**对应知识点：**1. 采购业务的售价法核算；2. 销售业务的售价法核算；3. 零售类发行企业出租业务核算。

**对应技能点：**1. 能够进行采购业务的售价法核算；2. 能够进行销售业务的售价法核算；3. 能够进行零售类发行企业出租业务核算。

**对应思政元素：**培养学生认真仔细，有责任心，并且全面掌握出版物收、发、存的计量方法，不断提高技能。促进出版物的合理使用，循环使用，减少木制品的砍伐使用，提高资源利用率。培养学生有资源节约意识、保护环境意识，促进经济发展与人口、资源、环境相协调。

**实施手段：**通过案例教学方式，讲授发行企业出版物的核算案例，要求学生认真仔细，有责任心，并且全面掌握出版物收、发、存的计量方法，不断提高技能。讲授发行企业出版物出租核算案例，教育学生促进出版物的合理使用，循环使用，减少木制品的砍伐使用，提高资源利用率。培养学生有资源节约意识、保护环境意识，促进经济发展与人口、资源、环境相协调。

**第五章 报业企业会计实务**

**主要内容：**1. 报业企业经营活动与会计核算特点；2. 报业企业成本的核算；3. 报纸发行收入的核算；4. 报业单位广告业务的核算；5. 报业单位其他业务核算。

**重难点：**教学重点：报业企业成本核算、报纸的成本核算、报业企业主营业务收入核算和广告收入核算、报业企业公益往来与拨付资金的核算。教学难点：报业企业成本核算、报纸成本核算、报业企业收入与拨付资金的核算。

**对应知识点：**1. 报业企业成本的核算；2. 报纸发行收入的核算；3. 报业单位广告业务的核算。

**对应技能点：**1. 能够核算报业企业成本；2. 能够核算报纸发行收入；3. 能够核算报业单位广告业务。

**对应思政元素：**培养学生尊重客观事实，运用实事求是方法论，坚持准则，客观公正进行会计核算和信息披露的职业态度，培养学生参与管理，树立业财融合意识，既切实履行会计的核算、监督基本职能，又拓展管理职能，最大程度地为企业创造价值。

**实施手段：**采用画龙点睛方式，通过介绍美知名报纸记者新闻造假案例，教育学生尊重客观事实，运用实事求是方法论，自觉抵制传媒造假；教学学生坚持准则，客观公正进行会计核算和信息披露的职业态度，培养学生参与管理，树立业财融合意识，既切实履行会计的核算、监督基本职能，又拓展管理职能，最大程度地为企业创造价值。

**第六章　广播电视台会计实务**

**主要内容：**1. 传媒企业概述及其会计核算特点；2. 广播电视台事业单位会计核算；3. 广播电视台企业会计核算。

**重难点：**教学重点：广播电视台事业单位的核算、广播电视台企业会计核算与节目制作成本核算。教学难点：广播电视台事业单位成本与支出的核算、广播电视台节目制作收入与电视节目成本核算。

**对应知识点：**1. 广播电视台主要经营活动；2. 广播电视台收入核算；3. 广播电台成本费用核算。

**对应技能点：**1. 了解广播电视台主要经营活动；2. 能够进行广播电视台收入核算；3. 能够进行广播电台成本费用核算。

**对应思政元素：**严格收支管理，有效防范舞弊和预防腐败，培养学生勤俭节约、精打细算、制止奢侈浪费和一切不必要的开支，讲求资金使用绩效。

**实施手段：**采用画龙点睛式，通过讲授广播电台事业单位收支违规案例，警示教育学生要严格收支管理，有效防范舞弊和预防腐败，培养学生勤俭节约、精打细算、制止奢侈浪费和一切不必要的开支，讲求资金使用绩效。

**第七章　电影企业会计实务**

**主要内容：**1. 电影产业概述；2. 电影制片企业会计核算；3. 电影发行、放映企业会计核算。

**重难点：**教学重点：电影制片企业会计核算、制片备用金的管理与核算、电影制片企业收入的核算、电影制片成本管理与核算、电影发行企业票房分账收入核算方法。教学难点：电影制片企业备用金的管理与核算、电影制片成本管理与核算、电影票房分账核算

**对应知识点：**电影制片企业会计核算、制片备用金的管理与核算、电影制片企业收入的核算、电影制片成本管理与核算、电影发行企业票房分账收入核算方法。

**对应技能点：**电影制片企业会计核算、制片备用金的管理与核算、电影制片企业收入的核算、电影制片成本管理与核算、电影发行企业票房分账收入核算方法。

**对应思政元素：**教育学生自我超越、培养学生服务意识和协作创新精神，能够让文化产业做强做大，培植学生爱国其情怀。

**实施手段：**采用专题嵌入式，在讲授电影企业成本核算时，专题嵌入电影企业从无声电影到有声，从黑白到彩色电影的发展史及成本项目的变化，激励学生自我超越、培养学生服务意识和协作创新精神，能够让文化产业做强做大，培植学生爱国其情怀。

**第八章 网络媒体会计上机实训**

**主要内容：**1. 网络媒体的主要经营活动；2. 网络广告制作的一般流程；3. 网络企业收入的核算；4. 网络企业成本的核算。

**重难点：**教学重点：网络媒体的特征、网络媒体企业收入与成本构成及核算。教学难点：网络媒体企业收入与成本核算。

**对应知识点：**1. 网络媒体的特征；2. 网络媒体企业收入与成本构成及核算。

**对应技能点：**1. 了解网络媒体的特征；2. 掌握网络媒体企业收入与成本构成及核算。

**对应思政元素：**在网络媒体传播过程中，网络媒体信息传播者必须遵守法律道德责任意识，加强道德文化修养，坚决不做不良信息的传播者。网络媒体信息浏览者也应坚持自我道德原则，杜绝浏览不良信息。培养学生道德责任意识，教育学生遵纪守法，培育学生关心国家、关注社会等爱国忧民家国情怀。

**实施手段：**在网络媒体会计核算实训中，画龙点睛的启示大家思考讨论网络媒体信息真实的重要性，教育大家必须遵守法律道德责任意识，加强道德文化修养，坚决不做不良信息的传播者。网络媒体信息浏览者也应坚持自我道德原则，杜绝浏览不良信息。培养学生道德责任意识，教育学生遵纪守法，培育学生关心国家、关注社会等爱国忧民家国情怀。

**第九章 剧院会计核算上机实训**

**主要内容：**1. 我国剧院（剧场）发展情况；2. 剧院运营与管理模式；3. 剧院演出业务会计核算特点及账户设置；4. 剧院演出业务收入核算；5. 剧院演出业务成本核算。

**重难点：**教学重点：剧院演出业务收入与成本核算。教学难点：演出收入确认原则、演出成本核算的一般程序与演出成本构成与核算。

**对应知识点：**1. 剧院运营与管理模式；2. 剧院演出业务会计核算特点及账户设置；3. 剧院演出业务收入核算；4. 剧院演出业务成本核算。

**对应技能点：**1. 了解剧院运营与管理模式；2. 能够进行剧院演出业务会计核算特点及账户设置；3. 能够进行剧院演出业务收入核算；4. 能够进行剧院演出业务成本核算。

**对应思政元素：**在现阶段，艺术表演团体肩负着建设社会主义精神文明的同时，也要力求社会效益与经济效益的最佳结合。培养学生的责任担当意识，注重产品的公益性；同时培养学生的研究分析习惯，面对的市场获取经济效益，加强演出成本核算管理，讲求经济效益。

**实施手段：**通过案例教学，讲授某剧院给在疫情期间为抗击疫情在一线奋斗的医护人员免费发放剧院门票，邀请他们观看演出的会计核算案例，教育学生要有责任担当意识，注重产品的公益性；同时培养学生的研究分析习惯，面对的市场获取经济效益，加强演出成本核算管理，讲求经济效益。

**第十章　文化产品报表编制及分析上机实训**

**主要内容：**文化产品报表编制及分析。

**重难点：**教学重点：文化产品报表编制方法、文化产品报表分析方法。教学难点：文化产品报表分析方法。

**对应知识点：**1. 文化产品报表编制方法；2. 文化产品报表分析方法。

**对应技能点：**1. 掌握文化产品报表编制方法；2. 掌握文化产品报表分析方法。

**对应思政元素：**培养学生诚实守信、严谨细致、工匠精神等职业素养。

**实施手段：**通过任务驱动，教育学生实操中要实事求是，不多写也不少些；严谨细致，不出现数据错误，培养学生的工匠精神。

## 五、学时分配

**表 1　课程学时分配表**

| 课程内容 | 讲课 | 现场教学 | 上机 | 大作业 | 小计 |
|---|---|---|---|---|---|
| 第一章　出版企业经营活动与会计特点概述 | 2 | | | | 2 |
| 第二章　出版企业收入的核算<br>第一节　出版企业销售收入的确认条件<br>第二节　主营业务收入的核算<br>第三节　其他业务收支的核算 | 4 | | 2 | | 8 |
| 第三章　出版企业成本费用的核算<br>第一节　出版物成本核算概述<br>第二节　出版物成本归集与分配<br>第三节　出版物成本核算举例 | 2 | | 2 | 案例讨论 | 12 |
| 第四章　出版物发行企业会计实务<br>第一节　出版物发行企业会计核算概述<br>第二节　批发类发行企业会计核算<br>第三节　零售类发行企业会计核算<br>第四节　发行企业网上售书的核算 | 8 | | | | 20 |
| 第五章　报业企业会计实务<br>第一节　报业企业经营活动与会计核算特点<br>第二节　报业企业成本的核算<br>第三节　报纸发行收入的核算<br>第四节　报业单位广告业务的核算<br>第五节　报业单位其他业务核算 | 4 | | | 案例讨论 | 24 |
| 第六章　广播电视台会计实务<br>第一节　传媒企业概述及其会计核算特点<br>第二节　广播电视台事业单位会计核算<br>第三节　广播电视台企业会计核算 | 4 | | 2 | | 30 |

（续表）

| 课程内容 | 讲课 | 现场教学 | 上机 | 大作业 | 小计 |
|---|---|---|---|---|---|
| 第七章　电影企业会计实务<br>第一节　电影产业概述<br>第二节　电影制片企业会计核算<br>第三节　电影发行、放映企业会计核算 | 4 | | 4 | | 38 |
| 第八章　网络媒体企业会计上机实训<br>第一节　网络媒体的主要经营活动<br>第二节　网络广告制作的一般流程<br>第三节　网络企业收入的核算<br>第四节　网络企业成本的核算 | 4 | | | | 42 |
| 第九章　剧院会计核算上机实训<br>第一节　我国剧院（剧场）发展情况<br>第二节　剧院运营与管理模式<br>第三节　剧院演出业务会计核算特点及账户设置<br>第四节　剧院演出业务收入核算<br>第五节　剧院演出业务成本核算 | 2 | | 2 | | 46 |
| 第十章　文化产品报表编制及分析上机实训 | 2 | | | | 48 |
| 合　计 | 36 | | 12 | | 48 |

## 六、教学方法与手段

该课程运用现代多媒体教学手段，采用案例教学、任务驱动、讨论式等多种教学方法。

**课堂教学：**以本课程的教学内容为基础，采用理实一体、真案实做、任务驱动等多种教学形式，以岗位真实工作任务开展为主线，按照生产实际与会计相关岗位需求设计模块化项目课程、采用真实经济业务与企业仿真环境相结合的原则，实施探究式项目任务驱动教学、情景教学法、典型案例教学法等多元行动导向教学方法针对性运用。一方面加强训练学生的实证分析能力、逻辑分析能力、规范分析能力；另一方面，要以案例教学为切入点，教会学生能把抽象的理论运用于解决实际问题，同时，培养其发现问题、分析问题与解决问题的能力；通过本课程的学习，一方面使学生加深出版传媒企业会计实务课程的理解，掌握其基本理论与基本方法，另一方面使学生明确出版传媒企业会计核算中的具体工作要求。

**课堂讨论：**教师提供案例材料，提出观点、问题，学生分组讨论并表达观点，教师针对个人发言或小组报告情况进行补充及点评。

**课堂实训：**注重新技术对教学技能的促进作用，强化工学结合、能力逐级提升的原则，引入 RPA 财务机器人、大数据可视化、区块链、虚拟现实等最新技术，在教学过程中搭建多种商业实景，构造新型大数据 + 可视化综合教学实验平台，提升学生专通结合的综合能力、前瞻性和创造性思维，增强学生对新技术环境的适应能力和市场竞争能力。让学生充分了解会计信息技术的迭代，感受会计职业能力转型升级。

**表 2　课程思政教学实施方案**

| 单元名称 | 教学内容 | 课程思政要点 | 实施手段 |
|---|---|---|---|
| 出版企业经营活动与会计特点概述 | 1. 出版企业经营活动及会计核算特点<br>2. 出版企业会计核算特点与会计科目设置。 | 增加学生的文化自信，树立民族文化自信心和爱国情怀。 | 专题嵌入式 |
| 出版企业收入的核算 | 1. 出版企业销售收入的确认条件<br>2. 主营业务收入的核算<br>3. 其他业务收支的核算 | 通过传统文化教育，唤起当代大学生对中国传统文化节日的文化价值认同，使其树立高度的民族文化认同，激发其民族文化自觉和民族文化自信。引导学生树立脚踏实地，勤于创业、善于创造的实践理念。 | 案例教学 |
| 出版企业成本费用的核算 | 1. 出版物成本核算概述<br>2. 出版物成本归集与分配<br>3. 出版物成本核算举例 | 培养学生的团队合作精神，要求学生责任心强，能吃苦耐劳，能承担一定工作压力，具备较强的再学习能力等。培养学生热爱会计、团结协作、爱岗敬业、终身学习良好素养。 | 小组协作、任务驱动 |
| 出版物发行企业会计实务 | 1. 出版物发行企业会计核算概述<br>2. 批发类发行企业会计核算<br>3. 零售类发行企业会计核算<br>4. 发行企业网上售书的核算 | 培养学生认真仔细，有责任心，并且全面掌握出版物收、发、存的计量方法，不断提高技能。促进出版物的合理使用，循环使用，减少木制品的砍伐使用，提高资源利用率。培养学生有资源节约意识、保护环境意识，促进经济发展与人口、资源、环境相协调。 | 案例教学<br>画龙点睛 |
| 报业企业会计实务 | 1. 报业企业经营活动与会计核算特点<br>2. 报业企业成本核算<br>3. 报纸发行收入核算<br>4. 报业单位广告业务的核算<br>5. 报业单位其他业务核算 | 培养学生尊重客观事实，运用实事求是方法论，坚持准则，客观公正进行会计核算和信息披露的职业态度，培养学生参与管理，树立业财融合意识，既切实履行会计的核算、监督基本职能，又拓展管理职能，最大程度地为企业创造价值。 | 画龙点睛<br>讨论式 |
| 广播电视台会计实务 | 1. 传媒企业概述及其会计核算特点<br>2. 广播电视台事业单位会计核算<br>3. 广播电视台企业会计核算 | 严格收支管理，有效防范舞弊和预防腐败，培养学生勤俭节约、精打细算、制止奢侈浪费和一切不必要的开支，讲求资金使用绩效。 | 画龙点睛<br>讨论式 |
| 电影企业会计实务 | 1. 电影产业概述<br>2. 电影制片企业会计核算<br>3. 电影发行、放映企业会计核算 | 教育学生自我超越、培养学生服务意识和协作创新精神，能够让文化产业做强做大，培植学生爱国其情怀。 | 专题嵌入<br>探究式 |
| 网络媒体会计上机实训 | 1. 网络媒体的主要经营活动<br>2. 网络广告制作的一般流程<br>3. 网络企业收入的核算<br>4. 网络企业成本的核算 | 网络媒体信息传播者必须遵守法律道德责任意识，加强道德文化修养，坚决不做不良信息的传播者。网络媒体信息浏览者也应坚持自我道德原则，杜绝浏览不良信息。培养学生道德责任意识，教育学生遵纪守法，培育学生关心国家、关注社会等爱国忧民家国情怀。 | 画龙点睛<br>启发式 |

（续表）

| 单元名称 | 教学内容 | 课程思政要点 | 实施手段 |
| --- | --- | --- | --- |
| 剧院会计核算上机实训 | 1. 我国剧院发展情况<br>2. 剧院运营与管理模式<br>3. 剧院演出业务会计核算特点及账户设置<br>4. 剧院演出业务收入核算<br>5. 剧院演出业务成本核算 | 培养学生的责任担当意识，注重产品的公益性；同时培养学生的研究分析习惯，面对的市场获取经济效益，加强演出成本核算管理，讲求经济效益。 | 案例教学<br>讨论式<br>启发式 |
| 文化产品报表编制及分析上机实训 | 文化产品报表编制及分析 | 培养学生诚实守信、严谨细致、工匠精神等职业素养。 | 任务驱动<br>启发式 |

## 七、考核方式

闭卷考试，平时成绩占比 30%～40%，卷面成绩占比 60%～70%。

## 八、教材及主要参考资料

**1. 教材**

《出版传媒企业会计实务》，王红英，上海财经大学出版社，2019 年 6 月。

**2. 参考资料**

《初级会计实务》财政部会计资格评价中心编著，中国财政出版社，2022 年。

《中级会计实务》，财政部会计资格评价中心编，中国财政经济出版社，2022 年。

《企业会计准则 2022》，中华人民共和国财政部编，立信会计出版社，2021 年。

《新编拥有 ERP 财务管理实验教程》，王新玲，清华大学出版社，2011 年 11 月。

## 九、其他

无

# 《微积分 A》课程教学大纲

**适用专业**：理工科各专业　　**适用年级**：2022 级
**课程属性**：公共基础课　　**学 分 数**：4
**课程性质**：公共必修课　　**总学时数**：64
**课程类型**：纯理论　　**讲课学时数**：60
**考核类型**：考试　　**上机学时数**：2
**先修课程**：高中数学　　**实验与实践学时数**：2

## 一、教学目标和基本要求

《微积分 A》课程是理工类各专业学生在大学一年级开设的一门公共必修课程。本课程主要内容为一元函数的微积分。通过本课程的学习，学生需要掌握微积分学的基础理论，理解微积分学的背景及数学思想。掌握微积分学的基本方法、技巧，并具备一定的分析论证能力和较强的运算能力。能较熟练地应用微积分学的思想方法解决应用问题。加深对现代科技发展历程的认识，客观认识我国的科技发展水平，深入理解课程中蕴含的"精益求精、逆向思维、化整为零"等科学思想方法，树立正确的人生观、世界观、价值观。本课程对培养学生的科学素养和创新精神具有重要意义。

本课程深入实践"三寓三式（五化五式）"课程的最新教改成果，深挖教材中的德育元素，探究课程思政的融入方式，创新课程思政课堂的实现途径。全面激发学生的潜能，实现知识传授、思想引领、技能培养的同频共振。通过梳理教材中德育元素，分别采用"画龙点睛式、专题嵌入式、元素化合式"教学方法。在教与学的过程中，围绕"会学习、会应用、会创新、会做人"的育人目标，通过"情景化、故事化、幽默化"的融入方式，培育学生的理性思维品格和思辨能力，能启迪智慧，开发创造力，形成不畏艰难、勇于探索的科学信念；培养唯真求实、尊重数据的科学态度。让学生的学习方式从被动到主动再到自主转化。

## 二、与其他课程的关系

本课程是理、工类专业的基础课。本课程的学习情况事关学生后继专业课程的学习。课程基础性、理论性强，与专业课程的学习联系密切，关系到学生综合能力的培养。

## 三、知识点、技能点及其层次要求

**1. 知识点**

（1）极限与连续的概念。

（2）导数与微分的概念。

（3）导数的应用。

（4）一元函数积分学的基本概念。

**2. 技能点**

（1）掌握极限的严格定义与连续的判定方法。

（2）掌握导数与微分的物理意义和几何意义。

（3）掌握导数的实际应用背景及其应用领域。

（4）掌握一元函数积分学的基本概念会求解不定积分和定积分。

**3. 重难点**

（1）证明函数的极限存在的方法。

（2）判别函数在一点处是否可导法则。

（3）实际生活中利用导数建立模型的建模方法。

（4）利用定积分求不规则图形的面积的方法。

**4. 思政元素（宏观层面）**

（1）量变与质变；对立与统一。

（2）实事求是、严谨深入的科学精神。

（3）以客观辩证唯物主义和发展眼光看待问题。

（4）敬业、坚持、专注。

（5）爱国、担当。

## 四、教学内容

### 第一章　函数、极限与连续

**主要内容：** 掌握函数的概念及其几种特性（奇偶性、单调性、有界性、周期性）、理解复合函数的概念，了解反函数的概念、掌握基本初等函数的性质及其图像，了解初等函数的概念、理解数列、函数极限的概念、了解数列极限的性质及四则运算法则、掌握单调有界数列必有极限的准则、掌握函数极限的性质及四则运算法则，掌握利用两个重要的极限求有关的极限、理解无穷小量和无穷大量的概念，掌握无穷小量的比较法，会用等价无穷小量代换求极限、理解函数连续性的概念，会判断函数的间断性及对间断点分类、了解连续函数的性质和初等函数的连续性，了解闭区间上连续函数的性质，掌握这些性质的简单应用。

**对应知识点：** 极限的概念与性质；极限的运算；函数的连续性。

**对应技能点：** 根据实际经济问题建立简单的经济函数模型。

**重难点：** 极限的证明方法；连续和间断点的判别。

**对应思政元素：** 极限概念：具体到抽象，特殊到一般，极限定义的简洁逻辑美感。

**实施手段：** 采用情景化、故事化的教学方法，通过割圆术、截杖等实际问题的解决，画龙点睛式嵌入我国古代数学家的智慧，利用幽默化的例子理解无限接近这一过程的本质。深入学习由具体到抽象、特殊到一般的分析规律。通过极限定义的逐字分析，理解数学的严谨美、简洁美、逻辑美。

**第二章　导数和微分**

**主要内容：** 理解微分和导数的概念、关系和几何意义。熟练掌握导数的四则运算法则和复合函数求导的链式法则，熟练掌握基本初等函数的求导公式、掌握反函数求导方法，隐函数求导方法和参数方程确定的函数的求导法，掌握对数求导法。理解高阶导数的概念，会求简单函数的高阶导数。

**对应知识点：** 导数的概念，可导与连续的关系；导数公式和求导法则，复合函数和隐函数的导数。

**对应技能点：** 导数几何意义的应用；微分的几何意义，高阶导数与高阶微分；近似计算。

**重难点：** 复合函数的求导；隐函数的导数。

**对应思政元素：** 刻苦钻研，勇攀高峰；解决问题要抓住主要矛盾。

**实施手段：** 通过数学物理实例，采用元素化和式的导入法，寓教于乐，在讨论和探索中在引入导数的概念时，通过梳理科学家创立导数的过程，让学生学习科学家孜孜不倦的探索精神，通过对切线概念的讲解，使学生理解“平均”和“瞬时”中体现的对立统一规律。让学生体验正方形面积的差值，情景化应用微分近似计算体现了解决问题要抓住主要矛盾。

**第三章　微分中值定理与导数的应用**

**主要内容：** 理解并能应用 罗尔定理，拉格朗日微分学中值定理，了解并会用柯西中值定理、掌握用洛必达法则求未定式极限的方法、理解函数极值的概念，掌握用导数判断函数的单调性和求函数极值的方法，掌握函数最大值和最小值的求法及其应用、掌握用导数判断函数的凸性和拐点的方法、了解根据函数的微分性质描绘函数图像的方法。

**对应知识点：** 三个微分中值定理，特别是拉格朗日中值定理及推论 1、2；函数单调性与凹凸性的判定；利用导数证明不等式与恒等式。

**对应技能点：** 未定式极限的计算；利用导数证明不等式与恒等式。

**重难点：** 中值定理的应用；函数极值的求法。

**对应思政元素：** 解放思想天地宽；正确对待生活中的起落。

**实施手段：**应用画龙点睛法、启发式教学法归纳三大中值定理的成立条件，这种通过放宽条件让结论越来越具有普遍性，进而使得理论得以进步的过程告诉学生看待问题的视角不要拘泥于已有的限制，在实事求是的基础上解放思想，开拓创新。通过故事化、案例化的教学方式，寓教于乐，和学生交流生活的谷底孕育着机遇，正确看待人生起落。

**第四章　一元函数积分**

**主要内容：**理解定积分的概念、意义和性质，理解原函数的概念。掌握微积分基本定理。掌握不定积分的基本公式，掌握不定积分的第一换元积分法和第二换元积分法，掌握分部积分法。会计算有理函数的积分、某些无理函数的积分和三角函数有理式的积分。掌握定积分计算的换元积分法和分部积分法。

**对应知识点：**定积分的概念；原函数与微积分基本原理。

**对应技能点：**原函数定义理解；换元法求积分。

**重难点：**三角代换等复杂积分的计算。

**对应思政元素：**化整为零、近似代替；积零为整、无限逼近。

**实施手段：**采用画龙点睛法描述我国在探月、测量等方面取得的成就，通过讲解定积分背景和概念，专题嵌入“变与不变，近似与精确”的思想，通过互动和探讨式向学生揭示辩证唯物主义思想中量变到质变的本质规律。引导学生提炼蕴藏于教学内容中的马克思主义哲学思想：由“直”与“曲”（“常”与“变”）这对矛盾在一定条件下的转化，印证“对立统一”是宇宙的根本规律。

**第五章　定积分的应用**

**主要内容：**掌握定积分在几何上的应用（微元法，平面区域的面积，平面曲线的弧长，利用截面面积计算立体体积，旋转体的侧面积）。了解定积分在物理上的应用（变力作功，液体静压力，引力，平均值）。了解定积分在经济学中的应用（最大利润问题，资金流的现值与终值）。

**对应知识点：**用定积分计算各种形式平面图形面积；已知截面面积函数求立体体积和旋转体的体积。

**对应技能点：**已知截面面积函数求立体体积和旋转体的体积；定积分在物理学、经济学中的应用。

**重难点：**已知截面面积函数求立体体积和旋转体的体积。

**对应思政元素：**科学方法论和对学生进行微积分的发展历史曲折跌宕，撼人心灵，可以培养学生正确世界观、文化熏陶。

**实施手段：**通过无界区域的面积的计算，让学生体会到数学的奇异之美，寓道于教，对于简单的问题不要轻视，对于复杂的问题，也不要被困难所吓倒，任何事情不一定那么简单，也不一定像我们想象的那么困难。

## 五、学时分配

| 教 学 内 容 | 讲课 | 上机 | 实验 | 实践 | 小计 |
|---|---|---|---|---|---|
| 第一章　函数、极限与连续 | 10 | 0 | 0 | 0 | 4 |
| 第二章　导数和微分 | 12 | 0 | 0 | 0 | 4 |
| 第三章　导数的应用 | 12 | 0 | 0 | 0 | 8 |
| 第四章　一元函数积分 | 12 | 0 | 0 | 0 | 8 |
| 第五章　定积分的应用 | 12 | 0 | 0 | 0 | 8 |
| 综合复习 | 4 | 0 | 0 | 0 | 4 |
| 数学实验 | 2 | 0 | 0 | 0 | 2 |
| 合　计 | | | | | 64 |

**微积分课程思政三寓三式教学实施**

| 教学单元（类型） | 专业内容 | 思政要点 | 实施手段 |
|---|---|---|---|
| 第一章<br>函数、极限与连续 | 极限的概念与性质、极限的运算<br>函数的连续性 | 具体到抽象，特殊到一般，极限定义的简洁逻辑美感 | 画龙点睛式 + 情景化 + 故事化 + 幽默化 |
| 单元二<br>导数和微分 | 导数几何意义的应用，微分的几何意义，高阶导数与高阶微分<br>近似计算 | 刻苦钻研，勇攀高峰<br>解决问题要抓住主要矛盾 | 元素化和式 + 寓教于乐 + 互动式 + 探索式 |
| 单元三<br>导数的应用 | 三个微分中值定理，特别是拉格朗日中值定理及推论 1、2<br>函数单调性与凹凸性的判定；<br>利用导数证明不等式与恒等式 | 解放思想天地宽，正确对待生活中的起落 | 寓教于乐 + 画龙点睛式 + 启发式 + 故事化 + 案例化 |
| 单元四<br>一元函数积分 | 定积分的概念<br>原函数与微积分基本原理 | 化整为零、近似代替；<br>积零为整、无限逼近；<br>和发展眼光看待问题。 | 专题嵌入式 + 互动式 + 探讨式 |
| 单元五<br>定积分应用 | 用定积分计算各种形式平面图形面积<br>已知截面面积函数求立体体积和旋转体的体积。 | 科学方法论和对学生进行微积分的发展历史曲折跌宕，撼人心灵，可以培养学生正确世界观、文化熏陶。 | 寓道于教 + 戏剧化 |

## 六、教学方法与手段

**教学方法：** 授课和实验。

**教学手段：** 多媒体 + 板书 + 互动讨论等，本课程在不同知识板块的授课过程中，结合“寓道于教、寓德于教、寓教于乐”（即“三寓”）的思政教育思想，融合“画龙点睛式、专题嵌入式、元素化合式”（即“三式”）的实施手段，实现专业课与思政课的同向同行协同育人。

## 七、考核方式

**考核方式：**闭卷考试。

**成绩构成建议：**平时 20% + 实验 30% + 期末 50%。

## 八、教材

《高等数学》周晓中、詹佩民著，吉林大学出版社，2017. 08.

# 《跨境电商英语》课程教学大纲

**适用专业**：商务英语　　**适用年级**：大二
**课程属性**：公共基础课　　**学 分 数**：2
**课程性质**：必修　　**总学时数**：32
**课程类型**：理论＋实践课（B类）　　**讲课学时数**：24
**考核类型**：考查　　**上机学时数**：0
**先修课程**：综合商务英语、国际贸易、商务英语写作　　**实验与实践学时数**：8

## 一、教学目标和基本要求

**教学目标**：

本课程教学秉持“突出应用、服务职场、驱动发展”的教学理念，用习近平新时代中国特色社会主义思想铸魂育人，兼具中国情怀与全球视野，注重德技并修；教学内容融合语言能力与职业能力，注重培养商务英语专业的学生在英语环境下处理跨境电商实务的基本能力，重视职业素养与责任意识，为实现中华民族伟大复兴注入人才活力。

**知识目标**：

To get familiar with writing skills and recommended formats for cross-border e-commerce.

To master the new words and the terms concerned.

**能力目标**：

Be able to recognize applied English for cross-border e-commerce.

Be able to optimize the words and expressions for cross-border e-commerce.

**思政目标**：

To improve competencies for engaging in international communication with Chinese wisdom.

To tell the stories of contemporary China from perspectives of cross-border e-commerce sector.

To improve professional ethics，such as craftsmanship spirit，national spirit，etc.

**基本要求**：

1. 牢固掌握英语环境下进行跨境电商实务操作的基础知识，掌握电商专业的常见英语表述、阅读、写作及翻译技巧。

2. 了解跨境电商业务流程，通过机房模拟实战环境，进行实战项目演练，提高核心知识点在实战中的应用能力，尤其是在英语环境下进行跨境电商运营的实践能力。

3. 分析跨境电商专业材料和补充案例，并结合所学跨境电商知识，与现实商务活动进行多种形式的联系，提高学生对各种跨境电商运营的准确理解和把握。

4. 熟练运用跨境电商所用的专业英语词汇和表达方式以及句型，认真掌握各种电商文案的英语写作要求并能加以实际应用。

5. 应用“三寓三式”课程思政教学成果，实现知识传授、技能培养和价值引领的同频共振；充分挖掘跨境电商语篇中的思政元素，通过创新教学方法和教学手段，实现专业知识与课程思政的元素化合。

## 二、与其他课程的关系

《跨境电商英语》课程的先修课是英语专业专科基础英语课程，和专业基础课《综合商务英语》《国际贸易》和《商务英语写作》。通过本课程学习，学生将掌握跨境电商基本理论和实践知识；经过英语环境下进行跨境电商运营的模拟实践，逐渐提高学生的阅读跨境电商领域的专业原版资料或原材料的能力，掌握网络营销、选品与商品发布、电子支付、商品描述撰写、物流管理和应用、客户评论和管理等的基础运营能力，以及各种电商运营中英语文案的写作方法和能力，培养通过互联网与国际客户沟通的能力；同时，加强实践演练，了解跨境电商的发展趋势和前景，为毕业后成为适应社会需要的应用型涉外商务工作者打下良好的基础。

## 三、知识点、技能点及其层次要求

**1. 知识点**

1. 语言：掌握跨境电商的相关词汇和表达，能理解网络营销、电子支付、物流配送、客户关系管理等跨境电商相关案例和原版资料。

2. 职业：了解不同类型跨境电商概念和特点、主要的网络营销手段、电子支付的一般过程、国际物流的服务范围及优势、客户关系管理的含义和特点和跨境电商的发展趋势及前景。

**2. 技能点**

跨境电商门户网站注册、新媒体营销、国际第三方支付平台操作、发送物流和查询物流常规操作、学习分析客户评论、客户评论回复和沟通技巧、直播语言技能等。

**3. 思政元素**

1. 习近平新时代中国特色社会主义思想：增强文化认同和文化自信、中西文明互鉴、理解人类命运共同体的国际意义。

2. 中华优秀传统文化：全局至上和主动面对的危机管理观、影响世界的兵法谋略智慧、“信、仁、爱”等中华优秀传统文化的思想精华及其时代价值。

3. 社会主义核心价值观：认同社会主义核心价值观，提高个人的爱国、敬业、诚信、友善修养，自觉把小我融入大我，不断追求国家的富强、民主、文明、和谐和社会的自由、平等、公正、法治。

4. 职业理想和职业道德：自我革新、爱岗敬业、开拓进取、攻坚克难、求实创新、民族精神、工匠精神等。

## 四、教学内容

### 第一章　Introduction to Electronic Commerce 电商入门

**主要内容：**掌握跨境电商电商的相概念和特点；实践项目：公共卫生事件中的跨境电商发展。

**对应知识点：**掌握跨境电商的相关词汇、表达；掌握电子 B2B、B2C、C2C、O2O 等跨境电商概念和特点。

**对应技能点：**Registering on B2C Portals　B2C 门户网站注册。

**重难点：**掌握与跨境电商基本概念和特点相关的词汇与句型表达；能使用英文介绍公共卫生事件中我国跨境电商的跨越式发展。

**对应思政元素：**中华优秀传统文化“全局至上”和“主动面对”的危机管理观，自觉把小我融入大我；融入“谋事在人”，需要考虑“天时、地利、人和”，理解人类命运共同体的国际意义。

**实施路径：**课中通过元素化合式或画龙点睛式，在导入部分、单词讲解、实践部分将思政元素融入教学和学生实践过程中。课后，布置项目任务，通过小组讨论，加深对知识点的理解与巩固。

### 第二章　E-marketing 网络营销

**主要内容：**掌握国际网络营销手段，了解国际网络营销技巧；实践项目：新媒体营销方案。

**对应知识点：**了解主要的网络营销手段；掌握网络营销的相关词汇，通过案例了解网络营销技巧的应用。

**对应技能点：**New Media Marketing 新媒体营销。

**重难点：**国际网络营销技巧，并能用英语表达《孙子兵法》相关谋略智慧。

**对应思政元素：**孙子兵法在网络营销中运用；提高个人敬业、诚信、友善修养；培养开拓进取、攻坚克难、求实创新的职业道德。

**实施路径：**课中通过专题嵌入式和画龙点睛式，融入《孙子兵法》中有关谋略的相关英语表达，体现中西文明互鉴，尤其是中国谋略智慧对世界的影响。课后，布置作业，通过小组讨论，加深对知识点的理解与巩固。

**第三章　Selecting and Releasing the Items 选品与商品发布**

**主要内容：**学习跨境电商选品与商品发布的一般过程和常规操作。

**实践项目：**商品描述设计。

**对应知识点：**了解电子商务选品与商品发布常识；掌握电子商务选品与商品发布的常规操作。

**对应技能点：**Writing the Item Description 商品描述写作（家乡非遗文创产品）。

**重难点：**商品描述写作，介绍家乡非遗文创产品。

**对应思政元素：**爱国、诚信等社会主义核心价值观；中华民族精神和工匠精神。

**实施路径：**课中通过专题嵌入式和元素化合式，在导入部分和案例讲解融入课程思政元素，在商品描述中树立爱国、诚信等社会主义核心价值观；通过家乡非遗文创产品的英语描述设计项目活动，体现文化自信、中华民族精神和工匠精神。

**第四章　Electronic Payment 电子支付**

**主要内容：**学习电子支付的一般过程和手段；实践项目：国际第三方支付平台添加银行卡英语说明书。

**对应知识点：**掌握电子支付的一般过程；了解国际常用的集中电子支付手段。

**对应技能点：**国际第三方支付平台操作。

**重难点：**国际电子支付的操作流程。

**对应思政元素：**中华传统文化“重诚信”在现代职业素养中的体现；提高个人的敬业和诚信，不断追求社会的公正和法治。

**实施路径：**通过元素化合式或画龙点睛式，在案例理解和讨论中融入思政元素：中国传统文化中的“重诚信”；在操作实践中体现个人的敬业和诚信，国际支付中保持公正和法治精神。

**第五章　Logistics Management 物流管理**

**主要内容：**学习跨境电商物流配送的基本知识和常规操作；实践项目：EMS 和 UPS 发货流程。

**对应知识点：**理解跨境电商中物流配送的重要性；了解第三方物流可提供的服务范围及优势；熟悉常见的货物运输的方式。

**对应技能点：**发送物流和查询物流常规操作。

**重难点：**第三方物流的发送和查询操作，能用英语介绍体现社会主义核心价值观的经营理念。

**对应思政元素：**EMS 经营理念“Treasure Every Moment，Serve with Heart at Every Step”文化辨析，体现“敬业、诚信、友善”的价值观。

**实施路径：**通过专题嵌入式，在 EMS 案例学习部分融入思政元素的文化辨析；通过画龙点睛式，点明其中蕴含的社会主义核心价值观。

第六章　Customer Relationship Management 客户关系管理

**主要内容：**掌握客户关系管理技巧，恰当处理客户评论和沟通；实践项目：商品评价处理实务。

**对应知识点：**初步理解客户关系管理的含义、特点；掌握相关术语并逐步学会应用案例里的客户关系管理技巧。

**对应技能点：**学习分析客户评论的特点和原因，掌握客户评论回复和沟通技巧。

**重难点：**客户关系管理技巧；用英语表达中华优秀传统文化中的名句。

**对应思政元素：**以传统文化中"信、仁、爱"处理客户关系：《弟子规》"凡出言，信为先"；《三字经》"将如人，先问己"、"能亲仁，无限好"等。

**实施路径：**通过专题嵌入式，在导入部分介绍《弟子规》和《三字经》中的相应名句，以画龙点睛式指出以"信、仁、爱"处理客户关系的重要性，体现文化认同；在实践项目中提高个人的敬业、诚信、友善修养，树立文明、和谐、平等、公正等社会主义核心价值观。

第七章　New Trends in Cross-border E-commerce 跨境电商新态势

**主要内容：**把握跨境电商的发展趋势及前景；实践项目：跨境电商直播。

**对应知识点：**把握跨境电商的发展趋势及前景；了解国际发展格局对跨境电商的影响。

**对应技能点：**跨境电商直播中的语言技能（家乡非遗文创产品）。

**重难点：**能用英语讲述跨境电商的发展趋势及前景；跨境电商直播。

**对应思政元素：**坚持社会主义先进文化的前进方向，推进文化创新，提高我国文化软实力。

**实施路径：**课中通过元素化合式和画龙点睛式，在导入部分、案例讲解及练习部分融入思政元素；课后，实践项目练习中通过小组讨论和主播口语训练，加强用英语介绍家乡非遗文创产品的能力。

## 五、学时分配

表1　《跨境电商英语》课程学时分配

| 教学内容 | 讲课 | 上机 | 实验 | 实践 | 小计 |
|---|---|---|---|---|---|
| 第一章　Introduction to Electronic Commerce 电商入门 | 3 | 1 | | | 4 |
| 第二章　E-marketing 网络营销 | 3 | 1 | | | 4 |
| 第三章　Selecting and Releasing the Items 选品与商品发布 | 3 | 1 | | | 4 |
| 第四章　Electronic Payment 电子支付 | 3 | 1 | | | 4 |
| 第五章　Logistics Management 物流管理 | 3 | 1 | | | 4 |

（续表）

| 教学内容 | 讲课 | 上机 | 实验 | 实践 | 小计 |
|---|---|---|---|---|---|
| 第六章 Customer Relationship Management 客户关系管理 | 3 | 1 | | | 4 |
| 第七章 New Trends in Cross-border E-commerce 跨境电商新态势 | 3 | 1 | | | 4 |
| General Review | 1 | 1 | | | 2 |
| Final Exam | | | | 2 | 2 |
| 合　计 | 24 | 8 | | | 32 |

## 六、教学方法与手段

**教学方法：**主要采用任务型教学法和翻转课堂教学法，结合讲授法、听说法和交际法等常用语言教学方法，进行因材施教。同时，思政元素通过启发式、互动式、讨论式、探究式或案例式等不同形式的教学，并将其融入课程项目实践，实现“三全”育人。

**教学手段：**主要采用现代信息技术辅助语言教学（CALL）的手段，并灵活采用画龙点睛式、专题嵌入式或元素化合式，实现课程思政元素在专业课程中的融入，从而深化教学改革。

**表 2　《跨境电商英语》课程思政建设总方案**

| 教学单元 | 专业教学内容 | 思政元素融入 | 实施手段 |
|---|---|---|---|
| Introduction to Electronic Commerce 电商入门 | 跨境电商电商的相概念和特点<br>实践项目：公共卫生事件中的跨境电商发展 | 中华传统文化“全局至上”、“主动面对”的危机管理观，融入“谋事在人”，需要考虑“天时、地利、人和” | 元素化合式＋画龙点睛式 |
| 第二章 E-marketing 网络营销 | 国际网络营销手段与技巧<br>实践项目：新媒体营销方案 | 孙子兵法在网络营销中运用 | 专题嵌入式＋画龙点睛式 |
| 第三章 Selecting and Releasing the Items 选品与商品发布 | 跨境电商选品与商品发布的一般过程和常规操作<br>实践项目：商品描述设计（家乡非遗文创产品） | 爱国、诚信等社会主义核心价值观；<br>中华民族精神和工匠精神 | 专题嵌入式＋元素化合式 |
| 第四章 Electronic Payment 电子支付 | 电子支付的一般过程和手段<br>实践项目：国际第三方支付平台添加银行卡英语说明书 | 中华传统文化“重诚信”在现代职业素养中的体现；<br>提高个人的敬业和诚信，不断追求社会的公正和法治 | 元素化合式＋画龙点睛式 |
| 第五章 Logistics Management 物流管理 | 跨境电商物流配送的基本知识和常规操作<br>实践项目：EMS 和 USP 发货流程 | EMS 经营理念“Treasure Every Moment，Serve with Heart at Every Step”文化辨析，体现“敬业、诚信、友善”的价值观 | 专题嵌入式＋画龙点睛式 |

（续表）

| 教学单元 | 专业教学内容 | 思政元素融入 | 实施手段 |
| --- | --- | --- | --- |
| 第六章<br>Customer Relationship Management<br>客户关系管理 | 掌握客户关系管理技巧，恰当处理客户评论和沟通<br>实践项目：商品评价处理实务 | 传统文化中“信、仁、爱”处理客户关系：《弟子规》“凡出言，信为先”；《三字经》“将如人，先问己”、“能亲仁，无限好”等 | 专题嵌入式 + 画龙点睛式 |
| 第七章<br>New Trends in Cross-border E-commerce<br>跨境电商新态势 | 跨境电商的发展趋势及前景<br>实践项目：跨境电商直播 | 坚持社会主义先进文化的前进方向，推进文化创新，提高我国文化软实力 | 元素化合式 + 画龙点睛式 |

## 七、考核方式

**考核方式：**

采用形成性评价与终结性评价相结合的方式，并加大形成性考核的力度；加大实践技能考核成绩在课程总成绩中的比重，注重对学生在跨境电商行业应用英语的能力评价，特别是用英语处理与跨境电商相关的业务能力；加强对实操项目的考核，引导学生自我管理、主动学习，提高学习效率。终结性评价中包括经营理念、客户管理技巧原则、文创产品营销理念等文化阐述题。

**成绩构成建议：**

学期成绩 = 期末成绩 50% + 平时成绩 50%。

平时成绩 = 考勤 50% + 项目 30% + 课堂表现 20%。

3 次迟到 = 1 次旷课。

5 次旷课 = 平时成绩 0 分。

请假不计入考勤但要有假条。

参加跨境电商英语相关的职业技能比赛平时成绩可适当加 5～15 分。

## 八、教材及主要参考资料

**1. 教材**

《电子商务英语创新型教程》，吴含等主编，人民邮电出版社，2016. 10.

**2. 参考资料**

《跨境电商基础与实务（第 2 版）》，邓志超等主编，人民邮电出版社，2021. 5.

《跨境电商：平台规则 + 采购物流 + 通关合规全案》，农家庆主编，清华大学出版社，2020. 6.

《跨境电子商务操作实务》，张云勤等主编，大连理工大学出版社，2017. 6.

# 《外贸英语函电》课程教学大纲

| | |
|---|---|
| **适用专业：** 商务英语专业 | **适用年级：** 2021 级 |
| **课程属性：** 专业核心课程 | **学 分 数：** 2 |
| **课程性质：** 必修 | **总学时数：** 32 |
| **课程类型：** 理论 + 实践 | **讲课学时数：** 18 |
| **考核类型：** 考查 | **上机学时数：** 0 |
| **先修课程：**《综合英语二》 | **实验与实践学时数：** 14 |

## 一、教学目标基本要求

《外贸英语函电》课程在商务英语专业、国际贸易专业和国际商务专业人才培养过程中占有重要的地位。它的作用在于培养学生外贸函电方面的读写能力。其指导思想是培养具有外贸函电读写能力的高素质国际贸易人才。本课程将国际贸易知识与商务英语融为一体，属于专业核心课。在总的培养目标下，本课程旨在培养学生掌握外贸英语函电的基本知识、外贸函电英语术语、以及外贸函电英语表达方法。让学生熟悉对外贸易业务各个环节，锻炼学生对相关业务的英语表达能力，并掌握涉外经贸工作中商务信函的写作技巧，以适应外经贸工作的实际业务需要。学生通过学习该课程，在外贸函电知识、外贸英文函电读写能力等方面达到一定水平。通过学习，学生不仅在商务背景知识方面得到很大的扩充，还能在商务信息的获取、分析、利用方面形成应有的技能，对接 VETS 证书中的文件处理、合同签订、订单管理三个模块的职业技能要求。

在课程思政建设上，《外贸英语函电》吸收借鉴我校“三寓三式”课程思政改革教学成果，结合教学内容充分发掘教材中的思政元素，改革教学方法，对照“三寓三式”和快乐教学法创新实现路径，实现知识传授、技能培养和价值引领三位一体的教学模式。《外贸英语函电》充分挖掘外贸活动中有关优秀传统文化元素，通过翻译、讨论等教学方式，实现专业知识与课程思政的元素化合，达到画龙点睛的效果。

## 二、与其他课程的关系

本课程在学生学完大学基础英语和商务英语之后开设的专业主干课程，因此学生对基础英语和专业英语的掌握，为本课程的学习打下坚实的基础。另外，其他专业课程，如：国际金融、国际贸易原理与实务、国际商务单证实务等与本课程相辅相成，互为补充，互为联系，共同构成该专业课程的有机整体。

## 三、知识点、技能点、思政元素及其层次要求

**1. 知识点**

1. 外贸函电术语及其缩写。

2. 开发信、咨询、询盘及答复、发盘及还盘、电子邮件、促销、订单及其执行、付款条件、信用证的修改和展期、包装、保险、装运、代理、索赔与理赔等函电的写作。

3. 开发信、咨询、询盘及答复、发盘及还盘、电子邮件、促销、订单及其执行、付款条件、信用证的修改和展期、包装、保险、装运、代理、索赔与理赔等函电的写作常用语句。

**2. 技能点**

1. 了解国际贸易的概念、历史、理论、程序和跨国公司等知识。

2. 学习撰写建立业务关系、咨询、询盘及答复、发盘及还盘、电子邮件、促销、订单及其执行、付款条件、信用证的修改和展期、包装、保险、装运、代理、索赔与理赔等函电。

3. 掌握外贸函电的重要写作原则、体例、常用词汇、习惯表达法及规范的外贸英语函电格式。

4. 理解国际贸易各不同环节中的外贸函电英语及主要业务知识，熟悉并掌握国际贸易中的英语术语和表达方法。初步做到能在一般情况下读懂、翻译并能写出内容确切、表达得体、符合规范、语句通顺、没有语法错误的信函。

**3. 重难点**

1. 外贸英语函电中各种书信的写作常见格式、写作步骤和规范要求；

2. 外贸英语函电写作中的礼貌原则和度的把握；

3. 能够从对方来信的语气中掌握对方的真实意图；

4. 避免写作中的常见误区，如语法、语气、拼写等。

**4. 思政元素（宏观层面）**

1. 弘扬中国优秀传统文化，做中国文化的传播者；

2. 树立牢固的家国情怀意识，自觉捍卫祖国利益；

3. 在学习中领悟社会主义核心价值观，诚实守信；

4. 树立高尚的职业道德，严守职业规范。

## 四、教学内容

**第一章　Written Communication-An Overview**

**主要内容：**本节内容主要学习商业信函的各个组成部分，以及商业信函的一般写作规范和方法；学习了解中英文的信封书写差异；了解电子邮件的组成部分、写作特点和一般

要求。

**对应知识点：**1. 商业信函的各个组成部分；2. 外贸英语函电的句子特点；3. 外贸英语函电的写作要求；4. 电子邮件的写作要求。

**对应技能点：**1. 掌握外贸函电的格式及规范；2. 掌握外贸函电的写作要求。

**重难点：**1. 外贸英语函电的格式规范；2. 电子邮件的写作规范。

**对应思政元素：**1. 优秀传统文化（成语故事）：经国大业；2. 家国情怀，了解外贸对我国经济的重要意义。

**实施路径：**在教学导入环节，通过专题嵌入的方式讲述成语小故事：经国大业，以及其中蕴含的中国优秀传统文化，引导学生用英文复述，同时讨论外贸对我国的重要性。使得学生更加深刻的了解外贸对于我国所具有的重要意义。

**第二章 Establishment of Business Relations**

**主要内容：**本章节内容了解寻找新客户的渠道，学习开发信的要求和方法；掌握征信函的写作和要求。

**对应知识点：**1. 开发信的写作特点；2. 开发信的常用语句；3. 转介绍信及征信函的写作特点；4. 转介绍信及征信函的常用语句。

**对应技能点：**1. 会用英语写信给对方介绍自己的公司；2. 掌握并熟练应用常用语句进行开发信的写作；3. 能够用英文写作转介绍信；4. 能够用英文写作征信函。

**重难点：**1. 开发信的写作；2. 征信函的写作。

**对应思政元素：**1. 优秀传统文化（成语故事）：互惠互利、成人之美；2. 践行社会主义核心价值观：诚实守信。

**实施路径：**在教学导入环节，通过专题嵌入的方式讲述成语小故事：互惠互利、成人之美，以及其中蕴含的中国优秀传统文化，引导学生用英文复述，提高学生口语表达能力，能做中国文化的传播者。同时引导学生领悟社会主义核心价值观，自觉做到诚实守信，在今后的业务中，不违反协议，自觉地将客户交给签约地代理商。

**第三章 Inquiries and Replies**

**主要内容：**本章学习询盘的内容特点和写作要求；了解一般询盘和具体询盘的区别，能够就订单要求写列表询盘。

**对应知识点：**1. 询盘的写作特点和常用语句；2. 列表询盘的写作；3. 回复的写作要求和常用语句。

**对应技能点：**1. 会用英语写信给对方公司进行询盘；2. 掌握并熟练应用常用语句进行询盘写作。

**重难点：**1. 初次询盘的写作；2. 列表询盘的写作。

**对应思政元素：**1. 优秀传统文化（成语故事）：引蛇出洞、求同存异；2. 了解我国的外交政策，强化学生的家国情怀。

**实施路径：**在教学导入环节，通过专题嵌入的方式讲述两个成语小故事：引蛇出洞、求同存异，体会中国优秀传统文化之美，引导学生用英文复述，提高学生口语表达能力，做中国文化的传播者。同时通过讲述优秀传统文化中的小故事，引导学生了解我国的外交政策，升华学生的家国情怀。

**第四章　Making Quotations and Offers**

**主要内容：**本章学习报盘的写作方法、要求和常用语句，以及发盘的写作要求、方法及常用语句，了解并掌握报盘和发盘的区别以及实盘和虚盘之间的区别。

**对应知识点：**1. 报盘的写作方法、要求和常用语句；2. 以及发盘的写作要求、方法及常用语句；3. 报盘和发盘的区别以及实盘和虚盘之间的区别。

**对应技能点：**1. 会用英语就询盘写信给对方公司进行回复；2. 掌握并熟练应用常用语句进行回复写作。

**重难点：**1. 报盘的常用语句；2. 发盘的写作及常用语句。

**对应思政元素：**1. 优秀传统文化（成语故事）：田忌赛马、一诺千金；2. 践行社会主义核心价值观，注重诚实守信。

**实施路径：**在教学导入环节，通过专题嵌入的方式讲述两个成语小故事：田忌赛马、一诺千金。通过传统故事让学生领会在外贸如何扬长避短。同时引导学生用英文复述，提高学生口语表达能力，做中国文化的传播者。通过讲述一诺千金的故事，引导学生自觉践行社会主义核心价值观，注重诚实守信，提高自己的职业素养和道德。

**第五章　Making Counteroffers and Declining Orders**

**主要内容：**本章学习如何进行还盘写作，了解还盘与发盘之间的区别，学会如何就发盘进行还盘写作，掌握还盘的常用语句，同时掌握拒绝还盘和接受还盘的常用表达语句。

**对应知识点：**1. 还盘写作及常用语句；2. 还盘与发盘之间的区别；3. 拒绝还盘的常用表达语句；4. 接受还盘的常用表达语句。

**对应技能点：**1. 会用英语写信给对方公司进行还盘和拒盘；2. 掌握并熟练应用常用语句进行还盘和拒盘写作。

**重难点：**1. 按要求进行还盘写作；2. 按要求进行拒绝还盘写作。

**对应思政元素：**1. 优秀传统文化（成语故事）：碍难从命；2. 提升家国情怀意识。

**实施路径：**在教学导入环节，通过专题嵌入的方式讲述成语小故事：碍难从命。通过传统故事让学生了解在外贸中要学会如何学不。同时引导学生用英文复述，提高学生口语表达能力，做中国文化的传播者。同时引导学生进行讨论，通过讨论提高家国情怀意识，认识到在国家利益面前须寸步不让。

**第六章　Acceptance and Orders**

**主要内容：**本章学习受盘的写作方法、要求及常用表达语句；学习如何表达已收到订单，如何就重复订单下定及其注意事项、写作要求及规范和常用表达语句。学些就确认订单进行写作。

**对应知识点：**1. 受盘和下定的写作特点；2. 受盘和下定的常用语句；3. 确认订单的写作和常用语句。

**对应技能点：**1. 会用英语写信给对方公司进行受盘和下定；2. 掌握并熟练应用常用语句进行受盘和下定写作。

**重难点：**1. 受盘和下定的写作；2. 确认订单的写作及其规范。

**对应思政元素：**1. 优秀传统文化（成语故事）：一言既出、驷马难追；2. 觉践行社会主义核心价值观，提升职业道德。

**实施路径：**在教学导入环节，通过专题嵌入的方式讲述成语小故事：一言既出、驷马难追。通过传统故事让学生学习掌握外贸中契约精神的重要性，同时通过用英文讨论让学生了解契约精神就是职业道德的要求，也是在践行社会主义核心价值观通过讨论达到思政元素与教学内容元素化合的效果。引导学生用英文复述，提高学生口语表达能力，做中国文化的传播者。

**第七章 Terms of Payment**

**主要内容：**本章节学习了解各种付款方式及其要求，掌握如何根据需要请求不同的付款方式；学习如何就对方要求或同意或拒绝的写作要求及常用表达语句。

**对应知识点：**1. 支付条款的写作特点及要求；2. 支付条款的常用语句；3. 各种支付方式的英文术语表达。

**对应技能点：**1. 会用英语写信给对方公司约定支付条款；2. 掌握并熟练应用常用语句进行支付条款写作。

**重难点：**1. 各种支付方式优缺点以及应用；2. 请求各种支付方式对应的英文语句表达。

**对应思政元素：**1. 优秀传统文化（成语故事）：有言在先；2. 提高职业素养，谨防上当受骗。

**实施路径：**在教学导入环节，通过专题嵌入的方式讲述成语小故事：有言在先。通过传统故事让学生了解在外贸中事先商议好付款方式的重要性，同时通过用英文讨论让学生对外贸易中存在种种陷阱，一定要提高自己的职业素养，防止上当受骗，通过讨论达到思政元素与教学内容元素化合的效果。通过学习过程，强化学生口语表达能力，做中国文化的传播者。

**第八章 Letter of Credit**

**主要内容：**本章学习信用证的种类、信用的用途、使用规范和要求，掌握如何要求就开证、改证、展证进行写作，并掌握其常用表达。

**对应知识点：**1. 信用证种类；2. 信用证的写作特点及要求。

**对应技能点：**1. 会用英语写信给对方公司要求开证、改证；2. 掌握并熟练应用常用语句要求开证、改证和展证。

**重难点：** 1. 信用证的种类及其使用规范和要求；2. 开证、改证、展证进行写作。

**对应思政元素：** 1. 优秀传统文化（成语故事）：事必躬亲；2. 强化职业道德，认真审查信用证。

**实施路径：** 在教学导入环节，通过专题嵌入的方式讲述成语小故事：事必躬亲。通过事必躬亲这个传统故事让学生了解在收到对方信用证后要认真做好审查信用证这一工作，深刻认识审证的重要性；通过成语故事将思政元素与教学内容有机结合起来，达到元素化合的效果。通过用英文讲述成语小故事，提高学生口语表达能力，勇做中国文化的传播者。

**第九章　Packing and Shipment**

**主要内容：** 本章学习运输标志的印刷要求和运输要求的英文表达，掌握如何就发货及运输要求进行英文写作，学习如何催货和要求分批装运，掌握其常用英文表达语句。

**对应知识点：** 1. 包装和运输方式的种类；2. 包装和运输方式的英文表达；3. 写信告知运输标志的要求；4. 写信告知运输要求。

**对应技能点：** 1. 会用英语写信给对方公司规定包装要求和运输方式；2. 掌握并熟练应用常用语句就包装要求和运输方式进行写作。

**重难点：** 1. 用英文写包装要求；2. 用英文写运输要求。

**对应思政元素：** 1. 优秀传统文化（成语故事）：百密一疏；2. 强化职业道德，避免忙中出错。

**实施路径：** 在教学导入环节，通过专题嵌入的方式讲述成语小故事：百密一疏。通过百密一疏这个传统故事警醒学生在运输环节千万不能百密一疏，否则会给公司带来重大损失。通过成语故事将思政元素与教学内容有机结合起来，达到元素化合的效果。通过用英文讲述成语小故事，提高学生口语表达能力，争做中国文化的传播者。

## 五、学时分配

**表 1　课程学时分配表**

| 课程内容 | 讲课 | 实践 | 上机 | 大作业 | 小计 |
|---|---|---|---|---|---|
| 第一章　Written Communication-An Overview | 2 | | | | 2 |
| 第二章　Establishment of Business Relations | 2 | 2 | | | 4 |
| 第三章　Inquiries and Replies | 2 | | | | 2 |
| 第四章　Making Quotations and Offers | 2 | 2 | | | 4 |
| 第五章　Making Counteroffers and Declining Orders | 2 | 2 | | | 4 |
| 第六章　Acceptance and Orders | 2 | 2 | | | 4 |

（续表）

| 课 程 内 容 | 讲课 | 实践 | 上机 | 大作业 | 小计 |
|---|---|---|---|---|---|
| 第七章　Terms of Payment | 2 | 2 | | | 4 |
| 第八章　Letter of Credit | 2 | 2 | | | 4 |
| 第九章　Packing and Shipment | 2 | 2 | | | 4 |

## 六、教学方法与手段

**教学方法：** 主要采用任务型教学法和翻转课堂教学法，结合讲授法、听说法和交际法等常用语言教学方法，进行因材施教。同时，思政元素通过情景化、形象化、故事化、游戏化或幽默化等方式进行启发式、互动式、讨论式、探究式或案例式等不同形式的教学，并将其融入第二课堂，实现“三全”育人。

**教学手段：** 主要采用现代信息技术辅助语言教学（CALL）的手段，并灵活采用画龙点睛式、专题嵌入式或元素化合式，实现寓道于教、寓教于乐、寓德于教的课程思政教学改革。

**表 2　课程思政教学实施方案**

| 单元名称 | 教学内容 | 课程思政要点 | 实施手段 |
|---|---|---|---|
| 第一章　Written Communication-An Overview | 本节内容主要学习商业信函的各个组成部分，以及商业信函的一般写作规范和方法；学习了解中英文的信封书写差异；了解电子邮件的组成部分、写作特点和一般要求。 | 1）优秀传统文化（成语故事）：经国大业；<br>2）家国情怀，了解外贸对我国经济的重要意义 | 专题嵌入式 |
| 第二章 Establishment of Business Relations | 本章节内容了解寻找新客户的渠道，学习开发信的要求和方法；掌握征信函的写作和要求。 | 1）优秀传统文化（成语故事）：互惠互利、成人之美；<br>2）践行社会主义核心价值观：诚实守信。 | 专题嵌入式 |
| 第三章 Inquiries and Replies | 本章学习询盘的内容特点和写作要求；了解一般询盘和具体询盘的区别，能够就订单要求写列表询盘。 | 1）优秀传统文化（成语故事）：引蛇出洞、求同存异<br>2）了解我国的外交政策，强化学生的家国情怀。 | 专题嵌入式 |
| 第四章　Making Quotations and Offers | 本章学习报盘的写作方法、要求和常用语句，以及发盘的写作要求、方法及常用语句，了解并掌握报盘和发盘的区别以及实盘和虚盘之间的区别。 | 1）优秀传统文化：田忌赛马、一诺千金<br>2）践行社会主义核心价值观，注重诚实守信 | 专题嵌入式 |
| 第五章　Making Counteroffers and Declining Orders | 本章学习如何进行还盘写作，了解还盘与发盘之间的区别，学会如何就发盘进行还盘写作，掌握还盘的常用语句，同时掌握拒绝还盘和接受还盘的常用表达语句。 | 1）优秀传统文化：碍难从命；<br>2）提升家国情怀意识。 | 专题嵌入式<br>讨论 |

（续表）

| 单元名称 | 教学内容 | 课程思政要点 | 实施手段 |
|---|---|---|---|
| 第六章 Acceptance and Orders | 本章学习受盘的写作方法、要求及常用表达语句；学习如何表达已收到订单，如何就重复订单下定及其注意事项、写作要求及规范和常用表达语句。学些就确认订单进行写作。 | 1）优秀传统文化：一言既出、驷马难追；<br>2）觉践行社会主义核心价值观，提升职业道德。 | 专题嵌入式<br>元素化合式 |
| 第七章 Terms of Payment | 本章节学习了解各种付款方式及其要求，掌握如何根据需要请求不同的付款方式；学习如何就对方要求或同意或拒绝的写作要求及常用表达语句。 | 1）优秀传统文化：有言在先<br>2）提高职业素养，谨防上当受骗 | 专题嵌入式<br>元素化合式 |
| 第八章 Letter of Credit | 本章学习信用证的种类、信用的用途、使用规范和要求，掌握如何要求就开证、改证、展证进行写作，并掌握其常用表达。 | 1）优秀传统文化：事必躬亲；<br>2）强化职业道德，认真审查信用证。 | 专题嵌入式<br>元素化合式 |
| 第九章 Packing and Shipment | 本章学习运输标志的印刷要求和运输要求的英文表达，掌握如何就发货及运输要求进行英文写作，学习如何催货和要求分批装运，掌握其常用英文表达语句。 | 1）优秀传统文化：百密一疏；<br>2）强化职业道德，避免忙中出错。 | 专题嵌入式<br>元素化合式 |

## 七、考核方式

采用形成性评价与终结性评价相结合的方式，并加大形成性考核的力度；加大实践技能考核成绩在课程总成绩中的比重，注重对学生在职场环境下英语运用能力的评价，特别是用英语处理与未来职业相关的业务能力；加强“课后作业”等项目的考核，引导学生自我管理、主动学习，提高学习效率。

成绩构成：

1. 总成绩 = 期末成绩 50% + 平时成绩 50%；
2. 平时成绩 = 考勤 20% + 作业 50% + 课堂表现 30%；
3. 期末考试为开卷考查。

## 八、教材及主要参考资料

**1. 教材**

徐美荣.《外贸英语函电》（第四版）. 对外经济贸易大学出版社 . 2019. 10.

**2. 参考资料**

徐美荣.《新编外贸英语函电》. 对外经济贸易大学出版社 . 2012.

徐美荣.《外贸英语函电辅导用书》(第二版). 对外经济贸易大学出版社 . 2012.

陈春媚.《外贸函电与单证实训教程》. 对外贸易经济大学出版社 . 2016. 5.

陈春媚，曾元胜.《外贸函电与单证实训教程辅导用书》. 对外贸易经济大学出版社 . 2010.

## 九、其他

无

# 《文案写作》课程教学大纲

| | |
|---|---|
| **适用专业：** 电子竞技运动与管理 | **适用年级：** 2022 级 |
| **课程属性：** 专业课 | **学 分 数：** 2 分 |
| **课程性质：** 专业必修课 | **总学时数：** 32 |
| **课程类型：** 理论 + 实践课（B 类） | **讲课学时数：** 16 |
| **考核类型：** 考查 | **上机学时数：** 0 |
| **先修课程：** | **实验与实践学时数：** 16 |

## 一、教学目标和基本要求

《文案写作》是电子竞技运动与管理专业之中的运营与策划技能的基础课程，其在媒介融合发展的趋势之下，重视学生的写作能力、营销能力，通过本课程的学习，让学生基本掌握文案写作能力，掌握电子竞技策划书写作、电子竞技赛事解说词、电子竞技衍生品营销文案、广告文案等常用专业类文体的写作能力。

对标“三寓三式”课程思政改革教学成果，创新课程思政教学方法与实现路径，激活课程德育元素，释放课程育人功能，实现知识传授、技能培养和价值引领的同频共振。充分挖掘文案写作中有关家国情怀、社会责任、职业道德、创新精神等课程思政元素，通过互动、讨论、案例教学等方式，实现专业知识与课程思政的元素化合。在帮助学生掌握科学地组织出版物发行工作的方法和技能的同时，适时运用德育元素进行总结指点，画龙点睛，寓德于教。

## 二、与其他课程的关系

《新媒体主播实务》《电竞赛事策划与运营》等相关课程的基础。为电子竞技运动与管理前、中、后期奠定基础写作方面的基础。

## 三、知识点、技能点及其层次要求

### 1. 知识点

涉及广告文案设计技能、广告类型分析、文学型文案、说理型文案等具体案例的分析，精细化讲解文案创作的各种方法，包括语言运用、体裁、标题、附文、报刊广告、广播广告、电视广告、网络广告、商业广告、公益广告，以及策划书写作、解说词、营销文案等写作说明。

**2. 技能点**

本方向的主要领域为写作能力的基础方法，旨在让学生掌握解说词、策划书、广告词、短视频文案、互联网文案等相关内容的写作，解决写作技巧与媒体特点结合的相关问题，掌握企业广告文案、公益广告文案、电子竞技营销文案等技能的写作。

**3. 思政元素**

思政教育是落实立德树人根本任务的重要手段，课程思政实现了传授专业知识和梳理价值规范的双重教育目标。文案写作能力的提升紧跟国家时事政策，其紧密贴合时代脉络，反映社会现实。在学习过程中提升学生的思想道德素养，抒发中华民族传统美德，抒发爱国情怀、爱家情怀、爱党情怀。

## 四、教学内容

**第一章　广告文案写作概论**

**主要内容：**广告文案写作定义、广告文案写作的特点与作用、广告文案写作人员的知识结构、广告文案写作人员的核心技能与伦理素养。

**对应知识点：**本章从整体上介绍了“文案写作”领域的技能点需求，广告文案写作作用特点，及广告文案写作人员的核心技能与伦理素养。

**对应技能点：**通过本章的学习，能够对“文案写作”这门课程有一个概括性的认识和把握，了解企业内外文案板块所需相关技能，为学生进一步学习广告文案、电竞赛事营销文案等相关内容进行基础奠定。

**重难点：无**

**对应思政元素：**强化文案创作之中的思想道德素养的传递与引领作用，加强学生的思想道德素养的引领与树立。

**实施手段：**通过专题嵌入式，在文案创作的基本原则与文案创作人所需要具备的基本素养时，嵌入思想道德素养的引领性与价值性，强调文案创作之中的思想道德素养的传递与引领作用，加强学生的思想道德素养的引领与树立。

**第二章　广告创意策略**

**主要内容：**广告创意策略及其作用、如何制定广告创意策略、经典的创意策略观、创意策略简报。

**对应知识点：**本章主要介绍广告创意策略的策略及基本方法。

**对应技能点：**创意策略的形成方法、创意策略思想落地、创意策略的运用及作用。

**重难点：**广告创意的产生及文案的落地。

**对应思政元素：**带领学生详细解读公益广告的价值与意义，使学生了解公益广告基于主旋律产生，为学生对主旋律的思想升华创造空间。

**实施手段：**通过案例分析法，为学生详细介绍经典主旋律公益广告，通过案例分析的方式，使学生了解公益广告之中蕴含的正能量，引导学生通过主旋律公益广告的价值进行创新性思考。通过小组合作与小组分析的方式，培养学生的主旋律认识能力。

**第三章　广告表现的原理与技巧**

**主要内容：**广告表现中的诉求方式、创意的流程与方法、广告专家的工具箱、文案修辞与图案创意。

**对应知识点：**本章主要介绍行业内广告表现中的诉求方式，广告创意的流程与方法，及广告文案修辞与图案创意的思路积淀。

**对应技能点：**广告公司营销经典案例、经典广告宣传创意基本知识的掌握及实际运用。

**重难点：**无

**对应思政元素：**通过对公益广告、央视广告、主旋律电影宣传片的主旋律元素分析，了解学习公益广告、央视广告、主旋律电影宣传语的正能量，并结合自身学习生活找到共同点，培养学生的爱国精神与爱国信心。

**实施手段：**采取案例分析法，通过对公益广告、央视广告、主旋律电影宣传片的主旋律元素进行分析，逐一分析央视公益广告之中的元素点，并通过元素分析法，使学生结合自身学习生活，掌握正能量的公益广告传递方法。

**第四章　品牌命名与口号写作**

**主要内容：**品牌命名、口号写作、品牌名称及口号的翻译。

**对应知识点：**重点讲授品牌命名口号写作、品牌名称内涵的运用。

**对应技能点：**学生掌握短口号、品牌名称的创作思路，掌握短文案写作基本技能。

**重难点：**无

**对应思政元素：**通过品牌命名口号的写作学习，了解品牌名称的内涵作用，通过内涵作用的学习，使学生了解对品牌命名、口号写作的思想政治素养的传递意义。

**实施手段：**采用元素化合的方法，在讲授品牌命名、口号写作、品牌名称及口号的翻译时，突出品牌名称的内涵作用的重要性。运用情景模拟，让学生了解对品牌命名、口号写作的思想政治素养的传递意义，培养学生科学严谨和精益求精的职业道德。

**第五章　报刊广告文案写作**

**主要内容：**报刊广告文案的结构、报刊广告标题的写作、报刊广告正文的写作、报刊广告文案的长短。

**对应知识点：**刊物、杂志、书册等广告文案经典案例的学习，掌握广告文案基本结构，掌握广告文案标题的创作思路。

**对应技能点：**广告标题、报刊广告正文、报刊广告文案创作。

**重难点：**党务刊物经典案例学习及价值观的掌握。

**对应思政元素：**党务刊物经典案例学习、报刊广告文案创作。

**实施手段：**采用专题嵌入的教学方式，通过介绍红色党刊，让学生体会发行行业艰苦奋斗、踏实敬业的优良传统，通过案例分析讨论，介绍当前党务党刊融合创新发展的现状和趋势，适时进行画龙点睛的总结，培养学生的创新意识。

**第六章　广播广告文案写作**

**主要内容：**广播广告概述、广播广告文案的写作、广播广告脚本。

**对应知识点：**基本了解广播广告概述，学习广播广告文案的写作，基本了解广播广告脚本思路，了解电竞行业宣传广告创作思路。

**对应技能点：**广播广告文案写作、广告脚本创作思路。

**重难点：**广播广告对媒体大众的教育意义及价值观的传播规律。

**对应思政元素：**通过广播广告文案的学习，了解广播广告对媒体大众的教育意义，学习广播广告的思政基础。

**实施手段：**采取元素化合的方法，在讲授广播广告文案、广播广告脚本的同时，融入经典案例进行课堂分析，对经典广播广告的脚本进行分析，突出脚本创作之中的中华民族优秀传统文化内涵，突出脚本创作过程的严谨、精益求精的精神，培养学生的契约精神和爱国精神。

**第七章　电视广告文案写作**

**主要内容：**电视广告概述、电视广告文案的写作、电视广告的脚本和故事板。

**对应知识点：**了解电视广告内涵，学习经典电视广告案例，基本掌握电视广告文案的写作技巧，学习运用电视广告的脚本和故事板。

**对应技能点：**电视广告营销心理学、电视广告文案写作技巧。

**重难点：**无

**对应思政元素：**通过电视广告的经典案例研读与创作学习，掌握电视广告的思政教育意义，学习电视广告的思政基础。

**实施手段：**采取专题嵌入的教学方式，通过电视广告的专题学习，使学生发现电视与广播广告的共性，了解电视广告的内涵嵌入，通过经典案例分析法的方式，学习经典电视广告案例，基本掌握电视广告文案创作之中的思政教育意义。通过对电视广告文案思政元素的学习，使学生掌握思政文化嵌入电视广告、广播广告的方式方法。

**第八章　户外广告文案写作**

**主要内容：**户外广告概述、户外广告的创意与写作、系列广告。

**对应知识点：**认识户外广告类型，了解户外广告基本定义，基本认识户外广告的创意与写作、系列广告等户外广告类型的特点。

**对应技能点：**户外广告类型、户外广告创意、户外广告写作。

**重难点：**无

**对应思政元素：** 掌握广告的思政基础知识，将党的理论指导思想活灵活现运用到户外广告创作之中。

**实施手段：** 通过经典案例分析法，在学习党媒广告的过程之中，将党的政治理念和基层实践经验作为信息的根本；通过经典案例分析法，使学生通过党媒广告了解党的指导思想及相关活动，对学生的广告文案创作具有重要的意义作用。

**第九章　网络广告文案写作**

**主要内容：** 电子商务类广告文案写作、社交互动类文案写作、官方网站文案写作、微信公众号品牌植入文案写作。

**对应知识点：** 了解电子商务广告类型，学习电子商务类文案写作基本方法，认识社交互动类文案写作类型，认识官方网站文案写作类型，学习微信公众号品牌植入文案写作基本方法。

**对应技能点：** 官方网站文案写作类型、微信公众号品牌植入文案写作基本方法、社交互动类文案创作基本方法。

**重难点：** 官方网站文案写作类型、微信公众号品牌植入文案写作基本方法、社交互动类文案创作基本方法。

**对应思政元素：** 官方网站文案类型、微信公众号文案类型。

**实施手段：** 在讲授网络广告文案写作时，嵌入《广告法》的相关规定，培养学生知法守法的意识和规范严谨的职业素养，强调网络广告文案宣传的表达应当力图准确，坚持积极向上的思想内容和尽可能完美的艺术形式的统一，增强学生的社会责任感和使命感。

**第十章　企业广告文案写作**

**主要内容：** 企业广告概述、企业广告文案的写作。

**对应知识点：** 基本了解企业广告类型，学习电子竞技行业经典广告案例，掌握经典广告案例的创作思路，基本学习电子竞技行业广告文案写作规律。

**对应技能点：** 企业广告类型创作、电子竞技行业广告写作规律。

**对应思政元素：** 了解经典企业运营案例与宣传导向，掌握不同行业企业宣传文案的受众类型，掌握电竞企业行业文案创作要点，通过团队协作方式，增强学生的团队合作意识与凝聚力。

**重难点：** 电子竞技行业广告写作规律。

**实施手段：** 通过案例介绍企业广告需求的特征，将企业需求的专业知识与以客户为中心的职业道德元素化合，引导学生就“如何科学引导及满足客户需求”进行创新思考。运用任务引领的教学方法，通过小组合作完成读者需求特征的调查的学习任务，培养学生的团队意识。

**第十一章　公益广告文案写作**

**主要内容：** 公益广告概述、公益广告文案的写作。

**对应知识点：**学习公益广告经典案例，掌握公益广告创作规律，公益广告文案的写作。

**对应技能点：**公益广告创作思路模式培养、公益广告文案创作规律，基本掌握公益广告营销点，并能自行创作公益广告文案。

**对应思政元素：**公益广告的政治引导与思想教育正向引导规律为学生的价值观树立具有重要意义。学习公益广告的创作价值。

**重难点：**公益广告文案创作。

**实施手段：**采用赛教融合法，将理论与实践相结合，鼓励学生积极参加上海市大广赛，使学生在实践中不断提高思想站位和专业实力，实现以赛促学，以赛促人；通过案例分析法，根据公益广告设计课程的目标与要求，结合“红色精神”“社会主义核心价值观”“时事新闻”等生动的教学案例，培养学生综合思维和思辨能力。

**第十二章　广告文案测试**

**主要内容：**广告文案测试概述、广告文案测试的方法。

**对应知识点：**广告文案创作整体流程的学习与训练，广告文案创作类型梳理与掌握，学习广告文案测试相关方法。

**对应技能点：**广告文案创作流程、广告文案创作类型。

**重难点：**掌握广告文案创作流程。

**对应思政元素：**广告的政治引导与思想教育正向引导规律为学生的价值观树立具有重要意义。学习公益广告的创作价值。

**实施手段：**采取沉浸式体验法，在广告测试与广告创作之中，以潜移默化的方式，在专业课程之中融入“沉浸式广告实践教学”，对经典广告的创作模式进行实践流程学习，使学生在沉浸式体验中感受广告实践创作的力量与精神。

**第十三章　（拓展内容一）优质短视频文案特点**

**主要内容：**坚持正能量输出、能调动大众的情感共鸣、能激发大众的好奇心、引导大众互动，让大众充分融入场景中、坚持“干货”输出，让大众学到知识。

**对应知识点：**对常见短视频类型进行梳理整理，对优秀短视频类型经典案例进行创意规律学习，基本掌握短视频创作文案公式。

**对应技能点：**短视频不同创作类型对应的创作规律、短视频经典案例创作思路分析、短视频文案写作技能。

**重难点：**短视频文案创作并初步形成短视频成果。

**对应思政元素：**短视频创作的基础与目标点皆为正能量输出，本章节学习过程中，学生思想政治素养得到提高，正能量得到宣传弘扬。

**实施手段：**通过经典案例分析法，观摩学习社会主义核心价值观短视频文案的创作，在短视频文案创作中的“中国精神”“红船精神”“抗震救灾精神”“抗美援朝精神”“雷锋精神”“铁人精神”等思政元素中进行经典案例分析，激发学生的学习兴趣和潜能，强化创作主动力。

**第十四章 （拓展内容二）内容为王：轻松打造优质的原创内容**

**主要内容：**高手们都在使用的写作方法、语音写作，让原创输出更轻松高效、打造丰富的素材库、选题方法，助力写出爆款文章、升级搜索力，内容写得又快又好。

**对应知识点：**掌握创作规律的同时，熟练运用内容创作的模板进行创作，并对短视频文案创作的内容进行内涵深化升级，打造优质的原创文案。

**对应技能点：**素材库运用、文案写作选题方法。

**重难点：**无

**对应思政元素：**深刻认识文案内容的写作意义，了解优质文案的内涵要素。

**实施手段：**在原创内容的自主创作之中，让学生通过自主创作表达，自主举办“我和我的祖国”等相关创意比赛，激发他们的学习兴趣和潜能，激发学生的创新创作能力和学习兴趣，提高学生的思想层次。在课堂上可以通过创意广告设计创作的方法，使学生在实践中学会融入思政元素。

**第十五章 （拓展内容三）快速晋升写作高手：资深主编不会轻易透露的9种路径**

**主要内容：**随心法写作：信马由缰，破解禁锢思维；笔记法写作：随摘随记，同步积累素材；增补法写作：增补细化，解决干巴枯燥；场景法写作：深度练习，强化代入感；切块法写作：拉出提纲，降低长文难度；感悟式写作：一点一滴，收集灵感；日记式写作：坚持记录，培养写作习惯；刻意性写作：逼迫自己，磨炼写作思维；细节性写作：观察入微，注重价值发掘。

**对应知识点：**随心法写作、笔记法写作、增补法写作、场景法写作、切块法写作、感悟式写作、日记式写作、刻意性写作、细节性写作。

**对应技能点：**掌握九条写作思路，运用到文案创作的实际操作中。

**重难点：**运用增补法、切块法进行短视频文案创作。

**对应思政元素：**通过写作思路的学习，掌握校园广告文案的写作，创作一条发挥正能量的校园广告。

**实施手段：**通过时政热点结合法，让学生通过九条写作思路的创作，结合中国大好河山、绿色能源、动物、沙漠、水资源、森林、海洋等相关元素，将传统文化与祖国文化元素融入广告创作之中，学会寄托优秀的历史文化和民族情感，加深对中国传统文化的了解。

## 五、学时分配

| 教学内容 | 讲课 | 上机 | 实验 | 实践 | 小计 |
|---|---|---|---|---|---|
| 第一章　广告文案写作概论 | 1 | | | 1 | 2 |
| 第二章　广告创意策略 | 1 | | | 1 | 2 |

（续表）

| 教学内容 | 讲课 | 上机 | 实验 | 实践 | 小计 |
|---|---|---|---|---|---|
| 第三章　广告表现的原理与技巧 | 1 | | | 1 | 2 |
| 第四章　品牌命名与口号写作 | 1 | | | 1 | 2 |
| 第五章　报刊广告文案写作 | 1 | | | 1 | 2 |
| 第六章　广播广告文案写作 | 1 | | | 1 | 2 |
| 第七章　电视广告文案写作 | 1 | | | 1 | 2 |
| 第八章　户外广告文案写作 | 1 | | | 1 | 2 |
| 第九章　网络广告文案写作 | 1 | | | 1 | 2 |
| 第十章　企业广告文案写作 | 1 | | | 1 | 2 |
| 第十一章　公益广告文案写作 | 1 | | | 1 | 2 |
| 第十二章　广告文案测试 | 1 | | | 1 | 2 |
| 第十三章　文案创作实操 | 1 | | | 1 | 2 |
| 第十四章　文案操作实操 | 1 | | | 1 | 2 |
| 第十五章　考试 | | | | 2 | 2 |
| 第十六章　考试 | | | | 2 | 2 |
| 合　计 | 14 | | | 18 | 32 |

## 六、教学方法与手段

**教学方法：**实践与理论相结合，已学促练，以赛促学。

**教学手段：**本课程理论与实践训练相结合，每周二节课中，前一节课主要以基本理论讲解，后一节课消化理论知识，通过科学训练以及老师的分组指导，帮助学生在每次课上都有所进步，最终学生都可以掌握文案创作要领，为今后赛事运营、赛事策划、赛事导播等专业性课程奠定良好基础。

**课程思政教学实施方案**

| 单元名称 | 教学内容 | 课程思政要点 | 实施手段 |
|---|---|---|---|
| 广告文案写作概论 | 广告文案写作定义、广告文案写作的特点与作用、广告文案写作人员的知识结构、广告文案写作人员的核心技能与伦理素养 | 强化文案创作之中的思想道德素养的传递与引领作用，加强学生的思想道德素养的引领与树立 | 专题嵌入式<br>案例式<br>讨论式 |
| 广告创意策略 | 广告创意策略及其作用、如何制定广告创意策略、经典的创意策略观、创意策略简报 | 带领学生详细解读公益广告的价值与意义，使学生了解公益广告基于主旋律产生，为学生对主旋律的思想升华创造空间 | 案例分析法<br>元素化合式<br>案例式<br>互动式 |

（续表）

| 单元名称 | 教学内容 | 课程思政要点 | 实施手段 |
| --- | --- | --- | --- |
| 广告表现的原理与技巧 | 广告表现中的诉求方式、创意的流程与方法、广告专家的工具箱、文案修辞与图案创意 | 通过对公益广告、央视广告、主旋律电影宣传片的主旋律元素分析，了解学习公益广告、央视广告、主旋律电影宣传语的正能量，并结合自身学习生活找到共同点，培养学生的爱国精神与爱国信心 | 案例分析法<br>探究式<br>启发式<br>互动式 |
| 品牌命名与口号写作 | 品牌命名、口号写作、品牌名称及口号的翻译 | 通过品牌命名口号的写作学习，了解品牌名称的内涵作用，通过内涵作用的学习，使学生了解对品牌命名、口号写作的思想政治素养的传递意义 | 元素化合式<br>案例式<br>故事化<br>互动式 |
| 报刊广告文案写作 | 报刊广告文案的结构、报刊广告标题的写作、报刊广告正文的写作、报刊广告文案的长短 | 刊物、杂志、书册等广告文案经典案例的学习，掌握广告文案基本结构，掌握广告文案标题的创作思路 | 专题嵌入式<br>案例是式<br>互动式 |
| 广播广告文案写作 | 广播广告概述、广播广告文案的写作、广播广告脚本 | 广告的政治引导与思想教育正向引导规律为学生的价值观树立具有重要意义。学习公益广告的创作价值 | 元素化合式<br>案例式<br>讨论式 |
| 电视广告文案写作 | 电视广告概述、电视广告文案的写作、电视广告的脚本和故事板 | 通过电视广告的经典案例研读与创作学习，掌握电视广告的思政教育意义，学习电视广告的思政基础 | 专题嵌入式<br>案例式<br>互动式<br>讨论式 |
| 户外广告文案写作 | 户外广告概述、户外广告的创意与写作、系列广告 | 掌握广告的思政基础知识，将党的理论指导思想活灵活现运用到户外广告创作之中 | 案例分析法<br>画龙点睛式<br>互动式<br>讨论式 |
| 网络广告文案写作 | 电子商务类广告文案写作、社交互动类文案写作、官方网站文案写作、微信公众号品牌植入文案写作 | 官方网站文案类型、微信公众号文案类型 | 专题嵌入式<br>元素化合式<br>案例式 |
| 企业广告文案写作 | 企业广告概述、企业广告文案的写作 | 了解经典企业运营案例与宣传导向，掌握不同行业企业宣传文案的受众类型，掌握电竞企业行业文案创作要点，通过团队协作方式，增强学生的团队合作意识与凝聚力 | 专题嵌入式<br>案例式<br>互动式<br>讨论式 |
| 公益广告文案写作 | 公益广告概述、公益广告文案的写作 | 公益广告的政治引导与思想教育正向引导规律为学生的价值观树立具有重要意义。学习公益广告的创作价值 | 专题嵌入式<br>案例式<br>互动式<br>讨论式 |
| 广告文案测试 | 广告文案测试概述、广告文案测试的方法 | 广告的政治引导与思想教育正向引导规律为学生的价值观树立具有重要意义。学习公益广告的创作价值 | 专题嵌入式<br>案例式<br>互动式<br>讨论式 |

（续表）

| 单元名称 | 教学内容 | 课程思政要点 | 实施手段 |
| --- | --- | --- | --- |
| 优质短视频文案特点 | 坚持正能量输出、能调动大众的情感共鸣、能激发大众的好奇心、引导大众互动，让大众充分融入场景中、坚持“干货”输出，让大众学到知识 | 短视频创作的基础与目标点皆为正能量输出，本章节学习过程中，学生思想政治素养得到提高，正能量得到宣传弘扬 | 元素化合式<br>案例式<br>讨论式 |
| 内容为王：轻松打造优质的原创内容 | 高手们都在使用的写作方法、语音写作，让原创输出更轻松高效、打造丰富的素材库、选题方法，助力写出爆款文章、升级搜索力，内容写得又快又好 | 深刻认识文案内容的写作意义，了解优质文案的内涵要素 | 案例分析法<br>探究式<br>启发式<br>互动式 |
| 快速晋升写作高手：资深主编不会轻易透露的9种路径 | 随心法写作：信马由缰，破解禁锢思维；笔记法写作：随摘随记，同步积累素材；增补法写作：增补细化，解决干巴枯燥；场景法写作：深度练习，强化代入感；切块法写作：拉出提纲，降低长文难度；感悟式写作：一点一滴，收集灵感；日记式写作：坚持记录，培养写作习惯；刻意性写作：逼迫自己，磨炼写作思维；细节性写作：观察入微，注重价值发掘 | 通过写作思路的学习，掌握校园广告文案的写作，创作一条发挥正能量的校园广告 | 元素化合式<br>案例式<br>故事化<br>互动式 |

## 七、考核方式

**考核方式：**考查。

**成绩构成建议：**成绩评定包含学生出勤情况、小实训作业情况与最终实训作业情况，综合得出得分。

## 八、教材及主要参考资料

**1. 教材**

《广告文案写作》，初广志，出版社：高等教育出版社。

**2. 参考资料**

《传播理论》，沃纳·赛佛林（werner J. sevenin），中国传媒大学出版社。

《顶尖文案 ：现代广告之父的文案写作技巧》，（美）克劳德·霍普金斯，北京理工大学出版社。

# 《游戏设计与策划》课程教学大纲

**适用专业**：游戏艺术设计　　**适用年级**：1
**课程属性**：专业课　　**学 分 数**：4
**课程性质**：专业必修课　　**总学时数**：64
**课程类型**：理论（B类）　　**讲课学时数**：32
**考核类型**：考查　　**上机学时数**：32
**先修课程**：设计素描、动态基础　　**实验与实践学时数**：0

## 一、教学目标和基本要求

动漫与电竞系游戏艺术设计专业的《游戏设计与策划》课程以游戏设计为主线，介绍了全新的创作理念，是根据现行业的发展需求和职业岗位面向所开设的一门重要的专业实践课程。通过本课程的学习，学生对游戏设计有一个初步的了解，知晓在游戏制作中艺术设计的基本流程，具备一定的游戏策划能力，同时学生能够熟悉行业相关的岗位要求，具备团队合作意识和能力。《游戏设计与策划》是动漫与电竞系影视动画专业开设的专业核心课。

该课程基本内容分六部分，第一部分，游戏的导论和分类，包括游戏硬件、游戏简史等；第二部分，游戏行业介绍，主要包括游戏行业概述、游戏行业的团队结构及分工和典型网络游戏公司；第三部分，经典游戏类型分析，包括益智类游戏、策略类游戏、运动类游戏、解密类游戏、角色扮演类游戏等等；第四部分，游戏设计流程，简要介绍游戏设计的各个环节，包括游戏主题、游戏系统设定、美术设定等；第五部分，游戏艺术设计介绍，包括游戏的风格、界面设计、场景设计、游戏引擎支持等；第六部分，游戏产品的运营和营销策划。

## 二、与其他课程的关系

本课程是游戏艺术设计的必修课程，在专业职业技能课中占有重要的地位。该课程是本专业的基础先到课程，后续课程包括有：游戏模型雕刻基础、游戏引擎设计基础、游戏角色造型基础、游戏特效等，学生通过全面的学习后，能够对本专业的知识体系有递进式的提升。

## 三、知识点、技能点及其层次要求

**1. 知识点**

(1) 游戏行业的团队结构及分工;

(2) 游戏行业的设计流程;

(3) 游戏美术的风格倾向和制作流程;

(4) 游戏类型总结、分析;

(5) 了解主流游戏引擎的应用和现状。

**2. 技能点**

(1) 能够根据需要，对不同类型的游戏进行对比分析;

(2) 能够根据游戏分类撰写小型游戏文案，对游戏的关卡、剧情、美术等环节都能有较为细致的规划;

(3) 能够根据需要为某款游戏指定运营和宣传活动。

**3. 重难点**

(1) 通过掌握不同侧重的游戏分析法，对游戏受众、游戏运营进行规划;

(2) 熟悉不同倾向的游戏的美术风格、并掌握不同风格的美术团队制作流程。

**4. 思政元素**

(1) 恪守职业道德，承担社会责任;

(2) 继承优良传统，勇于开拓创新;

(3) 团结友善，包容合作;

(4) 有自学能力和探究精神，有思辨能力。

## 四、教学内容

### 第一章　游戏的导论和分类

**主要内容:** 1. 电子游戏发展历史; 2. 网络游戏; 3. 手机游戏。

**对应知识点:** 游戏的发展历史和多平台游戏的概况认识。

**对应技能点:** 通过了解游戏的发展历史，可以迅速根据需要对游戏进行初步的分类，并找到参考案例。

**思政元素:** 课堂案例选择立足对传统文化的弘扬，结合国内游戏的发展现状，树立学生文化自信弘扬认真负责的学习和工作态度、精益求精的工匠精神。

**实施手段:** 采用专题嵌入方法，通过讲解电子游戏在中国的发展史，嵌入中国改革开放以来取得的伟大成就，树立学生的民族自豪；在国内外游戏平台介绍时嵌入中国游戏的拓展发展，如在保护非遗方面做出的努力，欣赏富有中国传统文化内涵的游戏有作品，传递传统美学，弘扬精益求精的工匠精神。

**重难点：**掌握并理解游戏的主要组成要素。

**第二章　游戏行业介绍**

**主要内容：**1. 国内外游戏行业现状；2. 介绍部分典型游戏公司。

**对应知识点：**1. 游戏行业分工、流程；2. 学生未来的就业方向和相应岗位能力。

**对应技能点：**认识游戏行业团队结构和分工，并初步组建自己在本课程中的团队。

**对应思政元素：**团队组建中感受并建立团队意识合作精神；对游戏电竞行业的发展和管理、监督以及发行审查，强调社会影响和经济效益相结合，培养学生的社会责任意识。

**实施手段：**采用元素化合的方法，在游戏分工环节，通过团队的组件、分工合作，强调团队合作意识以及沟通的重要性；在国内外游戏发展的环节，通过具体案例，引导学生主动进行辩证思考，培养学生神话社会责任感。

**重难点：**根据行业分工建立游戏团队，并根据具体游戏项目进行第一次脑图制作。

**第三章　经典游戏类型分析**

**主要内容：**1. 不同游戏的分类；2. 策略类游戏的类型分析；3. 运动类游戏的类型分析；4. 模拟类游戏的类型分析；5. 角色扮演类游戏的类型分析；6. 选取一个经典游戏进行分析点评。

**对应知识点：**游戏的分类方式和分析方法；游戏的分析维度认知。

**对应技能点：**能够根据受众和发展趋势进行游戏类型分析，并撰写相应分析报告；能够根据游戏分析法进行同类游戏比对，并撰写相应分析报告。

**对应思政元素：**通过对不同类型游戏的分析，引导学生举一反三，建立思辨思维的能力；通过小组合作，强化学生的团队意识。

**实施手段：**采用此专题嵌入的方法，通过不同的游戏的比对分析案例，引导学生通过多种手段、途径建立自学、探究能力和举一反三的思辨思维能力；采用画龙点睛的方法，在策略类游戏、运动类游戏、模拟类游戏、沙盘游戏、角色扮演游戏等游戏的分组讨论中，培养学生的团队意识和表达能力。

**重难点：**针对具体案例的类型分析方法掌握。

**第四章　游戏设计流程**

**主要内容：**1. 游戏的主要设计流程；2. 游戏主题的确定；3. 游戏风格和游戏界面的设定；4. 游戏互动关卡的设计。

**对应知识点：**1. 游戏设计的剧情撰写方法和世界观构建；2. 游戏设计风格的确定方法和思路；3. 游戏关卡的设计要点。

**对应技能点：**能够根据受众进行完整、系统的游戏剧情撰写，剧情能够环环相扣，且围绕游戏世界观；能够根据游戏主题确定游戏风格，并找到参考资料、绘制概念图；能够围绕剧情，设定合理关卡。

**对应思政元素：**课堂案例选择立足对传统文化的弘扬，结合国内游戏的发展现状，树立学生文化自信弘扬认真负责的学习和工作态度、精益求精的工匠精神。

**实施手段：** 通过对选取游戏案例的剧情、世界观分析，嵌入中国传统美学，引导学生在游戏设计中感受中国传统文化的博大精深，树立民族自豪感；通过具体的游戏关卡设计，运用任务引领的教学方法，引导学生如何进行创新性思考。

**重难点：** 游戏风格和游戏界面的设定、概念图的绘制。

**第五章　游戏艺术设计介绍**

**主要内容：** 1. 游戏美术在游戏设计中的作用；2. 游戏美术的主流设计流程和主流软件；3. 多种风格的游戏美术应用分析；4. 游戏引擎的简单介绍。

**对应知识点：** 1. 游戏设计中美术设计的主要流程；2. 游戏设计中的 PBR 流程；3. 游戏设计中的 NPR 流程；4. 游戏设计中游戏引擎的概念。

**对应技能点：** 能够根据游戏定位策划相应的美术风格；了解多种美术风格的实现方式，选定合适的游戏引擎。

**对应思政元素：** 课堂案例选取能反映传统文化和传统美学的游戏，通过成功案例的分析传递中华美美学，树立文化自信。

**实施手段：** 通过专题嵌入的方法，在讲授游戏的美术风格定位、分析成功游戏美术案例的过程中，融入中国传统美学，引导学生将传统美学和现代游戏进行有机结合，培养民族自豪感和民族自信心。

**重难点：** 游戏引擎的运用和简单介绍。

**第六章　游戏产品的运营和营销策划**

**主要内容：** 1. 游戏产品的运营策略和方式；2. 游戏产品的经典营销策划分析。

**对应知识点：** 游戏产品的运营策略和方式；游戏运营过程中的活动策划和宣传。

**对应技能点：** 能根据策划的游戏，结合热点节日或者活动进行游戏的日常运营策划。

**对应思政元素：** 将中国的传统美学和传统节日文化融入其中，传递文化自信。

**实施手段：** 通过元素化合的方法，引导学生在策划游戏的运营活动的过程中，将游戏活动的参与性、可玩性等要素创新性结合中国传统节日的文化内涵，培养学生的开拓精神和创新意识，传递文化自信。

**重难点：** 根据实际情况和目标受众策划活动。

## 五、学时分配

| 课 程 内 容 | 讲课 | 上机 | 实验 | 实践 | 小计 |
|---|---|---|---|---|---|
| 第一章　游戏的导论和分类 | 2 | 2 | | | 4 |
| 第二章　游戏行业介绍 | 2 | 2 | | | 4 |
| 第三章　经典游戏类型分析 | 8 | 8 | | | 16 |

（续表）

| 课 程 内 容 | 讲课 | 上机 | 实验 | 实践 | 小计 |
|---|---|---|---|---|---|
| 第四章　游戏设计流程 | 6 | 6 | | | 12 |
| 第五章　游戏艺术设计介绍 | 6 | 6 | | | 12 |
| 第六章　游戏产品的运营和营销策划 | 8 | 4 | | | 12 |
| 作品展示评价 | 0 | 4 | | | 4 |
| 合　计 | 32 | 32 | | | 64 |

## 六、教学方法与手段

**教学方法：**

本课程在教学中运用影音视频、多媒体课件、软件操作演示等多种教学形式和手段，通过优秀游戏案例分析、软件讲解和示范等内容的教授，引导学生“举一反三”，将传统理论知识、故事创作、软件操作等内容灵活生动地融入课堂，激发学生对课程学习兴趣和积极性。

**教学手段：**

引导学生明确青年人的责任和使命，关注社会，用作品讲故事，表达积极的情感、思想、意志或弘扬传统文化等，启发学生主动地思考、创作自己的作品。理论知识结合实际案例和实践作业，要求分组分工协同完成，针对问题进行对位辅导，开展小组讨论、互评、作业展示等。

| 单元名称 | 教学内容 | 课程思政要点 | 实施手段 |
|---|---|---|---|
| 游戏的导论和分类 | 1. 电子游戏发展历史<br>2. 网络游戏<br>3. 手机游戏 | 课堂案例选择立足对传统文化的弘扬，结合国内游戏的发展现状，树立学生文化自信弘扬认真负责的学习和工作态度、精益求精的工匠精神。 | 专题嵌入式<br>案例式 |
| 游戏行业介绍 | 1. 国内外游戏行业现状<br>2. 介绍部分典型游戏公司 | 团队组建中感受并建立团队意识合作精神；对游戏电竞行业的发展和管理、监督以及发行审查，强调社会影响和经济效益相结合，培养学生的社会责任意识。 | 元素化合式<br>案例式<br>互动式 |
| 经典游戏类型分析 | 1. 不同游戏的分类<br>2. 策略类游戏的类型分析<br>3. 运动类游戏的类型分析<br>4. 模拟类游戏的类型分析<br>5. 角色扮演类游戏的类型分析<br>6. 选取一个经典游戏进行分析点评 | 通过对不同类型游戏的分析，引导学生举一反三，建立思辨思维的能力；通过小组合作，强化学生的团队意识。 | 专题嵌入式<br>画龙点睛式 |

（续表）

| 单元名称 | 教学内容 | 课程思政要点 | 实施手段 |
| --- | --- | --- | --- |
| 游戏设计流程 | 1. 游戏的主要设计流程<br>2. 游戏主题的确定<br>3. 游戏风格和游戏界面的设定<br>4. 游戏互动关卡的设计 | 课堂案例选择立足对传统文化的弘扬，结合国内游戏的发展现状，树立学生文化自信弘扬认真负责的学习和工作态度、精益求精的工匠精神。 | 专题嵌入式<br>案例式<br>讨论式 |
| 游戏艺术设计介绍 | 1. 游戏设计中美术设计的主要流程<br>2. 游戏设计中的 PBR 流程<br>3. 游戏设计中的 NPR 流程<br>4. 游戏设计中游戏引擎的概念 | 课堂案例选取能反映传统文化和传统美学的游戏，通过成功案例的分析传递中华美美学，树立文化自信。 | 专题嵌入式<br>案例式 |
| 游戏产品的运营和营销策 | 1. 游戏产品的运营策略和方式<br>2. 游戏产品的经典营销策划分析 | 将中国的传统美学和传统节日文化融入其中，传递文化自信 | 元素化合式<br>案例式 |

## 七、考核方式

**考核方式：**

1. 课堂学习及纪律表现 50%。
2. 大作业评价 50%。

**成绩构成建议：**

大作业以 3～4 人为一组，最终根据每人完成的质和量以及小组的整体效果进行成绩评价。

## 八、教材及主要参考资料

**1. 教材**

《游戏设计概论》，清华大学出版社，胡昭民，2021 年 10 月第 1 版。

**2. 参考资料**

《游戏设计：深层设计思想与技巧》，电子工业出版社，徐炜泓，2018 年 7 月，第 1 版。

# 《动漫画造型基础》课程教学大纲

**适用专业：**影视动画　　**适用年级：**2022 级影视动画（中高贯通）
**课程属性：**专业课　　**学 分 数：**4
**课程性质：**专业必修课　　**总学时数：**64
**课程类型：**理论 + 实践课（B 类）　　**讲课学时数：**32
**考核类型：**考察　　**上机学时数：**32
**先修课程：**无　　**实验与实践学时数：**0

## 一、教学目标基本要求

希望通过本课程的学习，学生能具备对空间透视的理解能力、对形体结构的认识能力、绘制角色的造型能力、角色创意的思维想象能力、对作品的审美能力、使用语言阐述作品的语言表达能力、团队协作能力。本课程为理论与实训一体化课程，参考课时为 64 课时。

## 二、与其他课程的关系

“动漫画造型基础”是影视动画专业的一门职业基础技能课程，为后续的专业核心课程奠定了造型基础，主要培养从事动画师、原画师、三维模型师等岗位和具有职业发展潜力的高素质技能型人才。造型基础是其必备的专业技能。本课程的授课对象为影视动画专业一年级学生，前置课程为中职阶段的“动态速写”“设计色彩”“设计素描”；后续课程为“动画运动规律”“动画分镜头设计”“二维动画设计”等。

## 三、知识点、技能点、思政元素及其层次要求

### 1. 知识点

本课程的知识点包括：动漫画剧本内容及作用；角色造型设计的工作流程；人体的骨骼构成；人体的肌肉组成；骨骼与关节点的关系；动态线的作用；头部骨骼结构；头部肌肉分布；三庭五眼关系；男女性角色头部结构的区别；眼耳口鼻的结构；脸型的结构关系；不同角度的头部结构；男性角色的比例；女性角色的比例；男、女性角色的身体结构；手臂的结构与肌肉分布；腿部的结构与肌肉分布；男、女性角色四肢的绘制要点；男性角色手部结构和比例；男、女性角色手部的区别；手部的多角度动态特点；女性角色脚

部结构和比例；女性脚部造型的特点；脚的多角度动态特点；角色面部的肌肉走向；情绪与表情；角色转面图；角色转面图的绘制要点；角色转面图的绘制过程；男性角色特征；男性角色整体绘制的过程；女性角色特征；女性角色整体绘制的过程；五大调子；明暗色调的变化规律；正面光源的绘制要点；逆光；背面光源的绘制要点；侧光；正侧面光源的绘制要点；背侧面光源的绘制要点；顶光；底光；顶部光源的绘制要点；底部光源的绘制要点；角色光源的选择；角色光源与角色性格特征的关系；角色光影塑造的过程。

**2. 技能点**

本课程的技能点包括：剧本的解读概括技巧；资料搜集及整理技巧；动作的捕捉及火柴人绘制技巧；角色头部绘制技巧；角色躯干绘制技巧；角色四肢绘制技巧；角色手部、脚部绘制技巧；角色表情绘制技巧；角色三视图绘制技巧；男性角色综合绘制技巧；女性角色综合绘制技巧；正面光源塑造技巧；背面光源塑造技巧；侧面光源塑造技巧；顶/底部光源塑造技巧，根据环境整体塑造角色光源技巧。

**3. 思政元素**

本课程选择特警、医务人员等光辉、正面的形象作为课程案例，从包括角色构思与定位、草图设计、线稿绘制、光源塑造等工序在内的完整的岗位流程入手，帮助学生了解项目制作的步骤和要求，并使其在操作过程中熟悉美术设计师的工作情境和业务流程，提高业务能力。

宏观层面的育人目标：1. 解读历史，弘扬中华传统文化；2. 了解工艺，传承工匠技艺；3. 缅怀英雄，增强爱国主义情怀及民族自豪感。

微观层面的育人目标：1. 提升自主学习能力；2. 锻炼时间把控能力；3. 培养团队协作能力；4. 训练语言形体表达能力；5. 培养抗压能力；6. 引导为人处事方法。

## 四、教学内容

**项目一：角色造型设计**

**主要内容：**

**任务 1：剧本解析**

（1）对项目剧本进行解析，提炼相关文字信息。

（2）根据项目剧本提供的文字信息，归纳、总结出设计要素。

（3）根据设计要素，准确定位角色设计方向，确定设计思路。

（4）通过循序渐进的教学过程，增强对专业的认知和热爱，学会利用信息化手段，进行创作素材搜集，养成分类整理的良好职业素养。

**重难点：**

本课程的难点是掌握剧本解读及素材搜集的技巧。

本课程的重点是通过提炼关键文字、归纳、总结设计要素，准确定位角色；学会利用信息化手段，进行创作素材搜集，养成分类整理的良好职业素养。

**对应知识点：**

动画剧本内容及作用；角色造型设计的工作流程。

**对应技能点：**

如何解读剧本；如何提炼剧本中的关键要素；如何进行素材的搜集及整理。

**对应思政元素：**

通过解读剧本，体会中华语言的博大精深；

通过素材搜集，了解中华传统元素的形成与发展；

通过素材整理，养成分类整理的良好职业素养。

**实施手段：**

通过解读分析剧本，分析语言内在含义，让学生体会语言艺术的博大，通过欣赏图片，讲解图片背后的历史故事，让学生感受中华传统元素的独特美，通过讲解职场创作过程，让学生理解养成好习惯的重要性。

**任务2：形体认知**

（1）了解人体骨骼及肌肉数量。

（2）了解人体骨骼及肌肉基本形状及比例关系。

（3）了解人体骨骼及肌肉相互之间的链接及穿插关系。

（4）熟记主要外漏关节点位置及形状。

（5）通过形体认知的学习，锻炼学生的自主观察能力，养成善于观察的良好职业素养。

**重难点：**

本课程的难点是了解人体骨骼及肌肉结构，熟记33块主要肌肉名称。

本课程的重点是熟记18个外漏关节点的形状及位置，概括肌肉的几何形状及相互穿插关系。学会自主观察，养成善于观察的良好职业素养。

**对应知识点：**

人体的骨骼构成；人体的肌肉组成。

**对应技能点：**

如何概括人体外漏关节点形状；如何概括人体主要肌肉群形状。

**对应思政元素：**

通过对称法则，理解事物的正反面；

通过形体认知的学习，锻炼学生的自主观察能力，养成善于观察的良好职业素养。

**实施手段：**

通过演示人体对称性，拓展到对称法则，告诉学生对称的重要性及在处理日常事物上的应用，利用翻转课堂，让学生观察提供的图片，找出创造的关键要求，拓展到观察能力对于职业发展的作用，通过讲解职场创作过程，让学生理解养成善于观察的良好职业素养的重要性。

**任务 3：动作捕捉**

（1）了解动态捕捉的要点。

（2）能运用骨骼与关节点来绘制角色动态。

（3）能运用动态线、概括图的来绘制角色动态。

（4）通过循序渐进的教学过程，养成概括事物，提炼要素的良好职业素养。

**重难点：**

本课程的难点是了解动态捕捉的要点，掌握动作捕捉的技巧。

本课程的重点是掌握骨骼与关节点的关系，精准绘制动态线，熟练运用透视关系、动态线、概括图的绘制角色动态。养成概括事物，提炼要素的良好职业素养。

**对应知识点：**

骨骼与关节点的关系；动态线的作用。

**对应技能点：**

动态捕捉的技巧；“火柴人”的绘制技巧及表现形式。

**对应思政元素：**

通过概括原来的讲解，理解抓住精髓的重要性；

养成概括事物，提炼要素的良好职业素养。

**实施手段：**

通过现场演示的形式，让学生体会概括对作品创作的重要性，拓展到做事情要抓住精髓，不能面面俱到，毫无重点；通过讲解职场创作过程，让学生理解养成提炼要素的良好职业素养的重要性。

**任务 4：角色头部造型的绘制**

（1）能识记角色头部结构和比例。

（2）能简述角色五官的结构和特点。

（3）能绘制男、女性角色的头部造型。

（4）通过角色头部造型绘制技巧的学习，锻炼学生的自主观察能力，养成善于观察的良好职业素养。

**重难点：**

本课程的难点是了解角色头部结构，掌握男、女性角色眼睛、鼻子、嘴巴、耳朵、脸型等绘制技法。

本课程的重点是掌握不同角度下头部结构的表现方式；学会自主观察，养成善于观察的良好职业素养。

**对应知识点：**

头部骨骼结构；头部肌肉分布；三庭五眼关系；男女性角色头部结构的区别；眼耳口

鼻的结构；脸型的结构关系；不同角度的头部结构。

**对应技能点：**

眼耳口鼻的绘制技巧；脸型的绘制技巧；头部的绘制技巧；不同角度下头部的绘制技巧。

**对应思政元素：**

学习中国历史，认识民俗习惯，了解中华传统文化；锻炼学生自主学习能力。

**实施手段：**

通过观看不同时代、不同民族人物头部特征，引出对时代历史的讲解，让学生正确的认识中国历史，发现中国传统文化的伟大；通过讲解行业大咖成长的故事，让学生认识到自我学习能力的重要性，养成自我学习的良好习惯。

**任务 5：角色躯干造型的绘制**

（1）能识记男、女性角色的头身比例。

（2）能说出男、女性角色的骨骼与肌肉分布。

（3）能绘制男、女性角色的躯干造型。

（4）通过角色躯干造型绘制技巧的学习，锻炼学生的自主观察能力，养成善于观察的良好职业素养。

**重难点：**

本课程的难点是了解角色躯干结构，掌握男、女性躯干造型的绘制技法。

本课程的重点是掌握男女性躯干结构的区别以及不同的绘制表现方式；学会自主观察，养成善于观察的良好职业素养。

**对应知识点：**

男性角色的比例；女性角色的比例；男、女性角色的身体结构。

**对应技能点：**

男性角色身体绘制技巧；女性角色身体绘制技巧。

**对应思政元素：**

认识健康的重要性，养成自律的良好习惯。

**实施手段：**

通过讲解人体躯干绘制方法，对比不同体型角色的特点，分析体型养成背后的原因，引出关于健康的话题，延伸到自律习惯养成对健康的作用，从而引导学生养成自律的生活习惯。

**任务 6：角色四肢造型的绘制**

（1）能识记角色四肢的结构和比例。

（2）能简述角色四肢的肌肉分布。

（3）能绘制男、女性角色的四肢造型。

(5) 通过角色头部造型绘制技巧的学习，锻炼学生的自主观察能力，养成善于观察的良好职业素养。

**重难点：**

本课程的难点是了解角色四肢结构，掌握男性角色手臂造型、女性角色大腿造型等绘制技法。

本课程的重点是掌握不同角度下角色四肢结构的表现方式；学会自主观察，养成善于观察的良好职业素养。

**对应知识点：**

手臂的结构与肌肉分布；腿部的结构与肌肉分布；男、女性角色四肢的绘制要点。

**对应技能点：**

男性角色手臂绘制技巧；男性角色腿部绘制技巧；女性角色手臂绘制技巧；女性角色腿部绘制技巧。

**对应思政元素：**

透过事物外在表现出来的“现象”，然后去领悟到它的内在本质。

**实施手段：**

通过不同形态四肢的绘制，引出外在表现与内在本质的讨论，告诉学生应该透过事物表现认识内在含义的道理，理解做人不能只看表现的做人道理。

**任务7：角色手部、脚部造型的绘制**

(1) 能识记角色的手部和脚部的结构和比例。

(2) 能简述男女性角色手脚的绘制区别。

(3) 能绘制男性角色手掌的多角度造型线稿。

(4) 能绘制女性角色脚掌的多角度造型线稿。

(5) 通过角色手部、脚部造型绘制技巧的学习，锻炼学生的自主观察能力，养成善于观察的良好职业素养。

**重难点：**

本课程的难点是了解角色手部、脚部结构，掌握男性手部、女性脚部等绘制技法。

本课程的重点是掌握男女性手部、脚部结构的区别以及不同的绘制表现方式；学会自主观察，养成善于观察的良好职业素养。

**对应知识点：**

男性角色手部结构和比例；男、女性角色手部的区别；手部的多角度动态特点；女性角色脚部结构和比例；女性脚部造型的特点；脚的多角度动态特点。

**对应技能点：**

男性角色手绘制技巧；男性角色脚绘制技巧；女性角色手绘制技巧；女性角色脚绘制技巧；多角度下角色手绘制技巧；多角度下角色脚绘制技巧。

**对应思政元素：**

个体应服务整体，做人做事要有大局观。

**实施手段：**

通过讲解手脚对角色整体的影响，引出个体对整体影响的话题，延伸到抗战事情，英雄前辈为了整个战争胜利，牺牲自我的故事，让学生明白个体应服务整体，做人做事要有大局观的道理。

**任务 8：角色表情变化的绘制**

（1）能简述角色面部的肌肉走向对表情的影响。

（2）能归纳不同的表情的绘制要点。

（3）能绘制男、女性角色的不同表情。

**重难点：**

本课程的难点是能通过绘制角色表情来传达角色性格。

本课程的重点是掌握角色不同表情的绘制表现方式；学会自主观察，养成善于观察的良好职业素养。

**对应知识点：**

角色面部的肌肉走向；情绪与表情。

**对应技能点：**

不同情绪下角色表情的绘制技巧。

**对应思政元素：**

在职场上，情绪控制的重要性。

**实施手段：**

通过讲解不同情绪下表情外在变化，引出职场上的故事，共同探讨情绪控制对事业发展的重要性。

**任务 9：角色三视图的绘制**

（1）能简述角色转面图的作用。

（2）能归纳角色不同角度的绘制要点。

（3）能绘制角色三视图。

**重难点：**

本课程的难点是能通过绘制角色表情来传达角色性格。

本课程的重点是掌握角色不同表情的绘制表现方式；学会自主观察，养成善于观察的良好职业素养。

**对应知识点：**

角色转面图；角色转面图的绘制要点；角色转面图的绘制过程。

**对应技能点：**

角色三视图的绘制技巧。

**对应思政元素：**

不同角度如何保持初心，保持事物的本质。

**实施手段：**

通过三个不同角度绘制，依然能保证形象特征的案例绘制，引出抓住实物特征，保持实物本质的道理，告诉学生，做人做事应保持初心，保持本质。

**任务 10：男性角色造型绘制综合训练**

（1）能简述角色造型绘制的流程。

（2）能设计并绘制男性突击队员的整体造型。

（3）通过循序渐进的学习过程，增强对专业的认知和热爱，了解英雄事迹，学习红色精神，坚定理想信念，做有志气、有骨气、有底气的新时代青年。

**重难点：**

本课程的难点是能绘制符合剧本定位的角色形象。

本课程的重点是掌握能完成男性突击队员的造型绘制流程和规范；学会自主观察，养成善于观察的良好职业素养。

**对应知识点：**

男性角色特征；男性角色整体绘制的过程。

**对应技能点：**

男性角色个性化表现技巧；男性角色整体绘制的技巧。

**对应思政元素：**

通过循序渐进的学习过程，增强对专业的认知和热爱，锻炼学生自主学习能力，团队协作能力，时间把控能力，语言形体表达能力，抗压能力。

**实施手段：**

通过翻转课题，组建工作小组，下达项目要求，让学生以设计者的身份去完成具体项目，规定完成周期，安排项目汇报，从而锻炼学生的锻炼学生自主学习能力，团队协作能力，时间把控能力，语言形体表达能力；老师以客户的身份提出修改意见，磨炼学生的抗压能力。

**任务 11：女性角色造型绘制综合训练**

（1）能简述角色造型绘制的流程。

（2）能设计并绘制女性医护人员的整体造型。

（3）通过循序渐进的学习过程，增强对专业的认知和热爱，了解英雄事迹，学习红色精神，坚定理想信念，做有志气、有骨气、有底气的新时代青年。

**重难点：**

本课程的难点是能绘制符合剧本定位的角色形象。

本课程的重点是掌握能完成女性医护人员的造型绘制流程和规范；学会自主观察，养成善于观察的良好职业素养。

**对应知识点：**

女性角色特征；女性角色整体绘制的过程。

**对应技能点：**

女性角色个性化表现技巧；女性角色整体绘制的技巧。

**对应思政元素：**

通过循序渐进的学习过程，增强对专业的认知和热爱，锻炼学生自主学习能力，团队协作能力，时间把控能力，语言形体表达能力，抗压能力。

**实施手段：**

通过翻转课题，组建工作小组，下达项目要求，让学生以设计者的身份去完成具体项目，规定完成周期，安排项目汇报，从而锻炼学生的锻炼学生自主学习能力，团队协作能力，时间把控能力，语言形体表达能力；老师以客户的身份提出修改意见，磨炼学生的抗压能力。

**项目二：光影效果塑造**

**主要内容：**

**任务 12：角色正面光源明暗效果绘制**

（1）能识记五大调子的概念。

（2）能简述明暗色调的变化规律。

（3）能归纳正面光源的绘制要点。

（4）能绘制角色正面光源的明暗效果。

（5）通过角色正面光源明暗效果绘制技巧的学习，锻炼学生的自主观察能力，养成善于观察的良好职业素养。

**重难点：**

本课程的难点是能绘制符合实际光源情况的角色正面明暗效果。

本课程的重点是掌握能完成角色正面光源的明暗效果绘制流程和规范；学会自主观察，养成善于观察的良好职业素养。

**对应知识点：**

五大调子；明暗色调的变化规律；正面光源的绘制要点。

**对应技能点：**

角色正面光源效果塑造技巧。

**对应思政元素：**

对待任何事情都要有一颗积极向上的心态。

**实施手段：**

通过正面光源形体塑造示范，让学生感受角色清晰明朗的画面效果，引出心态对精神面貌影响的话题，引导学生用积极向上的心态对待生活中的事物。

**任务 13：角色背面光源明暗效果绘制**

（1）能识记逆光的特性。

（2）能归纳背面光源的绘制要点。

（3）能绘制角色背面光源的明暗效果。

（4）通过角色背面光源明暗效果绘制技巧的学习，锻炼学生的自主观察能力，养成善于观察的良好职业素养。

**重难点：**

本课程的难点是能绘制符合实际光源情况的角色背面明暗效果。

本课程的重点是掌握能完成角色背面光源的明暗效果绘制流程和规范；学会自主观察，养成善于观察的良好职业素养。

**对应知识点：**

逆光；背面光源的绘制要点。

**对应技能点：**

角色背面光源效果塑造技巧。

**对应思政元素：**

勇于面对的处事原则。

**实施手段：**

通过背面光源形体塑造示范，让学生感受角色昏暗无光的画面效果，讨论社会上很多因外界影响而自暴自弃的人，无法战胜自我的案例，警戒学生要正确对待身边事物，要有积极向上的心态，要用于挑战自我，即使不成功也不能自暴自弃。

**任务 14：角色侧面光源明暗效果绘制**

（1）能识记侧面光源的特性。

（2）能归纳侧面光源的绘制要点。

（3）能绘制角色侧面光源的明暗效果。

（4）通过角色侧面光源明暗效果绘制技巧的学习，锻炼学生的自主观察能力，养成善于观察的良好职业素养。

**重难点：**

本课程的难点是能绘制符合实际光源情况的角色侧面明暗效果。

本课程的重点是掌握能完成角色侧面光源的明暗效果绘制流程和规范；学会自主观

察，养成善于观察的良好职业素养。

**对应知识点：**

侧光；正侧面光源的绘制要点；背侧面光源的绘制要点。

**对应技能点：**

角色侧面光源效果塑造技巧。

**对应思政元素：**

锻炼学生的自主观察能力，语言形体表达能力，养成善于观察的良好职业素养。

**实施手段：**

通过 4 个侧面角度，动画演示，观察侧面受光后角色形态、气质的变化，引导学生说错自我感受，描绘创作画面，培养学生的自主观察能力及语言形体表达能力。

**任务 15：角色顶/底部光源明暗效果绘制**

（1）能归纳顶/底部光源的绘制要点。

（2）能绘制角色顶/底部光源的明暗效果。

（3）通过角色顶/底部光源明暗效果绘制技巧的学习，锻炼学生的自主观察能力，养成善于观察的良好职业素养。

**重难点：**

本课程的难点是能绘制符合实际光源情况的角色顶/底部明暗效果。

本课程的重点是掌握能完成角色顶/底部光源的明暗效果绘制流程和规范；学会自主观察，养成善于观察的良好职业素养。

**对应知识点：**

顶光；底光；顶部光源的绘制要点；底部光源的绘制要点。

**对应技能点：**

角色顶/底部光源效果塑造技巧。

**对应思政元素：**

锻炼学生的自主观察能力，语言形体表达能力，养成善于观察的良好职业素养。

**实施手段：**

通过 4 个侧面角度，动画演示，观察侧面受光后角色形态、气质的变化，引导学生说错自我感受，描绘创作画面，培养学生的自主观察能力及语言形体表达能力。

**任务 16：角色光影塑造综合训练**

（1）能归纳角色的各角度光影效果的绘制要点。

（2）能简述角色的各角度光影效果的绘制流程。

（3）能设计并绘制角色的各角度光影效果。

（4）通过角色光影塑造的综合训练，巩固学生的绘制技巧，养成能独立思考并解决问题的良好职业素养。

**重难点：**

本课程的难点是能绘制符合实际光源情况的角色各角度明暗效果。

本课程的重点是掌握能完成角色正面上色效果绘制流程和规范；养成能独立思考并解决问题的良好职业素养。

**对应知识点：**

角色光源的选择；角色光源与角色性格特征的关系；角色光影塑造的过程。

**对应技能点：**

角色光影塑造技巧。

**对应思政元素：**

通过循序渐进的学习过程，增强对专业的认知和热爱，锻炼学生自主学习能力，团队协作能力，时间把控能力，语言形体表达能力，抗压能力。

**实施手段：**

通过翻转课题，组建工作小组，下达项目要求，让学生以设计者的身份去完成具体项目，规定完成周期，安排项目汇报，从而锻炼学生的锻炼学生自主学习能力，团队协作能力，时间把控能力，语言形体表达能力；老师以客户的身份提出修改意见，磨炼学生的抗压能力。

## 五、学时分配

**课程学时分配表**

| 课 程 内 容 | 讲课 | 现场教学 | 上机 | 大作业 | 小计 |
|---|---|---|---|---|---|
| 任务 1：剧本解析 | 1 | | 1 | | 2 |
| 任务 2：形体认知 | 1 | | 1 | | 2 |
| 任务 3：动作捕捉 | 2 | | 2 | | 4 |
| 任务 4：角色头部造型的绘制 | 2 | | 2 | | 4 |
| 任务 5：角色躯干造型的绘制 | 2 | | 2 | | 4 |
| 任务 6：角色四肢造型的绘制 | 2 | | 2 | | 4 |
| 任务 7：角色手部、脚部造型的绘制 | 2 | | 2 | | 4 |
| 任务 8：角色表情变化的绘制 | 2 | | 2 | | 4 |
| 任务 9：角色三视图的绘制 | 2 | | 2 | | 4 |
| 任务 10：男性角色造型绘制综合训练 | 2 | | 2 | | 4 |

（续表）

| 课程内容 | 讲课 | 现场教学 | 上机 | 大作业 | 小计 |
|---|---|---|---|---|---|
| 任务 11：女性角色造型绘制综合训练 | 2 | | 2 | | 4 |
| 任务 12：角色正面光源明暗效果绘制 | 2 | | 2 | | 4 |
| 任务 13：角色背面光源明暗效果绘制 | 2 | | 2 | | 4 |
| 任务 14：角色侧面光源明暗效果绘制 | 2 | | 2 | | 4 |
| 任务 15：角色顶/底部光源明暗效果绘制 | 2 | | 2 | | 4 |
| 任务 16：角色光影塑造综合训练 | 4 | | 4 | | 8 |
| 合计 | 32 | | 32 | | 64 |

## 六、教学方法与手段

本课程采用项目引领、任务驱动的教学模式，校企共同参与教学过程，由企业提供项目，由教师设计具体任务，双方协作执行授课任务，在整个教学过程中，学生“做中学”、教师“做中教”，围绕着项目制作流程进行知识传授，将学校的教学过程直接对接企业工作流程。采用角色扮演的形式进行授课，在整个教学过程中教师所扮演的角色为企业客户，负责导入情景、演示过程、监督活动及验收作品，是整个教学活动的引导者、激励者。学生所扮演的角色为企业的设计师，负责组织团队、策划项目、制作作品及作品发布，是整个教学活动中的学习者、探索者。具体设计如下：

**1. 项目引领**

以行业项目引领知识、技能和态度，让学生在完成项目的过程中学习相关知识，发展学生的综合职业能力。

**2. 任务驱动**

关注的焦点放在通过完成工作任务所获得的成果，以激发学生的成就动机。获得工作任务所需要的综合职业能力。

**3. 突出岗位能力**

课程定位与目标、课程内容与要求、教学过程与评价都围绕岗位能力的培养。

**4. 内容实用**

根据具体工作岗位中的工作流程来完成课程内容，不强调知识的系统性，而注重内容的实用性和针对性。

**5. 做学一体**

打破长期以来的理论与实践二元分离的局面，以工作任务为中心实现理论与实践的一体化教学。

| 项目名称 | 任务名称 | 课程思政要点 | 实施手段 |
|---|---|---|---|
| 角色造型设计 | 任务 1：剧本解析<br>任务 2：形体认知<br>任务 3：动作捕捉<br>任务 4：角色头部造型的绘制<br>任务 5：角色躯干造型的绘制<br>任务 6：角色四肢造型的绘制<br>任务 7：角色手部、脚部造型的绘制<br>任务 8：角色表情变化的绘制<br>任务 9：角色三视图的绘制<br>任务 10：男性角色造型绘制综合训练<br>任务 11：女性角色造型绘制综合训练 | 正确解读中国历史，弘扬中华传统文化；了解中国工匠技艺，传承工匠精神；缅怀英雄事迹，增强爱国主义情怀及民族自豪感。<br>增强对专业的认知和热爱，锻炼学生自主学习能力，团队协作能力，时间把控能力，语言形体表达能力，抗压能力。 | 专题嵌入式<br>案例式<br>讨论式<br>互动式<br>画龙点睛式 |
| 角色光影效果塑造 | 任务 12：角色正面光源明暗效果绘制<br>任务 13：角色背面光源明暗效果绘制<br>任务 14：角色侧面光源明暗效果绘制<br>任务 15：角色顶/底部光源明暗效果绘制<br>任务 16：角色光影塑造综合训练 | 通过光对物体的影响，引导学生养生积极上升的心态，克服外界因素，树立正确的人生观与价值观。<br>增强对专业的认知和热爱，锻炼学生自主学习能力，团队协作能力，时间把控能力，语言形体表达能力，抗压能力。 | 专题嵌入式<br>案例式<br>讨论式<br>互动式<br>画龙点睛式 |

## 七、考核方式

平时成绩占：30%，大作业占：70%。

## 八、教材及主要参考资料

**1. 教材**

《动漫画造型基础》/邹满升 赵峭 著/上海交通大学出版社/2022-07-01.

**2. 参考资料**

《动画造型设计与动画场景设计》/吴冠英 著/清华大学出版社/2020-09-01.

## 九、其他

无

# 《三维动画基础》课程教学大纲

**适用专业：**影视动画（中法合作）　　**适用年级：**21级
**课程属性：**专业课　　**学 分 数：**3
**课程性质：**专业必修课　　**总学时数：**48
**课程类型：**理论+实践课（B类）　　**讲课学时数：**18
**考核类型：**考试　　**上机学时数：**30
**先修课程：**设计素描　　**实验与实践学时数：**0

## 一、教学目标基本要求

本课程是影视动画（中法合作）专业的专业必修课，是一门概念性和实践性都很强的面向实际应用的课程。3ds Max是由Autodesk公司开发的三维制作软件。Autodesk公司在3ds Max这一软件的版本上不断升级，是为了使广大从事三维动画设计工作的用户拥有性能更完善的得力工具，同时也是为了使刚刚步入设计领域的初学者能够拥有更加优秀的学习软件。

着力构建“三寓三式”课程思政教育模式，不断提升学生的思想政治素质。把课堂作为主阵地，进一步加强对课程思政建设的研究与探索，切实增强责任感使命感紧迫感。课程聚焦核心素养，夯实思政基础。充分挖掘课程思政的资源潜力，将课程思政的内涵延伸至思维品质、科学精神、学术规范、家国情怀、职业道德等各个层次，将立德树人融入课程教学当中去，让学生真正成为德才兼备的优秀人才，并将其渗透到日常教学活动中，做到寓教于乐。

## 二、与其他课程的关系

本课程的先修课程为设计素描，学生应具备对三维形体的基本认识和概括能力。本课程将帮助学生熟悉掌握软件功能和动画制作思路，为今后的专业学习或深入的设计打下基础。

## 三、知识点、技能点、思政元素及其层次要求

**1. 知识点**

（1）通过软件相关功能的解析掌握3ds Max的基本操作方法。

（2）了解三维动画的基本概念和应用范围。

（3）了解用 3ds Max 制作效果图的流程。

**2. 技能点**

（1）熟练掌握软件的工作界面和基本操作方法，通过对软件基础知识的了解，以提高实际应用能力，能够初步设计创作三维模型以及动画。

（2）熟悉 3ds Max 的操作界面。

（3）熟悉 3ds Max 常用工具的使用方法和技巧。

（4）掌握使用 3ds Max 进行动画制作以及渲染的方法。

**3. 思政元素（宏观层面）**

（1）培养学生严谨、细致、规范的职业素养和综合职业能力。

（2）树立正确的人生观，坚定理想信念。

（3）精益求精、一丝不苟的工匠精神。

（4）开拓进取、爱岗敬业的社会价值观。

（5）团结友善，包容合作。

## 四、教学内容

**第一章　3ds Max 的概述**

**主要内容：**3ds Max 概述、应用领域、操作界面简介。

**重难点：**熟悉 3ds Max 的操作界面。

**对应知识点：**三维动画的基本概念和操作。

**对应技能点：**3ds Max 操作界面、文件操作、系统配置。

**对应思政元素：**强调影视动画作品中的文化属性，应当把文化内涵放在首位，强化学生的文化自信，让学生在潜移默化中感受到中华优秀传统文化的魅力。

**实施手段：（补充的）**通过案例讲解以及专题嵌入式，引发学生思考，培养学生的文化责任感、民族自豪感和爱国主义精神，把影视动画作品打造成为一种具有强大文化软实力和吸引力、凝聚力的文化产业，使其真正成为提升国家文化软实力的重要载体。

**第二章　创建常用的几何体**

**主要内容：**3ds Max 中常见集合体的创建以及编辑。

**重难点：**熟练掌握切角长方体、切角圆柱体的方法。

**对应知识点：**常见几何体的创建方法。

**对应技能点：**熟练掌握创建长方体、圆锥体、球体、圆柱体、几何球体、管状体、圆环、四棱锥、茶壶和平面等标准几何体的方法。

**对应思政元素：**通过几何模型的创建，培养学生空间想象能力和抽象思维能力，为学生今后进入职场从事影视动画相关工作打下坚实的基础。

**实施手段：** 通过案例、口述讲解以及课上实践操作指导教授软件的操作方法，培养学生耐心、细心的精神品质和严谨细致的职业素养。

**第三章　创建二维图形**

**主要内容：** 3ds Max 中二维图形的创建与编辑。

**重难点：** 熟练掌握创建二维图形的方法。

**对应知识点：** 了解二维图形的用途。

**对应技能点：** 熟练掌握创建线、矩形、圆、椭圆、弧、圆环、多边形、星形、文本、螺旋线、截面、卵形和徒手等二维图形的方法及各参数的修改技巧。

**对应思政元素：** 强化在模型构建初期团队中积极沟通与协作、诊断与修改、解决问题的能力。

**实施手段：** 通过团队协作完成任务，强化学生在模型制作组沟通协作、诊断修改、自我提升的能力，培养科学严谨、精益求精的工作精神。

**第四章　编辑修改器**

**主要内容：** 了解修改命令面板的功能。

**重难点：** 掌握修改器的编辑方法。

**对应知识点：** 了解锥化、扭曲、噪波、编辑多边形等修改器。

**对应技能点：** 熟练掌握通过车削、倒角、挤出、倒角剖面或扫描等命令将二维图形转化为三维图形的方法。

**对应思政元素：** 在三维模型修改器的编辑的过程中，培养严谨的工匠精神以及独立表达和沟通的能力。

**实施手段：** 通过中国的四大发明中火药的模型特效制作，活字印刷模型制作以及指南针模型案例制作，培养学生牢记文化使命的责任感和开拓创新的意识，培养学生对中华优秀传统文化的兴趣和爱好，提高他们的人文素质。

**第五章　复合对象的创建**

**主要内容：** 3ds Max 中复合对象的创建与编辑。

**重难点：** 掌握创建复合对象的方法和技巧。

**对应知识点：** 了解复合对象的类型。

**对应技能点：** 掌握使用布尔运算建模的方法以及放样命令建模的基本用法和参数设置

**对应思政元素：** 培养学生牢记文化使命的责任感和开拓创新的意识。

**实施手段：** 通过中国文房四宝——纸墨笔砚的模型制作，在案例中学习中国传统文化的博大精深，提高学生的文化自信，以文房四宝模型的文化符合元素为切入点，着重介绍了传统文房工具的创造的艺术原则和规律、形象思维特征、模型艺术的发展趋势，风格的继承与借鉴。将中国传统文化与时俱进融入课程，使学生能够自觉地践行社会主义核心价值观，提高思想道德素质。

**第六章　材质与贴图**

**主要内容：**掌握材质与贴图的使用。

**重难点：**掌握 VRay 渲染器的特点。

**对应知识点：**了解材质编辑器及其参数的设置方法、材质类型及其参数的设置方法；多维/对象、光线跟踪、混合、双面等材质；常见的贴图的类型，并掌握常见的几种类型：位图、渐变、噪波和棋盘格。

**对应技能点：**掌握 VRay 材质的集中类型，并掌握常见的几种类型：VRayMtl 材质、VRay 灯光材质、VRay 材质包裹器材质。

**对应思政元素：**在材质和贴图制作的过程中，培养学生对中国传统文化的热爱，在学习过程中了解和掌握中华民族优秀传统文化，同时培养学生耐心、细致、精益求精、一丝不苟的工匠精神和职业素养。

**实施手段：**在三维模型课程中穿插中国传统文化的元素，寓教于乐，通过中国四大发明：火药活字印刷术，指南针，造纸术等模型制作内容的讲授，让学生感受到我们祖先创造的灿烂辉煌的历史文化，同时提高学生的审美水平。

**第七章　创建灯光和摄影机**

**主要内容：**灯光的创建和参数设置及灯光效果的制作。

**重难点：**摄像机的创建和参数设置及景深特效的制作。

**对应知识点：**创建灯光和摄影机的方法。

**对应技能点：**掌握 VRay 灯光的创建方式和参数设置以及摄像机的创建。

**对应思政元素：**运用任务引领的教学方法，通过小组合作完成模型分析、任务分配和创作的学习任务，培养学生的团队意识。

**实施手段：**通过学生自发组织小组，创建教室的三维模型场景的练习，以身边的案例激发学生的学习兴趣和动力，培养团队协作，交流沟通的能力，为今后从事职业工作打下基础。

**第八章　动画制作技术**

**主要内容：**掌握制作基础动画的方法。

**重难点：**关键帧动画的设置。

**对应知识点：**了解动画制作的常用工具。

**对应技能点：**掌握运动面板命令的参数以及轨迹的创建方式；动画约束的常见类型：附着约束、曲面约束、路径约束、位置约束、链接约束、方向约束等；动画修改器的应用。

**对应思政元素：**注重学生学习能力评价质量的提升，包含课程理论知识的掌握情况、创新能力、适应能力、迁移能力及实践能力等方面。

**实施手段：**学生团队通过三维文字模型案例的编辑、修饰中领略中华文字之美，传承中华优秀文化。同时形成小组互评，互帮的体系，帮助学生能力评价质量的提升。

**第九章　效果制作及视频后期处理**

**主要内容：**了解环境选项卡的使用方式。

**重难点：**大气效果，掌握常用的火效果、体积雾和体积光效果的参数设置。

**对应知识点：**音频的基本知识、声音素材的几种常用格式、声音的导入、声音的编辑。

**对应技能点：**掌握使用效果编辑器制作背景和大气效果；视频后期合成渲染。

**对应思政元素：**通过后期处理文化交流活动视频案例的教学，培养学生严谨、细致、规范的综合职业能力，同时引导学生树立正确的世界观、人生观和价值观。

**实施手段：**视频后期案例处理，结合"一带一路"建设背景下的中外文化交流活动，让学生体会不同国家的风土人情以及世界各国的差异性，从而激发他们为实现中华民族伟大复兴的中国梦而努力奋斗的决心与信心。

**第十章　综合设计实训**

**主要内容：**各类商业场景的制作方法。

**重难点：**在案例中运用修改器、摄像机、动画关键帧等知识点应用实践的能力。

**对应知识点：**三维动画的综合设计实践应用。

**对应技能点：**掌握搭建完整景物和多种模型案例的方法。

**对应思政元素：**通过小组协作完成项目，增强凝聚力和团队精神，加强学生的职业认同感、荣誉感和归属感。

**实施手段：**注重典型引路，以点带面，通过项目式案例制作，加强影视动画产业实际案例与课程内容的对接。同时鼓励学生参加相关比赛，如：全国大学生广告艺术大赛，未来设计师 NCDA 全国高校数字艺术设计大赛，提升综合素质。并举办一次三维模型课堂展示活动，展示学生在本学期所学到的知识和技能，以此检验学生的学习效果。

## 五、学时分配

**课程学时分配表**

| 课程内容 | 讲课 | 现场教学 | 上机 | 大作业 | 小计 |
|---|---|---|---|---|---|
| 第一章　3ds Max 的概述 | 1 | | 1 | | 2 |
| 第二章　创建常用的几何体 | 3 | | 1 | | 4 |
| 第三章　创建二维图形 | 1 | | 1 | | 2 |
| 第四章　编辑修改器 | 2 | | 2 | | 4 |
| 第五章　复合对象的创建 | 2 | | 4 | | 6 |
| 第六章　材质与贴图 | 2 | | 4 | | 6 |

（续表）

| 课程内容 | 讲课 | 现场教学 | 上机 | 大作业 | 小计 |
|---|---|---|---|---|---|
| 第七章　创建灯光和摄像机 | 1 | | 1 | | 2 |
| 第八章　动画制作技术 | 4 | | 6 | | 10 |
| 第九章　效果制作及视频后期处理 | 1 | | 1 | | 2 |
| 第十章　综合设计实训 | 1 | | 9 | | 10 |
| 合　计 | 18 | 0 | 30 | 0 | 48 |

## 六、教学方法与手段

本课程综合运用任务引领、案例展示、讨论互动、情景模拟以及学生自主学习相结合的方法，通过画龙点睛、专题嵌入和元素化合的方式，将课程思政内容融入专业知识和技能的学习中。

**表 2　课程思政教学实施方案**

| 单元名称 | 教学内容 | 课程思政要点 | 实施手段 |
|---|---|---|---|
| 3ds Max 的概述 | 1. 3ds Max 概述<br>2. 3ds Max 的应用领域<br>3. 3ds Max 的操作界面简介 | 通过案例讲解以及专题嵌入式，引发学生思考，培养学生的文化责任感、民族自豪感和爱国主义精神，强调影视动画作品中的文化属性，应当把文化内涵放在首位，强化学生的文化自信，让学生在潜移默化中感受到中华优秀传统文化的魅力。 | 专题嵌入式案例式<br>讨论式 |
| 创建常用的几何体 | 1. 3ds Max 中常见集合体的创建<br>2. 常见几何体的创建方法 | 通过几何模型的创建，培养学生空间想象能力和抽象思维能力，为学生今后进入职场从事影视动画相关工作打下坚实的基础。 | 案例式<br>互动式 |
| 创建二维图形 | 1. 3ds Max 中二维图形的创建与编辑<br>2. 二维图形案例制作 | 通过团队协作完成任务，强化学生在模型制作组沟通协作、诊断修改、自我提升的能力，培养科学严谨、精益求精的工作精神。 | 探究式<br>案例式 |
| 编辑修改器 | 1. 了解修改命令面板的功能<br>2. 了解锥化、扭曲、噪波、编辑多边形等修改器的编辑方法 | 通过中国的四大发明模型案例制作，培养学生牢记文化使命的责任感和开拓创新的意识，培养学生对中华优秀传统文化的兴趣和爱好。 | 专题嵌入式案例式<br>故事化 |
| 复合对象的创建 | 1. 了解复合对象的类型<br>2. 掌握使用布尔运算建模的方法以及放样命令建模的基本用法和参数设置 | 通过中国文房四宝纸墨笔砚的模型制作，以文房四宝模型的文化符合元素为切入点，着重介绍了传统文房工具的创造的艺术原则和规律、形象思维特征等，将中国传统文化与时俱进融入到课程当中去。 | 专题嵌入式案例式<br>故事化 |

（续表）

| 单元名称 | 教学内容 | 课程思政要点 | 实施手段 |
|---|---|---|---|
| 材质与贴图 | 1. 掌握材质与贴图的使用<br>2. 掌握 VRay 渲染器的特点 | 在三维模型课程中穿插中国传统文化的元素，寓教于乐，通过中国四大发明造纸术模型制作内容的讲授，让学生感受到我们祖先创造的灿烂辉煌的历史文化，同时提高学生的审美水平。 | 元素化合式案例式<br>故事化 |
| 创建灯光和摄影机 | 掌握 VRay 灯光的创建方式和参数设置以及摄像机的创建 | 通过学生自发组织小组，创建教室的三维模型场景的练习，以身边的案例激发学生的学习兴趣和动力，培养团队协作，交流沟通的能力，为今后从事职业工作打下基础。 | 讨论式<br>案例式<br>互动式 |
| 动画制作技术 | 1. 了解动画制作的常用工具<br>2. 掌握关键帧动画的设置 | 学生团队通过三维文字模型案例的编辑、修饰中领略中华文字之美，传承中华优秀文化。同时形成小组互评，互帮的体系，帮助学生能力评价质量的提升。 | 探究式<br>案例式<br>讨论式 |
| 效果制作及视频后期处理 | 掌握使用效果编辑器制作背景和大气效果；视频后期合成渲染 | 视频后期案例处理，结合“一带一路”建设背景下的中外文化交流活动，让学生体会不同国家的风土人情以及世界各国的差异性，激发为实现中华民族伟大复兴的中国梦而努力奋斗的决心与信心。 | 专题嵌入式<br>案例式<br>故事化 |
| 综合设计实训 | 1. 三维动画的综合设计应用<br>2. 掌握搭建完整景物和多种模型案例的方法 | 注重典型引路，以点带面，通过项目式案例制作，加强影视动画产业实际案例与课程内容的对接。鼓励学生参加相关比赛，提升综合素质。并举办三维模型课堂展示活动，展示学生在本学期所学到的知识和技能，以此检验学生的学习效果。 | 案例式<br>互动式<br>讨论式 |

## 七、考核方式

**考核方式：**考试。

**成绩构成建议：**平时（考勤 + 作业）50%，考试 50%。

## 八、教材及主要参考资料

**1. 教材**

张泊平.《三维数字建模技术：以 3ds Max 2017 为例》. 清华大学出版社 . 2019-09-01.

**2. 参考资料**

翟慧，魏丽芬.《3ds Max 动画制作实例教程》. 人民邮电出版社 . 2021-05.

# 《图形图像情景设计》课程教学大纲

**适用专业：** 现代传媒技术与艺术各专业　　**适用年级：** 一年级
**课程属性：** 专业课　　**学 分 数：** 2
**课程性质：** 专业必修　　**总学时数：** 32
**课程类型：** 必修　　**讲课学时数：** 16
**考核类型：** 考试　　**上机学时数：** 16
**先修课程：** 计算机　　**实验与实践学时数：** 0

## 一、教学目标和基本要求

《图形图像情景设计》是面向现代传媒技术与艺术学院相关专业开设的重要专业技能课。课程在专业课程体系中处于核心地位。本课程让学生在理解和掌握图形图像设计理论知识的基础上，掌握对图形图像视觉艺术设计的制作流程，能够熟练运用所学习的视觉艺术设计软件工具在广告设计、视觉传达设计、数字媒体艺术、影视制作等各个领域中综合运用。

融入思政教学“三寓三式”与快乐教学“五化五式”为一体，对标课堂思政教学，从实践育人、红色育人、协同育人、案例教学，增强教学实效性需要教师不断提高水平，加强对教育教学的研究，想方设法调动学生的积极性。本课程通过对 Photoshop 软件和 illustrator 软件学习和实际操作，使学生较系统地了解图形图像设计的各种制作技巧和制作流程。课程采用项目教学法，通过项目任务引领整个教学过程，让学生在完成项目任务的过程中，熟练掌握相关的专业技能，做到在学中做，在做中学、锻炼创造性思维，形成独特的艺术思维理念，能够运用软件进行规范化的设计，处理生活中、工作中实际遇到的问题。

## 二、与其他课程的关系

图形图像情景设计是广告艺术设计（中美）专业的必修课程也是本专业个类专业课程的前修课程。无论在平面设计、网页制作乃至三维动画制作和影视后期制作中都需要图像处理技术。只有掌握好图形图像处理技术才能更好地在各专业领域中发挥作用。所以学生需事先掌握文字和图形图像的相关处理软件（如 Illustrator、Photoshop 等）。

本课程突破传统图形图像情景设计的定位，以美术表现技能和计算机设计辅助手段为纵线，以图形图像设计理论和广告创意与设计方法为横线，以影像视觉传媒为内环，以品牌文化策划为外环，合纵连横而环环相扣，从而为学生构建一个符合市场发展需求的数字媒体艺术专业综合体。

通过对前期所掌握的视觉艺术设计、摄影、摄像与非线性编辑等方面的课程进阶技能实践训练，结合创意设计和视觉传达等相关理论学习，培养具有敏锐的广告意识，良好的艺术修养，过硬的视觉艺术设计技能和广告活动策划管理能力，能在影视媒体广告部门、广告公司、企事业单位从事广告经营与管理、广告策划创意与设计制作、文案创意、广告市场调查分析和营销的具有国际视野的广告设计高端技能型人才。

## 三、知识点、技能点及其层次要求

**知识点：**

要求学生掌握图形图像基本理论知识，包括平面设计基础知识、平面设计基本概念、平面设计的三要素、像素和分辨率、位图和矢量图、图像的色彩模式、图像的文件格式等。

**技能点：**

要求学生掌握 ADOBE ILLUSTRATOR 和 ADOBE PHOTOSHOP 的操作技巧，包括排版系统的基本操作、页面设计与版面布局、格式化文本与文字排版、图片处理与绘图设计、使用 ILLUSTRATOR 置入对象、颜色模式与色彩管理、打印与导出 PDF、网络出版等。

**重难点：**（1）对平面设计理论的掌握和运用。（2）Photoshop 软件学习、Illustrator 软件学习及综合运用（3）图形图像设计在广告策划案的创意点和标准格式。（4）灵活运用软件技能对情境案例项目整体地把控和掌握。

**思政元素（宏观层面）：**

（1）培养整体与局部、主张用联系的、全面的、发展的观点看问题；

（2）灵感来源于实践，锲而不舍、金石可镂、工匠精神；

（3）灵形而上学的根本观点是否认矛盾，孤立的、片面的、静止地看问题；

（4）创新思维、辩证思维、多学科的复合、树立正确三观；

（5）挖掘人文素养、丰富知识内涵、更趋务实地落实能力；

（6）实践检验真理唯一标准、理论联系实际，理论指导实践，实践反哺理论；

（7）践行社会主义核心价值观、爱国情怀、集体主义、使命与担当；

（8）弘扬与传承优秀的传统文化、深入挖掘地域文化特色、提升文化自觉与自信。

## 四、教学内容

### 模块一　图形图像基础概述

**主要内容：**课程概述、行业标准、行业动态。

**对应知识点：**平面设计概述、平面设计专业知识。

**对应技能点：**平面设计理论知识。

**对应思政元素：**挖掘人文素养、丰富知识内涵、更趋务实地落实能力、培养整体与局部、主张用联系的、全面的、发展的观点看问题。

**重难点：**对平面设计理论的掌握和运用。

**模块二　图形图像软件运用**

**主要内容：**Photoshop 软件学习、Illustrator 软件学习及综合运用。

**对应知识点：**软件的基础知识及操作。

**对应技能点：**视图的控制、图像与画布大小的设定、还原、重做与恢复、使用历史记录。

**对应思政元素：**灵感来源于实践，锲而不舍、金石可镂、工匠精神。

**重难点：**软件的学习及熟练运用。

**模块三　图形图像情景设计制作流程**

**主要内容：**设计基础、版式设计、字体设计。

**对应知识点：**创意图形设计、基础图形编排。

**对应技能点：**对软件的熟练操作及综合运用。

**对应思政元素：**灵形而上学的根本观点是否认矛盾，孤立的、片面的、静止地看问题。

**重难点：**拥有前卫的设计灵感以及艺术审美。

**模块四　图形图像色彩编排与运用**

**主要内容：**图形图像设计中色彩的感情联想。

**对应知识点：**色彩运用四原则。

**对应技能点：**运用 PS 图像校色。

**对应思政元素：**创新思维、辩证思维、多学科的复合、树立正确三观、践行社会主义核心价值观。

**重难点：**图形图像设计在广告策划案的创意点和标准格式。

**模块五　图形图像创意法则**

**主要内容：**项目解读、项目方案、项目完成。

**对应知识点：**版式设计、综合编排。

**对应技能点：**综合编排。

**对应思政元素：**实践检验真理唯一标准、爱国情怀、集体主义、使命与担当。

**重难点：**灵活运用软件技能对情境案例项目整体地把控和掌握。

## 五、学时分配

<table>
<tr><th>教 学 内 容</th><th>讲课</th><th>上机</th><th>实验</th><th>实践</th><th>小计</th></tr>
<tr><td>平面设计概述</td><td>2</td><td></td><td></td><td></td><td>2</td></tr>
<tr><td>PHOTOSHOP 的入门</td><td>2</td><td></td><td></td><td></td><td>2</td></tr>
<tr><td>图像选区的创建与编辑</td><td rowspan="2"></td><td rowspan="2">4</td><td rowspan="2"></td><td rowspan="2"></td><td rowspan="2">4</td></tr>
<tr><td>图像的绘制与修饰</td></tr>
<tr><td>图层的应用与编辑</td><td rowspan="2">4</td><td rowspan="2"></td><td rowspan="2"></td><td rowspan="2"></td><td rowspan="2">4</td></tr>
<tr><td>文本的输入与编辑</td></tr>
<tr><td>路径的创建与编辑</td><td rowspan="2"></td><td rowspan="2">4</td><td rowspan="2"></td><td rowspan="2"></td><td rowspan="2">4</td></tr>
<tr><td>蒙版在设计中的应用</td></tr>
<tr><td>通道在设计中的应用</td><td rowspan="2">4</td><td rowspan="2"></td><td rowspan="2"></td><td rowspan="2"></td><td rowspan="2">4</td></tr>
<tr><td>图像色彩及处理</td></tr>
<tr><td>滤镜在设计中的应用</td><td rowspan="2"></td><td rowspan="2">4</td><td rowspan="2"></td><td rowspan="2"></td><td rowspan="2">4</td></tr>
<tr><td>图像处理自动化</td></tr>
<tr><td>照片修饰与图像合成</td><td>4</td><td></td><td></td><td></td><td>4</td></tr>
<tr><td>ILLUSTRATOR 基础知识工作界面和基本操作</td><td rowspan="2"></td><td rowspan="2">4</td><td rowspan="2"></td><td rowspan="2"></td><td rowspan="2">4</td></tr>
<tr><td>图形的绘制与编辑</td></tr>
<tr><td>合 计</td><td>16</td><td>16</td><td></td><td></td><td>32</td></tr>
</table>

## 六、教学方法与手段

**教学方法：**

利用整合章节模块化教学，通过案例分析、元素结合、展课结合、专题嵌入、案例实践等实施手段，强调展练有机结合，有效地培养了学生独立思考能力、社会实践能力、合作创新等各种能力，也让学生在实践中学习，享受创作的过程。以职业能力为主线，理论与实践相结合的专业课，充分发挥课堂教学的主渠道作用，深入挖掘专业课程及教学方式中蕴含的思想政治教育资源，全面提升课程育人水平，实现专业课程与思想政治理论课程同向同行、协同育人，努力培养德智体美劳全面发展的社会主义建设者和接班人。

**教学手段：**

通过专题教学、优秀作品展示、多媒体课件、等向学生介绍课程内容，通过结合当下时政热点导入红色主题，把爱国主义、理想信念、道德品质、知识见识、综合素养等加入教学设计当中。通过内容、形式、方法的创新，依据学生对不同行业、不同类别主体的探究兴趣分成若干个项目工作组，通过模拟红色主题、《抗疫题材》爱国题材等方案的情景，完成调研、案例分析、展示成果、分享经验一系列任务，有效锻炼学生自主学习、积极参与、团队协作等能力。通过线上调研学习挖掘红色艺术主题，线上互动讨论、开放课堂参与大学生电影节，大学生广告艺术大赛，上海市学生实践育人《创意市集》等实践项目，不仅让学生勤于学习，还要乐于学习。

以快乐教学为出发点进行教学课程设计，在课程中增加与学生的互动与学生的代入感。以“三寓三式”，即寓道于教、寓德于教、寓教于乐；画龙点睛式、专题嵌入式、元素化合式为切入点，在教学实施过程中采用专题项目驱动式。

**表 2　课程思政教学实施方案**

| 模块名称 | 教学内容 | 课程思政要点 | 实施手段 |
|---|---|---|---|
| 图形图像基础概述 | 平面设计概述<br>平面设计点线面构成 | 培养整体与局部、主张用联系的、全面的、发展的观点看问题。灵感来源于实践，锲而不舍、金石可镂、工匠精神。 | 专题嵌入式<br>案例式<br>故事化<br>探究式 |
| 图形图像软件运用 | PHOTOSHOP 的入门<br>图像选区的创建与编辑<br>图像的绘制与修饰<br>ILLUSTRATOR 基础知识工作界面和基本操作<br>图形的绘制与编辑 | 形而上学的根本观点是否认矛盾，孤立的、片面的、静止地看问题，用联系的角度。创新思维、辩证思维、多学科的复合、树立正确三观、践行社会主义核心价值观。 | 专题嵌入式<br>案例式<br>故事化 |
| 图形图像情景设计制作流程 | 1. 图层的应用与编辑<br>2. 文本的输入与编辑<br>3. 路径的创建与编辑<br>4. 蒙版在设计中的应用 | 传承艰苦奋斗、踏实敬业的优良传统；介绍当前出版发行业媒介融合创新发展的现状和趋势，培养学生的创新意识。 | 专题嵌入式<br>互动式<br>讨论式 |
| 图形图像色彩编排与运用 | 1. 通道在设计中的应用<br>2. 图像色彩及处理 | 实践检验真理唯一标准、爱国情怀、集体主义、使命与担当。 | 元素化合式<br>案例式<br>互动式 |
| 图形图像创意法则与设计 | 1. 滤镜在设计中的应用<br>2. 图像处理自动化<br>3. 照片修饰与图像合成 | 民族的才是世界的，通过传统文化汲取设计灵感，用现代技术创意方式结合运用，通过结合当下时政热点导入红色主题，把爱国主义、理想信念、道德品质。 | 专题嵌入式<br>元素化合式<br>案例式<br>讨论式 |

## 七、考核方式

**考核方式：**考试，总评成绩满分 100 分，其中平时成绩占 40%，期末考试占 60%。

**成绩构成建议：**实践大作业 + 客观题试卷。

## 八、教材及主要参考资料

**1. 教材**

《图形图像处理 PHOTOSHOP CC + ILLUSTRATOR CC》，孙宏仪主编，电子工业出版社，2016 年 10 月。

**2. 参考资料**

《ILLUSTRATOR + PHOTOSHOP 商业广告设计从入门到精通》，王红卫主编，清华大学出版社，2015 年 1 月。

《选择的艺术 Photoshop 图层通道深度剖析（第 2 版）》，关文涛，人民邮电出版社，2013 年 8 月。

# 《信息技术基础（二）》（数字媒体模块）课程教学大纲

**适用专业：**全校各专业（除大数据技术、人工智能、中高职贯通）　　**适用年级：**2022 级

**课程属性：**必修课　　**学 分 数：**2

**课程性质：**公共必修课　　**总学时数：**32

**课程类型：**理论 + 实践课（B 类）　　**讲课学时数：**12

**考核类型：**考查　　**上机学时数：**20

**先修课程：**《信息技术基础（一）》　　**实验与实践学时数：**0

## 一、教学目标基本要求

**1. 本课程的教学目标**

信息技术的发展使人类社会进入了新媒体时代，数字媒体已逐步替代传统媒体形式，成为人们获取信息和发布信息的有效手段，也成为人与人之间快捷交流沟通的利器。本课程模块为数字媒体，以理论结合实践的形式，探讨了声音、图像、动画、视频类媒体数字化的基本原理，通过实践体验掌握各种数字媒体的获取和处理方法，以及多种媒体的集成和发布，并探索了数字媒体在信息社会中的应用与发展。

本课程利用“三寓三式”课程思政改革思路，针对计算机技术基本概念和基础知识，通过元素化合方法将社会主义核心价值观贯穿于理论和技能学习中，通过专题嵌入方法将爱国主义情怀和民族精神融入课程，弘扬中国精神、彰显中国价值，通过画龙点睛引导学生树立职业理想和技能素养，并利用案例式、讨论式、探究式等形式，让学生认识数字媒体对于学习、工作和生活的重要意义，能准确使用数字媒体的各项技术，也为后续课程打下良好的技术技能基础。

**2. 本课程的基本要求**

了解：认识信息技术基础知识和基本概念，数字媒体、数字媒体处理系统和数字媒体新技术，与此同时提高运用应用软件解决实际问题的动手能力。

掌握：数字声音的获取、数字化声音的处理和语音识别技术；图像的数字化、图像处理基础、图像处理和图像识别与图像检索；传统动画与数字动画、二维动画的制作和简单三维动画的制作原理；视频基础和视频编辑；数字媒体集成基础、HTML 网页数字媒体集成、移动终端中的数字媒体应用和数字媒体集成平台。

课程主要采用课堂教学、实验教学相结合的多样化教学手段，运用讲授、问答、讨论、演示、上机实践等教学方法，注重实际上机实践，突出实践性和应用性。要求学生能在了解数字媒体技术基础知识和基本概念的同时，熟练掌握图像处理、动画制作、音频和视频处理、数字媒体的集成等基本操作技能，提高自主学习、独立思考、分析问题及解决问题的能力。

## 二、与其他课程的关系

本课程是高职专业必修的计算机技术基础课程，前修课程为《信息技术基础（一）》课程。同时，数字媒体技术是文科、艺术类等专业课程、实践课程等课程学习和就业升学应具备的基础技能。

## 三、知识点、技能点、思政元素及其层次要求

**1. 知识点**

（1）数字媒体基础知识，数字媒体各种数据类型，以及参数介绍。

（2）音频信号的处理，常用音频编辑软件应用。

（3）视频信息的处理技术，常用数字视频编辑工具，包括不同类型转换等。

（4）图像信息的处理技术，常用图像编辑工具应用，包括滤镜等效果处理。

（5）动画处理技术，常用二维动画编辑工具，包括层组合等高级处理。

（6）三维图像绘制，简单三维绘图工具应用。

（7）网站与网页的制作，基本网站建设和网页设计与制作，且包括多种数字媒体组合等操作。

**2. 技能点**

（1）能使用语音合成工具，进行声音编辑、声音格式相互转换、语音识别、音频压缩等操作。

（2）能使用视频处理工具，进行视频获取、压缩、音视频合成、上传分享等操作。

（3）能使用图像处理工具，进行选区的创建与调整、选取填充与描边、文字及文字特效和渐变、图像调整、图层基本操作、图层样式和图层混合模式、蒙版、滤镜等处理。

（4）能使用二维动画编辑工具，进行逐帧动画、补间形状动画及补间动画的制作，并实现场景与按钮制作，和动画的简单交互功能。

（5）能使用三维绘图工具，完成三维图像的绘制，并达到比例协调，位置合理的要求。

（6）能使用网页设计与制作工具，实现在网页中制作文字、图像、表格、音视频等对象，达到框架布局要求，并完成跨平台发布。

**3. 重难点**

（1）音频数据压缩，音效处理、声音降噪、人声移除。

(2) 视频的获取和压缩，音视频混合编辑。

(3) 图像选区工具、文字特效、图层混合，以及蒙版和滤镜的使用。

(4) 各种补间动画的异同和制作方法，元件与遮罩的使用。

(5) 数字媒体传输技术、三维绘图操作。

(6) HTML 语言规则，网页设计和规划，站点的建立及管理，页面布局合理性。

**4. 思政元素**

(1) 坚定理想信念，培养学生正确的人生观。

(2) 认识优秀历史文化，传承中国工匠精神。

(3) 怀着爱国主义，合理使用技术技能。

(4) 弘扬民族精神，将职业道德融入技能学习。

(5) 强调科学严谨，强化技能素养教育。

(6) 倡导团队合作，展现团队精神。

## 五、教学内容

### 第一章　音频处理

**主要内容：**本单元主要介绍数字媒体技术及其应用的基础知识。初步掌握数字媒体的分类、表示与存储、压缩与编码技术，了解数字媒体处理系统的组成部分，了解未来数字媒体的新技术。声音是人类表达思想和情感的重要媒介。在数字媒体技术领域，声音主要表现为语音、声效、音乐等音频信号。本单元主要介绍数字声音的获取、处理方法以及语音合成技术。要求了解语音合成的常用方法、常用的音频压缩编码方法、声音的常用编辑方法、声音格式及相互转换的方法、语音识别的基本原理。

**重难点：**

本单元重点：数字媒体的分类、表示与存储、压缩与编码技术、声音的编辑、音效处理。

本单元难点：音频数据压缩技术，音效处理、声音的降噪、人声移除。

**对应知识点：**数字媒体基础知识，包括媒体的表示与存储，媒体处理硬件，压缩与编码技术等。音频数据的收集与处理。

**对应技能点：**多种途径的数字音频获取，音频压缩与混合，及音效处理。

**对应思政元素：**理论与实践相结合，培养学生成为有担当的新时代青年，培养学生解决问题的能力以及工匠精神。通过对音频编辑的实操练习，逐步建立求证、反思和创新的专业精神。

### 第二章　视频处理

**主要内容：**本单元主要介绍数字视频的获取，压缩编码、文件格式、常用播放器，视频信息的编辑处理，进一步掌握数字媒体的分类、表示与存储、压缩与编码技术，了解数字媒体处理系统的组成部分。了解流媒体传输技术，了解未来数字媒体的新技术。使学生了解视频处理基础知识，掌握视频编辑处理软件的使用。

**重难点：**

本单元重点：视频的获取，压缩编码、文件格式、视频编辑。

本单元难点：视频信息压缩类型，视频信息压缩原理、视频编辑。

**对应知识点：**

视频基础概念，包括视频冗余在空间、时间、视觉中的概念，视频压缩标准，以及视频剪辑处理等。

**对应技能点：**利用格式工厂等工具进行项目处理，包括导入、合成、剪辑、分享等操作。

**对应思政元素：**使用校园生活的视频资源作为实验素材，培养学生热爱校园、成为有担当的新时代青年。引导学生用信息技术来弘扬中国精神、彰显中国价值、展现中国力量的社会主义核心价值观。让学生通过练习一步一步体验完成视频制作的快乐，进一步引导学生正确树立职业理想，培养良好的职业道德素养。

**第三章　数字图像处理**

**主要内容：**本单元主要介绍图像数字化的原理和常用方法，数字图形和图像的相关基本概念，主流的图像处理软件进行图像处理的基本方法以及图像识别、计算机视觉技术的发展前景。通过学习，熟练掌握图像处理的基本知识、方法和技巧，解决图像处理中的一般综合问题，培养分析问题和解决问题的能力。在图像处理方面，对以下知识点和技能点要具备灵活应用的能力：选区的创建与调整、选取填充与描边、文字及文字特效和渐变、图像调整、图层基本操作、图层样式和图层混合模式、蒙版、滤镜。

**重难点：**

本单元重点：选区的创建与调整、选取填充与描边、文字及文字特效和渐变、图像调整、图层基本操作、图层样式和图层混合模式、蒙版、滤镜。

本单元难点：数字图像数据压缩类型、图层样式和图层混合模式、蒙版。

**对应知识点：**数字图像处理，包括色彩模型、分辨率等概念，常用图像处理软件处理。

**对应技能点：**图像色彩调整，图层处理、蒙板的使用，滤镜效果添加，文字添加。

**对应思政元素：**让学生从案例中图像处理可以简单深耕细作，也可以通过聚沙成塔的方式，进行幻化，引领学生从大局出发，注重细节、坚忍不拔，进一步培养学生的职业道德素养和进一步展示工匠精神。将多元素合成的方式，需要从整体出发，考虑细节这是符合社会主义核心价值观的思考方式。

**第四章　二维平面动画制作**

**主要内容：**

本单元主要介绍数字动画的基本原理、制作方法，要求理解数字动画产生的基本原理、传统动画的制作过程、数字动画的分类，了解动画处理的主要方法及常用工具，熟练掌握逐帧动画、补间形状动画及补间动画的制作方法。补充学习场景与按钮，实现动画的简单交互功能。

**重难点：**

本单元重点：逐帧动画、补间形状动画及补间动画的制作方法，元件与遮罩。

本单元难点：补间动画的制作方法，场景与按钮。

**对应知识点：**传统动画与数字动画的异同，动画数据的表示与存储。

**对应技能点：**数字动画的制作，包括舞台的设置、逐帧制作、补间动画制作、遮罩的使用等。

**对应思政元素：**让学生从动画元素的绘制中，由浅入深，培养学生的细心和耐心，同时又兼顾整体布局上的美观。培养学生耐心、仔细的精神品质，以及热爱大自然的道德情操。通过“观察与实践”学习过程的反复迭代，逐步阶段性的完成一个个小任务；重复此过程，通过技能操作践行小步迭代，循序渐进的计算思维方法。

**第五章　三维数字绘图**

**主要内容：**本单元主要介绍三维绘图操作，培养学生的三维建模空间处理能力，初步使学生具备三维设计领域的基本知识和基本能力，为学生后续专业知识的学习与提高，增强其职业适应能力和继续学习能力打下应知的基础。

**重难点：**本单元重点：数字媒体传输技术。

本单元难点：数字媒体传输技术、三维绘图操作。

**对应知识点：**3D 图的概念，三维建模，数据可视，人机交互等基础概念。

**对应技能点：**三维绘图，空间处理，渲染制作等。

**对应思政元素：**培养学生的工匠精神，引导学生要能从事物的整体性出发，逐一攻破局部，既注重整体性，又关注局部性，深入了解整体和局部的辩证关系。让学生全方位多角度感受作为 5G 时代的社会人的使命、责任担当，感知社会、行业的进步与发展，切实感受技术的突破带给社会各行业行业翻天覆地的变化。

**第六章　数字媒体的集成与应用**

**主要内容：**本单元主要介绍数字媒体多元化整合的方法以及更多的表现形式和渠道。通过学习，了解网页设计的基本方法，HTML 语言，理解网页制作工具和制作过程。通过 DreamweaverCC2018 网页设计工具，运用网页制作中的文字处理、图像处理、表格等工具设计网页，在网页中添加媒体文件，制作框架网页和运用层，能完成简单网页的制作和网站的设计。

**重难点：**本单元重点：HTML 语言、网页制作方法，网页设计技术。

本单元难点：网站规划，站点的建立及管理，网页制作方法。

**对应知识点：**互联网中数字媒体应用，移动终端数字媒体应用，集成平台等基础概念。

**对应技能点：**网页的制作，包括超链接、图片、文字、声音、动画等对象的设置，以及移动端内容发布等。

**对应思政元素：**通过文本、图像、音频和视频等各种数字媒体素材的网络检索，合理筛选，锻炼学生在信息社会中站稳立场、明辨是非、行为自律、知晓责任的能力。多媒体元素在网页上的集成应用，培养学生数字化创新意识，以及自主设计与团队协同相契合的可持续创新发展能力。

## 五、学时分配

**表1　课程学时分配表**

| 课程内容 | 讲课 | 现场教学 | 上机 | 大作业 | 小计 |
|---|---|---|---|---|---|
| 第一章　音频处理 | 0.5 | | 0.5 | | 1 |
| 第二章　视频处理 | 0.5 | | 1 | | 1.5 |
| 第三章　数字图像处理 | 3 | | 3 | 2 | 8 |
| 期中测验 | 1 | | | 1 | 2 |
| 第四章　二维平面动画制作 | 2 | | 2 | 2 | 6 |
| 综合训练 1 | 1 | | 0.5 | | 1.5 |
| 第五章　三维数字绘图 | | | 0.5 | | 0.5 |
| 第六章　数字媒体的集成与应用 | 3 | | 3 | 2 | 8 |
| 综合训练 2 | 1 | | 0.5 | | 1.5 |
| 期末测验 | | | | 2 | 2 |
| 合　计 | 12 | | 11 | 9 | 32 |

## 六、教学方法与手段

本课程利用项目式结构，通过案例展示引入知识点，利用项目分配组织学生分组讨论、分解任务，激发学生主动思考、自主学习的意识。通过画龙点睛、专题嵌入、元素化合的方式，将多种思政元素融合到理论知识和技术技能的学习中。

**表2　课程思政教学实施方案**

| 单元名称 | 教学内容 | 课程思政要点 | 小计 |
|---|---|---|---|
| 音频处理 | 本单元主要介绍数字媒体技术及其应用的基础知识。以及数字声音的获取、处理和语音合成技术。 | 以“青春”为主题进行音频制作，激扬同学们的爱国志，培养有担当的新时代青年。以学生自己动手解决实际问题，引导学生对信息技术发展的思考以及对未来的职业愿景，同时激发学生对社会主义核心价值观的认同感。 | 专题嵌入式<br>案例式<br>讨论式<br>互动式 |

（续表）

| 单元名称 | 教学内容 | 课程思政要点 | 小计 |
| --- | --- | --- | --- |
| 视频处理 | 数字视频的获取，压缩编码、文件格式、常用播放器，视频信息的编辑处理，掌握数字媒体的分类、表示与存储、压缩与编码技术，和数字媒体处理系统的组成部分。 | 引导学生树立保护版权，获取资源时应注意保护个人隐私信息的观念。引导学生用信息技术来弘扬中国精神、彰显中国价值、展现中国力量的社会主义核心价值观。 | 元素化合式<br>案例式<br>互动式 |
| 数字图像处理 | 本单元主要介绍图像数字化的原理和常用方法，计算机视觉技术的发展前景。图像处理的基本知识、方法和技巧。 | 让学生从案例中图像处理可以简单深耕细作，也可以通过聚沙成塔的方式，进行幻化，引领学生从大局出发，注重细节、坚忍不拔，进一步培养学生的职业道德素养和进一步展示工匠精神。 | 专题嵌入式<br>案例式<br>讨论式 |
| 二维平面动画制作 | 本单元主要介绍数字动画的基本原理、制作方法，数字动画产生的基本原理、传统动画的制作过程、数字动画的分类，动画处理的主要方法及常用工具。 | 让学生从动画元素的绘制中，由浅入深，培养学生的细心和耐心，同时又兼顾整体布局上的美观。培养学生耐心、仔细的精神品质，以及热爱大自然的道德情操。 | 专题嵌入式<br>案例式<br>故事化 |
| 三维数字绘图 | 本单元主要介绍三维绘图操作，使学生具备三维设计领域的基本知识和基本能力。 | 以制作三维模型在三维空间中的创作为切入点，在三维空间中创建三维物体，认真对待物体的多面性。 | 画龙点睛式<br>案例式<br>探究式 |
| 数字媒体的集成与应用 | 本单元主要介绍数字媒体多元化整合的方法以及更多的表现形式和渠道。运用文字处理、图像处理、表格等工具设计网页，在网页中添加媒体文件，制作简单网页的制作和网站的设计。 | 分析内容表现和交互技术的原理，引发学生对网络道德、伦理等内容的思考，通过专题嵌入的方式，介绍“网络伦理失范的具体表现和危害”。 | 元素化合式<br>案例式<br>故事化<br>讨论式<br>互动式 |

## 七、考核方式

**考核方式：** 线上/线下考查。

**成绩构成：** 平时（考勤 10% + 作业 20% + mooc 学习 10%）40% + 考查成绩 60%。

## 八、教材及主要参考资料

**1. 教材**

《数字媒体基础实训指导》张琦琪、曹蓓蓓主编 中国铁道出版社 . 2021 年 12 月。

**2. 参考资料**

《数字媒体基础与实践》，上海市教育委员会组编，华师大出版社，2019。

## 九、其他

无

**图书在版编目(CIP)数据**

课程思政系统性探索与实践：基于“三寓三式”范式导向的“上海高校课程思政重点改革领航学院”建设案例. 续二 / 陈斌，滕跃民主编. — 上海：上海文化出版社，2023.8

ISBN 978-7-5535-2790-1

Ⅰ. ①课… Ⅱ. ①陈… ②滕… Ⅲ. ①高等学校—思想政治教育—教学改革—上海 Ⅳ. ①G641

中国国家版本馆 CIP 数据核字(2023)第 134547 号

**出 版 人　姜逸青**
**责任编辑　王莹兮**
**装帧设计　汤　靖**

书　　名　**课程思政系统性探索与实践——基于“三寓三式”范式导向的“上海高校课程思政重点改革领航学院”建设案例·续二**
主　　编　陈　斌　滕跃民
出　　版　上海世纪出版集团　上海文化出版社
地　　址　上海市闵行区号景路 159 弄 A 座 3 楼　201101
发　　行　上海文艺出版社发行中心
　　　　　上海市闵行区号景路 159 弄 A 座 2 楼　201101　www.ewen.co
印　　刷　上海新华印刷有限公司
开　　本　710×1000　1/16
印　　张　30.25
字　　数　363 千字
印　　次　2023 年 8 月第一版　2023 年 8 月第一次印刷
书　　号　ISBN 978-7-5535-2790-1/G.463
定　　价　98.00 元